Fritjof Capra · Wendezeit

Fritjof Capra

Wendezeit

Bausteine für ein neues Weltbild

Überarbeitete und erweiterte Ausgabe

Scherz

Den Frauen in meinem Leben gewidmet,
und ganz besonders meiner
Großmutter und meiner Mutter,
für deren Liebe, Unterstützung
und Weisheit ich dankbar bin.

13. Auflage 1986
Einzig berechtigte Übersetzung aus dem Amerikanischen
von Erwin Schuhmacher.
Titel der Originalausgabe: »The Turning Point«.

Schutzumschlag von Design Team.

Inhaltsverzeichnis

Einleitung

> Nach einer Zeit des Zerfalls kommt die Wendezeit. Das starke Licht, das zuvor vertrieben war, tritt wieder ein. Es gibt Bewegung. Diese Bewegung ist aber nicht erzwungen . . . Es ist eine natürliche Bewegung, die sich von selbst ergibt. Darum ist die Umgestaltung des Alten auch ganz leicht. Altes wird abgeschafft, Neues wird eingeführt, beides entspricht der Zeit und bringt daher keinen Schaden.
>
> *I Ging*

Während der 70er Jahre konzentrierte sich mein berufliches Hauptinteresse auf den bedeutsamen Wandel der Vorstellungen und Ideen, der im Laufe der ersten drei Jahrzehnte unseres Jahrhunderts in der Physik eingetreten ist und der gegenwärtig in unseren Theorien über das Wesen der Materie noch weiter ausformuliert wird. Die neuen Vorstellungen der Physik haben unser Weltbild tiefgreifend verändert – von der mechanistischen Vorstellungswelt eines Descartes und Newton zu einer ganzheitlichen und ökologischen Sicht, einer Anschauungsweise, die ich als den Anschauungen der Mystiker aller Zeitalter ähnlich erkannt habe.

Es ist den Naturwissenschaftlern zu Beginn unseres Jahrhunderts keineswegs leichtgefallen, diese neue Sicht des physikalischen Universums zu akzeptieren. Die Erforschung der atomaren und subatomaren Welt brachte sie in Kontakt mit einer seltsamen und unerwarteten Wirklichkeit, die sich jeder zusammenhängenden Beschreibung zu entziehen schien. In ihrem Ringen darum, diese neue Wirklichkeit zu erfassen, wurden die Naturwissenschaftler sich schmerzlich dessen bewußt, daß sie die atomaren Phänomene im Rahmen ihrer Grundbegriffe, ihrer Sprache, ja sogar ihrer gesamten Denkweise nur unzulänglich beschreiben konnten. Ihre Probleme waren jedoch nicht nur intellektueller Art, sondern erwiesen sich als eine tiefe emotionale und, wie man sagen könnte, sogar existentielle Krise, zu deren Überwindung sie lange brauchten. Schließlich wurden sie jedoch mit tiefen Einsichten in das Wesen der Materie und die Art ihrer Beziehung zum menschlichen Geist belohnt.

Ich bin zu der Ansicht gelangt, daß unsere Gesellschaft in ihrer Gesamtheit sich gegenwärtig in einer ähnlichen Krise befindet. Über deren zahlreiche Erscheinungsformen können wir täglich in den Zeitungen lesen. Wir verzeichnen hohe Inflations- und Arbeitslosenraten, stecken tief in einer Energiekrise und einer Krise des Gesundheitswesens. Wir leben inmitten einer vergifteten Umwelt und sonstiger ökologischer Katastrophen, erleben eine steigende Flut von Gewalt und Verbrechen. Die Grundthese dieses Buches ist, daß all das nur verschiedene Facetten ein und derselben Krise sind und daß es sich dabei im wesentlichen um eine Krise der Wahrnehmung handelt.

Wie schon bei der Krise in der Physik der zwanziger Jahre ist die heutige gesamtgesellschaftliche Krise eine Folge der Tatsache, daß wir versuchen, die Begriffe einer längst überholten Weltanschauung – des mechanistischen Weltbildes der kartesianisch-Newtonschen Naturwissenschaft – auf eine Wirklichkeit anzuwenden, die sich mit den Begriffen dieser Vorstellungswelt nicht mehr begreifen läßt. Wir leben heute in einer in allen Aspekten auf globaler Ebene verwobenen Welt, in der sämtliche biologischen, psychologischen, gesellschaftlichen und ökologischen Phänomene voneinander abhängig sind. Um diese Welt angemessen beschreiben zu können, brauchen wir eine ökologische Anschauungsweise, welche das kartesianische Weltbild uns jedoch nicht bietet.

Es fehlt uns also ein neues »Paradigma«* – eine neue Sicht der Wirklichkeit; unser Denken, unsere Wahrnehmungsweise und unsere Wertvorstellungen müssen sich grundlegend wandeln. Die Anfänge dieses Wandels, weg von der mechanistischen und hin zur ganzheitlichen Beschreibung der Wirklichkeit, sind bereits überall sichtbar und werden wohl das gegenwärtige Jahrzehnt beherrschen. Die verschiedenartigen Erscheinungsweisen und Implikationen dieses »Paradigmen-Wechsels« sind Gegenstand dieses Buches.

In den sechziger und siebziger Jahren sind eine ganze Reihe gesellschaftlicher Bewegungen in Gang gekommen, die sich alle in derselben Richtung zu entwickeln scheinen, wobei jeweils unterschiedliche Aspekte der neuen Sicht der Wirklichkeit hervorgehoben werden. Im Augenblick agieren die meisten dieser Bewegungen noch getrennt voneinander und sind sich der wechselseitigen Beziehungen ihrer Zielsetzungen noch nicht bewußt geworden. Zweck dieses Buches ist es, ein zusammenhängendes Gedankengebäude zu liefern, das uns helfen soll, die Gemeinsamkeiten ihrer Endziele zu erkennen. Sobald das geschehen ist, können wir erwarten, daß die verschiedenen Bewegungen zu-

* Aus dem griechischen *paradeigma* = »Modell«, »Muster«

sammenfließen und zu einer machtvollen Kraft gesellschaftlicher Veränderung werden. Der Ernst und das weltumspannende Ausmaß unserer gegenwärtigen Krise deuten darauf hin, daß dieser Wandel wahrscheinlich zu einer Umgestaltung von beispiellosen Dimensionen führen wird, einem Wendepunkt für unseren Planeten in seiner Gesamtheit.

Meine Erörterung dieses Paradigmen-Wechsels gliedert sich in vier Teile. Der erste führt in die Hauptthemen dieses Buches ein. Der zweite Teil beschreibt die historische Entwicklung des kartesianischen Weltbildes und die bedeutsame Wandlung seiner grundlegenden Vorstellungen in der modernen Physik. Im dritten Teil erörtere ich den tiefgreifenden Einfluß der kartesianisch-Newtonschen Denkweise auf Biologie, Medizin, Psychologie und Wirtschaftswissenschaft und kritisiere das mechanistische Paradigma dieser Wissenschaften. Dabei verweise ich besonders auf die ernsthafte Gefährdung unserer heutigen individuellen und gesellschaftlichen Gesundheit durch die dem kartesianischen Weltbild und dem ihm zugrunde liegenden Wertsystem innewohnende Begrenztheit. Dieser Kritik folgt im vierten Teil des Buches eine detaillierte Erörterung der neuen Sicht der Wirklichkeit. Dieses neue Weltbild umfaßt das in Entstehung begriffene Systemverständnis von Leben, Geist, Bewußtsein und Evolution, die entsprechende ganzheitliche Auffassung von Gesundheit und Heilen, die Integration der abendländischen und der östlichen Auffassung von Psychologie und Psychotherapie, einen neuen Rahmen für Wirtschaftswissenschaft und Technologie sowie eine ökologische und feministische Perspektive, die ihrem tiefsten Wesen nach spiritueller Natur ist und die tiefgreifende Veränderungen unserer gesellschaftlichen und politischen Strukturen hervorrufen wird.

Insgesamt wird ein breites Spektrum von Ideen und Phänomenen erörtert. Dabei bin ich mir durchaus dessen bewußt, daß meine Darstellung sehr komplizierter Entwicklungen in verschiedenen Wissensgebieten zwangsläufig oberflächlich sein muß – entsprechend der Begrenzung des verfügbaren Platzes, meiner Zeit und meinem Wissensstand. Andererseits empfand ich beim Abfassen dieses Buches zunehmend, daß das darin von mir befürwortete Systemverständnis auch auf das Buch selbst anwendbar ist. Keines seiner Elemente ist im echten Sinne »original«, und einige mögen etwas vereinfacht dargestellt sein. Aber die Art und Weise, wie die verschiedenen Teile ins Ganze integriert wurden, ist wichtiger als die Teile selbst. Das Aufzeigen der Querverbindungen und der wechselseitigen Abhängigkeiten zwischen den vielen verschiedenen Vorstellungen stellt das Eigentliche meines Beitrages dar. Ich will hoffen, daß das sich daraus ergebende Ganze mehr ist als die Summe seiner Teile.

Dieses Buch wendet sich an den interessierten Laien; alle Fachausdrücke werden in Fußnoten auf der Seite erklärt, auf der sie zum ersten Male vorkommen. Allerdings hoffe ich, daß es auch Fachleute der verschiedenen Sachgebiete interessieren wird, die ich hier angesprochen habe. Sollten einige Leser an kritischen Bemerkungen Anstoß nehmen, so hoffe ich, daß niemand diese Äußerungen persönlich auffassen wird. Es war keineswegs meine Absicht, einzelne Berufsgruppen als solche zu kritisieren; ich wollte vielmehr aufzeigen, daß die dominierenden Begriffe und Verhaltensweisen in verschiedenen wissenschaftlichen Disziplinen im Grunde dieselbe unausgeglichene Weltsicht widerspiegeln – ein Weltbild, das noch immer von der Mehrheit der Menschen unseres Kulturkreises geteilt wird, das heute allerdings in schnellem Wandel begriffen ist.

Vieles von dem, was ich in diesem Buch ausspreche, ergibt sich aus meiner persönlichen Entwicklung. Mein Leben war entscheidend beeinflußt von den beiden revolutionären Trends der 1960er Jahre, deren einer auf gesellschaftlicher, der andere auf spiritueller Ebene wirksam war. In meinem ersten Buch, *Das Tao der Physik**, konnte ich einen inneren Zusammenhang zwischen der spirituellen Revolution und meiner Arbeit als Physiker aufzeigen. Gleichzeitig vermutete ich, daß die gewandelten Vorstellungen der modernen Physik auch bedeutsame gesellschaftliche Auswirkungen haben würden. Dementsprechend schrieb ich am Ende des Buches: »Ich glaube, daß die Weltanschauung, die aus der modernen Physik hervorgeht, mit unserer gegenwärtigen Gesellschaft unvereinbar ist, weil sie den harmonischen Zusammenhängen, die wir in der Natur beobachten, nicht Rechnung trägt. Um einen solchen Zustand des dynamischen Gleichgewichts zu erreichen, bedarf es einer völlig anderen sozialen und ökonomischen Struktur: einer kulturellen Revolution im wahren Sinne des Wortes. Das Überleben unserer ganzen Zivilisation kann davon abhängen, ob wir zu einer solchen Wandlung fähig sind.« In den seither vergangenen sechs Jahren habe ich obige Feststellung fortentwickelt und zum Thema dieses Buches gemacht.

Fritjof Capra

* Fritjof Capra: *Das Tao der Physik*. Die Konvergenz von westlicher Wissenschaft und östlicher Philosophie, vom Autor revidierte und erweiterte Neuausgabe von »Der kosmische Reigen«, Scherz Verlag, Bern, München, Wien, 1984.

Vorwort zur deutschen Neuausgabe

Als die deutsche Erstausgabe dieses Buches ein Jahr nach Veröffentlichung der amerikanischen Originalausgabe herauskam, wurde sie von der Leserschaft in Deutschland, der Schweiz und Österreich mit einem Interesse und einer Begeisterung aufgenommen, die meine Erwartungen weit übertrafen. Während mehrerer Vortragsreisen durch diese Länder wurde mir jedoch der Grund für die begeisterte Aufnahme bald klar. Die Zerstörung unserer natürlichen Umwelt, vor allem des Waldes, und die Bedrohung unserer Sicherheit und Überlebenschancen durch die Atomwaffen haben in Europa in den letzten Jahren so dramatisch zugenommen, daß sie heute den meisten Mitbürgern fast täglich schmerzlich zu Bewußtsein gebracht und von einer rasch wachsenden Zahl als Symptome der tiefgreifenden, weltweiten Krise erkannt werden, die den Ausgangspunkt meiner Darstellungen bildet. Dementsprechend sahen wir in den letzten Jahren besonders in der Bundesrepublik Deutschland ein dramatisches Anwachsen der Ökologiebewegung, der Friedensbewegung, einer Vielzahl von Bürgerinitiativen und der all diese umfassenden »grünen Bewegung«, die Gedanken und Werte vertritt, welche mit dem von mir vorgelegten ganzheitlich-ökologischen Weltbild weitgehend übereinstimmen.

Andererseits hörte ich auf meinen Vortragsreisen auch zahlreiche kritische Fragen und Einwände. Darunter waren drei besonders häufig: die Geschichte des mechanistischen Denkens und seines Wandels seien in meinem Buch vorwiegend aus angelsächsischer Sicht dargestellt; insbesondere sei die Tradition des ganzheitlich-ökologischen Denkens in der deutschen Geistesgeschichte nicht berücksichtigt; und schließlich komme die Philosophie überhaupt zu kurz. Ich sah sofort, daß diese Einwände berechtigt sind, wenn ich die Mängel auch dadurch erklären konnte, daß ich seit fast zwanzig Jahren hauptsächlich in England und den Vereinigten Staaten gelebt habe, alle meine Arbeiten auf englisch schreibe und mich deshalb vorwiegend auf angelsächsisches Quellenmaterial stütze.

Um meiner deutschsprachigen Leserschaft wenigstens einigermaßen gerecht zu werden, habe ich mich entschlossen, die Tradition des ökologischen Ganzheitsdenkens in der deutschen Geistesgeschichte im Folgenden kurz zu umreißen. Außerdem schien es mir angebracht, auf einige der Autoren, Organisationen und Institute hinzuweisen, die solches Denken in den letzten Jahren im deutschen Sprachraum entwickelt und gefördert haben. Die wichtigsten unter ihnen werden, soweit sie mir bekannt sind, im Anhang zu dieser Neuausgabe vorgestellt.

Fritjof Capra
Berkeley 1985

Einführung: Das ganzheitlich-ökologische Denken in der deutschen Geistesgeschichte

Das Hauptthema dieses Buches ist der gegenwärtig stattfindende »Paradigmenwechsel« in Wissenschaft und Gesellschaft des Abendlandes. Es ist dies ein Wandel der Weltanschauung vom mechanistischen Weltbild des siebzehnten Jahrhunderts zu einer ganzheitlichen und ökologischen Sicht. Meine geschichtliche Darstellung beginnt im wesentlichen mit Descartes, den ich als Schlüsselfigur in der Entwicklung des mechanistischen Weltbildes sehe. Vor Descartes wurde zwischen Philosophie und Wissenschaft nicht unterschieden, und Descartes selbst verkörpert noch die Einheit dieser beiden Disziplinen, die er beide von Grund auf revolutionierte. Der Ausdruck »Philosophie« schloß bis ins neunzehnte Jahrhundert auch das ein, was wir heute als Naturwissenschaft bezeichnen. Etwa um die Mitte des 19. Jahrhunderts wurde die Philosophie in diesem allgemeinen Sinn in drei Teilgebiete unterteilt, deren Terminologie im deutschen Sprachraum bis heute im wesentlichen erhalten geblieben ist: die Geisteswissenschaften (einschließlich der eigentlichen Philosophie), die Naturwissenschaften und die Sozialwissenschaften.

Meine Darstellung des Paradigmenwechsels behandelt die Entwicklung der verschiedenen Wissenschaften seit Descartes, das heißt, die Vervollkommnung des kartesianischen Paradigmas und dann die langsame Wende zum ökologischen Weltbild. Dabei werden besonders die Natur- und Sozialwissenschaften berücksichtigt. Die Geisteswissenschaften sind nur durch die Psychologie vertreten, die in den USA – besonders in Form der Humanistischen und der Transpersonalen Psychologie – oft die Rolle der Philosophie übernimmt.[1]

Die Ausformulierung des mechanistischen Weltbildes bis an seine Grenzen und die darauf folgende langsame Ablösung durch das ganzheitliche Weltbild ist kennzeichnend für die Naturwissenschaften des siebzehnten bis zwanzigsten Jahrhunderts, tritt in der Philosophie jedoch nicht so klar zu Tage. Im philosophischen Denken gab es schon immer die Auseinandersetzung zwischen den beiden Strömungen und wird es sie wahrscheinlich auch immer geben. Während sich also die Naturwissenschaften eine Zeitlang ganz dem mechanistischen Weltbild verschrieben, haben sich in der Philosophie Gegenströmungen ausgebildet und erhalten, die auf einer langen Tradition ganzheitlich-ökologischen Denkens aufbauten. Dieses Denken beruht auf dem Bewußtsein der grundlegenden Verknüpfung und wechselseitigen Abhängigkeit aller Phänomene und der Eingebundenheit des einzelnen Menschen sowie der Gesellschaft in die zyklischen Vorgänge der Natur.[2]

Wie in allen Kulturen liegen die Ursprünge des Ganzheitsdenkens auch für die deutsche Geistesgeschichte in der Naturmystik, in der Wissenschaft, Philosophie und Religion wurzeln und wo bereits wesentliche Ideen des westlichen und östlichen Denkens vorhanden sind.[3] Eine im Abendland besonders einflußreiche Schule dieser Naturmystik ist die sogenannte »hermetische Tradition«, die auf den ägyptischen Weisen Hermes Trismegistos zurückgeht. Die Quelle für unser Wissen über diese Tradition sind 42 spätantike Schriften, die zwischen dem fünften und achten Jahrhundert ins Griechische und im fünfzehnten Jahrhundert ins Lateinische übersetzt wurden. Sie bildeten das Fundament der magischen Weisheitslehren der Araber und wirkten weit in die abendländische Geschichte. Ein darin enthaltener Text, die *Tabula Smaragdina*, formuliert den Grundgedanken der hermetischen Tradition (wie aller Mystik), eine Schau, die alles Seiende trotz seiner Gegensätzlichkeiten als eines sieht:

> Das, was unten ist, ist wie das Obere, und das Obere gleich dem Unteren, auf daß sie vereinigt ein Ding hervorbringen mögen, das voller Wunder steckt.[4]

Diese Denkweise beinhaltet die Überzeugung von der unauflösbaren Zusammengehörigkeit des Menschen mit dem übrigen Sein und läßt sich als Urform ökologischen Denkens verstehen. Sie kehrt bei den verschiedensten, auch kirchlich gebundenen Denkern wieder. Sie führt zu dem durchgängig für alle Naturmystik charakteristischen Bild: der Korrespondenz zwischen Mikro- und Makrokosmos. Von der Figur des Adam Kadmon, der alle Gegensätze in sich vereinigenden zentralen Gestalt der kabbalistischen Lehre, über die gesamte jüdisch-christliche und islamische Mystik bis hin zu Giordano Bruno und dem Beginn der modernen Naturwissenschaft werden Entsprechungen gesehen zwischen dem Menschen als der Welt im kleinen und dem Kosmos als der Welt im großen. Die Anschauung des Menschen als Spiegel kosmischer Ordnung ist auch ein Kerngedanke der östlichen Mystik. Im Hinduismus zum Beispiel wird er durch die Einheit von Brahman, der höchsten Wirklichkeit, und Atman, dem innersten Wesen des Menschen, ausgedrückt.[5]

Im deutschen Humanismus kommt die hermetische Überzeugung zum Beispiel in der Heilkunde des Paracelsus zum Ausdruck:

> Man muß verstehen, daß der Mensch die kleine Welt ist . . . daß alle himmlische Läuf, irdische Natur, wässrige Eigenschaft und luftiges Wesen in ihm sind. In ihm ist die Natur aller Früchte der Erde, und aller Erz, Natur der Wasser . . .[6]

Hundert Jahre später treffen wir den gleichen Gedanken in den Schriften des Naturmystikers Jakob Böhme:

> Der Mensch ist eine kleine Welt aus der großen und hat der ganzen großen Welt Eigenschaften in sich: Also hat er auch der Erde und Steine Eigenschaft in sich . . .[7]

Mit der Entsprechung von Mikro- und Makrokosmos geht die von Innen und Außen Hand in Hand. Von Paracelsus wird sie auf die Medizin angewandt (ähnlich wie in der heutigen Psychosomatik[8]) und von Böhme auf die Verkettung von Gott und Natur, von Sprache und äußerer Gestalt, von Leib und Seele. Damit verwandt ist auch der Gedanke des verbindenden Gleichen zwischen Erkenntnisgegenstand und Erkenntnisorgan, besonders bekannt in der Goetheschen Fassung »Wär nicht das Auge sonnenhaft, die Sonne könnt es nie erblicken«.

Die moderne Naturwissenschaft hat die hermetische Lehre vom Menschen als Mikrokosmos zwar nicht im wörtlichen Sinne bestätigt, doch bildet das ihr zugrunde liegende Analogieempfinden von Mustern, Gesetzen und Organisationsprinzipien auch die Grundlage des modernen Systemdenkens.[9] Ein weiterer Kerngedanke des modernen ganzheitlich-ökologischen Paradigmas – die Welt als dynamisches Gewebe von Beziehungen, in dem kein Teil fundamentaler ist als irgendein anderer Teil[10] – ist ebenfalls ein in der Naturmystik ständig wiederkehrendes Bild. So sieht Böhme als die Essenz allen Seins ein Netzwerk von dynamischen Kräften (»Qualitäten«), die miteinander in Beziehung stehen, und zwar nicht rangmäßig gegliedert, sondern unhierarchisch, in wechselseitiger Abhängigkeit:

> Eine jede ursachet und macht die andere, keine ist die erste noch letzte, sondern es ist das ewige Band.[11]

Die religiöse Tradition der Naturmystiker ging von Gotteserfahrungen aus, bezog aber dann die Natur, die sie als identisch mit dem Göttlichen erfuhr, in ihre Lehren ein. Eine Schlüsselstelle in dieser Ausweitung ist das Werk Spinozas, der als unmittelbarer Nachfolger von Descartes dessen streng »geometrische« Methode übernahm, sich aber zugleich bemühte, im kartesianischen Weltbild Raum für Ehrfurcht vor der Natur und für ethische Gesetze zu schaffen. Seine Leitformel *»Deus sive natura«*, die schwer genauso knapp zu übersetzen ist (am besten vielleicht mit »Gott = Natur«), enthält den tiefsten metaphysischen Grund, *warum* die Menschen mit der Natur ökologisch umgehen sollten. Das spirituelle Element der tiefen Ökologie[12] kommt hier kristallklar zum Ausdruck.

Spinoza wandte sich (ebenso wie später in systematischerer Weise auch Kant) gegen die Degradierung der übrigen Welt zum bloßen Mittel für die Zwecke des Menschen und entkräftete das Argument, daß die Selbstverwirklichung des Menschen als »Krone der Schöpfung« allem anderen Sein überzuordnen und die Natur auf die Stufe des Knechtseins zu verweisen sei. Die Dualisten des siebzehnten Jahrhunderts beurteilten derartige Gedanken jedoch als ungeheuerlich, und Spinoza wurde wegen seiner Sicht von Gott und Natur als Abtrünniger aus der jüdischen Gemeinde verbannt und als Atheist verschrien. Dagegen betont sein späterer Bewunderer Goethe, daß er ihn gerade darum »theissimum, ja christianissimum nennen und preisen« möchte, denn hier würde Spinoza nicht nur das Dasein Gottes beweisen, sondern Gott im Dasein erkennen.[13]

Im achtzehnten Jahrhundert tritt die Zusammengehörigkeit von Natur und Mensch gerade bei christlichen Denkern immer mehr ins Zentrum. So zum Beispiel bei Johann Gottfried Herder, der zwar die Gesetzlichkeit und Ordnung der Welt aus derjenigen in der Macht und Vernunft Gottes hervorgehen sieht, sich aber stärker als seine Vorgänger mit dem Phänomen der Entwicklung auseinandersetzt. Geschichte ist für Herder nichts weiter als der ununterbrochene Verlauf natürlicher Entwicklung, und in seinen *Ideen zur Philosophie der Geschichte der Menschheit* beschreibt er diesen Verlauf vom Standpunkt der Eingebundenheit des Menschen in die Natur:

> (Der Mensch) lebt vom Hauch der Luft wie von den verschiedenen Kindern der Erde, den Speisen und Getränken; er verarbeitet Feuer, wie er Licht einsaugt . . . Wachend und schlafend, in Ruhe und Bewegung, trägt er zur Veränderung des Universums bei, und sollte *er* von demselben nicht verändert werden? . . . Ein lebendiges Selbst ist er, auf welches die Harmonie aller ihn umgebenden Kräfte wirket.[14]

Zur Zeit der Niederschrift dieses Werkes stand Herder auch in regem, vertrautem Gedankenaustausch mit Goethe und bestärkte diesen darin, die Entwicklungen und Prozesse des Werdens in Geschichte und Natur wahrzunehmen.

Goethe nun ist die zentrale Gestalt in der Entwicklung des ökologischen Ganzheitsdenkens in der deutschen Geistesgeschichte. Ende des achtzehnten Jahrhunderts und zu Beginn des neunzehnten entworfen, erlangt seine Naturlehre erst heute, am Ende des zwanzigsten Jahrhunderts, bestürzende Aktualität und stimmt in ihren Grundzügen mit dem heute entstehenden ganzheitlich-ökologischen Paradigma überein. Diese Naturlehre – Naturforschung, Naturphilosophie und Naturreligion in einem – hat in Goethes Leben einen ebenso großen Raum an Interesse, anstrengender Arbeit und schriftstellerischer Verarbeitung eingenommen wie seine Dichtung. Aber bezeichnenderweise wurde sie nicht genauso anerkannt. Der von den Rechten der Natur überzeugte, vernetzt denkende Synthetiker war den reduktionistisch orientierten Wissenschaftlern ebenso wie den auf Nützlichkeit und Verwertung ausgerichteten Fortschrittsdenkern des Maschinenzeitalters nur ein Dorn im Auge. Die Universalität des Goetheschen Lebens war ihnen unangenehm; sein transdisziplinäres Vorgehen, die ihm eigenen nahtlosen Übergänge vom Gelehrten zum Dichter, vom bildenden Künstler zum Anatom, vom Meteorologen zum Ergründer der menschlichen Seele, die in allen seinen Werken anzutreffen sind, waren für Einzelwissenschaftler äußerst suspekt. Erst die neueste, um ganzheitliche Erkenntnis bemühte wissenschaftliche Forschung unserer Zeit verspricht, Goethes Naturlehre den Rang einzuräumen, der ihr angesichts unserer Weltlage zukommt.

Goethes ganzheitlich-ökologische Sicht tritt uns in den 14 Bänden seiner *Naturwissenschaftlichen Schriften* entgegen; sie bestimmt seine naturphilosophischen Gedanken, die 50 Bände Briefe und 37 Bände Tagebücher durchziehen, ebenso wie seine Naturlyrik, in der leichten Schrittes von den Wolken und Sternen zur Menschenseele und wieder zur Seele des Kosmos hinübergewechselt wird. Aus diesem riesigen universalwissenschaftlichen und künstlerischen Komplex können hier nur einige wenige Elemente herausgegriffen werden, deren Verwandtschaft mit dem heutigen ökologischen Ganzheitsdenken besonders offensichtlich ist.

Wie das der Naturmystiker wird auch Goethes Denken von einer tief ökologischen Spiritualität getragen. Goethe bekennt sich, bestärkt durch Spinozas »*Deus sive natura*«, zu seiner »reinen, tiefen, angebornen und geübten Anschauungsweise, die mich Gott in der Natur, die Natur in Gott zu sehen unverbrüchlich gelehrt hatte, so daß diese Vorstellungsart den Grund meiner ganzen Existenz machte«.[15] Aus einer solchen ökologisch-spirituellen Sicht erscheinen alle Phänomene zwangsläufig als untrennbare Teile des kosmischen Ganzen, als verschiedene Manifestationen der gleichen letzten Wirklichkeit.[16] So notiert Goethe 1792: »In der lebendigen Natur geschieht nichts, was nicht in einer Verbindung mit dem Ganzen stehe.«[17]

In Goethes Anschauung der Natur gibt es keine Rangordnung und keine anthropozentrische Überheblichkeit. »Immer mehr bewunderungswürdig« ist ihm die Natur in allen ihren Erscheinungsformen und immer wieder treibt es ihn, »der großen formenden Hand nächste Spuren zu entdecken«. So war auch die »unsägliche Freude«, die ihn erfüllte, als er den Zwischenkieferknochen beim Menschen fand, mehr als nur die Freude eines Naturforschers über eine Entdeckung. Sie floß aus der erneuten Bestätigung, »daß die Natur ihre großen Maximen nicht fahren lasse«.

Bis dahin galt das Fehlen deses *Os intermaxillare* als anatomische Rechtfertigung für die Trennung von Mensch und Tier. Goethe beging nicht nur das Sakrileg, diesen Knochen beim Menschen zu suchen und auch zu finden, sondern ihn auch als Beweis für das Kontinuum der Wirbeltiere insgesamt, einschließlich des Menschen, zu deuten. Einige Jahre später drückte er seine tiefe Überzeugung von der innigen Verbundenheit aller Lebewesen – Pflanzen, Tiere und Menschen – in einer Arbeit über das Skelett der Nagetiere wie folgt aus:

> So ist jede Kreatur nur ein Ton, eine Schattierung einer großen Harmonie, die man auch im großen und ganzen studieren muß, sonst ist jedes einzelne ein toter Buchstabe.[18]

Beim Vergleich der Goetheschen Naturlehre mit dem in diesem Buch vorgestellten Systembild des Lebens[19] fiel mir besonders stark der Bezug zu Gregory Bateson, dem vielleicht einflußreichsten Systemdenker unserer Zeit, auf. Wie Goethe war auch Bateson ein universaler, synthetischer Denker, der die grundlegenden Annahmen mehrerer Fachgebiete in Frage stellte, indem er nach Strukturen hinter Strukturen und nach Prozessen hinter Formen suchte. Sein Hauptanliegen war es, das vereinende Organisationsprinzip in allen Phänomenen, die er beobachtete, zu finden. »Welches Muster verbindet die Krabbe mit dem Hummer, die Orchidee mit der Primel und alle vier mit mir, und mich mit dir?« fragte Bateson[20] – über zwei Jahrhunderte hinweg ein deutliches Echo der Goetheschen Frage nach »der großen formenden Hand nächsten Spuren«. Hier begegnen wir der gleichen Sicht aller Lebewesen als »Schattierungen einer großen Harmonie«.

Goethes Naturlehre hat mit dem Systemansatz der heutigen Naturwissenschaft nicht nur die Erkenntnis der grundlegenden Verknüpfung aller Phänomene gemeinsam, sondern auch eine weitere, wichtige Erkenntnis, nämlich die der grundlegenden Dynamik, die allen lebenden Systemen innewohnt.[21] Wie bei den modernen Systemdenkern zieht sich auch bei Goethe der Gedanke der Bewegung in den Formen und des Sich-Entfaltens allen Lebens durch sein gesamtes Werk. In seiner *Morphologie der Tiere* spricht Goethe von der »beweglichen Ordnung« der Natur, und ebenso wie die Systembiologen heute erkennt er die Bedeutung zyklischer Prozesse und der damit zusammenhängenden Polarität von Gegensätzen.[22] So schreibt er mit gutmütigem Humor an seinen Physikprofessor:

> Seit unser vortrefflicher Kant mit dürren Worten sagt: es lasse sich keine Materie ohne Anziehen und Abstoßen denken (das heißt doch wohl, nicht ohne Polarität), bin ich sehr beruhigt, unter dieser Autorität meine Weltanschauung fortsetzen zu können, nach meinen frühesten Überzeugungen, an denen ich niemals irre geworden bin.[23]

Goethe gründete seine Naturlehre auf eine Naturerfahrung, die wissenschaftlich genaue Beobachtung, darüber hinaus aber auch Ehrfurcht und Einfühlung einschloß – ein harmonisches Zusammenwirken von Verstand und Intuition, von »Denken und Anschauen«, wie er selbst es nannte. In einer solchen Erfahrung der Natur besteht ein enger Zusammenhang zwischen Wissen und Gewissen, zwischen Wissenschaft und Ethik, der für Goethe ganz wesentlich war. So konnte er der Mathematik kein Interesse abgewinnen, da sie zu sehr den reinen Denkformen anhinge; ihr fehle das »Verhältnis zum Gewissen«. Wiederum fällt der Bezug zu Bateson auf, dem eine ähnliche Naturbetrachtung eigen war und der ebenso wie Goethe den Zusammenhang zwischen ökologischer Erfahrung und Ethik stark betonte.

Zu Goethes Zeiten war die *Erhaltung* der natürlichen Umwelt kein Thema; die Verantwortung dafür und die Rücksicht auf sie hatten keine Dringlichkeit. Das hat sich jedoch geändert. Wo Wissenschaftler sich heute nicht diesen Werten öffnen, die unser Handeln leiten müssen, stellen sie sich außerhalb des zeitgemäßen Lebenszusammenhangs. Wir werden als Menschen nur dann eine Zukunft haben, wenn Naturwissenschaft und Ethik in einem gedacht werden, und gerade deshalb ist das Goethesche Weltbild heute besonders aktuell.

Einer der bedeutendsten Verbreiter und Weiterentwickler der Goetheschen Naturlehre war Rudolf Steiner, Gründer der anthroposophischen Bewegung, der Goethe bewundernd den »Kopernikus und Kepler der organischen Welt« nannte und seine *Naturwissenschaftlichen Schriften* in der berühmten Weimarer Ausgabe editierte. Steiner war wissenschaftlich geschult und befürwortete wie Goethe das »anschauende Denken«. Darüber hinaus jedoch schöpfte er sein Wissen aus tiefer mystischer Versenkung, in der sich ihm eine übersinnliche, spirituelle Welt offenbarte. Obwohl er großen Wert auf das verstandesmäßige Erfassen spiritueller Wahrheiten legte und in seinem ganzheitlichen Denken wegweisend war, ist Steiner vielleicht eher als Seher denn als Denker zu bezeichnen.

Steiners Lehre, die er in über 300 Bänden niederschrieb und in über 6000 Vorträgen – größtenteils aus dem Stegreif – erläuterte, ist eine mystische Vision, in der okkulte Geheimlehren und Urmythen der Menschheit zu einer kosmischen Gesamtschau verwoben sind. Was immer man von diesem mystisch-okkulten Werk halten mag, seine Umsetzungen ins praktische Leben sind überaus eindrucksvoll, und Steiners Rolle als Wegweiser zum ganzheitlich-ökologischen Denken auf den verschiedensten Gebieten – Pädagogik, Landbau, Medizin, Architektur, Theater – ist unbestritten. Die international verbreiteten Waldorfschulen, in denen künstlerische und intellektuelle Entfaltung gleichermaßen gefördert werden; die Institute für biologisch-dynamische Landwirtschaft ohne jede Chemie; die Dorfgemeinschaften für Behinderte; die anthroposophischen Kliniken, an denen Naturheilverfahren, basierend auf dem Wechselspiel von Psyche und Körper, angewandt werden – sie alle sind Zentren ökologisch sinnvoller Praxis, die der Steinerschen Lehre zu großer Bedeutung verholfen haben.

Im achtzehnten und neunzehnten Jahrhundert dachten die Geisteswissenschaftler in Europa, im Gegensatz zu den Naturwissenschaftlern, überwiegend ganzheitlich. Der Siegeszug der Naturwissenschaften im neunzehnten Jahrhundert unter der Führung der Newtonschen Physik[24] brachte jedoch den Positivismus als eine neue philosophische Richtung hervor, die das Ziel hatte, Philosophie so zu betreiben wie die Naturwissenschaftler ihre Wissenschaft. Im zwanzigsten Jahrhundert traten dann die Neopositivisten in Erscheinung, die auch heute noch vielfach das Feld der akademischen Philosophie beherrschen.

Der Positivismus entwickelte sich in zwei Richtungen: eine, die der Mathematik nacheifernd das formallogische Kalkül als einzig exakte Denkmethode praktiziert, und die andere, die den Tatsachen huldigend nur das Empirische gelten läßt. Zusammengenommen sind beide Richtungen charakterisiert durch die Methoden der Analyse, der Kontrolle und Verifizierbarkeit. Restlose Beweise sollen erbracht und widerspruchsfreie Definitionen geliefert werden – bei allseitigem Objektivitätsanspruch und Ausschaltung von Wertaussagen aus der Philosophie, die so angeblich zur exakten Wissenschaft avanciert.

Andererseits ist in der Hinwendung zur Dialektik eine Tendenz zur Wiedergewinnung des ganzheitlichen Denkens zu erkennen. Mit Hegel hat die Dialektik viel an Bedeutung gewonnen und ist seitdem immer wieder dazu verwendet worden, gegen einseitiges Denken in philosophischen und sozialen Theorien zu kämpfen, die im Wettstreit mit den »exakten« Wissenschaften auch die Geisteswissenschaften dem naturwissenschaftlichen Ideal anpassen wollen. So hat Friedrich Engels zum Beispiel seine *Dialektik der Natur* als »Wissenschaft des Gesamtzusammenhanges« konzipiert, und er mahnt darin:

> In der Natur geschieht nichts vereinzelt. Jedes wirkt aufs andere und umgekehrt, und es ist meist das Vergessen dieser allseitigen Bewegung und Wechselwirkung, das unsere Naturforscher verhindert, in den einfachsten Dingen klar zu sehen.[25]

Die dialektische Theorie hält an dem ureigensten philosophischen Anspruch fest, Aussagen über das Ganze, über eine Totalität zu machen, in der Subjektivität, Vermittlung, Widerspruch und Spekulationen als kritische Selbstreflexion des Verstandes mitbestimmen. In dem berühmten »Positivismusstreit« von 1968 zwischen Dialektikern wie Adorno und Habermas und Positivisten wie Karl Popper und Hans Albert ging es immer wieder um die Totalität als Stein des Anstoßes.[26] Auch wenn es dort um die gesellschaftliche Totalität ging, sind wichtige Bestimmungen auf die in unserem Kontext angesprochene Gesamtheit der lebenden Welt, also auf Natur plus Gesellschaft, übertragbar.

Nach Ansicht der Positivisten geht das Erfassen des Ganzen über Wissenschaftlichkeit hinaus und muß deshalb unterbleiben. Man habe sich zu beschränken auf Tatsachenaussagen, Einzelanalysen, Nachprüfbares. Nach dialektischer Ansicht ist dies aber eine Kapitulation der Reflexion, ein sinnloser Verzicht auf die Wahrheit. Die Totalitätskategorie erst hilft, das einzelne in seine richtigen Beziehungsfelder zu rükken und es so erst wirklich zu erkennen und zu erklären.

Wenn das Übergehen von Satz zu Gegensatz, von einem in das andere, von Leib in Seele oder von Einzelorganismus in Umwelt, wenn die Beziehungen und wechselseitigen Abhängigkeiten zwischen einzelnen Lebewesen und deren Lebensbedingungen zur Erkenntnisaufgabe gemacht werden, dann ist die fixierende Analyse allein, die Tatsachen voneinander sondert und geradlinig-kausal aufreiht, ungeeignet. Dagegen tritt »Vermittlung« als Schlüsselbegriff der Dialektik auf, das heißt der Begriff der dynamischen Verknüpfungen wird in den Brennpunkt gerückt. Dialektik ist also die Lehre von den Verknüpfungen und ist somit dem ganzheitlich-ökologischen Paradigma eng verwandt. Darüberhinaus postuliert Adorno »Totalität ist keine affirmative, vielmehr eine kritische Kategorie«[27] und meint damit, daß nicht nur schlicht beschrieben wird, was vorhanden ist, sondern daß Totalität den menschlichen Werthorizont und damit auch Verantwortung einschließt und deshalb zur Veränderung der gegenwärtigen Lage auffordert. Diesem Anspruch schließe ich mich mit dem vorliegenden Buch an.

Heutzutage wird ganzheitlichen Denkern oft der Vorwurf gemacht, sie wollten das rationale Denken durch intuitives, irrationales Fühlen ersetzen; damit begäben sie sich auf einen Weg, der in unserer jüngsten Vergangenheit verheerende Folgen gehabt habe. Ich selbst habe diesen Vorwurf auf meinen Vortragsreisen durch die Bundesrepublik des öfteren zu hören bekommen und möchte daher noch einmal in aller Deutlichkeit feststellen, daß es mir keineswegs um die Abschaffung des rationalen, analytischen Denkens geht (welches ich als theoretischer Physiker in meiner Forschungstätigkeit nach wie vor mit Freude und einigem Erfolg pflege), sondern vielmehr um dessen Ausweitung und Bereicherung im Rahmen des ökologischen Ganzheitsdenkens.

Die Auseinandersetzung zwischen Reduktionismus und Ganzheitsdenken, um die es im Positivismusstreit ging, hat es in der europäischen Geistesgeschichte seit dem siebzehnten Jahrhundert immer gegeben und sie wird sich wahrscheinlich auch weiterhin fortsetzen. Der exakten Logik und analytischen Methode der Naturwissenschaften wird immer auch eine philosophische Richtung entsprechen. Andererseits wird es aber auch immer die Richtung geben, welche den ganzheitlichen Ansätzen in der Wissenschaft und deren Beziehungen zur Mystik verwandt ist. Wir sollten daher den Streit zwischen den beiden Richtungen nicht fortsetzen, sondern vielmehr als Spätgeborene die große Chance wahrnehmen, das Widersprüchliche beider Richtugen in dynamischem Wechselspiel in den ganzheitlich-ökologischen Rahmen zu integrieren.

Nur so wird es möglich sein, *Werte* in die Wissenschaft einzuführen und den Goetheschen Zusammenhang von Wissen und Gewissen wiederzufinden. Dabei fällt der Philosophie eine wesentliche Rolle zu, denn nur durch sie kann Ethik in die Wissenschaft eingebracht werden. »Theorie« war von Platon und Aristoteles her als die geistige Schau auf die *ganze* Welt des Seienden, insgesamt und überall, gedacht. In einem zentralen platonischen Dialog, dem *Theaitet*, in dem ergründet werden soll, wie der Philosoph zum Wissen über die Welt gelangen kann und was Wissen sei, wird der Philosoph als einer charakterisiert, der nicht die Kleinigkeiten des Alltags zählen kann, denn er sei gewohnt »über die ganze Erde zu schauen«.[28] Eine solche Gesamtschau ist nach wie vor das Privileg der Philosophen. Mit den Worten der Heidelberger Philosophin und Ökologin Manon Maren-Grisebach: »Die Philosophie bleibt der Hort des ganzheitlichen Denkens.«

ERSTER TEIL

Krise und Wandlung

1. An der Wende der Gezeiten

Zu Beginn der beiden letzten Jahrzehnte unseres Jahrhunderts befinden wir uns inmitten einer tiefgreifenden, weltweiten Krise. Es handelt sich um eine vielschichtige, multidimensionale Krise, deren Facetten jeden Aspekt unseres Lebens berühren – unsere Gesundheit und Lebensführung, die Qualität unserer Umwelt und unsere gesellschaftlichen Beziehungen, unsere Wirtschaft, Technologie und Politik. Es ist eine Krise von intellektuellen, moralischen und spirituellen Dimensionen, von einem Umfang und einer Eindringlichkeit, wie sie in der aufgezeichneten menschlichen Geschichte ohne Beispiel dasteht. Zum ersten Male sind wir von der sehr realen Gefahr der Auslöschung der menschlichen Rasse und des gesamten Lebens auf diesem Planeten bedroht.

Wir haben Zehntausende von Kernwaffen gelagert, ausreichend, um die ganze Welt mehrmals zu zerstören, und dennoch wird der Rüstungswettlauf mit unverminderter Geschwindigkeit fortgesetzt. Im November 1978, zum Zeitpunkt, an dem die Vereinigten Staaten und die Sowjetunion ihre zweite Gesprächsrunde über die Verträge zur Begrenzung der Strategischen Rüstung (SALT) abschlossen, setzte das Pentagon sein bisher ehrgeizigstes Programm zur Herstellung von Kernwaffen innerhalb zweier Jahrzehnte in Gang. Zwei Jahre später kulminierte es im gewaltigsten militärischen Kraftakt der Geschichte: einem Verteidigungsbudget von tausend Milliarden Dollar für einen Zeitraum von fünf Jahren.[1]

Seit diesem Zeitpunkt produzieren die amerikanischen Bombenfabriken mit voller Kapazität. In Pantex, dem Werk in Texas, in dem jede den Vereinigten Staaten gehörende Kernwaffe zusammengebaut wird, wurden zusätzliche Arbeitskräfte eingestellt und zweite und dritte

Schichten gefahren, um die Produktion von Waffen von noch nie dagewesener Zerstörungskraft zu steigern.[2]

Die Kosten dieses kollektiven nuklearen Irrsinns sind atemberaubend. Im Jahre 1978, also vor der jüngsten Kosteneskalation, gab die Welt 425 Milliarden Dollar für militärische Zwecke aus – also mehr als eine Milliarde Dollar täglich. Mehr als einhundert Länder, die meisten von ihnen der Dritten Welt zugehörig, kaufen laufend Waffen, und der Verkauf an militärischen Ausrüstungen für nukleare und konventionelle Kriege beläuft sich auf eine Summe, die größer ist als das Volkseinkommen aller Völker der Welt zusammengerechnet, zehn davon ausgenommen.[3]

Inzwischen verhungern jährlich über 15 Millionen Menschen, die meisten von ihnen im Kindesalter; weitere 500 Millionen sind ernstlich unterernährt. Fast 40 Prozent der Weltbevölkerung haben keine ausreichende ärztliche Versorgung, und dennoch geben Entwicklungsländer mehr als dreimal soviel Geld für Rüstung wie für ihr Gesundheitswesen aus. 35 Prozent der Menschheit mangelt es an gesundem Trinkwasser, während andererseits die Hälfte ihrer Wissenschaftler und Ingenieure in der Rüstungstechnologie beschäftigt ist.

In den Vereinigten Staaten, wo der militärisch-industrielle Komplex zu einem festen Bestandteil des Regierungsapparates geworden ist, versucht das Pentagon uns davon zu überzeugen, daß die Herstellung von immer mehr und immer noch besseren Waffen die Sicherheit des Landes verstärken werde. Tatsächlich jedoch trifft das Gegenteil zu – mehr Kernwaffen bedeuten mehr Gefahren. Seit fünf Jahren wird in der amerikanischen Verteidigungspolitik ein alarmierender Wandel deutlich, der Trend, ein Kernwaffenarsenal aufzubauen, das nicht mehr wie früher für den Gegenschlag, sondern für den Ersten Schlag bestimmt ist. Es gibt mehr und mehr Beweise dafür, daß die Strategien des Ersten Schlages nicht länger nur eine militärische Option, sondern den zentralen Kern der amerikanischen Verteidigungspolitik bilden.[4] In einer solchen Lage macht jede neue Rakete einen Kernwaffenkrieg noch wahrscheinlicher. Kernwaffen verbessern nicht unsere Sicherheit, wie das militärische Establishment uns glauben machen möchte; sie vergrößern nur die Wahrscheinlichkeit globaler Zerstörung.

Die Gefahr eines Kernwaffenkrieges ist die größte der Gefahren, die die Menschheit heute bedrohen, jedoch keineswegs die einzige. Während die Militärmächte ihre Arsenale an todbringenden Kernwaffen vermehren, ist die industrielle Welt damit beschäftigt, nicht weniger gefährliche Kernkraftwerke zu bauen, die das Leben auf unserem Planeten auszulöschen drohen. Vor 25 Jahren beschlossen die Staatsmänner, »Atome für den Frieden« zu nutzen, und stellten uns die Kernkraft als die zuverlässige, saubere und billige Energiequelle der Zukunft dar. Heute wird uns schmerzlich bewußt, daß die Kernkraft weder sicher noch sauber, noch billig ist. Die gegenwärtig 360 in der ganzen Welt betriebenen und die Hunderte in Planung befindlichen Kernreaktoren sind zu einer großen Gefahr für unser Wohlbefinden geworden.[5] Kernreaktoren setzen dieselben radioaktiven Elemente frei wie die Abfallprodukte von Atombomben. Tausende von Tonnen dieser toxischen Stoffe haben bereits als Folge nuklearer Explosionen und als Reaktorabfälle unsere Umwelt infiltriert. Da diese Stoffe weiterhin angehäuft werden – in der Luft, die wir atmen, in der Nahrung, die wir zu uns nehmen, im Wasser, das wir trinken –, nimmt auch unser Risiko zu, Krebs und Erbkrankheiten zu erwerben. Das gefährlichste dieser radioaktiven Gifte, Plutonium, ist spaltbar, kann also zur Herstellung von Atombomben benutzt werden. Auf diese Weise sind Kernkraftwerke und Kernwaffen unauflösbar miteinander verbunden; sie stellen beide nur unterschiedliche Aspekte derselben großen Bedrohung der Menschheit dar. Ihre fortgesetzte Weiterverbreitung vergrößert täglich die Wahrscheinlichkeit der Auslöschung der Welt.

Selbst wenn man einmal die Gefahr einer nuklearen Katastrophe außer acht läßt, bleiben das globale Ökosystem und die weitere Evolution des Lebens auf dieser Erde ernstlich gefährdet und können durchaus in einer riesenhaften ökologischen Katastrophe enden. Die Überbevölkerung und die industrielle Technologie haben auf verschiedenartige Weise zu einer ernsthaften Verschlechterung der natürlichen Umwelt beigetragen, von der unser aller Leben abhängt. Die Folge ist eine schwere Gefährdung unserer Gesundheit und unseres Wohlbefindens. Unsere Städte liegen unter einer Dunstglocke erstickenden, senffarbigen Smogs. Wer in einer Großstadt lebt, erfährt dies täglich am eigenen Leib – wir spüren ihn, wenn er in unseren Augen brennt und unsere Lungen reizt. In einer öffentlichen Erklärung von sechzig Angehörigen der Medizinischen Fakultät der Universität von Kalifornien in Los Angeles heißt es: »Die Luftverschmutzung ist jetzt zu einem großen Gesundheitsrisiko für den größten Teil dieser Stadt während eines erheblichen Teiles des Jahres geworden.«[6] Der Smog ist jedoch nicht auf die großen städtischen Ballungsgebiete der Vereinigten Staaten beschränkt. Er ist genauso störend, wenn nicht schlimmer, in Mexico City, Athen und Istanbul. Die andauernde Luftverschmutzung wirkt sich nicht nur auf den Menschen aus, sondern bringt auch die ökologischen Systeme in Unordnung. Sie schädigt und tötet Pflanzen, und diese Veränderungen im Leben der Pflanzen können drastische Wandlungen im Leben der Tiere einleiten, die sich von diesen Pflanzen ernähren. Heute findet sich Smog nicht nur in der Nähe großer Städte, sondern über die ganze Erdatmosphäre verteilt, was das Klima der Erde nachteilig beeinflußt. Die Meteorologen sprechen von einem Nebelschleier von Luftverschmutzung, der den ganzen Planeten umgibt.

Unsere Gesundheit wird nicht nur durch Luftverschmutzung bedroht, sondern auch durch das Wasser, das wir trinken, und die Nahrung, die wir zu uns nehmen, da beide von einer Vielfalt toxischer Chemikalien vergiftet sind. In den Vereinigten Staaten werden jährlich etwa tausend neue chemische Verbindungen in Form von synthetischen Zusätzen zu Nahrungsmitteln, von Schädlingsbekämpfungsmitteln und Plastikstoffen auf den Markt gebracht. Auf diese Weise ist chemische Vergiftung zu einem stetig wachsenden Bestandteil unseres Wohlstandslebens geworden. Damit nicht genug: Die Gefährdung unserer Gesundheit durch die Vergiftung von Luft, Wasser und Nahrungsmitteln stellt nur die auffälligste unmittelbare Einwirkung der menschlichen Technologie auf die natürliche Umwelt dar. Weniger offensichtliche, aber möglicherweise erheblich gefährlichere Auswirkungen sind erst seit kurzem erkannt, aber noch nicht voll erforscht.[7] Dennoch steht eindeutig fest, daß unsere Technologie das ökologische System, von dem unsere Existenz abhängt, ernstlich beeinträchtigt und vielleicht sogar dabei ist, es zu zerstören.

Die Verschlechterung unserer natürlichen Umwelt findet ihre Parallele in einer entsprechenden Verschlimmerung der Gesundheitsprobleme des einzelnen. Während in der Dritten Welt Ernährungs- und Infektionskrankheiten die größten Mörder sind, werden die Menschen in den Industriestaaten von jenen chronischen und degenerativen Krankheiten geplagt, die man zutreffend als »Zivilisationskrankheiten« bezeichnet. Von ihnen verursachen Herzkrankheiten, Krebs und Schlaganfälle die meisten Todesfälle. Im psychologischen Bereich scheinen ernsthafte Depressionen, Schizophrenie und sonstige psychische Störungen der parallelen Verschlechterung unserer gesellschaftlichen Umwelt zu entspringen. Es gibt zahlreiche Hinweise auf den Zerfall des Gemeinschaftslebens, wozu die steigende Anzahl von Gewaltverbrechen, Unfällen und Selbstmorden, verstärkter Alkoholismus und Drogenmißbrauch gehören. Mehr und mehr Kinder leiden unter Lernunfähigkeit und Verhaltensstörungen. Der Anstieg von Gewaltverbrechen und Selbstmorden bei jungen Menschen ist so dramatisch, daß man von einer Epidemie gewaltsamen Todes gesprochen hat. Gleichzeitig ist der Verlust an jungen Leben durch Unfälle, vor allem Verkehrsunfälle, zwanzigmal größer als die Sterberate bei Kinderlähmung, als diese ihren Höhepunkt erreicht hatte. Victor Fuchs, der die wirtschaftlichen Aspekte der Gesundheit erforscht, hat das einmal so ausgedrückt: »›Epidemisch‹ ist als Wort fast zu schwach, um die Lage zu beschreiben.«[8]

Neben diesen gesellschaftlichen Pathologien sind wir auch Zeugen wirtschaftlicher Anomalien, die unsere führenden Wirtschaftswissenschaftler und Politiker zu verwirren scheinen. Umsichgreifende Inflation, massive Arbeitslosigkeit sowie eine übermäßig schlechte Verteilung von Einkommen und Wohlstand sind zu Strukturproblemen der meisten nationalen Volkswirtschaften geworden. Die daraus entstehende Unzufriedenheit innerhalb der Bevölkerung und bei den Politikern wird noch durch die Erkenntnis verschlimmert, daß Energie und Bodenschätze – die Grundvoraussetzungen jeder industriellen Aktivität – schneller und schneller erschöpft werden.

Angesichts dieser dreifachen Bedrohung durch Erschöpfung der Energiequellen, Inflation und Arbeitslosigkeit wissen unsere Politiker nicht mehr, was sie als erstes tun sollen, um die Gefahren zu verringern. Sie und die Medien debattieren über Prioritäten – sollte man zuerst die Energiekrise angehen oder zuerst die Inflation bekämpfen? –, ohne sich darüber klar zu sein, daß beide Probleme, genauso wie alle anderen hier genannten, nur unterschiedliche Facetten einer einzigen Krise sind. Ob wir von Krebs, Verbrechen, Umweltverschmutzung, Kernkraft, Inflation oder Energieknappheit sprechen – all diesen Problemen liegt dieselbe Dynamik zugrunde. Hauptzweck dieses Buches ist es, diese Dynamik zu analysieren und Richtungen für einen Wandel aufzuzeigen.

Bezeichnend für unsere Zeit ist, daß Personen, die als Fachleute in den verschiedenen Sachgebieten gelten, die dort auftretenden dringenden Probleme nicht mehr bewältigen können. Wirtschaftswissenschaftler sind nicht mehr imstande, die Inflation zu verstehen; Krebsfachärzte sind total verwirrt, was die Ursachen der Krebserkrankungen angeht; Psychiater stehen ratlos vor dem Problem der Schizophrenie; die Polizei ist hilflos angesichts der ansteigenden Verbrechenswelle – eine Liste, die sich noch lange fortsetzen ließe. Die Präsidenten der Vereinigten

Staaten pflegten die Tradition, sich an Wissenschaftler zu wenden, entweder unmittelbar oder durch *»brain trusts«* und »Denkfabriken«, die speziell zu dem Zweck berufen wurden, die Regierung in verschiedenen Fragen der Politik zu beraten. Diese intellektuelle Elite formulierte jeweils den Hauptstrom wissenschaftlicher Anschauungen und einigte sich im allgemeinen auf den grundlegenden theoretischen Rahmen, der die Grundlage ihres beratenden Gutachtens bildete. Heute besteht dieser Konsens nicht mehr. Im Jahre 1979 brachte die *Washington Post* einen Artikel unter der Überschrift »Der Ideenschrank ist leer«, in dem prominente Denker zugaben, daß sie nicht in der Lage seien, die dringendsten politischen Probleme der Nation zu lösen.[9] Die *Post* schrieb unter anderem: »Gespräche mit angesehenen Intellektuellen in Cambridge, Mass., und New York haben tatsächlich nicht nur bestätigt, daß der Hauptstrom von Ideen sich in Dutzende von Bächlein aufgesplittert hat, sondern daß er in einigen Bereichen vollkommen ausgetrocknet ist.« Einer der interviewten Wissenschaftler war Irving Kristol, Professor für Städtekultur an der Universität New York. Er erklärte, er sei dabei, seinen Lehrstuhl aufzugeben: »Ich habe nichts mehr zu sagen. Ich glaube nicht, daß auch jemand anders das noch tun könnte. Wird ein Problem zu schwierig, dann verliert man das Interesse daran.«

Als Ursache ihrer Verwirrung oder ihres Verzichts zitierten die Intellektuellen »neue Umstände« oder »den Lauf der Geschehnisse« – Vietnam, Watergate und das Fortbestehen von Slums, Armut und Verbrechen. Niemand hat jedoch das wirkliche Problem identifiziert, das unserer Ideenkrise zugrunde liegt – die Tatsache, daß die meisten Akademiker engbegrenzte Anschauungen von der Wirklichkeit haben und daher nicht fähig sind, mit den großen Problemen der Gegenwart fertigzuwerden. Wie wir noch im einzelnen sehen werden, handelt es sich hierbei um systembedingte Probleme, was bedeutet, daß sie eng miteinander verknüpft und voneinander abhängig sind. Man kann sie nicht mit der fragmentarischen Methodologie begreifen, die typisch für unsere Wissenschaften und Behörden ist. Ein solches Angehen der Probleme wird niemals unsere Schwierigkeiten lösen, sondern diese nur im komplexen Gewebe gesellschaftlicher und ökologischer Beziehungen hin- und herschieben. Eine Lösung kann nur gefunden werden, wenn die Struktur des Gewebes selbst geändert wird, was tiefgreifende Umwandlungen unserer gesellschaftlichen Institutionen, Werte und Ideen erfordert. Bei der Erforschung der Ursachen unserer Kulturkrise wird deutlich werden, daß die meisten unserer führenden Denker überholte Begriffsmodelle und unerhebliche Variablen benutzen. Es wird ferner ein bedeutsamer Aspekt unserer intellektuellen Sackgasse zutage treten, daß nämlich alle der von der *Washington Post* interviewten Männer waren.

Um unsere vielschichtige Kulturkrise zu verstehen, müssen wir uns eine extrem breit angelegte Anschauungsweise zu eigen machen und unsere Situation im Zusammenhang der menschlichen kulturellen Evolution sehen. Wir müssen unsere Perspektive verlagern vom Starren auf das Ende des zwanzigsten Jahrhunderts auf den Überblick über eine Zeitspanne, die Tausende von Jahren umfaßt, vom Begriff statischer Gesellschaftsstrukturen hin zur Erkenntnis dynamischer Strukturen des Wandels. Aus dieser Perspektive betrachtet, erscheint die Krise als ein Aspekt der Umwandlung. Die Chinesen, die schon immer eine von Grund auf dynamische Weltsicht sowie einen geschärften Sinn für Geschichte besaßen, scheinen sich des tiefen Zusammenhanges zwischen Krise und Wandel wohlbewußt. Der Begriff, den sie für »Krise« verwenden, *wei-ji*, setzt sich aus den Schriftzeichen für »Gefahr« und »gute Gelegenheit (Chance)« zusammen.

Westliche Soziologen haben diese altüberlieferte Intuition bestätigt. Das Studium von Perioden kultureller Wandlungen in verschiedenen Gesellschaften hat gezeigt, daß ihnen auf typische Weise eine Anzahl unterschiedlicher gesellschaftlicher Hinweise vorausging, von denen viele mit den Symptomen unserer gegenwärtigen Krise identisch sind. Dazu gehören ein Gefühl der Entfremdung und das Anwachsen von Geisteskrankheiten und Gewaltverbrechen sowie das Auseinanderfallen der Gesellschaft, aber auch stärkeres Interesse für religiöse Kulte – alles Erscheinungen, die während des vergangenen Jahrzehnts auch in unserer Gesellschaft zu beobachten waren. In Zeiten historischen kulturellen Wandels pflegten diese Hinweise ein bis drei Jahrzehnte vor der eigentlichen Umwandlung aufzutreten, an Häufigkeit und Intensität zuzunehmen, je näher die Umwandlung rückte, um nach deren Eintreten wieder abzunehmen.[10]

Kulturelle Veränderungen dieser Art sind wesentliche Stufen in der Entwicklung von Zivilisationen. Die dieser Entwicklung zugrundeliegenden Kräfte sind komplex, und die Historiker sind noch weit davon entfernt, eine zusammenhängende Theorie der kulturellen Dynamismen aufzustellen. Doch scheint es, daß alle Zivilisationen durch ähnliche zyklische Prozesse des Entstehens, Wachstums, Zusammenbruchs und Zerfalls hindurchgehen müssen. Die nachfolgende Graphik zeigt

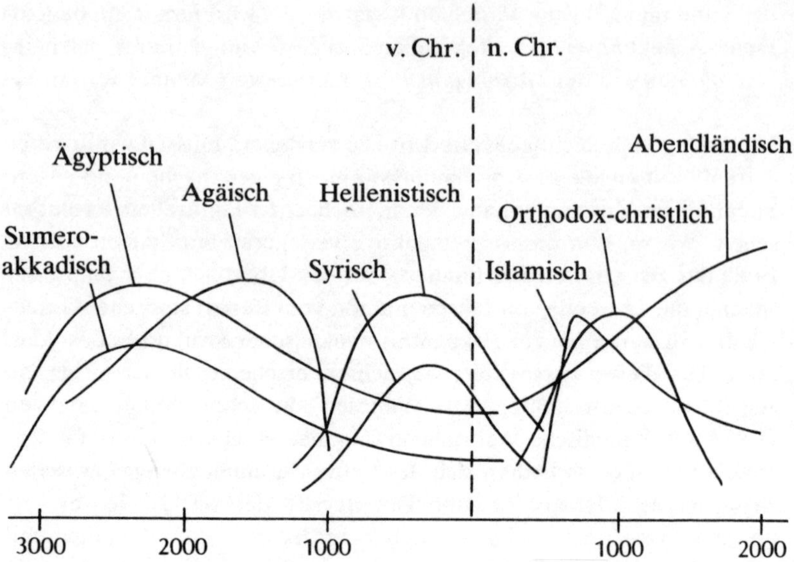

Aufstiegs- und Untergangsmuster der großen Zivilisationen im Mittelmeerraum

diese eindrucksvolle Dynamik für die großen Zivilisationen im Mittelmeerraum.[11]

Zu den besten, wenn auch mehr auf Annahmen als auf ausformulierten Theorien beruhende Studien solcher Bewegungen von Aufstieg und Niedergang der Zivilisationen gehört Arnold Toynbees *Der Gang der Weltgeschichte*.[12] Nach Toynbee besteht die Geburt einer Zivilisation in dem Übergang von einem statischen Zustand in eine dynamische Aktivität. Dieser Übergang mag sich ganz spontan ergeben, durch den Einfluß einer bereits bestehenden Zivilisation oder durch den Zerfall einer oder mehrerer Zivilisationen einer älteren Generation. Toynbee sieht die Grundstruktur bei der Entstehung von Zivilisationen als ein Muster von Wechselwirkungen, die er »Herausforderung und Antwort« nennt. Die Herausforderung durch die natürliche oder gesellschaftliche Umwelt ruft eine kreative Antwort in einer Gesellschaft oder einer Gesellschaftsgruppe hervor, die diese Gesellschaft dazu bringt, den Prozeß der Zivilisation einzuleiten.

Die Zivilisation wächst weiter, wenn ihre erfolgreiche Antwort auf die ursprüngliche Herausforderung einen kulturellen Anstoß erzeugt, der die Gesellschaft über einen Gleichgewichtszustand hinaus in einen Zustand des Übergewichts versetzt, der seinerseits eine neue Herausforderung darstellt. Auf diese Weise wiederholt sich das anfängliche Muster von Herausforderung und Antwort in aufeinanderfolgenden Wachstumsphasen, wobei jede erfolgreiche Antwort ein Ungleichgewicht erzeugt, das neue kreative Anpassungen erforderlich macht.

Der wiederkehrende Rhythmus des kulturellen Wachstums scheint mit Fluktuationsprozessen zusammenzuhängen, die in allen Zeitaltern beobachtet werden konnten und stets als Teil der fundamentalen Dynamik des Universums angesehen wurden. Alte chinesische Philosophen glaubten, alle Manifestationen der Wirklichkeit würden von der dynamischen Wechselwirkung zwischen den beiden polaren Kräften erzeugt, die sie das *Yin* und das *Yang* nannten. Im antiken Griechenland verglich Heraklit die Weltordnung mit einem ewig brennenden Feuer, das einmal stärker aufflammt und dann wieder schwächer flackert. Empedokles führte die Veränderungen im Universum auf die Zu- und Abnahme zweier komplementärer Kräfte zurück, die er »Liebe« und »Haß« nannte.

Der Gedanke eines fundamentalen universalen Rhythmus ist auch von zahlreichen modernen Philosophen formuliert worden.[13] Saint-Simon betrachtet die Geschichte der Zivilisationen als eine Aufeinanderfolge »organischer« und »kritischer« Perioden. Für Herbert Spencer bewegt sich das Universum durch eine Folge von »Integrationen« und »Differenzierungen«. Und Hegel sah die menschliche Geschichte als Spiralbewegung von einer Form der Einheit durch eine Phase der Uneinheit bis hin zu einer Wiedervereinigung auf höherer Ebene (These–Antithese–Synthese). Es scheint tatsächlich so, daß die Idee fluktuierender Strukturen für das Studium der kulturellen Evolution stets von größter Bedeutung ist.

Sobald die Zivilisationen ihren Höhepunkt an Lebenskraft erreicht haben, neigen sie dazu, ihre kulturelle Triebkraft zu verlieren und zu verfallen. Toynbee meint, ein wesentliches Element dieses kulturellen Zusammenbruchs sei der Verlust an Flexibilität. Sind soziale Strukturen und Verhaltensmuster so starr geworden, daß die Gesellschaft sich nicht mehr an veränderte Situationen anpassen kann, dann ist sie auch nicht mehr in der Lage, den kreativen Prozeß der kulturellen Evolution fortzuführen. Sie wird zusammenbrechen und schließlich zerfallen. Während im Wachstum begriffene Zivilisationen durch endlose Vielfalt und

Anpassungsfähigkeit gekennzeichnet sind, offenbaren die zerfallenden Uniformität und Mangel an Erfindungsreichtum. Mit dem Verlust der Flexibilität in einer sich auflösenden Gesellschaft ergibt sich auch ein allgemeiner Verlust an Harmonie zwischen ihren verschiedenen Elementen, der unausweichlich gesellschaftliche Uneinigkeit und Mißstimmung auslöst.

Während des schmerzhaften Prozesses des Zerfalls geht die Kreativität der Gesellschaft – ihre Fähigkeit, auf Herausforderungen zu reagieren – jedoch nicht völlig verloren. Obwohl der kulturelle Hauptstrom durch das Festhalten an unverrückbaren Vorstellungen und starren Verhaltensmustern praktisch versteinert, treten schöpferische Minderheiten in Erscheinung und führen den Prozeß von Herausforderung und Antwort fort. Die herrschenden gesellschaftlichen Institutionen pflegen sich dagegen zu sträuben, ihre bisherige führende Rolle neuen kulturellen Kräften zu überlassen, doch werden sie unweigerlich an Bedeutung abnehmen und zerfallen, während die schöpferischen Minderheiten vielleicht imstande sein werden, einige der alten Elemente neu zu gestalten. Der Prozeß der kulturellen Evolution wird also fortgesetzt, aber unter veränderten Gegebenheiten und mit neuen Protagonisten.

Die von Toynbee beschriebenen Muster scheinen sehr gut auch auf unsere gegenwärtige Situation zu passen. Schauen wir uns die Art unserer Herausforderungen an – nicht die verschiedenen Symptome der Krise, sondern die ihnen zugrundeliegenden Veränderungen unserer natürlichen und gesellschaftlichen Umwelt –, dann erkennen wir das Zusammenfließen mehrerer Übergangsbewegungen.[14] Einige hängen mit dem Problem der Bodenschätze zusammen, andere mit kulturellen Werten und Ideen; wieder andere sind einfach Ausdruck der periodischen Fluktuation, andere gehören zum oben zitierten Muster von Aufstieg und Untergang. Jeder dieser Prozesse verläuft innerhalb einer bestimmten Zeitspanne oder Periodizität, doch bei allen zeigen sich Übergangsperioden, die gegenwärtig zusammenzufallen scheinen. Drei von ihnen werden die Grundlagen unseres Lebens erschüttern und unser gesellschaftliches, wirtschaftliches und politisches System tief beeinflussen.

Der erste und vielleicht tiefgreifendste Übergang ist eine Folge des langsamen und widerwilligen, jedoch unvermeidlichen Verfalls des Patriarchats.[15] Seine Herrschaft erstreckt sich über mindestens dreitausend Jahre, eine Periode, die so lang ist, daß wir nicht sagen können, ob es sich auch dabei um einen zyklischen Prozeß handelt, weil unser Wis-

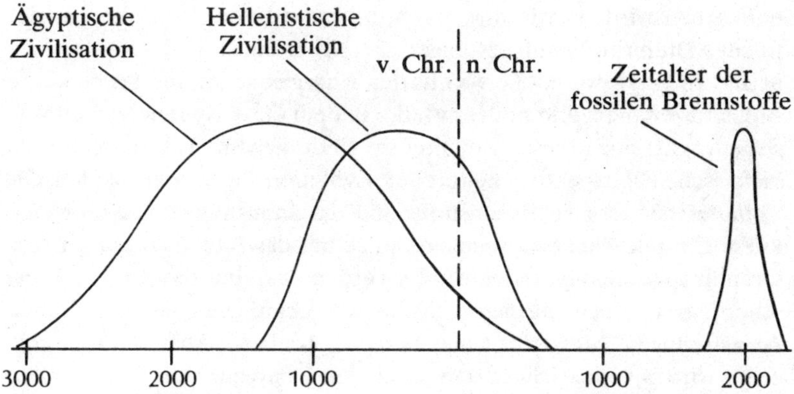

Das Zeitalter der fossilen Brennstoffe im Gesamtbild der kulturellen Evolution

sen über die prä-patriarchalischen Zeiten viel zu dürftig ist. Was wir jedoch wissen, ist, daß die abendländische Zivilisation und ihre Vorläufer – wie übrigens auch die meisten anderen Kulturen – während der vergangenen dreitausend Jahre auf philosophischen, sozialen und politischen Systemen beruhten, »in denen Männer – sei es durch Gewalt, direkten Druck oder durch Ritual, Tradition, Gesetz und Sprache, durch Sitten, Etikette, Erziehung und Arbeitsteilung – bestimmten, welche Rolle Frauen spielen sollen oder nicht spielen dürfen, und in denen die Frau überall vom Manne unterdrückt wurde«.[16]

Es ist stets äußerst schwierig gewesen, die allesdurchdringende Macht des Patriarchats zu erkennen. Es hat unsere grundlegenden Ideen über das Wesen des Menschen und über unsere Beziehungen zum Universum beeinflußt – *der* Mensch und *seine* Beziehungen heißt es nicht umsonst in unserer patriarchalischen Sprache. Während des Verlaufs der aufgezeichneten Geschichte ist dieses System nie öffentlich in Frage gestellt worden, vielmehr wurden seine Lehren so universal akzeptiert, daß sie Naturgesetzen gleichkamen; und tatsächlich wurden sie auch als solche dargestellt. Heute jedoch wird der Zerfall des Patriarchats deutlich erkennbar. Die feministische Bewegung ist eine der stärksten kulturellen Zeitströmungen und wird sich tiefgreifend auf unsere weitere Evolution auswirken.

Der zweite Übergang, der starke Auswirkungen auf unser aller Leben haben wird, wurde uns durch das nahe Ende des Zeitalters der fossilen Brennstoffe aufgezwungen. Fossile Brennstoffe* – Kohle, Erdöl und Erdgas – waren die wichtigsten Energiequellen für das moderne Industriezeitalter, und in dem Maße, in dem diese Energiequellen versiegen, wird auch dieses Zeitalter zu Ende gehen. Aus einer breiten historischen Perspektive kultureller Evolution betrachtet, stellen das Zeitalter der fossilen Brennstoffe und das Industriezeitalter nur eine kurze Episode dar, eine schmale Spitze um das Jahr 2000 auf unserer Graphik. Die fossilen Brennstoffe werden etwa um das Jahr 2300 erschöpft sein, doch machen sich die wirtschaftlichen und politischen Auswirkungen ihres Rückgangs bereits jetzt bemerkbar. Unser Jahrzehnt wird gekennzeichnet sein durch den Übergang vom Zeitalter der konventionellen Brennstoffe ins Solarzeitalter, das seine Energie aus der erneuerbaren Sonnenenergie gewinnt. Es handelt sich um einen Wandel, der radikale Veränderungen unseres wirtschaftlichen und politischen Systems bewirken wird.

Die dritte Übergangsbewegung betrifft unsere kulturellen Werte. Sie ist ein Teil des neuerdings oft zitierten »Paradigmen-Wechsels« – eines tiefgreifenden Wandels des Denkens, der Wahrnehmungen und Werte, die eine besondere Sicht der Wirklichkeit bewirken.[17] Das Paradigma, das jetzt abgelöst wird, hat unsere Kultur mehrere hundert Jahre lang beherrscht. Während dieses Zeitraums hat es unsere moderne abendländische Kultur geformt und die übrige Welt in bemerkenswerter Weise beeinflußt. Es enthält eine Anzahl von Ideen und Werten, die sich wesentlich von denen des Mittelalters unterscheiden. Es sind dies Werte, die man mit den verschiedenen Strömungen der abendländischen Kultur in Verbindung gebracht hat wie der wissenschaftlichen Revolution, der Aufklärung und der Industriellen Revolution. Sie beinhalten den Glauben an die wissenschaftliche Methode als einzig gültigem Zugang zur Erkenntnis, die Auffassung des Universums als eines mechanischen Systems, das sich aus elementaren materiellen Bausteinen zusammensetzt, sowie das Bild des Lebens in einer Gemeinschaft als Konkurrenzkampf um die Existenz. Schließlich gehört dazu auch der Glaube an den unbegrenzten materiellen Fortschritt, der durch wirtschaftliches und technologisches Wachstum erreicht werden kann. Während der letzten Jahrzehnte hat sich gezeigt, daß alle diese Ideen und Werte nur

* Fossile Brennstoffe sind Rückstände versteinerter Pflanzen, d. h. von Pflanzen, die in der Erdkruste begraben wurden und über lange Zeitspannen hinweg durch chemische Reaktionen in ihren heutigen Zustand verwandelt wurden.

sehr begrenzte Geltung haben und einer radikalen Überprüfung bedürfen.

Gesehen aus unserer breiteren Perspektive der kulturellen Evolution ist der gegenwärtige Paradigmen-Wechsel Teil eines umfassenden Prozesses, einer erstaunlich regelmäßigen Fluktuation von Wertsystemen, wie man sie in der gesamten abendländischen Zivilisation und den meisten anderen Kulturen antrifft. Dieses Auf und Ab des Wandels von Werten und seine Auswirkungen auf alle Aspekte unserer Gesellschaft, zumindest im Abendland, ist von dem Soziologen Pitirim Sorokin in einem monumentalen vierbändigen Werk nachgezeichnet worden, das er zwischen 1937 und 1944 geschrieben hat.[18] Sorokins großer Entwurf einer Synthese der abendländischen Geschichte beruht auf dem zyklischen Werden und Vergehen dreier Wertsysteme, die allen Äußerungen einer Kultur zugrunde liegen.

Sorokin nennt diese drei Wertsysteme das wahrnehmungsbestimmte, das ideenfundierte und das idealistische. Für das auf den Sinneswahrnehmungen beruhende Wertsystem ist die Materie die einzige und letzte Wirklichkeit, und spirituelle Phänomene sind nichts als Manifestationen der Materie. Alle ethischen Werte gelten darin als relativ und die Sinneswahrnehmungen als die einzige Quelle von Erkenntnis und Wahrheit. Das auf Ideen fundierte Wertsystem unterscheidet sich grundlegend davon. Es sucht die wahre Wirklichkeit jenseits der materiellen Welt im spirituellen Raum, so daß Erkenntnis durch innere Erfahrung gewonnen werden kann. Es unterwirft sich absoluten ethischen Werten und übermenschlichen Normen von Gerechtigkeit, Wahrheit und Schönheit. Zu den abendländischen Formen der ideellen Vorstellung von der transzendentalen Wirklichkeit gehören Platos Ideen, der Begriff der Seele, sowie die jüdisch-christlichen Vorstellungen von Gott. Doch weist Sorokin darauf hin, daß ähnliche Ideen auch im Osten anzutreffen sind, und zwar in unterschiedlicher Form in den hinduistischen, buddhistischen und taoistischen Kulturen.

Sorokin behauptet, der zyklische Rhythmus der Wechselwirkung zwischen sinnes- und ideenmäßig bestimmten Ausformungen der menschlichen Kultur erzeuge auch ein Zwischenstadium, das eine Synthese, eine harmonische Mischung der beiden oben genannten Wertsysteme bilde: den Idealismus. Vertreter des Idealismus sind der Meinung, wahre Wirklichkeit habe sowohl sinnesbedingte als auch über die Sinneswahrnehmungen hinausgreifende Aspekte, die in einer allumfassenden Einheit existieren. Dementsprechend streben idealistische Kulturperioden danach, den edelsten und höchsten Ausdruck der beiden anderen Systeme zu erreichen, wodurch Ausgewogenheit, Integration und ästhetische Vollendung in der Kunst, der Philosophie, der Wissenschaft und Technologie erzeugt werden. Beispiele solcher idealistischen Perioden sind die Blütezeit der griechischen Antike im fünften und vierten Jahrhundert vor Christus sowie die europäische Renaissance.

In der Darstellung Sorokins haben diese drei Grundformen menschlichen kulturellen Ausdrucks genau beschreibbare Zyklen innerhalb der abendländischen Zivilisation hervorgebracht. Er hat diese Zyklen auf mannigfache Weise graphisch dargestellt: Graphiken über Glaubenssysteme, Kriege und innere Konflikte, wissenschaftliche und technologische Entwicklungen, Gesetzgebung und eine Vielfalt von gesellschaftlichen Institutionen. Er hat auch Fluktuationen im Stil von Architektur, Malerei, Bildhauerei und Literatur graphisch analysiert. Nach Sorokins Modell sind der augenblickliche Paradigmawechsel und der Niedergang des Industriellen Zeitalters eine weitere Periode der Reifung und des Niedergangs der auf Sinneswahrnehmung fixierten Kultur. Dem Aufstieg unserer gegenwärtigen, auf Sinneswahrnehmungen bauenden Ära gingen das Aufkommen der ideenbestimmten Kultur während der Verbreitung des Christentums und des Mittelalters, sowie die nachfolgende Blüte des idealistischen Zeitalters in der europäischen Renaissance voraus. Und es war der langsame Niedergang dieser ideenbestimmten und idealistischen Epochen im 15. und 16. Jahrhundert, der dem Aufstieg einer neuen, von den Sinneswahrnehmungen beherrschten Ära im 17., 18. und 19. Jahrhundert Platz machte, einer Ära, die durch die Wertsysteme der Aufklärung, die naturwissenschaftlichen Anschauungen von Descartes und Newton sowie die Technologie der Industriellen Revolution gekennzeichnet ist. Im 20. Jahrhundert befinden sich die von Sinneswahrnehmungen bestimmten Werte und Ideen wieder im Niedergang, weshalb Sorokin im Jahre 1937 mit beachtlicher Voraussicht den jetzt erkennbaren Paradigmenwechsel mit seinen sozialen Unruhen als Abenddämmerung der wahrnehmungsbestimmten Kultur voraussagte.[19]

Sorokins Analyse vertritt mit Nachdruck die These, daß wir uns gegenwärtig nicht in einer gewöhnlichen Krise befinden, sondern in einer der großen Übergangsphasen, wie sie auch schon in früheren Zyklen der menschlichen Geschichte aufgetreten sind. Derartig tiefgreifende kulturelle Umwandlungen finden nicht oft statt. Lewis Mumford meint, es habe in der ganzen Geschichte der westlichen Zivilisation kaum ein halbes Dutzend gegeben, darunter der Aufstieg der Zivilisation zu Beginn der neusteinzeitlichen Periode mit der Erfindung der Landwirtschaft, der Aufstieg des Christentums während des Niedergangs des Römischen Reiches, sowie der Übergang vom Mittelalter zum Wissenschaftlichen Zeitalter.[20]

Die Umwälzung, in der wir uns heute befinden, könnte weitaus dramatischer werden als alle vorangegangenen, weil das Tempo des Wandels heute schneller ist denn je zuvor, weil die Veränderungen heute umfassender ausfallen und den ganzen Erdball betreffen, und weil mehrere größere Umwälzungen zeitlich zusammenfallen. Die rhythmischen Wiederholungen und Muster von Aufstieg und Niedergang, welche die menschliche kulturelle Evolution zu bestimmen scheinen, haben sich irgendwie verschworen, ihren jeweiligen Umkehrpunkt gleichzeitig zu erreichen. Der Niedergang des Patriarchats, das Ende des Zeitalters der fossilen Brennstoffe und der Paradigmenwechsel, der jetzt in der Abenddämmerung der auf Sinneswahrnehmung bauenden Kultur stattfindet, tragen zum gleichen globalen Prozeß bei. Deshalb ist unsere heutige Krise nicht einfach eine Krise der Individuen, Regierungen oder gesellschaftlichen Institutionen; es handelt sich vielmehr um einen Übergang von weltweiten Dimensionen, eine Wendezeit für Individuen, für unsere Gesellschaft und Zivilisation, und für das planetare Ökosystem.

Kulturelle Umwälzungen dieser Größenordnung und Tiefe lassen sich nicht verhindern. Man sollte sich ihnen nicht entgegenstellen, sondern sie im Gegenteil als einzigen Ausweg aus Agonie, Zusammenbruch oder Mumifizierung begrüßen. Um uns auf den bevorstehenden großen Übergang vorzubereiten, müssen wir die wichtigsten Prämissen und Werte unserer Kultur tiefgreifend überprüfen, jene Begriffsmodelle ablehnen, die ihre Nützlichkeit überlebt haben, und einige Werte wiederbeleben, die in früheren Perioden unserer Kulturgeschichte beiseitegeschoben wurden. Ein derart tiefgreifender Wandel der Mentalität unserer abendländischen Kultur muß natürlich begleitet sein von einer ebenso tiefgreifenden Änderung der meisten gesellschaftlichen Beziehungen und Formen gesellschaftlicher Organisation. Es sind dies Veränderungen, die weit über jene oberflächlichen Maßnahmen wirtschaftlicher und politischer Anpassung hinausgehen, die von den Repräsentanten der Tagespolitik in Erwägung gezogen werden.

Während dieser Phase der Neubewertung und kulturellen Wiedergeburt wird es darauf ankommen, die Not, die Zwietracht und die gewaltsamen Ereignisse, die in einer Periode großen gesellschaftlichen Wandels unvermeidlich auftreten, so gering wie möglich zu halten und den Übergang so schmerzlos wie möglich zu gestalten. Es wird daher entscheidend darauf ankommen, nicht einfach bestimmte gesellschaftliche Gruppen oder Institutionen zu attackieren, sondern aufzuzeigen, daß ihre Einstellung und ihre Verhaltensweisen ein Wertsystem widerspiegeln, welches unserer gesamten Kultur zugrunde liegt und inzwischen überholt ist. Es wird sich als notwendig erweisen, die Tatsache zu erkennen und weithin publik zu machen, daß die gegenwärtigen gesellschaftlichen Veränderungen Ausdruck einer viel umfassenderen und unvermeidlichen kulturellen Umgestaltung sind. Nur dann werden wir imstande sein, uns der Form harmonischen und friedlichen kulturellen Übergangs zu nähern, die in einem der ältesten Weisheitsbücher der Menschheit beschrieben ist, dem chinesischen *I Ging* oder »Buch der Wandlungen«:

> Es ist also eine natürliche Bewegung, die sich von selbst ergibt. Darum ist die Umgestaltung des Alten auch ganz leicht. Altes wird abgeschafft. Neues wird eingeführt, beides entspricht der Zeit und bringt daher keinen Schaden.[21]

Das Modell kultureller Dynamik, das wir in unserer Erörterung des gegenwärtigen kulturellen Wandels verwenden wollen, basiert teilweise auf Toynbees Gedanken über den Aufstieg und Niedergang der Zivilisationen, auf dem uralten Begriff eines fundamentalen universalen Rhythmus, der zu kontinuierlich schwankenden kulturellen Strukturen führt, auf Sorokins Analyse des Auf und Ab der Wertsysteme sowie auf dem Ideal harmonischer kultureller Wandlungen, wie es im *I Ging* beschrieben wird.

Die Hauptalternative zu diesem Modell, die zu ihm in Beziehung steht, sich aber in verschiedenen Aspekten von ihm unterscheidet, ist die marxistische Anschauung von der Geschichte, die unter dem Begriff dialektischer oder historischer Materialismus bekannt ist. Marx sieht die Wurzeln der gesellschaftlichen Evolution nicht im Wandel von Ideen oder Werten, sondern in wirtschaftlichen und technologischen Entwicklungen. Die Dynamik des Wandels besteht im »dialektischen« Wechselspiel von Gegensätzen, die sich aus den allen Dingen innewohnenden Widersprüchen ergeben. Marx bezog diesen Gedanken aus der Philosophie Hegels und paßte ihn seiner Analyse gesellschaftlichen Wandels an, indem er behauptete, alle Veränderungen innerhalb der Gesellschaft ergäben sich aus der Entwicklung ihrer inneren Widersprüche. Für ihn sind die widersprüchlichen Grundsätze gesellschaftlicher Organisation in der Klassengesellschaft angelegt, weshalb der Klassenkampf eine Folge ihrer dialektischen Wechselwirkung ist.

Die marxistische Sicht kultureller Dynamik, soweit sie auf dem Hegelschen Begriff wiederkehrender rhythmischer Veränderungen beruht, ist den Modellen von Toynbee, Sorokin und dem *I Ging* in dieser Hinsicht gar nicht unähnlich,[22] unterscheidet sich jedoch wesentlich von diesen, wo sie den besonderen Akzent auf Konflikt und Kampf legt. Für Marx war Klassenkampf die Antriebskraft der Geschichte, entsteht jeder bedeutende historische Fortschritt aus Konflikten, aus Kampf und gewaltsamer Revolution. Menschliches Leiden und Opfer sind demnach der notwendige Preis für den gesellschaftlichen Wandel.

Die Betonung des Kampfes in der Marxschen Theorie der historischen Evolution findet ihre Parallele in Darwins Betonung des Kampfes in der biologischen Evolution. Tatsächlich sagt man, Marx habe sich in der Rolle eines »Darwins der Soziologie« gesehen. Der Gedanke, das Leben sei ein fortdauernder Kampf ums Überleben, den Darwin und Marx dem Nationalökonomen Thomas Malthus verdankten, wurde im 19. Jahrhundert nachdrücklich von den Sozialdarwinisten vertreten, die, wenn nicht Marx, so doch viele seiner Anhänger beeinflußten.[23] Die Rolle von Kampf und Konflikt scheint mir hier übertrieben, weil übersehen wird, daß jeder Kampf in der Natur innerhalb eines größeren Zusammenhangs von Kooperation stattfindet. Obwohl Konflikt und Kampf in unserer Vergangenheit wichtige Fortschritte bewirkt haben und noch oft ein wesentlicher Teil der Dynamik des Wandels sein werden, sind sie damit nicht die Quelle dieser Dynamik. Deshalb glaube ich, mehr der Weltanschauung des *I Ging* als der marxistischen folgend, daß Konflikte in Zeiten gesellschaftlichen Wandels möglichst niedrig gehalten werden sollten.

Wo immer in diesem Buch kulturelle Werte und Verhaltensweisen erörtert werden, soll es weitgehend innerhalb eines theoretischen Rahmens geschehen, der in allen Einzelheiten im *I Ging* entwickelt wurde und die eigentliche Grundlage des chinesischen Denkens bildet. Wie Sorokins Theorie beruht auch dieser Rahmen auf der Idee eines ständigen zyklischen Auf und Ab. Doch stellt er den viel weitergehenden Begriff zweier archetypischer Pole in den Mittelpunkt – *Yin* und *Yang* –, die dem fundamentalen Rhythmus des Universums zugrunde liegen.

Für die chinesischen Philosophen war die Wirklichkeit, deren innerstes Wesen sie *Tao* nannten, ein Prozeß kontinuierlichen Fließens und Wandels. Ihrer Anschauung nach nehmen alle Vorgänge, die wir beobachten, an diesem kosmischen Prozeß teil und sind auf diese Weise von Natur aus dynamisch. Es ist die Haupteigenschaft des *Tao*, daß seine ständige Bewegung zyklisch verläuft. Alle Entwicklungen in der Natur – die physischen ebenso wie die psychischen und die gesellschaftlichen – laufen zyklisch ab. Die Chinesen gaben dieser Idee durch Einführung der polaren Gegensätze *Yin* und *Yang* eine definitive Struktur, wobei die beiden Pole den Zyklen des Wandels Grenzen setzen. »Nachdem das *Yang* seinen Gipfel erreicht, zieht es sich zugunsten des *Yin* zurück; hat das *Yin* einen Gipfel erreicht, zieht es sich zugunsten des *Yang* zurück.«[24]

Aus chinesischer Sicht entstehen alle Manifestationen des *Tao* aus dem dynamischen Wechselspiel der beiden archetypischen Pole, die mit vielen Erscheinungsbildern von Gegensätzen in der Natur und im gesellschaftlichen Leben assoziiert werden. Es ist wichtig und für uns Menschen aus dem Abendland schwer zu verstehen, daß diese Gegensätze nicht unterschiedlichen Kategorien angehören, sondern entgegengesetzte Pole eines einzigen Ganzen sind. Nichts ist nur *Yin* oder nur *Yang*. Alle Naturerscheinungen sind Manifestationen eines kontinuierlichen Wechselspiels zwischen den beiden Polen, alle Übergänge finden stufenlos und in ununterbrochener Aufeinanderfolge statt. Die natürliche Ordnung besteht in einem dynamischen Gleichgewicht zwischen *Yin* und *Yang*.

Die Begriffe *Yin* und *Yang* sind neuerdings im Abendland ziemlich populär geworden, werden in unserem Kulturbereich jedoch selten im chinesischen Sinne verwendet. Im abendländischen Sprachgebrauch wird die ursprüngliche Bedeutung meistens durch kulturelle Vorurteile entstellt. Eine der besten Interpretationen hat Manfred Porkert in seiner umfassenden Studie über die chinesische Medizin gegeben.[25] Nach Porkert entspricht *Yin* allem, was kontraktiv, empfangend und erhaltend ist, während *Yang* die Begriffe expansiv, aggressiv und fordernd beinhaltet. Weitere Assoziationen beziehen unter anderem folgende Begriffe ein:

YIN	*YANG*
ERDE	HIMMEL
MOND	SONNE
NACHT	TAG
WINTER	SOMMER
FEUCHTE	TROCKENHEIT
KÜHLE	WÄRME
INNERES	OBERFLÄCHE

In der chinesischen Kultur hat man *Yin* und *Yang* nie mit moralischen Werten assoziiert. Was gut ist, ist nicht *Yin* oder *Yang*, sondern das dynamische Gleichgewicht zwischen beiden; Ungleichgewicht ist schlecht oder schädlich.

Seit den Anfängen der chinesischen Kultur wurde *Yin* mit dem Weiblichen und *Yang* mit dem Männlichen assoziiert. Diese uralte Assoziation kann man heute sehr schwer bewerten, weil sie in den darauffolgenden patriarchalischen Zeitaltern mehrfach uminterpretiert und entstellt wurde. In der menschlichen Biologie sind männliche und weibliche Eigenschaften nicht eindeutig getrennt, sondern kommen in unterschiedlichen Proportionen in beiden Geschlechtern vor.[26] In diesem Sinne haben die alten Chinesen auch geglaubt, daß alle Menschen, Männer wie Frauen, *Yin*- und *Yang*phasen durchlaufen. Die Persönlichkeit jeden Mannes und jeder Frau sei nicht eine statische Einheit, sondern ein dynamisches Phänomen, ein Ergebnis des Zusammenspiels von weiblichen und männlichen Elementen. Diese Anschauung von der menschlichen Natur steht in scharfem Gegensatz zu der unserer patriarchalischen Kultur, die eine starre Ordnung festgelegt hat, innerhalb derer Männer prinzipiell als maskulin und Frauen als feminin gelten. Die ursprüngliche Bedeutung dieser Ausdrücke wurde dadurch entstellt, daß man dem Manne die führende Rolle und die meisten Privilegien in der Gesellschaft gab.

Angesichts dieses patriarchalischen Vorurteils ist die häufig anzutreffende Assoziierung von *Yin* mit Passivität und *Yang* mit Aktivität besonders gefährlich. In unserer Kultur war es Tradition, die Frau als passiv und empfangend, den Mann als aktiv und schöpferisch darzustellen. Diese Darstellungsweise geht zurück auf die Theorie der Sexualität des Aristoteles und wurde jahrhundertelang als »wissenschaftlicher« Grundsatz benutzt, um die Frau in einer untergeordneten, dem Manne dienenden Rolle zu halten.[27] Diese Assoziation von *Yin* mit Passivität und *Yang* mit Aktivität erscheint als ein weiterer Ausdruck patriarchalischer Stereotypen, eine moderne westliche Interpretation, die den ursprünglichen Sinn der chinesischen Begriffe wohl kaum wiedergibt.

Eine der wichtigsten Einsichten der alten chinesischen Kultur war die Erkenntnis, daß Aktivität – »das ständige Fließen von Umgestaltung und Wandel«, wie Chuang-tzu es nannte[28] – ein wesentlicher Aspekt des Universums ist. Aus dieser Sicht ist Wandel nicht die Folge irgendeiner Kraft, sondern eine natürliche Tendenz, die allen Dingen und Situationen von vornherein innewohnt. Das Universum befindet sich in pausenloser Bewegung und Aktivität, in einem kontinuierlichen kosmischen Prozeß, den die Chinesen das *Tao* – den »Weg« – nannten. Der Begriff der absoluten Ruhe oder Untätigkeit hat in der chinesischen Philosophie fast ganz gefehlt. Nach Helmut Wilhelm, einem der führenden westlichen Interpreten des *I Ging*, ist »der Zustand absoluter Unbeweglichkeit eine solche Abstraktion, daß der Chinese . . . ihn nicht verstehen könnte«.[29]

Der Ausdruck *wu wei* wird in der taoistischen Philosophie oft benutzt und bedeutet wörtlich »Nichthandeln«. Im Westen wird dieser Ausdruck gewöhnlich als Passivität gedeutet. Das ist jedoch völlig falsch. Was die Chinesen mit *wu wei* meinen, ist nicht, sich jeder Aktivität zu enthalten, sondern sich gewisser Formen von Aktivität zu enthalten, nämlich einer Aktivität, die nicht mit dem fortlaufenden kosmischen Prozeß harmonisiert. Der hervorragende Sinologe Joseph Needham definiert *wu wei* als »Enthaltung von gegen die Natur gerichteten Handelns« und rechtfertigt seine Übersetzung mit einem Zitat aus dem *Chuang-tzu:*

> Nichthandeln bedeutet nicht »nichtstun und stillehalten«. Laß zu, daß alles tun kann, was es von Natur aus tut, so daß es seine Natur erfüllen kann.[30]

Enthält man sich jedes naturwidrigen Handelns, sagt Needham, dann ist man in Harmonie mit dem *Tao*, und dann wird das eigene Handeln erfolgreich sein. Das ist die Bedeutung der scheinbar rätselhaften Bemerkung von Lao-tzu: »Durch Nichttun wird alles getan.«[31]

Aus chinesischer Sicht scheint es also zwei Arten von Tun zu geben – Aktivität in Harmonie mit der Natur und Aktivität gegen den natürlichen Fluß der Dinge. Die Idee der Passivität, des Fehlens jeglichen Handelns, ist unbekannt. Deshalb steht die häufige westliche Assoziation von *Yin* und *Yang* mit passivem oder aktivem Verhalten nicht in Einklang mit dem chinesischen Denken. Im Hinblick auf die ursprünglich mit dem Paar archetypischer Pole assoziierten Bilder könnte man *Yin* wohl als aufnehmende, erhaltende und kooperative Aktivität interpretieren; *Yang* fände seine Entsprechung in aggressiver, expandierender, wettstreitorientierter Aktivität. *Yin*-Handeln erfolgt im Einklang mit der Umwelt, *Yang*-Handeln ist auf das Ich bezogen. In moderner Terminologie könnte man das erste »Öko-Handeln«, und das zweite »Ego-Handeln« nennen.

Diese beiden Aktivitätsformen sind eng mit zwei Arten des Wissens oder zwei Arten von Bewußtsein verbunden, die man seit undenklichen Zeiten als charakteristische Eigenschaften des menschlichen Geistes erkannt hat. Gewöhnlich nennt man sie intuitive und vernunftbedingte Erkenntnis, und man hat sie traditionell mit Religion oder Mystik einerseits und mit Wissenschaft andererseits assoziiert. Obwohl die Assoziation von *Yin* und *Yang* mit diesen beiden Arten des Bewußtseins nicht Teil der ursprünglichen chinesischen Terminologie ist, kann man sie doch als eine natürliche Erweiterung der altüberlieferten Darstellung auffassen und in unserer Diskussion entsprechend berücksichtigen.

Das Rationale und das Intuitive sind komplementäre Formen der Funktion des menschlichen Geistes. Rationales Denken ist linear, fokussiert, analytisch. Es gehört zum Bereich des Intellekts, der die Funktion hat, zu unterscheiden, zu messen und zu kategorisieren. Dementsprechend tendiert rationales Denken zur Zersplitterung. Intuitives Wissen dagegen beruht auf unmittelbarer, nichtintellektueller Erfahrung der Wirklichkeit, die in einem Zustand erweiterten Bewußtseins entsteht. Es ist ganzheitlich, oder »holistisch«*, nichtlinear und strebt nach Synthese. Daraus läßt sich folgern, daß vernunftorientiertes Wissen wahrscheinlich Ich-bezogene oder *Yang*-Aktivität hervorbringt, während intuitive Weisheit die Grundlage ökologischer oder *Yin*-Aktivität ist.

Das also ist der Rahmen für unsere Erforschung der kulturellen Werte und Verhaltensweisen. Zu diesem Zweck werden folgende Assoziationen von *Yin* und *Yang* sehr nützlich sein:

* Der Ausdruck »holistisch« ist aus dem griechischen *holos* (ganz) abgeleitet. Er bezieht sich auf ein Verständnis der Wirklichkeit als bestehend in integrierten Ganzheiten, deren Eigenschaften nicht auf solche kleinerer Einheiten reduziert werden können.

YIN	*YANG*
weiblich	männlich
bewahrend	fordernd
empfänglich	aggressiv
kooperativ	wettbewerbsorientiert
intuitiv	rational
nach Synthese strebend	analytisch

Sieht man sich diese Liste von Gegensätzen an, erkennt man sofort, daß unsere Gesellschaft ständig das *Yang* gegenüber dem *Yin* höher bewertet hat – rationale Erkenntnis galt mehr als intuitive Weisheit, Wissenschaft mehr als Religion, Konkurrenz mehr als Kooperation, Ausbeutung von Naturschätzen war wichtiger als ihre Bewahrung, und so weiter. Diese Betonung des *Yang*, noch unterstützt durch das patriarchalische System und weiter ermutigt durch die Vorherrschaft der auf Sinneswahrnehmung beruhenden Kultur während der vergangenen Jahrhunderte, hat zu einem tiefgreifenden kulturellen Ungleichgewicht geführt, das seinerseits die Wurzel unserer heutigen Krise ist – mangelndes Gleichgewicht in unserem Denken und Fühlen, unseren Wertvorstellungen und Verhaltensweisen sowie in unseren gesellschaftlichen und politischen Strukturen. Bei der Beschreibung der verschiedenen Manifestationen dieses kulturellen Ungleichgewichts werde ich besonders deren Auswirkungen auf die Gesundheit herausstellen, wobei ich den Ausdruck Gesundheit im breitesten Sinne verwenden werde, nicht nur bezogen auf individuelle, sondern auch auf gesellschaftliche und ökologische Gesundheit. Diese drei Ebenen der Gesundheit sind eng miteinander verbunden, und unsere gegenwärtige Krise bedeutet eine ernsthafte Bedrohung aller drei: der Gesundheit des einzelnen, der Gesellschaft und der Ökosysteme, von denen wir ein Teil sind.

Im Folgenden werde ich aufzuzeigen versuchen, wie die auffallende ständige Bevorzugung von *Yang*-Werten zu einem System akademischer, politischer und wirtschaftlicher Institutionen geführt hat, die sich alle gegenseitig stützen und völlig blind sind für das gefährliche Ungleichgewicht innerhalb ihres Wertsystems, das ihre Handlungen motiviert. Die chinesische Weisheit hält keine der von unserer Kultur verfolgten Wertvorstellungen für schlecht an sich. Indem wir sie aber von ihren polaren Gegensätzen isolierten, uns auf das *Yang* konzentrierten und diesem moralische Tugenden und politische Macht verliehen, haben wir den gegenwärtigen traurigen Zustand herbeigeführt. Unsere

Kultur ist überaus stolz auf ihre Wissenschaftlichkeit und bezeichnet unsere Zeit als das Wissenschaftliche Zeitalter. Es wird vom rationalen Denken beherrscht; wissenschaftliche Kenntnisse gelten oft als die einzig annehmbare Art von Wissen. Daß es ein intuitives Wissen oder Bewußtsein geben kann, das genauso gültig und zuverlässig ist, wird im allgemeinen nicht anerkannt. Diese als Wissenschaftsdenken bekannte Haltung ist weitverbreitet; sie durchdringt unser ganzes Bildungssystem und alle sonstigen gesellschaftlichen und politischen Institutionen. Als Präsident Lyndon Johnson Rat wegen der Kriegführung in Vietnam brauchte, wandte seine Regierung sich an theoretische Physiker – nicht etwa, weil sie Spezialisten der elektronischen Kriegführung waren, sondern weil man sie für Hohepriester der Naturwissenschaften, die Hüter des allerhöchsten Wissens, hielt. Rückschauend können wir jetzt sagen, daß Johnson besser gedient gewesen wäre, hätte er einige Poeten um Rat gefragt. Das natürlich war und ist weiterhin undenkbar.

Wie sehr unsere Kultur das rationale Denken bevorzugt, wird in knappster Form an der berühmten Feststellung von Descartes deutlich *»Cogito, ergo sum«* – »Ich denke, also bin ich«. Dieser Satz ermutigte den Menschen der abendländischen Kultur, sich eher mit dem rationalen Verstand als mit seinem ganzen Organismus zu identifizieren. Wir werden sehen, daß die Auswirkungen dieser Spaltung von Geist und Körper in unserer gesamten Kultur spürbar werden. Indem wir uns allein auf unseren Verstand verlassen, haben wir vergessen, wie wir mit unserem ganzen Körper zu »denken« vermögen und wie wir ihn als Vermittler von Wissen nutzen können. So haben wir uns von unserer natürlichen Umwelt isoliert und vergessen, wie wir mit einer Vielfalt von Organismen kommunizieren und kooperieren können.

Die Spaltung von Geist und Materie führte dazu, das Universum als ein mechanisches System zu sehen, das aus getrennten Objekten besteht, die ihrerseits auf fundamentale Bausteine der Materie zu reduzieren sind, deren Eigenschaften und Wechselspiel alle Naturerscheinungen bestimmen. Diese kartesianische Vorstellung von der Natur wurde dann auch auf die lebenden Organismen übertragen, die man als aus getrennten Teilen konstruierte Maschinen ansah. Wir werden sehen, daß eine derart mechanistische Auffassung von der Welt auch heute noch die Grundlage der meisten Wissenschaften bildet und weiterhin einen ungeheuren Einfluß auf viele Aspekte unseres Lebens ausübt. Sie hat zu der wohlbekannten Aufsplitterung unserer akademischen Disziplinen und Behörden geführt und dient als Begründung dafür, daß wir die natürliche Umwelt behandeln, als bestehe sie aus Einzelteilen, die von verschiedenen Interessengruppen ausgebeutet werden dürfen.

Die Ausbeutung der Natur ging Hand in Hand mit der der Frauen, die in allen Zeitaltern mit der Natur identifiziert wurden. Seit undenklichen Zeiten wird die Natur – und besonders die Erde – als gütige und alles ernährende Mutter angesehen, aber gleichzeitig auch als wildes und unbeherrschtes Weib. Im vorpatriarchalischen Zeitalter wurden ihre vielen Aspekte mit den zahlreichen Manifestationen der Göttin gleichgesetzt. Unter dem Patriarchat wandelte sich das Bild der gütigen Natur in ein Abbild der Passivität, und die Vorstellung von der wilden, gefährlichen Natur erzeugte den Gedanken, daß sie vom Manne beherrscht werden müsse. Und gleichzeitig wurden Frauen zu passiven und dem Manne untertanen Wesen erklärt. Das Aufkommen der Newtonschen Naturwissenschaft schließlich machte die Natur zu einem mechanischen System, das manipuliert und ausgebeutet werden konnte, so wie man auch die Frau manipulierte und ausbeutete. Die altüberlieferte Assoziation von Frau und Natur verknüpft also die Geschichte der Frau mit der Geschichte der Umwelt und ist die Quelle der natürlichen Verwandtschaft zwischen Feminismus und Ökologie, die immer deutlicher in Erscheinung tritt. Carolyn Merchant, Wissenschaftshistorikerin an der Universität von Kalifornien, Berkeley, beschreibt das folgendermaßen:

> Forscht man nach den Wurzeln unseres gegenwärtigen Umweltdilemmas und seiner Verknüpfungen mit Naturwissenschaft, Technologie und Wirtschaftswissenschaft, muß man die Ausformung einer Weltanschauung und einer Wissenschaft neu überdenken, welche die Beherrschung der Natur wie der Frau dadurch sanktionierten, daß man die Wirklichkeit eher als eine Maschine denn als lebenden Organismus betrachtete. In diesem Sinne müssen die Beiträge solcher Gründer*väter* der modernen Naturwissenschaften wie Francis Bacon, William Harvey, René Descartes, Thomas Hobbes und Isaac Newton neu bewertet werden.[32]

Die Anschauung, daß der Mann die Natur und die Frau beherrschen solle, und der Glaube an die überlegene Rolle der Vernunft wurden gestützt und ermutigt von der jüdisch-christlichen Tradition, die dem Bilde eines männlichen Gottes, der Personifizierung der höchsten Vernunft und Quelle allerhöchster Macht, huldigt, eines Gottes, der die

Welt von oben regiert, indem er ihr sein göttliches Gesetz auferlegt. Die von den Naturwissenschaftlern gesuchten Naturgesetze galten als Spiegelungen dieses göttlichen Gesetzes, als von Gott geschaffen.

Es ist jetzt deutlich geworden, daß die Überbetonung der wissenschaftlichen Methode und des rationalen, analytischen Denkens zu Verhaltensweisen geführt hat, die zutiefst anti-ökologisch sind. Tatsächlich wird unser Verständnis des Ökosystems durch die innerste Natur des rationalen Geistes behindert. Rationales Denken verläuft linear, während das ökologische Bewußtsein aus einer intuitiven Erkenntnis nichtlinearer Systeme entsteht. Für Menschen unseres Kulturkreises ist es sehr schwer zu begreifen, daß man aus einer guten Tat nicht automatisch eine bessere macht, wenn man ihr noch mehr Gutes hinzufügt. Das ist für mich das Entscheidende am ökologischen Denken. Ökosysteme existieren dadurch, daß sie sich in einem dynamischen Gleichgewicht halten, welches auf Zyklen und kontinuierlichen Schwankungen beruht, also auf nichtlinearen Prozessen. Lineares Geschehen – beispielsweise unbegrenztes wirtschaftliches und technologisches Wachstum oder, um ein spezifisches Beispiel zu geben, die Lagerung von radioaktiven Abfällen über riesige Zeitspannen hinweg – wird zwangsläufig das natürliche Gleichgewicht stören und früher oder später schweren Schaden anrichten.

Ökologisches Bewußtsein wird also nur entstehen, wenn wir unser rationales Wissen mit Intuition für das nichtlineare Wesen unserer Umwelt verbinden. Eine solche intuitive Weisheit ist charakteristisch für traditionelle, nicht durch Aufzeichnungen überlieferte Kulturen, insbesondere für amerikanische Indianerkulturen, in denen ein stark entwickeltes Umweltbewußtsein das gesamte Leben bestimmte. Dagegen wurde im Hauptstrom der abendländischen Kultur die Pflege der intuitiven Weisheit vernachlässigt. Das mag daher kommen, daß es innerhalb unserer Evolution immer stärker zu einer Trennung zwischen biologischen und kulturellen Aspekten der menschlichen Natur gekommen ist. Die biologische Evolution des Menschen war vor etwa 50 000 Jahren beendet. Von da ab schritt die Evolution nicht länger genetisch, sondern gesellschaftlich und kulturell voran, während Struktur und Umfang des menschlichen Körpers und Gehirns im wesentlichen dieselben blieben.[33] In unserer Zivilisation haben wir während dieser kulturellen Evolution unsere Umwelt in einem derartigen Ausmaß verändert, daß wir mehr als jede andere Kultur der Vergangenheit den Kontakt mit unserer biologischen und ökologischen Grundlage verloren haben. Diese Trennung manifestiert sich in einem auffallenden Ungleichgewicht zwischen der Entwicklung der intellektuellen Kraft, der wissenschaftlichen Kenntnis und den technologischen Fähigkeiten auf der einen und Weisheit, Spiritualität und Ethik auf der anderen Seite. Seitdem die Griechen sich im 6. Jahrhundert v. Chr. auf den Weg der Wissenschaften begaben, sind die wissenschaftlichen und technologischen Kenntnisse enorm gewachsen, doch hat es in diesen fünfundzwanzig Jahrhunderten kaum Fortschritte in der Gestaltung unseres Gesellschaftslebens gegeben. Es steht wohl außer Frage, daß die Spiritualität und die ethischen Normen eines Lao-tzu oder Buddha, die ebenfalls im 6. Jahrhundert v. Chr. lebten, den unseren keineswegs unterlegen waren.

Unser Fortschritt war also weithin rationaler und intellektueller Art. Diese einseitige Evolution hat nunmehr ein höchst alarmierendes Stadium erreicht, eine Situation, die so paradox ist, daß sie schon an Wahnsinn grenzt. Wir können die sanfte Landung von Raumschiffen auf entfernten Planeten kontrollieren, sind jedoch nicht in der Lage, die giftigen Schwaden auszuschalten, die von unseren Kraftwagen und Fabriken in die Luft geblasen werden. Wir entwerfen utopische Gemeinwesen in gigantischen Weltraumkolonien, können jedoch unsere Großstädte nicht mehr ordnungsgemäß verwalten. Die Geschäftswelt macht uns glauben, daß riesige Industrien, die Hundefutter und Kosmetika erzeugen, das Zeichen für einen hohen Lebensstandard seien, während die Nationalökonomen uns weismachen wollen, daß wir »es uns nicht leisten können«, einen angemessenen Gesundheitsdienst, Bildungswesen oder öffentliche Transportmittel zu unterhalten. Die medizinische Wissenschaft und die Pharmakologie gefährden unsere Gesundheit, und die Verteidigungsministerien sind zur größten Gefahr für unsere nationale Sicherheit geworden. Dies ist ein Ergebnis davon, daß wir unser *Yang*, anders gesagt unsere maskuline Seite – rationales Wissen, Analyse, Expansion –, überbetont haben, und unser *Yin*, also unsere weibliche Seite – intuitive Weisheit, Synthese und ökologisches Bewußtsein –, vernachlässigen.

Die *Yin/Yang*-Terminologie ist besonders nützlich, wenn man ein kulturelles Ungleichgewicht umfassend analysiert, und zwar auf der Grundlage einer ökologischen Anschauung, die man im Sinne der allgemeinen Systemtheorie auch Systemschau nennen könnte.[34] Für die Systemtheorie sind alle Phänomene in der Welt miteinander verbunden und voneinander abhängig. Innerhalb dieser Lehre nennt man ein integriertes Ganzes, dessen Eigenschaften nicht mehr auf die seiner Teile reduziert werden können, ein System. Lebende Organismen, Gesellschaften und Ökosysteme – sie alle sind Systeme. Es ist faszinierend zu sehen, daß die alte chinesische Vorstellung von *Yin* und *Yang* auf eine wesentliche Eigenschaft von Natursystemen bezogen ist, mit der sich die abendländische Wissenschaft erst seit kurzem befaßt.

Lebende Systeme sind so organisiert, daß sie Strukturen auf mehreren Ebenen bilden, wobei jede Ebene aus Untersystemen besteht, die in bezug auf ihre Teile Ganzheiten sind, und Teile in bezug auf die größeren Ganzheiten. So verbinden sich Moleküle zu Organellen, die ihrerseits Zellen bilden. Die Zellen bilden Gewebe und Organe, die ihrerseits größere Systeme bilden – wie etwa das Verdauungssystem oder das Nervensystem. Diese schließen sich dann zusammen, um den lebenden Mann oder die lebende Frau zu bilden. Damit jedoch endet diese geschichtete Ordnung* noch nicht. Menschen bilden Familien, Stämme, Gesellschaften, Nationen. Alle diese Einheiten – von den Molekülen bis zu den menschlichen Wesen und hin bis zu Gesellschaftssystemen – können als Ganzheiten angesehen werden und zwar in dem Sinne, daß sie integrierte Strukturen sind, und dann wieder als Teile von noch größeren Ganzheiten auf höheren Ebenen der Komplexität. Tatsächlich werden wir sehen, daß Teile und Ganzheiten im absoluten Sinne überhaupt nicht existieren. Arthur Koestler hat das Wort »Holonen« geprägt für diese Untersysteme, die zugleich Ganzes und Teil sind. Er hat betont, daß jedes Holon zwei entgegengesetzte Tendenzen verfolgt: Eine integrierende Tendenz möchte als Teil des größeren Ganzen fungieren, während eine Tendenz zur Selbstbehauptung die individuelle Autonomie zu bewahren strebt.[35] In einem biologischen oder gesellschaftlichen System muß jedes Holon seine Individualität behaupten, um die geschichtete Ordnung des Systems aufrechtzuerhalten, doch muß es sich auch den Anforderungen des Ganzen unterwerfen, um das System lebensfähig zu machen. Diese beiden Tendenzen sind gegensätzlich und doch komplementär. In einem gesunden System – einem Individuum, einer Gesellschaft oder einem Ökosystem – halten sich Integration und Selbstbehauptung im Gleichgewicht. Dieses Gleichgewicht ist nicht statisch, sondern besteht aus einem dynamischen Wechselspiel zwischen den beiden komplementären Tendenzen, was das gesamte System flexibel und offen für den Wandel hält.

Nunmehr wird die Beziehung zwischen der modernen Systemlehre

* Zum Begriff der »geschichteten Ordnung« siehe Kapitel 9.

und dem alten chinesischen Denken deutlich. Die chinesischen Weisen scheinen die grundlegende Polarität erkannt zu haben, welche lebende Systeme kennzeichnet. Selbstbehauptung erreicht man durch *Yang*-Verhalten, wenn man fordernd, aggressiv, wettbewerbs- und nach außen orientiert ist, und – soweit es sich um menschliches Verhalten handelt – durch Anwendung linearen, analytischen Denkens. Integration wird gefördert durch *Yin*-Verhalten; dann ist man empfangend, kooperativ, intuitiv und umweltbewußt. Sowohl *Yin* als auch *Yang*, die integrierenden und selbstbehauptenden Tendenzen, sind für harmonische gesellschaftliche und ökologische Beziehungen notwendig.

Übertriebene Selbstbehauptung manifestiert sich als Macht, Kontrolle und Beherrschung anderer durch Gewalt; und dies sind tatsächlich die in unserer Gesellschaft vorherrschenden Muster. Politische und wirtschaftliche Macht wird von einer beherrschenden, in Körperschaften organisierten Klasse ausgeübt; gesellschaftliche Hierarchien werden mit rassistischen und geschlechtsbetonten Motiven aufrechterhalten, und Vergewaltigung ist zu einer zentralen Metapher unserer Kultur geworden – Vergewaltigung von Frauen, Minderheiten und der Erde selbst. Unsere Wissenschaft und Technologie beruhen auf dem aus dem 17. Jahrhundert stammenden Glauben, Naturverständnis sei gleichbedeutend mit Beherrschung der Natur durch den »Mann/Menschen«. Kombiniert mit dem ebenfalls aus dem 17. Jahrhundert stammenden mechanistischen Modell des Universums und der Betonung des linearen Denkens hat diese Haltung eine ungesunde und unmenschliche Technologie hervorgebracht. Sie ersetzt das natürliche, organische Habitat komplexer menschlicher Wesen durch eine simplifizierte, synthetische und vorfabrizierte Umwelt.[36]

Diese Technologie strebt nach Kontrolle, Massenproduktion und Standardisierung und ist meistens einem zentralisierten Management unterworfen, das der Illusion unbegrenzten Wachstums verfallen ist. Auf diese Weise wächst die Selbstbehauptungstendenz immer weiter und damit zugleich die Notwendigkeit der Unterwerfung, die nicht das Komplementäre der Selbstbehauptung ist, sondern nur die Kehrseite desselben Phänomens. Während selbstbehauptendes Verhalten als das Ideal für den Mann dargestellt wird, fordert man von der Frau unterwürfiges Verhalten, aber auch von Angestellten und Managern, von denen man erwartet, daß sie ihre persönliche Identität verleugnen und sich statt dessen mit ihrem Unternehmen identifizieren und entsprechende Verhaltensformen annehmen. Eine ähnliche Situation besteht in unserem Bildungswesen, vor allem in den Vereinigten Staaten, wo Selbstbehauptung belohnt wird, soweit es konkurrierendes Verhalten betrifft, aber entmutigt wird, sobald es in Form von originellen Ideen und Infragestellung der Autorität in Erscheinung tritt.

Die Bevorzugung des konkurrierenden gegenüber dem kooperativen Verhalten ist eine der Haupterscheinungen der Selbstbehauptungstendenz in unserer Gesellschaft. Es wurzelt in der irrigen Naturanschauung der Sozialdarwinisten des 19. Jahrhunderts, das ganze gesellschaftliche Leben müsse aus Existenzkampf bestehen, beherrscht vom Grundsatz des »Überlebens des Stärksten«. Dementsprechend galt der Wettbewerb als Antriebskraft der Wirtschaft. »Aggressives Vorgehen« wurde zum Ideal der Geschäftswelt; die mit diesem Verhalten einhergehende Ausbeutung der Bodenschätze hat die Strukturen einer wettbewerbsbestimmten Konsumwirtschaft geschaffen.

Aggressives und auf Wettbewerb zielendes Verhalten allein würden das Leben natürlich unmöglich machen. Selbst die ehrgeizigsten zielorientierten Individuen brauchen auf Sympathie beruhende Unterstützung, menschliche Kontakte und Zeitspannen sorgenfreier Spontaneität und Entspannung. In unserer Kultur erwartet man von den Frauen, daß sie diese Bedürfnisse befriedigen, oft unter Zwang. Das sind dann die Sekretärinnen, Empfangsdamen, die Hostessen, Krankenschwestern und Hausgehilfinnen, die Dienstleistungen erbringen, welche das Leben angenehmer gestalten und die Atmosphäre schaffen, in der der Wettbewerbtreibende Erfolg haben kann. Sie muntern ihre Bosse auf und servieren ihnen Kaffee, sie tragen dazu bei, Konflikte im Büro zu glätten; sie sind die ersten, die den Besucher empfangen und ihn mit freundlichen Worten unterhalten. In den Vorzimmern der Ärzte und in Krankenhäusern sind es wiederum meist Frauen, die Kontakte mit den Patienten pflegen, Kontakte, die den Heilungsprozeß in Gang bringen. In den Labors der Physiker bereiten Frauen den Tee und servieren Plätzchen, wobei die Männer dann ihre Theorien diskutieren. Alle diese Aktivitäten sind *Yin*- oder integrierende Tätigkeiten, und da diese in unserem Wertsystem geringer eingeschätzt werden als die *Yang*- oder selbstbehauptenden Aktivitäten, werden diejenigen, die sie ausüben, auch schlechter bezahlt. Eine große Anzahl, zum Beispiel Mütter und Hausfrauen, wird sogar überhaupt nicht bezahlt.

Diese kurze Übersicht über kulturelle Verhaltensweisen und Werte zeigt uns, daß unsere Kultur bisher beharrlich das *Yang* gefördert und belohnt hat, also die maskulinen oder selbstbehauptenden Elemente der menschlichen Natur, während sie das *Yin*, die femininen oder intuitiven Aspekte, unbeachtet ließ. Heute jedoch sind wir Zeugen des Beginns einer unerhört evolutionären Bewegung. Die Wendezeit, in der wir uns befinden, markiert unter vielen anderen Dingen eine Umkehr in der Fluktuation zwischen *Yin* und *Yang*. Wie der chinesische Text sagt: »Hat das *Yang* seinen Gipfel erreicht, zieht es sich zugunsten des *Yin* zurück.« Unsere 1960er und 1970er Jahre haben eine ganze Reihe philosophischer, spiritueller und politischer Bewegungen hervorgebracht, die alle in derselben Richtung zu streben scheinen. Sie wirken der Überbetonung von *Yang*-Werten entgegen und versuchen, das Gleichgewicht zwischen den maskulinen und den femininen Seiten der menschlichen Natur wiederherzustellen.

Wir erleben eine steigende Beschäftigung mit Ökologie, die zum Ausdruck kommt in Bürgerinitiativen zugunsten gesellschaftlicher und umweltbezogener Probleme, von Initiativen, die auf die Grenzen des Wachstums verweisen, eine neue ökologische Ethik befürworten und angemessene »weiche« Technologien entwickeln. In der politischen Arena bekämpft die Friedensbewegung die extremsten Auswüchse unserer selbstbehauptenden *Macho*-Technologie, was sie wahrscheinlich zu einer der machtvollsten politischen Kräfte dieses Jahrzehnts machen wird. Gleichzeitig erleben wir eine bedeutsame Verlagerung der Wertbegriffe – von der Bewunderung für riesige Unternehmen und Institutionen zu dem Begriff des »menschlichen Maßes« mit dem Schlagwort *small is beautiful*, vom materialistischen Konsum zu freiwilliger Einfachheit des Lebens, von wirtschaftlichem und technologischem zu innerem Wachstum und innerer Entwicklung. Diese neuen Werte werden gefördert durch die Bewegung zur Selbsterfahrung, durch die ganzheitliche Gesundheitsbewegung und durch verschiedene spirituelle Bewegungen. Das alte Wertsystem wird vielleicht durch das wachsende feministische Bewußtsein, das aus der Frauenbewegung erwächst, am meisten herausgefordert und zutiefst verändert.

Diese verschiedenen Bewegungen formen zusammen das, was der Kulturhistoriker Theodore Roszak die »Gegenkultur« genannt hat.[37] Bis jetzt agieren viele von ihnen getrennt und haben noch nicht erkannt, wie eng ihre Zielsetzungen im Grunde verbunden sind. Dadurch mangelt es der Selbsterfahrungs-Bewegung und der Bewegung für »ganzheitliche Gesundheit« vor allem in den Vereinigten Staaten oft an einer gesellschaftlichen Perspektive, während die spirituellen Bewegungen zu einem Mangel an ökologischem Bewußtsein neigen, wobei Gurus aus dem Osten westlich-kapitalistische Statussymbole zur Schau stellen und ziemlich viel Zeit dafür aufwenden, sich ökonomische Imperien aufzubauen. Einige Gruppierungen haben jedoch seit kurzem begonnen, Koalitionen zu bilden. Wie man es erwarten konnte, arbeiten Ökologen und Feministinnen auf mehreren Gebieten zusammen, vor allem im Kampf gegen die Kernkraft und in der Friedensbewegung. Umweltgruppen, Verbraucherorganisationen sowie ethnische Befreiungsbewegungen beginnen, Kontakte untereinander aufzunehmen. Man kann voraussehen, daß alle diese Aktivitäten zusammenfließen und eine machtvolle Kraft gesellschaftlicher Umgestaltung bilden werden, sobald sie erst einmal erkannt haben, was ihnen gemeinsam ist. Ich werde diese Kraft entsprechend dem überzeugenden Modell kultureller Dynamik, das Toynbee aufgestellt hat, die »aufsteigende Kultur« nennen. Toynbee schreibt in diesem Zusammenhang:

> Während des Verfalls einer Kultur werden zwei getrennte Theaterstücke mit unterschiedlichen Handlungen gleichzeitig Seite an Seite aufgeführt. Während eine nicht wandlungsfähige herrschende Minderheit immer und immer wieder ihre eigene Niederlage probt, rufen neue Herausforderungen immer und immer wieder neue schöpferische Antworten seitens neu entstandener Minderheiten hervor, die ihre eigene schöpferische Kraft dadurch unter Beweis stellen, daß sie sich in jedem Falle der Lage gewachsen zeigen. Die Aufführung des Dramas Herausforderung und Antwort wird fortgesetzt, jedoch unter neuen Gegebenheiten und mit neuen Darstellern.[38]

Aus dieser weiten historischen Perspektive gesehen, kommen und gehen Kulturen in Rhythmen, wobei die Erhaltung kultureller Traditionen nicht immer das erstrebenswerteste Ziel sein muß. Wollen wir die Härten und die Not des unvermeidlichen Wandels verringern, dann müssen wir die sich verändernden Bedingungen so deutlich wie möglich erkennen und unser Leben und unsere gesellschaftlichen Institutionen entsprechend umgestalten. Ich werde die These vertreten, daß Physiker in diesem Prozeß eine bedeutsame Rolle spielen können. Seit dem 17. Jahrhundert war für uns die Physik das glänzende Beispiel einer »exakten« Wissenschaft und hat als Modell für andere Wissenschaften gegolten. Zweieinhalb Jahrhunderte lang haben Physiker eine mechanistische Weltanschauung verfolgt, um den uns als klassische Physik geläufigen begrifflichen Rahmen zu entwickeln und zu verfeinern. Sie gründeten ihre Ideen auf die mathematische Theorie von Isaac Newton, die Philosophie von René Descartes und die von Francis Bacon entwikkelte wissenschaftliche Methodologie und bauten diese in Übereinstimmung mit der allgemeinen Auffassung von der Wirklichkeit aus, wie sie im siebzehnten, achtzehnten und neunzehnten Jahrhundert vorherrschte. Materie galt als die Grundlage allen Seins, und die materielle Welt wurde als eine Vielzahl separater, zu einer riesigen Maschine zusammengesetzter Objekte angesehen. So wie die von Menschenhand gefertigte, galt auch die kosmische Maschine als aus elementaren Teilen bestehend. Dementsprechend meinte man, komplexe Phänomene könnten immer verstanden werden, wenn man sie auf ihre Grundbausteine reduziert und nach dem Mechanismus sucht, der diese Einzelteile zusammenwirken läßt. Diese als Reduktionismus bekannte Haltung ist in unserer Kultur so tief verwurzelt, daß sie oft mit der wissenschaftlichen Methode gleichgesetzt wurde. Die anderen Wissenschaften akzeptieren die reduktionistischen und mechanistischen Anschauungen der klassischen Physik als die richtige Beschreibung der Wirklichkeit und modellierten ihre eigenen Theorien dementsprechend. Wann immer Psychologen, Soziologen oder Nationalökonomen wissenschaftlich sein wollten, wandten sie sich ganz natürlich den grundlegenden Begriffen der Physik Newtons zu.

Im zwanzigsten Jahrhundert hat die Physik jedoch mehrere gedankliche Revolutionen erlebt, die eindeutig die Grenzen ihrer mechanistischen Weltanschauung offenbaren und zu einer organischen, ökologischen Sicht der Welt führen, die große Ähnlichkeit mit den Anschauungen der Mystiker aller Zeitalter und Überlieferungen aufweist. Das Universum wird nicht länger als große Maschine angesehen, die aus einer Vielzahl separater Teile besteht, sondern als harmonisches, unteilbares Ganzes, als ein Netz dynamischer Beziehungen, die auf ganz entscheidende Weise den menschlichen Beobachter und sein Bewußtsein einbeziehen. Die Tatsache, daß die moderne Physik, Manifestation einer extremen Spezialisierung des rationalen Verstandes, Kontakt mit der Mystik aufnimmt, zeigt auf sehr schöne Weise die Einheit und komplementäre Natur der rationalen und der intuitiven Bewußtseinsarten, des *Yang* und des *Yin*. Daher können Physiker den wissenschaftlichen Hintergrund für den Wandel der Verhaltensweisen und Wertbegriffe liefern, den unsere Gesellschaft so dringend benötigt. In einer von der Naturwissenschaft beherrschten Kultur wird es sehr viel einfacher sein, unsere gesellschaftlichen Institutionen davon zu überzeugen, daß fundamentale Veränderungen notwendig sind, wenn wir unsere Argumente wissenschaftlich begründen. Genau das können Physiker jetzt tun. Die moderne Physik kann den anderen Wissenschaften zeigen, daß wissenschaftliches Denken nicht zwangsläufig reduktionistisch und mechanistisch sein muß, daß ganzheitliche und ökologische Anschauungen ebenfalls wissenschaftlich einwandfrei sind.

Eine der Hauptlektionen, die Physiker in diesem Jahrhundert lernen mußten, war die Einsicht, daß alle Begriffe und Theorien zur Beschreibung der Natur Grenzen haben. Wegen der wesentlichen Begrenztheit des rationalen Verstandes müssen wir akzeptieren, was Werner Heisenberg so formuliert, »daß nämlich jedes Wort oder jeder Begriff, so klar er uns auch erscheinen mag, doch nur einen begrenzten Anwendungsbereich hat«.[39]. Wissenschaftliche Theorien können niemals eine vollständige und definitive Beschreibung der Wirklichkeit liefern. Sie werden stets nur Annäherungen an das wahre Wesen der Dinge sein. Um es ganz grob zu sagen: Wissenschaftler befassen sich nicht mit der Wahrheit, sie befassen sich mit begrenzten und annähernden Beschreibungen der Wirklichkeit.

Zu Beginn dieses Jahrhunderts, als Physiker ihre Forschung auch auf die atomaren und subatomaren Vorgänge ausdehnten, wurden sie sich plötzlich der Grenzen ihrer klassischen Ideen bewußt und mußten viele ihrer grundlegenden Anschauungen von der Wirklichkeit radikal ändern. Die Erfahrungen, daß sie wesentliche Grundlagen ihres Vorstellungsrahmens in Frage stellen mußten und genötigt waren, tiefgreifende Modifizierungen ihrer gehegten und gepflegten Ideen zu akzeptieren, war für jene Wissenschaftler dramatisch und oft schmerzlich, vor allem während der ersten drei Jahrzehnte des Jahrhunderts. Doch wurden sie mit tiefen Einsichten in das Wesen der Materie und des menschlichen Geistes belohnt.

Ich glaube, diese Erfahrung kann vielen anderen Wissenschaftlern als nützliche Lektion dienen, Wissenschaftlern, die innerhalb ihrer Fachgebiete jetzt an die Grenzen der kartesianischen Weltanschauung gelangt sind. Wie die Physiker werden auch sie einsehen müssen, daß es notwendig ist, einige Vorstellungen zu modifizieren oder gar aufzugeben, wenn wir unseren Erfahrungsbereich oder unser Studiengebiet erweitern wollen. Die nachfolgenden Kapitel werden zeigen, wieweit die Naturwissenschaften und auch die Geistes- und Sozialwissenschaften sich nach der klassischen Newtonschen Physik ausgerichtet haben.

Nachdem die Physiker inzwischen weit über dieses Modell hinausgegangen sind, ist es auch für die anderen Wissenschaften an der Zeit, ihr grundlegendes Gedankengebäude auszubauen.

Unter den Wissenschaften, die von der kartesianischen Weltanschauung und Newtonschen Physik beeinflußt sind und sich ändern müssen, um mit den Anschauungen der modernen Physik in Einklang zu kommen, werde ich mich auf diejenigen konzentrieren, die sich mit der Gesundheit im weitesten ökologischen Sinne befassen: von der Biologie und medizinischen Wissenschaft zur Psychologie und Psychotherapie, Soziologie, Volkswirtschaft und Politischen Wissenschaft. In allen diesen Disziplinen werden inzwischen die Grenzen der klassischen kartesianischen Weltanschauung deutlich. Um über diese klassischen Modelle hinauszugelangen, müssen die Wissenschaftler die Grenzen der mechanistischen und reduktionistischen Anschauungsweise überschreiten, wie wir es in der Physik getan haben, und ganzheitliche sowie ökologische Anschauungen entwickeln. Obgleich es notwendig ist, ihre Theorien in Einklang mit denen der modernen Physik zu bringen, können die Vorstellungen der Physik nicht ganz allgemein als Modelle für andere Wissenschaften gelten, ihnen jedoch zweifellos von Nutzen sein. Wissenschaftler brauchen nicht mehr zu zögern, ein ganzheitliches Bild zu übernehmen, wie sie es heute noch oft tun, aus Furcht, unwissenschaftlich zu sein. Die moderne Physik kann ihnen zeigen, daß ein solches Weltbild nicht nur wissenschaftlich ist, sondern in Übereinstimmung steht mit den fortgeschrittensten wissenschaftlichen Theorien über die physikalische Wirklichkeit.

ZWEITER TEIL:

Die beiden Paradigmen

2. Die Newtonsche Weltmaschine

Die Weltanschauung und das Wertsystem, welche die Grundlagen unserer Kultur bilden und die sorgfältig neuformuliert werden müssen, haben sich in ihren wesentlichen Umrissen im 16. und 17. Jahrhundert ausgeprägt. Zwischen 1500 und 1700 veränderte sich auf bemerkenswerte Weise sowohl die Art, wie die Menschen die Welt beschrieben, als auch ihre gesamte Denkweise. Die neue Mentalität und die neue Auffassung vom Kosmos verliehen unserer abendländischen Zivilisation die Eigenschaften, die für die moderne Ära charakteristisch sind. Sie wurden zur Grundlage des Paradigmas, das unsere Kultur während der letzten drei Jahrhunderte beherrscht hat und sich jetzt zu ändern anschickt.

Vor 1500 betrachtete man in Europa und in den meisten anderen Zivilisationen die Welt organisch. Die Menschen lebten in kleinen, zusammenhängenden Gemeinschaften und erlebten die Natur als organische Beziehungen, charakterisiert durch die wechselseitige Abhängigkeit der spirituellen und materiellen Phänomene und die Unterordnung der Bedürfnisse des einzelnen unter die der Gemeinschaft. Der wissenschaftliche Rahmen dieser organischen Weltsicht war von zwei Autoritäten geschaffen worden – von Aristoteles und der Kirche. Im 13. Jahrhundert verknüpfte Thomas von Aquin das umfassende aristotelische System der Natur mit christlicher Theologie und Ethik und schuf dadurch einen gedanklichen Rahmen, der während des ganzen Mittelalters niemals in Frage gestellt wurde. Die mittelalterliche Wissenschaft war von der heutigen sehr verschieden. Sie beruhte auf Vernunft und Glauben zugleich, und ihr Hauptziel war mehr, die Bedeutung und Rolle der Dinge zu verstehen, als sie zu beherrschen und ihre Entwicklung vorauszusagen. Wenn mittelalterliche Wissenschaftler nach dem

Sinn der verschiedenen Naturerscheinungen fragten, dann waren für sie die Fragen, die sich mit Gott, der menschlichen Seele und der Ethik befaßten, von allergrößter Bedeutung.

Diese mittelalterliche Anschauung änderte sich im 16. und 17. Jahrhundert radikal. Die Vorstellung von einem organischen, lebenden und spirituellen Universum wurde durch das Bild von der Welt als Maschine ersetzt, und die Weltmaschine wurde zur beherrschenden Metapher der modernen Ära. Diese Entwicklung ergab sich aus revolutionären Entwicklungen in der Physik und Astronomie, die in den großen Leistungen von Kopernikus, Galilei und Newton ihren Höhepunkt fanden. Die Wissenschaft des 17. Jahrhunderts beruhte auf einer neuen Forschungsmethode, die von Francis Bacon nachdrücklich vertreten wurde, und zwar unter Einbeziehung der mathematischen Naturbeschreibung und der analytischen Denkmethode, die der Genius von Descartes ersonnen hatte. In Anerkennung dieser ganz entscheidenden Rolle der Naturwissenschaft, die diese weitreichenden Wandlungen in Gang brachte, bezeichnen die Historiker das 16. und das 17. Jahrhundert als das Zeitalter der Wissenschaftlichen Revolution.

Die Wissenschaftliche Revolution begann mit Nikolaus Kopernikus, der das geozentrische Weltbild von Ptolemäus und der Bibel zu Fall brachte, das über tausend Jahre lang als Dogma akzeptiert worden war. Nach Kopernikus war die Erde nicht mehr der Mittelpunkt des Universums, sondern nur einer von vielen Planeten, die um einen kleinen Fixstern am Rande der Galaxis kreisten, und der Mensch wurde seiner stolzen Position als zentrale Figur der göttlichen Schöpfung beraubt. Kopernikus war sich durchaus dessen bewußt, daß seine Anschauung das religiöse Bewußtsein seiner Zeit zutiefst verletzen würde. Deshalb verzögerte er ihre Veröffentlichung bis zum Jahre 1543, seinem Todesjahr, und selbst dann noch präsentierte er seine heliozentrische, die Sonne in den Mittelpunkt stellende Anschauung nur als Hypothese.

Auf Kopernikus folgte Johannes Kepler, ein Wissenschaftler und Mystiker, der nach der Harmonie der Sphären suchte und nach mühevoller Arbeit mit astronomischen Tabellen seine berühmten empirischen Gesetze von der Bewegung der Planeten formulierte, die ihrerseits das kopernikanische System stützten. Der wirkliche Wandel in der wissenschaftlichen Weltanschauung jedoch war das Werk von Galileo Galilei, der schon als Entdecker der Fallgesetze berühmt war, als er sich der Astronomie zuwandte. Seine Untersuchungen des Himmels mit dem neu erfundenen Fernrohr und seine außerordentliche Begabung für wissenschaftliche Beobachtung versetzten Galilei in die Lage, die alte Kosmologie über jeden Zweifel unglaubwürdig und aus der kopernikanischen Hypothese eine gültige wissenschaftliche Theorie zu machen.

Die Rolle Galileis innerhalb der Wissenschaftlichen Revolution geht weit über seine Leistungen in der Astronomie hinaus, obwohl letztere wegen seines Zusammenstoßes mit der Kirche am bekanntesten sind. Galilei war der erste, der wissenschaftliche Experimente mit der Anwendung mathematischer Sprache verknüpfte, um die von ihm entdeckten Naturgesetze zu formulieren. Deshalb gilt er als Vater der modernen Wissenschaft. »Philosophie«*, so glaubte er, »steht in jenem großen Buch geschrieben, das stets offen vor unseren Augen liegt; doch können wir sie nicht verstehen, wenn wir nicht zuvor die Sprache und die Schriftzeichen erlernen, mit denen es geschrieben ist. Diese Sprache ist Mathematik, und die Schriftzeichen sind Dreiecke, Kreise und sonstige geometrische Figuren.«[1] Die beiden Aspekte der Galileischen Pionierarbeit – sein empirisches Verfahren und seine Anwendung mathematischer Naturbeschreibung – wurden zu den beherrschenden Kennzeichen der Wissenschaft im 17. Jahrhundert und sind bis zum heutigen Tage wichtige Kriterien wissenschaftlicher Theorien geblieben.

Um es den Wissenschaftlern zu ermöglichen, die Natur mathematisch zu beschreiben, forderte Galilei sie auf, sich auf das Studium der wesentlichen Eigenschaften materieller Körper zu beschränken – Formen, Zahlen und Bewegung –, die gemessen und quantifiziert werden konnten. Andere Eigenschaften, wie etwa Farbe, Klang, Geschmack oder Geruch, waren für ihn nur subjektive Projektionen des Geistes, die aus dem Forschungsbereich der Wissenschaft ausgeschlossen werden mußten.[2] Galileis Strategie, die Aufmerksamkeit der Wissenschaftler auf quantifizierbare Eigenschaften der Materie zu lenken, hat sich in der modernen Wissenschaft als äußerst nützlich erwiesen, aber auch einen hohen Tribut verlangt, woran uns R. D. Laing emphatisch erinnert: »Dahin schwinden Sicht, Klang, Geschmack, Berührung und Geruch, und mit ihnen sind seither dahin Ästhetik und moralische Empfindsamkeit, Werte, Qualität, Form; dahin sind auch alle Gefühle, Motive, Absichten, Seele, Bewußtsein, Geist. Die Erfahrung an sich ist aus dem Reich wissenschaftlicher Forschung ausgestoßen worden.«[3] Nach An-

* Vom Mittelalter bis zum 19. Jahrhundert wurde der Ausdruck »Philosophie« in sehr breitem Sinne verwendet und schloß auch das ein, was wir heute »Wissenschaft« nennen.

sicht des Psychiaters Laing hat kaum etwas in den vergangenen vierhundert Jahren unsere Welt so verändert wie die Besessenheit der Wissenschaftler von Messungen und Quantifizierungen.

Während Galilei in Italien einfallsreiche Experimente ersann, führte Francis Bacon die empirische Wissenschaftsmethode in England ein. Bacon war der erste, der eine klare Theorie der induktiven Methode formulierte – Experimente zu machen und aus ihnen allgemeine Schlußfolgerungen zu ziehen, die dann in weiteren Experimenten überprüft werden. Als Befürworter dieser neuen Methode wurde Bacon sehr einflußreich. Mutig attackierte er die traditionellen Denkschulen und entwickelte eine wahre Leidenschaft für das wissenschaftliche Experiment.

Der »Geist Bacons« veränderte tiefgreifend die Art und Zielsetzung wissenschaftlicher Forschung. Seit der Antike war es das Ziel der Wissenschaft gewesen, Weisheit, Verständnis für die natürliche Ordnung und das Leben in Harmonie mit dieser Ordnung zu gewinnen. Wissenschaft betrieb man »zum Ruhme Gottes« oder, wie die Chinesen es formulierten, um »der natürlichen Ordnung zu folgen« und »im Strome des *Tao* zu fließen«.[4]

Das waren *Yin*-Ziele, das heißt integrierende Ziele; die Grundhaltung der Wissenschaftler war ökologisch, wie wir heute sagen würden. Im 17. Jahrhundert verwandelte sich diese Haltung in ihr polares Gegenteil: von *Yin* zu *Yang*, von Integration zur Selbstbehauptung. Seit Bacon ist das Ziel der Wissenschaft, Wissen zu erwerben, das zur Beherrschung und Kontrolle der Natur genutzt werden kann, und heute werden Wissenschaft und Technologie vorwiegend für zutiefst antiökologische Zwecke genutzt.

Die Ausdrücke, mit denen Bacon seine neue empirische Forschungsmethode empfahl, waren nicht nur leidenschaftlich, sondern oft richtiggehend bösartig. Nach seiner Ansicht sollte man die Natur »auf ihren Irrwegen mit Hunden hetzen«, man sollte sie »sich gefügig und zur Sklavin machen«. Man sollte sie »unter Druck setzen«, und das Ziel des Wissenschaftlers sei, »die Natur auf die Folter zu spannen, bis sie ihre Geheimnisse preisgibt«.[5] Viele dieser brutalen Bilder scheinen von den Hexenprozessen inspiriert zu sein, von denen es viele zu Lebzeiten Bacons gab. Als Generalstaatsanwalt von König James I. war Bacon mit diesen Hexenverfolgungen sehr vertraut, und da die Natur allgemein als weibliches Wesen angesehen wurde, überrascht es gar nicht, daß er seine im Gerichtssaal verwendeten Metaphern auch auf seine wissenschaftlichen Schriften übertrug. In der Tat erinnert seine Anschauung von der Natur als einem weiblichen Wesen, dem man seine Geheimnisse mittels mechanischer Folterwerkzeuge entreißen müsse, stark an die weitverbreitete Folterung von Frauen in den Hexenprozessen des frühen 17. Jahrhunderts.[6] So ist das Werk von Bacon ein hervorragendes Beispiel für den Einfluß patriarchalischer Verhaltensweisen auf das wissenschaftliche Denken.

Der antike Begriff von der Erde als gütiger Nährmutter wurde in Bacons Schriften radikal umgestaltet und verschwand vollständig, als die Wissenschaftliche Revolution sich daranmachte, die organische Naturanschauung durch die Metapher von der Welt als Maschine zu ersetzen. Dieser Wandel, der für die weitere Entwicklung der abendländischen Zivilisation außerordentlich bedeutsam werden sollte, wurde von zwei alles überragenden Persönlichkeiten des 17. Jahrhunderts in Gang gebracht – von Descartes und Newton.

René Descartes gilt im allgemeinen als Begründer der modernen Philosophie. Er war ein brillanter Mathematiker, und seine philosophische Anschauung wurde zutiefst von der neuen Physik und Astronomie beeinflußt. Er akzeptierte kein traditionelles Wissen, sondern machte sich daran, ein ganz neues Gedankensystem zu entwerfen. Nach Bertrand Russell »war dies seit Aristoteles nicht mehr geschehen, und es ist ein Zeichen neuen Selbstvertrauens, das sich aus dem Fortschritt der Wissenschaft ergab. Sein Werk ist von einer Frische, die man bei keinem hervorragenden älteren Philosophen seit Plato findet.«[7]

Im Alter von 23 Jahren hatte Descartes eine erleuchtende Vision, die sein ganzes Leben prägen sollte.[8] Nach mehreren Stunden intensiver Konzentration, während derer er systematisch sein ganzes bis dahin erworbenes Wissen überprüfte, erschaute er in einem plötzlichen Aufflammen intuitiven Erkennens »die Grundlagen einer wunderbaren Wissenschaft«, welche die Vereinheitlichung allen Wissens versprach. Diese Intuition war schon vorausgeahnt in einem Brief an einen Freund, in dem Descartes sein ehrgeiziges Ziel ankündigte: »Und da ich vor Dir nicht die Art meiner Arbeit verbergen will, . . . ich möchte der Öffentlichkeit . . . eine vollständig neue Wissenschaft übergeben, die im allgemeinen alle Fragen der Quantität löst, der kontinuierlichen wie der diskontinuierlichen.«[9] In seiner Vision schaute Descartes, wie sein Plan zu verwirklichen sei. Ihm offenbarte sich eine Methode, die es ihm gestatten würde, eine vollständige Wissenschaft von der Natur zu konstruieren, die ihm absolute Gewißheit vermitteln sollte, eine Wissenschaft, die, wie die Mathematik, auf absolut einleuchtenden ersten Prinzipien beruhen würde. Descartes war von dieser Offenbarung überwältigt. Er spürte, daß er die größte Entdeckung seines Lebens gemacht hatte, und zweifelte nicht daran, daß seine Vision göttlicher Eingebung entsprang. Seine Überzeugung wurde noch durch einen außergewöhnlichen Traum in der darauffolgenden Nacht verstärkt, in dem ihm die neue Wissenschaft in symbolischer Form erschien. Descartes war nun gewiß, daß Gott ihm seinen Auftrag gezeigt hatte, und er machte sich daran, eine neue wissenschaftliche Weltanschauung zu schaffen.

Die Vision hatte Descartes den festen Glauben an die Gewißheit wissenschaftlicher Erkenntnis eingepflanzt. Seine Berufung im Leben war es nunmehr, in allen Wissenschaftsbereichen die Wahrheit vom Irrtum zu scheiden. »Alle Wissenschaft ist sicheres, evidentes Wissen«, schrieb er. »Wir lehnen alles Wissen ab, das nur wahrscheinlich ist, und meinen, daß nur die Dinge geglaubt werden sollten, die vollständig bekannt sind und über die es keinen Zweifel mehr geben kann.«[10]

Der Glaube an die Gewißheit der wissenschaftlichen Erkenntnis bildet die eigentliche Grundlage der kartesianischen Philosophie und der daraus abgeleiteten Weltanschauung; und gerade hier, schon am Ausgangspunkt, irrte Descartes. Die Physik des 20. Jahrhunderts hat uns sehr deutlich gezeigt, daß es in der Wissenschaft keine absolute Wahrheit gibt, daß alle unsere Vorstellungen und Theorien nur begrenzt gültig sind und sich der Wirklichkeit nur annähern. Der kartesianische Glaube an die wissenschaftliche Wahrheit ist heute noch weit verbreitet und kommt im Wissenschaftsdenken zum Ausdruck, das für die abendländische Kultur typisch ist. Viele Angehörige unserer Gesellschaft, seien sie Wissenschaftler oder Laien, sind davon überzeugt, daß die wissenschaftliche Methode der einzig gültige Weg ist, das Universum zu verstehen. Die kartesianische Denkmethode und ihre Sicht der Natur haben alle Zweige der modernen Wissenschaft beeinflußt, und sie können auch heute durchaus noch nützlich sein. Diese Nützlichkeit ist jedoch nur gegeben, wenn man sich ihrer Grenzen bewußt ist. Daß man die kartesianische Anschauung als absolute Wahrheit und die Methodik von Descartes als einzigen Weg zur Erkenntnis akzeptierte, hat eine wichtige Rolle in der Entwicklung gespielt, die uns in unser gegenwärtiges kulturelles Ungleichgewicht geführt hat.

Die kartesianische Gewißheit ist im wesentlichen mathematisch. Für Descartes war der Schlüssel zum Universum dessen mathematische

Struktur, und für ihn war Wissenschaft gleichbedeutend mit Mathematik. Daher schrieb er mit Bezugnahme auf die Eigenschaften physikalischer Gegenstände: »Ich lasse keine von ihnen als wahr gelten, die nicht mit der Klarheit mathematischer Beweisführung aus allgemeinen Vorstellungen abgeleitet ist, deren Wahrheit nicht angezweifelt werden kann. Da alle Naturerscheinungen auf diese Weise erklärt werden könnten, bin ich der Ansicht, daß keine sonstigen Grundsätze der Physik zugelassen werden müssen oder auch nur wünschenswert sind.«[11]

Wie Galilei glaubte auch Descartes, die Sprache der Natur – »jenes großen Buches, das stets offen vor unseren Augen liegt« – sei die der Mathematik; und sein Bestreben, die Natur mit mathematischen Begriffen zu beschreiben, brachte ihm seine berühmteste Entdeckung ein. Als er numerische Beziehungen auf geometrische Figuren anwandte, gelang es ihm, Algebra und Geometrie miteinander zu verbinden, womit er einen neuen Zweig der Mathematik begründete, der heute als Analytische Geometrie bekannt ist. Dazu gehörte auch die Darstellung von Kurven mittels algebraischer Gleichungen, deren Lösung er systematisch studierte. Seine neue Methode erlaubte es Descartes, einen sehr allgemeinen Typ mathematischer Analyse auf das Studium bewegter Körper anzuwenden, in Übereinstimmung mit seinem großen Entwurf, alle physikalischen Phänomene auf exakte mathematische Beziehungen zurückzuführen. So konnte er mit großem Stolz sagen: »Meine gesamte Physik ist nichts weiter als Geometrie.«[12]

Descartes hatte das Genie eines Mathematikers, was auch in seiner Philosophie zum Ausdruck kommt. Um seinen Plan durchzuführen, eine vollständige und exakte Naturwissenschaft zu schaffen, entwickelte er eine neue Methode des Denkens, die er in seinem berühmtesten Buch *Abhandlung über die Methode* darstellte. Obgleich dieser Text zu einem der großen philosophischen Klassiker geworden ist, war sein ursprünglicher Zweck nicht, Philosophie zu lehren, sondern als Einführung in die Naturwissenschaft zu dienen. Die Methode von Descartes zielte darauf ab, wissenschaftliche Wahrheit zu erreichen, was auch aus dem vollen Buchtitel zu ersehen ist: *Abhandlung über die Methode, den eigenen Verstand richtig zu leiten und die Wahrheit in den Wissenschaften zu suchen*.

Das entscheidende Element in der Methode von Descartes war der Zweifel. Er bezweifelte alles, was ihm nur zu bezweifeln gelang – das gesamte überlieferte Wissen, die eigenen Sinneseindrücke, selbst die Tatsache, daß er einen Körper besaß –, bis er schließlich bei etwas anlangte, was er nicht bezweifeln konnte, nämlich die Existenz seiner selbst als die eines Denkenden. Auf diese Weise gelangte er zu seiner berühmten Feststellung *»Cogito ergo sum«*, »Ich denke, also bin ich«. Daraus schloß Descartes, das Wesentliche der menschlichen Natur liege im Denken, und alle Dinge, die wir klar und deutlich denken könnten, seien wahr. Eine derart klare und deutliche Vorstellung – »die Vorstellung des reinen und aufmerksamen Geistes«[13] – nannte er »Intuition«, und er behauptete: »Dem Menschen steht kein Weg zur sicheren Kenntnis der Wahrheit offen, ausgenommen die augenfällige Intuition und die notwendige Ableitung.«[14] Sicheres Wissen erlangt man also durch Intuition und Deduktion, und dies sind die Werkzeuge, die Descartes bei seinem Versuch nutzte, das Gebäude des Wissens auf einem festen Fundament neu zu errichten.

Die Methode von Descartes war analytisch. Sie bestand darin, Gedanken und Probleme in Stücke zu zerlegen und diese in ihrer logischen Ordnung aufzureihen. Diese analytische Denkmethode ist wahrscheinlich Descartes' größter Beitrag zur Wissenschaft. Sie wurde zu einem wesentlichen Charakteristikum des modernen wissenschaftlichen Denkens und hat sich bei der Entwicklung wissenschaftlicher Theorien wie bei der Verwirklichung komplexer technologischer Projekte als außerordentlich nützlich erwiesen. Diese Methode war es, die es der NASA ermöglichte, einen Menschen auf den Mond zu schicken. Andererseits hat die Überbewertung der kartesianischen Methode zu der Zersplitterung geführt, die für unser allgemeines Denken und unsere akademischen Disziplinen so charakteristisch ist, ferner zu dem in der Wissenschaft so weitverbreiteten Reduktionismus – dem Glauben, *alle Aspekte* komplexer Phänomene könnten verstanden werden, wenn man sie auf ihre Bestandteile reduziert.

In Descartes' *»cogito«*, wie man es später genannt hat, ist der Geist gewisser als die Materie. Das brachte ihn zu der Schlußfolgerung, die beiden seien getrennt und fundamental voneinander verschieden. So behauptete er: »Der Körper enthält nichts, was dem Geist zugerechnet werden könnte, und der Geist beinhaltet nichts, was zum Körper gehörig wäre.«[15] Die kartesianische Unterscheidung von Geist und Materie hat das abendländische Denken tief beeinflußt. Sie hat uns gelehrt, uns selbst als isoliertes Ego anzusehen, das »im Innern« unseres Körpers existiert; sie hat uns dazu gebracht, geistige Arbeit höher zu bewerten als körperliche. Sie hat riesige Industriezweige in die Lage versetzt, Produkte zu verkaufen – vor allem an Frauen –, die uns zu Besitzern des »idealen Körpers« machen sollen. Sie hat Ärzte davon abgehalten, die psychologischen Dimensionen der Krankheit ernstlich in Erwägung zu ziehen, und Psychotherapeuten davon, sich mit den Körpern ihrer Patienten zu befassen. In den Wissenschaften vom Leben hat die kartesianische Aufspaltung von Geist und Materie zu endloser Konfusion über die Beziehungen zwischen dem Geist und dem Gehirn geführt. In der Physik hat sie es den Begründern der Quantentheorie äußerst erschwert, ihre Beobachtungen atomarer Phänomene richtig zu interpretieren. Heisenberg, der viele Jahre lang mit diesem Problem rang, schrieb dazu:

> Diese Spaltung hat sich in den auf Descartes folgenden drei Jahrhunderten tief im menschlichen Geist eingenistet, und es wird noch viel Zeit vergehen, bis sie durch eine wirklich andersartige Haltung gegenüber dem Problem der Wirklichkeit ersetzt werden wird.[16]

Descartes gründete seine gesamte Naturanschauung auf diese fundamentale Unterscheidung zwischen zwei unabhängigen und getrennten Bereichen: dem des Geistes, *res cogitans* (das »denkende Ding«), und dem der Materie, *res extensa* (das »ausgedehnte Ding«). Sowohl Geist wie Materie waren Schöpfungen Gottes, der – als Ursprung der exakten natürlichen Ordnung und des Lichtes des Verstandes, der es dem menschlichen Geist ermöglichte, diese Ordnung zu erkennen – ihren gemeinsamen Bezugspunkt darstellte. Für Descartes war die Existenz Gottes ein wesentlicher Bestandteil seiner wissenschaftlichen Philosophie. In späteren Jahrhunderten jedoch vermieden die Wissenschaftler jede Bezugnahme auf Gott und entwickelten ihre Theorien entsprechend der kartesianischen Trennung: Die Geisteswissenschaften konzentrierten sich auf die *res cogitans* und die Naturwissenschaften auf die *res extensa*.

Für Descartes war das materielle Universum eine Maschine und nichts als eine Maschine. In der Materie gab es weder einen Sinn noch Leben, noch Spiritualität. Die Natur funktionierte nach mechanischen Gesetzen, und alles in der Welt der Materie konnte in Begriffen der Anordnung und der Bewegung seiner Teile erklärt werden. Dieses mechanische Bild der Natur wurde zum dominierenden Paradigma der Naturwissenschaft in der auf Descartes folgenden Periode. Es bestimmte alle wissenschaftlichen Beobachtungen und die Formulierung aller Theorien über Naturerscheinungen – bis die Physik des 20. Jahrhunderts einen radikalen Wandel bewirkte. Die gesamte Ausarbeitung der mechanistischen Naturwissenschaft im 17., 18. und 19. Jahrhundert, einschließlich der großen Synthese von Newton, war nichts weiter als die Fortentwicklung der kartesianischen Idee. Descartes gab dem wissenschaftlichen Denken seinen allgemeinen Rahmen – die Anschauung von der Natur als einer perfekten Maschine, beherrscht von exakten mathematischen Gesetzen.

Der drastische Wandel des Bildes der Natur von dem eines Organismus zu dem einer Maschine beeinflußte das Verhalten der Menschen gegenüber ihrer natürlichen Umwelt entscheidend. Die organische Weltanschauung des Mittelalters hatte ein Wertsystem entwickelt, das zu ökologischem Verhalten führte. Carolyn Merchant beschreibt das so:

> Die Vorstellung von der Erde als einem lebendigen Organismus und einer Nährmutter stand als kulturelle Schranke vor den Handlungen der Menschen. Man ist nicht so ohne weiteres bereit, seine Mutter zu erschlagen, in ihren Eingeweiden nach Gold zu graben oder ihren Körper zu verstümmeln . . . Solange die Erde als lebendig und empfindsam galt, konnte es als Verletzung menschlichen ethischen Verhaltens angesehen werden, zerstörerische Handlungen gegen sie vorzunehmen.[17]

Diese kulturellen Hemmungen verschwanden, sobald die Mechanisierung der Naturwissenschaft einsetzte. Die kartesianische Anschauung vom Universum als einem mechanischen System lieferte eine »wissenschaftliche« Rechtfertigung für die Manipulation und Ausbeutung der Natur, die so typisch für die abendländische Kultur geworden ist. Tatsächlich teilte Descartes die Ansicht von Bacon, das Ziel der Wissenschaft sei die Beherrschung und Kontrolle der Natur, wobei er bekräftigte, wissenschaftliche Kenntnisse könnten genutzt werden, »um uns zu Herren und Besitzern der Natur zu machen.«[18]

In dem Bemühen, eine perfekte Naturwissenschaft zu schaffen, dehnte Descartes seine mechanistische Anschauung von der Materie auch auf lebende Organismen aus. Auch Pflanzen und Tiere waren Maschinen für ihn. Die Menschen wurden von einer vernunftbegabten Seele bewohnt, die mit dem Körper über die Zirbeldrüse im Zentrum des Gehirns verbunden war. Der Körper des Menschen jedoch war auch nur eine animalische Maschine. Um zu beweisen, daß lebende Organismen nichts als Automaten seien, beschrieb Descartes ausführlich, wie die Bewegungen und verschiedenen biologischen Funktionen des Körpers auf mechanische Vorgänge reduziert werden könnten. Die Vorliebe des barocken 17. Jahrhunderts für kunstvolle »lebensähnliche Maschinen«, welche die Menschen mit der Magie scheinbar spontaner Bewegungen entzückten, hat ihn dabei stark beeinflußt. Descartes war wie die meisten seiner Zeitgenossen von diesen Automaten fasziniert und hat selbst einige konstruiert. So kam es, daß er ihr Funktionieren mit dem lebender Organismen verglich:

> Wir sehen Uhren, künstliche Brunnen, Mühlen und ähnliche Maschinen, die, obwohl nur von Menschenhand gemacht, doch fähig sind, sich von selbst auf verschiedene Weise zu bewegen ... Ich sehe keinerlei Unterschied zwischen Maschinen, die von Handwerkern hergestellt wurden, und den Körpern, die allein die Natur zusammengesetzt hat.[19]

Zu Lebzeiten von Descartes hatte die Herstellung von Uhrwerken einen hohen Grad von Perfektion erreicht, so daß sie als bevorzugtes Modell für andere automatische Maschinen dienten. Descartes verglich Tiere mit »einer Uhr ... die ... aus Rädchen und Sprungfedern zusammengesetzt ist«, und er dehnte diesen Vergleich auch auf den menschlichen Körper aus: »Für mich ist der menschliche Körper eine Maschine. In Gedanken vergleiche ich einen kranken Menschen und eine schlecht gemachte Uhr mit meiner Idee von einem gesunden Menschen und einer gut gemachten Uhr.«[20]

Diese Anschauung vom lebenden Organismus hat die Entwicklung der Wissenschaften vom Leben entscheidend beeinflußt. Die sorgfältige Beschreibung der Mechanismen, die zusammengefügt lebende Organismen ergeben, blieb drei Jahrhunderte lang eine Hauptaufgabe der Biologen, Ärzte und Psychologen. Die kartesianische Methode war dabei sehr erfolgreich, vor allem in der Biologie, hat jedoch die Richtung der wissenschaftlichen Forschung eingeengt. Das Problem dabei ist, daß die erfolgreiche Behandlung lebender Organismen als Maschinen die Wissenschaftler schließlich glauben ließ, sie seien *nichts als* Maschinen. Die nachteiligen Folgen dieses reduktionistischen Trugschlusses sind inzwischen vor allem in der Medizin deutlich geworden, wo der Glaube an das kartesianische Modell des menschlichen Körpers als Uhrwerk die Ärzte daran gehindert hat, viele der heute grassierenden schweren Krankheiten zu begreifen.

Das also war Descartes' »wunderbare Wissenschaft«. Mit seinem analytischen Denken versuchte er, alle Naturerscheinungen im Rahmen eines einzigen Systems mechanischer Prinzipien genau zu beschreiben. Seine Wissenschaft sollte vollkommen sein, und das Wissen, das sie vermittelte, sollte absolute mathematische Gewißheit verleihen. Natürlich war Descartes nicht imstande, seinen ehrgeizigen Plan zu verwirklichen, und er selbst erkannte, daß seine Wissenschaft unvollkommen war. Dennoch haben seine Methode des Denkens und seine allgemeinen Vorstellungen von einer Theorie der Naturerscheinungen das abendländische wissenschaftliche Denken drei Jahrhunderte lang beherrscht.

Selbst heute noch, wo die Grenzen der kartesianischen Weltanschauung in allen Wissenschaften erkennbar werden, bleiben Descartes' allgemeine Methode, intellektuelle Probleme anzupacken, sowie seine Klarheit des Denkens von unschätzbarem Wert. Das wurde mir lebhaft nach einer Vorlesung über moderne Physik in Erinnerung gebracht, in der ich die Grenzen der mechanistischen Weltanschauung für die Quantentheorie sowie die Notwendigkeit betont hatte, diese Anschauung auch in anderen Gebieten zu überwinden. Damals machte mir eine Französin das Kompliment, ich hätte »mit kartesianischer Klarheit« gesprochen. Wie schrieb doch Montesquieu im 18. Jahrhundert?: »Descartes hat diejenigen, die nach ihm kamen, gelehrt, wie sie seine eigenen Fehler entdecken konnten.«[21]

Descartes schuf zwar den gedanklichen Rahmen für die Naturwissenschaft des 17. Jahrhunderts, doch mußte seine Anschauung von der Natur als perfekter Maschine, die nach exakten mathematischen Gesetzen arbeitet, zu seinen Lebzeiten eine Vision bleiben. Er konnte nur die Umrisse seiner Theorie der Naturerscheinungen entwerfen.

Der Mann, der den kartesianischen Traum verwirklichte und die Wissenschaftliche Revolution vervollständigte, war Isaac Newton, der 1642, im Todesjahr von Galilei, in England geboren wurde. Newton entwickelte eine vollständige mathematische Ausformulierung der mechanistischen Naturauffassung und schuf damit eine großartige Synthese der Arbeiten von Kopernikus und Kepler, Bacon, Galilei und Descartes. Die Physik Newtons, die Krönung der wissenschaftlichen Leistungen des 17. Jahrhunderts, lieferte eine geschlossene mathematische Theorie der Welt, die bis weit ins 20. Jahrhundert hinein die solide Grundlage wissenschaftlichen Denkens blieb. Newtons Verständnis der

Mathematik war weit umfassender als das seiner Zeitgenossen. Er erfand eine völlig neue Methode, heute als Differentialrechnung bekannt, um die Bewegung fester Körper zu beschreiben; es war dies eine Methode, die weit über die mathematischen Techniken von Galilei und Descartes hinausging. Einstein pries diese unerhörte intellektuelle Leistung als den »vielleicht größten Fortschritt im Denken, den zu vollziehen ein einziges Individuum jemals das Privileg hatte«.[22]

Kepler hatte aus dem Studium astronomischer Tabellen empirische Gesetze der Bewegungen der Planeten abgeleitet, und Galilei hatte einfallsreiche Experimente durchgeführt, um die Gesetze fallender Körper zu entdecken. Newton kombinierte diese beiden Entdeckungen, indem er die allgemeinen Gesetze der Bewegung formulierte, denen alle Objekte im Sonnensystem folgen, vom einfachen Stein bis zu den Planeten.

Der Legende nach kam Newton die entscheidende Einsicht durch einen Gedankenblitz, als er einen Apfel vom Baum fallen sah. Er erkannte, daß der Apfel von derselben Kraft zur Erde gezogen wurde, die auch die Planeten zur Sonne zieht, und er fand auf diese Weise den Schlüssel zu seiner großen Snythese. Er nutzte dann seine neue mathematische Methode, um die exakten Bewegungsgesetze für alle Körper unter dem Einfluß der Schwerkraft zu formulieren. Die Bedeutung dieser Gesetze lag in ihrer universalen Anwendbarkeit. Sie galten als gültig innerhalb des ganzen Sonnensystems und schienen damit die kartesianische Naturanschauung zu bestätigen. Das Newtonsche Universum war wirklich ein gewaltiges mechanisches System, das nach exakten mathematischen Gesetzen funktionierte.

Newton stellte seine Welttheorie in allen Einzelheiten in seinem Buch *Mathematische Grundlagen der Naturwissenschaft* vor. Die *Principia*, wie man das Werk abgekürzt nach seinem ursprünglichen lateinischen Titel nennt, enthalten ein umfassendes System von Definitionen, Thesen und Beweisen, das von den Wissenschaftlern über zweihundert Jahre lang als die genaue Beschreibung der Natur angesehen wurde. Sie enthalten auch eine ins einzelne gehende Diskussion der experimentellen Methode Newtons, die er selbst als ein systematisches Verfahren betrachtete, bei dem die mathematische Beschreibung Schritt für Schritt auf der kritischen Bewertung der experimentellen Ergebnisse beruht. So fordert Newton: »Alles, was nicht aus Naturerscheinungen abgeleitet werden kann, soll eine Hypothese genannt werden. Hypothesen aber, seien sie metaphysischer oder physikalischer, okkulter oder mechanischer Art, haben in der experimentellen Philosophie keinen Platz. In dieser Philosophie werden einzelne Thesen aus den Phänomenen abgeleitet und anschließend durch Induktion allgemeingültig gemacht.«[23]

Vor Newton hatte es in der Naturwissenschaft des 17. Jahrhunderts zwei einander entgegengesetzte Trends gegeben; die von Bacon vertretene empirische induktive Methode und die von Descartes vertretene rationale deduktive Methode. In seinen *Principia* führte Newton die rechte Mischung beider Methoden ein, wobei er hervorhob, daß weder Experimente ohne systematische Deutung noch eine Deduktion aus allgemeinen Prinzipien ohne experimentelle Grundlage zu einer verläßlichen Theorie führen würden. In seinen systematischen Experimenten ging er über Bacon und in seiner mathematischen Analyse über Descartes hinaus; damit vereinigte Newton beide Trends und entwickelte die Methodologie, auf der seither die Naturwissenschaft beruht.

Newton war eine weitaus vielschichtigere Persönlichkeit, als man der Lektüre seiner Werke entnehmen würde. Er war nicht nur ein ausgezeichneter Naturwissenschaftler und Mathematiker, sondern zeichnete sich in den verschiedenen Phasen seines Lebens auch als Jurist, Historiker und Theologe aus; er beschäftigte sich zudem eingehend mit okkultem und esoterischem Wissen. Für ihn war die Welt ein Rätsel, und seiner Ansicht nach konnte der Schlüssel dazu nicht nur durch wissenschaftliche Experimente, sondern auch in den kryptischen Offenbarungen esoterischer Überlieferungen gefunden werden. Wie Descartes neigte Newton zu der Idee, sein mächtiger Verstand könne dem Universum alle Geheimnisse entreißen. Er nutzte diesen Verstand mit der gleichen Intensität für das Studium der Naturwissenschaft wie für das der esoterischen Wissenschaften. Während er am Trinity College der Universität von Cambridge an den *Principia* arbeitete, häufte er gleichzeitig umfangreiche Notizen über Alchemie, apokalyptische Texte, unorthodoxe theologische Theorien und viele okkulte Themen an. Die meisten seiner esoterischen Schriften wurden niemals veröffentlicht; was jedoch von ihnen bekannt ist, deutet darauf hin, daß Newton, der große Genius der Wissenschaftlichen Revolution, zugleich auch »der letzte Magier« war.[24]

Die Bühne des Newtonschen Universums, auf der sich alle physikalischen Vorgänge abspielten, war der dreidimensionale Raum der Euklidischen Geometrie. Es war ein absoluter Raum, ein leerer Behälter, unabhängig von den physikalischen Phänomenen, die sich in seinem Inneren ereigneten. In Newtons eigenen Worten: »Der absolute Raum ist seinem Wesen nach so beschaffen, daß er ohne Rücksicht auf etwas außerhalb Liegendes immer gleich und unbeweglich bleibt.«[25] Alle Veränderungen in der physikalischen Welt wurden in Begriffen einer davon getrennten Dimension beschrieben, der Zeit, wobei die Zeit wiederum absolut war, keine Verbindung mit der Welt der Materie hatte und gleichförmig von der Vergangenheit durch die Gegenwart in die Zukunft floß. Newton sagte: »Die absolute, wahre und mathematische Zeit fließt von sich aus und gemäß ihrem Wesen gleichförmig und ohne Rücksicht auf irgendwelche äußeren Dinge.«[26]

Die Elemente der Newtonschen Welt, welche sich in diesem absoluten Raum und der absoluten Zeit bewegten, waren Masseteilchen, kleine, feste und unzerstörbare Objekte, aus denen alle Materie gemacht war. Das Newtonsche Modell der Materie war atomistisch, unterscheidet sich jedoch von der modernen Auffassung der Atome dadurch, daß die Newtonschen Masseteilchen als aus derselben materiellen Substanz bestehend galten. Newton hielt Materie für homogen. Er erklärte den Unterschied zwischen der einen Art von Materie und einer anderen nicht mit unterschiedlichen Gewichten und unterschiedlicher Dichte der Atome, sondern damit, daß diese mehr oder weniger dicht zusammengedrängt seien. Die grundlegenden Bausteine der Materie konnten verschiedenen Umfang haben, aber sie bestanden alle aus demselben »Stoff«, und die totale Menge materieller Substanz in einem Gegenstand war durch dessen Masse gegeben.

Die Bewegung der Masseteilchen wurde durch die Schwerkraft verursacht, die, wie Newton meinte, augenblicklich auf weite Entfernung wirkt. Die Masseteilchen und die zwischen ihnen wirkenden Kräfte waren grundsätzlich voneinander verschieden, wobei die innere Zusammensetzung der einzelnen Masseteilchen von den zwischen ihnen bestehenden Wechselwirkungen unabhängig war. Die Teilchen und die zwischen ihnen wirkenden Kräfte wurden als von Gott geschaffen betrachtet und waren damit nicht Gegenstand weiterer Analysen. In seinen *Opticks* gibt Newton uns ein klares Bild, wie er sich Gottes Erschaffung der materiellen Welt vorstellte:

> Ich halte es für wahrscheinlich, daß Gott am Anfang die Materie als feste, harte, massive, undurchdringliche, bewegliche Partikeln schuf, in der Größe und Gestalt und mit solchen Eigenschaften und in sol-

> chem Verhältnis zum Raum, wie sie dem Zweck am dienlichsten waren, für den er sie erschaffen hatte, und daß diese einfachen Partikeln als Festkörper unvergleichlich härter sind als irgendwelche porösen Körper, die aus ersteren aufgebaut sind; sogar so hart, daß sie nie verschleißen oder zerbrechen. Keine gewöhnliche Kraft vermag zu trennen, was Gott selbst am ersten Schöpfungstag erschuf.[27]

Alle physikalischen Erscheinungen werden in der Newtonschen Mechanik auf die Bewegung von materiellen Teilchen im Raum reduziert, die durch ihre gegenseitige Anziehung, d. h. durch die Schwerkraft verursacht wird. Die Wirkung dieser Kraft auf eine Partikel oder auf irgendein anderes materielles Objekt wird mathematisch durch Newtons Bewegungsgleichungen beschrieben, welche die Grundlage der klassischen Mechanik bilden. Sie wurden als feste Gesetze betrachtet, nach welchen materielle Objekte sich bewegen, und man glaubte mit ihnen alle in der physikalischen Welt beobachteten Veränderungen erklären zu können. Aus Newtons Sicht hat Gott am Anfang die Masseteilchen, die Kraft zwischen ihnen und die Grundgesetze der Bewegung geschaffen. Auf diese Art wurde das gesamte Universum in Bewegung gesetzt und läuft seitdem wie eine Maschine, gelenkt von unabänderlichen Gesetzen. Die mechanistische Weltanschauung ist somit eng verbunden mit einem strengen Determinismus, mit der Auffassung einer kausalen und völlig determinierten kosmischen Maschine. Alles, was geschieht, hat nach dieser Auffassung eine definitive Ursache und eine definitive Wirkung, und die Zukunft eines jeden Teils des Systems könnte im Prinzip mit absoluter Sicherheit vorausgesagt werden, wenn sein Zustand zu irgendeiner Zeit in allen Einzelheiten bekannt wäre.

Dieses Bild einer vollkommenen Weltmaschine erforderte einen außerhalb stehenden Schöpfer, einen monarchischen Gott, der die Welt von oben regiert, indem er ihr seine göttlichen Gesetze auferlegt. Die physikalischen Vorgänge selbst galten nicht als göttlich, und als die Wissenschaft es zunehmend schwieriger machte, an einen solchen Gott zu glauben, verschwand das Göttliche vollkommen aus der wissenschaftlichen Weltanschauung und ließ jenes spirituelle Vakuum zurück, das so charakteristisch für den Hauptstrom unserer Kultur geworden ist. Philosophische Grundlage dieser Säkularisierung der Natur war die kartesianische Spaltung von Geist und Materie. Als Folge dieser Spaltung hielt man die Welt für ein mechanisches System, das objektiv beschrieben werden konnte, ohne daß der menschliche Beobachter je erwähnt wurde. Eine derart objektive Beschreibung der Natur wurde zum Ideal der gesamten Naturwissenschaft.

Im 18. und 19. Jahrhundert wurde die Newtonsche Mechanik mit unerhörtem Erfolg angewendet. Die Newtonsche Theorie war in der Lage, die Bewegung der Planeten, des Mondes und der Kometen bis in die letzten Einzelheiten zu erklären, desgleichen den Wechsel der Gezeiten und verschiedene andere, mit der Schwerkraft zusammenhängende Phänomene. Newtons mathematisches System der Welt erwarb sich schnell den Ruf, die korrekte Theorie der Wirklichkeit zu sein und rief bei Wissenschaftlern und Laien gleichermaßen eine ungeheure Begeisterung hervor. Das Bild von der Welt als einer vollkommenen Maschine, das von Descartes eingeführt worden war, galt jetzt als bewiesene Tatsache, und Newton wurde zu seinem Symbol. Während der letzten zwanzig Jahre seines Lebens galt Sir Isaac Newton im London des 18. Jahrhunderts als der berühmteste Mensch seiner Zeit, der große weißhaarige Weise der Wissenschaftlichen Revolution. Die Berichte über diese Periode im Leben von Newton klingen uns recht vertraut, wenn wir uns an die Figur von Albert Einstein erinnern, der in unserem Jahrhundert eine sehr ähnliche Rolle spielte.

Ermutigt durch den glänzenden Erfolg der Newtonschen Mechanik in der Astronomie, weiteten die Physiker sie auf die stetige Bewegung von Flüssigkeiten und die Schwingungen elastischer Körper aus, und auch das erwies sich als brauchbar. Schließlich konnte sogar die Wärmelehre auf die Mechanik reduziert werden, als man sich bewußt wurde, daß Wärme durch komplexe »Zitter«bewegungen von Atomen und Molekülen entsteht. Auf diese Weise konnten viele Wärmeerscheinungen, etwa das Verdampfen einer Flüssigkeit oder die Temperatur und der Druck eines Gases, sehr gut aus rein mechanischer Sicht verstanden werden.

Das Studium des physikalischen Verhaltens von Gasen brachte John Dalton zur Formulierung seiner berühmten Atomhypothese, die wahrscheinlich den bedeutendsten Schritt in der ganzen Geschichte der Chemie darstellt. Dalton verfügte über eine lebhafte bildliche Vorstellungskraft und versuchte, die Eigenschaften von Gasgemischen mit Hilfe von komplizierten Zeichnungen geometrischer und mechanischer Modelle von Atomen zu erklären. Seine wichtigste Annahme war, daß alle chemischen Elemente aus Atomen bestünden und daß die Atome eines bestimmten Elements alle gleich seien, sich aber von denen jedes anderen Elements in ihrer Masse, ihrem Umfang und ihren Eigenschaften unterschieden. Unter Anwendung der Daltonschen Hypothese entwickelten Chemiker des 19. Jahrhunderts eine präzise atomare Theorie der Chemie, die den Weg ebnete für die begriffliche Vereinigung von Physik und Chemie im 20. Jahrhundert. Auf diese Weise wurde die Newtonsche Mechanik weit über die Beschreibung makroskopischer Körper hinaus entwickelt. Das Verhalten von festen Stoffen, Flüssigkeiten und Gasen, einschließlich der Phänomene von Wärme und Schall, wurde mit Erfolg als Bewegung elementarer Masseteilchen erklärt. Den Wissenschaftlern des 18. und 19. Jahrhunderts bestätigte dieser ungeheure Erfolg des mechanistischen Modells ihren Glauben, daß das Universum wirklich ein riesiges mechanisches System sei, das nach den Newtonschen Bewegungsgesetzen arbeitet, und daß Newtons Mechanik die alleingültige Theorie der Naturereignisse sei.

Wenn auch die Eigenschaften der Atome während des ganzen 19. Jahrhunderts mehr von Chemikern als von Physikern untersucht wurden, gründete sich die klassische Physik auf die Newtonsche Idee von Atomen als harten und festen Materiebausteinen. Diese Vorstellung trug zweifellos zum Ansehen der Physik als einer »harten Wissenschaft« und der Entwicklung der darauf basierenden »harten Technologie« bei. Der überwältigende Erfolg der Newtonschen Physik und des kartesianischen Glaubens an die Gewißheit der wissenschaftlichen Erkenntnis führte in unserer Kultur geradenwegs zu der dominierenden Stellung der harten Wissenschaften und der harten Technologie. Erst um die Mitte des 20. Jahrhunderts wurde deutlich, daß die Vorstellung von einer harten Naturwissenschaft ein Teil des kartesianisch-Newtonschen Paradigmas war, eines Paradigmas, das es zu überwinden galt.

Infolge der festen Verankerung der mechanistischen Weltanschauung im 18. Jahrhundert wurde die Physik zur Grundlage aller Naturwissenschaften. Ist die Welt wirklich eine Maschine, so ist der beste Weg, ihr Funktionieren zu erkunden, sich der Newtonschen Mechanik zu bedienen. Somit war es eine unvermeidliche Folge der kartesianischen Weltanschauung, daß die Wissenschaften des 18. und 19. Jahrhunderts sich nach der Newtonschen Physik ausrichteten. Descartes war sich der grundlegenden Rolle der Physik in seiner Naturanschauung durchaus bewußt.

»Die Philosophie«, so schrieb er, »ist wie ein Baum. Die Wurzeln sind Metaphysik, der Stamm ist die Physik, und die Zweige sind die anderen Wissenschaften.«[28]

Descartes selbst hatte die Umrisse einer mechanistischen Auffassung von Physik, Astronomie, Biologie, Psychologie und Medizin ausgearbeitet. Die Denker des 18. Jahrhunderts führten dieses Programm fort, indem sie die Grundsätze der Newtonschen Mechanik auf die Wissenschaften von der menschlichen Natur und der menschlichen Gesellschaft anwandten. Die neugeschaffenen Sozialwissenschaften lösten große Begeisterung aus, und einige ihrer führenden Vertreter behaupteten sogar, sie hätten eine »Sozialphysik« entdeckt. Die Newtonsche Theorie vom Universum und der Glaube an die vernunftgemäße Lösung der menschlichen Probleme verbreitete sich so rasch im Bürgertum des 18. Jahrhunderts, daß die gesamte Ära zum »Zeitalter der Aufklärung« wurde. Die beherrschende Persönlichkeit bei dieser Entwicklung war der Philosoph John Locke, dessen bedeutendste Schriften gegen Ende des 17. Jahrhunderts veröffentlicht wurden. Stark von Descartes und Newton beeinflußt, hatte das Werk von Locke entscheidende Wirkung auf das Denken des 18. Jahrhunderts.

Der Newtonschen Physik folgend, entwickelte Locke eine atomistische Anschauung von der Gesellschaft, die er in Begriffen ihres Grundbausteins, des menschlichen Wesens, beschrieb. So wie die Physiker die Eigenschaften von Gasen auf die Bewegung ihrer Atome oder Moleküle reduzierten, so versuchte Locke, die in der Gesellschaft beobachteten Strukturen auf das Verhalten ihrer Individuen zurückzuführen. Dementsprechend begann er zunächst, die Natur des individuellen Menschen zu studieren, und versuchte dann, die Prinzipien der menschlichen Natur auf wirtschaftliche und politische Probleme anzuwenden. Locke baute bei seiner Analyse der menschlichen Natur auf der eines früheren Philosophen, Thomas Hobbes, auf, der erklärt hatte, alle Erkenntnis beruhe auf Sinneswahrnehmungen. Locke übernahm diese Theorie und verglich in einer berühmt gewordenen Metapher den menschlichen Geist bei der Geburt mit einer *tabula rasa*, einer vollständig leeren Tafel, auf der Wissen eingeprägt wird, sobald es durch Sinneswahrnehmungen erworben wird. Diese Vorstellung sollte starken Einfluß auf zwei bedeutende Schulen der klassischen Psychologie haben, den Behaviorismus und die Psychoanalyse, aber auch auf das politische Denken. Nach Locke sind alle menschlichen Wesen bei Geburt gleich, und ihre Entwicklung ist völlig von ihrer Umwelt abhängig. Ihre Handlungen sind, so meinte Locke, stets durch das motiviert, was sie als in ihrem eigenen Interesse liegend befinden.

Als Locke diese Theorie von der menschlichen Natur auf gesellschaftliche Erscheinungen anwandte, wurde er von seiner Überzeugung geleitet, daß die menschliche Gesellschaft genauso von Naturgesetzen gelenkt werde wie das physikalische Universum. So wie die Atome in einem Gas schließlich in ein Stadium des Gleichgewichts gelangen, so würden auch die menschlichen Individuen sich eine Gesellschaft in einer Art »Naturzustand« schaffen. Daher sollte es auch nicht die Funktion einer Regierung sein, den Menschen ihre Gesetze aufzuerlegen, sondern die Naturgesetze zu entdecken und anzuwenden, die schon existierten, bevor jemals eine Regierung gebildet wurde. Für Locke gehörte zu diesen Naturgesetzen die Freiheit und Gleichheit aller Individuen wie auch das Recht auf Eigentum, welches man als die Früchte der eigenen Arbeit erntet.

Lockes Ideen wurden zur Grundlage des Wertsystems der Aufklärung und übten starken Einfluß auf die Entwicklung des modernen wirtschaftlichen und politischen Denkens aus. Die Ideale des Individualismus, vom Recht auf Eigentum, von freien Märkten und repräsentativer Regierung, die alle bis zu Locke zurückverfolgt werden können, haben einen bedeutsamen Beitrag zu den Ideen von Thomas Jefferson geleistet und finden ihren Niederschlag in der amerikanischen Unabhängigkeitserklärung und der amerikanischen Verfassung.

Während des 19. Jahrhunderts arbeiteten Wissenschaftler weiter am mechanistischen Modell des Universums in der Physik, Chemie, Biologie, Psychologie und in den Sozialwissenschaften. Das Ergebnis war, daß die Newtonsche Weltmaschine eine viel komplexere und subtilere Struktur erhielt. Gleichzeitig machten neue Entdeckungen und neue Formen des Denkens die Grenzen des Newtonschen Modells deutlich und bereiteten den Weg für die wissenschaftlichen Revolutionen des 20. Jahrhunderts.

Eine dieser Entwicklungen des 19. Jahrhunderts war die Entdeckung und Erforschung elektrischer und magnetischer Phänomene, die auf einer neuen Art von Kraft beruhten und durch das mechanistische Modell nicht richtig beschrieben werden konnten. Der entscheidende Schritt wurde von Michael Faraday getan und von Clark Maxwell vollendet – der erste war einer der bedeutendsten Experimentatoren in der Geschichte der Wissenschaft, der zweite ein hervorragender Theoretiker. Faraday und Maxwell studierten nicht nur die Wirkungen der elektrischen und magnetischen Kräfte, sondern machten diese Kräfte selbst zum Hauptgegenstand ihrer Forschung. Sie ersetzten den Begriff der

Kraft durch den viel subtileren Begriff eines Kraftfeldes und waren damit die ersten, die über die Newtonsche Physik hinausgingen.[29] Sie wiesen nach, daß die Kraftfelder ihre eigene Wirklichkeit haben und ohne Bezugnahme auf materielle Körper untersucht werden können. Diese, Elektrodynamik genannte Theorie kulminierte in der Erkenntnis, daß Licht ein schnell alternierendes elektromagnetisches Feld ist, das sich in Form von Wellen durch den Raum ausbreitet.

Trotz dieser tiefgreifenden Neuerungen hielt die Newtonsche Mechanik weiterhin ihren Platz als Grundlage jeder Physik. Maxwell versuchte, seine Ergebnisse mit mechanischen Begriffen zu erläutern: Er deutete die Felder als Zustände mechanischer Spannung in einem sehr leichten, allesdurchdringenden Medium, Äther genannt, und die elektromagnetischen Wellen als elastische Wellen in diesem Äther. Allerdings benutzte er verschiedene Interpretationen dieser Theorie gleichzeitig und nahm anscheinend keine von ihnen sehr ernst, da er wohl intuitiv erkannte, daß die fundamentalen Einheiten in seiner Theorie die Felder waren und nicht die mechanischen Modelle. Es blieb Einstein vorbehalten, diese Tatsache in unserem Jahrhundert klar zu erkennen, als er erklärte, es gebe keinen Äther und die elektromagnetischen Felder seien selbständige physikalische Erscheinungen, die sich im leeren Raum ausbreiten könnten und mechanisch nicht erklärbar seien.

Während der Elektromagnetismus die Newtonsche Mechanik als allgemeingültige Theorie der Naturerscheinung entthronte, kam ein neuer Trend des Denkens auf, der über die Idee der Newtonschen Weltmaschine hinausging und nicht nur das 19. Jahrhundert, sondern das gesamte zukünftige wissenschaftliche Denken beherrschen sollte. Er beinhaltet den Gedanken der Evolution, des Wandels, des Wachstums und der Entwicklung. Der Begriff der Evolution war in der Geologie aufgekommen, wo sorgfältige Studien von Versteinerungen die Wissenschaftler auf den Gedanken brachten, daß der gegenwärtige Zustand der Erde das Ergebnis einer fortlaufenden Entwicklung sei, verursacht durch das Wirken von Naturkräften über einen riesigen Zeitraum hinweg. Doch waren die Geologen nicht die einzigen, die in dieser Richtung dachten. Die von Immanuel Kant und Pierre Laplace aufgestellte Theorie des Sonnensystems beruhte auf evolutionärem oder entwicklungsgeschichtlichem Denken. Evolutionäre Vorstellungen waren von entscheidender Bedeutung für die politischen Philosophien von Hegel und Engels; und während des ganzen 19. Jahrhunderts beschäftigten sich Dichter wie Philosophen intensiv mit dem Problem des Werdens.

Diese Ideen bildeten den geistigen Hintergrund für die genaueste und weitreichendste Formulierung der These von der Evolution – für die Theorie von der Entwicklung der Arten in der Biologie. Schon seit der Antike befaßten sich Philosophen mit der Idee einer »großen Kette des Seins«. Diese Kette war jedoch als eine statische Hierarchie gedacht, die mit Gott an der Spitze begann und über Engel, die Menschen und Tiere bis zu den niederen Lebensformen hinunterreichte. Die Anzahl der Arten war festgelegt und hatte sich seit dem Schöpfungstage nicht geändert. Carl von Linné, der große Botaniker, der die Arten genau klassifizierte, formulierte es so: »Wir haben so viele Arten, wie sie jeweils von den Händen des Schöpfers geschaffen wurden.«[30] Diese Anschauung von den biologischen Arten stand in vollkommener Übereinstimmung mit der jüdisch-christlichen Lehre und paßte genau in das Newtonsche Weltbild.

Der entscheidende Wandel kam mit Jean Baptiste Lamarck zu Beginn des 19. Jahrhunderts. Er war so dramatisch, daß Gregory Bateson, einer der tiefsinnigsten und umfassendsten Denker unserer Zeit, seinen Beitrag zur Wissenschaft mit der kopernikanischen Wende verglich. Er schreibt:

> Lamarck, vielleicht der größte Biologe der Geschichte, stellte diese Skala der Entwicklung auf den Kopf. Er war derjenige, der behauptete, alles beginne mit den Infusorien, und Veränderungen hätten dann schließlich bis zur Entwicklung des Menschen geführt. Wie er die Taxonomie einfach auf den Kopf stellte, das ist eine der erstaunlichsten Leistungen, die es jemals gegeben hat. Für die Biologie bedeutet es das gleiche wie die kopernikanische Wende für die Astronomie.[31]

Lamarck war der erste, der eine zusammenhängende Evolutionslehre vorlegte, nach der alle Lebewesen unter dem Druck ihrer Umwelt sich aus früheren, einfacheren Formen entwickelt haben. Obgleich die Einzelheiten seiner Theorie später aufgegeben werden mußten, bildete sie dennoch den ersten bedeutenden Schritt.

Einige Jahre später legte Charles Darwin eine überwältigende Anzahl von Beweisen für die biologische Evolution vor, womit das Phänomen für die Wissenschaftler über jeden Zweifel erhaben war. Zur weiteren Erklärung zog er auch die zufällige Abweichung – heute als Zufallsmutation bekannt – und die natürliche Zuchtwahl heran. Beide Erklärungen sind Eckpfeiler des modernen entwicklungsgeschichtlichen Denkens geblieben. In seinem Monumentalwerk *Ursprung der Arten* faßte Darwin die Gedanken früherer Denker zu einer Synthese zusammen, womit er allen nachfolgenden biologischen Lehren Form und Gestalt gab. Die Rolle dieses Werkes für die Wissenschaften vom Leben ähnelte der von Newtons *Principia* für Physik und Astronomie zweihundert Jahre davor.

Die Entdeckung der Evolution in der Biologie zwang die Wissenschaftler zur Aufgabe der kartesianischen Auffassung von der Welt als Maschine, die fix und fertig aus den Händen des Schöpfers hervorgegangen ist. Statt dessen mußte man jetzt das Universum als ein sich entwickelndes und ständig sich änderndes System beschreiben, in dem sich komplexe Strukturen aus einfacheren Formen bilden. Während die Wissenschaften vom Leben diese neue Denkweise erarbeiteten, tauchten gleichzeitig evolutionäre Theorien auch in der Physik auf. Im Gegensatz zur Entwicklung in der Biologie, die eine Bewegung in Richtung wachsender Ordnung und Komplexität bedeutete, verlief sie jedoch in der Physik genau entgegengesetzt, in Richtung einer sich steigernden Unordnung.

Die Anwendung der Newtonschen Mechanik auf das Studium von Wärmeerscheinungen, wozu die Behandlung von Flüssigkeiten und Gasen als komplizierten mechanischen Systemen gehörte, brachte die Physiker zur Formulierung der Thermodynamik, der »Wissenschaft von der Komplexität«. Die erste große Leistung dieser neuen Wissenschaft war die Entdeckung eines der fundamentalsten physikalischen Gesetze, des Gesetzes von der Erhaltung der Energie. Es stellt fest, daß die gesamte Energiemenge, die an einem Vorgang teilhat, stets erhalten bleibt. Sie kann auf höchst komplizierte Weise ihre Form ändern, doch nichts von ihr geht verloren. Dieses Gesetz, das die Physiker beim Studium der Dampfmaschine und anderer wärmeerzeugender Maschinen entdeckten, ist auch unter dem Namen Erster Hauptsatz der Thermodynamik bekannt.

Ihm folgte der Zweite Hauptsatz, der von der Verstreuung der Energie. Zwar bleibt die an einem Vorgang teilhabende totale Energie stets konstant, doch verringert sich die Menge an nutzbarer Energie durch Umwandlung in Wärme, Reibung und so fort. Dieses zweite Gesetz wurde zuerst von Sadi Carnot im Zusammenhang mit der Technologie von Wärmemaschinen formuliert. Doch erkannte man bald, daß es eine weitaus umfassendere Bedeutung hatte. Es führte in die Physik den Gedanken des unumkehrbaren Vorganges ein, eines »Zeit-Pfeils«.

Nach dem Zweiten Hauptsatz haben physikalische Vorgänge eine bestimmte Richtung. Mechanische Energie wird in Wärme umgewandelt und kann nicht mehr vollständig zurückgewonnen werden. Wird heißes mit kaltem Wasser zusammengegossen, ist das Ergebnis lauwarmes Wasser, und die beiden Flüssigkeiten lassen sich nicht mehr trennen. Ein anderes Beispiel: Mischt man weißen mit schwarzem Sand, bekommt man grauen Sand, und je mehr man diese Mischung schüttelt, um so gleichmäßiger wird das Grau. Daß diese beiden Arten von Sand sich spontan wieder trennen, werden wir nicht erleben.

Allen diesen Vorgängen ist gemeinsam, daß sie in einer bestimmten Richtung verlaufen – von der Ordnung zur Unordnung.

Das ist die allgemeinste Formulierung des Zweiten Hauptsatzes der Thermodynamik: Jedes beliebige isolierte physikalische System entwikkelt sich spontan in Richtung zunehmender Unordnung. Um die Jahrhundertmitte führte Rudolf Clausius bei seinem Bemühen, diese Richtung in der Evolution physikalischer Systeme in genauer mathematischer Form zu beschreiben, eine neue Quantität ein, die er »Entropie« nannte. Dieser Ausdruck ist eine Kombination von »Energie« und *»tropos«*, dem griechischen Wort für Umwandlung oder Evolution. Somit ist Entropie eine Quantität, die den Entwicklungsgrad eines physikalischen Systems mißt. Nach dem Zweiten Hauptsatz wird die Entropie eines isolierten physikalischen Systems ständig wachsen, und da diese Evolution von wachsender Unordnung begleitet wird, kann man Entropie auch als ein Maß für Unordnung ansehen.

Die Formulierung des Begriffes der Entropie und des Zweiten Hauptsatzes der Thermodynamik war einer der wichtigsten Beiträge zur Physik des 19. Jahrhunderts. Das Zunehmen der Entropie in physikalischen Systemen, womit die Richtung der Zeit gegeben ist, konnte mit den Gesetzen der Newtonschen Mechanik nicht erklärt werden. Es blieb geheimnisvoll, bis Ludwig Boltzmann die Lage klärte, indem er eine zusätzliche Idee ins Spiel brachte, die Idee der Wahrscheinlichkeit. Mit Hilfe der Wahrscheinlichkeitstheorie konnte das Verhalten komplexer mechanischer Systeme nach statistischen Gesetzen beschrieben und die Thermodynamik auf eine solide Newtonsche Grundlage gestellt werden, bekannt als statistische Mechanik.

Boltzmann wies nach, daß der Zweite Hauptsatz ein statistisches Gesetz ist. Seine Aussage, daß gewisse Vorgänge nicht eintreten – beispielsweise die spontane Umwandlung von Wärmeenergie in mechanische Energie –, besagt nicht, daß sie unmöglich seien, sondern nur, daß sie äußerst unwahrscheinlich sind. In mikroskopischen Systemen, die nur aus einigen Molekülen bestehen, wird das Zweite Gesetz regelmäßig verletzt. In makroskopischen Systemen jedoch, die aus einer riesigen Anzahl von Molekülen bestehen*, wird die Wahrscheinlichkeit, daß die totale Entropie des Systems wächst, praktisch zur Gewißheit.

In einem aus zahlreichen Molekülen bestehenden isolierten System wird die Entropie – oder Unordnung – wachsen und wachsen, bis irgendwann einmal das System einen Zustand maximaler Entropie, auch »Wärmetod« genannt, erreicht. In diesem Zustand hat jede Aktivität aufgehört, alles Material ist bei gleicher Temperatur gleichmäßig verteilt. Nach der klassischen Physik bewegt sich das Universum als Ganzes auf einen solchen Zustand maximaler Entropie hin; es nutzt sich ständig ab und wird irgendwann einmal langsam zum Halten kommen.

Dieses trübe Bild der kosmischen Evolution steht in scharfem Gegensatz zu der evolutionären Vorstellung der Biologen, nach deren Beobachtung sich das lebende Universum von der Unordnung zur Ordnung hin bewegt, in Richtung auf Zustände stetig wachsender Komplexität. Das Entstehen des Evolutionsbegriffs in der Physik hat also weitere Grenzen der Newtonschen Theorie ans Licht gebracht. Die mechanistische Vorstellung vom Universum als einem System winziger Billardkugeln, die sich in zufälliger Bewegung befinden, ist viel zu simpel, um der Evolution des Lebens gerecht zu werden.

Gegen Ende des 19. Jahrhunderts hatte die Newtonsche Mechanik ihre Rolle als grundlegende Erklärung der Naturerscheinungen verloren. Die Begriffe in Maxwells Elektrodynamik und Darwins Theorie der Evolution gingen eindeutig über das Newtonsche Modell hinaus und deuteten darauf hin, daß das Universum weitaus komplexer ist, als Newton und Descartes es sich vorgestellt hatten. Dennoch hielt man die Grundideen der Newtonschen Physik immer noch für richtig, so unzureichend sie auch waren, alle Naturerscheinungen zu erklären. Die ersten drei Jahrzehnte unseres Jahrhunderts änderten diese Lage radikal. Zwei Entwicklungen in der Physik, die ihren Höhepunkt in der Relativitätstheorie und in der Quantentheorie erreichten, zerschmetterten die Hauptbegriffe der kartesianischen Weltanschauung und der Newtonschen Mechanik. Die Idee von absolutem Raum und absoluter Zeit, von

* So enthält beispielsweise jeder Kubikzentimeter Luft etwa zehn Milliarden Milliarden (10^{19}) Moleküle.

den elementaren festen Masseteilchen, der fundamentalen materiellen Substanz, der strikt kausalen Natur physikalischer Vorgänge und der objektiven Beschreibung der Natur – nichts davon konnte in die neuen Bereiche hinübergerettet werden, in die die Physik jetzt vordrang.

3. Die neue Physik

Am Anfang der modernen Physik stand die außergewöhnliche intellektuelle Großtat eines Mannes – Albert Einstein. In zwei Arbeiten, beide 1905 veröffentlicht, begründete Einstein zwei revolutionäre Denkrichtungen. Die eine war seine Spezielle Relativitätstheorie, die andere eine neue Betrachtungsweise der elektromagnetischen Strahlung, die charakteristisch für die Quantentheorie, die Theorie von atomaren Phänomenen, werden sollte. Die vollständige Quantentheorie wurde zwanzig Jahre später von einem ganzen Physikerteam ausgearbeitet. Die Relativitätstheorie jedoch hat Einstein selbst praktisch ganz allein formuliert. Seine wissenschaftlichen Arbeiten sind intellektuelle Monumente, die den Beginn des wissenschaftlichen Denkens des 20. Jahrhunderts markieren.

Einstein glaubte fest an die innere Harmonie der Natur, und während seines gesamten wissenschaftlichen Wirkens war es sein innerstes Anliegen, ein einheitliches Fundament für die Physik zu finden. Sein erster Schritt in Richtung auf dieses Ziel war die Konstruktion einer gemeinsamen Grundlage für die Elektrodynamik und die Mechanik, die beiden getrennten Theorien der klassischen Physik. Diese Grundlage kennen wir unter dem Namen Spezielle Relativitätstheorie. Sie vereinheitlichte und vervollständigte die Struktur der klassischen Physik, führte aber gleichzeitig drastische Änderungen der traditionellen Vorstellungen von Raum und Zeit herbei und untergrub auf diese Weise eines der Fundamente der Newtonschen Weltanschauung. Zehn Jahre später legte Einstein seine Allgemeine Relativitätstheorie vor, die den Rahmen der speziellen Theorie durch weitere bedeutsame Änderungen der Vorstellungen von Raum und Zeit auch auf die Schwerkraft ausdehnt.

Die andere wesentliche Entwicklung in der Physik des 20. Jahrhunderts ergab sich aus der experimentellen Erforschung der Atome. Um die Jahrhundertwende entdeckten Physiker mehrere mit der Struktur der Atome zusammenhängende Phänomene, beispielsweise Röntgenstrahlen und Radioaktivität, die mit den Begriffen der klassischen Physik nicht erklärt werden konnten. Diese Phänomene wurden nicht nur intensiv untersucht, sondern auf höchst einfallsreiche Weise auch als neue Werkzeuge zur Erforschung der Materie benutzt, womit sich Forschungsmöglichkeiten ergaben, wie sie sich nie zuvor geboten hatten. So stellte sich zum Beispiel heraus, daß die sogenannten Alphateilchen, die von radioaktiven Substanzen ausgestrahlt werden, schnellste Projektile von subatomarer Abmessung sind, die für die Erforschung des Inneren der Atome verwendet werden können. Beschießt man damit Atome, so können aus der Art der Ablenkung Rückschlüsse auf den Aufbau der Atome gezogen werden.

Diese Erforschung der atomaren und subatomaren Welt brachte die Wissenschaftler in Kontakt mit einer fremdartigen und unerwarteten Wirklichkeit, welche die Grundlagen ihrer Weltanschauung zum Einsturz brachte und sie zwang, ihr Denken ganz neu auszurichten. Nichts Ähnliches war in der Wissenschaft je zuvor geschehen. Zwar hatten Revolutionen wie die von Kopernikus und Darwin ausgelösten einschneidende Änderungen in den allgemeinen Anschauungen über das Universum bewirkt – Wandlungen, die für viele Menschen schokkierend waren –, doch waren die neuen Ideen nicht schwer zu begreifen. Im 20. Jahrhundert jedoch standen die Physiker erstmalig vor einer ernsthaften Herausforderung ihrer Fähigkeit, das Universum zu verstehen. Jedesmal, wenn sie die Natur durch ein Experiment befragten, antwortete diese mit einem Paradoxon, und je mehr sie die Situation zu klären versuchten, desto krasser wurden die Paradoxa. In ihrem Bemühen, diese neue Wirklichkeit zu begreifen, wurden die Wissenschaftler sich schmerzlich dessen bewußt, daß ihre Grundbegriffe, ihre Sprachen und ihre ganze Art zu denken nicht ausreichten, die atomaren Phänomene zu beschreiben. Ihr Problem war nicht nur intellektueller Art, sondern schloß auch eine tiefgreifende emotionale und existentielle Erfahrung ein. Werner Heisenberg hat das sehr lebendig beschrieben: »Ich erinnere mich an viele Diskussionen mit Bohr, die bis spät in die Nacht dauerten und fast in Verzweiflung endeten. Und wenn ich am Ende solcher Diskussionen noch allein einen kurzen Spaziergang im benachbarten Park unternahm, wiederholte ich mir immer und immer wieder die Frage: ›Kann die Natur wirklich so absurd sein, wie es uns in unseren atomaren Experimenten erscheint?‹«[1]

Die Physiker brauchten lange, um die Tatsache zu akzeptieren, daß diese Paradoxa zur inneren Struktur der Atomphysik gehören, und um einzusehen, daß sie immer auftreten, wenn man versucht, atomare Vorgänge mit den traditionellen Begriffen der Physik zu beschreiben. Als dies erkannt war, lernten die Physiker, die richtigen Fragen zu stellen und Widersprüche zu vermeiden. Nach Heisenberg »nahmen sie irgendwie den Geist der Quantentheorie in sich auf«[2] und fanden schließlich die präzise mathematische Formulierung dieser Theorie. Die Quantentheorie oder Quantenmechanik, wie sie auch genannt wird, wurde während der ersten drei Jahrzehnte dieses Jahrhunderts von einer internationalen Gruppe von Physikern formuliert, zu der Max Planck, Albert Einstein, Niels Bohr, Louis de Broglie, Erwin Schrödinger, Wolfgang Pauli, Werner Heisenberg und Paul Dirac gehörten. Mit vereinten Kräften prägten diese Männer über alle Grenzen hinweg eine der erregendsten Perioden der modernen Wissenschaft, in der es nicht nur zu einem brillanten intellektuellen Gedankenaustausch kam, sondern auch zu dramatischen menschlichen Konflikten und zu tiefen persönlichen Freundschaften unter den Wissenschaftlern.

Auch nach der Vollendung ihrer mathematischen Formulierung waren die Begriffe der Quantentheorie keineswegs leicht zu akzeptieren. Ihre Auswirkungen auf die Vorstellungen der Physiker von der Wirklichkeit waren geradezu erschütternd. Die neue Physik erforderte tiefgreifende Änderungen von Grundbegriffen wie Raum, Zeit, Materie, Gegenstand, Ursache und Wirkung. Und da diese Vorstellungen von so fundamentaler Bedeutung für die Art und Weise sind, auf die wir die Welt erfahren, bedeutete ihre Umgestaltung einen großen Schock. Um erneut Heisenberg zu zitieren: »Diese heftige Reaktion auf die jüngste Entwicklung der modernen Physik kann man nur verstehen, wenn man erkennt, daß hier die Fundamente der Physik und vielleicht der Naturwissenschaft überhaupt in Bewegung geraten waren und daß diese Bewegung ein Gefühl hervorgerufen hat, als würde mir der Boden, auf dem die Wissenschaft steht, unter den Füßen weggezogen.«[3]

Einstein erfuhr denselben Schock, als er zum ersten Mal mit der neuen Wirklichkeit der Atomphysik in Berührung kam. Er beschrieb seine Gefühle mit Ausdrücken, die denen von Heisenberg sehr nahe kamen: »Alle meine Versuche, die theoretischen Grundlagen der neuen Physik dieser neuen Art von Wissen anzupassen, haben völlig versagt.

Es war, als ob mir der Boden unter den Füßen weggezogen würde, mit keinem festen Fundament irgendwo in Sicht, auf dem man hätte bauen können.«[4]

Aus dieser revolutionären Wandlung unserer Vorstellung von der Wirklichkeit, die von der modernen Physik in Gang gebracht wurde, geht heutzutage eine in sich stimmige Weltanschauung hervor. Sie wird nicht von der gesamten Gemeinschaft der Physiker geteilt, wird jedoch von vielen führenden Physikern diskutiert und weiter ausformuliert, von Physikern, deren Interesse an ihrer Wissenschaft über die technischen Aspekte ihrer Forschungsarbeit hinausgeht. Diese Physiker sind tief an den philosophischen Implikationen der modernen Physik interessiert und versuchen mit Offenheit, ihr Verständnis des Wesens der Wirklichkeit zu verbessern.

Im Gegensatz zur mechanistischen kartesianischen Weltanschauung kann man die aus der modernen Physik hervorgehende Weltanschauung mit Worten wie organisch, ganzheitlich und ökologisch charakterisieren. Man könnte sie auch ein Systembild nennen, im Sinne der allgemeinen Systemtheorie.[5] Das Universum wird nicht mehr als Maschine betrachtet, die aus einer Vielzahl von Objekten besteht, sondern muß als ein unteilbares, dynamisches Ganzes beschrieben werden, dessen Teile auf ganz wesentliche Weise in Wechselbeziehung stehen und nur als Strukturen eines Vorganges von kosmischen Dimensionen verstanden werden können.

Die diesem Weltbild der modernen Physik zugrundeliegenden Vorstellungen werden auf den nachfolgenden Seiten erörtert. Ich habe diese Weltanschauung im einzelnen in meinem Buch *Das Tao der Physik* beschrieben, wobei ich aufzeigte, in welcher Beziehung sie zu den Anschauungen der alten mystischen Traditionen steht, vor allem denen der fernöstlichen Mystik. Viele Physiker, die wie ich in einer Tradition erzogen wurden, die Mystik mit vagen, geheimnisvollen und höchst unwissenschaftlichen Dingen in Verbindung bringt, waren schockiert, als man ihre Ideen mit denen von Mystikern verglich.[6] Glücklicherweise ändert sich diese Haltung jetzt. Nachdem viele Menschen des Westens begonnen haben, sich für das östliche Denken zu interessieren, und Meditation nicht länger lächerlich gemacht oder mit Argwohn betrachtet wird, wird die Mystik selbst innerhalb der Gemeinschaft der Wissenschaftler ernstgenommen. Eine wachsende Zahl von Wissenschaftlern ist sich dessen bewußt, daß mystisches Denken einen stimmigen und relevanten philosophischen Hintergrund für die Theorien der zeitgenössischen

Wissenschaft liefert, für eine Vorstellung von der Welt, in der die wissenschaftlichen Entdeckungen von Männern und Frauen in vollkommener Harmonie mit ihren spirituellen Zielen und religiösen Glaubensvorstellungen sein können.

Die experimentelle Erforschung der Atome zu Beginn des Jahrhunderts brachte sensationelle und völlig unerwartete Ergebnisse. Die Atome waren keineswegs die harten und festen Teilchen, für die man sie immer gehalten hatte, sondern erwiesen sich als weiter Raum, in dem sich extrem kleine Teilchen – die Elektronen – um den Kern bewegten. Einige Jahre später machte die Quantentheorie deutlich, daß selbst die subatomaren Teilchen – die Elektronen sowie die Protonen und Neutronen innerhalb des Kerns – keine Festkörper im Sinne der klassischen Physik sind. Die subatomaren Einheiten der Materie sind sehr abstrakte Gebilde mit einer doppelten Natur. Je nachdem wir sie ansehen, erscheinen sie manchmal als Teilchen, manchmal als Wellen. Diese Doppelnatur zeigt auch das Licht, das als elektromagnetische Schwingung oder als Teilchen auftreten kann. Die Teilchen des Lichts wurden zuerst von Einstein »Quanten« genannt – daher der Ausdruck »Quantentheorie« – und sind jetzt als Photonen bekannt.

Die doppelte Natur von Materie und Licht ist sehr merkwürdig. Es scheint unmöglich, den Gedanken zu akzeptieren, daß etwas gleichzeitig ein Teilchen sein kann, also eine auf ein sehr kleines Volumen begrenzte Einheit, und eine Welle, die sich über einen weiten Raum erstreckt. Und doch mußten die Physiker genau das akzeptieren. Die Situation schien hoffnungslos paradox, bis man erkannte, daß die Ausdrücke »Teilchen« und »Welle« sich auf klassische Vorstellungen beziehen, die nicht völlig ausreichen, um atomare Erscheinungen zu beschreiben.

Ein Elektron ist weder ein Teilchen noch eine Welle, aber es kann in einigen Situationen teilchenähnliche Aspekte haben und in anderen wellenähnliche. Während es sich wie ein Teilchen verhält, kann es seine Wellennatur auf Kosten seiner Teilchennatur entwickeln, und umgekehrt. Auf diese Weise kommt es zu einer fortgesetzten Umwandlung von Teilchen zu Welle und von Welle zu Teilchen. Das bedeutet, daß weder das Elektron noch irgendein anderes atomares »Objekt« innerliche Eigenschaften besitzt, die von seiner Umwelt unabhängig sind. Seine Eigenschaften – teilchenähnlich oder wellenähnlich – hängen von der experimentellen Situation ab, das heißt von der Apparatur, zu der es in Wechselbeziehung treten muß.[7]

Es war Heisenbergs große wissenschaftliche Leistung, daß er die Grenzen der klassischen Vorstellungen auf eine präzise mathematische Formel brachte, die jetzt als die Unschärferelation bekannt ist. Sie besteht aus einer Gruppe mathematischer Gleichungen, die das Ausmaß bestimmen, in dem klassische Begriffe auf atomare Vorgänge angewendet werden können. Diese Gleichungen markieren die Grenzen der menschlichen Vorstellungskraft in der atomaren Welt. Jedesmal, wenn wir klassische Begriffe zur Beschreibung atomarer Erscheinungen benutzen – Teilchen, Welle, Position, Geschwindigkeit –, kommen wir auf ein Paar von Begriffen oder Aspekten hinaus, die in Wechselbeziehung zueinander stehen und nicht gleichzeitig präzise beschrieben werden können. Je mehr wir den einen Aspekt in unserer Beschreibung hervorheben, desto unschärfer wird der andere, und die präzise Beziehung zwischen den beiden wird uns durch die Unschärferelation gegeben.

Zum besseren Verständnis dieser Beziehungen zwischen Paaren klassischer Vorstellungen führte Niels Bohr den Begriff der Komplementarität ein. Für ihn waren das Teilchenbild und das Wellenbild zwei sich ergänzende Beschreibungen derselben Wirklichkeit, von denen jede nur teilweise richtig war und eine beschränkte Anwendungsmöglichkeit hatte. Beide Bilder werden benötigt, um die atomare Wirklichkeit voll darzustellen, und beide müssen innerhalb der von der Unschärferelation gesetzten Grenzen angewendet werden. Der Begriff der Komplementarität ist inzwischen zu einem festen Bestandteil des begrifflichen Rahmens geworden, in dem Physiker über die Natur nachdenken, und Bohr hat oft darauf hingewiesen, daß dieser Gedanke auch außerhalb der Physik nützlich sein könnte. Das scheint wirklich zuzutreffen, und wir werden darauf bei der Erörterung von biologischen und psychologischen Erscheinungen noch zurückkommen. Die Vorstellung der Komplementarität kam in diesem Buch schon bei der Darstellung der chinesischen *Yin*/*Yang*-Lehre zum Zuge, da die Gegensätze von *Yin* und *Yang* auf eine polare oder komplementäre Weise in Wechselbeziehung stehen. Die moderne Idee der Komplementarität ist eindeutig schon im alten chinesischen Denken vorhanden, eine Tatsache, die Niels Bohr tief beeindruckte.[8]

Die Lösung des Teilchen/Welle-Paradoxons nötigte die Physiker, einen Aspekt der Wirklichkeit zu akzeptieren, der die eigentliche Grundlage der mechanistischen Weltanschauung in Frage stellte – die Vorstellung von der Wirklichkeit der Materie. Auf subatomarer Ebene existiert die Materie nicht mit Sicherheit an bestimmten Orten, sondern zeigt vielmehr die »Tendenzen zu existieren«; atomare Vorgänge laufen nicht mit Sicherheit zu bestimmten Zeiten und auf bestimmte Weise ab, sondern zeigen eher die »Tendenzen aufzutreten«. In den Formeln der Quantenmechanik werden diese Tendenzen als Wahrscheinlichkeit ausgedrückt und mit Größen in Verbindung gebracht, welche die Form von Wellen annehmen. Sie ähneln den mathematischen Formen, die verwendet werden, um beispielsweise das Schwingen einer Guitarrenseite oder eine Schallwelle zu beschreiben. So können Teilchen gleichzeitig Wellen sein. Sie sind nicht »reale« dreidimensionale Wellen wie Wasser- oder Schallwellen. Sie sind »Wahrscheinlichkeitswellen« – abstrakte mathematische Größen mit all den charakteristischen Eigenschaften von Wellen –, die in Beziehung stehen zu der Wahrscheinlichkeit, die Teilchen zu bestimmten Zeiten an bestimmten Punkten im Raum zu finden. Alle Gesetze der atomaren Physik werden in solchen Wahrscheinlichkeitsbegriffen formuliert. Wir können ein atomares Geschehen niemals mit Gewißheit voraussagen, wir können nur die Wahrscheinlichkeit seines Eintretens vorhersagen.

Die Entdeckung des Doppelaspekts der Materie und der fundamentalen Rolle der Wahrscheinlichkeit hat die klassische Vorstellung von festen Objekten zerstört. Auf subatomarer Ebene lösen sich die festen materiellen Objekte der klassischen Physik in wellenartige Wahrscheinlichkeitsstrukturen auf. Außerdem stellen diese Strukturen nicht Wahrscheinlichkeiten von Dingen, sondern vielmehr Wahrscheinlichkeiten von Verknüpfungen dar. Eine sorgfältige Analyse des Vorganges der Beobachtung in der Atomphysik zeigt, daß die subatomaren Teilchen als isolierte Einheiten keine Bedeutung haben, sondern daß sie nur als Verknüpfungen oder Korrelationen zwischen verschiedenen Beobachtungsvorgängen oder Messungen verstanden werden können. Niels Bohr schrieb: »Isolierte Materie-Teilchen sind Abstraktionen, ihre Eigenschaften sind nur durch Zusammenwirken mit anderen Systemen definierbar und wahrnehmbar.«[9]

Subatomare Teilchen sind also keine »Dinge«, sondern Verknüpfungen zwischen »Dingen«, und diese »Dinge« sind ihrerseits Verknüpfungen zwischen anderen »Dingen«, und so fort. In der Quantentheorie langt man niemals bei »Dingen« an, man hat es immer mit Geweben von Wechselbeziehungen zu tun.

Auf diese Weise enthüllt die moderne Physik die grundlegende Einheit des Universums. Sie zeigt, daß wir die Welt nicht in unabhängig voneinander existierende kleinste Einheiten zerlegen können. Beim Eindringen in die Materie finden wir keine isolierten Grundbausteine, sondern vielmehr ein kompliziertes Gewebe von Beziehungen zwischen den verschiedenen Teilen eines einheitlichen Ganzen. Heisenberg drückte das so aus: »So erscheint die Welt als kompliziertes Gewebe von Vorgängen, in dem sehr verschiedenartige Verknüpfungen sich abwechseln, sich überschneiden und zusammenwirken und auf diese Art und in dieser Weise schließlich die Struktur des ganzen Gewebes bestimmen.«[10]

Das Universum ist also ein einheitliches Ganzes, das bis zu einem gewissen Grad in getrennte Teile zerlegt werden kann, in Objekte, bestehend aus Molekülen und Atomen, die ihrerseits aus Teilchen bestehen. Doch hier, auf der Ebene der Teilchen, gilt der Begriff separater Teile nicht mehr. Die subatomaren Teilchen – und somit letztlich alle Teile des Universums – können nicht als isolierte Einheiten verstanden werden, sondern lassen sich nur durch ihre Wechselbeziehungen definieren. Henry Stapp von der Universität von Kalifornien schreibt: »Ein Elementarteilchen ist keine unabhängig existierende, nicht-analysierbare Einheit. Es ist im Grunde eine Gruppierung von Zusammenhängen, die sich zu anderen Dingen hin erstrecken.«[11]

Diese Verlagerung von Objekten zu Zusammenhängen hat weitreichende Implikationen für die Naturwissenschaft insgesamt. Gregory Bateson hat sogar gemeint, man sollte Zusammenhänge als Grundlage für *alle* Definitionen benutzen und dies den Kindern schon in der Volksschule beibringen.[12] Jedes Ding, meinte er, sollte nicht durch das definiert werden, was es an sich ist, sondern durch seine Zusammenhänge mit anderen Dingen.

In der Quantentheorie hängt die Tatsache, daß atomare Erscheinungen durch ihre Beziehungen zum Ganzen bestimmt werden, eng mit der fundamentalen Rolle der Wahrscheinlichkeit zusammen.[13] In der klassischen Physik wendet man den Begriff der Wahrscheinlichkeit immer dann an, wenn die mit einem Geschehen verbundenen mechanischen Einzelheiten unbekannt sind. Werfen wir zum Beispiel einen Würfel, dann könnten wir – im Prinzip – den Ausgang voraussagen, wenn wir nur um alle Einzelheiten der dabei mitwirkenden Objekte wüßten: die genaue Zusammensetzung des Würfels, die der Oberfläche, auf die er fällt, und so fort. Diese Einzelheiten nennt man die lokalen Variablen, weil sie innerhalb der maßgebenden Objekte vorhanden sind. Solche lokalen Variablen sind auch in der atomaren und subatomaren Physik von Bedeutung. Hier stehen sie für die Verbindung von räumlich getrennten Ereignissen durch Signale – Teilchen und Netzwerke von Teilchen –, welche den gewöhnlichen Gesetzen räumlicher Trennung unterliegen. So kann beispielsweise kein Signal schneller als mit Lichtgeschwindigkeit übertragen werden. Aber jenseits dieser lokalen Zusammenhänge gibt es andere, nichtlokale, die augenblicklich und unmittelbar sind und die – wenigstens heute noch – nicht mit mathematischer Präzision vorhergesagt werden können. Diese nichtlokalen Zusammenhänge sind das Wesentliche der Quantenwirklichkeit. Jedes Ereignis wird vom gesamten Universum beeinflußt, und obwohl wir diesen Einfluß nicht in Einzelheiten beschreiben können, erkennen wir doch eine Ordnung, die in statistischen Gesetzen ausgedrückt werden kann.

So wird also Wahrscheinlichkeit in der klassischen wie in der Quantenphysik aus ähnlichen Gründen benutzt. In beiden Fällen gibt es »verborgene«, uns unbekannte Variablen, und diese Unkenntnis hindert uns daran, exakte Vorhersagen zu machen. Dennoch gibt es einen ganz wesentlichen Unterschied. Während die verborgenen lokalen Variablen in der klassischen Physik lokale Mechanismen sind, handelt es sich bei denen in der Quantenphysik um nichtlokale, unmittelbare Beziehungen zum Universum als Ganzem. In einer gewöhnlichen makroskopischen Welt sind nichtlokale Zusammenhänge relativ unbedeutend, weshalb wir hier von separaten Objekten sprechen und die physikalischen Gesetze als Gewißheiten formulieren können. Sobald wir uns jedoch kleineren Einheiten zuwenden, wird der Einfluß der nichtlokalen Zusammenhänge stärker; hier können die physikalischen Gesetze nur als Wahrscheinlichkeiten formuliert werden, und es wird zunehmend schwieriger, irgendeinen Teil des Universums vom Ganzen zu trennen.

Einstein konnte niemals die Existenz nichtlokaler Zusammenhänge und die daraus ableitbare fundamentale Bedeutung der Wahrscheinlichkeit akzeptieren. Das war das Thema seiner historischen Debatte mit Bohr in den zwanziger Jahren, bei der Einstein seiner Ablehnung von Bohrs Interpretation der Quantentheorie mit der berühmten Metapher Ausdruck gab: »Der Herrgott würfelt nicht.«[14] Am Ende der Debatte mußte Einstein zugeben, daß die Quantentheorie, wie sie von Bohr und Heisenberg formuliert worden war, ein stimmiges Gedankensystem darstellte. Er blieb jedoch davon überzeugt, daß irgendwann in der Zukunft eine deterministische Interpretation mit Hilfe von bisher verborgenen lokalen Variablen gefunden werden würde.

Einsteins mangelnde Bereitschaft, die Konsequenzen der Theorie zu akzeptieren, die mit Hilfe seiner eigenen früheren Arbeiten aufgestellt worden war, ist eine der faszinierendsten Episoden in der Geschichte der Wissenschaft. Kernstück seiner Meinungsverschiedenheit mit Bohr war sein fester Glaube an irgendeine äußerliche Wirklichkeit, die aus unabhängigen, räumlich getrennten Elementen besteht. Das zeigt, daß Einstein im Grunde eine kartesianische Weltanschauung hatte. Obwohl er die Revolution der Naturwissenschaft des 20. Jahrhunderts in Gang brachte und in seiner Relativitätstheorie weit über Newton hinausging, scheint es, daß Einstein es nicht vermochte, über Descartes hinauszugehen. Diese Verwandtschaft zwischen Einstein und Descartes ist um so interessanter, als Einstein gegen Ende seines Lebens den Versuch unternahm, eine einheitliche Feldtheorie aufzustellen, indem er die Physik entsprechend den Grundzügen seiner Allgemeinen Relativitätstheorie geometrisch darstellte. Wäre ihm dieser Versuch gelungen, dann hätte Einstein wohl wie einst Descartes sagen können, seine gesamte Physik sei nichts als Geometrie.

Bei seinem Versuch nachzuweisen, daß Bohrs Deutung der Quantentheorie nicht stichhaltig sei, ersann Einstein ein Gedankenexperiment, das später unter dem Namen Einstein-Podolsky-Rosen(EPR)-Experiment bekanntgeworden ist.[15] Drei Jahrzehnte später leitete John Bell von diesem Experiment ein Theorem ab, welches nachweist, daß die Existenz lokaler verborgener Variablen mit den statistischen Voraussagen der Quantenmechanik nicht in Einklang gebracht werden kann.[16] Bells Theorem versetzte Einsteins Position einen vernichtenden Schlag, da es nachwies, daß die kartesianische Anschauung von einer aus separaten Teilen zusammengesetzten Wirklichkeit mit der Quantentheorie nicht vereinbar ist.

Das EPR-Experiment stellt ein ausgezeichnetes Beispiel für eine Situation dar, in der ein Quantenphänomen mit unserer tiefsten Intuition der Wirklichkeit zusammenprallt. Damit ist es auf geradezu ideale Weise geeignet, den Unterschied zwischen klassischen und Quantenvorstellungen aufzuzeigen. In einer vereinfachten Form des Experiments geht es um zwei kreiselnde Elektronen. Wollen wir nun das Wesentliche dieser Situation begreifen, müssen wir einige der Eigenschaften des Elektronenkreiselns, des sogenannten *»spin«*, verstehen.[17] Das klassische Bild eines kreiselnden Tennisballs reicht nicht wirklich aus, den Spin eines subatomaren Teilchens zu beschreiben. Teilchen-Spin ist zwar in gewissem Sinne eine Rotation des Teilchens um die eigene Achse, doch wie immer in der subatomaren Physik ist die klassische Vorstellung

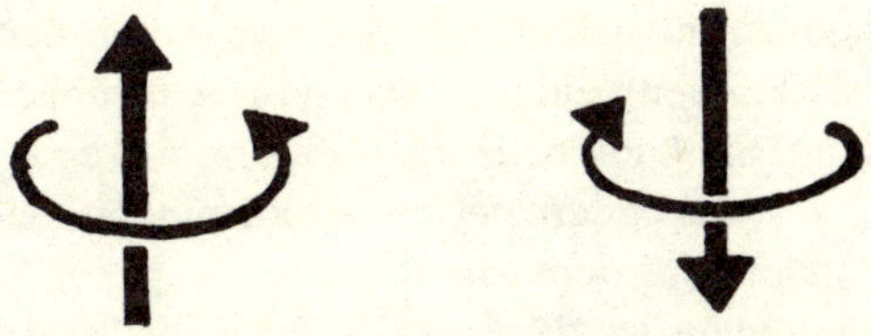

begrenzt. Im Falle eines Elektrons ist der Spin des Teilchens auf zwei Werte begrenzt: Die Geschwindigkeit des Spins ist immer dieselbe, doch kann das Teilchen bei einer gegebenen Rotationsachse in der einen oder anderen Richtung kreiseln. Physiker bezeichnen diese beiden Werte des Spins oft als *»up«* und *»down«*, wobei sie in diesem Fall davon ausgehen, daß die Rotationsachse des Teilchens vertikal ist.

Die entscheidende Eigenschaft eines kreiselnden Elektrons, die man im Rahmen der klassischen Vorstellung nicht verstehen kann, ist die, daß seine Rotationsachse nicht immer mit Sicherheit bestimmt werden kann. Genauso wie Elektronen die Tendenz aufzeigen, an bestimmten Orten zu existieren, zeigen sie auch die Tendenz, um bestimmte Achsen zu kreiseln. Führt man jedoch für eine beliebige Rotationsachse eine Messung durch, dann wird man finden, daß das Elektron in der einen oder der anderen Richtung um diese Achse kreiselt. Anders ausgedrückt: Das Teilchen erhält im Augenblick der Messung eine bestimmte Rotationsachse; man kann jedoch nicht sagen, daß es schon *vor* der Messung um eine bestimmte Achse kreiselte. Da hat es nur eine gewisse Tendenz oder das Potential, das zu tun.

Nach dieser Erklärung des Spins von Elektronen können wir uns jetzt mit dem EPR-Experiment und dem Theorem von Bell näher beschäftigen. Um das Experiment in Gang zu bringen, nutzt man eine von mehreren möglichen Methoden, zwei Elektronen in einen Zustand zu versetzen, in dem ihr Spin zusammengenommen gleich Null ist, das heißt, sie kreiseln in entgegengesetzten Richtungen. Nehmen wir nun an, die beiden Teilchen in diesem System mit dem Gesamtspin gleich Null werden durch einen Vorgang auseinandergetrieben, der ihren jeweiligen Spin nicht beeinträchtigt. Während sie sich voneinander entfernen, ist ihre kombinierte Kreiselbewegung immer noch gleich Null. Sobald sie dann durch eine größere Entfernung getrennt sind, wird ihr jeweiliger Spin gemessen. Ein wichtiger Aspekt des Experiments ist, daß die Entfernung zwischen den beiden Teilchen im Augenblick der Messung makroskopisch ist. Sie kann beliebig groß sein; das eine Teilchen kann sich in Los Angeles, das andere in New York befinden, oder das eine auf der Erde, das andere auf dem Mond.

Nehmen wir nunmehr an, der Spin des Teilchens 1 werde in bezug auf eine vertikale Achse gemessen und als »aufwärts« *(up)* gerichtet befunden. Da der kombinierte Spin der beiden Teilchen gleich Null ist, geht aus dieser Messung hervor, daß der Spin von Teilchen 2 »abwärts« *(down)* gerichtet sein muß. Oder aber: Wenn wir den Spin von Teilchen 1 in bezug auf eine horizontale Achse messen und feststellen, daß es nach »rechts« kreiselt, dann wissen wir, daß in diesem Falle die Kreiselbewegung von Teilchen 2 nach »links« gerichtet sein muß. Die Quantentheorie sagt uns, daß in einem System von zwei Teilchen, deren gesamter Spin gleich Null ist, der Spin der beiden Teilchen um jede beliebige Achse stets in Korrelation – in entgegengesetzten Richtungen verlaufend – sein muß, obwohl der jeweilige Spin der Teilchen vor der Messung nur als Tendenz oder Möglichkeit existiert. Diese Korrelation bedeutet, daß die Messung des Spins von Teilchen 1 in bezug auf eine beliebige Achse zugleich eine indirekte Messung des Spins von Teilchen 2 darstellt, ohne daß dieses Teilchen auf irgendeine Weise beeinflußt wird.

Paradox an diesem EPR-Experiment ist, daß es dem Beobachter freisteht, die Meßachse zu wählen. Sobald er diese Wahl getroffen hat, verwandelt die Messung die Tendenz der Teilchen, um verschiedene Achsen zu kreiseln, in Gewißheiten. Der entscheidende Punkt ist nun, daß wir unsere Meßachse im letzten Augenblick wählen können, wenn die beiden Teilchen schon weit voneinander entfernt sind. In dem Augenblick, in dem wir unsere Messung an Teilchen 1 durchführen, wird Teilchen 2, auch wenn es Tausende von Kilometern entfernt ist, einen ganz bestimmten Spin annehmen: »aufwärts« oder »abwärts«, wenn wir eine vertikale, »links« oder »rechts«, wenn wir eine horizontale Achse gewählt haben. Woher aber weiß Teilchen 2, welche Achse wir gewählt haben? Es hat überhaupt keine Zeit, diese Information mittels eines konventionellen Signals zu empfangen.

Das ist der springende Punkt am EPR-Experiment und auch der Punkt, in dem Einstein mit Bohr nicht übereinstimmte. Für Einstein war, da sich kein Signal schneller als mit Lichtgeschwindigkeit fortpflanzen kann, es unmöglich, daß die an einem Teilchen vorgenommene

Messung im selben Augenblick die Richtung des Spins des anderen, Tausende von Kilometern entfernten Teilchens bestimmen kann. Nach Bohr ist das Zwei-Teilchen-System ein unteilbares Ganzes, selbst wenn die Teilchen durch riesige Entfernungen voneinander getrennt sind. Ein solches System kann man nicht unter dem Aspekt unabhängiger Teile analysieren. Anders ausgedrückt: Die kartesianische Anschauung von der Wirklichkeit ist auf die beiden Elektronen nicht anwendbar. Obwohl im Raum weit voneinander getrennt, sind sie durch unmittelbare, nichtlokale Zusammenhänge miteinander verbunden. Diese Zusammenhänge sind keine Signale im Einsteinschen Sinne; sie transzendieren unsere konventionelle Vorstellung von Informationsübermittlung. Bells Theorem unterstützt Bohrs Deutung, die beide Teilchen als unteilbares Ganzes sieht, und weist unbestreitbar nach, daß Einsteins kartesianische Weltanschauung mit den Gesetzen der Quantentheorie unvereinbar ist. Diese Situation hat Stapp wie folgt zusammengefaßt: »Das Theorem von Bell beweist tatsächlich die profunde Wahrheit, daß die Welt entweder grundsätzlich gesetzlos oder grundsätzlich unteilbar ist«[18]

Die grundlegende Rolle nichtlokaler Zusammenhänge und der Wahrscheinlichkeit in der Atomphysik erfordert auch eine neue Vorstellung von der Kausalität, die wahrscheinlich tiefgreifende Auswirkungen auf alle Wissenschaftszweige haben wird. Die klassische Naturwissenschaft war konstruiert nach der kartesianischen Methode, die Welt in Teilen zu analysieren und diese Teile dann nach Kausalgesetzen anzuordnen. Das daraus entstehende deterministische Bild des Universums stand in enger Beziehung zur Vorstellung von der Natur als einem Uhrwerk. In der Atomphysik ist ein solches mechanisches und deterministisches Bild nicht mehr möglich. Die Quantentheorie hat uns gezeigt, daß die Welt nicht in unabhängig voneinander existierende isolierte Elemente zerlegt werden kann. Die Vorstellung von getrennten Teilen – etwa von Atomen oder subatomaren Teilchen – ist eine Idealisierung mit nur annähernder Gültigkeit; diese Teile sind nicht durch Kausalgesetz im klassischen Sinne miteinander verbunden.

In der Quantentheorie haben individuelle Ereignisse nicht immer eine genau definierte Ursache. So kann beispielsweise der Sprung eines Elektrons von einer atomaren Kreisbahn in eine andere oder der Zerfall eines subatomaren Teilchens ganz spontan erfolgen, ohne daß ein bestimmtes Geschehen das verursacht. Wir können niemals voraussagen, wann und wie ein derartiges Phänomen sich ereignen wird, wir können nur seine Wahrscheinlichkeit voraussagen. Das bedeutet nicht, daß atomares Geschehen völlig willkürlich vor sich geht, sondern nur, daß es nicht durch lokale Ursachen in Gang gebracht wird. Das Verhalten jedes beliebigen Teilchens wird von seinen nichtlokalen Zusammenhängen mit dem Ganzen bestimmt, und da wir diese Zusammenhänge nicht genau kennen, müssen wir den engen klassischen Begriff von Ursache und Wirkung durch den umfassenderen von statistischer Kausalität ersetzen. Die Gesetze der Atomphysik sind statistische Gesetze, nach denen die Wahrscheinlichkeiten atomarer Vorgänge durch die Dynamik des gesamten Systems determiniert werden. Während in der klassischen Mechanik die Eigenschaften und das Verhalten der Teile das Ganze bestimmen, ist die Lage in der Quantenmechanik umgekehrt: Es ist das Ganze, das das Verhalten der Teile bestimmt.

Die Vorstellungen von nichtlokalen Zusammenhängen und statistischer Kausalität besagen sehr klar, daß Materie keine mechanische Struktur hat. Daher ist der Ausdruck »Quantenmechanik« eindeutig eine Fehlbenennung, wie David Bohm aufgezeigt hat.[19] In seinem 1951 erschienenen Lehrbuch der Quantentheorie zieht Bohm interessante Vergleiche zwischen Quantenvorgängen und Denkvorgängen[20], womit er die zwei Jahrzehnte zuvor von James Jeans getroffene berühmte Feststellung noch erweiterte: »Heute besteht ein großes Maß an Übereinstimmung, . . . daß der Strom unserer Erkenntnisse sich in Richtung einer nicht-mechanischen Wirklichkeit bewegt; das Universum beginnt mehr wie ein großer Gedanke denn wie eine große Maschine auszusehen.«[21]

Die offensichtlichen Ähnlichkeiten zwischen der Struktur der Materie und der Struktur des Geistes sollten uns nicht allzusehr überraschen, da das menschliche Bewußtsein beim Vorgang des Beobachtens eine ganz entscheidende Rolle spielt und in der Atomphysik in beträchtlichem Maße die Eigenschaften der beobachteten Erscheinungen bestimmt. Dies ist eine andere bedeutende Erkenntnis der Quantentheorie mit wahrscheinlich weitreichenden Konsequenzen. In der Atomphysik kann man das beobachtete Phänomen nur als Korrelation zwischen verschiedenen Vorgängen der Beobachtung und Messung verstehen, wobei das Ende dieser Kette von Vorgängen stets im Bewußtsein des menschlichen Beobachters liegt. Das entscheidende Kennzeichen der Quantentheorie ist, daß der Beobachter nicht nur notwendig ist, um die Eigenschaften eines atomaren Geschehens zu beobachten, sondern sogar notwendig, um diese Eigenschaften hervorzurufen. Meine bewußte Entscheidung, wie ich beispielsweise ein Elektron beobachten will, wird bis zu einem gewissen Maße die Eigenschaften des Elektrons bestimmen. Stelle ich ihm eine Teilchen-Frage, wird es mir eine Teilchen-Antwort geben; stelle ich ihm eine Wellen-Frage, wird es mir eine Wellen-Antwort geben. Das Elektron *besitzt* keine von meinem Bewußtsein unabhängigen Eigenschaften. In der Atomphysik kann die scharfe kartesianische Unterscheidung zwischen Geist und Materie, zwischen dem Beobachter und dem Beobachteten, nicht länger aufrechterhalten werden. Wir können niemals von der Natur sprechen, ohne gleichzeitig von uns zu sprechen.

Indem die moderne Physik die kartesianische Spaltung transzendierte, hat sie nicht nur das klassische Ideal einer objektiven Beschreibung der Natur entwertet, sondern auch den Mythos einer wertfreien Wissenschaft in Frage gestellt. Die von den Wissenschaftlern in der Natur beobachteten Strukturen sind aufs engste mit den Strukturen ihres Bewußtseins verbunden, mit ihren Vorstellungen, Gedanken und Werten. Auf diese Weise werden die von ihnen erzielten wissenschaftlichen Ergebnisse und die von ihnen erforschten technologischen Anwendungen durch ihren Bewußtseinszustand konditioniert. Obwohl viele der Details ihrer Forschung nicht ausdrücklich von ihrem Wertsystem abhängen werden, wird das umfassendere Paradigma, innerhalb dessen die Forschungsarbeit durchgeführt wird, niemals wertfrei sein. Deshalb sind Wissenschaftler nicht nur intellektuell, sondern auch moralisch für ihre Forschungsarbeit verantwortlich. Diese Verantwortung ist in vielen modernen Wissenschaften zu einem bedeutenden Thema geworden. Das gilt ganz besonders für die Physik, in der die Ergebnisse der Quantenmechanik und der Relativitätstheorie den Wissenschaftlern sehr unterschiedliche Wege erschlossen haben. Sie können uns – einmal extrem ausgedrückt – zu Buddha oder zur Bombe führen, und es ist die Verantwortung eines jeden einzelnen zu entscheiden, welchen Weg er gehen will.

Die Vorstellung vom Universum als einem ineinander verwobenen Netz von Zusammenhängen ist eines von zwei großen Themen, die in der modernen Physik immer wieder aufgeworfen werden. Das andere Thema ist die Erkenntnis, daß dieses kosmische Gewebe von Natur aus dynamisch ist. Der dynamische Aspekt der Materie ergibt sich in der Quantentheorie als eine Folge der Wellennatur der subatomaren Teilchen. Noch zentralere Bedeutung hat er in der Relativitätstheorie, die uns gezeigt hat, daß die Existenz der Materie nicht von ihrer Aktivität getrennt werden kann. Die Eigenschaften ihrer Grundstrukturen, der subatomaren Teilchen, kann man nur in einem dynamischen Zusammenhang begreifen, ausgedrückt in Bewegung, Wechselwirkung und Umwandlung.

Die Tatsache, daß Elementarteilchen nicht isolierte Einheiten sind, sondern wellenähnliche Wahrscheinlichkeitsstrukturen, beinhaltet, daß sie sich auf ganz besondere Weise verhalten. Will man ein subatomares Teilchen auf einen bestimmten, eng begrenzten Raum festlegen, dann reagiert es auf diese Begrenzung, indem es sich umherbewegt. Je stärker der Raum eingeengt wird, desto schneller wird das Teilchen in ihm umherschwirren. Dieses Verhalten ist ein typischer »Quanteneffekt«, ein Charakteristikum der subatomaren Welt, für das es in der makroskopischen Physik keine Analogie gibt: Je mehr ein Teilchen eingeengt ist, desto schneller schwirrt es umher.[22] Diese Tendenz der Teilchen, auf Einengung mit Bewegung zu reagieren, impliziert eine fundamentale »Ruhelosigkeit« der Materie, die für die subatomare Welt charakteristisch ist. In unserer Welt *sind* die meisten Materieteilchen eingeengt; sie sind an molekulare, atomare und nukleare Strukturen gebunden, und deshalb befinden sie sich nicht im Zustand der Ruhe, sondern haben eine innewohnende Tendenz zur Bewegung. Nach der Quantentheorie ist Materie immer ruhelos, niemals verharrend. Je kleiner der Maßstab, in dem man Dinge als aus kleineren Bestandteilen bestehend beschreibt – Moleküle, Atome und Elementarteilchen –, desto mehr befinden diese Bestandteile sich in einem Zustand ständiger Bewegung. Makroskopisch betrachtet mögen die materiellen Objekte um uns herum passiv und unbeweglich erscheinen. Vergrößern wir jedoch einen solchen »toten« Stein oder ein Stück Metall, dann sehen wir, daß beide voller Aktivität sind. Je näher wir hinschauen, desto lebendiger erscheinen sie. Alle materiellen Objekte in unserer Umwelt bestehen aus Atomen, die miteinander auf die verschiedenartigste Weise verbunden sind, um eine riesige Vielfalt molekularer Strukturen zu formen, die weder starr noch bewegungslos sind, sondern entsprechend ihrer Temperatur und in Harmonie mit den thermalen Schwingungen ihrer Umwelt vibrieren. Innerhalb der vibrierenden Atome sind die Elektronen durch elektrische Kräfte an die Atomkerne gebunden, die sie so nahe wie möglich an die Kerne zu binden versuchen; und sie reagieren auf diese räumliche Einengung, indem sie mit ungeheurer Geschwindigkeit umherwirbeln. In den Atomkernen schließlich werden Protonen und Neutronen durch starke nukleare Kräfte auf einen winzigen Raum zusammengepreßt, was zur Folge hat, daß sie mit unvorstellbarer Geschwindigkeit umherrasen.

Die moderne Physik beschreibt Materie also keineswegs als passiv und träge, sondern als in unaufhörlich tanzender und vibrierender Bewegung begriffen, wobei die rhythmischen Muster durch die molekulare, atomare und nukleare Zusammensetzung bestimmt werden. Wir mußten erkennen, daß es in der Natur keine statischen Strukturen gibt. Es gibt zwar Stabilität, die jedoch eine Stabilität dynamischen Gleichgewichts ist, und je tiefer wir in die Materie eindringen, desto mehr müssen wir deren dynamische Natur begreifen, um ihre Strukturen verstehen zu können.

Bei diesem Eindringen in die Welt submikroskopischer Dimensionen wird ein entscheidender Punkt beim Studium der Atomkerne erreicht, in denen die Geschwindigkeit der Protonen und Neutronen oft so hoch ist, daß sie der Lichtgeschwindigkeit nahe kommt. Diese Tatsache ist von entscheidender Bedeutung für die Beschreibung ihrer Wechselwirkungen, weil jede Beschreibung von Naturerscheinungen, bei denen derart hohe Geschwindigkeiten vorkommen, die Relativitätstheorie einbeziehen muß. Um die Eigenschaften und Wechselwirkungen subatomarer Teilchen verstehen zu können, brauchen wir einen Rahmen, der nicht nur die Quantentheorie einbezieht, sondern auch die Relativitätstheorie; und gerade die Relativitätstheorie offenbart die dynamische Natur der Materie im vollsten Ausmaße.

Einsteins Relativitätstheorie hat einen drastischen Wandel unserer Vorstellungen von Raum und Zeit bewirkt. Sie hat uns gezwungen, die klassischen Ideen von einem absoluten Raum als Bühne der physikalischen Erscheinungen und von der absoluten Zeit als einer vom Raum getrennten Dimension aufzugeben. Nach Einstein sind Raum und Zeit relative Vorstellungen, reduziert auf die subjektive Rolle von Elementen der Sprache, die ein bestimmter Beobachter zur Beschreibung von Naturerscheinungen benutzt. Um eine genaue Beschreibung von Phänomenen mit annähernder Lichtgeschwindigkeit zu ermöglichen, muß ein »relativistischer« Rahmen benutzt werden, ein Rahmen, der Zeit mit den drei Raumkoordinaten verknüpft und damit die Zeit zu einer vierten Koordinate macht, die in Relation zum Beobachter spezifiziert werden muß. In einem solchen Rahmen sind Raum und Zeit aufs engste und untrennbar miteinander verbunden und bilden ein vierdimensionales

Kontinuum – genannt »Raum-Zeit«. In der relativistischen Physik können wir niemals von Raum sprechen, ohne zugleich von Zeit zu sprechen, und umgekehrt.

Die Physiker leben nun seit vielen Jahren mit der Relativitätstheorie und haben sich mit ihrem mathematischen Formalismus gründlich vertraut gemacht. Dennoch hat das unserer Intuition nicht viel geholfen. Wir haben keine unmittelbare Sinneserfahrung der vierdimensionalen Raum-Zeit, und jedesmal, wenn diese relativistische Wirklichkeit sich manifestiert – also in allen Situationen, in denen sehr hohe Geschwindigkeiten mitwirken –, fällt es uns schwer, damit auf der Ebene der Intuition und der gewöhnlichen Sprache umzugehen. Ein extremes Beispiel einer solchen Situation finden wir in der Quanten-Elektrodynamik, einer der erfolgreichsten relativistischen Theorien der Teilchenphysik, in der Antiteilchen als Teilchen interpretiert werden können, die sich in der Zeit rückwärts bewegen. Nach dieser Theorie beschreibt derselbe mathematische Ausdruck entweder ein Positron – das Antiteilchen des Elektrons –, das sich von der Vergangenheit in die Zukunft bewegt, oder ein Elektron, das sich von der Zukunft in die Vergangenheit bewegt. Wechselwirkungen von Teilchen können in jede beliebige Richtung der vierdimensionalen Raum-Zeit verlaufen, vorwärts oder rückwärts in der Zeit ebenso wie nach links oder rechts im Raum. Zur Abbildung dieser Wechselwirkungen benötigen wir vierdimensionale Karten, die die gesamte Spanne der Zeit wie auch den gesamten Bereich des Raumes umfassen. Diese unter dem Namen Raum-Zeit-Diagramme bekannten Karten sind mit keiner definitiven Zeitrichtung versehen. Dementsprechend gibt es in den von ihnen abgebildeten Vorgängen weder ein zeitliches »vor« noch ein »nach« und somit auch keine lineare Beziehung von Ursache und Wirkung. Alle Geschehnisse sind untereinander verbunden, doch sind diese Verbindungen nicht kausal im klassischen Sinne.

Mathematisch gibt es bei dieser Interpretation von Teilchen-Wechselwirkungen keine Probleme. Wollen wir sie jedoch in normaler Sprache beschreiben, kommen wir in ernsthafte Schwierigkeiten, da sich alle unsere Worte auf konventionelle Zeitbegriffe beziehen und für die Beschreibung relativistischer Phänomene ungeeignet sind. Somit hat uns die Relativitätstheorie dieselbe Lektion erteilt wie die Quantenmechanik, daß nämlich unsere gewohnten Vorstellungen von der Wirklichkeit auf unsere gewöhnliche Erfahrung mit der stofflichen Welt beschränkt sind und aufgegeben werden müssen, sobald wir über diese Erfahrung hinausgehen.

Die Vorstellungen von Raum und Zeit sind für unsere Beschreibung der Naturereignisse so grundlegend, daß ihre radikale Modifizierung durch die Relativitätstheorie die Umgestaltung des gesamten wissenschaftlichen Rahmens nach sich zog, den wir in der Physik zur Beschreibung der Natur verwenden. Die wichtigste Folge dieses neuen relativistischen Rahmens war die Erkenntnis, daß Masse nichts als eine Form der Energie ist. Selbst ein ruhender Gegenstand hat in seiner Masse Energie gespeichert, und die Beziehung zwischen beiden wird in Einsteins berühmter Formel $E = mc^2$ ausgedrückt, wobei c für die Lichtgeschwindigkeit steht.

Hat man Masse erst einmal als eine Form der Energie erkannt, ist es nicht mehr erforderlich, daß Masse unzerstörbar ist; sie kann vielmehr in andere Energieformen umgewandelt werden. Das geschieht laufend in den Kollisions-Experimenten der Hochenergiephysik, bei denen Masseteilchen erzeugt und vernichtet werden, wobei sich ihre Masse in Bewegungsenergie umwandelt und umgekehrt. Zusammenstöße subatomarer Teilchen sind unser wichtigstes Werkzeug, um ihre Eigenschaften zu studieren, und die Beziehung zwischen Masse und Energie ist von entscheidender Bedeutung für ihre Beschreibung. Die Gleichsetzung von Masse und Energie ist unzählige Male als wahr nachgewiesen worden, und die Physiker sind damit vollkommen vertraut – so vertraut, daß sie die Massen von Teilchen in den entsprechenden Energieeinheiten messen.

Die Entdeckung, daß Masse eine Form von Energie ist, hat einen tiefgreifenden Einfluß auf unser Bild von der Materie gehabt und uns gezwungen, unsere Vorstellung vom Teilchen ganz wesentlich zu ändern. In der modernen Physik bringt man Masse nicht mehr mit einer materiellen Substanz in Verbindung, weshalb Teilchen nicht als aus irgendeinem besonderen »Stoff« bestehend angesehen werden, sondern als Bündel von Energie. Energie jedoch wird mit Aktivität gleichgesetzt, mit Vorgängen, und das beinhaltet, daß subatomare Teilchen von Natur aus dynamisch sind. Um das besser zu verstehen, müssen wir uns daran erinnern, daß diese Teilchen nur in relativistischen Begriffen gedacht werden können, das heißt in Begriffen eines Zusammenhanges, in dem Raum und Zeit zu einem vierdimensionalen Kontinuum verschmolzen sind. Darin können die Teilchen nicht länger als kleine Billardkugeln oder Sandkörnchen bildlich dargestellt werden. Diese Vorstellungen sind nicht nur deshalb unzutreffend, weil sie Teilchen als separate Objekte darstellen, sondern auch weil sie statische dreidimensionale Bilder liefern. Subatomare Teilchen müssen als vierdimensionale Einheiten in der Raum-Zeit vorgestellt werden. Ihre Formen müssen dynamisch verstanden werden, als Formen in Raum und Zeit. Teilchen sind dynamische Strukturen, und zwar Strukturen von Aktivität, die einen Raumaspekt und einen Zeitaspekt haben. Ihr Raumaspekt läßt sie als Objekte mit einer gewissen Masse erscheinen, ihr Zeitaspekt als Vorgänge, für die eine entsprechende Energie erforderlich ist. Somit kann also das Vorhandensein von Materie und deren Aktivität nicht voneinander getrennt werden, sie sind bloß unterschiedliche Aspekte derselben Raum-Zeit-Wirklichkeit.

Die relativistische Anschauung von der Materie hat nicht nur unsere Vorstellung von den Teilchen drastisch beeinflußt, sondern auch unser Bild von den zwischen diesen Teilchen wirkenden Kräften. In einer relativistischen Beschreibung der Wechselwirkung der Teilchen werden die Kräfte zwischen den Teilchen – ihre wechselseitige Anziehung oder ihre Abstoßung – als Austausch anderer Teilchen beschrieben. Dieser Gedanke ist sehr schwer vorstellbar, ist jedoch zum Verständnis subatomarer Vorgänge notwendig. Er knüpft die zwischen den Bestandteilen der Materie wirkenden Kräfte an die Eigenschaften anderer Bestandteile der Materie und vereinigt auf diese Weise die beiden Ideen, Kraft und Materie, die in der Newtonschen Physik fundamental unterschiedlich schienen. Heute erkennt man, daß Kraft und Materie ihren gemeinsamen Ursprung in den dynamischen Strukturen haben, die wir Elementarteilchen nennen. Diese Energiebündel der subatomaren Welt bilden die stabilen nuklearen, atomaren und molekularen Strukturen, welche die Materie aufbauen und ihr den makroskopischen festen Aspekt verleihen, der uns glauben läßt, es handle sich um materielle Substanz. Auf makroskopischer Ebene ist dieser Begriff der Substanz eine nützliche Annäherung an die Wirklichkeit, auf atomarer Ebene jedoch hat er keinen Sinn mehr. Atome bestehen aus Elementarteilchen, und diese Teilchen sind nicht aus irgendeinem materiellen Stoff gemacht. Wenn wir sie beobachten, sehen wir nie eine Substanz; was wir beobachten, sind dynamische Muster, die sich unaufhörlich ineinander verwandeln – den ununterbrochenen Reigen der Energie.

Die beiden grundlegenden Theorien der modernen Physik haben also die Hauptaspekte der kartesianischen Weltanschauung und der Newtonschen Physik transzendiert. Die Quantentheorie hat gezeigt, daß subatomare Teilchen nicht einzelne Körnchen von Materie sind, sondern Wahrscheinlichkeitsstrukturen, Zusammenhänge in einem unteilbaren kosmischen Gewebe, das den menschlichen Beobachter und sein Bewußtsein einbezieht. Die Relativitätstheorie hat dieses kosmische Gewebe zum Leben erweckt, indem sie gewissermaßen dessen ureigenen dynamischen Charakter enthüllt und gezeigt hat, daß seine Aktivität sein eigentliches Wesen ist. Die moderne Physik verwandelte das Bild vom Universum als einer Maschine in die Vision eines unteilbaren dynamischen Ganzen, dessen Teile grundsätzlich in Wechselbeziehungen zueinander stehen und nur als Muster eines kosmischen Prozesses verstanden werden können. Auf subatomarer Ebene sind die Wechselbeziehungen und Wechselwirkungen zwischen den Teilen des Ganzen von grundlegenderer Bedeutung als die Teile selbst. Es herrscht Bewegung, doch gibt es letzten Endes keine sich bewegenden Objekte; es gibt Aktivität, jedoch keine Handelnden; es gibt keine Tänzer, sondern nur den Tanz.

Die gegenwärtige physikalische Forschung setzt sich zum Ziel, Quantentechnik und Relativitätstheorie zu einer vollständigen Theorie der subatomaren Teilchen zu vereinigen. Bisher sind wir noch nicht imstande, eine solche vollständige Theorie zu formulieren; doch es gibt bereits Teiltheorien oder Modelle, die gewisse Aspekte der subatomaren Vorgänge sehr gut beschreiben. Zwei verschiedene Arten von »quantenrelativistischen« Theorien in der Teilchenphysik waren bis jetzt in verschiedenen Bereichen erfolgreich. Bei der ersten handelt es sich um eine Gruppe von Quanten-Feldtheorien, die auf elektromagnetische und schwache Wechselwirkungen anwendbar sind. Die zweite ist die als S-Matrix-Theorie bekannte Theorie, die erfolgreich bei der Beschreibung starker Wechselwirkungen angewendet wurde.[23] Von diesen beiden Möglichkeiten ist die S-Matrix-Theorie von größerer Relevanz für das Thema dieses Buches, da sie tiefgreifende Auswirkungen auf die Naturwissenschaft als Ganzes hat.[24]

Die philosophische Grundlage der S-Matrix-Theorie ist als der sogenannte *»bootstrap*-Ansatz« bekannt, Geoffrey Chew hat ihn in den frühen sechziger Jahren vorgeschlagen, und er sowie andere Physiker haben ihn benutzt, um eine umfassende Theorie der starken Wechselwirkungen zwischen Teilchen zu entwickeln, und darüber hinaus eine allgemeinere Naturphilosophie. Nach dieser »Schnürsenkel-Philosophie« läßt sich die Natur nicht auf fundamentale Einheiten reduzieren, etwa auf fundamentale Bausteine der Materie, sondern muß ganz und gar durch die Forderung nach folgerichtiger Gesamtübereinstimmung verstanden werden. Für die gesamte Physik gilt allein der Grundsatz, daß ihre Bestandteile untereinander und mit sich selbst übereinstimmen müssen. Dieser Gedanke stellt eine radikale Abkehr dar vom traditionellen Geist der Grundlagenforschung in der Physik, die immer darauf ausgerichtet war, die Grundbausteine der Materie zu finden. Zugleich ist er der Höhepunkt der Vorstellung von der materiellen Welt als einem Gewebe von Zusammenhängen, das aus der Quantentheorie hervorging. Die *bootstrap*-Philosophie gibt nicht nur den Gedanken fundamentaler Bausteine der Materie auf, sondern akzeptiert überhaupt keine fundamentalen Einheiten irgendwelcher Art – keine fundamentalen Konstanten, Gesetze oder Gleichungen. Das Universum wird als ein dynamisches Gewebe untereinander verbundener Geschehnisse betrachtet. Keine der Eigenschaften irgendeines Teiles dieses Gewebes ist fundamental; alle ergeben sich aus den Eigenschaften der anderen Teile; und die folgerichtige Gesamtübereinstimmung ihrer Wechselbeziehungen determiniert die Struktur des gesamten Gewebes.

Die Tatsache, daß der *bootstrap*-Ansatz überhaupt keine fundamentalen Einheiten akzeptiert, macht ihn meiner Ansicht nach zu einem der tiefsinnigsten Gedankensysteme des Abendlandes und hebt ihn auf eine Ebene mit der buddhistischen oder taoistischen Philosophie.[25] Zugleich bildet er einen sehr schwierigen Zugang zur Physik, dessen sich bisher nur eine kleine Minderheit der Physiker bedient hat. Die *bootstrap*-Philosophie ist für die traditionelle Denkweise zu fremdartig, als daß sie schon ernsthaft gewürdigt werden könnte, und dieser Mangel an Würdigung erstreckt sich auch auf die S-Matrix-Theorie. Es ist bezeichnend, daß bisher noch keinem der hervorragenden Physiker, die in den beiden letzten Jahrzehnten zur Entwicklung der S-Matrix-Theorie beigetragen haben, ein Nobelpreis verliehen wurde – obwohl die Grundvorstellungen dieser Theorie von allen Teilchenphysikern benutzt werden, wann immer sie die Ergebnisse von Teilchenkollisionen analysieren und diese mit ihren theoretischen Vorhersagen vergleichen.

Im Rahmen der S-Matrix-Theorie versucht die *bootstrap*-Methode alle Eigenschaften der Teilchen und ihre Wechselwirkungen ausschließlich aus der Notwendigkeit der Gesamtübereinstimmung abzuleiten. Die einzigen akzeptierten »fundamentalen« Gesetze sind einige sehr allgemeine Prinzipien, die durch die Beobachtungsmethode erforderlich und wesentliche Teile des wissenschaftlichen Gesamtrahmens sind.

Von allen anderen Aspekten der Teilchenphysik erwartet man, daß sie sich als notwendige Folge der Gesamtübereinstimmung ergeben. Kann dieser Lösungsweg erfolgreich beschritten werden, dann dürfte das tiefgreifende philosophische Auswirkungen haben. Der Tatbestand, daß alle Eigenschaften der Teilchen von Prinzipien bestimmt werden, die eng von den Beobachtungsmethoden abhängen, würde bedeuten, daß die grundlegenden Strukturen der materiellen Welt letztlich durch die Art und Weise bestimmt werden, wie wir diese Welt sehen; die beobachteten Strukturen der Materie wären somit Spiegelungen der Strukturen unseres Bewußtseins.

Die Phänomene der subatomaren Welt sind so komplex, daß es keineswegs gewiß ist, ob es jemals gelingen wird, eine vollständige folgerichtige Theorie der Gesamtübereinstimmung zu konstruieren; doch kann man sich eine Reihe von teilweise erfolgreichen Modellen geringerer Reichweite vorstellen. Jedes davon würde darauf abzielen, nur einen Teil der beobachteten Phänomene zu beschreiben, und würde einige unerklärte Aspekte oder Parameter enthalten. Die Parameter eines Modells könnten jedoch durch ein anderes erklärt werden. Auf diese Weise könnten mehr und mehr Phänomene nach und nach mit stetig wachsender Genauigkeit beschrieben werden, und zwar durch ein Mosaik ineinander übergreifender Modelle, deren Nettozahl unerklärter Parameter laufend abnimmt. Mit dem Wort *bootstrap* kann also niemals nur die Eigenschaft eines individuellen Modells bezeichnet werden; es kann nur auf eine Kombination miteinander übereinstimmender Modelle angewendet werden, von denen keines fundamentaler ist als die anderen. Chew erläutert das kurz und bündig: »Ein Physiker, der imstande ist, eine beliebige Anzahl von verschiedenen, teilweise erfolgreichen Modellen zu betrachten, ohne eines davon zu favorisieren, ist automatisch ein *›bootstrapper‹*.«[26]

Die Fortschritte in der Entwicklung der S-Matrix-Theorie waren stetig, aber langsam, bis vor einigen Jahren interessante Entwicklungen zu einem bedeutenden Durchbruch führten, der es wahrscheinlich macht, daß das *bootstrap*-Programm für starke Wechselwirkungen in naher Zukunft vollendet werden wird und daß es auch erfolgreich auf die elektromagnetischen und schwachen Wechselwirkungen ausgeweitet werden kann.[27] Diese Ergebnisse haben bei den S-Matrix-Theoretikern große Begeisterung ausgelöst und werden wahrscheinlich die übrigen Physiker dazu zwingen, ihre Haltung gegenüber der *bootstrap*-Methode neu zu bedenken.

Schlüsselelement der neuen *bootstrap*-Theorie der subatomaren Teilchen ist der Begriff der Ordnung als ein neuer und wichtiger Aspekt der Teilchenphysik. Ordnung bedeutet in diesem Zusammenhang Ordnung in der Verknüpftheit subatomarer Vorgänge. Da es verschiedene Möglichkeiten gibt, wie subatomare Geschehnisse miteinander verknüpft sein können, lassen sich auch verschiedene Kategorien der Ordnung definieren. Die Sprache der Topologie – den Mathematikern wohlbekannt, doch bisher nie in der Teilchenphysik angewendet – wird zur Klassifizierung dieser Ordnungskategorien benutzt. Wird dieser Ordnungsbegriff in den mathematischen Rahmen der S-Matrix-Theorie eingegliedert, dann stellt sich heraus, daß nur wenige spezielle Kategorien geordneter Beziehungen nicht in Übereinstimmung mit diesem Rahmen sind. Die entsprechenden Strukturen von Teilchen-Wechselwirkungen sind genau die, die man in der Natur beobachten kann.

Das Bild von den subatomaren Teilchen, das sich aus der *bootstrap*-Theorie ergibt, läßt sich mit dem provozierenden Satz zusammenfassen: »Jedes Teilchen besteht aus allen anderen Teilchen.« Man darf sich jedoch nicht vorstellen, daß jedes einzelne Teilchen alle anderen in einem klassischen, statischen Sinne enthält. Subatomare Teilchen sind keine separaten Einheiten, sondern untereinander verbundene Energiestrukturen in einem fortlaufenden dynamischen Prozeß. Diese Strukturen »enthalten« sich nicht gegenseitig, sondern beziehen einander auf eine Weise ein, der man eine präzise mathematische Bedeutung geben kann, die sich jedoch nicht leicht mit Worten ausdrücken läßt.

Das Aufkommen des Ordnungsbegriffs als eines neuen und zentralen Begriffs in der Teilchenphysik hat nicht nur zu einem bedeutenden Durchbruch in der Entwicklung der S-Matrix-Theorie geführt, sondern kann auch weitreichende Folgen für die Naturwissenschaft insgesamt haben. Die Bedeutung der Ordnung in der subatomaren Physik ist noch ungeklärt, und das Ausmaß, in dem sie in den S-Matrix-Rahmen eingegliedert werden kann, ist noch nicht völlig bekannt; doch sollten wir uns daran erinnern, daß der Ordnungsbegriff eine sehr grundlegende Rolle in der wissenschaftlichen Auffassung von der Wirklichkeit spielt und ein ganz entscheidender Aspekt aller Beobachtungsmethoden ist. Die Fähigkeit, Ordnung zu erkennen, scheint ein wesentlicher Aspekt des Verstandes zu sein; jede Wahrnehmung einer Struktur ist in gewissem Sinne die Wahrnehmung einer Ordnung. Die Klärung der Vorstellung von Ordnung in einem Forschungsbereich, in dem Strukturen von Materie und Strukturen von Bewußtsein mehr und mehr als Spiegelungen voneinander erkannt werden, verspricht ein faszinierendes Neuland der Erkenntnis zu eröffnen.

Eine weitere Ausarbeitung der *bootstrap*-Methode in der subatomaren Physik wird den gegenwärtigen Rahmen der S-Matrix-Theorie sprengen müssen, die speziell zur Beschreibung starker Wechselwirkungen entwickelt wurde. Um das *bootstrap*-Programm zu erweitern, muß man einen allgemeinen Rahmen finden, in dem einige der gegenwärtig ohne Erklärung akzeptierten Vorstellungen »ge-*bootstrapped*«, das heißt aus der folgerichtigen Gesamtübereinstimmung abgeleitet werden müssen. Dazu mag unsere Vorstellung von der makroskopischen Raum-Zeit gehören und vielleicht sogar unsere Vorstellung vom menschlichen Bewußtsein. Die zunehmende Anwendung der *bootstrap*-Methode eröffnet die noch nie dagewesene Möglichkeit, das Studium des menschlichen Bewußtseins ausdrücklich in künftige Theorien von der Materie einbeziehen zu können. Die Frage des Bewußtseins ergab sich bereits in der Quantentheorie im Zusammenhang mit dem Problem von Beobachtung und Messung, doch bezieht sich die pragmatische Formulierung der Theorie, wie sie die Naturwissenschaftler ihrer Forschung zugrunde legen, nicht ausdrücklich auf das Bewußtsein. Einige Physiker sind der Ansicht, Bewußtsein könne ein essentieller Aspekt des Universums sein und wir würden unser weiteres Verständnis der Naturerscheinungen selbst blockieren, wenn wir es weiterhin beharrlich ausklammern.

Zwei Auffassungen in der Physik kommen heute der ausdrücklichen Beschäftigung mit dem Bewußtsein sehr nahe. Die eine ist der Begriff der Ordnung in Chews S-Matrix-Theorie; die andere ist eine Theorie von David Bohm, der einen noch allgemeineren und anspruchsvolleren Ansatz verfolgt.[28] Bohm geht vom Begriff der »ungebrochenen Ganzheit« aus. Sein Ziel ist es, die Ordnung zu erforschen, die seiner Ansicht nach dem kosmischen Gewebe von Zusammenhängen auf einer tieferen »nicht-manifesten« Ebene innewohnt. Er bezeichnet diese Ordnung als »implizite« oder »eingefaltete« Ordnung und beschreibt sie mit der Analogie eines Hologramms, in dem jeder Teil auf gewisse Weise das Ganze enthält.[29] Beleuchtet man einen beliebigen Teil eines Hologramms, wird das gesamte Bild rekonstruiert, auch wenn es dann weniger Einzelheiten aufzeigt als das im vollständigen Hologramm enthaltene. Bohm meint, die reale Welt sei nach denselben allgemeinen Prinzipien strukturiert, wobei das Ganze jeweils in jedes seiner Teile eingefaltet ist.

Bohm weiß sehr wohl, daß Hologramme zu statisch sind, um als wissenschaftliches Modell für die implizite Ordnung auf subatomarer Ebene verwendet werden zu können. Um die durch und durch dynamische Natur der Wirklichkeit auf dieser Ebene auszudrücken, hat er den Ausdruck *»holomovement«* (Holobewegung) geprägt. Diese ist seiner Ansicht nach ein dynamisches Phänomen, aus dem alle Formen des materiellen Universums entstehen. Das Ziel von Bohms Forschungsmethode ist, die in diese Holobewegung eingefaltete Ordnung zu untersuchen, nicht indem man sich mit der Struktur der Objekte befaßt, sondern mit der Struktur der Bewegung, und somit sowohl der Einheit als auch der dynamischen Natur des Universums Rechnung trägt. Um diese implizite Ordnung zu verstehen, sah Bohm sich genötigt, das Bewußtsein als ein wesentliches Charakteristikum der »Holobewegung« anzusehen und es in seiner Theorie ausdrücklich zu berücksichtigen. Für ihn sind Geist und Materie unabhängig und korrelat, aber nicht kausal verknüpft. Sie sind sich gegenseitig einfaltende Projektionen einer höheren Wirklichkeit, die weder Materie noch Bewußtsein ist.

Bohms Theorie ist noch im Versuchsstadium, doch scheint selbst in diesem frühen Stadium eine zum Nachdenken zwingende Verwandtschaft zwischen dieser Theorie der impliziten Ordnung und der S-Matrix-Theorie von Chew zu bestehen. Beide Betrachtungsweisen beruhen auf einer Anschauung von der Welt als einem dynamischen Gewebe von Zusammenhängen; beide messen dem Begriff der Ordnung eine zentrale Rolle bei; beide verwenden Matrizen, um Wandel und Umgestaltung darzustellen, sowie die Topologie, um Ordnungskategorien zu klassifizieren. Schließlich erkennen beide Theorien an, daß das Bewußtsein sehr wohl ein wesentlicher Aspekt des Universums sein kann, der in eine künftige Theorie physikalischer Vorgänge einbezogen werden muß. Eine solche zukünftige Theorie könnte etwa aus der Verschmelzung der Theorien von Chew und Bohm entstehen, die zu den einfallsreichsten und philosophisch tiefgründigsten zeitgenössischen Annäherungsversuchen an die physikalische Wirklichkeit gehören.

Meine Darstellung der modernen Physik in diesem Kapitel ist durch meine persönlichen Meinungen und Zuneigungen beeinflußt. Ich habe gewisse Vorstellungen und Theorien hervorgehoben, die von der Mehrheit der Physiker noch nicht akzeptiert werden, die ich jedoch für philosophisch bedeutsam halte, von großer Bedeutung für die anderen Naturwissenschaften und für unsere Kultur als Ganzes. Jeder zeitgenössische Physiker wird jedoch das Leitmotiv meiner Darstellung akzeptieren – daß die moderne Physik die mechanistische kartesianische Weltanschauung überwunden hat und uns zu einer ganzheitlichen und zutiefst dynamischen Auffassung vom Universum führt.

Das Weltbild der modernen Physik ist ein Systembild und steht im Einklang mit Systemanschauungen, die zur Zeit in anderen Wissensgebieten aufkommen, obgleich die von diesen anderen Disziplinen studierten Phänomene im allgemeinen anderer Art sind und andere Vorstellungen erfordern. Wenn wir nunmehr die Metapher von der Welt als Maschine hinter uns lassen, müssen wir auch den Gedanken aufgeben, die Physik sei die Grundlage aller Naturwissenschaften. Nach dem *bootstrap*- oder Systembild lassen sich die unterschiedlichen Aspekte und Ebenen der Wirklichkeit mit verschiedenen, aber gegenseitig übereinstimmenden Vorstellungen beschreiben, ohne daß zu diesem Zweck die Phänomene der einen Ebene auf die einer anderen reduziert werden müssen.

Für die nachfolgende Beschreibung des Gedankengebäudes einer multi-disziplinären ganzheitlichen Schau der Wirklichkeit ist es von Nutzen, sich einen Überblick darüber zu verschaffen, wie die anderen Wissenschaften die kartesianische Weltanschauung angenommen und ihre Vorstellungen und Theorien nach denen der klassischen Physik geformt haben. Wenn dabei zugleich die Grenzen des kartesianischen Paradigmas in den Natur- und Gesellschaftswissenschaften enthüllt werden, kann das Wissenschaftlern und Laien helfen, ihre überkommene Weltanschauung zu ändern und an der gegenwärtigen kulturellen Umgestaltung mitzuwirken.

DRITTER TEIL:

Der Einfluß des kartesianisch-Newtonschen Denkens

4. Das mechanistische Bild des Lebens

Während sich die neue Physik im 20. Jahrhundert entwickelte, behielten die mechanistische kartesianische Weltanschauung und die Prinzipien der Newtonschen Physik ihren starken Einfluß auf das abendländische wissenschaftliche Denken, und selbst heute bekennen sich noch viele Naturwissenschaftler zum mechanistischen Paradigma, obgleich die Physiker selbst schon darüber hinausgegangen sind.

Die aus der modernen Physik entwickelte neue Vorstellung vom Universum bedeutet allerdings auch nicht, daß die Newtonsche Physik falsch oder daß die Quanten- und die Relativitätstheorie richtig ist. Die moderne Naturwissenschaft hat sich zu der Erkenntnis durchgerungen, daß alle naturwissenschaftlichen Theorien nur Annäherungen an die wahre Natur der Wirklichkeit sind und daß jede Theorie für einen bestimmten Bereich von Phänomenen gültig ist. Jenseits davon gibt es keine befriedigende Beschreibung der Natur mehr, und neue Theorien müssen gefunden werden, um alte zu ersetzen oder die alten durch verbesserte Annäherung an die Wirklichkeit auszubauen. So konstruieren also die Naturwissenschaftler eine Reihenfolge begrenzter und annähernder Theorien oder »Modelle«, von denen jedes genauer ist als das vorhergehende, von denen jedoch keines eine vollständige und endgültige Erklärung der Naturerscheinungen darstellt. Louis Pasteur hat das sehr schön so ausgedrückt: »Die Wissenschaft schreitet mittels tastender Antworten fort zu einer Reihe von zunehmend verfeinerten Fragen, die tiefer und tiefer in das eigentliche Wesen der Naturerscheinungen hineinreichen.«[1]

Somit wird die Fragestellung also folgendermaßen lauten: Ist die Annäherung des Newtonschen Modells an die Wirklichkeit gut genug, damit es als Grundlage für verschiedene Wissenschaften dienen kann, und wo sind die Grenzen der kartesianischen Weltanschauung in jenen Bereichen? In der Physik mußte das mechanistische Paradigma auf der Ebene des sehr Kleinen (in der atomaren und subatomaren Physik) und des sehr Großen (in der Astrophysik und Kosmologie) aufgegeben werden. In anderen Wissensgebieten mögen die Begrenzungen anderer Art sein; sie brauchen nicht mit den Dimensionen der zu beschreibenden Phänomene verknüpft zu sein. Worum es jetzt geht, ist nicht so sehr die Anwendung der Newtonschen Physik auf andere Phänomene, sondern eher die Anwendung der mechanistischen Weltanschauung, auf der die Newtonsche Physik beruht. Jede einzelne Naturwissenschaft wird für sich die Grenzen dieser Weltanschauung im jeweiligen Zusammenhang herausfinden müssen.

In der Biologie liefert die kartesianische Anschauung, lebende Organismen seien Maschinen, die aus separaten Teilen bestehen, immer noch den beherrschenden gedanklichen Rahmen. Obwohl Descartes' einfache mechanistische Biologie nicht sehr viel weiterentwickelt werden konnte und während der folgenden dreihundert Jahre erheblich modifiziert werden mußte, ist der Glaube daran, daß alle Aspekte lebender Organismen durch Reduzierung auf ihre kleinsten Bestandteile und durch das Studium der Mechanismen ihrer Wechselwirkungen begriffen werden können, immer noch die eigentliche Grundlage des zeitgenössischen biologischen Denkens. Folgende Stelle aus einem heutigen Lehrbuch über moderne Biologie macht dieses reduktionistische Credo sehr deutlich: »Eine Nagelprobe darauf, ob man ein Objekt wirklich versteht, ist die Fähigkeit, es aus seinen Bestandteilen zusammenzusetzen. Irgendwann einmal werden Molekularbiologen versuchen, ihr Verständnis von Struktur und Funktion der Zelle durch den Versuch zu testen, eine Zelle synthetisch herzustellen.«[2] Diese reduktionistische Methode in der Biologie war außerordentlich erfolgreich und gipfelte im Verständnis der chemischen Natur der Gene, der Grundeinheiten der Vererbung, sowie in der Entschlüsselung des genetischen Codes. Dennoch stößt sie an Grenzen. Dazu sagte der hervorragende Biologe Paul Weiss:

> Wir können . . . auf der Grundlage strikt empirischer Untersuchungen definitiv behaupten, daß die bloße Umkehrung unserer vorherigen analytischen Zerstückelung des Universums dadurch, daß wir die Stücke in der Wirklichkeit oder auch nur in Gedanken wieder zusammensetzen, keine vollständige Erklärung des Verhaltens auch nur der elementarsten lebenden Systeme liefern kann.[3]

Genau das zuzugeben fällt den meisten zeitgenössischen Biologen schwer. Beflügelt von den Erfolgen der reduktionistischen Methode – neuerlich am deutlichsten sichtbar im Bereich der Erforschung der Gene –, neigen sie zu der Annahme, dies sei die einzig gültige Methode; und deshalb haben sie die biologische Forschung entsprechend organisiert. Die Studenten werden nicht ermutigt, integrative Vorstellungen zu entwickeln, und die Forschungsinstitute widmen ihre Gelder fast ausschließlich der Lösung von Problemen, die innerhalb des kartesianischen Rahmens formuliert werden. Biologische Phänomene, die nicht auf reduktionistische Weise erklärt werden können, gelten als wissenschaftlicher Erforschung unwürdig. Dementsprechend haben Biologen sehr seltsame Methoden entwickelt, mit lebenden Organismen umzugehen. Wie der Biologe und Ökologe René Dubos hervorhob, fühlen diese Biologen sich gewöhnlich dann am wohlsten, wenn das Ding, das sie untersuchen, nicht mehr lebt.[4]

Es ist nicht leicht, die genauen Grenzen der kartesianischen Methode zum Studium lebender Organismen zu bestimmen. Als eifrige Reduktionisten sind die meisten Biologen nicht einmal daran interessiert, diese Frage überhaupt zu diskutieren, und es hat mich viel Zeit und erhebliche Mühe gekostet herauszufinden, wo das kartesianische Modell versagt.[5] Die Probleme, die Biologen heute nicht lösen können, offensichtlich wegen ihrer engen und uneinheitlichen Methodik, scheinen sämtlich mit der Funktion lebender Systeme als Ganzheiten und ihrer Wechselwirkungen mit ihrer Umwelt zu tun zu haben. So bleibt etwa das integrative Wirken des Nervensystems weiterhin ein tiefes Geheimnis. Obwohl Neurologen viele Aspekte der Funktion des Gehirns klären konnten, verstehen sie immer noch nicht, wie Neuronen* zusammenwirken – wie sie sich selbst in das Funktionieren des ganzen Systems integrieren. Tatsächlich wird eine derartige Frage kaum jemals gestellt. Biologen sind eifrig damit beschäftigt, den menschlichen Körper in seine kleinsten Teile zu zerlegen und sammeln dabei eindrucksvolle Kenntnisse über die Mechanismen seiner Zellen und Moleküle. Doch wissen sie immer noch nicht, wie wir atmen, unsere Körpertemperatur regeln, verdauen oder unsere Aufmerksamkeit auf etwas konzentrieren. Zwar kennen sie einige unserer Nervenbahnen, doch die meisten integrativen Vorgänge werden noch nicht verstanden. Das gilt auch für das Heilen von Wunden, und

* Neuronen sind Nervenzellen, die die Fähigkeit besitzen, Nervenimpulse zu empfangen und zu übermitteln.

selbst die Natur des Schmerzes und seine verschlungenen Wege bleiben weithin rätselhaft.

Ein extremer Fall von integrativer Aktivität, der die Wissenschaftler seit ewigen Zeiten fasziniert, sich bis jetzt jedoch jeder Erklärung entzogen hat, ist das Phänomen der Embryogenese – die Bildung und Entwicklung des Embryos –, die wohlgeordnete Reihenfolge von Vorgängen mittels derer Zellen sich spezialisieren, um die verschiedenen Gewebe und Organe des erwachsenen Körpers zu bilden. Die Wechselwirkungen der Zellen mit ihrer jeweiligen Umwelt sind entscheidend für diese Vorgänge, und das gesamte Phänomen ist das Ergebnis der integralen koordinierenden Aktivität des gesamten Organismus – ein Vorgang, der viel zu komplex ist, als daß er einer reduktionistischen Analyse zugänglich wäre. Somit gilt die Embryogenese als ein hochinteressantes, aber wenig lohnendes Thema für biologische Forschung.

Warum die meisten Biologen sich nicht um die Grenzen der reduktionistischen Methode kümmern, ist verständlich. Die kartesianische Methode hat in gewissen Bereichen spektakuläre Fortschritte bewirkt und bringt auch weiterhin noch erregende Ergebnisse hervor. Da sie ungeeignet ist, andere Probleme zu lösen, wurden diese vernachlässigt oder gar schlankweg beiseitegeschoben, obwohl die Proportionen des Wissensbereiches als Ganzes dadurch ernsthaft verzerrt werden.

Wie soll sich unter diesen Umständen die Lage ändern? Ich glaube, der Wandel wird über die medizinische Wissenschaft kommen. Die Funktionen eines lebenden Organismus, die sich nicht reduktionistisch beschreiben lassen – also die integrativen Aktivitäten des Organismus und die Wechselwirkungen mit seiner Umwelt –, sind genau die Funktionen, die für die Gesundheit des Organismus von überragender Bedeutung sind. Da die abendländische Medizin die reduktionistische Methode der modernen Biologie übernommen hat, weiterhin der kartesianischen Aufspaltung anhängt und es nach wie vor versäumt, den Patienten als ganzen Menschen zu behandeln, sind die Ärzte heute nicht in der Lage, viele ernste Krankheiten zu verstehen, geschweige denn zu heilen. Viele von ihnen werden sich mehr und mehr dessen bewußt, daß die zahlreichen Probleme unseres heutigen medizinischen Systems darauf zurückzuführen sind, daß dieses auf dem reduktionistischen Modell des menschlichen Organismus beruht. Das wird nicht nur von den Ärzten selbst erkannt, sondern auch, und in weit stärkerem Maße, von Krankenschwestern und anderen im Gesundheitswesen tätigen Fachleuten, und natürlich vom breiten Publikum. Auf die Ärzte wird bereits beträchtlicher Druck ausgeübt, den engen mechanistischen Rahmen der zeitgenössischen Medizin zu verlassen und eine umfassendere, ganzheitliche Methode zu entwickeln.

Die Überwindung des kartesianischen Modells wird auf eine große Revolution in der medizinischen Wissenschaft hinauslaufen. Da die medizinische Forschung eng mit der biologischen verknüpft ist – sowohl ideenmäßig als auch organisatorisch –, wird eine derartige Revolution zwangsläufig starke Auswirkungen auf die künftige Entwicklung der Biologie haben. Um festzustellen, wohin diese Entwicklung uns führen kann, ist es von Nutzen, einen Rückblick auf die Evolution des kartesianischen Modells in der Geschichte der Biologie zu tun. Eine solche historische Perspektive zeigt auch, daß die Verbindung von Biologie mit Medizin nichts Neues ist, sondern bis in alte Zeiten zurückgeht und im gesamten Verlauf ihrer Geschichte ein bedeutsamer Faktor gewesen ist.[6]

Die beiden hervorragenden griechischen Ärzte Hippokrates und Galen haben ganz entscheidend zum biologischen Wissen der Antike beigetragen und sind selbst das ganze Mittelalter hindurch als Autoritäten für Medizin und Biologie anerkannt worden. Während des Mittelalters, als die Araber zu den Hütern der abendländischen Wissenschaft wurden und all ihre Disziplinen beherrschten, wurde die Biologie wiederum von Ärzten weiterentwickelt, deren berühmteste Rhazes, Avicenna und Averroës waren – sie alle waren übrigens auch hervorragende Philosophen. In jener Zeit waren arabische Alchemisten, deren Wissenschaft traditionell mit der medizinischen verknüpft war, die ersten, die chemische Analysen lebender Materie versuchten und damit zu Vorläufern der modernen Biochemiker wurden.

Die enge Verbindung zwischen Biologie und Medizin bestand auch während der ganzen Renaissance und weiter bis ins moderne Zeitalter hinein, in dem entscheidende Fortschritte in den Wissenschaften vom Leben immer wieder von Wissenschaftlern mit medizinischen Grundkenntnissen erzielt wurden. So war beispielsweise Linné, der bedeutende Klassifikator des 18. Jahrhunderts, nicht nur Botaniker und Zoologe, sondern auch Arzt. Und die Botanik selbst hat sich ja auch aus dem Studium der Heilpflanzen entwickelt. Pasteur, obwohl selbst kein Arzt, legte die Grundlagen für die Mikrobiologie, die dann die medizinische Wissenschaft revolutionierte. Claude Bernard, der Begründer der modernen Physiologie, war Arzt; Matthias Schleiden und Theodor Schwann, die Schöpfer der Zelltheorie, besaßen medizinische Doktorate, wie übrigens auch Rudolf Virchow, der der Zelltheorie ihre moderne Form gab. Lamarck hatte eine medizinische Ausbildung, und auch Darwin studierte Medizin, wenn auch mit wenig Erfolg. Dies sind nur einige wenige Beispiele für die stetige Wechselwirkung zwischen Biologie und Medizin, die auch heute noch besteht, da ein bedeutender Anteil der Gelder für biologische Forschung von medizinischen Institutionen vergeben wird. Es ist daher ziemlich wahrscheinlich, daß Medizin und Biologie wieder einmal gemeinsam revolutioniert werden, sobald biomedizinische Forscher die Notwendigkeit einsehen, die Grenzen des kartesianischen Paradigmas zu durchbrechen, um Gesundheit und Krankheit besser begreifen zu lernen.

Das kartesianische Modell der Biologie hat seit dem 17. Jahrhundert viele Fehlschläge und viele Erfolge erlebt. Descartes schuf ein kompromißloses Bild der lebenden Organismen als mechanische Systeme und begründete damit einen starren gedanklichen Rahmen für die nachfolgende physiologische Forschung. Er widmete physiologischen Beobachtungen oder Experimenten jedoch wenig Zeit und überließ es seinen Nachfolgern, die Einzelheiten der mechanistischen Lebensanschauung auszuarbeiten. Der erste, der auf diesem Gebiet Erfolg hatte, war Giovanni Borelli, ein Schüler Galileis, dem es gelang, einige grundlegende Aspekte der Muskeltätigkeit mechanistisch zu beschreiben. Der große Triumph der Physiologie des 17. Jahrhunderts kam jedoch, als William Harvey das mechanistische Modell auf das Phänomen des Blutkreislaufes anwendete und damit die Lösung für das fundamentalste und schwierigste Problem der Physiologie seit der Antike fand. Seine Studie *On the Movement of the Heart* (Über die Bewegung des Herzens) gab eine klar verständliche Beschreibung all dessen, was man ohne Hilfe eines Mikroskops von der Anatomie und Hydraulik her über den Blutkreislauf wissen konnte. Sie war die krönende Vollendung der mechanistischen Physiologie und wurde von Descartes persönlich mit großer Begeisterung als solche gepriesen.

Inspiriert vom Erfolg Harveys, versuchten die Physiologen seiner Epoche, die mechanistische Methode zur Beschreibung anderer körperlicher Funktionen anzuwenden, so zum Beispiel der Verdauung und des Metabolismus, doch schlugen alle ihre Versuche fehl. Die Phänomene, welche die Physiologen zu beschreiben versuchten – oft unter Zuhilfenahme grotesker mechanischer Analogien –, schlossen nämlich auch chemische und elektrische Vorgänge ein, die damals noch unbekannt waren und nicht mit mechanischen Begriffen erklärt werden konnten.

Wenn sich die Chemie auch im 17. Jahrhundert nicht sonderlich entwickelte, gab es doch eine in der alchemistischen Tradition wurzelnde Schule des Denkens, die versuchte, das Funktionieren lebender Organismen als chemische Prozesse zu erklären. Der Begründer dieser Schule war Paracelsus von Hohenheim, ein Pionier der medizinischen Wissenschaft des 16. Jahrhunderts und ein sehr erfolgreicher Heiler, halb Magier, halb Wissenschaftler, und insgesamt eine herausragende Persönlichkeit in der Geschichte der Medizin und Biologie. Paracelsus, der seine medizinische Wissenschaft als Kunst und auf alchemistischen Ideen beruhende okkulte Wissenschaft praktizierte, war der Meinung, das Leben sei ein chemischer Prozeß und Krankheit sei das Ergebnis eines Ungleichgewichtes innerhalb der Chemie des Körpers. Eine derartige Anschauung von der Krankheit war für die Wissenschaft seiner Zeit viel zu revolutionär und mußte noch mehrere hundert Jahre warten, bis sie breitere Zustimmung fand.

Im 17. Jahrhundert gab es in der Physiologie zwei gegnerische Lager. Auf der einen Seite standen die Jünger von Paracelsus, die sich selbst »Iatrochemiker« (vom griechischen *iatros* = Arzt) nannten und glaubten, man könne physiologische Funktionen mit chemischen Begriffen erklären. Auf der anderen Seite standen die sogenannten »Iatromechanisten«, die der kartesianischen Auffassung huldigten und alle körperlichen Funktionen mit mechanischen Prinzipien erklären wollten. Natürlich waren die Mechanisten in der Mehrzahl. Sie fuhren fort, ausgeklügelte mechanische Modelle zu konstruieren, die oft eindeutig falsch waren, sich aber in das Paradigma einfügten, das das wissenschaftliche Denken des 17. Jahrhunderts beherrschte.

Diese Situation änderte sich beträchtlich im 18. Jahrhundert, in dem eine Reihe bedeutender Entdeckungen in der Chemie gemacht wurden, darunter die Entdeckung des Sauerstoffs und Antoine Lavoisiers Formulierung der modernen Verbrennungstheorie. Der »Vater der modernen Chemie« wies auch nach, daß die Atmung eine besondere Form der Oxydation ist, und bestätigte damit die Bedeutung chemischer Prozesse für das Funktionieren lebender Organismen. Gegen Ende des 18. Jahrhunderts wurde der Physiologie eine weitere Dimension hinzugefügt, als Luigi Galvani nachwies, daß die Übermittlung von Nervenimpulsen mit einem elektrischen Strom zusammenhing. Diese Entdeckung veranlaßte Allessandro Volta, sich mit dem Studium der Elektrizität zu befassen, und wurde so zur Quelle zweier neuer Wissenschaften, der Neurophysiologie und der Elektrodynamik.

Alle diese Entdeckungen führten die Physiologie auf eine neue Ebene und zeigten ihre Kompliziertheit auf. Die vereinfachenden mechanischen Modelle lebender Organismen wurden aufgegeben, doch der Kern der kartesianischen Idee überlebte. Tiere galten immer noch als Maschinen, wenn auch als viel kompliziertere denn mechanische Uhrwerke, da bei ihnen auch chemische und elektrische Prozesse stattfinden. So hörte die Biologie auf, kartesianisch im Sinne von Descartes' streng mechanischer Vorstellung von den lebenden Organismen zu sein, blieb jedoch im weiteren Sinne kartesianisch, da sie versuchte, alle Aspekte des lebenden Organismus auf physikalische und chemische Wechselwirkungen ihrer kleinsten Bestandteile zurückzuführen. Zur gleichen Zeit fand die strikt mechanistische Physiologie ihren stärksten Ausdruck in der polemischen Abhandlung *L'Homme machine* (Der Mensch als Maschine) von La Mettrie, die weit über das 18. Jahrhundert hinaus berühmt blieb. La Mettrie machte Schluß mit Descartes' Dualismus von Geist und Körper. Er bestritt, daß der Mensch sich wesentlich vom Tier unterscheide, und verglich den menschlichen Organismus einschließlich des Geistes mit einem komplizierten Uhrwerk:

> Braucht es noch mehr . . . um zu beweisen, daß der Mensch nichts als ein Tier ist oder ein Bündel mechanischer Federn, die sich gegenseitig in einer Weise aufziehen, daß man nicht sagen kann, an welchem Punkt des menschlichen Triebwerkes die Natur begonnen hat? In der Tat, ich irre mich nicht; der menschliche Körper ist ein Uhrwerk, jedoch ein riesiges und mit solchem Einfallsreichtum und Geschick konstruiert, daß, wenn der Sekundenzeiger stehenbleibt, der Minutenzeiger sich weiterdreht und seinen Lauf fortsetzt.[7]

La Mettries extremer Materialismus entfachte zahlreiche Debatten und Kontroversen, von denen einige bis ins 20. Jahrhundert hinein dauerten. Als junger Biologe schrieb Joseph Needham einen Essay zur Verteidigung von La Mettrie. Dieser wurde 1928 veröffentlicht und hatte denselben Titel wie das Original von La Mettrie, *Man a Machine*.[8] In ihm erklärte Needham, daß für ihn – zumindest zu jener Zeit – die Wissenschaft der mechanistischen kartesianischen Auffassung gleichzusetzen sei. »Mechanismus und Materialismus«, so schrieb er, »bilden die Grundlage wissenschaftlichen Denkens«,[9] und er schloß ausdrücklich das Studium geistiger Vorgänge in eine solche Wissenschaft ein: »Ich akzeptiere keineswegs die Meinung, daß die Vorgänge des Geistes nicht physio-chemikalischer Beschreibung zugänglich sind. Alles, was wir jemals wissenschaftlich von ihnen wissen werden, wird mechanistisch sein.«[10]

Am Ende seines Essays faßte Needham seine Einstellung zur wissenschaftlichen Anschauung von der menschlichen Natur in folgenden starken Worten zusammen: »Für die Wissenschaft ist der Mensch eine Maschine; sollte er es nicht sein, dann ist er überhaupt nichts.«[11] Trotzdem verließ Needham eines Tages die biologische Wissenschaft und wurde zum führenden Historiker chinesischer Wissenschaft und als solcher zu einem glühenden Befürworter der organischen Weltanschauung, die dem chinesischen Denken zugrunde liegt.

Es wäre Unsinn, kategorisch Needhams Behauptung zu leugnen, die Wissenschaftler würden irgendwann einmal imstande sein, alle biologischen Vorgänge mit den Gesetzen der Physik und der Chemie zu beschreiben oder, wie man heute eher sagen würde, mit Begriffen der Biophysik und Biochemie. Das bedeutet jedoch nicht, daß diese Gesetze auf der Anschauung beruhen, lebende Organismen seien Maschinen. Das hieße, die Naturwissenschaft auf ihre Newtonsche Prägung zu beschränken. Um das Wesentliche der lebenden Systeme zu verstehen, müssen die Wissenschaftler – seien sie nun Biophysiker, Biochemiker oder Vertreter irgendeiner anderen mit den Wissenschaften vom Leben befaßten Disziplin – die reduktionistische Ansicht aufgeben, man könne komplexe Organismen genau wie Maschinen aufgrund der Eigenschaften und des Verhaltens ihrer Einzelteile vollständig beschreiben. Das sollte ihnen heute leichter fallen als in den zwanziger Jahren, da inzwischen die reduktionistische Methode sogar beim Studium der anorganischen Materie aufgegeben werden mußte.

In der Geschichte des kartesianischen Modells für die Wissenschaften vom Leben brachte das 19. Jahrhundert eindrucksvolle neue Entwicklungen, und zwar wegen der bemerkenswerten Fortschritte in vielen Zweigen der Biologie. Die bekannteste wissenschaftliche Leistung des 19. Jahrhunderts ist die Evolutionstheorie. Doch wurde in dieser Zeit auch die Zelltheorie begründet, die Mikrobiologie begann ihren Aufstieg, und die Vererbungsgesetze wurden entdeckt. Die Biologie war jetzt fest in der Physik und Chemie verankert, und die Naturwissenschaftler widmeten von nun an ihre Bemühungen der Suche nach physiko-chemischen Erklärungen des Lebens.

Eine der folgenschwersten Verallgemeinerungen in der gesamten Biologie war die Erkenntnis, daß alle Tiere und Pflanzen aus Zellen bestehen. Sie stellte einen bedeutsamen Wendepunkt dar für das Verständnis der Körperstruktur, der Vererbung, Befruchtung, Entwicklung und Differenzierung, der Evolution und vieler anderer Eigenschaften des Lebens. Der Ausdruck »Zelle« wurde von Robert Hooke im 17. Jahrhundert geprägt, um verschiedenartige winzige Strukturen zu beschreiben, die er durch das eben erfundene Mikroskop sehen konnte. Doch war die Entwicklung einer eigentlichen Zelltheorie ein langsamer und schrittweiser Prozeß, der die Arbeit vieler Forscher erforderte und im 19. Jahrhundert seinen Höhepunkt erreichte, als die Biologen meinten, sie hätten nun endgültig die fundamentalen Bausteine des Lebens gefunden. Dieser Glaube gab dem kartesianischen Paradigma eine neue Bedeutung. Alle Funktionen eines lebenden Organismus mußten seitdem als Funktion seiner Zellen verstanden werden. Statt über die Organisation des Organismus als Ganzem nachzudenken, hielt man die biologischen Funktionen für das Ergebnis der Wechselwirkungen zwischen den Zellbausteinen.

Die Struktur und das Funktionieren der Zellen zu verstehen, stellt den Forscher vor ein Problem, das charakteristisch für die gesamte moderne Biologie geworden ist. Die Organisation einer Zelle ist oft mit der einer Fabrik verglichen worden, in der verschiedene Teile an verschiedenen Plätzen hergestellt, dann in Zwischenlagern aufbewahrt und schließlich ins Montagewerk transportiert werden, wo man sie zu Endprodukten zusammensetzt, die entweder von der Zelle selbst aufgebraucht oder zu anderen Zellen exportiert werden. Die Zellbiologie hat auf dem Wege zum Verständnis der Strukturen und Funktionen vieler Untereinheiten der Zelle riesige Fortschritte erzielt, weiß jedoch noch recht wenig über die koordinierenden Aktivitäten, mit denen diese Tätigkeiten so integriert werden, daß die Zelle als Ganzes funktioniert. Dieses Problem wird erheblich dadurch kompliziert, daß Ausrüstung und Maschinenpark einer Zelle, anders als in einer von Menschen betriebenen Fabrik, keinen permanenten Standort haben, sondern von Zeit zu Zeit demontiert und wieder aufgebaut werden, und zwar jeweils nach bestimmten Mustern und in Übereinstimmung mit der Gesamtdynamik der Zellfunktion. Die Biologen haben inzwischen erkannt, daß Zellen selbständige Organismen sind, und sie erkennen immer deutlicher, daß man die integralen Aktivitäten dieser lebenden Systeme – insbesondere das Ausgleichen ihrer voneinander abhängigen metabolischen* Pfade und Zyklen – mit reduktionistischen Methoden nicht begreifen kann.

Die Erfindung des Mikroskops im 17. Jahrhundert hat der Biologie neue Dimensionen erschlossen. Doch erst im 19. Jahrhundert wurde dieses Instrument voll ausgenutzt, nachdem verschiedene technische Probleme mit dem alten Linsensystem schließlich gelöst waren. Das neue perfektionierte Mikroskop erschloß ein ganz neues Forschungsgebiet, die Mikrobiologie, die einen unerwarteten Reichtum und eine erstaunliche Komplexität lebender Organismen von mikroskopischen Dimensionen offenbarte. Die Forschung in dieser Disziplin wurde vom Genius eines Louis Pasteur geprägt, dessen tiefe Einsichten und klare Formulierungen Chemie, Biologie und Medizin auf Dauer geprägt haben.

Durch Anwendung einfallsreicher experimenteller Methoden gelang es Pasteur, eine Frage zu klären, welche die Biologen während des ganzen 18. Jahrhunderts bewegt hatte – die Frage nach dem Ursprung des Lebens. Seit uralten Zeiten wurde allgemein angenommen, Leben könne spontan aus unbelebter Materie entstehen, zumindest in seinen niederen Formen. Seit dem 17. und 18. Jahrhundert wurde diese Idee – als »Urzeugung« bekannt – in Frage gestellt. Doch konnte die Frage nicht endgültig geklärt werden, bis Pasteur mit einer Serie präziser und streng überprüfter Experimente schlüssig nachwies, daß alle Mikroorganismen, die sich unter günstigen Bedingungen entwickeln, ihrerseits von anderen Mikroorganismen stammen. Es war Pasteur, der die ungeheure Vielfalt der organischen Welt auf der mikroskopischen Ebene ans Licht brachte. Insbesondere gelang es ihm, die Rolle der Bakterien bei bestimmten chemischen Prozessen, etwa der Gärung, festzustellen und damit die Grundlagen der neuen Wissenschaft der Biochemie zu schaffen.

Nach zwanzigjähriger Erforschung der Bakterien wandte sich Pasteur dem Studium der Krankheiten höherer Tierarten zu und erzielte dabei einen weiteren großen Fortschritt: Es gelang ihm, eine definitive Korrelation zwischen Keimen** und Krankheit zu beweisen. Obwohl diese Entdeckung weitreichende Auswirkung auf die medizinische Wissenschaft

* Das Wort Metabolismus, aus dem griechischen *metabole* (»Wandel«), bezeichnet die Summe der chemischen Veränderungen innerhalb eines lebenden Organismus und ganz besonders in Zellen, die notwendig sind, um das Leben in Gang zu halten.

** »Keim« und »Mikrobe« sind ehemalige Synonyme für den heute allgemein verwendeten Ausdruck »Mikroorganismus«; »Bakterie« bezeichnet eine große Gruppe von Mikroorganismen, und »Bazillus« bezieht sich auf eine bestimmte Art von Bakterien.

hatte, wird die genaue Art der Korrelation zwischen Bakterien und Krankheit noch weithin falsch verstanden. Pasteurs Theorie von der Entstehung von Krankheiten durch Krankheitskeime bedeutet in vereinfachter und reduktionistischer Interpretation, daß die biomedizinischen Forscher nun dazu neigten, Bakterien für die einzigen Krankheitsverursacher zu halten. Dementsprechend waren sie davon besessen, Mikroben zu identifizieren, und setzten sich das illusorische Ziel, »magische Kugeln« zu ersinnen, Drogen, welche spezifische Bakterien zerstören konnten, ohne den übrigen Organismus zu schädigen.

Diese reduktionistische Anschauung von der Krankheit brachte eine alternative Theorie zum Verschwinden, die einige Jahrzehnte zuvor von Claude Bernard gelehrt worden war, einem berühmten Arzt, der allgemein als Begründer der modernen Physiologie gilt. Bernard war zwar ein Anhänger des Paradigmas seiner Epoche und sah im lebenden Organismus »eine Maschine, die aufgrund der physikalisch-chemischen Eigenschaften ihrer einzelnen Bestandteile funktioniert«.[12] Doch war seine Betrachtungsweise der physiologischen Funktionen viel subtiler als die seiner Zeitgenossen. Er vertrat die Idee enger und intimer Beziehungen zwischen einem Organismus und seiner Umwelt und war der erste, der darauf hinwies, daß es auch ein *milieu intérieur* gab, eine innere Umwelt, innerhalb derer die Organe und ihre Gewebe leben. Bernard beobachtete, daß dieses *milieu intérieur* in einem gesunden Organismus im wesentlichen konstant bleibt, selbst wenn die äußere Umwelt erheblich fluktuiert. Diese Entdeckung ließ ihn seine berühmt gewordene Aussage formulieren: »Die Beständigkeit der inneren Umwelt ist die entscheidende Voraussetzung für selbständiges Leben.«[13]

Claude Bernards striktes Beharren auf der inneren Ausgeglichenheit als Vorbedingung für die Gesundheit konnte sich gegenüber der rapiden Verbreitung der reduktionistischen Anschauung vom Wesen der Krankheit unter Biologen und Ärzten nicht behaupten. Die Bedeutung seiner Theorie wurde erst im 20. Jahrhundert wiederentdeckt – als die Forscher sich der entscheidenden Rolle der Umwelt bei biologischen Vorgängen besser bewußt wurden. Bernards Vorstellung von der Beständigkeit der inneren Umwelt wurde inzwischen weiter ausgebaut und hat zu dem wichtigen Begriff der Homöostase geführt, einem von dem Neurologen Walter Cannon geprägten Wort, das die Tendenz lebender Organismen beschreibt, einen Zustand innerer Ausgeglichenheit zu bewahren.[14]

Die Evolutionstheorie war der große Beitrag der Biologie zur Ideengeschichte des 19. Jahrhunderts. Sie nötigte die Naturwissenschaftler, die Newtonsche Vorstellung von der Welt als Maschine aufzugeben – einer Maschine, die als fertige Schöpfung aus den Händen ihres Schöpfers hervorging – und diese Anschauung durch die eines sich entwickelnden und ständig verändernden Systems zu ersetzen. Doch brachte das die Biologen nicht dazu, das reduktionistische Paradigma zu modifizieren. Im Gegenteil: Sie konzentrierten sich darauf, die Darwinsche Theorie in den kartesianischen Rahmen einzupassen. Es gelang ihnen außerordentlich gut, eine Reihe physikalischer und chemischer Mechanismen der Vererbung zu erklären, jedoch nicht die eigentliche Natur von Entwicklung und Evolution.[15]

Die erste Theorie von der Evolution wurde von Jean Baptiste Lamarck formuliert, einem Autodidakten unter den Naturwissenschaftlern, der das Wort »Biologie« erfand und sich mit beinahe fünfzig Jahren dem Studium der Tierarten zuwandte. Lamarck beobachtete, daß Tiere sich unter dem Druck der Umwelt verändern, und glaubte, daß sie diese Veränderungen an ihre Nachkommen weitergeben können. Diese Weitergabe erworbener Eigenschaften war für ihn der Hauptmechanismus der Evolution. Obwohl es sich herausstellte, daß Lamarck in dieser Hinsicht unrecht hatte,[16] war doch seine Erkenntnis des Phänomens der Evolution – das Entstehen neuer biologischer Strukturen in der Geschichte der Arten – eine revolutionäre Einsicht, die das gesamte nachfolgende naturwissenschaftliche Denken zutiefst beeinflußte.

Besonders starken Einfluß übte Lamarck auf Charles Darwin aus, der seine wissenschaftliche Laufbahn als Geologe begonnen hatte. Während einer Expedition zu den Galapagos-Inseln wurde er jedoch durch den Reichtum und die Vielfalt der Inselfauna angeregt, Interesse für die Biologie zu entwickeln. Seine dortigen Beobachtungen ließen ihn über die Auswirkungen der geographischen Isolierung auf die Ausformung der Arten nachdenken und schließlich seine Evolutionstheorie formulieren. Auch die evolutionären Ideen des Geologen Charles Lyell und des Nationalökonomen Thomas Malthus über den Kampf ums Dasein beeinflußten ihn stark. Aus diesen Beobachtungen und Studien gingen schließlich die beiden Grundideen hervor, auf denen Darwin seine Theorie aufbaute – die These von der zufälligen Abweichung, die man später zufällige Mutation nannte, und die Idee der natürlichen Zuchtwahl durch das »Überleben des Geeignetsten«.

Darwin publizierte seine Theorie der Evolution 1859 in seinem Monumentalwerk *Die Entstehung der Arten* und rundete sie zwölf Jahre später mit *Die Abstammung des Menschen* ab, in dem die Idee der evolutionären Umwandlung einer Art in eine andere dahingehend erweitert wird, daß sie auch den Menschen einbezieht. Hier zeigte es sich, daß Darwins Gedanken über die menschlichen Merkmale stark vom patriarchalischen Zeitgeist geprägt waren, obwohl seine Theorie doch sonst so revolutionär war. Für ihn war das typische männliche Wesen stark, tapfer und intelligent; das typische weibliche Wesen dagegen war passiv, körperlich schwach und sein Gehirn war nicht voll ausgebildet. »Der Mann«, so schrieb er, »ist mutiger, kämpferischer und energischer als die Frau und auch geistig einfallsreicher.«[17]

Obwohl Darwins Vorstellungen über die zufällige Abweichung und die natürliche Zuchtwahl die Ecksteine der modernen Theorie von der Evolution bleiben sollten, wurde doch bald klar, daß die zufällige Abweichung so, wie Darwin sie sah, niemals das Auftauchen neuer Eigenschaften in der Evolution der Arten erklären konnte. Die Anschauungen des 19. Jahrhunderts über die Vererbung beruhten auf der Annahme, die biologischen Eigenschaften eines Individuums stellten eine »Mischung« derjenigen seiner Eltern dar, zu der beide Elternteile mehr oder weniger gleichmäßig beitragen. Das bedeutete, daß der Abkömmling eines Elternteiles mit einer nützlichen zufälligen Abweichung nur 50 Prozent der neuen Eigenart erben würde und nur 25 Prozent davon an die folgende Generation weitergeben könnte. Auf diese Weise würden die neuen Eigenschaften sehr schnell verdünnt und hätten geringe Chancen, sich durch natürliche Zuchtwahl zu konsolidieren. Darwin selbst erkannte, daß dies eine ernstzunehmende Schwäche in seiner Theorie war, für die er keine Lösung parat hatte.

Es ist eine Ironie der Geschichte, daß die Lösung für dieses Problem wenige Jahre nach der Veröffentlichung der Darwinschen Theorie von Gregor Mendel gefunden wurde, aber unbeachtet blieb, bis man Mendels Werk um die Jahrhundertwende wiederentdeckte. Aus seinen sorgsam durchgeführten Experimenten mit Gartenerbsen leitete Mendel die Erkenntnis ab, daß es »Erbeinheiten« gibt – man nannte sie später Gene –, die sich beim Vorgang der Fortpflanzung nicht mischen und somit auch nicht verdünnt werden, sondern ohne Änderung ihrer Identität von Generation zu Generation weitergegeben werden. Diese Entdeckung ermöglichte die Annahme, daß zufällige Mutationen nicht innerhalb weniger Generationen wieder verschwinden, sondern erhalten bleiben, um durch die natürliche Zuchtwahl entweder verstärkt oder eliminiert zu werden.

Mendels Entdeckung spielte nicht nur eine entscheidende Rolle bei der Bestätigung der Darwinschen Evolutionstheorie, sondern gab auch den Weg frei für ein ganz neues Forschungsgebiet – das Studium der Vererbung durch die Erforschung der chemischen und physikalischen Eigenschaften der Gene. William Bateson, der als glühender Befürworter Mendels Werk volkstümlich machte, nannte dieses neue Gebiet zu Beginn des Jahrhunderts »Genetik« und führte viele der Begriffe ein, die auch heute von den Genetikern verwendet werden. Zu Ehren von Mendel taufte er seinen jüngsten Sohn Gregory.

Im 20. Jahrhundert wurde die Genetik zum aktivsten Bereich der biologischen Forschung und verstärkte noch die kartesianische Ansicht von lebenden Organismen. Schon früh wurde erkannt, daß das Erbmaterial in den Chromosomen zu finden ist, in jenen fadenähnlichen Körperchen, die in jedem Zellkern enthalten sind. Bald danach fand man heraus, daß die Gene spezifische Positionen innerhalb der Chromosomen innehaben – genau gesagt: Sie sind entlang der Chromosomen linear aufgereiht. Mit diesen Entdeckungen glaubten die Genetiker nun endlich die »Atome der Vererbung« gefunden zu haben und machten sich daran, die biologischen Eigenschaften lebender Organismen aus deren elementaren Einheiten, den Genen, zu erklären, wobei jedes Gen einer ganz spezifischen Erbeigenschaft entsprach. Doch ergab die weitere Forschung bald, daß ein einziges Gen ein breites Spektrum von Erbeigenschaften beeinflussen kann und daß, umgekehrt, viele einzelne Gene sich oft zusammentun, um eine ganz bestimmte Erbeigenschaft zu erzeugen. Ganz offensichtlich ist das Studium der Zusammenarbeit und der integralen Aktivitäten der Gene von vorrangiger Bedeutung; aber auch hier hat das kartesianische Gedankengebäude die Klärung dieser Fragen erschwert. Wenn Wissenschaftler ein integrales Ganzes auf seine fundamentalen Bausteine reduzieren – seien sie nun Zellen, Gene oder Masseteilchen – und versuchen, daraus alle Vorgänge zu erklären, dann verlieren sie die Fähigkeit, die koordinierenden Aktivitäten des ganzen Systems zu verstehen.

Ein weiterer Trugschluß dieser reduktionistischen Methode der Genetik ist der Glaube, die charakteristischen Eigenschaften eines Organismus würden ausschließlich von seinem genetischen Aufbau bestimmt. Dieser »genetische Determinismus« ist eine unmittelbare Folge der Vorstellung, lebende Organismen seien Maschinen, die von der linearen Aufeinanderfolge von Ursache und Wirkung in Gang gehalten werden. Dabei wird außer acht gelassen, daß Organismen Systeme sind, die auf mehreren Ebenen funktionieren, wobei die Gene in die Chromosomen eingebettet sind, die Chromosomen innerhalb ihrer Zellkerne funktionieren, die ihrerseits in die Zellgewebe eingebettet sind, und so weiter. Alle diese Ebenen üben wechselseitig Wirkungen und Gegenwirkungen aus, welche die Entwicklung des Organismus beeinflussen und zu sehr breiten Variationen des »genetischen Bauplans« führen.

Ähnliche Argumente gelten auch für die Entwicklung der Arten. Die Darwinschen Vorstellungen von der zufälligen Abweichung und der natürlichen Zuchtwahl sind nur zwei Aspekte eines komplexen Phänomens, das man viel besser in einem ganzheitlichen oder systemorientierten Rahmen verstehen kann.[18] Ein solcher Rahmen ist subtiler und nützlicher als die dogmatische Position der sogenannten Neodarwinistischen Theorie, die von dem Genetiker und Nobelpreisträger Jacques Monod besonders markant formuliert wurde:

> . . so folgt daraus mit Notwendigkeit, daß *einzig* und allein der Zufall jeglicher Neuerung, jeglicher Schöpfung in der belebten Natur zugrunde liegt. Der reine Zufall, nichts als der Zufall, die absolute, blinde Freiheit als Grundlage des wunderbaren Gebäudes der Evolution – diese zentrale Erkenntnis der modernen Biologie ist heute nicht mehr nur eine unter anderen möglichen oder wenigstens denkbaren Hypothesen; sie ist die *einzig* vorstellbare, da sie allein sich mit den Beobachtungs- und Erfahrungstatsachen deckt. Und die Annahme (oder die Hoffnung), daß wir unsere Vorstellungen in diesem Punkt revidieren müßten oder auch nur könnten, ist durch nichts gerechtfertigt.[19]

In jüngster Zeit ist aus dem trügerischen genetischen Determinismus eine vieldiskutierte Theorie entstanden, die sich Sozialbiologie nennt und alles gesellschaftliche Verhalten als durch die genetische Struktur vorbestimmt erklären will.[20] Viele Kritiker haben darauf hingewiesen, daß diese Anschauung nicht nur wissenschaftlich unhaltbar, sondern auch gefährlich ist. Sie erleichtert nämlich pseudowissenschaftliche Rechtfertigungen von Rassismus und Sexismus, da sie die Unterschiede im menschlichen Verhalten als genetisch vorprogrammiert und unabänderlich interpretiert.[21]

Die Genetik hat in der ersten Hälfte des 20. Jahrhunderts zwar viele Aspekte der Vererbung klären können, konnte jedoch das Geheimnis ihres zentralen Forschungsgegenstandes, die genaue chemische und physikalische Natur des Gens, nicht aufklären. Erst in den 1950er und 1960er Jahren, also ein volles Jahrhundert nach Darwin und Mendel, gelang es, die komplizierte Chemie der Chromosomen zu begreifen.

Inzwischen erzielte die neue Wissenschaft der Biochemie stetige Fortschritte und festigte bei den Biologen den Glauben, eines Tages würden sich alle Eigenschaften und Funktionen der lebenden Organismen chemisch und physikalisch erklären lassen. Am deutlichsten brachte das Jacques Loeb in seinem Buch *The Mechanistic Conception of Life* zum Ausdruck, das die biologischen Lehren seither nachhaltig beeinflußte. »Lebende Organismen sind chemisch angetriebene Maschinen«, schrieb Loeb, »die sich selbst erhalten und fortpflanzen können.«[22] Wie alle Reduktionisten sah auch Loeb den wesentlichen Zweck seiner wissenschaftlichen Methode darin, die Funktion dieser Maschinen allein aus ihren Bausteinen zu erklären: »Letztes Ziel aller physikalischen Wissenschaften ist es, alle Phänomene aus der Gruppierung und Dislozierung von Masseteilchen sichtbar zu machen; und da es zwischen der Materie der lebenden und der nichtlebenden Welt keine Lücke gibt, kann auch das Ziel der Biologie auf dieselbe Weise ausgedrückt werden.«[23]

Eine äußerst unglückselige Folge dieser Betrachtung lebender Dinge als Maschinen war die übertriebene Anwendung der Vivisektion* in der biomedizinischen und der Verhaltensforschung.[24] Descartes selbst verteidigte die Vivisektion, da er glaubte, daß Tiere nicht leiden; ja, er behauptete sogar, ihre Schmerzensschreie bedeuteten nicht mehr als das Quietschen eines Rades. Auch heute noch wird das unmenschliche systematische Foltern von Tieren zu »wissenschaftlichen« Zwecken fortgesetzt.

Im 20. Jahrhundert änderte sich die biologische Forschung auf eine Weise, die sich vielleicht als letzter Schritt der reduktionistischen Auffassung von den Lebensphänomenen entpuppen und zu ihrem größten Triumph, aber auch gleichzeitig zu ihrem Ende führen wird. Während im Verlauf

* Vivisektion schließt in breiterem Sinne alle Arten von Experimenten mit lebenden Tieren ein, ob nun an ihnen chirurgische Eingriffe vorgenommen werden oder nicht, vor allem aber jene, von denen man annimmt, daß sie den betroffenen Tieren Qualen bereiten.

des ganzen 19. Jahrhunderts die Zelle als Grundbaustein der lebenden Organismen angesehen wurde, verlagerte sich um die Mitte unseres Jahrhunderts die Aufmerksamkeit von der Zelle auf das Molekül, als nämlich die Genetiker begannen, die molekulare Struktur des Gens zu studieren. Ihre Forschungsarbeit gipfelte in der Erklärung der physikalischen Struktur der DNS – der molekularen Grundlage der Chromosomen –, was als eine der größten Leistungen der Naturwissenschaft des 20. Jahrhunderts gelten kann. Dieser Triumph der Molekularbiologie verleitete die Biologen zu dem Glauben, alle biologischen Funktionen könnten aus molekularen Strukturen und Mechanismen erklärt werden, eine Ansicht, die die Forschung erheblich in die Irre geführt hat.

Ganz allgemein gesehen bezieht sich der Ausdruck »Molekularbiologie« auf das Studium biologischer Phänomene aus der Sicht ihrer molekularen Strukturen und der dabei auftretenden Wechselwirkungen. Spezifischer formuliert, bedeutet dieser Ausdruck das Studium der unter dem Namen Makromoleküle bekannten sehr großen biologischen Moleküle. Im Laufe der ersten Hälfte unseres Jahrhunderts wurde deutlich, daß die wesentlichen Bestandteile aller lebenden Zellen – die Proteine und die Nukleinsäuren* höchst komplexe kettenähnliche Strukturen sind, die Tausende von Atomen enthalten. Die Erforschung der chemischen Eigenschaften und der genau dreidimensionalen Form dieser großen Kettenmoleküle wurde zur Hauptaufgabe der Molekularbiologie.[25]

Der erste bedeutende Schritt in Richtung der Molekulargenetik ergab sich aus der Entdeckung, daß Zellen Wirkstoffe enthalten, die sogenannten Enzyme, die spezifische chemische Reaktionen hervorbringen können. In der ersten Hälfte des Jahrhunderts gelang es Biochemikern, die meisten in Zellen auftretenden chemischen Reaktionen zu spezifizieren. Dabei fanden sie heraus, daß die wichtigsten dieser Reaktionen in allen lebenden Organismen im wesentlichen die gleichen sind. Jede hängt ganz entscheidend vom Vorhandensein eines besonderen Enzyms ab, womit das Studium der Enzyme vorrangige Bedeutung erhielt.

In den vierziger Jahren kamen die Genetiker zu einer weiteren entscheidenden Erkenntnis, als sie herausfanden, daß es die Hauptaufgabe der Gene ist, die Synthese der Enzyme zu überwachen. Diese Entdekkung ließ nunmehr die großen Umrisse des Vererbungsvorganges deutlich werden: Gene bestimmen die Erbeigenschaften, indem sie die Syn-

* Nukleinsäuren – die Säuren, die in Zellkernen gefunden werden – teilt man in zwei grundlegend verschiedene Arten auf, die als DNS und RNS bekannt sind.

these der Enzyme bestimmen, die ihrerseits die diesen Erbeigenschaften entsprechenden chemischen Reaktionen in Gang bringen. Obgleich diese Erkenntnis einen großen Fortschritt für das Verständnis der Vererbung bedeutete, blieb die eigentliche Natur des Gens damals noch im dunkeln. Die Genetiker kannten seine chemische Struktur nicht und waren nicht imstande zu erklären, auf welche Weise es seine wesentlichen Funktionen erfüllt: die Synthese der Enzyme, seine eigene völlig gleichförmige Verdoppelung beim Vorgang der Zellteilung, sowie die plötzlichen, uns als Mutation bekannten dauerhaften Veränderungen. Was die Enzyme anbelangt, so wußte man, daß sie Proteine sind, doch war ihre genaue chemische Struktur unbekannt und damit auch der Prozeß, mittels dessen Enzyme chemische Reaktionen hervorrufen.

Diese Situation änderte sich drastisch während der folgenden zwei Jahrzehnte, die den entscheidenden Durchbruch in der modernen Genetik brachten, den man oft als das Entschlüsseln des genetischen Codes bezeichnete: die Entdeckung der präzisen chemischen Struktur der Gene und Enzyme, der molekularen Mechanismen der Proteinsynthese, des Mechanismus der Gen-Fortpflanzung und der Mutation.[26] Diese revolutionäre wissenschaftliche Leistung war das Ergebnis unerhörten Ringens und starker Rivalität, aber auch anregender Zusammenarbeit zwischen einer Gruppe hervorragender und in höchstem Maße erfinderischer Männer und Frauen, deren Hauptvertreter Francis Crick, James Watson, Maurice Wilkins, Rosalind Franklin, Linus Pauling, Salvador Luria und Max Delbrück sind.

Zur Entschlüsselung des Codes trug entscheidend bei, daß Physiker sich auf dem Gebiet der Biologie betätigten. Max Delbrück, Francis Crick, Maurice Wilkins und andere hatten in der Physik geforscht, bevor sie sich den Biochemikern und Genetikern bei deren Erforschung der Vererbung anschlossen. Sie brachten eine neue Schärfe des Denkens, eine neue Perspektive und neue Methoden in die Forschungsarbeit ein, was zu einer gründlichen Umgestaltung der genetischen Forschung führte. Das Interesse der Physiker an der Biologie hatte in den 1930er Jahren begonnen, als Niels Bohr sich Gedanken über die Relevanz der Unschärferelation und des Begriffs der Komplementarität in der biologischen Forschung machte.[27] Bohrs Gedanken wurden von Delbrück weiterentwickelt, dessen Ideen über die physikalische Natur der Gene Erwin Schrödinger veranlaßten, ein kleines Buch mit dem Titel *Was ist Leben?* zu schreiben. Dieses Buch hatte in den vierziger Jahren großen Einfluß auf das biologische Denken und trug maßgeblich dazu bei, daß mehrere Naturwissenschaftler sich von der Physik ab- und der Genetik zuwandten.

Die Faszination von *Was ist Leben?* ergab sich aus der klaren und zwingenden Weise, in der Schrödinger das Gen nicht nur als abstrakte Einheit, sondern als konkrete physikalische Substanz behandelte und dabei präzise Hypothesen über dessen Molekularstruktur vorlegte, welche viele Wissenschaftler anregten, die Genetik neu zu überdenken. Er vertrat als erster die Ansicht, Gene seien Informationsträger, deren physikalische Struktur einer Aufeinanderfolge von Elementen eines vorgegebenen Vererbungscodes entspricht. Schrödingers Begeisterung überzeugte Physiker, Biochemiker und Genetiker, daß ein neues Betätigungsfeld für die Naturwissenschaft aufgetan war, auf dem große Entdeckungen bevorstanden. Von da an begannen diese Naturwissenschaftler, sich als »Molekularbiologen« zu bezeichnen.

Die grundlegende Struktur der biologischen Moleküle wurde in den frühen fünfziger Jahren durch das Zusammenspiel von drei wirkungsvollen Beobachtungsmethoden entdeckt – chemische Analyse, Elektronenmikroskopie und Röntgenkristallographie*. Den ersten Durchbruch erzielte Linus Pauling, als er die Struktur der Proteinmoleküle entdeckte. Man wußte, daß Proteine lange Kettenmoleküle sind, die aus einer Reihenfolge verschiedener Verbindungen bestehen, aus den linear verketteten Aminosäuren. Pauling wies nach, daß das Skelett der Proteinstruktur in einer nach links oder rechts drehenden Spirale gewunden ist und daß der Rest der Struktur von der genauen linearen Aufreihung von Aminosäuren längs dieses Spiralwegs bestimmt wird.

Die weitere Erforschung der Proteinmoleküle zeigte dann, wie die spezifische Struktur der Enzyme es ihnen ermöglicht, die Moleküle zu binden, deren chemische Reaktionen sie hervorrufen.

Paulings großer Erfolg inspirierte James Watson und Francis Crick, sich ganz auf die genaue Klärung der Struktur der DNS zu konzentrieren, die inzwischen als das genetische Material in den Chromosomen erkannt worden waren. Nach zwei Jahren angestrengter Arbeit, mit vielen falschen Ansätzen und großen Enttäuschungen, waren die Bemühungen von Watson und Crick endlich von Erfolg gekrönt. Mit Hilfe der Röntgen-Daten von Rosalind Franklin und Maurice Wilkins gelang

* Die 1912 von Lawrence Bragg erfundene Röntgenkristallographie ist die Methode, die regelmäßige Aufreihung der Atome in Molekularstrukturen – ursprünglich Kristallen – zu bestimmen, und zwar durch Analyse der Art und Weise, in der Röntgenstrahlen von diesen Strukturen gestreut werden.

es ihnen, den genauen Aufbau der DNS zu bestimmen, den man jetzt die Watson-Crick-Struktur nennt. Es handelt sich um eine Doppelhelix, bestehend aus zwei ineinander verschlungenen, strukturell komplementären Ketten. Die auf diesen Ketten linear angeordneten chemischen Verbindungen sind komplexe Strukturen, die man Nukleotide nennt, und von denen vier verschiedene Arten existieren.

Erst nach einem weiteren Jahrzehnt fand man den grundlegenden Mechanismus, mittels dessen die DNS ihre beiden fundamentalen Funktionen ausübt: die Selbst-Verdoppelung und die Proteinsynthese. Diese ebenfalls von Watson und Crick angeführte Forschung ergab dann im einzelnen, wie genetische Information in den Chromosomen kodifiziert ist. Um es sehr vereinfacht darzustellen: Chromosomen bestehen aus DNS-Molekülen, die nach der Watson-Crick-Struktur aufgebaut sind. Ein Gen ist jener Abschnitt einer DNS-Doppelhelix, welcher die Struktur eines bestimmten Enzyms bestimmt. Die Synthese dieses Enzyms erfolgt durch einen komplizierten zweistufigen Prozeß, bei dem RNS, die zweite Nukleinsäure, eine Rolle spielt. Die Elemente dieses Vererbungscodes sind die vier Nukleotiden, welche in ihrer aperiodischen Reihenfolge längs der Kette die genetische Information verkörpern. Die lineare Reihenfolge von Nukleotiden im Gen bestimmt die lineare Aufeinanderfolge von Aminosäuren im entsprechenden Enzym. Während des Vorgangs der Chromosomenteilung trennen sich die beiden Ketten der Doppelhelix, und jede von ihnen dient als Schablone für den Aufbau einer neuen komplementären Kette. Eine Gen-Mutation wird verursacht durch einen zufälligen Irrtum in diesem Duplikationsvorgang, bei dem ein Nukleotid durch ein anderes ersetzt wird, was zu einer dauernden Veränderung der vom Gen getragenen Information führt.

Das also sind die Grundelemente dessen, was als größte Entdeckung in der Biologie seit Darwins Evolutionstheorie gepriesen wird. Als die Biologen bei ihrer Erforschung der Phänomene des Lebens zu immer kleineren Ebenen vordrangen, fanden sie heraus, daß die Eigenschaften aller lebenden Organismen – von der Bakterie bis zum Menschen – in ihren Chromosomen in derselben chemischen Substanz und nach derselben Codeformel verschlüsselt sind. Nach zwei Jahrzehnten intensiver Forschung sind die genauen Einzelheiten dieses Codes nunmehr enträtselt. Die Biologen haben das Alphabet einer wahrhaft universalen Sprache des Lebens entdeckt.

Der spektakuläre Erfolg der Molekularbiologie im Bereich der Genetik veranlaßte die Naturwissenschaftler, deren Methoden auf alle Gebiete der Biologie anzuwenden und zu versuchen, alle Probleme durch ihre Reduzierung auf ihre molekulare Ebene zu lösen. Auf diese Weise wurden die meisten Biologen zu eifrigen Reduktionisten, die sich mit molekularen Details befassen. Die Molekularbiologie, einst nur ein kleiner Zweig der Wissenschaften vom Leben, ist inzwischen zu einer allgemeinen und exklusiven Art des Denkens geworden, was zu einer ernsthaften Problemverschiebung der biologischen Forschung geführt hat. Forschungsgelder werden in Projekte geleitet, die schnelle Lösungen versprechen oder modisch sind, während wichtige theoretische Probleme, die sich nicht für reduktionistische Methoden eignen, einfach unbeachtet bleiben. Sidney Brenner, ein führender Forscher auf diesem Gebiet, bemerkte dazu: »Niemand veröffentlicht etwas über theoretische Probleme der Biologie – mit wenigen Ausnahmen. Statt dessen produziert man lieber die Struktur eines weiteren Proteins.«[28]

Fragen, die sich der Beantwortung mit der reduktionistischen Methode in der Molekularbiologie entzogen, wurden etwa ums Jahr 1970 erkennbar. Damals verstand man zwar gut die Struktur der DNS und die Molekularmechanismen der Vererbung für einfache einzellige Organismen wie etwa Bakterien, für mehrzellige Organismen mußten sie aber noch ausgearbeitet werden. Das stellte die Biologen vor die Fragen der Zellentwicklung und -differenzierung, die man während der Arbeit an der Enträtselung des genetischen Codes unbeachtet gelassen hatte. In den Frühstadien der Entwicklung höherer Organismen vermehrt sich die Zahl ihrer Zellen von eins auf zwei, auf vier, acht, sechzehn und so weiter. Da man nun glaubt, die genetische Information sei in jeder Zelle identisch, wie kann es dann geschehen, daß Zellen sich auf unterschiedliche Weise spezialisieren und zu Blutzellen, Muskelzellen, Knochenzellen, Nervenzellen und so fort entwickeln? Dieses in der gesamten Biologie in vielen Varianten auftretende Grundproblem der Entwicklung zeigt eindeutig die Grenzen der reduktionistischen Methode auf. Die Biologen von heute kennen die genaue Struktur einiger weniger Gene, wissen jedoch sehr wenig darüber, wie diese bei der Entwicklung eines Organismus miteinander kommunizieren und zusammenarbeiten – wie sie aufeinander einwirken, wie sie sich gruppieren, wann sie ein- und ausgeschaltet werden und in welcher Reihenfolge. Die Biologen kennen das Alphabet des genetischen Codes, wissen jedoch kaum etwas von seiner Syntax. Heute ist klar, daß nur ein kleiner Prozentsatz der DNS –

weniger als fünf Prozent – dazu dient, Proteine zu spezifizieren; alles andere wird offensichtlich für integrierende Funktionen genutzt, von denen die Biologen wahrscheinlich so lange kaum etwas wissen werden, wie sie an ihren reduktionistischen Modellen festhalten.

Das andere Gebiet, in dem die Grenzen der reduktionistischen Methoden ziemlich deutlich erkennbar sind, ist die Neurobiologie. Das höhere Nervensystem ist ein ganzheitliches System *par excellence*, dessen integrierende Aktivitäten nicht durch Reduzierung auf molekulare Mechanismen verstanden werden können. Dabei sind Nervenzellen die größten Zellen und somit am leichtesten zu studieren. Neurobiologen dürften daher wohl zu den ersten gehören, die ganzheitliche Modelle der Gehirnfunktion vorlegen werden, um Phänomene wie Sinneswahrnehmung, Gedächtnis und Schmerz zu erklären, die sich innerhalb des gegenwärtigen reduktionistischen Rahmens nicht begreifen lassen. Einige Versuche wurden in dieser Richtung bereits gemacht und versprechen interessante neue Perspektiven. Wenn sie die gegenwärtigen reduktionistischen Methoden überwinden wollen, müssen die Biologen anerkennen, daß, wie Paul Weiss es formulierte, »es in einem lebenden System kein Phänomen gibt, das *nicht* molekular ist, und daß es andererseits keines gibt, das *nur* molekular ist«.[29] Dazu bedarf es eines viel umfassenderen gedanklichen Rahmens als ihn die heutige Biologie aufzuweisen hat. Die spektakulären Fortschritte der Biologen haben deren grundlegende Anschauungen nicht erweitert; das kartesianische Paradigma beherrscht weiterhin die Wissenschaften vom Leben.

An dieser Stelle ist ein Vergleich zwischen der Biologie und der Physik angebracht. In der Geschichte der Vererbungsforschung nennt man die Periode vor 1940 häufig die »klassische Genetik«, zum Unterschied von der »modernen Genetik« der darauffolgenden Jahrzehnte. Diese Ausdrücke beruhen wahrscheinlich auf einer Analogie zum Übergang von der klassischen zur modernen Physik um die Jahrhundertwende.[30] So wie das Atom in der klassischen Physik als unteilbare Einheit von unbekannter Struktur galt, so ähnlich betrachtete man das Gen in der klassischen Genetik. Diese Analogie hält jedoch in einem bedeutsamen Aspekt nicht stand. Die Erforschung des Atoms zwang die Physiker, ihre grundlegende Vorstellung von der Natur der physikalischen Wirklichkeit radikal zu ändern. Das Ergebnis dieser Wandlung ist eine folgerichtige dynamische Theorie, die Quantenmechanik, in der die Hauptvorstellungen der kartesianisch-Newtonschen Wissenschaft überwunden werden. Dagegen hat die Erforschung des Gens nicht zu einer vergleichbaren Revision der Grundvorstellungen der Biologie geführt, noch hat sich daraus eine universale dynamische Theorie entwickelt. Die Biologen verfügen über keinen einheitlichen theoretischen Rahmen, der es ihnen ermöglichen würde, die relative Bedeutung der Forschungsprobleme bewerten und ihren inneren Zusammenhang erkennen zu können und auf diese Weise die Zersplitterung ihrer Wissenschaft zu überwinden. Sie denken weiterhin kartesianisch und halten lebende Organismen für physikalische und biochemische Maschinen, die man aus ihren molekularen Mechanismen erklären kann.

Einige führende Biologen unserer Tage glauben jedoch, daß die Nützlichkeit der Molekularbiologie bald am Ende sei. Francis Crick, der auf diesem Fachgebiet von Anfang an eine führende Rolle spielte, gesteht die ernsthaften Beschränkungen der molekularen Methode bei der Erklärung grundlegender biologischer Phänomene ein:

> Man könnte die gesamte genetische und molekularbiologische Arbeit der letzten 60 Jahre als ein langes Intermezzo bezeichnen ... Nachdem dieses Programm jetzt abgeschlossen ist, sind wir in einer vollen Kreisbewegung zum Ausgangspunkt zurückgekehrt ... zu den ungelöst zurückgelassenen Problemen. Wie kommt es, daß ein verletzter Organismus sich zu genau derselben Struktur regeneriert, die er vorher hatte? Wie formt das Ei den Organismus?[31]

Was wir zur Lösung dieser Probleme brauchen, ist ein neues Paradigma, eine neue Dimension von Vorstellungen, die über die kartesianische Sicht der Dinge hinausgreifen. Wahrscheinlich kann das Systembild des Lebens den gedanklichen Hintergrund dieser neuen Biologie liefern. Ohne es ausdrücklich zu sagen, deutete Sidney Brenner dies an, als er vor kurzem in folgenden Worten über die Zukunft seiner Wissenschaft spekulierte:

> Meines Erachtens werden wir in den nächsten 25 Jahren die Biologen eine neue Sprache lehren müssen ... Ich weiß noch nicht, wie sie aussehen wird, niemand weiß es. Man muß sich dabei wohl als Ziel setzen, das Problem einer Theorie komplizierter Systeme zu lösen ... Dabei dürften die verschiedenen Ebenen ein ernstes Problem darstellen: Möglicherweise ist die Annahme falsch, die molekulare Ebene sei die entscheidende. Vielleicht müssen wir über den Uhrwerkmechanismus hinausdenken.[32]

5. Das biomedizinische Modell

Während der gesamten bisherigen Geschichte der westlichen Naturwissenschaften verlief die Entwicklung der Biologie Hand in Hand mit der der Medizin. Daher ist es verständlich, daß die mechanistische Lebensanschauung, nachdem sie erst einmal in der Biologie fest verankert war, auch die Haltung der Ärzte gegenüber Gesundheit und Krankheit beherrschte. Der Einfluß des kartesianischen Paradigmas auf das medizinische Denken führte zu dem sogenannten biomedizinischen Modell*, das die theoretische Grundlage der modernen medizinischen Wissenschaft darstellt. Der menschliche Körper gilt als Maschine, die man nach den Funktionen ihrer Teile analysieren kann. Krankheit gilt als Fehlfunktion der biologischen Mechanismen, die aus der Sicht der Zell- und Molekularbiologie untersucht werden. Die Rolle des Arztes besteht darin, physikalisch oder chemisch einzugreifen, um das falsche Funktionieren eines spezifischen Mechanismus zu korrigieren. Drei Jahrhunderte nach Descartes beruht die medizinische Wissenschaft laut George Engel immer noch »auf der Ansicht, der Körper sei eine Maschine, Krankheit sei die Folge einer Panne in dieser Maschine, und die Aufgabe des Arztes sei es, die Maschine zu reparieren«.[1]

Durch die Konzentration auf kleine und immer kleinere Teile des Körpers verliert die moderne Medizin oft aus den Augen, daß der Patient ein menschliches Wesen ist; und da sie die Gesundheit auf eine mechanische Funktion reduziert, ist sie nicht mehr imstande, mit dem Phänomen des Heilens fertigzuwerden. Das ist vielleicht der schwerwie-

* Das biomedizinische Modell nennt man oft einfach das medizinische Modell. Ich werde den Ausdruck ›biomedizinisch‹ verwenden, um es von den theoretischen Modellen anderer medizinischer Systeme, beispielsweise dem chinesischen, zu unterscheiden.

gendste Mangel der biomedizinischen Methode. Obwohl jeder praktizierende Arzt weiß, daß Heilen ein wesentlicher Aspekt jeder Medizin ist, gilt dieses Phänomen als außerhalb des wissenschaftlichen Rahmens stehend. Die Bezeichnung »Heiler« wird mit Argwohn betrachtet, und die Begriffe der Gesundheit und des Heilens werden in den medizinischen Fakultäten nicht diskutiert.

Weshalb man das Phänomen des Heilens aus der biomedizinischen Wissenschaft ausgeschlossen hat, liegt auf der Hand. Es läßt sich nämlich nicht reduktionistisch erfassen. Das gilt für das Heilen von Wunden und sogar noch mehr für das Heilen von Krankheiten, bei denen komplexe Wechselwirkungen der körperlichen, psychologischen, sozialen und ökologischen Aspekte der menschlichen Verfassung mitspielen. Um den Begriff des Heilens wieder in Theorie und Praxis der medizinischen Wissenschaft einzugliedern, muß diese ihre engen Anschauungen von Gesundheit und Krankheit überwinden. Deswegen braucht sie nicht weniger wissenschaftlich zu sein; im Gegenteil: Wenn sie ihre begriffliche Grundlage erweitert, wird sie sich mehr in Übereinstimmung mit den jüngsten Entwicklungen der modernen Naturwissenschaft befinden.

Gesundheit und das Phänomen des Heilens hatten in verschiedenen Zeitaltern verschiedene Bedeutung. Der Begriff der Gesundheit läßt sich wie der des Lebens nicht genau definieren; tatsächlich hängen beide eng zusammen. Was man mit Gesundheit meint, hängt davon ab, wie man den lebenden Organismus und seine Beziehung zu seiner Umwelt sieht. Da sich diese Anschauung von einer Kultur zur anderen und von einer Ära zur anderen wandelt, wandeln sich auch die Vorstellungen von Gesundheit. Der umfassende Gesundheitsbegriff, den wir für den anstehenden kulturellen Wandel brauchen – ein Begriff, der individuelle, soziale und ökologische Dimensionen einschließt –, wird ein Systembild der lebenden Organismen und dementsprechend ein Systembild der Gesundheit erfordern.[2] Für den Anfang könnte die von der Weltgesundheitsorganisation in der Präambel zu ihrer Charta gegebene Definition nützlich sein: »Gesundheit ist ein Zustand vollkommenen physischen, geistigen und sozialen Wohlergehens und nicht nur das Fehlen von Krankheit oder Behinderung.«

Obwohl die Definition der Weltgesundheitsorganisation etwas unrealistisch ist, da sie Gesundheit als einen statischen Zustand perfekten Wohlergehens beschreibt, statt als sich ständig verändernden und entwickelnden Prozeß, vermittelt sie doch den Gedanken des ganzheitlichen Wesens der Gesundheit, den man begreifen muß, wenn man das Phänomen des Heilens verstehen will. In allen Epochen wurde das Heilen von volkstümlichen Heilern praktiziert, die sich von der überlieferten Weisheit leiten ließen, daß Krankheit eine Störung des gesamten Menschen ist, wobei nicht nur der Körper des Patienten eine Rolle spielt, sondern auch sein Geist, sein Selbstbewußtsein, seine Abhängigkeit von der natürlichen und gesellschaftlichen Umwelt, wie auch seine Beziehungen zum Kosmos und zu den Gottheiten. Diese Heilkundigen, die immer noch die Mehrheit der Patienten in der ganzen Welt behandeln, haben sehr unterschiedliche Grundeinstellungen, die mehr oder weniger ganzheitlich sind, und sie wenden auch sehr vielfältige therapeutische Methoden an. Allen aber ist eines gemeinsam: Sie beschränken sich nie auf rein körperliche Phänomene, wie dies im biomedizinischen Modell geschieht. Durch Rituale und Zeremonien versuchen sie, auf die Psyche des Patienten einzuwirken, um ihn von Ängsten zu befreien, die stets eine bedeutsame Komponente der Krankheit sind, und hoffen so, die in jedem lebenden Organismus vorhandenen natürlichen Heilkräfte zu wecken. Diese Heilungszeremonien erfordern gewöhnlich eine enge Beziehung zwischen Heiler und Patient und werden oft als übernatürliche Kräfte gedeutet, die durch den Heiler übertragen werden.

In moderner wissenschaftlicher Sprache könnten wir sagen, der Heilungsprozeß sei die koordinierte Reaktion des integralen Organismus auf mit Streß verbundene Umwelteinflüsse. Diese Vorstellung vom Heilen setzt eine Anzahl von Ideen voraus, die über die kartesianische Aufspaltung hinausgehen und innerhalb des Rahmens der gegenwärtigen medizinischen Wissenschaft nicht angemessen formuliert werden können. Aus diesem Grunde neigen biomedizinische Forscher dazu, die Praktiken der Heiler zu ignorieren, und geben nur widerwillig deren Wirksamkeit zu. Diese Form des »medizinischen Wissenschafts-Chauvinismus« läßt sie vergessen, daß die Kunst des Heilens ein wesentlicher Aspekt der Medizin ist, und daß selbst unsere wissenschaftliche Medizin sich noch vor wenigen Jahrzehnten fast vollständig auf sie verlassen mußte, weil sie zu jener Zeit kaum etwas anderes an spezifischen Behandlungsmethoden zu bieten hatte.[3]

Die abendländische medizinische Wissenschaft tauchte aus einem großen Reservoir von Volksheilkunde auf und verbreitete sich dann um die Welt. Sie paßte sich zwar auf unterschiedliche Weise den jeweiligen Gegebenheiten an, blieb aber im ganzen bei ihrer grundlegenden biomedizinischen Methode. Angesichts der globalen Verbreitung des biomedizinischen Systems haben verschiedene Autoren inzwischen die Adjektive »abendländisch«, »wissenschaftlich« oder »modern« aufgegeben und nennen es jetzt »kosmopolitische Medizin«.[4] Doch ist das »kosmopolitische« medizinische System nur eines unter vielen. In den meisten Gesellschaften findet man einen Pluralismus medizinischer Systeme und medizinischer Meinungen, ohne scharfe Trennlinie zwischen dem einen und dem anderen System. Zusätzlich zur kosmopolitischen Medizin und der Kunst der volkstümlichen Heiler haben viele Kulturen ihre eigene »Hochtradition« der Medizin entwickelt. Wie die kosmopolitische Medizin beruhen diese Systeme – indische, chinesische, persische und andere – auf schriftlicher Überlieferung, nutzen empirisches Wissen und werden von einer fachlichen Elite praktiziert. Ihr Vorgehen ist ganzheitlich, wenn nicht immer in der Praxis, dann zumindest in der Theorie. Neben diesen Systemen haben alle Gesellschaften ein System der Volksheilkunde entwickelt – Ansichten und Praktiken, die innerhalb einer Familie oder Gemeinschaft angewendet, die mündlich überliefert werden, und die keiner professionellen Heiler bedürfen.

Die praktische Ausübung der Volksheilkunde war von jeher das Vorrecht der Frauen, da die Kunst des Heilens in der Familie gewöhnlich mit den Aufgaben und dem Geist der Mutterschaft in Verbindung gebracht wurde. Dagegen gehören Heiler in der Regel beiden Geschlechtern an, wobei deren zahlenmäßiges Verhältnis von Kultur zu Kultur variiert. Heiler praktizieren nicht innerhalb einer organisierten Berufsgemeinschaft, sondern verdanken ihre Autorität eher ihren Heilkräften – deren Herkunft man häufig ihrem Kontakt mit der Geisterwelt zuschreibt – als irgendwelchen Berufslizenzen. Mit dem Auftreten der organisierten Medizin der Hochtraditionen jedoch setzen sich patriarchalische Verhaltensweisen durch, und die Medizin wird dann von Männern beherrscht. Das gilt für die klassische chinesische oder griechische Medizin ebenso wie für die europäische des Mittelalters oder die moderne kosmopolitische Medizin.

In der Geschichte der abendländischen Medizin erlangte eine männliche professionelle Elite die Macht, und zwar nach langem Ringen, das mit der Entstehung einer rationalen und wissenschaftlichen Auffassung von Heilung und Gesundheit einherging. Am Ende hatte sich eine fast exklusiv männliche Elite durchgesetzt, die auch in Gebiete wie die Geburtshilfe eindrang, die traditionell eine Domäne der Frauen gewesen war. In Umkehrung dieses Trends hat die heutige Frauenbewegung, die in der patriarchalisch beherrschten Medizin eine weitere Manifestation der Herrschaft des Mannes über den weiblichen Körper sieht, die volle Mitwirkung der Frau an ihrer eigenen Gesundheitsfürsorge zu einem ihrer Hauptziele erklärt.[5]

Den größten Wandel in der Geschichte der abendländischen Medizin brachte die kartesianische Revolution. Vor Descartes hatten die meisten Heiler sich mit dem Zusammenwirken von Körper und Psyche beschäftigt und die Behandlung ihrer Patienten auf deren gesellschaftliche und spirituelle Umwelt abgestimmt. Ansichten über die Krankheit und Behandlungsmethoden änderten sich im Zuge des Wandels der Weltanschauung mit den verschiedenen Zeitaltern, doch blieben ihre Methoden gewöhnlich auf den ganzen Patienten ausgerichtet. Descartes' Philosophie änderte das grundlegend. Seine strikte Trennung von Körper und Geist veranlaßte die Ärzte, sich auf die Körpermaschine zu konzentrieren und die psychologischen, gesellschaftlichen und umweltmäßigen Aspekte der Erkrankung zu vernachlässigen. Seit Beginn des 17. Jahrhunderts war der Fortschritt in der Medizin fest verbunden mit Entwicklungen in der Biologie und den anderen Naturwissenschaften. In dem Maße, in dem die Perspektive der biomedizinischen Wissenschaft sich vom Studium der Körperorgane und ihrer Funktionen auf das der Zellen und schließlich der Moleküle verlagerte, wurde das Phänomen des Heilens mehr und mehr vernachlässigt, und es fiel den Ärzten immer schwerer, sich mit der wechselseitigen Abhängigkeit von Körper und Geist zu befassen.

Obwohl er selbst die Trennung von Körper und Geist eingeführt hatte, hielt Descartes das Zusammenspiel der beiden für einen wesentlichen Aspekt der menschlichen Natur und war sich der Bedeutung dieser Wechselwirkung für die Medizin wohlbewußt. Das Zusammenspiel von Körper und Seele war der Hauptgegenstand seiner Korrespondenz mit seiner brillantesten Schülerin, der Prinzessin Elisabeth von Böhmen. Descartes sah sich nicht nur als Lehrer und enger Freund, sondern auch als Arzt der Prinzessin. Als Elisabeth zu kränkeln begann und Descartes ihre körperlichen Symptome beschrieb, zögerte er nicht, ihre Krankheit als überwiegend durch gefühlsmäßigen Streß verursacht zu diagnostizieren, wie wir es heute nennen würden, und ihr außer Medikamenten auch Entspannung und Meditation zu verschreiben.[6] Damit erwies Descartes sich als weitaus weniger »kartesianisch« als die meisten heutigen Mediziner.

Im 17. Jahrhundert erklärte William Harvey das Phänomen des Blutkreislaufes auf rein mechanistische Weise. Andere Versuche, mechanistische Modelle physiologischer Funktionen zu erstellen, waren jedoch wesentlich weniger erfolgreich. Gegen Ende des Jahrhunderts wurde deutlich, daß eine gradlinige Anwendung des kartesianischen Modells der Medizin keine weiteren Fortschritte bringen würde. Deshalb entwickelten sich im 18. Jahrhundert mehrere Gegenbewegungen, unter denen das System der Homöopathie die weitverbreitetste und erfolgreichste wurde.[7]

Der Aufstieg der modernen wissenschaftlichen Medizin begann im 19. Jahrhundert mit den großen Fortschritten in der Biologie. Zu Beginn des Jahrhunderts war die Struktur des menschlichen Körpers bis ins kleinste Detail fast vollständig bekannt. Außerdem ergaben sich rasche Fortschritte beim Verständnis physiologischer Vorgänge, vor allem dank der sorgfältigen Experimente von Claude Bernard. Daher wandten sich Biologen und Ärzte getreu ihrer reduktionistischen Methode dem Studium kleiner Einheiten zu. Der Trend verlief in zwei Richtungen. Die eine wurde von Rudolf Virchow angeregt, der die Behauptung aufstellte, jede Krankheit sei mit strukturellen Veränderungen auf der Ebene der Zellen verbunden, womit er die Zellbiologie als Grundlage der medizinischen Wissenschaft begründete. Die andere Forschungsrichtung wurde von Louis Pasteur angeführt, der mit der intensiven Erforschung der Mikroorganismen begann, die die biomedizinischen Forscher seither beschäftigt.

Pasteurs eindeutiger Nachweis eines engen Zusammenhanges zwischen Bakterien und Krankheit übte entscheidende Wirkung aus. Während des gesamten Verlaufs der Geschichte der Medizin hatten Ärzte die Frage diskutiert, ob eine spezifische Krankheit durch einen einzelnen Faktor ausgelöst werde oder das Ergebnis der Konstellation mehrerer zusammenwirkender Faktoren sei. Im 19. Jahrhundert wurden diese beiden Anschauungen von Pasteur einerseits und Bernard andererseits vertreten. Bernard konzentrierte sich auf Faktoren der inneren und äußeren Umwelt und vertrat ausdrücklich die Ansicht, Krankheit entstehe infolge des Verlusts des inneren Gleichgewichts, wobei im allgemeinen eine Vielzahl von Faktoren zusammentreffe. Pasteur konzentrierte alle seine Bemühungen auf die Klärung der Rolle der Bakterien beim Entstehen der Krankheit, wobei er spezifische Krankheiten mit spezifischen Bakterien in Verbindung brachte.

Pasteur und seine Anhänger errangen in diesem Wettstreit der Meinungen einen triumphalen Sieg, weshalb die Theorie von den Krankheitskeimen – spezifische Krankheiten würden durch spezifische Mikroben verursacht – vom ärztlichen Berufsstand schnell akzeptiert wurde. Das Konzept einer spezifischen Ätiologie* wurde von dem Arzt Robert Koch präzise formuliert. Er stellte Kriterien auf, die gegeben sein müssen, damit schlüssig nachgewiesen ist, daß eine bestimmte Mikrobe eine bestimmte Krankheit verursacht. Seither werden diese auch als »Kochs Postulate« bekannten Kriterien in den medizinischen Fakultäten gelehrt.

Für die vollständige und ausschließliche Übernahme der Theorie Pasteurs gab es mehrere Gründe. Zunächst einmal war es das Genie Louis Pasteur, der nicht nur ein hervorragender Wissenschaftler, sondern auch ein geschickter und überzeugender Redner mit einem Gespür für dramatische Auftritte war. Ein weiterer Grund war der Ausbruch mehrerer Epidemien in Europa zur damaligen Zeit. Sie lieferten geradezu ideale Modelle zur Demonstration der Idee einer spezifischen Verursachung. Der wichtigste Grund war jedoch, daß die Lehre von der spezifischen Krankheitsverursachung nahtlos in den Rahmen der Biologie des 19. Jahrhunderts hineinpaßte.

Zu Beginn des Jahrhunderts erlangte die von Linné eingeführte Klassifikation lebender Formen allmählich allgemeine Anerkennung, und es schien nur natürlich, sie auch auf andere biologische Phänomene auszudehnen. Die Gleichsetzung von Mikroben mit Krankheiten lieferte eine Methode, Krankheits-»Einheiten« zu isolieren und zu definieren, und so wurde eine Taxonomie der Krankheiten begründet, die der Taxonomie der Pflanzen und Tiere nicht unähnlich war. Außerdem befand sich die Idee, daß Krankheiten jeweils durch einen einzelnen Faktor verursacht werden, in voller Übereinstimmung mit der kartesianischen Anschauung, daß lebende Organismen Maschinen seien, deren Pannen auf das Nichtfunktionieren eines einzelnen Mechanismus zurückgeführt werden können.

Als die reduktionistische Anschauung vom Wesen der Krankheit zum fundamentalen Prinzip der modernen medizinischen Wissenschaft wurde, übersahen die Ärzte, daß Pasteur selbst über die Krankheitsverursachung viel subtiler dachte als seine Jünger es vereinfachend interpretierten. René Dubos hat anhand vieler Zitate überzeugend nachgewiesen, daß Pasteur weitgehend ökologische Anschauungen vom Leben hatte.[8] Er war sich der Auswirkungen von Umweltfaktoren auf das

* Ätiologie, vom griechischen *aitia* = »Ursache«, ist ein Fachausdruck, der in der medizinischen Sprache die Ursache (oder Ursachen) von Krankheit bezeichnet.

Funktionieren lebender Organismen durchaus bewußt, wenn er auch nicht die Zeit hatte, sie experimentell zu erforschen. Hauptziel seiner Erforschung der Krankheit war, die verursachende Rolle der Mikroben nachzuweisen, doch interessierte er sich auch stark für das, was er das »Terrain« nannte, womit er die innere und äußere Umwelt des Organismus meinte. Bei seiner Erforschung der Krankheiten der Seidenraupe, die ihn zur Keimtheorie führte, erkannte Pasteur, daß diese Krankheiten das Ergebnis eines komplexen Zusammenwirkens von Wirt, Keimen und Umwelt waren. Deshalb schrieb er nach Beendigung dieser Forschungsarbeit: »Würde ich weitere Forschungen über die Krankheiten der Seidenraupe anstellen, dann würde ich mich auf die Umweltbedingungen konzentrieren, die ihre Lebens- und Widerstandskraft vermehren.«

Pasteurs Einstellung zur menschlichen Krankheit zeugte vom gleichen Umweltbewußtsein. Er hielt es für selbstverständlich, daß der gesunde Körper eine erstaunliche Widerstandskraft gegen viele Mikrobentypen besitzt. Er wußte sehr wohl, daß jeder menschliche Körper Wirt für eine Vielzahl von Bakterien ist, und betonte, daß diese nur dann Schaden anrichten können, wenn der Körper geschwächt ist. Seiner Ansicht nach hängt daher eine erfolgreiche Therapie oft von der Fähigkeit des Arztes ab, die physiologischen Bedingungen zu schaffen, welche die natürliche Widerstandskraft stärken. »Das ist ein Prinzip«, schrieb Pasteur, »das dem Arzt oder Chirurgen stets bewußt sein sollte, weil es oft zur Grundlage der Kunst des Heilens werden kann.« Pasteur äußerte sich sogar noch kühner. Er vertrat die Ansicht, seelische Zustände beeinflußten die Widerstandskraft gegenüber Infektionen: »Wie oft kommt es doch vor, daß die Kondition des Patienten – seine Schwäche, sein Seelenzustand – eine allzu ungenügende Barriere gegen die Invasion der unendlich Kleinen darstellt.« Der Begründer der Mikrobiologie hatte also eine so umfassende Anschauung vom Wesen der Krankheit, daß er intuitiv auf Seele und Körper einwirkende therapeutische Methoden voraussah, die erst in unseren Tagen entwickelt wurden und beim medizinischen Establishment immer noch Argwohn erregen.

Die Lehre von der spezifischen Ätiologie hat die Entwicklung der medizinischen Wissenschaft außerordentlich beeinflußt, von den Tagen eines Pasteur und Koch bis in die Gegenwart, da sie den Schwerpunkt der biomedizinischen Forschung vom Wirt und dessen Umwelt auf die Erforschung der Mikroorganismen verlagert hat. Die daraus resultierende engstirnige Ansicht vom Wesen der Krankheit stellt eine ernstzunehmende Schwäche der modernen Medizin dar, die heutzutage immer auffälliger wird. Andererseits hat die Erkenntnis, daß Mikroorganismen nicht nur die Entwicklung von Krankheiten, sondern auch die Infektion von Wunden beeinflussen, die Praxis der Chirurgie revolutioniert. Sie führte zunächst zum antiseptischen System, in dem chirurgische Instrumente und Kleidung sterilisiert wurden, und danach zur aseptischen Methode, bei der alles, was mit einer Wunde in Berührung kommt, vollständig frei von Bakterien sein muß. Zusammen mit der Technik der Vollnarkose haben diese Fortschritte die Chirurgie auf eine ganz neue Grundlage gestellt und die Hauptelemente jenes komplizierten Rituals geschaffen, das für die moderne Chirurgie so typisch ist.

Parallel zu den Fortschritten der Biologie im 19. Jahrhundert entwikkelte sich die medizinische Technologie. Neue diagnostische Instrumente wie das Stethoskop oder solche zum Messen des Blutdrucks wurden erfunden, und die chirurgischen Instrumente verfeinert. Gleichzeitig verlagerte sich die Aufmerksamkeit der Ärzte schrittweise vom Patienten auf die Krankheit. Krankheitsbilder wurden aufgespürt, diagnostiziert, entsprechend einem bestimmten Klassifikationssystem erfaßt und in Krankenhäusern studiert, die aus den mittelalterlichen Häusern der Barmherzigkeit zu Zentren für Diagnostik, Therapie und Lehre geworden waren. Damit begann der Trend zur Spezialisierung, der im 20. Jahrhundert seinen Höhepunkt erreichen sollte.

Die wichtige Rolle der präzisen Definition und Lokalisierung von Krankheitsbildern wurde auch beim medizinischen Studium der Geisteskrankheiten betont, für das der Begriff Psychiatrie* geprägt wurde. Statt zu versuchen, die psychologischen Dimensionen von Geisteskrankheiten zu verstehen, konzentrierten sich die Psychiater darauf, organische Ursachen für alle seelischen Störungen zu finden – Infektionen, Ernährungsmängel, Gehirnschädigungen. Diese »organische Orientierung« der Psychiatrie wurde noch verstärkt, als es Forschern in mehreren Fällen wirklich gelang, organische Ursachen psychischer Störungen zu identifizieren und erfolgreiche Behandlungsmethoden zu entwickeln. Obwohl es sich hierbei nur um vereinzelte Teilerfolge handelte, bewirkten diese dennoch, daß die Psychiatrie als Zweig der medizinischen Wissenschaft etabliert wurde, der dem biomedizinischen Modell verpflichtet war. Im 20. Jahrhundert erwies sich diese Entwicklung

* Abgeleitet aus dem griechischen *psyche* (»Geist«) und *iatreia* (»heilen«)

als äußerst problematisch. Doch selbst schon im 19. Jahrhundert gab der nur begrenzte Erfolg der biomedizinischen Behandlung von Geisteskrankheiten Anlaß zu einer alternativen Bewegung – der psychologischen Methode –, welche die Psychiatrie in engeren Kontakt mit den Gesellschaftswissenschaften und der Philosophie brachte. Diese alternative Anschauung führte zur Begründung der Psychiatrie und Psychotherapie von Sigmund Freud.[9]

Im 20. Jahrhundert setzte sich der reduktionistische Trend in der biomedizinischen Wissenschaft fort. Er brachte hervorragende Ergebnisse, doch selbst in seinen Triumphen wurde die Problematik seiner Methoden deutlich. Sie war zwar schon seit der Jahrhundertwende erkannt, wurde jedoch erst jetzt für einen weitaus größeren Personenkreis innerhalb und außerhalb der medizinischen Wissenschaft ersichtlich. Dadurch gerieten die medizinische Praxis und die Organisation des Gesundheitswesens in den Mittelpunkt der öffentlichen Diskussion, und es wurde vielen klar, daß die Probleme zutiefst mit anderen Erscheinungen unserer Kulturkrise verknüpft sind.[10]

Charakteristisch für die medizinische Wissenschaft des 20. Jahrhunderts ist, daß die Biologie ihre Forschung auf die molekulare Ebene ausdehnte und dadurch verschiedene biologische Probleme verständlich wurden. Dieser Fortschritt hat, wie wir gesehen haben, die Molekularbiologie als eine gültige Denkrichtung in den Wissenschaften vom Leben verankert und sie damit zur wissenschaftlichen Grundlage der Medizin gemacht. Alle großen Erfolge der medizinischen Wissenschaft in unserem Jahrhundert beruhen auf der detaillierten Kenntnis der Mechanismen der Zellen und Moleküle.

Der erste große Fortschritt, der unbestritten das Ergebnis weiterer Anwendung und Ausgestaltung von Ideen des 19. Jahrhunderts darstellte, war die Entwicklung einer Anzahl von Medikamenten und Impfstoffen zur Bekämpfung von Infektionskrankheiten. Zunächst entwickelte man Impfstoffe gegen bakteriell verursachte Krankheiten – Typhus, Tetanus, Diphtherie und viele andere – und später gegen Krankheiten, an denen Viren beteiligt waren. In der Tropenmedizin führte die kombinierte Anwendung von immunisierenden Medikamenten und Insektenbekämpfungsmitteln (um die Übertragung von Krankheiten durch Moskitos unter Kontrolle zu bringen) zur praktisch vollständigen Beherrschung dreier gefährlicher Tropenkrankheiten: Malaria, Gelbfieber und Lepra. Zugleich haben viele Jahre praktischer Erfahrung mit diesen Programmen die Wissenschaftler gelehrt, daß zur Beherrschung von Tropenkrankheiten sehr viel mehr erforderlich ist als Impfungen und das Versprühen von Chemikalien. Da alle Schädlingsbekämpfungsmittel auch für den Menschen giftig sind und sich in pflanzlichen und tierischen Geweben ansammeln, sollten sie mit großer Vorsicht angewendet werden. Außerdem brauchen wir eine detaillierte ökologische Forschung, um die gegenseitigen Abhängigkeiten der Organismen und Lebenszyklen zu verstehen, die bei der Übertragung und Entwicklung jeder einzelnen Krankheit mitwirken. Die Zusammenhänge sind derart komplex, daß keine dieser Krankheiten vollständig ausgemerzt werden kann, doch können sie durch geschickten Umgang mit der ökologischen Umwelt wirksam unter Kontrolle gebracht werden.[11]

Im Jahre 1928 leitete die Entdeckung des Penizillin die Ära der Antibiotika ein – eine der dramatischsten Perioden der modernen Medizin –, die in den 1950er Jahren ihren Höhepunkt mit der Entdeckung einer Fülle von antibakteriellen Wirkstoffen erreichte, die fähig sind, eine große Zahl von Mikroorganismen zu bekämpfen. Als weitere pharmazeutische Neuheit wurde in den 50er Jahren eine Vielzahl psychoaktiver Medikamente entwickelt, die vor allem der Ruhigstellung des Nervensystems und der Bekämpfung von Depressionen dienen – die sogenannten »Tranquilizer« und »Antidepressiva«. Damit konnten die Psychiater viele Symptome und Verhaltensweisen psychisch Kranker in den Griff bekommen, ohne durch die Medikamente eine tiefe Abstumpfung des Bewußtseins zu verursachen. Das brachte eine weitgehende Veränderung der Behandlung von Geisteskrankheiten mit sich. Methoden äußeren Zwanges wurden jetzt durch die subtile innere Gewalt moderner Medikamente ersetzt, wodurch die Zeitdauer der Unterbringung in Anstalten verkürzt wurde und viele Patienten ambulant behandelt werden konnten. Die Begeisterung über die Anfangserfolge dieser Methode überlagerte eine Zeitlang die Erkenntnis, daß Psychopharmaka nicht nur viele gefährliche Nebenwirkungen haben, sondern daß sie nur die Symptome beeinflussen, die ihnen zugrundeliegenden Störungen jedoch nicht beheben. Inzwischen sind die Psychiater sich dessen stärker bewußt geworden, und eine kritische Einstellung gegenüber begeisterten Berichten über Therapieerfolge gewinnt an Boden.

Einen bedeutenden Erfolg erzielte die moderne Medizin auf dem Gebiet der Endokrinologie, der Erforschung der verschiedenen endokrinen Drüsen* und ihrer Ausscheidungen, der Hormone, die im Blutkreislauf zirkulieren und eine Vielzahl von Körperfunktionen regulieren. Das bedeutendste Ergebnis dieser Forschung war die Entdeckung des Insulins**.

Die Isolierung dieses Hormons und die Erkenntnis, daß Diabetes (Zuckerkrankheit) mit einem Mangel an Insulin zusammenhängt, ermöglichte es, zahlreiche Zuckerkranke vor dem fast sicheren Tode zu retten und ihnen durch regelmäßige Insulinspritzen ein fast normales Leben zu ermöglichen.

Einen weiteren bedeutenden Fortschritt bei der Erforschung der Hormone brachte die Entdeckung des Cortisons, einer Substanz, die von der Rinde der Nebennierendrüse abgegeben wird und ein wirksames entzündungshemmendes Medikament darstellt. Schließlich vergrößerte die Endokrinologie auch das Wissen über die Geschlechtshormone, was dann zur Entwicklung der empfängnisverhütenden Pille führte.

Alle diese Beispiele illustrieren die Erfolge wie auch die Mängel der biomedizinischen Methode. In allen Fällen werden medizinische Probleme auf molekulare Erscheinungen reduziert, mit dem Ziel, einen zentralen Mechanismus zu finden, den man dann mit einem Medikament beeinflußt. Dieser Stoff wird häufig aus einem anderen organischen Prozeß gewonnen, dessen »aktives Prinzip« er angeblich darstellt. Indem die biomedizinischen Forscher die biologischen Funktionen derart auf molekulare Mechanismen und aktive Prinzipien reduzieren, beschränken sie ihren Blickwinkel natürlich auf Teilaspekte des untersuchten Phänomens. Daher gewinnen sie auch nur ein begrenztes Bild der erforschten Störungen und der von ihnen entwickelten Gegenmittel. Alle Aspekte, die darüber hinausgehen, halten sie in Hinblick auf die Störung für unerheblich; sie werden im Falle der Gegenmittel einfach als »Nebenwirkungen« aufgeführt. So sind inzwischen beispielsweise die gefährlichen Nebenwirkungen des Cortisons bekannt, und die Entdeckung des so außerordentlich nützlichen Insulins hat die Aufmerksamkeit der Ärzte und Forscher ganz auf die Symptome der Zuckerkrankheit gelenkt und sie davon abgehalten, nach den zugrundeliegenden Ursachen der Krankheit zu forschen. Angesichts dieser Situa-

* Zu den Drüsen des endokrinen Systems gehören die Hirnanhangdrüse, die Schilddrüse (Kehlkopf), die Nebennieren, die Langerhansschen Inseln (Bauchspeicheldrüse) und die Keimdrüsen (Geschlechtsorgane).

** Insulin wird als Hormon von den als Langerhanssche Inseln bekannten Bestandteilen der Bauchspeicheldrüse ausgeschieden.

tion war die Entdeckung der Vitamine wohl doch der größte Erfolg der biomedizinischen Wissenschaft. Sobald die Bedeutung dieser »zusätzlichen Ernährungsfaktoren« erkannt und deren chemische Identität herausgefunden war, konnten viele durch Vitaminmangel verursachte Ernährungskrankheiten wie etwa Rachitis und Skorbut leicht durch entsprechend veränderte Ernährung geheilt werden.

Die genaue Kenntnis der biologischen Funktionen der Zellen und Moleküle führte nicht nur zur Entwicklung der Medikamenttherapie, sondern war auch von außerordentlichem Nutzen für die Chirurgen. Sie gestattete ihnen, ihre Kunst zu einer bis dahin unvorstellbaren Verfeinerung zu steigern. Zunächst einmal wurden die drei Blutgruppen entdeckt, Bluttransfusion wurde möglich, und eine Substanz wurde entwikkelt, die das Blut am Gerinnen hindert. Zusammen mit großen Fortschritten in der Anästhesie verschafften diese Entwicklungen den Chirurgen Handlungsfreiheit zu immer wagemutigeren Eingriffen. Die Antibiotika schützten wirksam vor Infektionen und ermöglichten es, beschädigte Knochen und Gewebe durch fremdes Material, vor allem durch Plastik, zu ersetzen. Gleichzeitig entwickelten die Chirurgen außergewöhnliche Kunstfertigkeit und großes Geschick bei der Behandlung von Geweben und der Kontrolle der Körperreaktionen. Die neue medizinische Technologie gestattet es ihnen, die normalen physiologischen Vorgänge selbst während sehr langer chirurgischer Eingriffe in Gang zu halten. Im Jahre 1960 nahm Christiaan Barnard die erste Verpflanzung eines menschlichen Herzens vor; andere Organverpflanzungen folgten mit unterschiedlichem Erfolg. Damit erlangte die medizinische Technologie nicht nur einen beispiellosen Grad der Entwicklung, sondern wurde auch das beherrschende Moment in der modernen medizinischen Versorgung. Gleichzeitig aber schuf die wachsende Abhängigkeit der Medizin von komplizierter Technologie Probleme, die nicht nur medizinische und technische, sondern auch tiefergehende soziale, wirtschaftliche und moralische Fragen aufwerfen.[12]

Im Laufe der langen Geschichte der medizinischen Wissenschaft haben die Ärzte faszinierende Einsichten in die intimen Mechanismen des menschlichen Körpers gewonnen und ihre Technologien zu einem eindrucksvollen Grad von Komplexität und Verfeinerung entwickelt. Trotz dieser großen Fortschritte sind wir augenblicklich Zeugen einer tiefgreifenden Krise des Gesundheitswesens in Europa und Nordamerika. Für die weitverbreitete Unzufriedenheit mit den medizinischen Institutionen werden viele Gründe genannt: die Inanspruchnahme der Dienstleistungen wird oft schwierig, Kranke erfahren oft wenig Sympathie und echte Fürsorge, »Kunstfehler« und verantwortungsloses Verhalten der Ärzte häufen sich. Zentrales Thema aller Kritik ist jedoch das auffallende Mißverhältnis zwischen Kosten und Nutzen der modernen Medizin. Trotz des alarmierenden Anstiegs der Kosten für das Gesundheitswesen in den vergangenen drei Jahrzehnten und der von der Ärzteschaft ständig betonten wissenschaftlichen und technologischen Leistungen scheint sich die Gesundheit der Bevölkerung nicht wesentlich gebessert zu haben.

Der Zusammenhang zwischen dem Stand der medizinischen Wissenschaft und der Volksgesundheit ist schwer abzuschätzen, da die meisten Gesundheitsstatistiken sich des engen biomedizinischen Gesundheitsbegriffs bedienen, der als »Abwesenheit von Krankheit« definiert ist. Eine sinnvollere Bewertung würde sowohl die Gesundheit des Individuums als auch die der Gesellschaft einbeziehen und müßte Geisteskrankheiten und soziale Krankheitserscheinungen ebenfalls berücksichtigen. Ein derart umfassendes Bild würde aufzeigen, daß die Medizin trotz ihres Beitrages zur Ausmerzung gewisser Krankheiten die Gesundheit nicht zwangsläufig wiederhergestellt hat. Im ganzheitlichen Modell der Krankheit gilt körperliche Krankheit als eines von mehreren Anzeichen dafür, daß der Organismus sich nicht im Gleichgewicht befindet.[13] Andere Anzeichen können psychologischer und sozialer Art sein, und wenn die Symptome einer körperlichen Krankheit durch medizinische Einwirkung wirkungsvoll unterdrückt werden, kann eine Krankheit sich auf andere Weise äußern.

Tatsächlich stellen psychologische und soziale Krankheitsbilder das öffentliche Gesundheitswesen heute vor große Probleme. Es gibt Statistiken, wonach etwa 25 Prozent unserer Bevölkerung psychisch so gestört sind, daß sie als ernstlich behindert gelten und therapeutischer Betreuung bedürfen.[14] Die besorgniserregende Zunahme von Alkoholismus, Verbrechen, Unfällen und Selbstmorden ist Symptom einer kranken Gesellschaft. Auch die gegenwärtigen ernsthaften Gesundheitsprobleme der Kinder müssen ebenso wie der politische Terrorismus als Indikatoren der Erkrankung der Gesellschaft gesehen werden.[15]

Andererseits ist die Lebenserwartung der Menschen in den Industriestaaten während der vergangenen zweihundert Jahre erheblich gestiegen, was oft als Beweis für den Nutzen der modernen Medizin angeführt wird. Das ist jedoch ein völlig irreführendes Argument. Gesundheit hat viele Dimensionen – sie ist das Ergebnis eines komplexen Zusammenwirkens physischer, psychologischer und sozialer Aspekte der menschlichen Natur. In ihr spiegelt sich in zahlreichen Facetten das gesamte gesellschaftliche und kulturelle System wider, weshalb man sie niemals an einem einzelnen Maßstab, wie etwa der Sterblichkeitsrate oder der durchschnittlichen Lebenserwartung, messen kann. Die Lebenserwartung ist ein nützlicher statistischer Faktor, reicht aber nicht aus, um den Gesundheitszustand einer Gesellschaft zu bestimmen. Wer ein genaueres Bild davon haben will, muß seine Aufmerksamkeit von der Quantität auf die Qualität verlagern. Die verlängerte Lebenserwartung ist vor allem das Ergebnis abnehmender Kindersterblichkeit, die ihrerseits abhängig ist von Armut, Verfügbarkeit angemessener Nahrung und vielen sonstigen sozialen, wirtschaftlichen und kulturellen Faktoren. Bisher weiß man nur wenig darüber, wie diese vielfältigen Kräfte zusammenwirken, um die Kindersterblichkeit zu beeinflussen; soviel ist jedoch schon deutlich geworden: Die medizinische Versorgung hat bei ihrem Rückgang fast keine Rolle gespielt.[16]

Welches ist denn nun der *tatsächliche* Zusammenhang zwischen Medizin und Gesundheit? In welchem Maße ist die westliche medizinische Wissenschaft bei der Heilung von Krankheiten und Linderung von Schmerzen und Leiden erfolgreich? Darüber gehen die Meinungen weit auseinander und werden viele gegensätzliche Behauptungen aufgestellt. So kann man beispielsweise in einer jüngst veröffentlichten Studie der Johnson Foundation und der Ford Foundation folgende unterschiedlichen Feststellungen lesen:

> »Wir unternehmen die besten biomedizinischen Forschungsanstrengungen in der ganzen Welt, und unsere medizinische Technologie wird von keiner anderen übertroffen.«
>
> John H. Knowles, Präsident der
> Rockefeller Foundation

> »In den meisten Fällen erzielen wir bei der Verhütung von Krankheiten und der Erhaltung der Gesundheit durch medizinische Eingriffe relativ wenig Wirkung.«
>
> David E. Rogers, Präsident der
> Robert Wood Johnson Foundation

»... der bemerkenswerte, fast unvorstellbare Fortschritt, den die medizinische Wissenschaft in den letzten Jahrzehnten erzielt hat ...«

Daniel Callahan, Direktor des
Institute of Society,
Hastings-on-Hudson, New York

»Wir haben es weiterhin mit derselben Liste schwerer Krankheiten zu tun, die es in unserem Lande schon im Jahre 1950 gab. Obwohl wir in der Zwischenzeit erstaunlich viel Informationen über einige von ihnen gesammelt haben, reicht diese Informationsmenge immer noch nicht aus, um diesen Krankheiten entweder vorbeugen oder sie einfach heilen zu können.«

Lewis Thomas, Präsident des
Memorial Sloan-Kettering Cancer Center

»Nach besten Schätzungen wirkt sich das medizinische System (Ärzte, Medikamente, Krankenhäuser) nur auf etwa 10 Prozent der normalen Indikatoren zur Messung der Gesundheit aus.«

Aaron Wildavsky, Dean der
Graduata School of
Public Policy, U. C. Berkeley[17]

Diese scheinbar widersprüchlichen Aussagen werden verständlich, wenn wir uns klarmachen, daß verschiedene Personen jeweils verschiedene Phänomene meinen, wenn sie vom Fortschritt der medizinischen Wissenschaft sprechen. Diejenigen, die von Fortschritt sprechen, meinen die wissenschaftlichen Erfolge bei der Aufklärung biologischer Mechanismen, die man mit bestimmten Krankheiten in Verbindung gebracht und zu deren Beeinflussung man bestimmte Technologien entwickelt hat. In diesem Sinne hat die biomedizinische Wissenschaft in den vergangenen Jahrzehnten tatsächlich Erhebliches geleistet. Da jedoch biologische Mechanismen selten die ausschließlichen Krankheitsverursacher sind, bedeutet das Verständnis dieser Mechanismen nicht ohne weiteres, daß damit auch eine bessere Gesundheitsfürsorge erzielt wird. Daher sind auch diejenigen im Recht, die behaupten, die Medizin habe in den vergangenen zwanzig Jahren sehr wenig Fortschritte gemacht. Diesen Leuten geht es mehr um tatsächliche Heilung als um wissenschaftliche Erkenntnis. Diese beiden Arten von Fortschritt sind natürlich nicht unvereinbar. Die biomedizinische Forschung wird immer ein wichtiger Teil der künftigen Gesundheitsfürsorge bleiben, wenn sie in ein umfassenderes ganzheitliches System integriert wird.

Erörtert man die Beziehung zwischen medizinischer Wissenschaft und Gesundheit, muß man auch daran denken, daß es ein breites Spektrum medizinischer Aktivitäten gibt, von der Allgemeinmedizin bis zur Notfallmedizin, von der Chirurgie bis zur Psychiatrie. Auf einigen Gebieten war die biomedizinische Methode sehr erfolgreich, während sie sich in anderen als ziemlich unwirksam erwies. Der große Erfolg der Notfallmedizin bei Unfällen, akuten Infektionen und Frühgeburten ist wohlbekannt. Fast jeder von uns kennt jemanden, dessen Leben durch medizinische Intervention gerettet oder dessen Schmerzen und Beschwerden dadurch spürbar gelindert wurden. Tatsächlich sind unsere medizinischen Technologien großartig, wenn sie in Notsituationen eingesetzt werden. Obwohl eine solche medizinische Behandlung im Einzelfall entscheidend sein kann, scheint sie sich jedoch auf die Gesundheit der Bevölkerung insgesamt nicht spürbar auszuwirken.[18] Die große Publizität für spektakuläre medizinische Vorgänge wie Operationen am offenen Herzen und Organverpflanzungen läßt uns vergessen, daß viele dieser Patienten gar nicht erst ins Krankenhaus gekommen wären, hätte man nicht die notwendigen präventiven Maßnahmen ernstlich vernachlässigt.

Eine offensichtliche, erfolgreiche Entwicklung in der Geschichte des öffentlichen Gesundheitswesens, die man im allgemeinen der modernen Medizin zugute hält, ist der starke Rückgang der Infektionskrankheiten im späten 19. und frühen 20. Jahrhundert. Noch vor hundert Jahren stellten Krankheiten wie Tuberkulose, Cholera und Typhus eine ständige Gefahr dar. Jedermann konnte jederzeit davon betroffen werden, und jede Familie mußte damit rechnen, zumindest eines ihrer Kinder zu verlieren. Heute sind die meisten dieser Krankheiten in den entwickelten Ländern fast völlig verschwunden, und die sehr seltenen Einzelfälle können mit Antibiotika leicht unter Kontrolle gebracht werden. Der Umstand, daß dieser spürbare Wandel mehr oder weniger mit dem Aufstieg der modernen wissenschaftlichen Medizin zusammenfiel, hat zu dem weitverbreiteten Glauben geführt, er sei auf die Leistungen der medizinischen Wissenschaft zurückzuführen. Diese auch von den meisten Ärzten geteilte Meinung ist irreführend. Studien über die Geschichte der Krankheiten haben schlüssig nachgewiesen, daß medizinische Intervention zum Rückgang der Infektionskrankheiten viel weniger beigetragen hat, als allgemein angenommen wird. Thomas McKeown, eine Autorität auf dem Gebiet der Öffentlichen Gesundheit und Sozialmedizin, hat eine der wohl detailliertesten Studien über die Geschichte der Infektionskrankheiten verfaßt.[19] Darin wird nachgewiesen, daß der auffallende Rückgang der Sterblichkeit seit dem 19. Jahrhundert vor allem drei Ursachen hatte. Den frühesten und, auf die gesamte Periode bezogen, wichtigsten Einfluß übte die beträchtliche Verbesserung der Ernährung aus. Seit dem Ende des 17. Jahrhunderts hat das Volumen der Erzeugung von Nahrungsmitteln in der ganzen westlichen Welt rasch zugenommen. Die Landwirtschaft machte große Fortschritte, und die damit verbundene bessere Versorgung mit Nahrungsmitteln machte die Menschen widerstandsfähiger gegenüber Infektionen. Die entscheidende Rolle der Ernährung bei der Stärkung der Widerstandskraft des Organismus gegenüber Infektionskrankheiten ist heute unbestritten und entspricht auch den Erfahrungen in der Dritten Welt, wo mangelhafte Ernährung als vorherrschende Krankheitsursache nachgewiesen ist.[20] An zweiter Stelle ist der Rückgang der Infektionskrankheiten auf Verbesserungen in der Hygiene und den sanitären Verhältnissen während der zweiten Hälfte des 19. Jahrhunderts zurückzuführen. Das 19. Jahrhundert brachte uns nicht nur die Entdeckung der Mikroorganismen und die Theorie von der Entstehung von Krankheiten durch Keime aller Art. Es war auch die Epoche, in welcher der Einfluß der Umwelt auf das menschliche Leben zu einem Brennpunkt wissenschaftlichen Denkens und öffentlicher Aufmerksamkeit wurde. Für Lamarck und Darwin war die Evolution der lebenden Organismen das Ergebnis eines ständigen Einwirkens der Umwelt. Bernard betonte die Bedeutung des *milieu intérieur,* und Pasteurs Interesse galt dem *terrain,* in dem Mikroben aktiv sind. Im sozialen Bereich rief das steigende Bewußtsein für die Umwelt in der Bevölkerung Bewegungen für bessere Gesundheit und sanitäre Verhältnisse ins Leben.

Die meisten Reformer des öffentlichen Gesundheitswesens im 19. Jahrhundert glaubten nicht an die Verursachung von Krankheiten durch Krankheitskeime, sondern nahmen an, schlechte Gesundheit sei die Folge von Armut, mangelnder Ernährung und Schmutz. Zur Bekämpfung dieser Verhältnisse organisierten sie deshalb öffentliche Gesundheitskampagnen mit dem Ergebnis verbesserter persönlicher Hygiene und Ernährung und der Einführung neuer sanitärer Maßnahmen – Reinigung des Wassers, wirksame Abwässerbeseitigung, Versorgung mit gesunder Milch, allgemein verbesserte Nahrungsmittelhygiene. All das trug wirksam zur Bekämpfung der Infektionskrankheiten bei. Auch die Geburtenrate ging erheblich zurück, was ebenfalls mit der allgemeinen Besserung der Lebensbedingungen zusammenhing.[21] Damit wurde das Bevölkerungswachstum verlangsamt und sichergestellt, daß die Verbesserung der Gesundheit nicht durch ansteigende Bevölkerungszahlen wieder gefährdet wurde.

McKeowns Analyse der verschiedenen Faktoren, welche die Sterblichkeitsrate bei Infektionskrankheiten beeinflußt, zeigt eindeutig, daß medizinische Intervention weitaus weniger ins Gewicht fiel als andere Einflüsse. Die schweren Infektionskrankheiten hatten sämtlich lange vor der Einführung der ersten wirksamen Antibiotika ihren Höhepunkt erreicht und waren dann zurückgegangen. Das Nichtvorhandensein einer deutlichen Korrelation zwischen dem Wandel des Krankheitsbildes und medizinischer Intervention erwies sich auch durch den Mißerfolg von Versuchen, die Gesundheit einiger »unterentwickelter« Bevölkerungsgruppen in den Vereinigten Staaten und anderswo durch moderne medizinische Technologien zu verbessern.[22] Diese Versuche scheinen darauf hinzuweisen, daß medizinische Technologie alleine nicht imstande ist, das Auftreten bestimmter Krankheiten wesentlich zu verhindern.

Aus vorhandenen Studien über den Zusammenhang zwischen medizinischer Wissenschaft und Gesundheit lassen sich wohl die Folgerungen ziehen, daß biomedizinische Interventionen zwar in einzelnen Notfällen außerordentlich hilfreich sein können, daß sie aber nur geringe Wirkung auf die Gesundheit der Bevölkerung insgesamt haben. Die Gesundheit eines Menschen wird nicht durch medizinische Interventionen bestimmt, sondern durch sein Verhalten, seine Ernährung und seine Umwelt. Da diese Faktoren von Kulturkreis zu Kulturkreis sehr unterschiedlich sind, hat jede Kultur ihre charakteristischen Krankheiten; und so wie Ernährung, Verhalten und Umwelt sich in einer Kultur nach und nach ändern, so ändern sich auch die typischen Krankheitsbilder. Aus diesem Grunde wurden die akuten Infektionskrankheiten, die Europa und Nordamerika im 19. Jahrhundert heimsuchten und heute noch die großen Killer in der Dritten Welt sind, in den Industriestaaten durch Krankheiten verdrängt, die nicht mehr mit Armut und schlechten Lebensbedingungen zusammenhängen, sondern im Gegenteil mit Überfluß und technologischer Komplexität. Das sind heute die chronischen und die degenerativen Krankheiten – Kreislaufkrankheiten, Krebs, Diabetes –, die man zutreffend auch als »Zivilisationskrankheiten« bezeichnet, da sie in enger Beziehung stehen zu körperlich/seelischem Streß, übermäßiger Nahrungsaufnahme, Drogenmißbrauch, sitzender Lebensweise und Umweltverschmutzung, alles Faktoren, die für das moderne Leben so typisch sind.

Da es den Ärzten schwerfällt, diese Entartungskrankheiten in ihrem überkommenen biomedizinischen Rahmen wirksam zu behandeln, scheinen sie zu resignieren und diese Krankheiten als unvermeidliche Folge der allgemeinen Abnutzung hinzunehmen, für die es keine Heilung gibt. Im Gegensatz dazu zeigt sich die Öffentlichkeit mit dem gegenwärtigen System medizinischer Versorgung immer weniger zufrieden. Sie stellt mit Verbitterung fest, daß die Kosten dieses Systems maßlos angestiegen sind, ohne daß die Gesundheit der Menschen deutlich besser wurde, und man klagt allgemein, daß die Ärzte Krankheiten behandeln, am Menschen jedoch nicht interessiert sind.

Die Ursachen der Krise unseres Gesundheitswesens sind mannigfaltig und liegen innerhalb wie außerhalb der medizinischen Wissenschaft; sie sind unauflöslich verknüpft mit der umfassenderen gesellschaftlichen und kulturellen Krise. Dennoch wächst die Zahl der Fachleute wie der Laien, welche die Mängel unseres gegenwärtigen Gesundheitswesens in dem theoretischen Rahmen suchen, der die medizinische Theorie und Praxis abstützt. Diese Beobachter meinen, die Krise werde solange andauern, bis dieser Rahmen verändert wird.[23] Es ist demnach nützlich, sich die theoretische Grundlage der modernen wissenschaftlichen Medizin, das biomedizinische Modell, daraufhin anzusehen, wie es sich auf die Praxis der Medizin und die Organisation des Gesundheitswesens auswirkt.[24]

Medizinische Wissenschaft wird von Männern und Frauen mit sehr unterschiedlicher Persönlichkeit, Verhaltensweise und Weltanschauung auf sehr unterschiedliche Weise praktiziert. Daher trifft die nachfolgende Charakterisierung nicht auf alle Ärzte, Forscher oder Institutionen zu. Der Rahmen der modernen wissenschaftlichen Medizin ist weit gesteckt und erlaubt viele unterschiedliche Verhaltensweisen. Einige Hausärzte sind sehr um das Wohl ihrer Patienten besorgt, andere weniger. Es gibt sehr religiös veranlagte Chirurgen, die ihre Kunst mit Ehrfurcht vor dem Menschen ausüben, andere dagegen sind zynisch und nur auf Profit bedacht. Es gibt Krankenhäuser, in denen man wirkliche Menschenliebe erfahren kann, während der Patient in anderen unmenschlich und entwürdigend behandelt wird. Auch wenn diese Vielfalt durchaus gegeben ist, basiert die heutige medizinische Ausbildung, Forschung und Gesundheitsfürsorge doch auf einer Weltanschauung, deren Gedankengebäude wir in seiner historischen Entstehung beschrieben haben.

Das biomedizinische Modell ist fest im kartesianischen Denken verankert. Descartes führte die strenge Trennung von Geist und Körper ein, zusammen mit der Idee, der Körper sei eine Maschine, die vollständig aus der Anordnung und dem Funktionieren ihrer Teile erklärt werden könne. Eine gesunde Person gleiche einer gut gemachten Uhr in perfektem mechanischen Zustand, ein Kranker dagegen einer Uhr, deren Teile nicht ordentlich funktionieren. Die wesentlichen Merkmale des biomedizinischen Modells wie auch vieler anderer Aspekte der gegenwärtigen medizinischen Praxis können auf diese kartesianischen Vorstellungen zurückgeführt werden.

Gemäß der kartesianischen Methode hat sich die medizinische Wissenschaft auf den Versuch beschränkt, die biologischen Mechanismen zu verstehen, die betroffen sind, wenn einzelne Teile des Körpers geschädigt sind. Diese Mechanismen werden aus der Sicht der Zell- und Molekularbiologie erforscht, wobei alle nichtbiologischen Einflüsse auf biologische Vorgänge unberücksichtigt bleiben. Aus dem großen Mosaik von Phänomenen, welche die Gesundheit beeinflussen, greift die biomedizinische Methode nur einige physiologische Aspekte heraus. Deren Kenntnis ist natürlich sehr nützlich, doch stellen sie nur einen kleinen Teil des Sachverhalts dar. Eine medizinische Wissenschaft mit einem derart engen Horizont ist in der Förderung und Erhaltung guter Gesundheit nicht sehr wirkungsvoll und *verursacht* sogar häufig erst Leiden und Krankheit. Es gibt Kritiker, die behaupten, hierzu komme es in diesem System häufiger als zu wirklicher Heilung.[25] Dieser Zustand wird sich erst dann ändern, wenn die medizinische Wissenschaft die Erforschung der biologischen Aspekte der Krankheit auch auf die allgemeine körperliche und psychische Kondition des menschlichen Organismus und seiner Umwelt ausdehnt.

Ähnlich wie die Physiker beim Studium der Materie haben Mediziner versucht, den menschlichen Körper dadurch zu verstehen, daß sie ihn auf »Grundbausteine« und fundamentale Funktionen reduzierten. Donald Frederickson, Direktor des amerikanischen National Institute of Health, sagte dazu: »Die Reduzierung des Lebens in allen seinen komplizierten Formen auf gewisse fundamentale Faktoren, die sich dann zum besseren Verständnis des Menschen und seiner Krankheiten wieder synthetisch zusammenfügen lassen, ist das grundlegende Anliegen der biomedizinischen Forschung.«[26] In diesem reduktionistischen Geist werden medizinische Probleme so analysiert, daß man zu immer kleineren Bruchstücken fortschreitet – von Organen und Geweben zu Zellen, dann zu Zellteilen und schließlich zu einzelnen Molekülen –, wobei man das eigentliche Phänomen allzu oft unterwegs aus den Augen verliert. Die Geschichte der modernen Medizin hat unzählige Male gezeigt, daß die Reduzierung des Lebens auf molekulare Phänomene nicht ausreicht, um den Zustand des Menschen bei Gesundheit und Krankheit zu verstehen.

Angesichts ökologischer und sozialer Probleme meinen medizinische Forscher häufig, diese lägen außerhalb der Grenzen der Medizin. Die Ausbildung in der medizinischen Wissenschaft muß ihrer Ansicht nach prinzipiell von sozialen Belangen getrennt werden, da letztere von Kräften verursacht würden, auf die der Arzt keinen Einfluß habe.[27] Doch haben gerade die Ärzte eine große Rolle bei der Entstehung dieses Dilemmas gespielt, da sie darauf bestehen, sie alleine seien befugt festzustellen, was Krankheit bedeutet, und die entsprechende Therapie zu bestimmen. Solange sie ihre Position an der Spitze der Hierarchie des Gesundheitswesens behalten, müssen sie auch die Verantwortung für alle Aspekte der Gesundheit tragen.

Die Interessen des öffentlichen Gesundheitswesens werden im allgemeinen bei der Ausbildung und Praxis der Mediziner nicht berücksichtigt. Viele für die Gesundheit entscheidende Fragen – etwa Ernährung, Beschäftigung, Bevölkerungsdichte und Behausung – werden auf den medizinischen Fakultäten nicht genügend diskutiert. Darum ist in der zeitgenössischen Medizin wenig Raum für präventive Gesundheitspflege. Wenn Ärzte über Vorbeugung von Krankheiten sprechen, dann im mechanistischen Rahmen des biomedizinischen Modells, doch können präventive Maßnahmen innerhalb eines derart begrenzten Rahmens natürlich nicht sehr weitreichend sein. John Knowles, Präsident der Rockefeller Foundation, sagt es unverblümt: »Die grundlegenden biologischen Mechanismen der meisten allgemeinen Krankheiten sind immer noch nicht bekannt genug, um klare Anweisungen für vorbeugende Maßnahmen zu erlauben.«[28]

Was für die Vorbeugung von Krankheiten wahr ist, gilt auch für die Kunst des Heilens von Kranken. In beiden Fällen haben die Ärzte es mit Personen in ihrer Ganzheit und ihrem Zusammenhang mit der physischen und sozialen Umwelt zu tun. Obgleich die Kunst des Heilens innerhalb wie außerhalb der offiziellen Medizin noch weithin praktiziert wird, erkennen dies unsere medizinischen Institutionen nicht ausdrücklich an. Das Phänomen des Heilens wird solange außerhalb des Gesichtskreises der medizinischen Wissenschaft bleiben, wie die Forscher sich mit einem Rahmen behelfen, der es ihnen nicht gestattet, sich intensiv mit dem Zusammenwirken von Körper, Geist und Umwelt zu befassen.

Die kartesianische Trennung von Körper und Geist hat die Praxis der Gesundheitsfürsorge auf bedeutsame Weise beeinflußt. Sie hat dazu geführt, daß die Ärzte den Körper behandeln, die Psychiater und Psychologen den Geist. Die Kluft zwischen diesen beiden Gruppen ist ein schweres Hindernis für das Verständnis der meisten schweren Krankheitsfälle, da sie die medizinische Wissenschaft daran hinderte, die Rolle von Streß und Gemütszuständen bei der Entstehung von Krankheiten zu erforschen. Streß ist erst seit kurzem als bedeutsame Quelle eines breiten Spektrums von Krankheiten und Störungen erkannt; und der Zusammenhang zwischen Gemütszuständen und Krankheit, obwohl seit alten Zeiten wohlbekannt, wird seitens der medizinischen Zunft immer noch wenig beachtet.

Als Ergebnis dieser kartesianischen Trennung gibt es in der Gesundheitsforschung jetzt zwei deutlich unterscheidbare Gruppen von Literatur. In der psychologischen Literatur wird die Bedeutung von Gemütszuständen für Krankheiten ausführlich diskutiert und dokumentarisch belegt. Die Forscher auf diesem Gebiet sind Experimentalpsychologen, die über ihre Arbeit in psychologischen Fachzeitschriften berichten, welche von biomedizinischen Wissenschaftlern kaum gelesen werden. Die rein medizinische Literatur ist ihrerseits gut in der Physiologie verankert, befaßt sich jedoch kaum jemals mit den psychologischen Aspekten der Krankheit. Typisch dafür ist die Erforschung des Krebses. Der Zusammenhang zwischen Gemütszuständen und Krebs ist seit dem späten 19. Jahrhundert wohlbekannt und wird in der psychologischen Literatur auch umfangreich dokumentiert. Doch kennen nur wenige Ärzte diese Arbeiten, und die medizinischen Wissenschaftler haben die psychologischen Daten nicht in ihre Forschung integriert.[29]

Ein anderes Phänomen, das wegen der Unfähigkeit der biomedizinischen Wissenschaftler, physische und psychische Elemente zu integrieren, nur schlecht verstanden wird, ist der Schmerz.[30] Die medizinischen Forscher wissen immer noch nicht genau, was Schmerz verursacht, auch verstehen sie immer noch nicht voll und ganz, wie er zwischen Körper und Psyche übermittelt wird. So wie eine Krankheit als Ganzes physische und psychische Aspekte aufweist, ist das auch beim Schmerz der Fall, der oft mit Krankheit verbunden ist. In der Praxis ist es häufig unmöglich festzustellen, welche Ursachen des Schmerzes physischer und welche psychischer Art sind. Von zwei Patienten mit identischen physischen Symptomen kann der eine von qualvollen Schmerzen befallen sein, während der andere überhaupt keine verspürt. Um den Schmerz zu verstehen und imstande zu sein, ihn im Prozeß des Heilens zu lindern, müssen wir ihn in seinem weiteren Umfeld sehen, wozu das seelische Verhalten des Patienten, seine Erwartungen, seine weltanschaulichen Vorstellungen, die gefühlsmäßige Unterstützung seitens der Familie und Freunde und viele andere Umstände gehören. Statt sich umfassend mit dem Phänomen des Schmerzes zu befassen, versucht die übliche medizinische Behandlung, den Schmerz innerhalb des engen biomedizinischen Rahmens auf einen Indikator einer spezifischen physiologischen Panne zu reduzieren. In den meisten Fällen behandelt man den Schmerz, indem man ihn verleugnet und mittels schmerztötender Medikamente unterdrückt.

Der psychische Zustand eines Menschen ist natürlich nicht nur bei der Entstehung einer Krankheit von Bedeutung, sondern auch für den Heilungsprozeß ganz entscheidend. Die psychische Reaktion des Patienten auf den Arzt ist ein wichtiger, vielleicht der wichtigste Teil jeder Therapie. Es ist von jeher ein wichtiger Zweck der therapeutischen Begegnung zwischen Arzt und Patient gewesen, seelische Ruhe und Vertrauen in den Heilungsprozeß zu wecken, und die Ärzte wissen sehr wohl, daß dies gewöhnlich intuitiv erfolgt und nichts mit den technischen Fertigkeiten eines Arztes zu tun hat. Leonard Shlain, selbst ein hervorragender Chirurg, bemerkte dazu: »Einige Ärzte bringen die Leute einfach dazu, sich besser zu fühlen, während es bei anderen, seien sie beruflich noch so erfahren, im Umgang mit Patienten immer wieder zu Komplikationen kommt. Die Kunst des Heilens läßt sich nicht quantifizieren.«[31]

In der modernen Medizin werden psychologische Probleme und Probleme des Verhaltens der Menschen von Psychiatern studiert und behandelt. Obwohl diese Ärzte mit formaler Ausbildung sind, gibt es zwischen ihnen und den Ärzten außerhalb der Psychiatrie wenig Kommunikation. Es gibt sogar viele Ärzte, die auf die Psychiater herabschauen und sie als Ärzte zweiter Klasse ansehen. Das zeigt wieder einmal die Macht des biomedizinischen Dogmas. Biologische Mechanismen gelten als Grundlage des Lebens, psychisches Geschehen als sekundäres Phänomen. Ärzte, die sich mit psychischen Krankheiten befassen, gelten irgendwie als weniger wichtig.

In vielen Fällen reagieren Psychiater auf diese Haltung so, daß sie sich streng an das biomedizinische Modell halten und versuchen, psychische Krankheiten als Störungen physischer Mechanismen im Gehirn zu verstehen. Aus dieser Sicht sind psychische Krankheiten im Grunde dasselbe wie physische Krankheiten. Der einzige Unterschied liegt darin, daß sie das Gehirn anstelle irgendeines anderen Körperorgans befallen und sich deshalb durch psychische statt durch körperliche Symptome äußern. Diese gedankliche Entwicklung hat eine recht eigenartige Situation herbeigeführt. Während Heilkundige zu allen Zeiten versuchten, physische Krankheiten mit psychologischen Mitteln zu heilen, gibt es jetzt moderne Psychiater, die psychische Krankheiten mit physischen Mitteln behandeln, in der Überzeugung, seelische Probleme seien Krankheiten des Körpers.

Diese organische Orientierung in der Psychiatrie hat bewirkt, daß Ideen und Methoden, die zur Behandlung physischer Krankheiten nützlich sind, auf den Bereich der Gemüts- und Verhaltensstörungen übertragen wurden. Da man von diesen Störungen glaubt, sie beruhten auf spezifischen biologischen Mechanismen, wird großer Wert darauf gelegt, die Diagnose im Rahmen eines reduktionistischen Klassifikationssystems zu stellen. Diese Methode ist zwar bei den meisten psychischen Störungen fehlgeschlagen, wird aber immer noch in der Hoffnung praktiziert, man werde schließlich *doch* den spezifischen Mechanismus der Krankheitsverursachung und die entsprechenden spezifischen Behandlungsmethoden für alle psychischen Störungen finden.

Was die Therapie angeht, so werden psychische Erkrankungen vorzugsweise mit Medikamenten behandelt, welche die Symptome beeinflussen, die Störung selbst aber nicht beheben. Heute tritt jedoch mehr und mehr zutage, daß diese Art von Behandlung antitherapeutisch ist. Ganzheitlich gesehen entstehen psychische Erkrankungen, wenn es dem Betroffenen nicht gelingt, Erlebnisse richtig zu bewerten und zu integrieren. Aus dieser Sicht reflektieren die Symptome einer psychischen Erkrankung die Versuche des Organismus, sich selbst zu heilen und eine neue Ebene der Integration zu erreichen.[32] Die psychiatrische Praxis greift in diesen spontanen Heilungsprozeß mit dem Standardmittel der Unterdrückung der Symptome ein. Eine echte Therapie würde die Heilung durch die Schaffung einer Atmosphäre erleichtern, die dem Patienten einen emotionalen Rückhalt bietet und es möglich macht, daß sich das Symptom um so intensiver manifestiert, statt es zu unterdrücken. Fortgesetzte Selbsterforschung würde dann bewirken, daß der das Symptom hervorrufende Prozeß voll erlebt und bewußt integriert wird, womit der Heilungsprozeß vollendet würde.

Eine solche Therapie setzt beträchtliche Kenntnisse des vollen Spektrums des menschlichen Bewußtseins voraus. Diese fehlen den Psychiatern häufig, obwohl sie offiziell zur Behandlung psychisch gestörter Patienten befugt sind. Daher werden psychisch gestörte Patienten in Anstalten behandelt, wo klinische Psychologen, welche die psychologischen Phänomene oft viel gründlicher verstehen, nur untergeordnetes Hilfspersonal der Psychiater sind.

Die Ausdehnung des biomedizinischen Modells auf die Behandlung von psychischen Störungen ist insgesamt recht verhängnisvoll gewesen. Zwar hat sich die biologische Methode bei der Behandlung einiger Störungen mit eindeutig organischem Ursprung als nützlich erwiesen, doch ist sie für viele andere absolut ungeeignet, bei denen psychologische Faktoren von fundamentaler Bedeutung sind. Viel Mühe wurde vergeudet, um zu einem präzisen, organisch fundamentierten diagnostischen System psychischer Störungen zu kommen, ohne daß dabei erkannt wurde, daß die Suche nach einer genauen und objektiven Diagnose in den meisten psychiatrischen Fällen ergebnislos bleiben muß. Diese Methode hat den praktischen Nachteil, daß viele Patienten, bei denen gar keine organischen Störungen vorhanden sind, in medizinischen Anstalten behandelt werden, wo sie Therapien von zweifelhaftem Wert zu extrem hohen Kosten erhalten.

Die Grenzen der biomedizinischen Methode in der Psychiatrie werden von den Fachleuten jedoch allmählich erkannt. Die Praktiker haben inzwischen eine lebhafte Debatte über die Natur der Geisteskrankheit begonnen. Thomas Szasz, für den Geisteskrankheit reine Fiktion ist, vertritt dabei vielleicht die extremste Position.[33] Szasz lehnt es ab, Krankheit als ein Geschehen zu definieren, das den Menschen ohne Zusammenhang mit seiner Persönlichkeit, seinem Lebensstil, seinen Anschauungen oder seiner sozialen Umwelt befällt. In diesem Sinne ist jede Krankheit, sei sie psychisch oder körperlich, eine Fiktion. Gebraucht man den Ausdruck jedoch im ganzheitlichen Sinne, das heißt unter Berücksichtigung des ganzen Organismus und der ganzen

Persönlichkeit des Patienten, sowie seiner physischen und sozialen Umwelt, dann sind psychische Störungen so real wie physische Krankheiten. Doch überschreitet eine solche Auffassung von psychischen Erkrankungen den theoretischen Rahmen unserer heutigen Medizin.

Es ist typisch für die moderne Medizin, daß sie es vermeidet, philosophische und existentielle Fragen zur Kenntnis zu nehmen, die jede schwere Krankheit aufwirft. Es ist dies eine weitere Konsequenz der kartesianischen Trennung von Körper und Geist, welche die medizinischen Wissenschaftler veranlaßt hat, sich ausschließlich auf die physischen Aspekte der Gesundheit zu konzentrieren. Tatsächlich wird die Frage »Was ist Gesundheit?« in den medizinischen Fakultäten nicht einmal angeschnitten; ebensowenig wird dort über gesunde Verhaltensweisen und Lebensstile diskutiert. Diese Dinge gelten als philosophische Themen, die außerhalb des Geltungsbereichs der Medizin zur geistigen Sphäre gehören. Außerdem gilt die Medizin als eine objektive Wissenschaft, die nichts mit moralischen Urteilen zu tun hat.

Diese aus dem 17. Jahrhundert stammende Anschauung hindert die Ärzte oft daran, die segensreichen Aspekte und den potentiellen Sinn der Krankheit zu erkennen. Krankheit gilt als Feind, der besiegt werden muß; und die medizinischen Wissenschaftler hängen dem utopischen Ideal an, letztlich alle Krankheiten durch Anwendung der biomedizinischen Forschung auszumerzen. Aus einer so engen Sicht lassen sich die subtilen psychologischen und spirituellen Aspekte der Krankheit nicht begreifen. Sie hindert die Forscher an der Erkenntnis, daß »völliges Fehlen von Krankheit und Kampf mit dem Lebensprozeß absolut unvereinbar ist«, wie Dubos einmal gesagt hat.[34]

Das größte existentielle Problem ist natürlich der Tod – und wie so viele andere philosophische und existentielle Fragen wird auch das Problem des Todes soweit wie möglich ausgespart. Der für unsere moderne technologische Gesellschaft so typische Mangel an Spiritualität ist auch daran erkennbar, daß die Fachmediziner, wie übrigens die Gesellschaft in ihrer Gesamtheit, den Tod einfach nicht zur Kenntnis nehmen. Innerhalb des mechanistischen Rahmens unserer medizinischen Wissenschaft läßt sich der Tod nicht qualifizieren. Die Unterscheidung zwischen einem guten und einem schlechten Tod hat dort keinen Sinn; Tod wird einfach als der totale Stillstand der Körpermaschine verstanden.

Die uralte Kunst des Sterbens wird in unserer Kultur nicht mehr praktiziert, und die Tatsache, daß es möglich ist, bei guter Gesundheit zu sterben, scheint in der medizinischen Fachwelt vergessen zu sein. In der Vergangenheit war es eine der wichtigsten Aufgaben eines guten Hausarztes, sterbenden Patienten und ihren Familien Trost und Hilfe zu sein. Heute sind die Ärzte und andere Angehörige des Gesundheitsdienstes nicht mehr geschult, mit sterbenden Patienten umzugehen. Es fällt ihnen überaus schwer, auf das Phänomen des Todes sinnvoll einzugehen. Sie neigen dazu, im Tod einen Fehlschlag zu sehen. Die Leichen werden zu nächtlicher Stunde aus den Krankenhäusern abtransportiert, und Ärzte scheinen vor dem Tod erheblich mehr Angst zu haben als andere Leute, seien diese nun krank oder gesund.[35] Obwohl die allgemeine Einstellung zum Phänomen des Todes und Sterbens sich seit einiger Zeit im Zuge der spirituellen Renaissance erheblich zu wandeln beginnt[36], sind diese neuen Einstellungen noch nicht in unser Gesundheitssystem integriert. Dazu bedarf es eines grundsätzlichen Vorstellungswandels in der medizinischen Anschauung von Gesundheit und Krankheit.

Nach einer allgemeinen Erörterung der Konsequenzen der kartesianischen Trennung zwischen Körper und Geist für die zeitgenössische Medizin wollen wir jetzt noch etwas näher auf das Bild vom Körper als Maschine und dessen Auswirkungen auf die heutige medizinische Theorie und Praxis eingehen. Die mechanistische Anschauung vom menschlichen Organismus hat zu einer technischen Auffassung der Gesundheit geführt, die Krankheit auf mechanische Pannen zurückführt und medizinische Therapie zur technischen Manipulation macht.[37] In vielen Fällen ist diese Methode durchaus erfolgreich. Die medizinische Wissenschaft und Technologie haben höchst verfeinerte Methoden entwickelt, um einzelne Körperteile zu entfernen, zu reparieren oder sie sogar durch künstliche Gebilde zu ersetzen. Damit wurden die Leiden und Beschwerden zahlloser Opfer von Krankheiten und Unfällen gelindert. Andererseits haben diese Erfolge dazu beigetragen, der Ärzteschaft und der allgemeinen Öffentlichkeit ein falsches Bild von Gesundheit und Krankheit zu vermitteln.

Das Bild, das sich die Öffentlichkeit vom menschlichen Organismus macht – noch verstärkt durch Fernsehsendungen und Werbung –, ist das einer Maschine, die ständig störungsanfällig ist, wenn sie nicht von Ärzten überwacht und mit Medikamenten versorgt wird. Von den jedem Organismus innewohnenden Heilkräften und seiner Tendenz, gesund zu bleiben, hört man wenig, und das Vertrauen in den eigenen Organismus wird nicht gestärkt. Auch der Zusammenhang zwischen Gesundheit und Lebensgewohnheiten wird zumeist nicht erwähnt. Wir werden dagegen in der Annahme bestärkt, Ärzte könnten alles richten, unabhängig von unseren Lebensgewohnheiten.

Höchst interessant ist, daß die Ärzte selbst infolge der Mißachtung des Stresses im eigenen Lebensbereich am meisten unter der mechanistischen Auffassung von der Gesundheit zu leiden haben. Von den traditionellen Heilkundigen erwartete man, daß sie selbst gesunde Menschen waren, die Körper und Seele in Harmonie mit ihrer Umwelt hielten. Im Gegensatz dazu sind die typischen Verhaltensweisen und Gewohnheiten der Ärzte von heute recht ungesund und krankheitsfördernd. Die Lebenserwartung eines Arztes unserer Tage liegt zehn bis fünfzehn Jahre unter der des Bevölkerungsdurchschnitts. Auch findet man bei Ärzten nicht nur hohe Prozentzahlen körperlicher Krankheiten, sondern auch Alkoholismus, Drogenmißbrauch, Selbstmord und andere soziale Krankheitsbilder.[38]

Die meisten Ärzte eignen sich die ungesunde Lebensweise bereits während ihres Studiums an, das meistens unter Streß abgewickelt wird. Das in unserer Gesellschaft vorherrschende Wertsystem kommt ganz besonders in der medizinischen Ausbildung zum Ausdruck. Die medizinischen Fakultäten gehören zu den Studienbereichen mit dem härtesten Wettbewerb. Wie im Geschäftsleben gilt der Konkurrenzkampf als Tugend, und im Umgang mit dem Patienten wird eine »aggressive Methode« gelehrt. Das geht so weit, daß die Metaphern, mit denen Krankheiten und Therapien beschrieben werden, der militärischen Sprache entlehnt sind. Von einem böswilligen Tumor sagt man, daß er den Körper »überfällt«; die Strahlungstherapie »bombardiert« die Gewebe, um die vom Krebs befallenen Gewebe zu »töten«, und von der Chemotherapie ist oft im Vokabular der chemischen Kriegführung die Rede. Auf diese Weise verewigen medizinische Ausbildung und Praxis die Ansichten und Verhaltensweisen eines Wertsystems, das eine bedeutsame Rolle bei der Verursachung der Krankheiten spielt, welche die Medizin zu heilen versucht.

Die medizinischen Fakultäten setzen ihre Studenten nicht nur unter Streß, sondern versäumen auch, ihnen Wege zu weisen, wie sie damit fertigwerden können. Die heutige medizinische Ausbildung ist ganz darauf abgestellt, den Studenten einzuimpfen, daß die Probleme des Patienten an erster Stelle stehen und des Arztes Wohlbefinden zweitrangig sei. Damit sollen Pflichtbewußtsein und Verantwortungsgefühl gestärkt werden. Um diese Haltung zu festigen, besteht die medizinische Ausbildung aus langen Arbeitsstunden und wenig Pausen. Diesen

Arbeitsstil nehmen die Studenten dann oft ins Berufsleben mit hinüber. Es ist für einen Arzt gar nicht unüblich, ein ganzes Jahr lang ohne Urlaub zu arbeiten. Dazu kommt, daß Ärzte ständig mit Menschen im Zustand großer Erregung oder tiefer Depression zu tun haben, was ihre tägliche Arbeit zusätzlich belastet. Andererseits sind sie an einem Modell von Gesundheit und Krankheit geschult, in dem Gefühle keine Rolle spielen, weshalb sie dazu neigen, diese auch im eigenen Leben zu mißachten.

Das mechanistische Bild vom menschlichen Organismus und die damit verbundene technische Auffassung von der Gesundheit hat der medizinischen Technologie, die als der einzige Weg zu besserer Gesundheit gilt, eine allzu starke Stellung verschafft. Das sagt zum Beispiel Lewis Thomas in seinem Aufsatz »Über die Wissenschaft und Technologie der Medizin« sehr deutlich. Die Medizin sei in den vergangenen dreißig Jahren nicht in der Lage gewesen, auch nur eine unserer schweren Krankheiten zu verhindern oder zu heilen, schreibt er und fährt dann fort: »In gewissem Sinne sind wir mit unserer heutigen Technologie in eine Sackgasse geraten, und in der werden wir steckenbleiben, bis wir bessere wissenschaftliche Kenntnisse für den Umgang mit dieser Technologie erworben haben.«[39]

Harte Technologie hat sich einen zentralen Platz in der modernen medizinischen Versorgung erobert. Um die Jahrhundertwende lag das zahlenmäßige Verhältnis zwischen Ärzten und Hilfspersonal noch bei etwa zwei zu eins; heute kann es bis eins zu fünfzehn betragen. Die von dieser Armee von Technikern gehandhabten diagnostischen und therapeutischen Werkzeuge sind das Ergebnis neuerer Fortschritte in der Physik, Chemie, Elektronik, Computerwissenschaft und verwandten Bereichen. Es gehören dazu computergesteuerte Blutsenkungsgeräte und Apparate für Röntgenschichtaufnahmen, Maschinen für Nierendialysen, Herzschrittmacher, Ausrüstungen für Strahlungstherapie sowie viele andere Maschinen, die nicht nur in höchstem Grade kompliziert, sondern auch äußerst teuer sind.[40] Wie in anderen Fachgebieten ist die Anwendung von Spitzentechnologie in der Medizin oft ungerechtfertigt. Die wachsende Abhängigkeit der Gesundheitsfürsorge von komplizierter Technologie hat den Trend zur Spezialisierung verstärkt und die Neigung des Arztes gefördert, sich nur um einzelne Teile des Körpers zu kümmern und die Beschäftigung mit der ganzen Person des Patienten zu vergessen.

Gleichzeitig hat sich die Ausübung medizinischer Behandlung aus der

Praxis des Allgemeinmediziners immer mehr ins Krankenhaus verlagert, wo sie immer unpersönlicher, wenn nicht gar unmenschlicher wurde. Krankenhäuser sind zu riesigen, nach Aspekten der Wirtschaftlichkeit organisierten Institutionen geworden, in denen Technologie und wissenschaftliche Kompetenz mehr betont werden als der Kontakt zu dem Patienten. In diesen modernen Polykliniken, die viel von einem Flughafen, aber wenig von einer »therapeutischen Umgebung« an sich haben, fühlen sich die Patienten oft hilflos und sind voller Angst, was oft die Gesundung verhindert. Etwa 30 bis 50 Prozent der gegenwärtigen stationären Behandlung ist medizinisch unnötig, doch alternative Dienstleistungen, die therapeutisch wirkungsvoller und ökonomisch sinnvoller sein könnten, werden kaum noch angeboten.[41]

Die Kosten der Gesundheitsfürsorge haben in den Vereinigten Staaten in den vergangenen drei Jahrzehnten auf erschreckende Weise zugenommen. Ähnliche Tendenzen sind in den meisten anderen Ländern zu beobachten, auch in denen mit sozialisierten Gesundheitssystemen. Die Entwicklung und weitverbreitete Anwendung teurer medizinischer Technologien ist einer der Hauptgründe für diesen steilen Kostenanstieg. Die übertriebene Anwendung von Spitzentechnologien in der Gesundheitsfürsorge ist nicht nur unwirtschaftlich, sondern verursacht auch unnötige Schmerzen und Leiden. Heute kommt es in den Krankenhäusern häufiger zu Unfällen als in anderen Industriebetrieben, ausgenommen im Bergbau und Hochbau. Man hat geschätzt, daß jeweils einer von fünf Patienten, die von einer typischen Forschungsklinik aufgenommen werden, sich eine iatrogene Krankheit* zuzieht, wobei die Hälfte dieser Fälle auf Komplikationen der Medikamententherapie zurückzuführen ist und überraschende zehn Prozent auf diagnostische Methoden.[42]

Die hohen Risiken der modernen medizinischen Technologie haben die Gesundheitskosten noch erheblich gesteigert, und zwar als Folge der wachsenden Zahl von Gerichtsverfahren gegen Ärzte und Krankenhäuser wegen falscher Behandlung oder Kunstfehlern. Unter den amerikanischen Ärzten gibt es heute eine fast paranoide Furcht vor solchen Schadenersatzklagen. Sie versuchen deshalb, sich vor solchen Prozessen zu schützen, indem sie eine »defensive Medizin« praktizieren: durch Verschreibung von noch mehr diagnostischen Technologien, welche die

* Iatrogene Krankheiten – aus dem griechischen *iatros* (Arzt) und *genesis* (Ursprung) – sind Krankheiten, die durch die medizinische Behandlung selbst hervorgerufen werden.

Gesundheitskosten immer höher treiben und die Patienten zusätzlichen Risiken aussetzen.[43]

Das zentrale gedankliche Problem des zeitgenössischen Gesundheitswesens ist die biomedizinische Definition von Krankheit, nach der Krankheiten wohldefinierte Geschehnisse sind, die mit strukturellen Veränderungen auf der Ebene der Zellen zusammenhängen und jeweils eine einzige kausale Wurzel haben. Das biomedizinische Modell läßt Raum für die Annahme mehrerer Arten von kausalen Faktoren, doch neigen die Forscher zu der Doktrin »eine Krankheit, eine Ursache«. Die Theorie der Krankheitskeime war das erste Beispiel der Vorstellung von einer spezifischen Krankheitsverursachung. Bakterien und später Viren galten als die Ursache fast jeder Krankheit unbekannten Ursprungs. Dann entstand mit dem Aufkommen der Molekularbiologie der Begriff der krankhaften Veränderung, wozu auch genetische Anomalien gehören, und in jüngster Zeit erforscht man auch umweltbedingte Krankheitsursachen. In allen diesen Fällen haben die Wissenschaftler drei Zielsetzungen gehabt: eine genaue Definition der erforschten Krankheit; die Identifizierung ihrer spezifischen Ursache; die Entwicklung einer angemessenen Behandlung – meist durch technische Methoden –, mit der die kausale Wurzel der Krankheit beseitigt werden kann.

Die Theorie der spezifischen Krankheitsverursachung ist in einigen wenigen Fällen erfolgreich, etwa bei akuten Infektionen und Ernährungsmängeln. Die überwältigende Mehrheit der Krankheiten läßt sich jedoch nach dem reduktionistischen Konzept klar zu umgrenzender Krankheiten und alleiniger Ursachen nicht begreifen. Der Hauptirrtum der biomedizinischen Methode liegt in der Verwechslung von Krankheitsprozessen und Krankheitsursachen. Statt zu fragen, *warum* eine Krankheit auftritt, und dann zu versuchen, die ursächlichen Bedingungen zu beseitigen, bemühen sich die medizinischen Forscher, die biologischen Mechanismen zu verstehen, nach welchen eine Krankheit abläuft, um entsprechend eingreifen zu können. Von den führenden zeitgenössischen Forschern hat sich Lewis Thomas über diese Methode mit ungewöhnlicher Deutlichkeit geäußert: »Für jede einzelne Krankheit gibt es einen einzelnen Ausgangsmechanismus, der alle anderen beherrscht. Wenn man ihn finden und sich gründlich mit ihm befassen kann, dann läßt sich auch die Störung beseitigen . . . Kurz gesagt, ich glaube, daß die wichtigsten Krankheiten des Menschen lösbare biologische Rätsel sind.«[44]

Diese Mechanismen und nicht die wahren Ursprünge gelten im heutigen medizinischen Denken als Krankheitsursachen, und diese Verwechslung bildet den Kern der Probleme im Gedankengebäude der heutigen Medizin. Thomas McKeown schreibt: »Man sollte einsehen, daß die grundlegendste Frage der ganzen Medizin die ist, warum eine Krankheit auftritt, und nicht, wie sie abläuft, sobald sie da ist. Damit will ich sagen, daß die Ursprünge der Krankheit gedanklich den Vorrang vor der Natur des Krankheitsprozesses haben sollten.«[45]

Die Ursprünge einer Krankheit findet man gewöhnlich in mehreren Kausalfaktoren, die zusammentreffen müssen, um sie hervorzurufen.[46] Außerdem pflegen ihre Auswirkungen von Mensch zu Mensch sehr unterschiedlich zu sein, da sie von den gefühlsmäßigen Reaktionen des einzelnen auf Streßsituationen und von der sozialen Umwelt abhängen. Ein gutes Beispiel hierfür ist die gewöhnliche Erkältung. Sie kann sich nur entwickeln, wenn jemand einem von mehreren Viren ausgesetzt ist; aber nicht jeder diesen Viren ausgesetzte Mensch wird krank. Die Krankheit entwickelt sich nur bei dem, der dafür gerade empfänglich ist, und das wiederum pflegt abhängig zu sein vom Wetter, Ermüdung, Streß und einer Anzahl sonstiger Umstände, die sich auf die Widerstandskraft der betreffenden Person auswirken. Um zu begreifen, warum eine bestimmte Person eine Erkältung bekommt, müssen viele dieser Faktoren bewertet und gegeneinander abgewogen werden. Nur dann wird sich das »Rätsel der gewöhnlichen Erkältung« lösen lassen.

Diese Situation findet ihr Gegenstück bei fast allen Krankheiten, von denen die meisten viel ernsthafter sind als die gewöhnliche Erkältung. Ein extremer Fall, was Komplexität und Schwere der Krankheit anbetrifft, ist der Krebs. In den vergangenen Jahrzehnten hat man riesige Mittel für die Krebsforschung aufgewendet, um einen Virus zu identifizieren, der die Krankheit verursacht. Als diese Forschungsrichtung ergebnislos blieb, verlagerte sich die Aufmerksamkeit auf mögliche Umweltursachen, die ebenfalls innerhalb eines reduktionistischen Rahmens erforscht wurden. Heute beharren immer noch viele Forscher auf der Meinung, daß allein der Kontakt mit oder die Aufnahme von krebserzeugenden Substanzen zur Krebserkrankung führen. Sehen wir uns jedoch an, wie viele Menschen etwa mit Asbest Umgang haben, und fragen dann, wie viele davon Lungenkrebs bekommen, dann ergibt sich ein Verhältnis von etwa eins zu tausend. Warum entwickelt sich Krebs gerade bei dieser einen Person? Die Antwort ist, daß jeder schädliche Umwelteinfluß den Organismus als Ganzen beeinflußt, einschließlich des psychischen Zustandes und der sozialen und kulturellen Gegebenheiten. Alle diese Faktoren sind für die Entwicklung von Krebs von Bedeutung und müssen zum Verständnis der Krankheit berücksichtigt werden.

Der Begriff der Krankheit als klar umgrenzter Einheit hat zu einer Klassifizierung der Krankheiten nach dem Muster der Taxonomie für Pflanzen und Tiere geführt. Eine solche Klassifizierung hat einige Berechtigung für Krankheiten mit vorwiegend physischen Symptomen, ist jedoch bei psychischen Erkrankungen, auf die man sie ebenfalls anwendet, äußerst problematisch. Die psychiatrische Diagnose ist berüchtigt für ihren Mangel an objektiven Kriterien. Da das Verhalten des Patienten gegenüber dem Psychiater Teil des klinischen Bildes ist, auf dem die Diagnose beruht, und da dieses Verhalten auch von der Persönlichkeit des Arztes, dessen Haltung und Erwartungen beeinflußt wird, muß die Diagnose zwangsläufig subjektiv sein. Damit bleibt die Idealvorstellung einer präzisen Klassifizierung der »psychischen Krankheiten« weitgehend illusorisch. Dennoch haben Psychiater unerhört viel Mühe aufgewandt, um objektive diagnostische Systeme für gefühlsbedingte und Verhaltensstörungen aufzustellen, die es ihnen erlauben würden, psychische Krankheiten in die biomedizinische Definition von Krankheit einzubeziehen.

Bei ihrem Bemühen, Erkrankung auf Krankheit zu reduzieren, hat sich die Aufmerksamkeit der Ärzte vom Patienten als ganzheitlicher Persönlichkeit entfernt. Erkrankung ist ein Zustand des ganzen Menschen, Krankheit ein Zustand eines bestimmten Körperteils. Statt nun Patienten zu behandeln, die erkrankt sind, haben die Ärzte sich darauf konzentriert, die Krankheiten der Menschen zu bekämpfen.[47] Sie haben die bedeutsame Unterscheidung zwischen beiden Begriffen aus den Augen verloren. Aus biomedizinischer Sicht gibt es keine Erkrankung und daher auch keine Rechtfertigung für medizinische Betreuung, wenn keine strukturellen oder biochemischen Veränderungen erkennbar sind, die für eine spezifische Krankheit typisch sind. Klinische Erfahrungen haben jedoch häufig ergeben, daß jemand erkrankt sein kann, ohne an einer Krankheit zu leiden. Die Hälfte aller Besuche beim Arzt erfolgen wegen Beschwerden, die nicht mit physiologischen Störungen in Verbindung gebracht werden können.[48]

Als Folge der biomedizinischen Definition der Krankheit richtet sich die ärztliche Behandlung ausschließlich auf feststellbare biologische Unregelmäßigkeiten. Damit wird jedoch die Gesundheit des Patienten nicht ohne weiteres wiederhergestellt, selbst wenn die Behandlung erfolgreich ist. So kann beispielsweise eine medizinische Krebstherapie zu einer vollständigen Rückbildung des Tumors führen, ohne daß es dadurch dem Patienten gutgeht. Seine Gesundheit kann weiterhin durch emotionelle Probleme belastet sein, ohne deren Lösung eine Wiederkehr der bösartigen Geschwulst möglich ist.[49] Andererseits kann es vorkommen, daß ein Patient keine nachweisbare Krankheit hat und sich dennoch ziemlich krank fühlt. Die engen Grenzen der biomedizinischen Methode hindern die Ärzte, solchen Patienten zu helfen, die man dann gern als »eingebildete Kranke« bezeichnet.

Obwohl das biomedizinische Modell zwischen Symptom und Krankheit unterscheidet, kann jede Krankheit im weiteren Sinne gleichzeitig Symptom einer ihr zugrundeliegenden Erkrankung sein, deren Ursprünge selten untersucht werden. Um das zu tun, müßte man mangelnde Gesundheit innerhalb der vielfältigen Zusammenhänge des menschlichen Zustandes sehen und in Betracht ziehen, daß jede Erkrankung oder Verhaltensstörung eines bestimmten Individuums nur aus dem ganzen Netz von Wechselwirkungen verstanden werden kann, in das diese Person eingebettet ist.

Das vielleicht auffallendste Beispiel für den bevorzugten Umgang mit den Symptomen statt mit den zugrundeliegenden Ursachen ist die Anwendung von Medikamenten in der heutigen Medizin. Sie ist eine Folge der irrigen Annahme, Bakterien seien die Hauptursache der Krankheiten und ihre Wirkung sei nicht nur symptomatische Manifestation einer tieferliegenden physiologischen Störung. Nachdem Pasteur seine Theorie von den Krankheitskeimen entwickelt hatte, konzentrierte sich die medizinische Forschung jahrzehntelang auf die Bakterien und vernachlässigte es, den Wirtorganismus und dessen Umwelt zu studieren. Infolge dieser Einseitigkeit, die sich erst seit der zweiten Hälfte unseres Jahrhunderts mit dem Aufkommen der Immunologie zu ändern beginnt, setzen sich die Ärzte die Zerstörung der Bakterien zum Ziel, statt nach den kausalen Wurzeln der Störung zu suchen. Bei der Unterdrükkung oder Linderung der Symptome erzielen sie zwar Erfolge, fügen dem Organismus dabei jedoch oft weiteren Schaden zu. Die Überbetonung der Rolle der Bakterien hat die Meinung entstehen lassen, Krankheit sei die Folge eines Angriffs von außen, statt einer Panne innerhalb des Organismus. Dieses Mißverständnis hat in unserer modernen Gesellschaft zu einer übertriebenen Angst vor Bakterien und manchmal schon grotesken Verhaltensweisen im Alltag geführt, die in den Vereinigten Staaten ausgeprägter sind als anderswo. Eine solche Einstellung wird natürlich nicht nur von der medizinischen Wissenschaft, sondern noch tatkräftiger von der chemischen Industrie gefördert. Welches auch immer die Motivation sein mag – durch biologische Tatsachen wird sie kaum gerechtfertigt. Es ist allgemein bekannt, daß viele Arten von Bakterien und Viren, die mit Krankheiten in Verbindung gebracht werden, ganz allgemein in den Geweben gesunder Menschen vorhanden sind, ohne Schaden anzurichten. Nur unter besonderen Umständen, welche die allgemeine Widerstandskraft des Wirtes verringern, rufen sie Krankheitssymptome hervor. Unsere Gesellschaft macht es uns schwer, das zu glauben – aber viele wichtige Körperorgane funktionieren überhaupt nur, wenn bestimmte Bakterien vorhanden sind. Tiere, die in absolut keimfreier Umgebung aufgezogen werden, entwickeln schwere anatomische und physiologische Anomalien.[50]

Von den zahllosen Bakterienstämmen auf unserer Erde sind nur sehr wenige in der Lage, im menschlichen Organismus Krankheiten zu verursachen, und gewöhnlich werden sie rechtzeitig vom Abwehrmechanismus des Körpers zerstört. Andererseits können Bakterien, die für eine bestimmte Gruppe von Menschen relativ harmlos sind, weil sie entsprechende Widerstandskraft entwickelt haben, für andere Menschen, die diesen Mikroben nie zuvor ausgesetzt waren, äußerst gefährlich sein. Die katastrophalen Epidemien, von denen Polynesier, amerikanische Indianer und Eskimos bei ihren ersten Kontakten mit europäischen Forschungsreisenden befallen wurden, sind hierfür besonders auffallende Beispiele.[51]

Die Entwicklung von Infektionskrankheiten hängt ebenso sehr von der Reaktion des Wirts wie von spezifischen Eigenschaften der Bakterien ab. Diese Ansicht wird durch sorgsame Untersuchung des genauen Mechanismus der Infektion noch bestärkt. Es scheint sehr wenige Infektionskrankheiten zu geben, bei denen Bakterien die Zellen oder Gewebe des Wirts unmittelbar schädigen. Es kommt zwar gelegentlich vor, doch wird der Schaden in den meisten Fällen durch eine Überreaktion des Organismus verursacht, eine Art von Panik, bei der mehrere kraftvolle und nicht zusammenhängende Verteidigungsmechanismen gleichzeitig in Gang gesetzt werden.[52] Infektionskrankheiten entstehen also zumeist infolge eines Mangels an Koordination innerhalb des Organismus und nicht wegen eines von Bakterien verursachten Schadens.

Angesichts dieser Tatsachen wäre es außerordentlich nützlich und zugleich eine intellektuelle Herausforderung, die komplexen Wechselwirkungen von Geist, Körper und Umwelt zu studieren, welche die Widerstandskraft gegen Bakterien beeinflussen. Bisher wird in dieser Richtung jedoch wenig geforscht. In diesem Jahrhundert war die medizinische Forschung vor allem auf die Identifizierung spezifischer Mikroorganismen und die Entwicklung von Medikamenten zu ihrer Abtötung ausgerichtet. Dabei wurden außerordentliche Erfolge erzielt; den Ärzten wurde ein ganzes Arsenal von Medikamenten in die Hand gegeben, die für die Behandlung akuter Bakterieninfektionen sehr wirksam sind. Die angemessene Anwendung von Antibiotika in Notsituationen wird weiterhin gerechtfertigt bleiben, doch wird es besonders darauf ankommen, die natürliche Widerstandskraft des menschlichen Organismus gegenüber Bakterien zu erforschen und zu stärken.

Antibiotika sind natürlich nicht die einzigen Medikamente der modernen Medizin. Medikamente stehen in unserer Gesellschaft im Mittelpunkt jeder medizinischen Therapie. Man setzt sie ein, um eine große Vielfalt physiologischer Funktionen zu regulieren – durch ihr Einwirken auf Nerven, Muskeln und andere Gewebe, auf das Blut und andere Körperflüssigkeiten. Medikamente können das Funktionieren des Herzens verbessern und Unregelmäßigkeiten im Herzschlag korrigieren; sie können den Blutdruck heben oder senken, Blutgerinnsel verhüten oder übermäßiges Bluten stoppen, können die Muskeln entspannen, die Ausscheidungen verschiedener Drüsen beeinflussen und eine Reihe von Verdauungsprozessen regulieren. Durch Einwirkung auf das zentrale Nervensystem können sie Schmerzen lindern oder vorübergehend beseitigen, Spannung und Angst beheben, Schlaf herbeiführen oder die Aufmerksamkeit anregen. Medikamente können ein breites Spektrum von Steuerungsfunktionen beeinflussen, von der Sehschärfe des Auges bis zur Zerstörung von Krebszellen. Viele dieser Funktionen sind an subtile biochemische Prozesse gebunden, die bisher kaum verstanden werden, wenn sie nicht gar vollständig mysteriös sind.

Die starke Entwicklung der Chemotherapie* in der modernen Medizin hat es den Ärzten ermöglicht, vielen Menschen das Leben zu retten und viele Leiden und Beschwerden zu lindern. Leider ist sie auch Anlaß zu der bekannten übermäßigen Verwendung und zum Mißbrauch von Medikamenten durch ärztliche Verordnungen wie durch Selbstbehandlung des einzelnen. Bis vor kurzem nahm man an, die toxischen Nebenwirkungen von Medikamenten, obgleich manchmal ernsthafter Art, sei-

* Chemotherapie ist die Behandlung von Krankheiten mit Chemikalien, das heißt mit Medikamenten.

en so selten, daß sie allgemein als unbedeutend eingestuft werden könnten. Das hat sich als schweres Fehlurteil erwiesen. In den vergangenen zwei Jahrzehnten sind die schädlichen Nebenwirkungen von Medikamenten zu einem Problem der öffentlichen Gesundheit von alarmierenden Ausmaßen geworden. Einige dieser Wirkungen sind unvermeidlich, und viele davon sind eindeutig durch Fehler des Patienten selbst verursacht. Viele andere jedoch sind die Folge sorgloser und unangemessener Verordnungen durch Ärzte, die sich streng an die biomedizinische Methode halten. Immerhin behaupten manche Ärzte, daß sich eine hochqualifizierte medizinische Betreuung durchführen ließe, ohne daß auch nur eines der zwanzig am meisten verschriebenen Medikamente angewendet werden müßte.[53]

Die zentrale Rolle der Medikamente in der heutigen Gesundheitsfürsorge wird oft mit der Bemerkung gerechtfertigt, daß die wirksamsten Medikamente heute – einschließlich Digitalis, Penizillin und Morphium – aus Pflanzen hergestellt werden, von denen viele seit alten Zeiten als Medizin verwendet wurden. Nach dieser Argumentation ist die Anwendung von Medikamenten nur die Fortsetzung einer Gewohnheit, die so alt ist wie die Menschheit selbst. Das mag durchaus wahr sein, doch besteht ein ganz entscheidender Unterschied zwischen pflanzlichen Arzneien und chemischen Medikamenten. Die in modernen pharmazeutischen Laboratorien hergestellten Medikamente sind gereinigte und hochkonzentrierte Dosen von Substanzen, die in der Natur in Pflanzen vorkommen. Diese gereinigten Substanzen erweisen sich als weniger wirksam und gefährlicher als die natürlichen ungereinigten Heilmittel. Neuere Experimente mit pflanzlichen Heilmitteln deuten darauf hin, daß das gereinigte aktive Prinzip als Medizin weniger wirksam ist als der unbearbeitete rohe Extrakt aus der Pflanze, weil letzterer Spurenelemente und Moleküle enthält, die früher als unwichtig galten, von denen sich inzwischen jedoch herausgestellt hat, daß sie eine wichtige Rolle bei der Begrenzung der Wirkung des eigentlichen aktiven Bestandteils spielen. Sie stellen sicher, daß die Reaktion des Körpers nicht zu weit geht und daß keine unerwünschten Nebenwirkungen auftreten. Unbearbeitete Extrakte von pflanzlichen Stoffen besitzen auch sehr spezielle antibakterielle Eigenschaften. Sie zerstören die Bakterien nicht, sondern hindern sie an der Vermehrung; so ist es unwahrscheinlich, daß Mutationen auftreten und sich Bakterienstämme entwickeln, die sich gegenüber Medikamenten als resistent erweisen.[54] Außerdem ist die Dosierung pflanzlicher Arzneien weniger problematisch als die chemischer Medikamente. Pflanzliche Mixturen, die empirisch seit tausend Jahren ausprobiert sind, brauchen wegen der darin enthaltenen mildernden Wirkstoffe nicht genau quantifiziert zu werden. Hier reichen ungefähre Dosen aus, die sich nach dem Alter, dem Körpergewicht und der Größe des Patienten richten. Mit diesen Ergebnissen bringt die moderne Wissenschaft ein empirisches Wissen neu zur Geltung, das durch Heilkundige in allen Kulturen und Traditionen von Generation zu Generation weitergegeben wurde.

Ein wichtiger Aspekt der mechanistischen Auffassung lebender Organismen und der technischen Betrachtungsweise der Gesundheit ist die Meinung, die Heilung einer Erkrankung erfordere ärztliches Eingreifen von außen, entweder physischer Art durch Chirurgie oder Bestrahlung, oder chemisch durch Medikamente. Die gegenwärtige medizinische Therapie beruht auf diesem Prinzip der medizinischen Intervention; sie verläßt sich bei der Heilung oder zumindest Linderung von Schmerzen und Beschwerden auf äußere Kräfte, ohne das Heilungspotential im Patienten selbst zu berücksichtigen. Diese Haltung ergibt sich unmittelbar aus der kartesianischen Anschauung vom Körper als Maschine, die jemanden braucht, der sie bei einer Panne repariert. Dementsprechend wird die medizinische Intervention mit dem Ziel ausgeführt, einen spezifischen biologischen Mechanismus in einem bestimmten Teil des Körpers zu korrigieren, wobei verschiedene Teile von verschiedenen Spezialisten behandelt werden.

Eine bestimmte Krankheit mit einem genau bestimmten Körperteil in Verbindung zu bringen, ist natürlich in vielen Fällen nützlich. Doch hat die moderne wissenschaftliche Medizin die reduktionistische Methode überbetont und ihre spezialisierten Disziplinen bis zu einem Punkt entwickelt, an dem die Ärzte nicht mehr imstande sind, die Erkrankung als eine Störung des gesamten Organismus zu sehen oder sie als solche zu behandeln. Sie neigen vielmehr dazu, ein ganz bestimmtes Organ oder Gewebe zu behandeln, was im allgemeinen ohne Rücksicht auf den ganzen Körper geschieht, gar nicht zu reden von den psychologischen und sozialen Aspekten der Erkrankung des Patienten.

Selbst wenn eine derartige bruchstückhafte medizinische Intervention bei der Linderung von Schmerzen und Beschwerden sehr erfolgreich sein kann, reicht dies noch keineswegs aus, sie zu rechtfertigen. Von einem umfassenderen Standpunkt aus muß nicht alles, was vorübergehend Leiden mildert, zwangsläufig gut sein. Erfolgt die Intervention ohne Berücksichtigung anderer Aspekte der Erkrankung, wird das Ergebnis langfristig für den Patienten ungesund sein. Nehmen wir das Beispiel eines Menschen, bei dem sich eine Arteriosklerose entwickelt, eine Verengung und Verhärtung der Arterien als Ergebnis ungesunder Lebensführung – übermäßige Ernährung, Mangel an körperlicher Bewegung, übermäßiges Rauchen. Die chirurgische Behandlung einer blockierten Arterie kann vorübergehend Schmerzen lindern, wird die betreffende Person aber nicht gesund machen. Der chirurgische Eingriff behebt nur die lokale Auswirkung einer Systemstörung, die andauern wird, bis die zugrundeliegenden Probleme erkannt und gelöst werden.

Natürlich wird medizinische Therapie immer irgendeine Intervention erfordern. Doch braucht sie nicht die exzessive und fragmentarische Form anzunehmen, die wir so oft in der heutigen Gesundheitsfürsorge erleben. In vielen Fällen könnte jene Art von Therapie an ihre Stelle treten, wie sie seit Jahrtausenden von weisen Ärzten und Heilern praktiziert wird: ein subtiles Einwirken auf den Organismus, das ihn dazu anregt, den Heilungsprozeß von sich aus zu vollziehen. Solche Therapien beruhen auf der tiefen Achtung vor dem Selbstheilungspotential und auf der Anschauung, daß der Patient ein selbstverantwortliches Individuum ist, das den Gesundungsprozeß selbst in Gang bringen kann. Diese Haltung steht im Gegensatz zur biomedizinischen Methode, die alle Autorität und Verantwortung auf den Arzt überträgt.

Dem biomedizinischen Modell nach weiß nur der Arzt, was für die Gesundheit des einzelnen wichtig ist; nur er kann etwas dazu tun, weil das gesamte Wissen über die Gesundheit ein verstandesmäßiges wissenschaftliches Wissen auf der Grundlage objektiver Beachtung klinischer Daten sein muß. In diesem Rahmen sind Labortests und Messungen physischer Parameter im Untersuchungszimmer für die Diagnose wichtiger als die Beurteilung des Gemütszustandes, der Familiengeschichte oder der gesellschaftlichen Situation des Patienten.

Die Autorität des Arztes und seine Verantwortung für die Gesundheit des Patienten lassen ihn eine väterliche Rolle einnehmen. Er kann ein wohlwollender oder ein diktatorischer Vater sein, doch ist seine Position der des Patienten überlegen. Da außerdem die meisten Ärzte männlichen Geschlechts sind, bestärkt und verewigt die väterliche Rolle des Arztes die Unterdrückung der Frau in der Medizin, was für weibliche Patienten ebenso wie für Ärztinnen gilt.[55] Die entsprechenden Verhaltensweisen gehören zu den gefährlichsten Manifestationen des Sexismus, die nicht von der medizinischen Wissenschaft selbst hervorgerufen werden, sondern Ausdruck des patriarchalischen Vorurteils in der Gesellschaft insgesamt und vor allem in der Wissenschaft sind.

Im heutigen Gesundheitssystem spielen die Ärzte in den Teams, die sich um die Versorgung des Patienten kümmern, eine einzigartige und entscheidende Rolle.[56] Es ist der Arzt, der den Patienten ins Krankenhaus und wieder nach Hause schickt, der Labortests und Röntgenaufnahmen anordnet, chirurgische Eingriffe empfiehlt und Medikamente verschreibt. Krankenschwestern, die oft eine ausgezeichnete Ausbildung als Therapeuten und Gesundheitserzieher haben, gelten nur als Hilfskräfte des Arztes und können ihr volles Potential an Wissen selten ausnutzen. Infolge der engen biomedizinischen Vorstellungen von der Erkrankung und der patriarchalischen Machtverteilung im Gesundheitswesen wird die wichtige Rolle der Krankenpflegerin, die diese im Heilungsprozeß wegen ihrer menschlichen Kontakte mit dem Patienten spielt, nicht voll anerkannt. Diese Kontakte vermitteln der Krankenpflegerin häufig intimere Kenntnisse vom physischen und psychischen Zustand des Patienten, als sie der Arzt besitzt. Trotzdem gilt ihr Wissen als weniger wichtig als die »wissenschaftliche« Beurteilung durch den akademisch gebildeten Arzt auf der Grundlage von Labortests. Im Banne des Geheimnisvollen, mit dem der ärztliche Berufsstand sich umgibt, hat unsere Gesellschaft den Ärzten das ausschließliche Recht übertragen festzustellen, was Krankheit ist, wer krank und wer gesund ist und was mit den Kranken geschehen soll. Zahlreiche andere Heilkundige, etwa Homöopathen, Chiropraktiker und Pflanzenkundige, deren therapeutische Methoden auf anderen, aber gleichermaßen fundierten Modellen beruhen, spielen innerhalb der Gesundheitsfürsorge nur Nebenrollen.

Obwohl die Ärzte beträchtliche Macht besitzen, das System des Gesundheitswesens zu beeinflussen, werden sie andererseits auch sehr von ihm konditioniert. Da ihre Ausbildung vor allem im Krankenhaus erfolgt, fühlen sie sich in zweifelhaften Fällen sicherer, wenn sie ihre Patienten im Krankenhaus untergebracht haben. Aufgrund der Tatsache, daß sie aus nichtkommerziellen Quellen nur wenig Informationen über Medikamente erhalten, neigen sie außerdem dazu, sich übermäßig von der pharmazeutischen Industrie steuern zu lassen. Die wesentlichen Aspekte der zeitgenössischen Gesundheitspflege werden jedoch durch die Art der medizinischen Ausbildung bestimmt. Wenn heute harte Technologien bevorzugt und Medikamente im Übermaß verschrieben werden, wenn die medizinische Fürsorge zentralisiert und hochspezialisiert ist, so hat das alles seinen Ursprung in den medizinischen Fakultäten und Universitätskliniken. Jeder Versuch zur Änderung des augenblicklichen Gesundheitswesens muß daher damit beginnen, die Ausbildung der Ärzte zu ändern.

Noch vor einer Generation war über die Hälfte aller Ärzte sogenannte Allgemeinmediziner; heute sind mehr als 75 Prozent Spezialisten, die sich auf eine bestimmte Altersgruppe, Krankheit oder einen bestimmten Körperteil konzentrieren. Nach David Rogers[57] hat das zur augenscheinlichen Unfähigkeit der amerikanischen Ärzteschaft geführt, mit den alltäglichen medizinischen Bedürfnissen der Bevölkerung fertigzuwerden. Andererseits gibt es in den Vereinigten Staaten einen Überschuß an Chirurgen, was nach Ansicht einiger Kritiker bewirkt, daß chirurgische Eingriffe in erheblicher Zahl ohne echten Anlaß vorgenommen werden.[58] Das sind einige der Gründe, warum viele Bürger die Deckung des Bedarfs an primärer Gesundheitspflege – das breite Spektrum allgemeiner Betreuung, die gewöhnlich von den praktischen Ärzten in den Gemeinden ausgeübt wird – als das zentrale Problem der Medizin in unserer Gesellschaft ansehen.

Das Problem der primären Betreuung ist nicht nur in der kleinen Zahl der Allgemeinmediziner begründet, sondern auch in deren Ansichten über die Fürsorge für den Patienten, die oft durch die auf den medizinischen Fakultäten empfangene, voreingenommene Ausbildung begrenzt ist. Die Tätigkeit des Allgemeinmediziners erfordert nicht nur wissenschaftliche Kenntnisse und technische Fertigkeiten, sondern auch Weisheit, Mitgefühl und Geduld sowie die Fähigkeit, menschliche Tröstung und Beruhigung zu vermitteln. Darüber hinaus sind Empfänglichkeit für die emotionellen Probleme des Patienten sowie therapeutische Fähigkeiten beim Umgang mit den psychologischen Aspekten der Erkrankung vonnöten. Diese Verhaltensweisen und Fertigkeiten werden in den heutigen Ausbildungsplänen nicht genug berücksichtigt; dort wird vielmehr die Identifizierung und Behandlung spezifischer Krankheiten als das Kernstück der Gesundheitspflege dargestellt. Außerdem fördern die medizinischen Fakultäten ein unausgeglichenes, männlich betontes Wertsystem und unterdrücken aktiv die Eigenschaften Intuition, Sensibilität und Pflegetrieb zugunsten einer rationalen, aggressiven und auf Konkurrenzdenken ausgerichteten Methode. Scott May, ein Student der medizinischen Fakultät der University of California, drückte dies in einer Ansprache zum Abschluß seines Studiums wie folgt aus: »Die medizinische Fakultät fühlt sich wie eine Familie, die von ihrer Mutter verlassen wurde, und bei der nur der harte Vater im Hause geblieben ist.«[59] Wegen dieses Ungleichgewichts halten Ärzte ein mitfühlendes Gespräch über persönliche Probleme oft für ganz unnötig, und Patienten klagen darüber, daß die Ärzte kühl und unfreundlich seien und ihre Sorgen nicht verstünden.

Der Zweck unserer großen Universitätskliniken ist nicht nur die Ausbildung, sondern auch die Forschung. Wie schon bei der medizinischen Ausbildung wird die biologische Orientierung bei der Unterstützung und Finanzierung von Forschungsprojekten ganz besonders bevorzugt. Obwohl epidemiologische, soziale und Umweltforschung die menschliche Gesundheit oft wirkungsvoller verbessern würde als die streng biomedizinische Methode[60], werden derartige Projekte wenig gefördert und nur armselig finanziert. Der Grund: Das biomedizinische Modell erscheint den meisten Forschern von der Idee her besonders attraktiv und wird vor allem durch die verschiedenen Interessengruppen der Gesundheitsindustrie nachhaltig gefördert. Die Tatsache, daß viele medizinische Zeitschriften der Veröffentlichung psychosomatischer Forschungsergebnisse ziemlich ablehnend gegenüberstehen, ist nicht ganz von ihrer finanziellen Abhängigkeit von den pharmazeutischen Unternehmen zu trennen.[61]

Die allgemeine Öffentlichkeit ist mit der medizinischen Wissenschaft und den Ärzten weithin unzufrieden; dennoch sind sich die meisten Kritiker nicht bewußt, daß das enge begriffliche Fundament der Medizin ein wichtiger Grund für die gegenwärtige unbefriedigende Lage ist. Im Gegenteil: Das biomedizinische Modell wird allgemein akzeptiert und seine Grundprinzipien sind so stark in unserer Kultur verwurzelt, daß es sogar zum beherrschenden Alltagsmodell der Erkrankung geworden ist. Die meisten Patienten verstehen seine komplexen Aspekte kaum, sind jedoch konditioniert zu glauben, der Arzt alleine wisse, was sie krank mache, und technologische Interventionen seien der einzige Weg zur Besserung.

Diese Haltung der Öffentlichkeit erschwert es fortschrittlichen Ärzten sehr, die gegenwärtigen Modelle der Gesundheitsfürsorge zu ändern. Ich kenne mehrere, die es versuchen, den Patienten die Krankheitssymptome zu erklären und ihnen den Zusammenhang der Erkrankung mit ihren Lebensgewohnheiten deutlich zu machen, und die doch immer wieder feststellen müssen, daß die Patienten mit dieser Methode nicht zufrieden sind. Diese Menschen wollen etwas anderes, und oft sind sie erst zufrieden, wenn sie den Behandlungsraum mit einem Rezept in der Hand verlassen können. Viele Ärzte geben sich große Mühe, das Verhalten der Menschen gegenüber ihrer Gesundheit zu ändern, damit sie nicht darauf bestehen, bei einer einfachen Erkältung gleich ein Antibiotikum verordnet zu bekommen. Doch sind die irrigen Ansichten des Patienten oft so stark, daß dieses Bemühen erfolglos bleibt. Ein praktischer Arzt beschrieb diese Situation folgendermaßen: »Da kommt eine Mutter mit einem fiebernden Kind und sagt: ›Geben Sie ihm doch eine Penizillin-Spritze.‹ Darauf antwortet man: ›Wissen Sie, in diesem Falle würde Penizillin nicht helfen‹, worauf sie mit den Worten reagiert: ›Was sind Sie eigentlich für ein Arzt? Wenn Sie es nicht machen, gehe ich zu einem anderen!‹«

Das biomedizinische Modell von heute ist viel mehr als nur ein Modell. Bei den Ärzten hat es den Status eines Dogmas erlangt, und für die allgemeine Öffentlichkeit gehört es unauflöslich zum allgemeinen kulturellen Weltbild. Dieses Modell zu überwinden, erfordert nichts weniger als eine Kulturrevolution. Und eine solche Revolution ist notwendig, wenn wir unsere Gesundheit zu verbessern oder auch nur zu bewahren wünschen. Die Mängel unseres gegenwärtigen Gesundheitssystems – in bezug auf Kosten, Wirksamkeit und Befriedigung menschlicher Bedürfnisse – treten mehr und mehr zutage, und es wird immer offensichtlicher, daß dies eine Folge seines beschränkten weltanschaulichen Modells ist. Die biomedizinische Methode wird weiterhin äußerst nützlich sein, so wie es der kartesianisch-Newtonsche Rahmen in vielen Bereichen der klassischen Naturwissenschaft ist, solange man sich seiner Grenzen bewußt bleibt. Medizinische Wissenschaftler werden erkennen müssen, daß die reduktionistische Analyse der Körper-Maschine ihnen kein vollständiges Verständnis menschlicher Probleme liefern kann. Die biomedizinische Forschung muß in ein umfassenderes System der Gesundheitsfürsorge integriert werden, in dem die menschlichen Erkrankungen als Ergebnis des Zusammenwirkens von Geist, Körper und Umwelt gesehen und entsprechend untersucht und behandelt werden.

Um eine solche ganzheitliche und ökologische Vorstellung von Gesundheit in Theorie und Praxis durchzusetzen, brauchen wir nicht nur einen radikalen Wandel der Vorstellungen in der medizinischen Wissenschaft, sondern auch eine umfassende Umerziehung der öffentlichen Meinung. Viele halten hartnäckig am biomedizinischen Modell fest, weil sie befürchten, man könne ihren persönlichen Lebensstil näher unter die Lupe nehmen und ihnen ihre ungesunde Lebensweise vorhalten. Statt lästigen und oft schmerzlichen Situationen ins Auge zu sehen, übertragen sie lieber die Verantwortung für ihre Gesundheit dem Arzt und seinen Medikamenten. Außerdem neigen wir als Gesellschaft dazu, Diagnosen als Deckmantel für soziale Probleme zu verwenden. Wir sprechen lieber von der »Überaktivität« unserer Kinder oder ihrer »Lernunfähigkeit«, statt die Unzulänglichkeit unserer Schulen zu überprüfen. Wir lassen uns lieber sagen, wir litten an »Bluthochdruck«, statt unsere extrem wettbewerbsorientierten Geschäftspraktiken zu ändern; wir nehmen eine stetig zunehmende Zahl von Krebserkrankungen hin, statt uns darum zu kümmern, wie die chemische Industrie unsere Nahrungsmittel vergiftet, um mehr Gewinne zu machen.

Diese Gesundheitsprobleme gehen weit über das Sachgebiet des Arztberufs hinaus, geraten jedoch unweigerlich in den Brennpunkt, sobald wir ernsthaft versuchen, die augenblicklich praktizierte Gesundheitspflege zu erweitern. Wir werden das biomedizinische Modell nur sprengen, wenn wir gewillt sind, auch anderes zu verändern. Dieser Vorgang muß letztlich Teil der gesamten gesellschaftlichen und kulturellen Umwandlung sein.

6. Die Newtonsche Psychologie

Wie die Biologie und die Medizin wurde auch die Wissenschaft der Psychologie durch das kartesianische Paradigma geformt. Als Jünger von Descartes übernahmen die Psychologen die strenge Unterscheidung zwischen *res cogitans* und *res extensa,* wodurch es ihnen sehr schwerfiel zu verstehen, wie Körper und Geist aufeinander einwirken. Die augenblickliche Verwirrung über Rolle und Natur des Geistes zum Unterschied von der des Gehirns ist eine sichtbare Folge der kartesianischen Spaltung.

Descartes traf nicht nur eine deutliche Unterscheidung zwischen dem vergänglichen Körper und der unzerstörbaren Seele, sondern schlug auch unterschiedliche Methoden für deren Untersuchung vor. Die Seele oder der Geist sollten durch nach innen gerichtete Selbstbeobachtung, der Körper mit den Methoden der Naturwissenschaft erforscht werden. In den nachfolgenden Jahrhunderten sind die Psychologen dieser Anregung von Descartes jedoch nicht gefolgt; sie übernahmen beide Methoden zum Studium der menschlichen Psyche, wodurch zwei bedeutende Schulen der Psychologie entstanden. Die Strukturalisten untersuchten den Geist durch nach innen gerichtete Selbstbeobachtung und versuchten, das Bewußtsein auf seine grundlegenden Elemente hin zu analysieren; die Behavioristen dagegen konzentrierten sich ausschließlich auf das menschliche Verhalten und wurden deshalb dazu verleitet, der Existenz des Geistes keine Beachtung zu schenken oder sie einfach zu leugnen. Beide Schulen entstanden zu einer Zeit, als das naturwissenschaftliche Denken vom Newtonschen Wirklichkeitsmodell beherrscht war. Dementsprechend gestalteten beide Schulen sich nach dem Vorbild der klassischen Physik und bauten die grundlegenden Ideen der Newtonschen Mechanik in ihren theoretischen Rahmen ein.

Unterdessen benutzte Sigmund Freud, der mehr in der Klinik und im Sprechzimmer als im Labor arbeitete, die Methode der freien Gedankenassoziation zur Entwicklung der Psychoanalyse. Dies war zwar eine sehr unterschiedliche und sogar revolutionäre Theorie vom menschlichen Geist, doch waren ihre grundsätzlichen Vorstellungen im Grunde vom Newtonschen Denken beherrscht. Daher beruhten die drei Hauptströmungen des psychologischen Denkens in den ersten Jahrzehnten des 20. Jahrhunderts – zwei akademische und eine klinische – nicht nur auf dem kartesianischen Paradigma, sondern sogar auf spezifischen Newtonschen Vorstellungen von der Wirklichkeit.

Gewöhnlich nimmt man an, die Psychologie bestehe als Wissenschaft seit dem 19. Jahrhundert, während ihre historischen Wurzeln sich bis zu den Philosophen der griechischen Antike zurückverfolgen lassen.[1] Die im Westen verbreitete Annahme, aus dieser Tradition stammten die einzigen wirklich ernstzunehmenden psychologischen Theorien, wird heute als ziemlich provinzielle und kulturell bedingte Ansicht angesehen. Neuere Entwicklungen auf dem Gebiet der Bewußtseinsforschung, Psychotherapie und Transpersonalen Psychologie haben Interesse für östliche Lehrsysteme erweckt, vor allem für indische, in denen eine Vielzahl tiefschürfender und hochentwickelter Wege in die Psychologie aufgezeigt werden. Die reiche Tradition indischer Philosophie hat ein weites Spektrum philosophischer Schulen entstehen lassen, vom extremen Materialismus bis zum extremen Idealismus, vom absoluten Monismus über Dualismus bis zum vollständigen Pluralismus. Dementsprechend haben diese Schulen zahlreiche und oft widersprüchliche Theorien über das menschliche Verhalten, die Natur des Bewußtseins und den Zusammenhang zwischen Geist und Materie entwickelt.

Neben diesem breiten Spektrum philosophischer Schulen entstanden in der indischen und in anderen östlichen Kulturen spirituelle Überlieferungen, die auf empirischem Wissen beruhen und deshalb der Methode der modernen Naturwissenschaft näherstehen.[2] Sie gründen in mystischen Erfahrungen, auf denen hochentwickelte und äußerst verfeinerte Bewußtseinsmodelle aufbauen, die sich zwar nicht innerhalb des kartesianischen Gedankengebäudes verstehen lassen, die sich aber in überraschender Übereinstimmung mit neuesten wissenschaftlichen Entwicklungen befinden.[3] Die östlichen mystischen Überlieferungen befassen sich jedoch nicht vornehmlich mit theoretischen Vorstellungen. Sie sind vor allem Wege zur inneren Befreiung durch die Umformung des Bewußtseins. Im Verlauf ihrer langen Geschichte haben sie subtile Methoden entwickelt, um die menschliche Wahrnehmung der eigenen Existenz und Beziehungen des einzelnen zur menschlichen Gesellschaft und zur Natur zu verändern. Überlieferungen wie Vedanta, Yoga, Buddhismus und Taoismus ähneln mehr Psychotherapien als Religionen oder Philosophien, weshalb es nicht überraschen kann, daß einige westliche Psychotherapeuten neuerdings lebhaftes Interesse für östliche Mystik zeigen.[4]

Die psychologischen Überlegungen der alten griechischen Philosophen zeigen ebenfalls einen starken Einfluß östlicher Ideen, welche die Griechen geschichtlichen Informationen und auch der Legende nach während ausgedehnter Studien in Ägypten assimilierten. Diese frühe philosophische Psychologie des Abendlandes schwankt zwischen idealistischen und materialistischen Vorstellungen von der Seele. Bei den Vorsokratikern lehrte Empedokles eine materialistische Theorie von der Psyche, wonach jeder Gedanke und jede Wahrnehmung von Veränderungen im Körper abhängen. Im Gegensatz dazu hatte Pythagoras sehr mystische Anschauungen, darunter den Glauben an die Seelenwanderung. Sokrates führte eine neue Vorstellung von der Seele in die griechische Philosophie ein. Vor ihm hatte man sie entweder als Lebenskraft – den »Atem des Lebens« – oder als transzendentes Prinzip im mystischen Sinne beschrieben. Sokrates dagegen benutzte das Wort »Psyche« im gleichen Sinne wie die moderne Psychologie es tut, als Sitz der Intelligenz und des Charakters.

Plato war der erste, der sich ausdrücklich mit dem Problem des Bewußtseins befaßte, und Aristoteles schrieb die erste systematische Abhandlung darüber, *Über die Seele,* worin er eine biologische und materialistische Methode der Psychologie entwickelte. Diese von den Stoikern noch verfeinerte materialistische Methode fand ihren beredtesten Gegner in Plotin, dem Begründer des Neuplatonismus und letzten großen Philosophen der griechischen Antike, dessen Lehren in vieler Hinsicht der indischen Vedanta-Philosophie ähneln und mächtigen Einfluß auf die frühchristliche Lehre ausübten. Nach Plotin ist die Seele immateriell und unsterblich, das Bewußtsein ist das Abbild des Göttlichen Einen und als solches auf allen Ebenen der Wirklichkeit vorhanden.

Eine der kraftvollsten und einflußreichsten Vorstellungen von der Psyche findet sich in der Philosophie von Plato. In *Phaedrus* wird die Seele als Wagenlenker beschrieben, der zwei Pferde lenkt, von denen das eine die körperlichen Leidenschaften und das andere die höheren Regungen darstellt. In dieser Metapher findet man die beiden Auffassungen vom Bewußtsein eingeschlossen – die biologische und die spirituelle –, die danach in der ganzen westlichen Philosophie und Naturwissenschaft weiterverfolgt wurden, ohne jemals auf einen Nenner gebracht zu werden. Aus diesem Konflikt entstand das »Körper-Geist-Problem«, das wir in vielen Lehren der Psychologie finden, vor allem im Konflikt zwischen den Psychologien von Freud und Jung.

Im 17. Jahrhundert erhielt das Körper-Geist-Problem die Form, die später in der Entwicklung der abendländischen wissenschaftlichen Psychologie führend war. Für Descartes gehören Körper und Geist zu zwei parallelen, aber grundlegend verschiedenen Bereichen, deren jeder ohne Bezug auf den anderen erforscht werden kann. Der Körper wurde von mechanischen Gesetzen gelenkt, während der Geist – oder die Seele – frei und unsterblich war. Die Seele wurde eindeutig und spezifisch mit dem Bewußtsein identifiziert und konnte den Körper auf dem Wege über die Zirbeldrüse beeinflussen. Menschliche Gefühle galten als Kombination von sechs »Leidenschaften« und wurden auf halbmechanische Weise beschrieben. Was Wissen und Wahrnehmung anbelangt, so glaubte Descartes, Wissen sei eine Primärfunktion des menschlichen Verstandes, das heißt der Seele, die unabhängig vom Gehirn ablaufen konnte. Klarheit der Ideen, die in der Philosophie und Naturwissenschaft von Descartes eine so bedeutsame Rolle spielte[5], konnte man nicht aus der wirren Tätigkeit der Sinne ableiten; sie wurde vielmehr das Ergebnis einer angeborenen Disposition zum Erkennen angesehen. Lernen und Erfahrung gaben angeborenen Ideen nur die Möglichkeit, sich zu manifestieren.

Das kartesianische Paradigma war für zwei große Philosophen des 17. Jahrhunderts, Baruch Spinoza und Gottfried Wilhelm Leibniz, Anregung und zugleich Herausforderung. Spinoza konnte den von Descartes gelehrten Dualismus nicht anerkennen und setzte an dessen Stelle einen ziemlich mystischen Monismus*. Leibniz brachte die Idee einer unendlichen Anzahl von Substanzen ein, die er »Monaden« nannte, womit er organische Einheiten von wesentlich psychischer Natur meinte, unter denen die menschliche Seele einen besonderen Platz einnahm. Monaden »haben keine Fenster«, sagte Leibniz; sie spiegeln lediglich einander wider.[6] Es gibt keine Wech-

* Monismus wird vom griechischen *monos* (»alleine«) abgeleitet. Das Wort bezeichnet eine philosophische Anschauung, wonach es nur eine Art letzter Substanz oder Wirklichkeit gibt.

selwirkung zwischen Geist und Körper, doch handeln beide »in vorbestimmter Harmonie«.

Die darauffolgende Entwicklung der Psychologie hielt sich weder an die spirituellen Ansichten von Spinoza noch an die auf der Vorstellung von organischen Einheiten beruhenden Ideen von Leibniz. Statt dessen wandten sich die Philosophen und Naturwissenschaftler der präzisen mathematischen Formulierung des mechanistischen Paradigmas zu und versuchten, die Natur mittels der Prinzipien Descartes' zu verstehen. Während La Mettrie in Frankreich das kartesianische Modell für Tiere geradewegs auch auf den menschlichen Organismus anwandte, den Geist einbezogen, nutzten die britischen Empiriker die Ideen Newtons, um erheblich verfeinerte psychologische Theorien zu entwickeln. Hobbes und Locke lehnten die Vorstellung von Descartes über angeborene Ideen ab und behaupteten, der Geist enthalte nichts, was nicht zuvor von den Sinnen erfaßt wurde. Bei der Geburt ist der menschliche Geist in den Augen von Locke eine *tabula rasa,* ein unbeschriebenes Blatt, auf dem Ideen durch sinnliche Wahrnehmungen eingezeichnet werden. Diese Vorstellung diente als Ausgangspunkt für eine mechanistische Erkenntnistheorie, in der die Sinneswahrnehmungen die Grundelemente des geistigen Bereichs sind, die durch Assoziationsprozesse zu komplexeren Strukturen verbunden werden.

Der Begriff der Assoziation wurde zu einem wichtigen Aspekt in der Entwicklung der Newtonschen Auffassung von der Psychologie, da er es den Philosophen ermöglichte, die Komplexität der Funktionen des Geistes auf gewisse elementare Regeln zu reduzieren. Es war vor allem David Hume, der die Assoziation zum zentralen Prinzip der Analyse des menschlichen Geistes machte; er betrachtete sie als »eine Anziehungskraft in der geistigen Welt«, die eine Rolle vergleichbar der Schwerkraft im materiellen Newtonschen Universum spielte. Hume war auch tief beeinflußt von Newtons induktiver Denkmethode, die auf Erfahrung und Beobachtung beruht, und nutzte sie, um eine atomistische Psychologie zu begründen, in der das Selbst auf ein »Bündel von Sinneswahrnehmungen« reduziert war.

David Hartley ging noch einen Schritt weiter. Er verknüpfte den Begriff der Ideenassoziation mit dem des neurologischen Reflexes und entwickelte daraus ein ins einzelne gehendes und einfallsreiches mechanistisches Modell des Geistes, in dem alle geistigen Tätigkeiten auf neurologische Prozesse zurückgeführt wurden. Dieses Modell wurde von einigen Empirikern noch fortentwickelt und in den 1870er Jahren in das Werk von Wilhelm Wundt eingebaut, der im allgemeinen als Begründer der wissenschaftlichen Psychologie gilt.

Die moderne Wissenschaft der Psychologie war das Ergebnis von Entwicklungen in der Anatomie und Physiologie im 19. Jahrhundert. Eingehende Untersuchungen des Gehirns und des Nervensystems erbrachten, daß es spezifische Zusammenhänge zwischen geistigen Funktionen und Gehirnstrukturen gibt. Sie brachten Klarheit über eine Reihe von Funktionen des Nervensystems und genauere Kenntnis der Anatomie und Physiologie der Sinnesorgane. Als Ergebnis dieser Fortschritte wurden die einfallsreichen, aber naiven mechanistischen Modelle von Descartes, La Mettrie und Hartley aufgrund der neuen Erkenntnisse umformuliert und die Newtonsche Orientierung der Psychologie fest begründet.

Die Entdeckung der Wechselbeziehungen zwischen geistiger Tätigkeit und Gehirnstruktur verursachte bei den Neuro-Anatomen große Begeisterung und veranlaßte einige von ihnen zu behaupten, man könne menschliches Verhalten auf eine Gruppe selbständiger Geistesfähigkeiten oder Eigentümlichkeiten zurückführen, die in spezifischen Teilen des Gehirns lokalisiert sind. Obwohl diese Hypothese nicht aufrechterhalten werden konnte, ist ihre grundlegende Zielsetzung – die verschiedenen Funktionen des Geistes mit ganz bestimmten Teilen des Gehirns zu assoziieren – unter den heutigen Neurologen noch sehr populär. Zunächst einmal gelang es den Forschern, die primären motorischen und Sinnesfunktionen im Gehirn besser zu lokalisieren. Als sie dann jedoch dieses Konzept auch auf die höheren Erkenntnisvorgänge ausdehnten, etwa Lernen und Gedächtnis, erbrachte dies kein übereinstimmendes Bild dieser Phänomene. Dennoch führten die meisten Neurologen ihre Forschung im Sinne der überlieferten reduktionistischen Theorie fort.

Die Erforschung des Nervensystems im 19. Jahrhundert ließ ein weiteres Forschungsgebiet entstehen, die Reflexologie, die einen tiefgreifenden Einfluß auf die nachfolgenden psychologischen Theorien hatte. Der neurologische Reflex mit seiner eindeutigen Kausalbeziehung zwischen Reiz und Reaktion und seiner maschinenhaften Zuverlässigkeit schien der vielversprechendste unter den elementaren physiologischen Bausteinen zu sein, aus denen man sich die komplexeren Verhaltensweisen zusammengesetzt dachte. Die Entdeckung neuer Formen von Reflexreaktionen gab vielen Psychologen die Hoffnung, man werde irgendwann einmal das gesamte menschliche Verhalten als komplexe Kombination von grundlegenden Reflexmechanismen deuten können. Diese Ansicht wurde von Iwan Sechenow vertreten, dem Gründer der einflußreichen russischen Reflexologie-Schule, deren prominentester Vertreter Iwan Pawlow war. Pawlows Entdeckung des Prinzips der bedingten Reflexe hatte einen entscheidenden Einfluß auf die späteren Lerntheorien.

Die genauere Untersuchung des zentralen Nervensystems wurde ergänzt durch ein besseres Verständnis der Struktur und Funktion der Sinnesorgane, was dazu beitrug, systematische Zusammenhänge zwischen der Qualität der Sinneserfahrungen und den physikalischen Merkmalen der sie hervorrufenden Reize festzustellen. Ernst Weber und Gustav Fechner führten bahnbrechende Experimente durch, deren Ergebnis das berühmte Weber-Fechner-Gesetz ist; es postuliert einen mathematischen Zusammenhang zwischen der Intensität der Sinneswahrnehmung und der Intensität der sie verursachenden Reize. Auch Physiker leisteten bedeutende Beiträge zu diesem Gebiet der Physiologie der Sinneswahrnehmungen. So entwickelte beispielsweise Hermann von Helmholtz umfassende Theorien über das Hören und über das Sehen von Farben.

Dieses experimentelle Vorgehen beim Studium der Sinneswahrnehmungen und des Verhaltens erreichte in der Forschungsarbeit von Wundt seinen Höhepunkt. Als Begründer des ersten psychologischen Labors blieb er fast vier Jahrzehnte lang die einflußreichste Persönlichkeit in der wissenschaftlichen Psychologie. Während dieser Periode war er der Hauptvertreter einer Richtung, die erklärte, alle Geistesfunktionen könnten auf spezifische Elemente zurückgeführt werden. Wundt meinte, Aufgabe der Psychologie sei es festzustellen, wie diese Elemente sich verbinden, um Wahrnehmungen, Ideen und verschiedene assoziative Prozesse hervorzurufen.

Die orthodoxen Experimentalpsychologen des 19. Jahrhunderts waren Dualisten, die eine klare Trennungslinie zwischen Geist und Materie zu ziehen versuchten. Sie hielten Selbstbeobachtung für eine notwendige Quelle der Information über den Geist, sahen in ihr jedoch eine analytische Methode, die es ihnen ermöglichte, das Bewußtsein auf genau definierte Elemente zu reduzieren, die mit spezifischen Nervenströmen im Gehirn assoziiert waren. Diese reduktionistische und materialistische Theorie der psychologischen Phänomene rief starke Opposition bei jenen Psychologen hervor, für die Bewußtsein und Wahrnehmung eine Einheit bildeten. Die ganzheitliche Methode führte zur Gründung zweier einflußreicher Schulen, nämlich der Gestaltpsychologie und des Funktionalismus. Keine von beiden war in der Lage, die Newtonsche Orientierung der Mehrheit der Psychologen im 19. und frühen 20. Jahrhundert zu ändern, doch beeinflußten beide stark die neuen Trends in Psychologie und Psychotherapie in der zweiten Hälfte unseres Jahrhunderts.

Die von Max Wertheimer und seinen Kollegen begründete Gestaltpsychologie beruhte auf der Annahme, daß lebende Organismen Dinge nicht als isolierte Elemente, sondern als Gestalten wahrnehmen, das heißt als sinnvolle Ganzheiten, die Eigenschaften erkennen lassen, welche in den einzelnen Teilen nicht existieren. Kurt Goldstein wandte dann die Gestaltpsychologie auf die Behandlung von Gehirnstörungen an; für ihn war das eine »organische« Methode mit dem Ziel, den Menschen zu helfen, mit sich selbst und ihrer Umwelt umgehen zu können.

Die Entwicklung des Funktionalismus war eine Folge der Evolutionstheorie des 19. Jahrhunderts, die einen bedeutsamen Zusammenhang zwischen Struktur und Funktion herstellte. Für Darwin war jede anatomische Struktur Funktionsbestandteil eines integrierten lebenden Organismus, der am evolutionären Kampf ums Dasein teilnimmt. Diese Betonung des dynamischen Aspekts inspirierte viele Psychologen, das Studium geistiger *Strukturen* aufzugeben und sich statt dessen mit geistigen *Vorgängen* zu befassen, Bewußtsein als dynamisches Phänomen anzusehen und die Funktionsweisen dieses Prozesses zu untersuchen, vor allem im Zusammenhang mit dem Leben des gesamten Organismus. Diese als Funktionalisten bekannten Psychologen standen der Neigung ihrer Zeitgenossen, den Geist in atomare Elemente zu zerlegen, sehr kritisch gegenüber; statt dessen betonten sie die Einheit und die dynamische Natur des »Bewußtseinsstromes«.

Der bedeutendste Exponent des Funktionalismus war William James, den viele für den größten amerikanischen Psychologen halten. Sein Werk ist eine einzigartige Mischung von Ideen, die für Psychologen vieler unterschiedlicher Schulen bestimmend waren. James lehrte Physiologie, bevor er sich der Psychologie zuwandte und dort zum Pionier der wissenschaftlich-experimentellen Methode wurde. Er gründete das erste amerikanische Laboratorium für Psychologie und spielte eine große Rolle bei der Umwandlung seines Wissenschaftszweiges von einem Zweig der Philosophie zu einer experimentellen Wissenschaft.

Trotz seiner durch und durch wissenschaftlichen Orientierung war William James ein eifriger Kritiker der atomistischen und mechanistischen Tendenzen in der Psychologie, ein begeisterter Befürworter der Wechselwirkung und gegenseitigen Abhängigkeit von Geist und Körper. Er fand neue Deutungen für die Ergebnisse zeitgenössischer Experimentatoren, wobei er Bewußtsein mit Nachdruck als persönliches, integrales und beständiges Phänomen beschrieb. Die Untersuchung der Elemente der Bewußtseinsfunktionen und der Regeln für die Ideenassoziation genügte ihm nicht. Für ihn waren das nur willkürlich herausgegriffene Querschnitte eines kontinuierlichen »Gedankenstroms«. Dieser aber war nur zu verstehen im Zusammenhang bewußter Aktionen der Menschen in ihrer täglichen Konfrontation mit einer Vielfalt von Herausforderungen durch die Umwelt.

Im Jahre 1890 veröffentlichte James seine neuartigen Anschauungen über die menschliche Psyche in einem Monumentalwerk, *Prinzipien der Psychologie,* das bald zu einem Klassiker wurde. Nachdem er dieses Werk vollendet hatte, verlagerte sich sein Interesse auf mehr philosophische und esoterische Ziele, wie zum Beispiel das Studium ungewöhnlicher Bewußtseinszustände, außersinnlicher Phänomene und religiöser Erfahrungen. Ziel dieser Untersuchungen war es, die ganze breite Spanne des menschlichen Bewußtseins zu erforschen, wie er beredt in seinem Buch *Die Vielfalt religiöser Erfahrung* darlegte:

> Es ist der Sachverhalt, daß unser normales waches Bewußtsein, das rationale Bewußtsein, wie wir es nennen, nur ein besonderer Typ von Bewußtsein ist, während überall jenseits seiner, von ihm durch den dünnsten Schirm getrennt, mögliche Bewußtseinsformen liegen, die ganz andersartig sind. Wir können durchs Leben gehen, ohne ihre Existenz zu vermuten; aber man setze den erforderlichen Reiz ein, und bei der bloßen Berührung sind sie in ihrer ganzen Vollständigkeit da . . .
>
> Keine Betrachtung des Universums kann abschließend sein, die diese anderen Bewußtseinsformen ganz außer Betracht läßt. Wie sie zu betrachten sind, ist die Frage . . . Auf jeden Fall verbieten sie einen voreiligen Abschluß unserer Rechnung mit der Realität.[7]

Diese umfassende Anschauung von der Psychologie ist wahrscheinlich der stärkste der Einflüsse von William James auf die jüngere psychologische Forschung.

Im 20. Jahrhundert erzielte die Psychologie große Fortschritte und gewann wachsendes Ansehen. Sie zog beträchtlichen Nutzen aus der Zusammenarbeit mit anderen Disziplinen – von der Biologie und Medizin bis zur Statistik, Kybernetik und Kommunikationstheorie – und fand wichtige Anwendungsbereiche im Gesundheitswesen, in Erziehung, Industrie und vielen anderen Gebieten menschlicher Aktivitäten. Während der ersten Jahrzehnte des Jahrhunderts wurde das psychologische Denken von zwei mächtigen Schulen beherrscht – von der Verhaltenspsychologie (Behaviorismus) und der Psychoanalyse –, die sich in ihren Methoden und in ihren Vorstellungen vom Bewußtsein merklich unterscheiden, die jedoch im Grunde demselben Newtonschen Modell der Wirklichkeit anhingen.

Der Behaviorismus stellt den Höhepunkt der mechanistischen Methode in der Psychologie dar. Auf der Grundlage detaillierter Kenntnis der menschlichen Physiologie schufen die Behavioristen eine »Psychologie ohne Seele«, eine verfeinerte Version des Bildes der menschlichen Maschine von La Mettrie.[8] Geistige Phänomene wurden auf Verhaltensmuster reduziert, und das Verhalten selbst auf physiologische Vorgänge, die von Gesetzen der Physik und Chemie gesteuert werden. John Watson, der den Behaviorismus gründete, wurde stark von bestimmten Richtungen in den Wissenschaften vom Leben um die Jahrhundertwende beeinflußt.

Wundts experimentelle Methode war von Edward Titchener, dem anerkannten Führer der »strukturalistischen« Schule der Psychologie, von Deutschland nach den Vereinigten Staaten gebracht worden. Er bemühte sich um eine strikte Reduzierung der Inhalte des Bewußtseins auf »einfache« Elemente und hob hervor, der »Sinn« psychischer Zustände sei nichts weiter als der Zusammenhang, innerhalb dessen die geistigen Strukturen existieren, weshalb er auch für die Psychologie ohne weitere Bedeutung sei. Gleichzeitig wurde die reduktionistische und materialistische Anschauung über die geistigen Phänomene entscheidend von Loebs mechanistischer Biologie beeinflußt, insbesondere von seiner Theorie des Tropismus – der Neigung von Pflanzen und Tieren, bestimmte Teile in bestimmte Richtungen zu wenden. Loeb erklärte dieses Phänomen als »erzwungene Bewegungen«, die lebenden Organismen rein mechanisch von ihrer Umwelt aufgezwungen werden. Diese neue Theorie, die den Tropismus zu einem Schlüsselmechanismus des Lebens erklärte, übte auf viele Psychologen eine unerhörte Anziehungskraft aus, weshalb sie den Begriff der erzwungenen Bewegungen auf ein breiteres Feld tierischer Verhaltensweisen und schließlich auf die des Menschen übertrugen.

Bei der Beschreibung geistiger Phänomene als Verhalten spielte das Studium des Lernprozesses eine zentrale Rolle. Quantitative Experimente mit der Lernfähigkeit von Tieren eröffneten das neue Feld der experimentellen Tierpsychologie, und die meisten Psychologieschulen, mit Ausnahme der Psychoanalyse, entwickelten Theorien des Lernens. Dabei wurde der Behaviorismus am meisten von Pawlows Arbeit über bedingte Reflexe beeinflußt. Als Pawlow die Speichelabsonderung bei Hunden als Reaktion auf mit der Fütterung einhergegangene Reize studierte, gab er sich große Mühe, alle psychologischen Begriffe zu vermeiden und das Verhalten der Hunde ausschließlich in bezug auf ihr Reflexsystem zu beschreiben. Diese Methode ließ die Psychologen annehmen, eine allgemeinere Theorie des Verhaltens könnte vielleicht mit rein physiologischen Begriffen formuliert werden. Diese wurde dann auch von Wladimir Bechterew, dem Gründer des ersten russischen Laboratoriums für experimentelle Psychologie, entworfen. Er beschrieb den Lernprozeß in rein physiologischer Sprache, indem er komplexe Verhaltensmuster auf Verbindungen bedingter Reaktionen reduzierte.

Der allgemeine Trend der Abkehr von der Beschäftigung mit dem Bewußtsein und der Hinwendung zu streng mechanistischen Anschauungen, die neuen Methoden der Tierpsychologie, das Prinzip des bedingten Reflexes und die Vorstellung vom Lernen als Modifizierung des Verhaltens wurden sämtlich in Watsons neue Theorie eingebaut, in der er die Psychologie mit dem Studium des Verhaltens identifizierte. Für ihn war Behaviorismus ein Versuch, auf das experimentelle Studium des menschlichen Verhaltens dieselben Verfahren und dieselbe Sprache anzuwenden, die man beim Erforschen des Verhaltens der Tiere für nützlich befunden hatte.

Wie zwei Jahrhunderte zuvor für La Mettrie gab es auch für Watson keinen wesentlichen Unterschied zwischen Mensch und Tier. »Der Mensch ist ein Tier, das sich von anderen Tieren nur durch seine Verhaltensweisen unterscheidet«, schrieb er.[9]

Watson verfolgte das ehrgeizige Ziel, den Status der Psychologie auf den einer objektiven Naturwissenschaft anzuheben, weshalb er sich so eng wie möglich an die Methodologie und die Prinzipien der Newtonschen Mechanik hielt, die ja hervorragende Beispiele für wissenschaftliche Genauigkeit und Objektivität waren. Um ihre psychologischen Experimente den in der Physik üblichen Kriterien unterwerfen zu können, mußten die Psychologen sich ausschließlich auf Phänomene konzentrieren, die von unabhängigen Beobachtern aufgezeichnet und objektiv beschrieben werden konnten. Daher wurde Watson zum strengen Kritiker der von James und Freud wie auch von Wundt und Titchener angewendeten Methode der Selbstbeobachtung. Er wollte die aus der Selbstbeobachtung entstehende Vorstellung vom Bewußtsein aus der Psychologie ausschließen; desgleichen sollten alle damit zusammenhängenden Begriffe wie »Geist«, »Denken« und »Fühlen« aus dem psychologischen Wortschatz entfernt werden. »Psychologie, wie der Behaviorist sie sieht«, so schrieb Watson[10], »ist ein rein objektiver, experimenteller Zweig der Naturwissenschaft, der den Begriff des Bewußtseins ebensowenig braucht wie die Naturwissenschaften Chemie und Physik ihn benötigen.« Es wäre für ihn sicherlich ein großer Schock gewesen, hätte er gewußt, daß nur wenige Jahrzehnte später ein führender Physiker, Eugene Wigner, feststellen würde: »Eine völlig übereinstimmende Formulierung der Gesetze (der Quantentheorie) ohne Bezugnahme auf das Bewußtsein war nicht möglich.«[11]

Watson sagte, lebende Organismen seien für einen Verhaltensforscher komplexe Maschinen, die auf Reize von außen reagieren, wobei dieser Reiz-Reaktion-Mechanismus natürlich nach der Newtonschen Physik modelliert war. Das setzte einen strengen Kausalzusammenhang voraus, der es den Psychologen ermöglichen sollte, die Reaktion auf einen vorgegebenen Reiz vorauszusagen und, umgekehrt, den Reiz für eine vorgegebene Reaktion zu spezifizieren. Die Behavioristen befaßten sich in der Praxis jedoch selten mit einfachen Reizen und Reaktionen, sondern untersuchten ganze Konstellationen von Reizen und komplexen Reaktionen, die man in der Fachsprache als »Situationen« und »Anpassungen« bezeichnete. Sie gingen dabei von der Annahme aus, daß diese komplexen Phänomene immer, zumindest im Prinzip, auf Kombinationen einfacher Reize und Reaktionen reduziert werden können. Deshalb erwarteten sie, daß die aus einfachen experimentellen Situationen abgeleiteten Gesetze auch für komplexere Phänomene Geltung haben; bedingte Reaktionen von stetig größerer Komplexität galten als angemessene Erklärung aller menschlicher Ausdrucksformen, einschließlich Wissenschaft, Kunst und Religion.

Eine logische Konsequenz des Reiz-Reaktion-Modells war die Tendenz, die bestimmenden Faktoren für psychische Phänomene mehr in der äußeren Welt als innerhalb des Organismus zu suchen. Watson wandte diese Methode nicht nur auf die Wahrnehmung an, sondern auch auf Vorstellungen, Denken und Gefühle. Alle diese Phänomene waren für ihn nicht subjektive Erfahrungen, sondern Verhaltensweisen als Reaktion auf von außen kommende Reize.

Da der Vorgang des Lernens für objektive experimentelle Forschung besonders geeignet ist, wurde die Verhaltensforschung vor allem zu einer Psychologie des Lernens. In ihrer ursprünglichen Formulierung gab es noch nicht den Begriff der Konditionierung; nachdem Watson jedoch das Werk von Bechterew studiert hatte, wurde Konditionierung zur Hauptmethode und zum wichtigsten erklärenden Prinzip des Behaviorismus. Dementsprechend spielte auch der Gedanke der Kontrolle eine wichtige Rolle, was im Einklang mit dem für die westliche Wissenschaft so charakteristischen Ideal von Bacon stand.[12] Das Ziel, die Natur zu beherrschen, wurde auf Tiere angewandt und später unter dem Begriff der »Verhaltenssteuerung« auch auf menschliche Wesen.

Eine Folge dieser Methode war die Entwicklung der Verhaltenstherapie, die den Versuch unternahm, konditionierende Methoden auf die Behandlung psychischer Störungen mittels Modifizierung des Verhaltens anzuwenden. Obgleich man diese Bemühungen bis zu den bahnbrechenden Arbeiten von Pawlow und Bechterew zurückverfolgen kann, wurden sie erst um die Mitte des 20. Jahrhunderts systematisch fortentwickelt. Heute ist »reine« Verhaltenstheorie ganz und gar symptom- und problemorientiert. Psychiatrische Probleme gelten nicht als Äußerungen tieferliegender Störungen, sondern als isolierte Fälle von erlerntem unangepaßten Verhalten, das man durch entsprechende Konditionierungstechniken korrigieren kann.

Die ersten drei Jahrzehnte des 20. Jahrhunderts gelten in der Psychologie im allgemeinen als die Periode des »klassischen Behaviorismus«, dominiert von John Watson und charakterisiert durch leidenschaftliches Polemisieren gegen die introspektive Psychologie. Die klassische Phase der Verhaltenspsychologie war durch umfangreiche experimentelle Arbeit gekennzeichnet, doch eine umfassende Theorie des menschlichen Verhaltens wurde in dieser Zeit nicht aufgestellt. In den 1930er und 1940er Jahren versuchte Clark Hull, eine solche umfassende Theorie zu formulieren. Sie basierte auf sehr verfeinerten Experimenten und auf einem System von Definitionen und Postulaten, das den *Principia* Newtons nicht unähnlich war. Eckpfeiler von Hulls Theorie war das Prinzip der Verstärkung *(reinforcement)*, was bedeutet, daß die Reaktion auf einen Reiz noch verstärkt wird, wenn sie zur Befriedigung eines grundlegenden Bedürfnisses oder Antriebes führt. Hulls Methode beherrschte bald die Lerntheorien, und sein System wurde bei der Erforschung praktisch aller bekannten Probleme des Lernens angewendet.[13] In den 1950er Jahren ging sein Einfluß jedoch langsam zurück, und seine Theorie wurde nach und nach von der Skinnerschen Methode abgelöst, die den Behaviorismus in der zweiten Hälfte des Jahrhunderts neu belebte.

B. F. Skinner ist der Hauptexponent der behavioristischen Weltanschauung während der vergangenen drei Jahrzehnte. Seine besondere Begabung, einfache und saubere experimentelle Situationen zu ersinnen, brachte ihn dazu, eine strengere, aber auch subtilere Theorie zu entwickeln, die vor allem in den Vereinigten Staaten sehr populär ist und dem Behaviorismus geholfen hat, seine beherrschende Rolle in der akademischen Psychologie zu behaupten. Die wichtigsten Neuerungen in Skinners Behaviorismus waren seine streng operationale Definition der Verstärkung – alles, was die Wahrscheinlichkeit einer vorangehenden Reaktion verstärkt – und eine besondere Vorliebe für genaue »Auflistungen von Verstärkungen«. Um seine theoretischen Vorstellungen zu testen, entwickelte Skinner eine neue Methode des Konditionierens, instrumentale Konditionierung genannt. Sie unterscheidet sich von dem klassischen, von Pawlow beschriebenen Prozeß dadurch, daß die Verstärkung nur dann eintritt, wenn das Tier eine vorherbestimmte Tätigkeit ausführt, etwa auf einen Hebel drückt oder nach einer beleuchteten Scheibe pickt. Diese Methode wurde durch äußerste Vereinfachung der Umwelt des Tieres erheblich verfeinert. So wurden beispielsweise Ratten in Kisten, genannt *Skinner boxes,* gehalten, in denen es nichts als einen horizontalen Riegel gab, den das Tier herunterdrükken mußte, um an ein Kügelchen Futter heranzukommen. Bei anderen Experimenten ging es um die Pick-Reaktionen von Tauben, die man sehr genau kontrollieren kann.

Zwar war der Begriff »instrumentales Verhalten« – also ein Verhalten, das mehr durch seine gesamte vorangegangene Geschichte als durch direkte Reize bestimmt wird – in der Theorie des Behaviorismus ein großer Fortschritt, doch war sein Gedankengebäude weiterhin vom Newtonschen Denken beherrscht. In seinem bekannten Buch *Wissenschaft und menschliches Verhalten* stellte Skinner von Anbeginn an klar, daß er alle mit dem menschlichen Bewußtsein assoziierten Phänomene, etwa Geist oder Ideen, als nichtexistente Einheiten betrachte, »die erfunden wurden, um Scheinerklärungen zu liefern«. Die einzig ernstzunehmenden Erklärungen sind für Skinner diejenigen, die auf der mechanistischen Anschauung von lebenden Organismen beruhen und den Kriterien der Newtonschen Physik Genüge tun. »Da man geltend macht, daß geistige oder psychische Ereignisse nicht die Dimensionen einer physischen Wissenschaft haben«, schreibt Skinner, »besteht für uns ein zusätzlicher Grund, sie abzulehnen.«[14].

Obwohl der Titel von Skinners Buch sich ausdrücklich auf das menschliche Verhalten bezieht, beruhen die darin erörterten Vorstellungen fast ausschließlich auf Experimenten mit Ratten und Tauben. Paul Weiss sagt, diese Tiere würden dort auf Marionetten reduziert, »die von Umweltschnüren bewegt werden«.[15] Vertreter des Behaviorismus lassen das Wechselspiel und die gegenseitige Abhängigkeit zwischen dem lebenden Organismus und seiner Umwelt, die ihrerseits wieder ein Organismus ist, weitgehend außer acht. Aus ihrer engen Sicht tierischen Verhaltens vollführen sie dann einen riesigen begrifflichen Sprung zum menschlichen Verhalten, wobei sie behaupten, menschliche Wesen seien, wie die Tiere, Maschinen, deren Tun auf bedingte Reflexe auf Reize aus der Umwelt beschränkt sei. Skinner hat energisch die Vorstellung zurückgewiesen, die Menschen handelten im Einklang mit den in ihrem eigenen Innern getroffenen Entscheidungen. Statt dessen schlug er eine rein technologische Methode vor, um einen neuen Menschentyp zu schaffen: ein Mensch, der so konditioniert wird, daß er sich verhält, wie es für ihn selbst und die Gesellschaft am besten ist. Nach Skinner wäre dies der einzige Weg, unsere jetzige Krise zu überwinden: nicht durch Evolution des Bewußtseins, weil es so etwas überhaupt nicht gibt; auch nicht durch einen Wandel der Werte, weil Werte nichts als positive oder negative Verstärkungen sind – vielmehr durch wissenschaftliche Kontrolle des menschlichen Verhaltens. »Was wir brauchen«, so schreibt er, »ist eine Technologie des Verhaltens . . . an Macht und Präzision der physikalischen oder biologischen Technologie vergleichbar.«[16]

Das also ist die Newtonsche Psychologie *par excellence,* eine Psychologie ohne Bewußtsein, die alles Verhalten auf mechanistische Abläufe bedingter Reflexe reduziert und behauptet, das einzig wissenschaftliche Verständnis der menschlichen Natur sei das, das im Rahmen der klassischen Physik und Biologie bleibt. Es ist ferner eine Psychologie, in der sich die Vorliebe unserer Kultur für eine manipulierende Technologie widerspiegelt, eine Technologie, die auf Beherrschung und Kontrolle aus ist. In jüngster Zeit hat sich der Behaviorismus zu wandeln begonnen; er hat Elemente vieler anderer Disziplinen assimiliert und dadurch viel von seiner früheren Starrheit verloren. Doch halten die Behavioristen weiterhin am mechanistischen Paradigma fest und verteidigen es oft als die einzig wissenschaftliche Methode der Psychologie, womit sie die Wissenschaft auf das Newtonsche Gedankengebäude begrenzen.

Die Psychoanalyse, die andere beherrschende Schule der Psychologie des 20. Jahrhunderts, entwickelte sich nicht aus der Psychologie, sondern aus der Psychiatrie, die im 19. Jahrhundert einen festen Platz als Zweig der Medizin errungen hatte. Zu jener Zeit fühlten sich die Psychiater streng dem biomedizinischen Modell verpflichtet und waren darauf aus, organische Ursachen für alle psychischen Störungen zu finden. Diese organische Orientierung brachte zwar vielversprechende Anfangserfolge, doch gelang es ihren Vertretern nicht, eine spezifische organische Grundlage für Neurosen* und andere psychische Störungen zu finden, weshalb einige Psychiater begannen, nach psychologischen Wegen zur Beeinflussung psychischer Erkrankungen zu suchen.

Im letzten Viertel des 19. Jahrhunderts wurde ein entscheidendes Stadium dieser Entwicklung erreicht, als Jean-Martin Charcot mit Erfolg die Hypnose zur Behandlung der Hysterie** einsetzte. In aufsehenerregenden Demonstrationen zeigte Charcot, daß man Patienten durch hypnotische Suggestion von Symptomen der Hysterie befreien kann und daß diese Symptome auf dem gleichen Wege wieder hervorgerufen werden können. Dies stellte die gesamte organische Orientierung der Psychiatrie in Frage. Sigmund Freud, der 1885 nach Paris reiste, um Charcots Vorlesungen zu hören und seine Vorführungen zu sehen, war davon tief beeindruckt. Nach seiner Rückkehr nach Wien begann Freud in Zusammenarbeit mit Joseph Breuer, die Hypnose zur Behandlung neurotischer Patienten einzusetzen.

Die Veröffentlichung der Abhandlung *Studien über Hysterie* durch Breuer und Freud im Jahre 1895 wird oft als Geburtsstunde der Psychoanalyse bezeichnet, weil sie die neue Methode der freien Assoziation beschreibt, die Freud und Breuer entdeckt hatten und für viel

* Psychoneurosen, auch einfach Neurosen genannt, sind funktionelle Nervenstörungen ohne erkennbare krankhafte Veränderungen auf der physischen Ebene; Psychosen sind ernsthaftere psychische Störungen, charakterisiert durch den Verlust des Kontakts mit dem allgemein akzeptierten Bild der Wirklichkeit.

** Hysterie ist eine Psychoneurose, die durch gefühlsmäßige Erregbarkeit und Störungen verschiedener psychischer und physiologischer Funktionen gekennzeichnet ist.

nützlicher hielten als die Hypnose. Diese Methode bestand darin, den Patienten in einen schläfrigen, traumartigen Zustand zu versetzen und dann frei über seine Probleme sprechen zu lassen, wobei traumatischen Erfahrungen besondere Beachtung geschenkt wurde. Diese Anwendung der freien Assoziation sollte zum Eckpfeiler der »psychoanalytischen« Methode werden.

Als gelernter Neurologe glaubte Freud, man sollte im Prinzip imstande sein, alle psychischen Probleme im Rahmen der Neurochemie zu erklären. Im gleichen Jahr, in dem er seine Arbeit über die Hysterie veröffentlichte, verfaßte er auch das bemerkenswerte Dokument »Projekt einer wissenschaftlichen Psychologie«, in dem er ein detailliertes Schema für eine neurologische Erklärung psychischer Erkrankungen entwarf.[17] Freud hat diese Arbeit niemals veröffentlicht, doch zwei Jahrzehnte später bekräftigte er erneut seine Auffassung, daß »alle unsere vorläufigen Vorstellungen in der Psychologie eines Tages auf einem organischen Unterbau beruhen werden«.[18] Zum damaligen Zeitpunkt war die neurologische Wissenschaft jedoch noch nicht fortgeschritten genug, weshalb Freud einen anderen Weg einschlug, um den »innerpsychischen Apparat« zu untersuchen. Seine Zusammenarbeit mit Breuer endete nach der gemeinsamen Forschungsarbeit über die Hysterie, und Freud begann daraufhin allein eine einmalige Erkundung der menschlichen Psyche, die schließlich zum ersten systematischen psychologischen Ansatz zum Phänomen der psychischen Erkrankungen führte.

Freuds Beitrag war wirklich außergewöhnlich, wenn man den Entwicklungsstand der Psychiatrie zu seiner Zeit bedenkt. Mehr als dreißig Jahre lang vermochte er einen ununterbrochenen Strom schöpferischer Aktivität aufrechtzuerhalten, die in verschiedenen Entdeckungen von großer Tragweite kulminierte, von denen jede für sich alleine schon als Produkt der Arbeit eines ganzen Lebens Bewunderung verdient hätte. Um nur einige zu nennen: Praktisch im Alleingang entdeckte Freud das Unbewußte und seine Dynamik. Während die Behavioristen sich später weigerten, die Existenz des menschlichen Unbewußten anzuerkennen, war es für Freud eine wesentliche Quelle des Verhaltens. Er verwies darauf, daß unser waches Bewußtsein nur eine dünne Schicht auf einem riesigen unbewußten Bereich ist – die Spitze eines Eisberges sozusagen, dessen verborgene Teile von mächtigen Trieben beherrscht werden. Durch das Verfahren der Psychoanalyse ließen sich diese tief verborgenen Tendenzen der menschlichen Natur offenbaren, weshalb Freuds System unter dem Namen Tiefenpsychologie bekannt wurde.

Freuds Theorie war ein dynamischer Ansatz zu den Problemen der Psychiatrie, welcher die Kräfte studiert, die psychische Störungen hervorrufen, und besonderen Nachdruck auf die Bedeutung der Kindheitserlebnisse für die spätere Entwicklung des Individuums legte. Er identifizierte die Libido, den Geschlechtstrieb, als eine der wichtigsten psychischen Kräfte und erweiterte den Begriff der Sexualität beträchtlich, indem er den Begriff der frühkindlichen Sexualität einführte und die Hauptstadien der frühen psychosexuellen Entwicklung aufzeigte. Eine weitere bedeutende Entdeckung war Freuds Traumdeutung, die er »den Königsweg zum Unbewußten« nannte.

Im Jahre 1909 hielt Freud eine epochemachende Vorlesung über »Ursprung und Entwicklung der Psychoanalyse« an der Clark University in Massachusetts, die seinen weltweiten Ruhm begründete und zur Gründung der psychoanalytischen Schule in den Vereinigten Staaten führte. Der Veröffentlichung der Vorlesung folgte ein autobiographischer Essay »Zur Geschichte der Psychoanalytischen Bewegung« im Jahre 1914, der das Ende der ersten großen Phase der Psychoanalyse markierte.[19] In dieser Phase erarbeitete er eine systematische Theorie der Dynamik des Unbewußten. Diese beruht auf Trieben wesentlich sexueller Natur, deren komplexes Zusammenwirken mit verschiedenen hemmenden Tendenzen die reiche Vielfalt psychologischer Verhaltensmuster erzeugt.

Während der zweiten Phase seines wissenschaftlichen Wirkens formulierte Freud eine neue Theorie der Persönlichkeit. Sie beruht auf drei unterschiedlichen Strukturen des innerpsychischen Apparates, die er das Es, das Ich und das Über-Ich nannte. Diese Periode war auch gekennzeichnet durch bemerkenswerte Veränderungen in Freuds Verständnis des psychotherapeutischen Prozesses, vor allem seiner Entdekkung der Übertragung*, die danach von zentraler Bedeutung für die Praxis der Psychoanalyse wurde. Auf diesen systematischen Schritten bei der Entwicklung von Freuds Theorie und Praxis gründete die psychoanalytische Bewegung in den Vereinigten Staaten und in Europa, welche die Psychoanalyse als eine der großen Schulen der Psychologie etablierte und die Psychotherapie viele Jahrzehnte lang beherrschte. Darüber hinaus hatten Freuds tiefe Einsichten in das Funktionieren der

* Übertragung bedeutet die Neigung der Patienten, während der Analyse eine ganze Skala von Gefühlen und Verhaltensweisen auf den Analytiker zu übertragen, die für ihre frühen Beziehungen zu wichtigen Personen aus ihrer Kindheit, vor allem zu den Eltern, charakteristisch sind.

Psyche und die Entwicklung der menschlichen Persönlichkeit weitreichende Konsequenzen für die Deutung einer Vielfalt kultureller Phänomene – Kunst, Religion, Geschichte und andere – und gestalteten zu einem erheblichen Teil das Weltbild der Neuzeit.

Von den ersten Jahren seiner psychoanalytischen Forschungsarbeit bis zu seinem Lebensende war es ein Hauptziel Freuds, die Psychoanalyse zu einer echten wissenschaftlichen Disziplin zu machen. Er glaubte fest daran, daß dieselben Organisationsprinzipien, welche die Natur in allen ihren Formen gestaltet haben, auch für Struktur und Organisation des menschlichen Geistes verantwortlich seien. Obgleich die Naturwissenschaft seiner Zeit noch weit davon entfernt war, eine solche Einheit der Natur nachzuweisen, nahm Freud an, dieses Ziel würde irgendwann in der Zukunft erreicht werden, und er betonte mehrfach die Herkunft der Psychoanalyse aus den Naturwissenschaften, insbesondere der Physik und Medizin. Obwohl er der Urheber des psychologischen Ansatzes in der Psychiatrie war, blieb er in Theorie und Praxis doch unter dem Einfluß des biomedizinischen Modells.

In dem Bemühen, eine wissenschaftliche Theorie der Psyche und des menschlichen Verhaltens zu formulieren, versuchte Freud so weit wie möglich die grundlegenden Begriffe der klassischen Physik in seiner Beschreibung psychischer Phänomene zu verwenden und auf diese Weise einen begrifflichen Zusammenhang zwischen der Psychoanalyse und der Newtonschen Mechanik herzustellen.[20] In einer Ansprache vor einer Gruppe von Psychoanalytikern machte er das sehr deutlich: »Analytiker ... können ihre Herkunft aus der exakten Naturwissenschaft und ihre Gemeinschaft mit deren Repräsentanten nicht verleugnen ... Analytiker sind im Grunde unbelehrbare Mechanisten und Materialisten.« Zugleich war sich Freud – anders als viele seiner Jünger – der begrenzten Geltung der naturwissenschaftlichen Modelle durchaus bewußt und erwartete, daß die Psychoanalyse im Lichte neuer Entwicklungen in anderen Wissenschaften ständig modifiziert werden müßte. Daher setzte er seine ermahnende Beschreibung der Psychoanalytiker wie folgt fort:

> Sie geben sich mit Bruchstücken von Erkenntnis und mit grundlegenden Hypothesen zufrieden, denen es an Präzision mangelt und die ständig revidierbar bleiben. Statt auf den Augenblick zu warten, in dem sie imstande sein werden, den Beschränkungen der vertrauten Gesetze von Physik und Chemie zu entkommen, hoffen sie auf das

Bekanntwerden noch umfassenderer und tiefer reichender Naturgesetze, denen sie sich sofort zu unterwerfen bereit sind.[21]

Der enge Zusammenhang zwischen Psychoanalyse und klassischer Physik wird besonders deutlich, wenn wir die vier der Newtonschen Mechanik zugrundeliegenden Vorstellungen betrachten:

1. Die Vorstellung vom absoluten Raum und absoluter Zeit sowie von separaten materiellen Objekten, die sich in diesem Raum bewegen und mechanisch aufeinander einwirken;
2. Die Vorstellung von fundamentalen Kräften, die sich von der Materie grundsätzlich unterscheiden;
3. Die Vorstellung von fundamentalen Gesetzen, welche die Bewegung und die wechselseitige Einwirkung der materiellen Objekte quantitativ beschreiben;
4. Die Vorstellung von einem starren Determinismus und einer auf der kartesianischen Unterscheidung von Geist und Materie beruhenden objektiven Naturbeschreibung.[22]

Diese Vorstellungen entsprechen den vier Grundperspektiven, aus denen die Psychoanalytiker im allgemeinen das Geistesleben analysiert haben. Sie sind als topographischer, dynamischer, ökonomischer und genetischer* Standpunkt bekannt.[23]

So wie Newton den absoluten euklidischen Raum als Bezugsrahmen bestimmte, in dem materielle Objekte eine Ausdehnung und einen Ort besitzen, so bestimmte Freud einen psychischen Raum als Bezugsrahmen für die Strukturen des psychischen »Apparates«. Die psychischen Strukturen, auf denen Freuds Theorie der menschlichen Persönlichkeit basiert – das Es, das Ich und das Über-Ich –, gelten als eine Art interner, im psychischen Raum ausgedehnter und lokalisierter »Objekte«. Daher finden räumliche Metaphern wie »Tiefenpsychologie«, »tiefes Unbewußtes« und »Unterbewußtes« im gesamten Freudschen System so viel Verwendung. Man sieht den Psychoanalytiker gewissermaßen als Chirurgen, der in den Patienten eindringt. Tatsächlich riet Freud seinen Schülern, »kühl wie ein Chirurg« zu sein, was das klassische Ideal wissenschaftlicher Objektivität ebenso reflektiert wie die räumliche und mechanistische Vorstellung vom Geist.

* »Genetisch« bezieht sich in der Sprache des Psychoanalytikers auf den Ursprung oder die Genesis geistiger Phänomene und hat nichts mit der Bedeutung zu tun, die das Wort in der Biologie hat.

In Freuds topographischer Beschreibung enthält das Unbewußte »Material«, das vergessen oder verdrängt wurde oder niemals die Ebene wachen Bewußtseins erreicht hat. In seinen tieferen Schichten liegt das Es, die Quelle mächtiger Triebe, die im Konflikt mit einem System hemmender Mechanismen stehen, die ihren Platz im Über-Ich haben. Das Ich ist ein zerbrechliches Wesen, das zwischen diesen beiden Kräften lokalisiert ist und sich in ständigem Existenzkampf befindet.

Obwohl Freud diese psychischen Strukturen manchmal als Abstraktionen beschreibt und allen Versuchen widerstand, sie mit spezifischen Strukturen und Funktionen des Gehirns zu assoziieren, hatten sie doch alle Eigenschaften materieller Objekte. Zwei von ihnen können nie gleichzeitig denselben Raum einnehmen, weshalb ein Teil des psychischen Apparates sich nur ausweiten kann, wenn er andere Teile verdrängt. Wie in der Newtonschen Mechanik sind die psychischen Objekte durch ihre Ausdehnung, Position und Bewegung gekennzeichnet.

Ähnlich wie der dynamische Aspekt der Newtonschen Physik beschreibt der dynamische Aspekt der Psychoanalyse, wie die »materiellen Objekte« durch von der Materie wesentlich verschiedene Kräfte aufeinander einwirken. Diese Kräfte wirken in bestimmten Richtungen und können sich gegenseitig verstärken oder hemmen. Die fundamentalsten von ihnen sind die Triebe, insbesondere der Geschlechtstrieb. Die Freudsche Psychologie ist vor allem eine Konfliktpsychologie. In seiner Betonung des Existenzkampfes war Freud zweifellos von Darwin und den Sozialdarwinisten beeinflußt, hinsichtlich der detaillierten Dynamik der psychischen »Kollisionen« hielt er sich jedoch an Newton. Im Freudschen System werden die Mechanismen des Geistes sämtlich von Kräften bewegt, die nach der klassischen Mechanik modelliert sind.

Charakteristisch für die Newtonsche Dynamik ist das Prinzip, daß alle Kräfte jeweils paarweise auftreten; für jede »aktive« gibt es eine gleichstarke »reaktive« Kraft, die in entgegengesetzter Richtung wirkt. Freud übernahm dieses Prinzip und nannte die aktiven und reaktiven Kräfte »Triebe« und »Widerstände«. Andere Kräftepaare entwickelten sich in jeweils verschiedenen Stadien der Freudschen Theorie: Libido und Destructio oder Eros und Thanatos, wovon jeweils eine lebens-, die andere todesorientiert war. Wie in der Newtonschen Mechanik wurden diese Kräfte nach ihren Wirkungen definiert, die man genau erforschte, ohne dabei jedoch nach der innersten Natur dieser Kräfte zu suchen. Die wahre Natur der Schwerkraft ist in Newtons

Theorie stets problematisch und umstritten geblieben, und genauso ist es mit der wahren Natur der Libido bei Freud.[24]

In der psychoanalytischen Theorie ist das Verständnis der Dynamik des Unbewußten entscheidend für das Verständnis des therapeutischen Prozesses. Grundlegend für diese Theorie ist die Vorstellung von den Trieben, die nach Entladung streben, und von den Gegenkräften, die sie hemmen und dabei verformen. Dementsprechend bemüht sich der geschickte Analytiker vor allem darum, die Widerstände auszuschalten, welche dem unmittelbaren Ausdruck der primären Kräfte im Wege stehen. Freuds Vorstellungen von den einzelnen Mechanismen, mittels derer dieses Ziel erreicht werden kann, änderten sich im Laufe seines Lebens beträchtlich, doch kann man in allen seinen Überlegungen eindeutig den Einfluß des Newtonschen Gedankensystems erkennen.

Freud formulierte seine erste Theorie über Ursprung und Behandlung von Neurosen und ganz besonders der Hysterie mit Hilfe eines hydraulischen Modells. Die Grundursachen der Hysterie definierte er als traumatische Situation in der Kindheit des Patienten, die seinerzeit unter Umständen auftraten, die einen angemessenen Ausdruck der durch die Vorfälle ausgelösten emotionalen Energie verhinderten. Diese unterdrückte und aufgestaute Energie bleibt nach diesem Modell im Organismus gespeichert und drängt so lange zur Entladung, bis sie über verschiedene neurotische »Kanäle« einen modifizierten Ausdruck findet. Folglich bedeutet Therapie in diesem Rahmen, das ursprüngliche Trauma unter Bedingungen ins Gedächtnis zurückzurufen, die eine verspätete Entladung der gestauten emotionalen Energie erlauben.

Freud gab dieses hydraulische Modell als zu vereinfachend auf, als er Beweise dafür fand, daß die Symptome des Patienten nicht von isolierten pathologischen Prozessen herrühren, sondern die Folgen des gesamten Mosaiks seiner Lebensgeschichte sind. Diese neue Anschauung suchte die Wurzeln der Neurosen in triebhaften, vorwiegend sexuellen Tendenzen, die für die psychischen Kräfte unannehmbar sind und deshalb verdrängt werden, weshalb sie schließlich in neurotische Symptome verwandelt werden. So verlagerte sich also die Grundvorstellung vom hydraulischen Bild eines explosiven Ausbruchs aufgestauter Energien zum subtileren, aber immer noch Newtonschen Bild einer Konstellation sich gegenseitig hemmender dynamischer Kräfte.

Diese Vorstellung setzt voraus, daß im psychischen Raum voneinander getrennte Strukturen existieren, die sich nicht bewegen oder ausdehnen können, ohne einander zu verdrängen. Im Rahmen der klassischen Psychoanalyse gibt es daher keinen Platz für eine qualitative Entwicklung und Verbesserung des Ich; seine Ausdehnung kann nur auf Kosten des Über-Ich oder des Es erfolgen. Freud sah das so: »Wo das Es war, dort soll das Ich sein«.[25] In der klassischen Physik werden die Wechselwirkungen zwischen materiellen Objekten und den auf sie wirkenden Kräften in Begriffen meßbarer Quantitäten beschrieben – Masse, Geschwindigkeit, Energie und so weiter –, Quantitäten, die durch mathematische Gleichungen in einen Zusammenhang gebracht werden können. Obwohl Freud in seiner Theorie der Psyche nicht so weit gehen konnte, maß er dennoch den quantitativen oder »ökonomischen« Aspekten der Psychoanalyse große Bedeutung bei. Er schrieb nämlich den geistigen Bildern, welche die Triebe repräsentierten, ganz bestimmte Quantitäten emotioneller Energie zu, die man zwar nicht direkt messen, aber aus der Intensität der Symptome ableiten konnte. Der »geistige Energieaustausch« galt als ein entscheidender Aspekt aller psychischen Konflikte. »Der Endausgang des Kampfes, den wir aufgenommen haben, hängt von quantitativen Relationen ab«, schrieb Freud.[26]

Wie in der Newtonschen Physik beinhaltet das mechanistische Bild der Wirklichkeit auch in der Psychoanalyse einen strengen Determinismus. Jedes psychische Geschehen hat eine bestimmte Ursache und eine bestimmte Wirkung, und der psychische Gesamtzustand eines Menschen wird einzig und allein von den Ausgangsbedingungen in der frühen Kindheit bestimmt. Die »genetische« Methode der Psychoanalyse besteht darin, Symptome und Verhaltensweisen eines Patienten in frühere Entwicklungsstadien zurückzuverfolgen, und zwar entlang einer linearen Kette von Ursachen und Wirkungen.

Der Begriff des objektiven wissenschaftlichen Beobachters hängt eng mit dieser Methode zusammen. Die klassische Freudsche Theorie beruht auf der Annahme, der Patient könne während der Analyse ohne jegliche Einmischung oder spürbare Einwirkung beobachtet werden. Dieser Glaube kommt in der typischen Anordnung im Sprechzimmer des Psychoanalytikers zum Ausdruck: Der Patient liegt auf der Couch; hinter ihm sitzt unsichtbar in kühler und unbeteiligter Haltung der Therapeut, der die Daten »rein objektiv« zur Kenntnis nimmt. Die kartesianische Trennung von Geist und Materie, Grundlage der Vorstellung einer wissenschaftlichen Objektivität, findet im Vorgehen des Psychoanalytikers in der Tatsache Ausdruck, daß dieser sich ausschließlich auf den psychischen Prozeß konzentriert. Körperliche Konsequenzen des psychischen Geschehens werden während der Psychoanalyse zwar besprochen, doch gibt es in der therapeutischen Methode selbst keine unmittelbare körperliche Intervention. Die Freudsche Psychotherapie vernachlässigt den Körper genauso, wie die medizinische Therapie den Geist vernachlässigt. Das Tabu gegen körperlichen Kontakt ist so stark, daß es Analytiker gibt, die ihren Patienten nicht einmal die Hand zur Begrüßung reichen.

Freud selbst nahm in seiner psychoanalytischen Praxis eine weit weniger starre Haltung ein als in seiner Theorie. Die Theorie mußte dem Prinzip wissenschaftlicher Objektivität entsprechen, wenn sie als Wissenschaft akzeptiert werden wollte. In der Praxis war Freud jedoch oft imstande, die Beschränkungen des Newtonschen Gedankengebäudes zu überwinden. Als ausgezeichneter klinischer Beobachter erkannte er, daß seine analytische Beobachtung einen machtvollen Eingriff darstellte, der bedeutende Veränderungen im psychischen Zustand des Patienten herbeiführte. Eine ausgedehnte Analyse konnte sogar ein völlig neues klinisches Bild erzeugen – die Übertragungsneurose –, das nicht ausschließlich von der Vorgeschichte des Patienten bestimmt war, sondern auch von der Wechselwirkung zwischen Therapeut und Patient abhing. Diese Beobachtung veranlaßte Freud, das Idealbild des kühlen und unbeteiligten Beobachters in seiner klinischen Tätigkeit aufzugeben und statt dessen ernstes Interesse und einfühlendes Verstehen zu demonstrieren. »Persönlicher Einfluß ist unsere mächtigste dynamische Waffe«, schrieb er im Jahre 1926. »Er ist das neue Element, das wir in die Situation einführen und mittels dessen wir sie in Fluß bringen.«[27]

Die klassische Theorie der Psychoanalyse war das großartige Ergebnis der Versuche von Freud, seine vielen revolutionären Entdeckungen und Ideen in einen systematischen gedanklichen Rahmen zu integrieren, der den wissenschaftlichen Kriterien seiner Zeit Genüge tat. Angesichts des Umfangs und der Tiefe seines Werkes ist es nicht überraschend, daß wir heute Mängel in seiner Methode erkennen, die teils auf die Begrenztheit des kartesianisch-Newtonschen Rahmens zurückzuführen sind, teils aber auch auf Freuds eigene kulturelle Schranken. Daß wir heute die Grenzen der psychoanalytischen Methode erkennen, setzt in keiner Weise den Genius ihres Begründers herab, ist jedoch von wesentlicher Bedeutung für die Zukunft der Psychotherapie.

Neue Entwicklungen in der Psychologie und der Psychotherapie tragen dazu bei, ein neues Bild von der menschlichen Psyche zu schaffen.

Darin wird das Modell Freuds als äußerst nützlich für den Umgang mit gewissen Ebenen oder Aspekten des Unbewußten anerkannt, jedoch als erhebliche Einengung der Sicht, wenn man die Gesamtheit des psychischen Lebens in Gesundheit und Erkrankung erfassen will. Die Situation ist der der Physik ähnlich, wo das Newtonsche Modell äußerst nützlich ist, wenn Phänomene in einer bestimmten Größenordnung beschrieben werden sollen, aber erweitert oder gar radikal verändert werden muß, wenn wir über diesen Bereich hinausgehen.

Schon zu Lebzeiten Freuds wiesen seine Schüler auf einige notwendige Erweiterungen und Modifizierungen des Freudschen Ansatzes in der Psychiatrie hin. Die psychoanalytische Bewegung hatte viele außergewöhnliche Persönlichkeiten angezogen, von denen einige in Wien den inneren Kreis um Freud bildeten. Es gab in diesem Kreis einen lebhaften Austausch und wechselseitige Befruchtung von Ideen, aber auch Konflikte, Spannungen und Meinungsverschiedenheiten. Mehrere der prominentesten Schüler Freuds verließen den Kreis wegen grundlegender theoretischer Meinungsverschiedenheiten und gründeten eigene Schulen, in denen sie das Freudsche Modell auf unterschiedliche Weise abwandelten. Die berühmtesten dieser psychoanalytischen Renegaten waren Jung, Adler, Reich und Rank.

Der erste, der von der Hauptrichtung der Psychoanalyse abwich, war Alfred Adler, der die von ihm so benannte Individualpsychologie entwikkelte. Er lehnte die beherrschende Rolle der Sexualität in der Freudschen Theorie ab und betonte als entscheidenden Faktor den Willen zur Macht und die Tendenz, wirkliche oder eingebildete Unterlegenheit zu kompensieren. Seine Erforschung der Rolle des Individuums in der Familie brachte Adler dazu, die sozialen Ursachen psychischer Störungen zu betonen, die in der klassischen Psychoanalyse im allgemeinen vernachlässigt werden. Adler war zudem einer der ersten, die eine feministische Kritik an Freuds Ansichten über die weibliche Psychologie formulierten.[28] Er wies darauf hin, daß das, was Freud die männliche und die weibliche Psyche nannte, nicht so sehr in biologischen Unterschieden zwischen Mann und Frau wurzelte, sondern im wesentlichen Folgen der unter dem Patriarchat herrschenden gesellschaftlichen Ordnung waren.

Die feministische Kritik an Freuds Ideen über das weibliche Geschlecht wurde später von Karen Horney vertieft und wird seitdem von vielen Autoren innerhalb und außerhalb des Gebietes der Psychoanalyse diskutiert.[29] Man kritisierte, daß Freud das Maskuline für die kulturelle und sexuelle Norm hielt und es ihm deshalb nicht gelang, die weibliche Psyche wirklich zu verstehen. Vor allem die weibliche Sexualität blieb für ihn – um seine eigene ausdrucksvolle Metapher zu benutzen – der »dunkle Kontinent der Psychologie«.[30]

Wilhelm Reich brach mit Freud wegen Meinungsverschiedenheiten über grundlegende Vorstellungen der Psychologie. Er formulierte eine Reihe unorthodoxer Ideen, welche neuere Entwicklungen in der Psychotherapie erheblich beeinflußt haben. Während seiner bahnbrechenden Forschung auf dem Gebiet der Charakteranalyse entdeckte Reich, daß geistige Einstellungen und emotionale Erfahrungen im psychischen Organismus Widerstände hervorrufen, die sich in muskulären Strukturen ausdrücken und eine Erscheinung zum Ergebnis haben, die Reich den »Charakterpanzer« nannte. Er erweiterte zudem den Freudschen Begriff der Libido, den er mit einer konkreten Energie assoziierte, die den psychischen Organismus durchströmt. Dementsprechend legte er in seiner Therapie Wert auf die unmittelbare Freisetzung sexueller Energie; er brach mit dem Freudschen Tabu gegenüber der Berührung des Patienten und entwickelte Methoden der Körperarbeit, die heute von vielen Therapeuten weiterentwickelt werden.[31]

Otto Rank verließ die Schule von Freud, nachdem er eine Theorie der Psychopathologie aufgestellt hatte, die das Trauma der Geburt besonders herausstellte. Für ihn waren viele der von Freud entdeckten neurotischen Verhaltensweisen Nachwirkungen der während des Geburtsvorganges erfahrenen Ängste. In seiner analytischen Praxis ging Rank unmittelbar auf die angsterzeugende Geburtssituation ein und konzentrierte seine therapeutischen Bemühungen darauf, den Patienten dieses traumatische Ereignis noch einmal erleben zu lassen, statt sich nur daran zu erinnern und es zu analysieren. Ranks Einsichten in die Bedeutung des Geburtstraumas waren in der Tat bemerkenswert. Es dauerte noch einige Jahrzehnte, bis sie von Psychiatern und Psychotherapeuten wieder aufgegriffen und fortentwickelt wurden.

Von allen Schülern Freuds ist Carl Gustav Jung wahrscheinlich derjenige, der bei der Erweiterung des psychoanalytischen Systems den größten Schritt tat. Ursprünglich war er Freuds Lieblingsschüler und galt als Kronprinz der psychoanalytischen Bewegung. Dann trennte er sich jedoch wegen unüberbrückbarer theoretischer Meinungsverschiedenheiten, welche die Freudsche Theorie in ihrem Kern herausforderten, von seinem Lehrmeister. Jungs Ansatz in der Psychologie hatte tiefgreifende Auswirkungen auf die nachfolgende Entwicklung dieser Disziplin und soll später ausführlich erörtert werden.[32] Seine Grundansichten gingen eindeutig über die mechanistischen Modelle der klassischen Psychologie hinaus und brachten seine Wissenschaft dem Gedankengebäude der modernen Physik so nahe, wie keine andere Schule der Psychologie. Mehr noch – Jung erkannte sehr wohl, daß die rationale Auffassung der Freudschen Psychoanalyse überwunden werden muß, wenn die Psychologen die subtileren Aspekte der menschlichen Psyche erforschen wollen, die weit jenseits unserer alltäglichen Erfahrung liegen.

Seine streng rationale und mechanistische Auffassung machte es Freud ganz besonders schwer, sich mit religiösen oder gar mystischen Erfahrungen zu befassen. Obwohl er sein Leben lang großes Interesse für Religion und Spiritualität zeigte, erkannte er niemals mystische Erlebnisse als deren Quelle an. Statt dessen setzte er Religion mit Ritual gleich und betrachtete sie als eine »Zwangsneurose der Menschheit«, in der sich ungelöste Konflikte aus dem frühkindlichen Stadium der psychosexuellen Entwicklung widerspiegeln. Diese Einengung des Freudschen Denkens hat die spätere psychoanalytische Praxis sehr beeinflußt. Im Freudschen Modell gibt es keinen Raum für Erfahrungen veränderter Bewußtseinszustände, die alle Grundideen der klassischen Naturwissenschaften in Frage stellen. Erfahrungen dieser Art, die sich viel häufiger spontan ergeben, als allgemein angenommen wird, wurden von den Psychiatern als psychotische Symptome bezeichnet, da sie diese nicht in ihr Gedankengebäude einordnen konnten.[33]

Gerade auf diesem Gebiet könnte Aufgeschlossenheit für die Erkenntnisse der modernen Physik heilsame Wirkung auf die Psychotherapie haben. Die Ausweitung ihrer Forschung auf atomare und subatomare Phänomene hat bewirkt, daß Physiker heute zu Vorstellungen über die Wirklichkeit kommen, die allen Ansichten unseres gesunden Menschenverstandes wie auch den Grundprinzipien der Newtonschen Naturwissenschaft widersprechen, ohne daß sie deshalb »unwissenschaftlich« wären. Die Kenntnis dieser Vorstellungen und ihrer Parallelen zu denen der mystischen Traditionen könnte es den Psychiatern erleichtern, den Freudschen Rahmen zu durchbrechen, wenn sie sich mit der vollen Wirkungsbreite des menschlichen Bewußtseins beschäftigen wollen.

7. Wirtschaftswissenschaft in der Sackgasse

Der Triumph der Newtonschen Mechanik im 18. und 19. Jahrhundert festigte die Rolle der Physik als Prototyp einer »harten« Wissenschaft, an der alle anderen Wissenschaften gemessen wurden. Je besser andere Wissenschaftler den Methoden der Physik nacheifern konnten und je mehr sie deren Vorstellungen gebrauchten, um so höher war das Ansehen ihrer Disziplin in der wissenschaftlichen Gemeinschaft. In unserem Jahrhundert ist die Tendenz, wissenschaftliche Vorstellungen und Theorien nach denen der Newtonschen Physik zu modellieren, in vielen Bereichen zu einem ernsten Handikap geworden, am allermeisten wohl in den Sozialwissenschaften.* Diese gelten traditionell als die »weichsten« unter den Wissenschaften, und die Gesellschaftswissenschaftler haben sich sehr bemüht, durch Übernahme des kartesianischen Paradigmas und der Methoden der Newtonschen Physik an Ansehen zu gewinnen. Doch ist der kartesianische Rahmen für die von ihnen beschriebenen Phänomene oft ganz ungeeignet, weshalb ihre Modelle immer unrealistischer geworden sind. Dies wird heute ganz besonders auf dem Gebiet der Wirtschaftswissenschaft deutlich.

Die heutige Wirtschaftswissenschaft ist charakterisiert durch die für die meisten Sozialwissenschaften typische zusammenhanglose und reduktionistische Methodik. Die Wirtschaftswissenschaftler erkennen im allgemeinen nicht, daß Wirtschaft nur ein Aspekt eines umfassenden ökologischen und gesellschaftlichen Gewebes ist – ein lebendiges System aus Menschen, die in ständiger Interaktion miteinander und mit

* Die Sozialwissenschaften befassen sich mit den sozialen und kulturellen Aspekten des menschlichen Verhaltens. Zu ihnen gehören die Disziplinen Wirtschaftswissenschaft, politische Wissenschaft, Soziologie, Sozialanthropologie und – nach Ansicht vieler, die sie ausüben – Geschichtswissenschaft.

ihren natürlichen Hilfsquellen stehen, von denen die meisten ihrerseits lebende Organismen sind. Der grundlegende Irrtum der Sozialwissenschaften besteht darin, dieses Gewebe in Stücke aufzuteilen, von denen man annimmt, sie seien selbständig und könnten in separaten akademischen Fachbereichen behandelt werden. Daher neigen politische Wissenschaftler dazu, die grundlegenden wirtschaftlichen Kräfte zu vernachlässigen, während die Wirtschaftswissenschaftler es versäumen, soziale und politische Realitäten in ihre Modelle einzubauen. In den Regierungen verfährt man nach derselben Methode. Das äußert sich in der Trennung von Sozial- und Wirtschaftspolitik und, vor allem in den Vereinigten Staaten, in dem Labyrinth von parlamentarischen Ausschüssen und Unterausschüssen, in denen diese Politik diskutiert wird.

Die Zerstückelung und Aufteilung in zahllose Fachgebiete innerhalb der Wirtschaftswissenschaft ist in der modernen Phase ihrer Entwicklung häufig bemerkt und kritisiert worden. Kritische Wirtschaftswissenschaftler, welche die wirtschaftlichen Phänomene so untersuchen wollten, wie sie wirklich sind – nämlich eingebettet in die Gesellschaft und das Ökosystem –, und die deshalb den zu engen Rahmen ablehnten, wurden jedoch praktisch gezwungen, sich außerhalb der Wirtschafts»wissenschaft« zu stellen. Das bewahrt die Gemeinschaft der Wirtschaftswissenschaftler davor, sich mit den Fragen beschäftigen zu müssen, die von ihren Kritikern aufgeworfen werden. So wird beispielsweise Max Weber, der Kritiker des Kapitalismus im 19. Jahrhundert, allgemein als Wirtschaftshistoriker bezeichnet; John Kenneth Galbraith und Robert Heilbroner gelten oft als Soziologen, und Kenneth Boulding wird als Philosoph eingestuft. Im Gegensatz dazu wehrte sich Karl Marx dagegen, als Wirtschaftswissenschaftler bezeichnet zu werden, da er sich selbst als Sozialkritiker sah; er behauptete, die Wirtschaftswissenschaftler verteidigten doch nur die bestehende kapitalistische Ordnung. In der Tat bezeichnete man mit dem Begriff »Sozialist« ursprünglich einfach jene Denker, welche die Weltanschauungen der Wirtschaftswissenschaft nicht akzeptierten. In jüngerer Zeit hat Hazel Henderson diese Tradition fortgesetzt, indem sie sich Futuristin nannte und einem ihrer Bücher den Untertitel gab »Das Ende der Wirtschaftswissenschaft«.[1]

Ein wesentlicher, aber von den Wirtschaftswissenschaftlern allgemein vernachlässigter Aspekt wirtschaftlicher Phänomene ist die dynamische Entwicklung der Wirtschaft. Hinsichtlich ihrer Dynamik unterscheiden sich die Wirtschaftsphänomene zutiefst von denen, mit denen sich die Naturwissenschaften befassen. Die klassische Physik findet Anwendung bei einer Reihe genau definierter und sich nicht ändernder Naturerscheinungen. Obwohl sie jenseits dieser Phänomene von der Quanten- und Relativitätsphysik abgelöst wurde, bleibt das Newtonsche Modell innerhalb des klassischen Bereiches gültig und weiterhin theoretische Grundlage für einen großen Teil der zeitgenössischen Technologie. Auch die Vorstellungen der Biologie werden auf eine Wirklichkeit bezogen, die sich im Laufe der Jahrhunderte wenig verändert hat, wenn auch die Kenntnis biologischer Phänomene erheblich gewachsen ist und ein großer Teil des kartesianischen Gedankengebäudes inzwischen als zu eng gilt. Allerdings erstreckt sich die biologische Evolution über sehr lange Zeitspannen und bringt im allgemeinen keine völlig neuen Phänomene hervor. Fortschritte werden eher durch ständiges Umgruppieren und Neukombinieren einer begrenzten Anzahl von Strukturen und Funktionen bewirkt.[2]

Im Gegensatz dazu erfolgt die Evolution wirtschaftlicher Strukturen erheblich schneller. Eine Volkswirtschaft ist ein sich ständig veränderndes und entwickelndes System, abhängig von den sich wandelnden ökologischen und gesellschaftlichen Systemen, in die es eingebettet ist. Zu ihrem Verständnis brauchen wir ein Gedankengebäude, das wandlungsfähig ist und sich jeder neuen Situation anpassen kann. Ein solcher Rahmen fehlt betrüblicherweise in den Werken der meisten zeitgenössischen Wirtschaftswissenschaftler, die immer noch fasziniert sind von der absoluten Strenge des kartesianischen Paradigmas und der Eleganz des Newtonschen Modells – was sie mehr und mehr den Kontakt mit den heutigen wirtschaftlichen Realitäten verlieren läßt.

Die Evolution einer Gesellschaft, wozu auch die Evolution ihres Wirtschaftssystems gehört, ist eng verbunden mit Wandlungen des Wertsystems, das allen ihren Manifestationen zugrundeliegt. Die Werte, nach denen eine Gesellschaft lebt, prägen ihre Weltanschauung und ihre religiösen Institutionen, desgleichen ihre Wissenschaft und Technologie sowie ihre politischen und wirtschaftlichen Übereinkommen. Sobald die kollektiven Werte und Zielsetzungen ausgesprochen und kodifiziert sind, bilden sie den Rahmen der Wahrnehmungen und Einsichten und bestimmen die Auswahl der Innovationen und gesellschaftlichen Anpassungen. In dem Maße, in dem sich das kulturelle Wertsystem ändert – oft als Antwort auf Herausforderungen durch die Umwelt –, entstehen auch neue Strukturen der kulturellen Evolution.

Die Erforschung der Wertbegriffe ist daher für alle Sozialwissenschaften von überragender Bedeutung; so etwas wie eine »wertfreie«

Gesellschaftswissenschaft kann es nicht geben. Sozialwissenschaftler, die die Frage nach den Wertbegriffen für »unwissenschaftlich« halten und sie vermeiden, versuchen das Unmögliche. Jede »wertfreie« Analyse von Gesellschaftsphänomenen beruht auf der stillschweigenden Annahme eines bestehenden Wertsystems, das in der Auswahl und Deutung von Daten von vorneherein einbezogen ist. Wer in der Sozialwissenschaft der Frage nach den Wertbegriffen aus dem Wege geht, ist daher nicht wissenschaftlicher, sondern weniger wissenschaftlich, weil er es versäumt, die seinen Theorien zugrundeliegenden Annahmen deutlich zu machen. Er bietet daher der marxistischen Kritik Angriffsflächen, wonach »alle Gesellschaftswissenschaften verkleidete Ideologien sind«.[3]

Wirtschaftswissenschaft wird definiert als die Disziplin, die sich mit Problemen der Herstellung, Verteilung und dem Verbrauch von Wohlstand befaßt. Sie versucht zu bestimmen, was zu einem gegebenen Zeitpunkt wertvoll ist, indem sie die relativen Tauschwerte von Waren und Dienstleistungen untersucht. Die Wirtschaftswissenschaft ist daher die am eindeutigsten wertabhängige und normative aller Sozialwissenschaften. Ihre Modelle und Theorien werden stets auf einem bestimmten Wertsystem und einer bestimmten Anschauung von der menschlichen Natur beruhen, auf einer Gesamtheit von Annahmen, die E. F. Schumacher »Meta-Ökonomie« nennt, weil sie selten ausdrücklich in das zeitgenössische wirtschaftswissenschaftliche Denken einbezogen wird.[4] Schumacher illustriert die Wertabhängigkeit der Wirtschaftswissenschaft sehr eindrucksvoll durch den Vergleich zweier Wirtschaftssysteme mit völlig unterschiedlichen Werten und Zielsetzungen.[5] Das eine ist unser gegenwärtiges materialistisches System, in dem der »Lebensstandard« am Umfang des jährlichen Konsums gemessen wird, und das daher versucht, ein Maximum an Konsum mit einem optimalen Produktionsmodell zu verwirklichen. Das andere ist das System einer buddhistischen Wirtschaftswissenschaft auf der Grundlage des »Rechten Lebenserwerbs« und des »Mittleren Weges«, deren Ziel es ist, ein Maximum von menschlichem Wohlbefinden mit einem optimalen Konsummodell zu erreichen.

Zeitgenössische Wirtschaftswissenschaftler haben bei dem mißgeleiteten Versuch, ihrer Disziplin wissenschaftliche Genauigkeit zu verleihen, beharrlich das Problem vermieden, Werte zu nennen und zu spezifizieren. Kenneth Boulding, Präsident der American Economic Association, nannte in einer Rede diesen konzertierten Versuch »eine bombastisch erfolglose Bemühung . . . die eine ganze Generation von Wirtschaftswissenschaftlern (genau genommen sogar mehrere Generationen) beschäftigt und in eine Sackgasse geführt hat, wobei die Hauptprobleme unseres Zeitalters fast total vernachlässigt wurden«.[6] Das Ausweichen vor wertbezogenen Problemen hat die Wirtschaftswissenschaftler dazu verleitet, sich auf leichtere, aber auch weniger relevante Probleme zurückzuziehen und Wertkonflikte hinter einer ausgeklügelten technischen Sprache zu verbergen. Dieser Trend tritt besonders stark in den Vereinigten Staaten zutage, wo man heute allgemein dem Glauben anhängt, es gebe für alle Probleme technische Lösungen, seien sie wirtschaftlicher, politischer oder sozialer Art. Daher stellen Industrie und Geschäftswelt ganze Armeen von Wirtschaftswissenschaftlern an, um Kosten/Nutzen-Analysen zu erstellen, in denen soziale und moralische Entscheidungen zu pseudotechnischen umfunktioniert und damit Wertkonflikte verheimlicht werden, die nur politisch gelöst werden können.[7]

Die wenigen Werte, die in heutigen Wirtschaftsmodellen erwähnt werden, sind solche, die mittels ihnen zuerkannter monetärer Gewichtungen quantifiziert werden können. Diese Quantifizierung verleiht der Wirtschaftswissenschaft den Anschein einer exakten Wissenschaft. Gleichzeitig jedoch engt sie den Geltungsbereich der Wirtschaftstheorien bedenklich ein, da sie qualitative Unterscheidungen ausschließt, die für das Verständnis der ökologischen, sozialen und psychologischen Dimensionen wirtschaftlicher Aktivität von entscheidender Bedeutung sind. So wird beispielsweise Energie nur in Kilowatt gemessen, ganz gleich, woher sie kommt. Man unterscheidet nicht zwischen erneuerbaren und nicht erneuerbaren Gütern, und die sozialen Kosten der Produktion werden unverständlicherweise dem Bruttosozialprodukt als positive Leistungen zugeschlagen. Des weiteren haben die Wirtschaftswissenschaftler psychologische Untersuchungen des Verhaltens der Menschen als Einkommensempfänger, Verbraucher und Anleger völlig mißachtet, weil die Ergebnisse solcher Untersuchungen nicht in die heutigen quantitativen Analysen integriert werden können.[8]

Dieser fragmentarische Ansatz der zeitgenössischen Wirtschaftswissenschaftler, ihre Vorliebe für abstrakte quantitative Modelle und ihre Mißachtung der strukturellen Evolution der Wirtschaft haben zu einer riesigen Kluft zwischen Theorie und wirtschaftlicher Realität geführt. Nach Ansicht der *Washington Post* »arbeiten ehrgeizige Wirtschaftswissenschaftler elegante mathematische Lösungen für theoretische Probleme aus, die wenig oder gar keine Bedeutung für die echten Probleme der Öffentlichkeit haben«.[9] Die heutige Wirtschaftswissenschaft befindet sich in einer tiefen Ideenkrise. Die gesellschaftlichen und ökonomischen Anomalien – globale Inflation und Arbeitslosigkeit, schlechte Verteilung des Wohlstandes und Energieknappheit, um nur einige zu nennen – sind heute für jedermann schmerzhaft sichtbar. Eine zunehmend skeptische Öffentlichkeit, Wissenschaftler aus anderen Disziplinen und auch die Wirtschaftswissenschaftler selbst haben erkannt, daß es der Wirtschaftswissenschaft nicht gelingt, mit diesen Problemen fertigzuwerden.

Meinungsumfragen in den 1970er Jahren haben eine stetige drastische Abnahme des Vertrauens der amerikanischen Öffentlichkeit in die Institutionen der Geschäftswelt aufgezeigt. Der Prozentsatz der Befragten, die meinen, die großen Unternehmen seien zu mächtig geworden, stieg im Jahre 1973 auf 75 Prozent. Im Jahre 1974 waren 53 Prozent der Ansicht, viele der großen Unternehmen sollten entflochten werden, und mehr als die Hälfte aller Amerikaner wünschte eine strengere Bundesgesetzgebung für Unternehmen der öffentlichen Hand, Versicherungsgesellschaften sowie die Erdöl-, pharmazeutische und Automobilindustrie.[10]

Die Einstellungen änderten sich auch innerhalb der Unternehmen. Nach einer Studie der *Harvard Business Review* vom Jahre 1975 bevorzugten 70 Prozent der befragten Manager die alten Anschauungen von Individualismus, Privateigentum und freiem Unternehmertum, aber 73 Prozent meinten, diese Wertvorstellungen würden innerhalb der nächsten zehn Jahre von kollektiven Modellen für Problemlösungen verdrängt werden, während 60 Prozent glaubten, eine solche kollektive Orientierung werde zur Lösungsfindung wirksamer sein.[11]

Selbst Wirtschaftswissenschaftler gestehen allmählich ein, daß ihre Disziplin sich in einer Sackgasse befindet. Im Jahre 1971 bemerkte Arthur Burns*, damals Vorstandsvorsitzender der Federal Reserve Bank, daß »die Regeln der Wirtschaftswissenschaft nicht mehr annähernd so gut funktionieren, wie sie es früher getan haben«[12], und Milton Friedman** war in einer Rede vor der American Association im Jahre 1972 noch freimütiger, als er sagte: »Ich glaube, wir Wirtschaftswissenschaftler haben in den vergangenen Jahren viel Schaden angerichtet – für die Gesellschaft insgesamt und unseren Berufsstand im

* Gegenwärtig US-Botschafter in Bonn. (Anm. d. Übers.)
** Nobelpreisträger für Wirtschaftswissenschaft. (Anm. d. Übers.)

besonderen –, indem wir mehr versprachen, als wir halten konnten.«[13] Um das Jahr 1978 hatte sich der Ton von Vorsicht zu Verzweiflung gewandelt, als Finanzminister Michael Blumenthal erklärte: »Ich bin wirklich der Ansicht, daß die Wirtschaftswissenschaftler heute vor einer Bankrotterklärung stehen, wenn es darum geht, die heutige Lage vor oder nach einem Geschehen zu verstehen.«[14] Juanita Kreps, Handelsminister bis zum Jahre 1979, erklärte unverblümt, es sei für sie unmöglich, in ihre alte Position als Professor für Wirtschaftswissenschaft an der Duke University zurückzukehren, »da ich nicht wissen würde, was ich noch lehren soll.«[15]

Das anhaltend schlechte Management unserer Volkswirtschaft stellt die grundlegenden Vorstellungen des zeitgenössischen Wirtschaftsdenkens in Frage. Obgleich sich die meisten Wirtschaftswissenschaftler des augenblicklichen akuten Krisenzustandes wohlbewußt sind, glauben sie immer noch, man könnte die Lösungen für unsere Probleme innerhalb des vorhandenen theoretischen Rahmens finden. Dieser Rahmen beruht jedoch auf Vorstellungen und Variablen, die vor einigen hundert Jahren entstanden und die inzwischen durch die sozialen und technischen Veränderungen hoffnungslos veraltet sind. Was die Nationalökonomen heute am meisten brauchen, ist eine Neubewertung ihres gesamten Gedankengutes und eine entsprechende Umformulierung ihrer Modelle und Theorien. Die augenblickliche Wirtschaftskrise kann nur dann überwunden werden, wenn die Wirtschaftswissenschaftler bereit sind, am Paradigmenwandel teilzunehmen, der zur Zeit auf allen anderen Gebieten im Gange ist. Wie in der Psychologie und Medizin wird der Übergang vom kartesianischen Paradigma zu einem ganzheitlichen und ökologischen Weltbild die neuen Methoden nicht weniger wissenschaftlich gestalten, sondern sie im Gegenteil in bessere Übereinstimmung mit den neuesten Entwicklungen in der Naturwissenschaft bringen.

Auf der fundamentalsten Ebene muß die Neuformulierung ökonomischer Vorstellungen und Modelle sich mit dem zugrundeliegenden Wertsystem befassen und es im kulturellen Gesamtzusammenhang sehen. Aus einer solchen Perspektive scheinen viele gegenwärtige soziale und wirtschaftliche Probleme ihre Wurzeln in dem schmerzhaften Prozeß der Anpassung des einzelnen und der Institutionen an die gewandelten Werte unserer Zeit zu haben.[16] Der Aufstieg der Wirtschaftswissenschaft als eine von Philosophie und Politik getrennte Disziplin fiel zeitlich zusammen mit dem Aufstieg der materialistischen westeuropäischen Kultur gegen Ende des Mittelalters. Bei ihrer Entfaltung baute diese Kultur in ihre gesellschaftlichen Institutionen die maskulinen und »*Yang*-orientierten« Werte ein, die heute unsere Gesellschaft beherrschen und die Grundlage unseres Wirtschaftssystems bilden. Die Wirtschaftswissenschaft mit ihrer grundlegenden Konzentration auf materiellen Wohlstand spiegelt heute besonders deutlich jene Werte, die nur auf die mit den Sinnen erfahrbare materielle Welt ausgerichtet sind.[17]

Zu den Einstellungen und Tätigkeiten, die in diesem System hoch bewertet werden, gehören materieller Erwerb, Expansion, Wettbewerb und eine Besessenheit von »harter Technologie« und »harter Wissenschaft«. Mit ihrer Überbetonung dieser Werte hat unsere Gesellschaft die Verfolgung von Zielen gefördert, die gleichermaßen gefährlich und unmoralisch sind, und hat mehrere der im Christentum als Todsünden geltenden Sünden als soziale Verhaltensweisen institutionalisiert – Gefräßigkeit, Hochmut, Selbstsucht und Neid.

Das während des 17. und 18. Jahrhunderts entstandene Wertsystem ersetzte nach und nach einen organischen Zusammenhang mittelalterlicher Werte und Verhaltensweisen: Glaube an die Heiligkeit der Natur; moralische Verurteilung des Geldverleihens gegen Zinsen; die Forderung nach »gerechten« Preisen; die Überzeugung, daß man dem Streben nach persönlichem Gewinn und dem Horten von Gütern entgegentreten sollte; die Anschauung, Arbeit diene dem Gemeinwohl und dem Wohlergehen der Seele, Handel sei nur gerechtfertigt, um das Auskommen der Gemeinschaft zu sichern, und Belohnung für sein Tun erhalte der Mensch im nächsten Leben. Bis zum 16. Jahrhundert wurden rein wirtschaftliche Erscheinungen nicht vom übrigen Lebensgewebe getrennt. Während des größten Teiles unserer Geschichte wurden Nahrung, Bekleidung, Häuser sowie andere Produkte zur Befriedigung der Grundbedürfnisse nur zum Nutzwert produziert und innerhalb der Stämme und Gruppen auf der Basis des Tauschwerts verteilt.[18] Ein nationales System von Märkten ist ein verhältnismäßig neues Phänomen, das im England des 17. Jahrhunderts entstand und sich von dort aus über die ganze Welt verbreitete. Das Endergebnis: der heutige eng verknüpfte »Weltmarkt«. Natürlich gab es Märkte schon im Steinzeitalter, doch beruhten sie damals auf Tauschhandel, nicht auf Barzahlung, und waren daher zwangsläufig lokal begrenzt. Selbst die frühen Formen des Handels waren weniger wirtschaftlich motiviert, sondern häufiger geheiligte und zeremonielle Aktivitäten in Verbindung mit Verwandtschafts- und Familiensitten. So unternahmen beispielsweise die Bewohner der Trobriand Inseln im südlichen Pazifik Rundreisen auf Seehandelsrouten, die sich Tausende von Kilometern erstreckten, ohne besondere Motivierung durch Profit, Tauschhandel oder ähnliches. Ihr Anreiz zu diesen Reisen waren kulturelle Überlieferungen und magischer Symbolismus, die beinhalteten, daß man weißen Seemuschelschmuck in der einen und roten Seemuschelschmuck in der anderen Richtung transportierte, wobei alle zehn Jahre einmal ihr ganzer Archipel umsegelt wurde.[19]

Viele archaische Gesellschaften benutzten Geld, einschließlich Metallmünzen; es diente jedoch nur der Bezahlung von Steuern und Gehältern und war nicht für den allgemeinen Umlauf bestimmt. Das Motiv individuellen Gewinns aus ökonomischen Aktivitäten fehlte im allgemeinen; der Gedanke an Profit, ganz zu schweigen von Zinsen, war entweder undenkbar oder ungehörig. Wirtschaftsorganisationen von großer Komplexität mit einer wohlorganisierten Arbeitsteilung funktionierten nach dem System des Lagerns und Umverteilens von allgemeinen Waren wie etwa Getreide, wie im Grunde alle Systeme während des Feudalismus. Natürlich schloß dies nicht die uralten Motive von Macht, Herrschaft und Ausbeutung aus, doch die Idee, daß menschliche Bedürfnisse grenzenlos seien, wurde vor dem Zeitalter der Aufklärung im allgemeinen nicht vertreten.

Ein wichtiges Prinzip in allen frühen Gesellschaften war das des »Haushaltens«, nach dem griechischen Wort *oikonomia*, aus dem unser moderner Ausdruck »Ökonomie« abgeleitet ist. Privateigentum war nur in dem Maße gerechtfertigt, in dem es der Wohlfahrt aller diente. Tatsächlich kommt ja das Wort »privat« aus dem Lateinischen *privare* (jemandem etwas nehmen), was auf die weitverbreitete Ansicht in alten Zeiten hinweist, daß Eigentum in allererster Linie Gemeineigentum war. Als dann die Gesellschaften von dieser gemeinnützigen, teilhabenden Anschauung zu individualistischeren und auf Selbstbehauptung beruhenden Anschauungen übergingen, waren die Menschen nicht länger der Ansicht, Privateigentum seien jene Güter, welche einzelne der Gruppennutzung entzogen. Man kehrte die Wortbedeutung um und behauptete nun: Eigentum sollte in erster Linie privat sein, und die Gemeinschaft sollte es dem einzelnen nicht ohne ordentliches Gerichtsverfahren nehmen.

Mit der Wissenschaftlichen Revolution und der Aufklärung wurden kritischer Verstand, empirische Erfahrung und Individualismus zu den beherrschenden Werten. Gleichzeitig erfolgte eine säkulare und materialistische Neuorientierung, die zur Produktion weltlicher Güter und zur Manipulationsmentalität des Industriezeitalters führte. Die neuen Sitten und Aktivitäten ließen dann neue gesellschaftliche und politische Institutionen entstehen und legten die Grundlagen für eine neue akademische Disziplin: für theoretische Überlegungen über *ökonomische* Aktivitäten – Produktion, Austausch, Verteilung, Geldverleih –, die urplötzlich eine bedeutende Rolle spielten und nicht nur der Beschreibung und Erklärung, sondern auch der rationalen Rechtfertigung bedurften.

Eine der bedeutsamsten Auswirkungen der Wertverschiebung am Ende des Mittelalters war der Aufstieg des Kapitalismus im 16. und 17. Jahrhundert. Die Entwicklung der kapitalistischen Mentalität stand nach einer geistreichen These von Max Weber in engem Zusammenhang mit der religiösen Idee der »Berufung«, die mit Martin Luther und der Reformation entwickelt wurde, zusammen mit dem Begriff der moralischen Verpflichtung, seine Pflicht im weltlichen Leben zu erfüllen. Dieser Gedanke einer weltlichen Berufung projizierte religiöses Verhalten in die säkulare Welt; er wurde von puritanischen Sekten noch stärker betont, die in weltlichen Aktivitäten und den materiellen Belohnungen für fleißiges Bemühen ein Zeichen göttlicher Vorsehung sahen. Daraus entstand die berühmte Protestantische Arbeitsethik, in der harte, selbstverleugnende Arbeit und weltlicher Erfolg mit Tugend gleichgesetzt wurden. Andererseits verabscheuten die Puritaner jeden über eine sparsame Lebensführung hinausgehenden Konsum. Die Anhäufung von Reichtum war sanktioniert, solange sie durch beruflichen Fleiß erfolgte. Nach Webers Theorie lieferten diese religiösen Werte und Motive den wesentlichen emotionalen Anstoß und die Energie für das Entstehen und die rasche Entwicklung des Kapitalismus.[20]

Webers Methode, wirtschaftliche Aktivitäten anhand einer Analyse ihrer zugrundeliegenden Wertvorstellungen zu kritisieren, bahnte vielen späteren Kritikern den Weg, unter ihnen Kenneth Boulding, Erich Fromm und Barbara Ward.[21] Diese Tradition wurde von den jüngeren feministischen Kritikern des kapitalistischen wie des marxistischen Wirtschaftssystems fortgeführt und noch einen Schritt weitergetragen. Sie attackierten vor allem das patriarchalische Wertsystem, das praktisch die Grundlage aller heutigen Volkswirtschaften ist.[22] Der Zusammenhang zwischen patriarchalischen Wertbegriffen und dem Kapitalismus wurde im 19. Jahrhundert zunächst von Friedrich Engels herausgestellt und dann von den nachfolgenden Marxistengenerationen. Nach

Engels hat die Unterdrückung der Frau jedoch ihre Wurzeln im kapitalistischen Wirtschaftssystem und muß mit der Abschaffung des Kapitalismus ihr Ende finden. Die heutigen feministischen Kritikerinnen weisen aber mit großem Nachdruck darauf hin, daß die patriarchalischen Verhaltensweisen viel älter als die kapitalistischen Volkswirtschaften sind und daß sie in den meisten Gesellschaften viel tiefer verankert sind. In der Tat läßt sich in den meisten sozialistischen und revolutionären Bewegungen eine deutliche maskuline Vorherrschaft erkennen, wobei soziale Revolutionen propagiert werden, bei denen männliche Führung und Herrschaft im wesentlichen unangetastet bleiben.[23]

Während des 16. und 17. Jahrhunderts, als die neuen Wertvorstellungen von Individualismus, Eigentumsrecht und repräsentativer Regierung zum Niedergang des traditionellen Feudalsystems und zur Erosion der Macht des Adels führten, wurde die alte Wirtschaftsordnung immer noch von Theoretikern verteidigt, die der Ansicht waren, der Weg einer Nation zu Reichtum führe über die Ansammlung von Geld durch Außenhandel. Diese Theorie erhielt später die Bezeichnung »Merkantilismus«. Die Leute, die ihr anhingen, nannten sich selbst nicht Wirtschaftswissenschaftler; es waren Politiker, Verwaltungsbeamte und Kaufleute. Sie wandten den ursprünglichen Begriff für die Wirtschaft – im Sinne der Führung eines Haushalts – auf den Staat als Haushalt des Herrschers an, weshalb ihre Maßnahmen als »politische Ökonomie« bezeichnet wurde. Dieser Ausdruck wurde bis zum 20. Jahrhundert verwendet, als er durch den modernen Begriff Wirtschaftswissenschaft ersetzt wurde.

Der merkantilistische Gedanke der Handelsbilanz – der Glaube, daß eine Nation reich wird, wenn ihre Exporte die Importe übersteigen – wurde zum Kernstück des darauffolgenden wirtschaftlichen Denkens. Zweifellos war er von der Vorstellung des Gleichgewichts in der Newtonschen Mechanik beeinflußt und stand in Übereinstimmung mit den begrenzten Weltanschauungen der isolierten, wenig bevölkerten Monarchien der damaligen Zeit. Heute jedoch, in unserer übervölkerten und aufs engste verflochtenen Welt, liegt es auf der Hand, daß nicht alle Nationen gleichzeitig beim merkantilistischen Spiel gewinnen können. Die Tatsache, daß viele Nationen – in jüngster Zeit vor allem Japan – immer noch versuchen, Überschüsse in ihren Handelsbilanzen zu erzielen, muß zwangsläufig zu Handelskriegen, wirtschaftlichen Depressionen und internationalen Konflikten führen.

Die moderne Wirtschaftswissenschaft ist genaugenommen kaum älter als dreihundert Jahre. Sie wurde im 17. Jahrhundert von Sir William Petty, Professor für Anatomie in Oxford und für Musik in London sowie Militärarzt in der Armee von Oliver Cromwell, begründet. Zu seinem Freundeskreis gehörte Christopher Wren, Architekt vieler Londoner Bauten, und Isaac Newton. Pettys *Political Arithmetick* scheint Newton und Descartes viel zu verdanken; seine Methode besteht darin, Wörter und Beweisführungen durch Zahlen, Gewichte und Maße zu ersetzen und »nur Argumente zu verwenden, die dem gesunden Menschenverstand entsprechen, und nur Dinge zu berücksichtigen, die sichtbar in der Natur begründet sind«.[24]

In diesem Werk und in anderen Schriften verkündete Petty Ideen, die dann zu unerläßlichen Bestandteilen der Theorien von Adam Smith und anderen späteren Wirtschaftswissenschaftlern wurden. Zu diesen Gedanken gehörte die von Smith, Ricardo und Marx übernommene Theorie des Arbeitswertes, wonach der Wert eines Produktes nur aus der zu seiner Herstellung erforderlichen Arbeit zu bestimmen ist; es gehört ferner dazu die Unterscheidung zwischen Preis und Wert, die seither die Wirtschaftswissenschaftler in den verschiedensten Formulierungen beschäftigt hat. Petty beschrieb auch ausführlich den Begriff des »gerechten Lohnes«, erläuterte die Vorteile der Arbeitsteilung und definierte den Begriff des Monopols. Er erörterte solche »Newtonschen« Gedanken wie die von der Quantität des Geldes und seiner Umlaufgeschwindigkeit, die von monetaristischen Schulen heute noch diskutiert werden, und schlug vor, öffentliche Aufträge zur Behebung der Arbeitslosigkeit zu vergeben, womit er Ideen von Keynes um zweihundert Jahre vorwegnahm. Die heute in Washington, Bonn oder London diskutierte Wirtschaftspolitik hätte Petty kaum überrascht – abgesehen vielleicht von der Tatsache, daß sie sich so wenig geändert hat.

Neben Petty und den Merkantilisten legte auch John Locke einen der Grundsteine für die moderne Wirtschaftswissenschaft. Er war der hervorragende Philosoph der Aufklärung, und seine stark von Descartes und Newton beeinflußten Gedanken über psychologische, soziale und wirtschaftliche Phänomene wurden zum Fundament des Denkens im 18. Jahrhundert. Lockes atomistische Gesellschaftstheorie[25] führte ihn zu der Vorstellung von einer repräsentativen Regierung, deren Aufgabe es sein sollte, die Rechte des Individuums auf Eigentum und die Früchte seiner Arbeit zu wahren. Haben die Bürger erst einmal eine Regierung als Treuhänder für ihre Rechte, Freiheiten und ihr Eigentum, so meinte

Locke, dann hängt die Legitimität dieser Regierung vom wirksamen Schutz dieser Rechte ab. Versäumt die Regierung es, sie zu beschützen, dann hat das Volk das Recht, die Regierung aufzulösen. Von diesen radikalen Vorstellungen der Aufklärung wurden zahlreiche wirtschaftliche und politische Theorien beeinflußt. Eine der neuartigsten Theorien von Locke auf dem Gebiet der Wirtschaftswissenschaft war jedoch die von der Rolle des Preises. Während Petty noch der Meinung gewesen war, Preise sollten in gerechter Weise die zur Herstellung eines Produkts oder einer Dienstleistung benötigte Arbeitsmenge verkörpern, führte Locke den Gedanken ein, daß sich Preise auch objektiv bestimmen ließen, nämlich durch Angebot und Nachfrage. Das befreite nicht nur die Kaufleute vom moralischen Gesetz des »gerechten« Preises – Lockes Definition des Preises wurde auch zu einem weiteren Eckpfeiler der Wirtschaftswissenschaft. Das »Gesetz« von Angebot und Nachfrage hatte bald den gleichen Status wie die Gesetze der Mechanik, und diesen Status hat es in den meisten wirtschaftlichen Analysen noch heute.

Das Gesetz von Angebot und Nachfrage fügte sich auch vollkommen in die neue Mathematik von Newton und Leibniz ein – in die Differentialrechnung –, da die Wirtschaftswissenschaft sich nach damaliger Vorstellung mit den ständigen Variationen sehr kleiner Mengen befaßte, die sich am wirksamsten mit dieser mathematischen Methode beschreiben ließen. Diese Ansicht wurde zur Grundlage der Bemühungen, die Wirtschaftswissenschaft zu einer exakten mathematischen Wissenschaft zu machen. Das Problem war und ist jedoch, daß die in diesem mathematischen Modell benutzten Variablen nicht genau quantifiziert, sondern nur auf der Grundlage von Annahmen definiert werden können, welche diese Modelle oft ziemlich unrealistisch machen.

Eine besondere Schule des wissenschaftlichen Denkens im 18. Jahrhundert, die einen bedeutsamen Einfluß auf die klassische Wirtschaftstheorie ausübte, war die der französischen Physiokraten. Ihre Denker waren die ersten, die sich selbst Wirtschaftswissenschaftler nannten, ihre Theorien als wissenschaftlich »objektiv« bezeichneten und ein vollständiges Bild der französischen Volkswirtschaft entwickelten, wie sie vor der Revolution bestand. Physiokratie heißt »Naturherrschaft«, und die Physiokraten kritisierten den Merkantilismus und das Anwachsen der Städte aufs schärfste. Sie behaupteten, nur die Landwirtschaft und der Boden könnten echten Wohlstand produzieren, womit sie eine erste »ökologische« Weltanschauung verkündeten. Ihr Anführer François Quesnay war Arzt wie William Petty und John Locke, und zwar Chirurg am königlichen Hof. Quesnay vertrat die Ansicht, das Naturgesetz würde auch die wirtschaftlichen Angelegenheiten zum Wohle aller lenken, wenn man es nicht antaste. Damit wurde die Doktrin das *laissez faire* als weiterer Eckstein in die Wirtschaftswissenschaft eingeführt.

Die Periode der »klassischen politischen Ökonomie« wurde 1776 ins Leben gerufen, als Adam Smith sein Buch *Reichtum der Nationen* veröffentlichte. Smith, ein schottischer Philosoph und Freund von David Hume, war der weitaus einflußreichste aller Wirtschaftswissenschaftler. Sein *Reichtum der Nationen* war die erste wirklich umfassende Abhandlung über Wirtschaftswissenschaft und ist »in seinen letztlichen Ergebnissen vielleicht das bedeutendste Buch, das jemals geschrieben wurde«.[26] Smith war nicht nur von den Physiokraten und den Philosophen der Aufklärung beeinflußt, sondern auch mit James Watt, dem Erfinder der Dampfmaschine, befreundet. Er begegnete Benjamin Franklin und wahrscheinlich Thomas Jefferson und lebte zu einer Zeit, in der die Industrielle Revolution das Gesicht Englands zu verändern begann.

Als Smith den *Reichtum der Nationen* schrieb, war der Übergang von einer durch Landwirtschaft und Handwerk geprägten Volkswirtschaft zu einem in großen Fabriken und Spinnereien durch Dampfmaschinen beherrschten Wirtschaftssystem in vollem Gange. Die Spinnmaschine war erfunden, und maschinelle Webstühle wurden in Baumwollwebereien benutzt, die bis zu dreihundert Arbeiter beschäftigten. Das neue Privatunternehmen, Fabriken und mit Dampf angetriebene Maschinen formten die Vorstellungen von Smith, so daß er begeistert den gesellschaftlichen Wandel seiner Zeit befürwortete und die Überreste des auf der Nutzung von Grund und Boden beruhenden Feudalsystems kritisierte.

Wie die meisten bedeutenden Wegbereiter der Wirtschaftswissenschaft war Adam Smith kein Spezialist, sondern ein einfallsreicher, umfassender Denker mit vielen neuen Ideen. Er machte sich daran zu erforschen, wie der Wohlstand einer Nation vermehrt und verteilt wird – das Grundthema der modernen Wirtschaftswissenschaft. Er widersprach der merkantilistischen Theorie, Wohlstand werde durch Außenhandel und das Horten von Gold- und Silberbarren vermehrt. Für ihn war Produktion auf der Grundlage von menschlicher Arbeit und Bodenschätzen die wahre Quelle des Wohlstandes. Der Reichtum einer Nation hängt nach Smith davon ab, welcher Prozentsatz ihrer Bevölkerung an dieser Produktion beteiligt ist und wie leistungsfähig und geschult diese Menschen sind. Die Arbeitsteilung sei die Grundlage einer wachsenden Produktion – sagte Smith, wie vor ihm schon Petty. Aus der vorherrschenden Newtonschen Idee des Naturgesetzes leitete Smith den Gedanken ab, »Tauschhandel und Austausch gehören zur menschlichen Natur«, und er fand es auch »natürlich«, daß Arbeiter mit Hilfe arbeitssparender Maschinen ihre Arbeit nach und nach erleichtern und ihre Produktivität steigern. Damals hatten allerdings die ersten Fabrikanten eine viel negativere Auffassung von der Rolle der Maschinen; sie begriffen sehr wohl, daß Maschinen Arbeiter ersetzen und somit ein Mittel sein können, diese Arbeiter in Angst zu halten und sich gefügig zu machen.[27]

Von den Physiokraten übernahm Smith den Gedanken des *laissez faire,* den er durch die Metapher von der »Unsichtbaren Hand« unsterblich machte. Nach Smith würde die Unsichtbare Hand des Marktes das Eigeninteresse aller Unternehmer, Erzeuger und Verbraucher schon zum harmonischen Wohl aller lenken; »Wohl« wird hier gleichgesetzt mit der Erzeugung materiellen Wohlstandes. Auf diese Weise würde dann ein soziales Ergebnis erzielt werden, das unabhängig von individuellen Zielsetzungen sei und damit eine objektive Wirtschaftswissenschaft möglich mache.

Smith glaubte an die Theorie vom Arbeitswert eines Produktes, akzeptierte aber auch die Idee, daß Preise auf dem »freien« Markt durch die ausgleichenden Wirkungen von Angebot und Nachfrage bestimmt werden. Er baute seine Theorie auf den Newtonschen Vorstellungen von Gleichgewicht, Bewegungsgesetzen und wissenschaftlicher Objektivität auf. Bei der Anwendung dieser mechanistischen Vorstellung auf gesellschaftliche Phänomene ergaben sich Schwierigkeiten, weil sie das Problem der Reibung nicht berücksichtigte. Da das Phänomen der Reibung in Newtons Mechanik ganz allgemein vernachlässigt wird, stellte Smith sich vor, die ausgleichenden Marktmechanismen würden beinahe sofort wirken. Er beschrieb ihre Anpassungen als »prompt«, »bald eintretend« und »fortlaufend«, während Preise durch der Schwerkraft vergleichbare Kräfte in die richtige Richtung gezogen würden. Kleine Erzeuger und kleine Verbraucher mit gleicher Macht und gleichem Informationsstand sollten sich auf dem Markt treffen.

Dieses Idealbild ist auch Grundlage des heute von den Wirtschaftswissenschaftlern weithin benutzten »Wettbewerbsmodells«. Zu seinen Grundvoraussetzungen gehören freie Information für alle Teilnehmer an Markttransaktionen; dazu gehört der Glaube, jeder Käufer und Verkäufer auf dem Markt sei klein und habe keinen Einfluß auf den Preis; vorausgesetzt wird ferner die vollständige und sofortige Mobilität von Arbeitern, Bodenschätzen und Maschinen. Alle diese Bedingungen sind in der überwiegenden Mehrheit der heutigen Märkte nicht wirklich gegeben; dennoch nehmen die meisten Wirtschaftswissenschaftler sie weiterhin als Grundlage ihrer Theorien. Lucia Dunn, Professor für Nationalökonomie an der Northwestern University, beschreibt die Situation mit folgenden Worten: »Sie verwenden diese Annahmen in ihrer Arbeit fast unbewußt. Tatsächlich sind sie in den Köpfen vieler Wirtschaftswissenschaftler keine Annahmen mehr, sondern werden für die Wirklichkeit gehalten«.[28]

Für den Welthandel entwickelte Smith die These von der vergleichbaren Ausgangsstellung, wonach jede Nation sich bei bestimmten Produktionsarten auszeichnen sollte, woraus sich internationale Arbeitsteilung und Freihandel ergeben werde. Dieses Modell des internationalen Freihandels findet man heute noch in vielen Theorien über den Welthandel; es erzeugt inzwischen seine eigenen sozialen und Umweltkosten.[29] Smith glaubte, das sich selbst im Gleichgewicht haltende Marktsystem werde innerhalb einer Nation langsames und stetiges Wachstum hervorbringen, bei steigender Nachfrage nach Waren und Arbeitskräften. Die Idee des fortdauernden Wachstums wurde von den nachfolgenden Generationen von Wirtschaftswissenschaftlern übernommen, die paradoxerweise weiterhin mit mechanistischen Gleichgewichtsvorstellungen operierten, während sie gleichzeitig fortgesetztes wirtschaftliches Wachstum postulierten. Smith selbst sagte voraus, der wirtschaftliche Fortschritt werde schließlich ein Ende haben, sobald der Wohlstand der Nationen an die natürlichen Grenzen von Boden und Klima gelange, doch glaubte er leider, dieser Zeitpunkt sei in so ferner Zukunft gelegen, daß dies für seine Theorien ohne Belang sei.

Smith spielte auf die Idee des Wachstums sozialer und wirtschaftlicher Strukturen an, etwa der Monopole, wenn er die Unternehmen in einem bestimmten Geschäftszweig kritisierte, die sich zusammentaten, um Preise künstlich hochzutreiben; doch sah er die weitreichenden Folgen einer solchen Praxis nicht. Das Wachstum dieser Strukturen, insbesondere der Klassenstruktur, sollte dann zum zentralen Thema der Wirtschaftsanalyse von Karl Marx werden. Adam Smith rechtfertigte kapitalistische Gewinne mit dem Argument, sie würden benötigt, um dann zum gemeinsamen Wohle in mehr Maschinen und Fabriken investiert zu werden. Er sah zwar den Kampf zwischen Arbeitern und Arbeitgebern und die Bemühungen beider, den Markt zu beeinflussen, doch erwähnte er niemals die ungleiche Macht von Arbeitern und Kapitalisten – ein Gesichtspunkt, den Marx später mit großem Nachdruck verfolgen sollte.

Als Smith schrieb, Arbeiter »und andere niedere Schichten der Bevölkerung« erzeugten zu viele Kinder, weshalb die Löhne auf das Existenzminimum sinken würden, ließ er erkennen, daß seine Anschauungen von der Gesellschaft denen anderer Philosophen der Aufklärung ähnlich waren. Deren Status als gebildete Bürger des Mittelstandes erlaubte es ihnen, radikale Ideen von Gleichheit, Gerechtigkeit und Freiheit zu ersinnen, aber nicht, auch die »niederen Schichten« darin einzubeziehen – noch haben sie jemals daran gedacht, ihre hehren Ideen auch auf das weibliche Geschlecht anzuwenden.

Zu Beginn des 19. Jahrhunderts begannen die Wirtschaftswissenschaftler, ihre Disziplin systematischer zu gestalten, in dem Bestreben, sie in die Form einer Naturwissenschaft zu gießen. Der erste und einflußreichste dieser systematischen Wirtschaftsdenker war David Ricardo, ein Börsenmakler, der mit 35 Jahren Millionär wurde und sich dann, nach der Lektüre vom *Reichtum der Nationen,* dem Studium der Wirtschaftswissenschaft widmete. Ricardo baute auf dem Werk von Adam Smith auf, faßte jedoch den Rahmen der Wirtschaftswissenschaft enger und leitete damit einen Prozeß ein, der für fast das gesamte nachfolgende nicht-marxistische Denken auf dem Gebiet der Ökonomie charakteristisch wurde. Ricardos Werk enthielt wenig Sozialphilosophie und führte statt dessen die Idee eines »Wirtschaftsmodells« ein, eines logischen Systems von Postulaten und Gesetzen mit einer begrenzten Anzahl von Variablen, das benutzt werden konnte, wirtschaftliche Phänomene zu beschreiben und vorherzusagen.

Im Mittelpunkt des Systems stand der Gedanke, der Fortschritt werde wegen der steigenden Kosten der Nahrungsmittelerzeugung auf einer begrenzten Ackerbodenfläche früher oder später ein Ende haben. Dieser ökologischen Perspektive lag die zuvor von Thomas Malthus verkündete düstere Ansicht zugrunde, die Bevölkerung werde schneller wachsen als die Versorgung mit Nahrungsmitteln. Ricardo akzeptierte dieses Prinzip von Malthus, analysierte die Lage jedoch in größerem Detail. In dem Maße, in dem die Bevölkerung wachse, werde man schlechteren Boden in Randflächen kultivieren müssen, schrieb er. Zugleich werde der relative Wert des guten Bodens steigen und die dadurch erzielte höhere Grundrente werde ein Überschuß sein, den die Verpächter nur dafür erhielten, daß ihnen das Land gehöre. Diese Idee der Erschließung von Randflächen wurde zur Grundlage der heutigen Theorien von der Grenzplanungsrechnung. Ricardo akzeptierte wie Smith die Theorie vom Arbeitswert, bezog in seine Definition des Preises aber bezeichnenderweise auch die Arbeitskosten ein, die beim Bau von Maschinen und Fabriken anfallen. Seiner Ansicht nach nahm der Eigentümer einer Fabrik, wenn er Gewinn erzielte, etwas an, was durch Arbeit erzeugt wurde, ein Gesichtspunkt, auf dem Marx später seine Theorie vom Mehrwert aufbaute.

Die systematischen Bemühungen von Ricardo und anderen klassischen Nationalökonomen gaben der Wirtschaftswissenschaft ein festeres Fundament und versahen sie mit Dogmen, welche die bestehende Klassenstruktur unterstützten. Alle Versuche, soziale Verbesserungen herbeizuführen, wurden mit dem »wissenschaftlichen« Argument abgewehrt, hier seien »Naturgesetze« am Werk, und die Armen seien nun einmal für ihr Mißgeschick selbst verantwortlich. Gleichzeitig kam es jedoch immer häufiger zu Arbeiterrevolten, und das neue wirtschaftswissenschaftliche Gedankengut zeugte seine eigenen entsetzten Kritiker lange bevor Karl Marx in Erscheinung trat.

Ein wohlgemeinter, aber unrealistischer Ansatz führte zu einer langen Reihe nicht praktikabler Formulierungen, die später als Wohlfahrts-Wirtschaftslehre bekannt wurden. Ihre Befürworter kümmerten sich weniger um den Begriff der Wohlfahrt als Funktion der materiellen Produktion. Statt dessen konzentrierten sie sich auf das subjektive Kriterium von individuellem Vergnügen und Schmerz, zu welchem Zweck sie komplizierte Graphiken konstruierten, die auf »Vergnügungseinheiten« und »Schmerzeinheiten« basierten. Vilfredo Pareto verbesserte diese ziemlich groben Entwürfe in seiner Theorie der Optima des Zweitbesten. Sie beruhte auf der Annahme, soziales Wohlergehen lasse sich steigern, wenn man die Zufriedenheit einiger Individuen vermehrt, ohne die anderer zu vermindern. Anders ausgedrückt: Jede wirtschaftliche Veränderung, die es irgend jemandem »bessergehen läßt«, ohne daß es dadurch einem anderen »schlechtergeht«, ist als Steigerung des gesamten sozialen Wohlergehens wünschenswert.

Aber auch Paretos Theorie vernachlässigte die Tatsachen ungleicher Macht, ungleicher Information und ungleichen Einkommens. Wohlfahrts-Wirtschaftslehren haben sich bis zum heutigen Tage in der einen oder anderen Form gehalten, obwohl schlüssig nachgewiesen ist, daß man individuelle Präferenzen nicht zu einem sozialen Ziel zusammenaddieren kann.[30] Viele heutige Kritiker sehen darin eine dürftig getarnte Entschuldigung für selbstsüchtiges Verhalten, das jede Art einer zusammenhängenden sozialen Zielsetzung untergräbt und heute dabei ist, jegliche Umweltpolitik zunichte zu machen.[31]

Während die Wohlfahrtswissenschaftler ausgeklügelte mathematische Schemata entwickelten, versuchte eine andere Schule von Reformern, den Mängeln des Kapitalismus mit ausgesprochen idealistischen Experimenten zu begegnen. Die Utopisten organisierten Fabriken nach humanitären Prinzipien – kürzere Arbeitszeiten, höhere Löhne, Urlaub, Versicherung und manchmal auch Wohnungen für die Arbeiter. Sie gründeten Arbeitergenossenschaften und förderten moralische, ästhetische und spirituelle Werte. Viele dieser Experimente waren eine Zeitlang erfolgreich, doch schließlich scheiterten sie alle, da sie in einer feindlichen wirtschaftlichen Umwelt nicht überleben konnten. Karl Marx, der dem Ideenreichtum der Utopisten vieles verdankte, vertrat die Ansicht, ihre Gemeinschaften könnten deswegen nicht von Dauer sein, weil sie nicht »organisch« aus dem gegebenen Stadium materieller wirtschaftlicher Entwicklung hervorgegangen seien. Aus der Perspektive der 1980er Jahre gesehen, scheint Marx recht gehabt zu haben. Vielleicht mußten wir bis heute warten – bis zu unserer Zeit »nachindustriellen« Überdrusses, des Massenkonsums und der steigenden sozialen und Umweltkosten, ganz zu schweigen von der sich stetig verkleinernden Rohstoffbasis –, um einen Zustand zu erreichen, in dem der Traum der Utopisten von einer genossenschaftlich organisierten ökologisch harmonischen Gesellschaftsordnung Wirklichkeit werden kann.

Der bedeutendste unter den klassischen Wirtschaftsreformern war John Stuart Mill, der schon mit dreizehn Jahren die meisten Werke der Philosophen und Wirtschaftswissenschaftler seiner Zeit gelesen hatte und danach zum Gesellschaftskritiker wurde. Im Jahre 1848 veröffentlichte er seine eigenen *Grundsätze der Politischen Ökonomie,* eine Neubewertung der Wirtschaftswissenschaft von herkulischem Format, in der er zu einer radikalen Schlußfolgerung kam. Für die Wirtschaftswissenschaft, so schrieb er, gebe es nur ein Sachgebiet – Produktion und Knappheit der Mittel. Verteilung sei kein wirtschaftlicher, sondern ein politischer Prozeß. Damit engte er den Begriff der Volkswirtschaftslehre auf eine »reine Wirtschaftslehre« ein, die man später »neoklassisch« nannte, und ermöglichte eine stärkere Konzentration der Wissenschaft auf den »wirtschaftlichen Kernvorgang«, wobei er soziale und umweltbedingte Variablen in Analogie zu den kontrollierten Experimenten der Physik ausklammerte. Nach Mill spaltete sich die Wirtschaftswissenschaft in einerseits die neoklassische, »wissenschaftliche« und mathematische Schule und andererseits die »Kunst« der umfassenderen Sozialphilosophie. In der Praxis führte diese Spaltung schließlich zu der heutigen verheerenden Konfusion zwischen beiden Ansätzen, woraus wirtschaftspolitische Instrumente entstanden, die abstrakten und unrealistischen mathematischen Modellen entstammen.

John Stuart Mill meinte es gut, als er die politische Bedeutung der Verteilung von Wirtschaftsgütern betonte. Sein Hinweis darauf, daß die Verteilung des Reichtums einer Gesellschaft von den Gesetzen und Gewohnheiten dieser Gesellschaft abhängt, die in verschiedenen Kulturen und verschiedenen Epochen sehr verschieden sind, hätte die Frage der Wertvorstellungen wieder auf die Tagesordnung der Nationalökonomie bringen müssen. Mill erkannte nicht nur die ethischen Kriterien im Kern der Wirtschaftswissenschaft, sondern war sich auch ihrer philosophischen und psychologischen Implikationen durchaus bewußt.

Jeder, der ernsthaft die sozialen Verhältnisse der Menschheit verstehen will, muß sich mit dem Gedankengut von Karl Marx befassen und wird davon auch heute noch intellektuell fasziniert sein. Nach Robert Heilbroner wurzelt diese Faszination in der Tatsache, daß »Marx der erste war, der einen neuen Modus der Untersuchung entdeckte, der für alle Zukunft sein Verdienst bleiben wird. So etwas war nur einmal vor ihm geschehen, als Plato den Modus der philosophischen Fragestellung ›entdeckte‹.«[32] Marx forschte sozialkritisch und bezeichnete sich daher selbst nicht als Philosophen, Historiker oder Wirtschaftswissenschaftler – was er im Grunde alles war –, sondern als Sozialkritiker. Gerade deshalb üben seine Sozialphilosophie und Sozialwissenschaft immer noch einen so starken Einfluß auf das Denken unserer Zeit aus.

Als Philosoph lehrte Marx eine Philosophie des Handelns. »Die Philosophen haben die Welt nur verschieden *interpretiert;* es kommt aber darauf an, sie zu *verändern*«, schrieb er.[33] Als Wirtschaftswissenschaftler kritisierte Marx die klassische Wirtschaftswissenschaft sachkundiger und wirksamer als alle Fachleute. Sein Haupteinfluß war jedoch nicht intellektueller, sondern politischer Art. Urteilt man nach der Zahl der ihn verehrenden Anhänger, dann muß der Revolutionär Marx »als ein religiöser Führer angesehen werden, der auf eine Stufe mit Christus oder Mohammed gestellt werden kann«.[34]

Während Marx als Revolutionär von Millionen Menschen in der ganzen Welt kanonisiert wurde, müssen sich die Wirtschaftswissenschaftler – die ihn allzu häufig nicht kennen oder falsch zitieren – mit seinen erstaunlich genauen Voraussagen beschäftigen: etwa über die Konjunkturzyklen von Hochkonjunktur und nachfolgender Depression, oder über die Tendenz der Marktwissenschaften, sich »Reservearmeen« von Arbeitslosen zuzulegen, die heute gewöhnlich aus ethnischen Minderheiten und Frauen bestehen. Das dreibändige Hauptwerk von Marx, *Das Kapital,* stellt eine gründliche Kritik des Kapitalismus dar. Er betrachtete die Gesellschaft und die Wirtschaft aus der ausdrücklich genannten Perspektive des Klassenkampfes zwischen Arbeitern und Kapitalisten, doch sah er aufgrund seiner umfassenden Vorstellungen von sozialer Evolution die Wirtschaftsprozesse in viel größeren Strukturen.

Marx erkannte, daß kapitalistische Formen gesellschaftlicher Organisation den Prozeß der technologischen Innovation beschleunigen und die materielle Produktivität steigern würden, und er sagte voraus, daß dies auf dialektische Weise die gesellschaftlichen Beziehungen verändern werde. Er sah Phänomene wie Monopole und Depressionen voraus und kündigte an, daß der Kapitalismus das Aufkommen des Sozialismus begünstigen werde – wie es geschehen ist – und daß er schließlich verschwinden werde – was auch der Fall sein mag. Im ersten Band des *Kapital* kleidete Marx seine Anklage gegen den Kapitalismus in die folgenden Worte:

> Hand in Hand mit dieser Zentralisation oder der Expropriation vieler Kapitalisten durch wenige entwickelt sich die kooperative Form des Arbeitsprozesses auf stets wachsender Stufenleiter, die bewußte technische Anwendung der Wissenschaft, die planmäßige Ausbeutung der Erde ... die Verschlingung aller Völker in das Netz des Weltmarkts, und damit der internationale Charakter des kapitalistischen Regimes. Mit der beständig abnehmenden Zahl der Kapitalmagnaten, welche alle Vorteile dieses Umwandlungsprozesses usurpieren und monopolisieren, wächst die Masse des Elends, der Knechtschaft, der Entartung, der Ausbeutung ...[35]

Heute, angesichts unserer krisengeschüttelten, von Großunternehmen beherrschten Weltwirtschaft mit ihren super-riskanten Technologien und ihren riesigen sozialen und ökologischen Kosten, hat diese Feststellung nichts von ihrer Aussagekraft verloren.

Die Kritiker von Marx verweisen im allgemeinen darauf, daß die Arbeiterschaft in den Vereinigten Staaten, von der man erwartet hätte, daß sie sich als erste politisch organisieren und erheben würde, um eine sozialistische Gesellschaft aufzubauen, dieses nicht getan hat, weil die Arbeiter so hohe Löhne erhielten, daß sie sich mit der aufsteigenden Mittelklasse zu identifizieren begannen. Es gibt aber noch eine Reihe anderer Gründe, warum der Sozialismus in den Vereinigten Staaten nicht Fuß fassen konnte.[36] Der amerikanische Arbeiter war äußerst mobil und paßte sich seinem Job unter ständig veränderten Bedingungen an. Außerdem war die Arbeiterschaft durch ihre verschiedenen Sprachen und ethnischen Unterschiede uneinig, was die Fabrikbesitzer nicht versäumten auszunutzen. Eine große Zahl der Arbeiter kehrte in die alten Heimatländer zurück, sobald sie die Mittel angesammelt hatten, den wartenden Familien ein besseres Leben zu ermöglichen. Damit waren die Möglichkeiten begrenzt, sozialistische Parteien im europäischen Stil zu organisieren. Andererseits trifft es zu, daß die amerikanischen Arbeiter nicht fortlaufend verelendeten, sondern auf der Leiter materiellen Wohlstandes nach oben geklettert sind, wenn auch auf relativ niederem Niveau und nach sehr viel Kampf.

Ein weiterer wichtiger Punkt ist, daß die Dritte Welt im späten 20. Jahrhundert wegen der Entwicklung der multinationalen Gesellschaften die Rolle des Proletariats übernahm, was Marx nicht vorausgesehen hat. Heute spielen diese Multinationalen die Arbeiter der verschiedenen Länder gegeneinander aus, unter Ausnutzung rassistischer und nationalistischer Gefühle. Deshalb erzielen heute amerikanische Arbeiter Vorteile zum Nachteil der Arbeiter in der Dritten Welt. Die marxistische Parole »Proletarier aller Länder vereinigt euch« ist heute noch schwerer zu erfüllen als früher.

In seiner »Kritik der Nationalökonomie«, wie der Untertitel von *Das Kapital* lautet, benutzt Marx die Theorie des Arbeitswertes einer Ware, um die Frage der Gerechtigkeit aufzuwerfen. Ferner entwickelte er kraftvolle neue Vorstellungen, um der reduktionistischen Logik der neoklassischen Nationalökonomen seiner Zeit entgegenzutreten. Er wußte, daß Löhne und Preise weitgehend politisch bestimmt werden. Von der Prämisse ausgehend, daß jeder Wert durch Arbeit geschaffen wird, stellte Marx fest, daß fortlaufende und reproduzierende Arbeit dem Arbeiter zumindest das Existenzminimum garantieren muß, dazu noch genug, um das verbrauchte Material zu ersetzen. Im allgemeinen aber werde es einen Überschuß über jenes Minimum hinaus geben. Die Form dieses »Mehrwerts« wird zu einem Schlüsselelement der Gesellschaftsstruktur, in ihrer Wirtschaft wie in ihrer Technologie.[37]

In kapitalistischen Gesellschaften eignen sich die Kapitalisten diesen Mehrwert an, sagt Marx. Es sind die Unternehmer, die über die Produktionsmittel verfügen und die Arbeitsbedingungen festlegen. Diese Transaktion zwischen Menschen ungleicher Macht erlaubt es den Kapitalisten, aus der Tätigkeit der Arbeiter mehr Geld herauszuholen, wodurch das Geld zu Kapital wird. In dieser Analyse betonte Marx, die Vorbedingung für die Entstehung von Kapital sei eine spezifische gesellschaftliche Klassenbeziehung, die wiederum das Produkt einer langen Geschichte ist.[38] Folgende grundlegende Kritik von Marx an der neoklassischen Wirtschaftswissenschaft ist heute noch ebenso gültig wie zu seiner Zeit: Die Wissenschaftler weichen dem ethischen Problem der Verteilung aus, indem sie ihr Forschungsgebiet auf den »wirtschaftlichen Kernprozeß« einengen. Die nichtmarxistische Nationalökonomin Joan Robinson meinte dazu, die Wissenschaftler beschäftigten sich statt mit dem Problem der Werte lieber mit der weniger brennenden Frage des relativen Preises.[39] Werte und Preise sind jedoch sehr unterschiedliche Begriffe. Ein anderer Nichtmarxist, Oscar Wilde, hat dies am besten formuliert: »Es ist möglich, den Preis von allem und den Wert von nichts zu kennen.«

In seiner Theorie über den Arbeitswert einer Ware war Marx nicht unbeweglich, sondern schien stets bereit, sie abzuändern. Er sagte voraus, daß geistige Arbeit zunehmen werde, da Wissenschaft und sonstige Kenntnisse mehr und mehr in den Produktionsprozeß Eingang finden würden, und er erkannte auch die bedeutende Rolle der Bodenschätze. In einer seiner früheren Schriften schrieb er: »Der Arbeiter kann nichts schaffen ohne die Natur, ohne die sinnliche Außenwelt. Sie ist der Stoff, an welchem sich seine Arbeit verwirklicht, in welchem sie tätig ist, aus welchem und mittels welchem sie produziert.«[40]

Zu Marx' Lebzeiten, als es noch Bodenschätze im Überfluß bei kleinen Bevölkerungszahlen gab, war menschliche Arbeitskraft tatsächlich der wichtigste Beitrag zur Produktion. Im Laufe des 20. Jahrhunderts verlor jedoch die Theorie vom Arbeitswert der Ware an Bedeutung, und heute ist der Produktionsvorgang so komplex, daß es nicht mehr möglich ist, die Anteile von Grund und Boden, Arbeit, Kapital und sonstigen Faktoren säuberlich zu trennen.

Was Marx von der Rolle der Natur beim Produktionsprozeß hielt, war Teil seiner organischen Weltanschauung, wie Michael Harrington in seiner überzeugenden Neubewertung des Marxschen Gedankengutes betont.[41] Dieses organische oder Systembild wird von Marx' Kritikern oft übersehen; sie behaupten, seine Theorien seien ausschließlich deterministisch und materialistisch. Bei seiner Reaktion auf die reduktionistischen wirtschaftlichen Argumente seiner Zeitgenossen, beging Marx den Fehler, seine Gedanken durch »wissenschaftliche« mathematische Formeln auszudrücken, was seine umfassendere sozialpolitische Theorie unterminierte. Doch kam gerade in dieser umfassenderen Theorie ein klares Verständnis von Gesellschaft und Natur als organischem Ganzen zum Ausdruck, etwa in der folgenden schönen Stelle aus den *Ökonomisch-philosophischen Manuskripten*:

> Die Natur ist der *unorganische Leib* des Menschen, nämlich die Natur, soweit sie nicht selbst menschlicher Körper ist. Der Mensch *lebt* von der Natur, heißt: Die Natur ist sein *Leib*, mit dem er in beständigem Prozeß bleiben muß, um nicht zu sterben. Daß das physische und geistige Leben des Menschen mit der Natur zusammenhängt, hat keinen anderen Sinn, als daß die Natur mit sich selbst zusammenhängt, denn der Mensch ist ein Teil der Natur.[42]

In allen seinen Schriften betonte Marx die Bedeutung der Natur innerhalb des gesellschaftlichen und wirtschaftlichen Zusammenhangs, doch war dies für einen Aktivisten jener Zeit keine zentrale Frage. Auch die Ökologie war damals kein brennendes Thema, und man konnte daher nicht erwarten, daß Marx sich viel mit ihr beschäftigte. Doch war er sich der ökologischen Auswirkungen der kapitalistischen Wirtschaftswissenschaft bewußt, wie man aus vielen seiner Erklärungen entnehmen kann, wie beiläufig sie auch gewesen sein mögen. Um nur ein Beispiel zu zitieren: »Jeder Fortschritt in der kapitalistischen Landwirtschaft ist ein Fortschritt in der Kunst, nicht nur den Landarbeiter, sondern auch den Boden zu berauben.«[43]

Obwohl Marx sich nicht besonders mit ökologischen Problemen befaßt hat, scheint es doch, als hätte man seine Ansichten verwenden *können*, um die vom Kapitalismus erzeugte und vom Sozialismus verewigte ökologische Ausbeutung vorherzusagen. Man kann seinen Jüngern sicherlich anlasten, daß sie das ökologische Problem nicht früher erkannt haben, da es Material für eine weitere vernichtende Kritik am Kapitalismus geliefert und die Vitalität der marxistischen Methode bekräftigt hätte. Hätten Marxisten sich ehrlich mit ökologischen Fragen beschäftigt, dann wären sie allerdings zu der Schlußfolgerung gekommen, daß sozialistische Gesellschaften da nicht viel besser abschneiden, wobei ihre Umweltschädigung nur wegen des geringeren Konsums kleiner ist (den sie immerhin zu steigern versuchen).

Ökologisches Wissen ist subtil und schwer als Motivation für gesellschaftlichen Aktivismus zu nutzen, da der Respekt vor anderen Arten – beispielsweise Walen, Bäumen oder vom Aussterben bedrohten Insekten – nicht genug revolutionären Elan verleiht, um menschliche Institutionen zu ändern. Wahrscheinlich haben die Marxisten den »ökologischen Marx« deswegen so lange übersehen. Neuere wissenschaftliche Arbeiten haben einige subtile organische Gedanken von Marx ans Licht gebracht, die jedoch die meisten Sozialaktivisten nur mit Mühe nachvollziehen können, weil sie sich lieber für simplere Streitfragen einsetzen. Vielleicht hat Marx deswegen am Ende seines Lebens erklärt: »Ich bin kein Marxist.«[44]

Wie Freud war Marx ein langes und reiches intellektuelles Leben mit vielen schöpferischen Erkenntnissen beschieden, die unser Zeitalter ganz entscheidend geprägt haben. Seine Sozialkritik inspirierte Millionen von Revolutionären rund um die Welt, und die Marxsche Wirtschaftsanalyse wird wissenschaftlich nicht nur in der sozialistischen Welt, sondern auch in den meisten europäischen Ländern, in Kanada, Japan und Afrika geachtet – genaugenommen in der ganzen Welt, außer in den Vereinigten Staaten. Die Gedanken von Marx sind sehr vielseitig interpretierbar und faszinieren daher immer noch die Gelehrten. Für die Analyse in diesem Buch ist der Zusammenhang zwischen der Kritik von Marx und dem reduktionistischen Rahmen der Wissenschaft seiner Zeit von besonderem Interesse.

Wie den meisten Denkern des 19. Jahrhunderts war Marx besonders daran gelegen, wissenschaftlich zu sein, weshalb er den Ausdruck »wissenschaftlich« ständig bei der Beschreibung seiner kritischen Ansichten verwendete und oft versuchte, seine Theorien in kartesianischer und Newtonscher Sprache zu formulieren. Jedoch ermöglichte ihm seine umfassende Sicht der gesellschaftlichen Phänomene, den kartesianischen Rahmen merklich zu durchbrechen. Er übernahm nicht die klassische Formel vom objektiven Beobachter, sondern betonte leidenschaftlich seine Rolle als Teilhaber am Geschehen, indem er klarstellte, seine Gesellschaftsanalyse sei untrennbar von Gesellschaftskritik. Diese Kritik ging über soziale Streitfragen hinaus und offenbarte dabei tiefe humanistische Einsichten, beispielsweise in seiner Diskussion des Prinzips der Selbstentfremdung.[45] Obwohl Marx sich oft für einen technologischen Determinismus aussprach, weil das seine Theorie als Wissenschaft akzeptabler machte, erkannte er doch die allseitige Verknüpftheit aller Phänomene, wobei er die Gesellschaft als organisches Ganzes sah, in welchem Ideologie und Technologie gleichermaßen wichtig waren.

Um die Mitte des 19. Jahrhunderts hatte sich die klassische Nationalökonomie in zwei breite Strömungen gespalten. Auf der einen Seite standen die Reformer: die Utopisten, Marxisten und die Minderheit klassischer Wirtschaftswissenschaftler, die John Stuart Mill folgten. Auf der anderen Seite befanden sich die neoklassischen Wirtschaftswissenschaftler, die sich auf den wirtschaftlichen Kernprozeß konzentrierten und dabei die Schule der mathematischen Wirtschaftswissenschaft entwickelten. Einige von ihnen versuchten, objektive Formeln für die Maximierung der Wohlfahrt zu entwickeln, andere flüchteten sich in immer abstrusere Mathematik, um der vernichtenden Kritik der Utopisten und Marxisten zu entgehen.

Ein großer Teil dieser mathematischen Wirtschaftswissenschaft widmete sich, und widmet sich noch heute, dem Studium des »Marktmechanismus« mit Hilfe graphischer Kurven für Angebot und Nachfrage. Diese beiden Faktoren werden graphisch als Funktionen von Preisen dargestellt, jedoch auf der Grundlage von Annahmen über wirtschaftliches Verhalten, von denen viele heute höchst unrealistisch sind. So wird zum Beispiel der von Adam Smith postulierte perfekte Wettbewerb auf freien Märkten in den meisten Modellen als gegeben angenommen. Das wesentliche dieser Methode läßt sich an der Graphik für Angebot und Nachfrage erläutern, die man in allen einführenden Lehrbüchern der Wirtschaftswissenschaft finden kann.

Die Interpretation dieser Graphik beruht auf der »Newtonschen« *Annahme,* daß die Teilnehmer an einem Markt automatisch (und natürlich ohne Reibung) in Richtung des »Gleichgewichts«preises tendieren werden, der sich aus dem Schnittpunkt beider Kurven ergibt.

Während die mathematischen Wirtschaftswissenschaftler ihre Modelle im späten 19. und frühen 20. Jahrhundert verfeinerten, trieb die Weltwirtschaft der schlimmsten Depression ihrer Geschichte entgegen, welche die Fundamente des Kapitalismus erschütterte und allen Voraussagen von Marx recht zu geben schien. Doch nach der Großen Depression drehte sich das Erfolgsrad des Kapitalismus noch einmal weiter, stimuliert durch die sozialen und wirtschaftlichen Interventio-

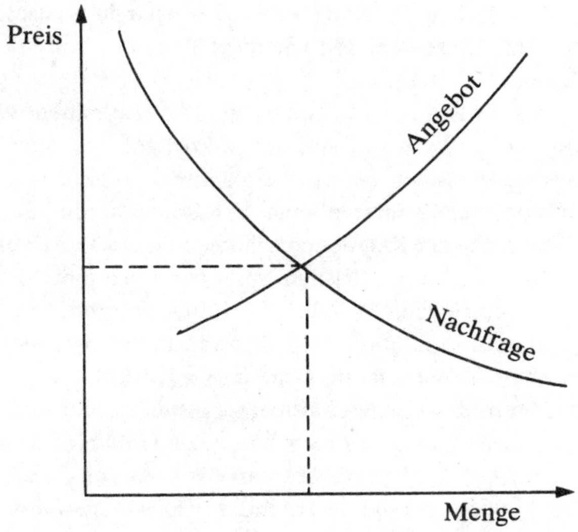

Graphik für Angebot und Nachfrage: Die Angebotskurve gibt die Anzahl der Einheiten eines Produkts, die als Funktion seines Preises auf den Markt gelangen – je höher der Preis, desto mehr Hersteller werden verleitet, dieses Produkt herzustellen. Die Nachfragekurve zeigt die Nachfrage nach dem Produkt als Funktion seines Preises – je höher der Preis, desto geringer die Nachfrage.

nen der Regierungen. Diese Politik beruhte auf der Theorie von John Maynard Keynes, der entscheidenden Einfluß auf das moderne wirtschaftliche Denken ausübte.

Keynes war lebhaft an der gesamten sozialen und politischen Szene interessiert und sah in der Wirtschaftstheorie ein Instrument der Politik. Er bog die sogenannten »wertfreien« Methoden der neoklassischen Wirtschaftslehren so hin, daß sie praktischen Zielsetzungen förderlich wurden, und gab der Wirtschaftswissenschaft wieder einmal eine politische Bedeutung, diesmal jedoch auf neue Art. Dazu mußte man natürlich das Ideal des objektiven wissenschaftlichen Beobachters aufgeben, was den neoklassischen Wissenschaftlern schwerfiel, da sie fürchteten, dadurch die ausgleichenden Mechanismen des Marktes zu stören. Keynes aber zeigte ihnen, daß die von ihm empfohlenen politischen Interventionen aus dem neoklassischen Modell abgeleitet werden können.

Zu diesem Zweck demonstrierte er, daß Zustände wirtschaftlichen Gleichgewichts in der realen Welt »Sonderfälle« sind, Ausnahmen und nicht die Regel.

Um die Art der staatlichen Interventionen zu bestimmen, verlagerte Keynes seine Aufmerksamkeit von der Mikro- auf die Makroebene – auf ökonomische Variablen wie Volkseinkommen, totaler Konsum und totale Investition, das Gesamtvolumen der Beschäftigung usw. Durch die Herstellung einfacher Relationen zwischen diesen Variablen konnte er aufzeigen, daß sie für kurzfristige Veränderungen anfällig sind, die man durch eine entsprechende Politik beeinflussen kann. Nach Keynes sind schwankende Konjunkturzyklen eine wesentliche Eigenschaft aller Volkswirtschaften. Diese Theorie stand im Gegensatz zum orthodoxen Wirtschaftsdenken, das Vollbeschäftigung postuliert. Keynes verteidigte seine ketzerischen Gedanken jedoch mit dem Hinweis auf die Erfahrung, aus der man lernen könne, daß starke Produktions- und Beschäftigungsschwankungen ein herausragendes Charakteristikum unseres Wirtschaftssystems seien.[46]

Nach dem Modell von Keynes werden zusätzliche Investitionen stets die Zahl der Beschäftigten und damit auch das totale Einkommensniveau vermehren, was dann wieder zu mehr Nachfrage nach Konsumgütern führt. Auf diese Weise regen Investitionen das wirtschaftliche Wachstum an und steigern den nationalen Wohlstand, der dann schließlich auch »zu den Armen durchsickert«. Keynes behauptete jedoch niemals, daß dieser Prozeß mit Vollbeschäftigung enden werde; er werde das System nur in dieser Richtung bewegen – oder auf irgendeiner Ebene von Unterbeschäftigung versickern, oder sogar sich umkehren, was von vielen Voraussetzungen abhängt, die nichts mit seinem Modell zu tun haben.

Das erklärt auch die überragende Rolle der Werbung als Instrument der großen Unternehmen, die Nachfrage auf dem Markt zu »managen«. Die Verbraucher sollen ihre Ausgaben nicht nur ständig steigern; sie müssen das auch *auf voraussagbare Weise* tun, wenn das System richtig funktionieren soll. Heute hat man die klassische Wirtschaftstheorie fast auf den Kopf gestellt. Volkswirtschaftler jeder beliebigen Richtung schaffen auf ihre Art Konjunkturzyklen. Verbraucher werden gezwungen, unfreiwillige Anleger zu werden, und der Markt wird durch Aktionen der Geschäftswelt und der Regierungen gemanagt, während neoklassische Theoretiker sich noch immer auf die Unsichtbare Hand berufen.

Im 20. Jahrhundert hat das Modell von Keynes die Hauptrichtung des wirtschaftlichen Denkens bestimmt. Die meisten Wirtschaftswissenschaftler haben sich kaum für das politische Problem der Arbeitslosigkeit interessiert und statt dessen weiterhin versucht, eine »Feineinstellung« für die Volkswirtschaft zu finden, und zwar durch Anwendung der von Keynes empfohlenen Mittel wie Drucken von Geld, Anheben oder Senken der Zinssätze, höhere oder niedrigere Steuern und so fort. Diese Methoden beachten jedoch nicht die vielgliedrige Struktur der Wirtschaft und ihre qualitativen Probleme, weshalb sie im allgemeinen erfolglos bleiben. Etwa um das Jahr 1970 traten diese Mängel der Wirtschaftslehre von Keynes deutlich in Erscheinung.

Das Keynesianische Modell ist für die heutige Situation ungeeignet, weil es viele Faktoren übersieht, die für das Verständnis der Wirtschaftslage unerläßlich sind. Es konzentriert sich auf die nationale Volkswirtschaft, losgelöst vom Weltwirtschaftsnetz und ohne Berücksichtigung internationaler Wirtschaftsabkommen. Es vernachlässigt die überwältigende politische Macht der multinationalen Unternehmen, beachtet die politischen Verhältnisse nicht und läßt die sozialen und umweltbedingten Kosten wirtschaftlicher Aktivitäten aus dem Spiel. Die Methode von Keynes kann bestenfalls einige mögliche Szenarios liefern, jedoch keine spezifischen Vorhersagen machen. Wie der Großteil des kartesianischen Wirtschaftsdenkens hat sie ihre Nützlichkeit überlebt.

Die zeitgenössische Wirtschaftswissenschaft ist eine Mischung von Vorstellungen, Theorien und Modellen aus verschiedenen Epochen der Wirtschaftsgeschichte. Die wichtigsten Denkschulen sind die marxistische Schule und die der »gemischten« Wirtschaftswissenschaft, eine moderne Version neoklassischer Nationalökonomie unter Verwendung verfeinerter mathematischer Methoden, jedoch immer noch auf klassischen Vorstellungen aufgebaut. In den späten 1930er und 1940er Jahren wurde eine neue »neoklassisch-keynesianische Synthese« verkündet, in der Praxis jedoch niemals angewendet. Die neoklassischen Wissenschaftler nahmen einfach die Werkzeuge von Keynes und bearbeiteten damit ihre eigenen Modelle, wobei sie die sogenannten Marktkräfte zu manipulieren versuchten, gleichzeitig jedoch auf schizophrene Weise die alten Vorstellungen vom Gleichgewicht beibehielten.

In jüngerer Zeit hat man eine sehr heterogene Gruppe von Nationalökonomen kollektiv als »Nach-Keynes-Schule« bezeichnet. Ihre konservativeren Befürworter verkünden eine neue Abart der sogenannten Angebotswirtschaft, die in Washington mächtige Anhänger gefunden hat. Ihr grundlegendes Argument: Nachdem es den Anhängern von Keynes nicht gelungen ist, die Nachfrage ohne Steigerung der Inflation anzuregen, sollte man jetzt das Angebot stimulieren, etwa durch verstärkte Investitionen in Fabriken und Automation sowie durch Beseitigung »unproduktiver« Umweltschutzmaßnahmen. – Diese Methode ist eindeutig antiökologisch und wird wahrscheinlich die schnelle Ausbeutung unserer Bodenschätze bewirken und unsere Probleme noch verstärken. Andere Vertreter der »Nach-Keynes-Richtung« haben begonnen, die Wirtschaftsstrukturen etwas realistischer zu analysieren. Sie lehnen das Modell vom Freien Markt und der Unsichtbaren Hand ab, aus der Erkenntnis heraus, daß die Wirtschaft heute von riesigen Konzernen und von Behörden beherrscht wird. Doch verwenden die meisten Wissenschaftler dieser Richtung immer noch allzu gemischte und unzulänglich aus Mikroanalysen abgeleitete Daten; sie versäumen es, den Begriff des Wachstums zu qualifizieren, und sie scheinen kein klares Bild von den ökologischen Dimensionen unserer Wirtschaftsprobleme zu haben. Ihre ausgetüftelten quantitativen Modelle beschreiben Bruchstücke der wirtschaftlichen Aktivitäten. Von denen behaupten sie, sie seien empirisch bewiesen und reine »Fakten«, während sie in Wahrheit auf stillschweigend vorausgesetzten neoklassischen Vorstellungen beruhen.

Alle diese Modelle und Theorien – die marxistischen wie die nichtmarxistischen – sind weiterhin tief im kartesianischen Paradigma verwurzelt und somit nicht geeignet, das heutige eng verflochtene und sich ständig ändernde Wirtschaftssystem zu beschreiben. Für Uneingeweihte ist es nicht gerade leicht, die ziemlich abstrakte und technische Sprache der modernen Wirtschaftslehre zu verstehen; hat man sie jedoch einmal gemeistert, dann werden die größeren Mängel des modernen wirtschaftswissenschaftlichen Denkens schnell erkennbar.

Ein auffallendes Kennzeichen der heutigen kapitalistischen und kommunistischen Volkswirtschaften ist ihre Besessenheit vom Wachstum. Wirtschaftliches und technologisches Wachstum wird von fast allen Wirtschaftswissenschaftlern und Politikern als wesentlich angesehen, obwohl es inzwischen doch ohne jeden Zweifel klar sein sollte, daß unbegrenzte Expansion in einer begrenzten Umwelt nur zur Katastrophe führen kann. Der Glaube an die Notwendigkeit fortlaufenden Wachstums ist eine Folge der Überbetonung der *Yang*-Werte – Expansion, Selbstbehauptung, Wettbewerb – und kann auch in Zusammenhang mit den Newtonschen Vorstellungen von der absoluten unendlichen Natur von Raum und Zeit gebracht werden. Dies ist eine Auswirkung des linearen Denkens, des irrigen Glaubens, daß, wenn etwas gut für einen einzelnen oder eine Gruppe ist, mehr davon zwangsläufig besser sein müsse.

Die wettbewerbsorientierte, auf Selbstbehauptung bedachte Einstellung zum Geschäftsleben ist Teil des Erbes von John Lockes atomistischem Individualismus, der in Amerika zwar für eine kleine Schar früher Siedler und Forscher lebenswichtig war, der heute aber unbrauchbar ist, da er nicht dazu befähigt, das komplizierte Gewebe sozialer und ökologischer Zusammenhänge zu handhaben, das für reife Industriegesellschaften so charakteristisch ist. Regierungen und Geschäftswelt sind immer noch überwiegend der Ansicht, das Gemeinwohl werde maximiert, wenn alle einzelnen, Gruppen und Institutionen ihren eigenen materiellen Wohlstand maximieren – »was gut ist für General Motors, ist gut für die Vereinigten Staaten.« Das Gesamtsystem wird mit der Summe seiner Teile identifiziert, und die Tatsache, daß es entweder mehr oder weniger als die Summe sein kann, je nach dem Grad der Wechselbeziehungen zwischen den Teilen, bleibt unberücksichtigt. Die Folgen dieses reduktionistischen Trugschlusses werden allmählich schmerzlich sichtbar, da mehr und mehr wirtschaftliche Kräfte miteinander kollidieren, das soziale Gewebe zerreißen und die natürliche Umwelt zerstören.

Die weltweite Besessenheit vom Wachstum hat eine bemerkenswerte Ähnlichkeit zwischen kapitalistischen und kommunistischen Volkswirtschaften bewirkt. Die beiden Hauptvertreter dieser sogenannten entgegengesctzten Wertsysteme, die Vereinigten Staaten und die Sowjetunion, erscheinen längst nicht mehr so unterschiedlich. Beide haben sich dem industriellen Wachstum und harter Technologie verschrieben, mit zunehmend zentralisierter und bürokratischer Kontrolle, sei dies nun durch den Staat oder sogenannte »private« multinationale Gesellschaften. Die allgemeine Süchtigkeit in bezug auf Wachstum und Expansion ist stärker als alle anderen Ideologien; um einen Ausdruck von Marx zu entleihen, sie ist zum Opium des Volkes geworden.

In gewissem Sinne ist der gemeinsame Glaube ans Wachstum gerechtfertigt, weil Wachstum ein wesentliches Charakteristikum des Lebens ist. Frauen und Männer wissen das seit uralten Zeiten, wie wir es den Ausdrücken entnehmen können, mit denen man in der Antike die

Wirklichkeit beschrieb. Das griechische Wort *physis* – die Wurzel unserer modernen Ausdrücke Physik, Physiologie usw. – ebenso wie das Sanskrit-Wort *brahman,* deren beider Sinn »das Wesentliche aller Dinge« war, werden aus dem gleichen indo-europäischen Wort *bheu* = »wachsen« abgeleitet. Tatsächlich scheinen Evolution, Wandel und Wachstum wesentliche Aspekte der Wirklichkeit zu sein. Was an den heutigen Anschauungen über wirtschaftliches und technologisches Wachstum jedoch falsch ist, das ist das Fehlen jeglicher Qualifizierung. Allgemein wird angenommen, alles Wachstum sei gut, ohne zu erkennen, daß es in einer endlichen Umwelt ein dynamisches Gleichgewicht zwischen Wachstum und Niedergang geben muß. Während einige Dinge wachsen, müssen andere abnehmen, damit ihre Bestandteile wieder freigesetzt und neu verwendet werden können.

Der größte Teil des wirtschaftlichen Denkens unserer Zeit beruht auf der Idee des undifferenzierten Wachstums. Auf den Gedanken, daß Wachstum hinderlich, ungesund oder krankhaft sein kann, kommt man gar nicht. Wir brauchen daher dringend eine Differenzierung und Qualifizierung des Wachstumsbegriffs. Wachstum muß von der übermäßigen Produktion und vom übertriebenen Konsum im privaten Bereich in die Bereiche der öffentlichen Dienstleistungen kanalisiert werden, beispielsweise Transportwesen, Bildungswesen und Gesundheitsfürsorge. Und dieser Wandel muß begleitet werden von einer fundamentalen Verlagerung vom Erwerb materieller Güter zu innerem Wachstum und innerer Entwicklung.

In den meisten Industriegesellschaften gibt es drei eng zusammenhängende Dimensionen des Wachstums – wirtschaftlich, technologisch und institutionell. Andauerndes wirtschaftliches Wachstum wird von praktisch allen Volkswirten als Dogma akzeptiert. Mit Keynes sind sie des Glaubens, das wäre der einzige Weg sicherzustellen, daß der materielle Reichtum zu den Armen durchsickert. Dabei ist schon lange nachgewiesen, wie unrealistisch dieses Wachstumsmodell des »Durchsickerns« ist. Denn hohe Wachstumsraten tragen nicht nur wenig zur Linderung der dringenden sozialen und menschlichen Probleme bei; in vielen Ländern werden sie von wachsender Arbeitslosigkeit und allgemeiner Verschlechterung der sozialen Verhältnisse begleitet.[47]

Trotzdem bestehen Volkswirte und Politiker immer noch auf der Bedeutung wirtschaftlichen Wachstums. So hat zum Beispiel Nelson Rockefeller noch im Jahre 1976 bei einer Konferenz des Club of Rome erklärt: »Mehr Wachstum ist unerläßlich, wenn die vielen Millionen

Amerikaner die Möglichkeit haben sollen, ihre Lebensqualität zu verbessern.«[48]

Rockefeller bezog sich hier offensichtlich nicht auf die Qualität des Lebens, sondern auf den sogenannten Lebensstandard, der mit materiellem Konsum gleichgesetzt wird. Die Unternehmer geben unglaublich viel Geld für Werbung aus, um das gegenwärtige Konsummodell aufrechtzuerhalten. Viele der auf diese Weise konsumierten Waren sind unnötig, verschwenderisch und oft direkt schädlich. Der Preis, den wir für diese exzessive kulturelle Angewohnheit zahlen, besteht in der stetigen Verschlechterung der wirklichen Lebensqualität – der Luft, die wir atmen, der Nahrung, die wir essen, der Umwelt, in der wir leben, und der gesellschaftlichen Beziehungen, die das Gewebe unseres Lebens bilden. Diese Kosten eines verschwenderischen Überkonsums wurden schon vor mehreren Jahrzehnten gut dokumentiert und sind seither nur noch gestiegen.[49]

Die ernsteste Konsequenz des anhaltenden wirtschaftlichen Wachstums ist die Erschöpfung der Bodenschätze unseres Planeten. Das Tempo dieser Ausbeutung wurde schon in den frühen fünfziger Jahren mit mathematischer Genauigkeit von dem Geologen M. King Hubbert vorausgesagt, der seine These Präsident John F. Kennedy und den folgenden amerikanischen Präsidenten vorzulegen versuchte, der aber als sonderbarer Kauz und Querulant abqualifiziert wurde. Inzwischen hat die Geschichte Hubberts Voraussagen bis in die letzten Einzelheiten bestätigt, und er selbst hat in letzter Zeit viele Auszeichnungen erhalten.

Hubberts Schätzungen und Berechnungen zeigen, daß die Produktion/Ausbeutung-Kurven für alle nichterneuerbaren Bodenschätze glockenförmig verlaufen, nicht unähnlich den Kurven, die den Aufstieg und Untergang der Zivilisation beschreiben.[50] Sie steigen zunächst langsam, dann sehr steil an, erreichen den Höhepunkt, sinken scharf ab und laufen dann langsam aus. Hubbert sagte beispielsweise voraus, die Erzeugung von Erdöl und Erdgas in den Vereinigten Staaten werde in den 1970er Jahren ihren Höhepunkt erreichen, was auch geschah, und dann anfangen zu sinken, was heute noch im Gange ist. Dasselbe Modell sagt voraus, die Welt-Erdölproduktion werde in den 1990er Jahren und die Welt-Kohleproduktion im 21. Jahrhundert den Höhepunkt erreichen. Das wichtige an diesen Kurven ist, daß sie die Erschöpfung jedes einzelnen der Bodenschätze beschreiben: Kohle, Erdöl, Erdgas, Metalle, Nutzholz und Fischreserven, ja selbst Sauerstoff und Ozon. Wir mögen zwar alternative Energien für fossile Brennstoffe finden; das wird jedoch nicht die Erschöpfung unserer anderen Rohstoffe verhindern. Fahren wir mit dem gegenwärtigen System undifferenzierten Wachstums fort, dann werden wir bald die Reserven an Metallen, Nahrungsmitteln, Sauerstoff und Ozon erschöpft haben, die für unsere Existenz von entscheidender Bedeutung sind.

Um die schnelle Erschöpfung unserer Rohstoffe zu verlangsamen, müssen wir nicht nur die Idee anhaltenden wirtschaftlichen Wachstums aufgeben, sondern auch den weltweiten Bevölkerungszuwachs unter Kontrolle bringen. Die Gefahren dieser »Bevölkerungsexplosion« sind jetzt allgemein erkannt, doch gehen die Meinungen weit auseinander, wie man das »Nullwachstum der Bevölkerung« erreichen soll. Die Vorschläge reichen da von Erziehung und freiwilliger Familienplanung bis zum Zwang durch gesetzliche Mittel oder brutale Gewalt. Die meisten dieser Vorschläge sehen das Problem als rein biologisches Phänomen, das nur etwas mit Fruchtbarkeit und Empfängnisverhütung zu tun hat. Die Demographen in aller Welt haben jedoch inzwischen schlüssige Beweise dafür zusammengetragen, daß das Bevölkerungswachstum ebenso sehr, wenn nicht mehr, von mächtigen sozialen Faktoren beeinflußt wird. Nach diesen Forschungsergebnissen wird die Zuwachsrate von einem komplexen Zusammenspiel biologischer, sozialer und psychologischer Kräfte beeinflußt.[51]

Als besonders wichtiges Moment der Bevölkerungsentwicklung haben die Demographen den Übergang von einer Ebene stabiler Bevölkerung zu einer anderen Ebene erkannt, einen Vorgang, der für alle westlichen Länder typisch ist. In den vor-modernen Gesellschaften war die Geburtenrate hoch, aber auch die der Sterbefälle, weshalb die Bevölkerungszahl stabil blieb. Mit der Besserung der Lebensbedingungen in der Zeit der Industriellen Revolution begann die Sterberate zurückzugehen, und die Bevölkerungszahl stieg infolge der anhaltenden hohen Geburtenziffer schnell an. Indem aber die Besserung der Lebensbedingungen immer weitere Fortschritte machte und die Sterberate weiterhin abfiel, begann auch die Geburtenrate zu sinken, womit das Bevölkerungswachstum zurückging. Der Grund für diesen Rückgang ist inzwischen weltweit festgestellt worden. Durch das Zusammenspiel sozialer und psychologischer Kräfte ist die Lebensqualität – Erfüllung materieller Bedürfnisse, ein Gefühl des Wohlergehens, Vertrauen in die Zukunft – zu einem mächtigen und wirkungsvollen Antrieb für die Kontrolle des Bevölkerungswachstums geworden. Es gibt in der Tat eine Art »kritischer Masse« des Wohlergehens, die erfahrungsgemäß zu einem schnellen Absinken der Geburtenrate und einer Annäherung an eine ausgeglichene Bevölkerungszahl führt. Die menschlichen Gesellschaften haben also einen selbstregulierenden Prozeß entwickelt, der auf sozialen Bedingungen beruht und zum demographischen Übergang von einer ausgeglichenen Bevölkerung mit hohen Geburts- und Sterberaten bei niedrigem Lebensstandard zu einer Bevölkerung führt, die zwar größer, aber dennoch ausgeglichen ist, und in der sowohl die Geburts- wie die Sterberaten niedrig liegen.

Die gegenwärtige Krise der Weltbevölkerung ist auf das rasche Anwachsen der Bevölkerung in der Dritten Welt zurückzuführen, und die oben angeführten Betrachtungen zeigen deutlich, daß dieser Zuwachs anhält, weil die Bedingungen für die zweite Phase des demographischen Überganges dort nicht erfüllt sind. Während der kolonialen Vergangenheit erfuhren die Länder der Dritten Welt eine Verbesserung der Lebensbedingungen, die ausreichte, um die Sterberate zu verringern und somit das Bevölkerungswachstum in Gang zu bringen. Der Anstieg des Lebensstandards setzte sich jedoch nicht fort, weil der in den Kolonien erzeugte Reichtum nach den entwickelten Ländern gelenkt wurde, wo er *deren* Bevölkerungen zu einer ausgeglichenen Zahl verhalf. Dieser Prozeß setzt sich heute noch fort, da viele Länder der Dritten Welt in wirtschaftlicher Hinsicht kolonisiert bleiben. Die damit verbundene Ausbeutung erhöht den Überfluß bei den Kolonisatoren und hindert die Bevölkerung der Dritten Welt, den Lebensstandard zu erreichen, der zu einer Verringerung ihres Bevölkerungswachstums führen würde.

Die Krise der Weltbevölkerung ist also eine nicht vorausgesehene Auswirkung internationaler Ausbeutung, eine Folge der fundamentalen wechselseitigen Abhängigkeit des globalen Ökosystems, in der jede Form der Ausbeutung irgendwie auf die Ausbeuter zurückfällt. Aus dieser Sicht wird deutlich, daß ein ökologisches Gleichgewicht auch soziale Gerechtigkeit voraussetzt. Der wirksamste Weg zur Kontrolle des Bevölkerungswachstums wäre, den Völkern der Dritten Welt zu einem Lebensniveau zu verhelfen, das sie dazu bringt, ihre Fruchtbarkeit freiwillig zu begrenzen. Das würde eine globale Umverteilung des Wohlstandes erfordern, Rückgabe eines Teils des Reichtums der Welt an die Länder, die eine große Rolle bei seiner Erzeugung gespielt haben.

Ein weiterer wichtiger Aspekt des Bevölkerungsproblems ist nicht allgemein bekannt: Die Kosten, die aufgewendet werden müssen, um den Lebensstandard armer Länder auf ein Niveau anzuheben, das die

Menschen veranlaßt, nicht übermäßig viele Kinder in die Welt zu setzen, sind sehr klein, gemessen am Reichtum der entwickelten Länder. Damit soll gesagt sein, daß es genug Wohlstand gibt, um die ganze Welt auf einem Niveau zu halten, das eine ausgeglichene Bevölkerung ermöglicht.[52] Das Problem liegt darin, daß der Wohlstand ungleichmäßig verteilt ist und ein großer Teil davon vergeudet wird. In den Vereinigten Staaten, wo übermäßiger Konsum und Verschwendung zum allgemeinen Lebensstil gehören, konsumieren fünf Prozent der Weltbevölkerung ein Drittel der Hilfsquellen der Welt, wobei der Energieverbrauch pro Kopf der Bevölkerung etwa doppelt so groß ist wie in den meisten europäischen Ländern. Gleichzeitig tragen die von massiver Werbung erzeugten und gespeisten Frustrationen, gesteigert durch soziale Ungerechtigkeit innerhalb der Nation, zum ständigen Ansteigen von Verbrechen, Gewalt und sonstiger sozialer Krankheitserscheinungen bei. Dieser traurige Zustand wird durch den schizophrenen Inhalt unserer Wochenzeitschriften gut illustriert. Die Hälfte ihrer Seiten ist mit düsteren Geschichten über Gewaltverbrechen, wirtschaftliche Katastrophen, internationale politische Spannungen und den Wettlauf zur Zerstörung der Welt gefüllt, während die andere Hälfte sorglose, glückliche Menschen hinter Päckchen von Zigaretten, Flaschen mit Alkohol und glänzenden neuen Autos zeigt. Die Fernsehwerbung beeinflußt den Inhalt und die Form aller Programme, die Nachrichten»shows« einbezogen, und nutzt die ungemein suggestive Macht dieses Mediums – das von der amerikanischen Durchschnittsfamilie sechseinhalb Stunden pro Tag eingeschaltet wird –, um die Vorstellungen der Zuschauer zu formen, ihren Wirklichkeitssinn zu entstellen, ihre Anschauungen, ihren Geschmack und ihr Verhalten zu bestimmen.[53] Das ausschließliche Ziel dieser gefährlichen Praxis ist, die Zuschauer dazu zu verleiten, Waren zu kaufen, die vor, nach und während des Programms angepriesen werden.

In unserer Kultur ist wirtschaftliches Wachstum untrennbar mit technologischem Wachstum verbunden. Individuen und Institutionen werden hypnotisiert von den Wundern der modernen Technologie und werden dadurch zu dem Glauben verleitet, für jedes Problem gebe es eine technologische Lösung. Ob es sich um ein politisches, psychologisches oder ökologisches Problem handelt – die erste Reaktion, fast automatisch, ist, seine Lösung durch irgendeine neue Technologie finden zu wollen. Der Vergeudung der Energie begegnet man mit Kernkraft, fehlende politische Einsicht wird ausgeglichen durch den Bau von noch mehr Raketen oder Bomben, und der Vergiftung unserer natürlichen Umwelt hilft man ab durch Entwicklung spezieller Technologien, die ihrerseits die Umwelt auf eine Weise beeinflussen, von der wir noch nicht wissen, welche Auswirkungen sie schließlich haben wird. Bei der Suche nach technologischen Lösungen für alle Probleme schieben wir diese gewöhnlich in unserem Ökosystem hin und her, und sehr oft sind die Nebenwirkungen der »Lösung« schädlicher als das ursprüngliche Problem.

Die allerletzte Manifestation unserer Besessenheit von hochentwikkelter Technologie ist die weitverbreitete Illusion, man könnte unsere gegenwärtigen Probleme durch die Konstruktion von Wohnbereichen im Weltraum lösen. Ich schließe die Möglichkeit nicht aus, daß solche Weltraumkolonien eines Tages gebaut werden, obwohl ich nach Kenntnisnahme der bisher vorliegenden Pläne und der ihnen zugrunde liegenden Mentalität dort ganz gewiß nicht leben wollte. Der grundlegende Trugschluß der ganzen Idee ist jedoch nicht technologischer Art; es ist vielmehr der Glaube, Weltraumtechnologie könne die soziale und kulturelle Krise unseres Planeten lösen.

Technologisches Wachstum gilt nicht nur als oberster Problemlöser, sondern bestimmt auch unseren Lebensstil, unsere gesellschaftlichen Organisationen und unser Wertsystem. Ein derartiger »technologischer Determinismus« ist offensichtlich eine Folgeerscheinung des hohen Status der Naturwissenschaft in unserem Leben – gemessen am Ansehen von Philosophie, Kunst oder Religion – und der Tatsache, daß die Naturwissenschaftler es im allgemeinen versäumt haben, sich ernsthaft mit menschlichen Werten zu befassen. Deshalb glauben die meisten Leute, die Technologie bestimme die Natur unseres Wertsystems und unserer gesellschaftlichen Beziehungen, statt zu erkennen, daß es gerade umgekehrt ist: daß unsere Werte und unsere gesellschaftlichen Beziehungen die Art unserer Technologie bestimmen.

Das unsere Kultur beherrschende maskuline *Yang*-Bewußtsein hat seine Erfüllung nicht nur in »harter« Wissenschaft, sondern auch in davon abgeleiteter »harter« Technologie gefunden. Diese Technologie ist eher aufgespalten als ganzheitlich, mehr auf Manipulation und Kontrolle als auf Kooperation aus, ist eher selbstbehauptend als integrierend und eher für zentralisiertes Management geeignet denn für regionale Anwendung durch Individuen und kleine Gruppen. Als Ergebnis davon ist diese Technologie zutiefst antiökologisch, antisozial, ungesund und unmenschlich geworden.

Die gefährlichste Manifestation unserer harten Technologie ist die Ausbreitung der Kernwaffen, die zur kostspieligsten Rüstungskonjunktur in der Geschichte geführt hat.[54] Der militärisch-industrielle Komplex hat es durch Gehirnwäsche der amerikanischen Öffentlichkeit und wirksame Kontrolle ihrer Volksvertreter erreicht, daß die Verteidigungshaushalte regelmäßig gesteigert werden, vor allem zur Herstellung von Waffen, die in zehn oder zwanzig Jahren in einem »wissenschafts-intensiven« Krieg benutzt werden sollen. Ein Drittel bis die Hälfte aller amerikanischen Wissenschaftler und Ingenieure arbeiten für die Rüstung, gebrauchen ihre gesamte Einfallskraft und schöpferisches Denken, um immer raffiniertere Mittel zur totalen Vernichtung zu erfinden – Fernmeldesysteme mit Laserstrahlen, Strahlenkanonen und sonstige komplexe Technologien für einen computergesteuerten Krieg im Weltraum.[55]

Es fällt besonders auf, daß alle diese Bemühungen sich ausschließlich auf harte Technologie konzentrieren. Amerikas Verteidigungsprobleme gelten, wie auch alle anderen, einfach als Probleme harter Technologie. Der Gedanke, daß psychologische, soziale und Verhaltensforschung – ganz zu schweigen von Philosophie und Kunst – ebenfalls von Bedeutung sein könnten, wird nirgendwo erwähnt. Darüber hinaus wird die Frage der nationalen Sicherheit vorwiegend in Begriffen der »Machtblöcke« analysiert, mit Ausdrücken wie »Aktion und Reaktion«, »politisches Vakuum« und ähnlichen Newtonschen Begriffen.

Die Auswirkungen der übermäßigen militärischen Nutzung harter Technologie ähneln denen, die in der zivilen Wirtschaft zu spüren sind. Die Komplexität unserer industriellen und technologischen Systeme hat inzwischen einen Punkt erreicht, an dem viele dieser Systeme nicht mehr umgestaltet noch gemanagt werden können. Pannen und Unfälle treten mit zunehmender Häufigkeit auf, ständig entstehen nicht vorhergesehene soziale und umweltbedingte Kosten, und es wird mehr Zeit auf die Unterhaltung und Regulierung des Systems als auf die Erzeugung guter Produkte und Dienstleistungen verwendet. Solche Unternehmen sind daher sehr inflationär, wozu noch die ernsten Auswirkungen auf unsere physische und geistige Gesundheit kommen. Somit wird zunehmend deutlich, daß wir an die gesellschaftlichen, psychologischen und ideenmäßigen Grenzen des Wachstums stoßen werden, noch bevor die physischen erreicht sind.[56]

Was wir also benötigen, ist eine Neubestimmung der Art der Technologie, einen Richtungswandel und eine Neueinschätzung des ihr zugrunde liegenden Wertsystems. Wird Technologie im umfassendsten Sinne des Ausdrucks als Anwendung menschlichen Wissens auf die Lösung praktischer Probleme verstanden, dann wird klar, daß wir uns zu sehr auf »harte«, hochkomplizierte und rohstoffintensive Technologien konzentriert haben und unsere Aufmerksamkeit nunmehr den »sanften« Technologien der Konfliktlösung, sozialer Übereinkünfte, der Zusammenarbeit, des Recycling und der Umverteilung zuwenden müssen. Wie sagt doch Schumacher in seinem Buch *Die Rückkehr zum menschlichen Maß*: »Wir brauchen eine Technologie mit menschlichem Antlitz.«[57]

Der dritte, untrennbar mit dem wirtschaftlichen und technologischen Wachstum verbundene Aspekt undifferenzierten Wachstums ist das Wachstum der Institutionen – von Unternehmen und Konzernen bis zu Akademien und Universitäten, Kirchen, Städten, Regierungen und Nationen. Welchen ursprünglichen Zweck die Institution auch gehabt haben mag, ihr Wachstum über einen gewissen Umfang hinaus verfälscht unweigerlich diesen Zweck und macht die Selbsterhaltung und weitere Ausdehnung der Institution zum alles beherrschenden Ziel. Gleichzeitig kommt es zu einer Entfremdung und Entpersönlichung der Mitarbeiter dieser Institutionen und der Menschen, die mit ihnen zu tun haben, so daß Familien, Nachbarschaften und andere kleine gesellschaftliche Organisationen durch die Vorherrschaft und Ausbeutung seitens der Institutionen gefährdet und oft auch zerstört werden.[58]

Eine der gefährlichsten Manifestationen institutionellen Wachstums ist das der großen Industrieunternehmen. Die größten operieren längst jenseits der nationalen Grenzen und sind zu Hauptdarstellern auf der Weltbühne geworden. Die finanziellen Mittel dieser multinationalen Giganten übertreffen das Bruttosozialprodukt der meisten Nationen. Ihre wirtschaftliche und politische Macht ist größer als die vieler Regierungen und bedroht nationale Souveränitäten sowie die Währungsstabilität der Welt. In den meisten Ländern der westlichen Welt, besonders jedoch in den Vereinigten Staaten, durchdringt die Macht dieser Wirtschaftsgiganten praktisch alle Bereiche des öffentlichen Lebens. Großunternehmen kontrollieren weitgehend den Gesetzgebungsprozeß, verfälschen die der Öffentlichkeit durch die Medien übermittelten Informationen und bestimmen auf recht wirkungsvolle Weise unser Bildungssystem und die Richtung der akademischen Forschung. Topmanager der Industrie bekleiden hervorragende Posten in den Aufsichtsräten akademischer Institutionen und Stiftungen, wo sie unvermeidlich ihren

Einfluß dazu nutzen, ein Wertsystem zu verewigen, das den Interessen der Unternehmen dienlich ist.[59]

Diese riesigen Unternehmen sind zutiefst unmenschlich organisiert. Wettbewerb, Zwang und Ausbeutung sind wesentliche Aspekte ihrer Aktivitäten, die einzig von dem Wunsch nach unbegrenzter Ausdehnung motiviert sind. Anhaltendes Wachstum ist von vornherein in die Unternehmensstruktur eingebaut. So können beispielsweise leitende Manager, die aus irgendeinem Grunde bewußt eine Möglichkeit auslassen, die Gewinne des Unternehmens zu mehren, gerichtlich verfolgt werden. Die Maximierung des Gewinns ist höchstes Ziel, unter Mißachtung aller anderen Erwägungen. Topmanager müssen ihre Humanität vor der Tür lassen, wenn sie in Vorstandssitzungen gehen. Man erwartet von ihnen kein Zurschaustellen von Gefühlen oder auch nur einen Ausdruck des Bedauerns; sie können niemals sagen »Es tut mir leid« oder »Wir haben einen Fehler gemacht«. Statt dessen sprechen sie von Zwang, Kontrolle und Manipulation.

Große Industriekonzerne arbeiten also eher wie Maschinen denn wie menschliche Einrichtungen, wenn sie erst einmal eine gewisse Größe überschritten haben. Doch gibt es keine nationalen oder internationalen Gesetze, um mit diesen gigantischen Institutionen wirksam umzugehen. Die Unternehmensmacht ist schneller gewachsen als die Möglichkeit, sie durch geeignete Gesetze unter Kontrolle zu halten. Auf Großkonzerne, die alle Ähnlichkeit mit menschlichen Wesen verloren haben, werden Gesetze angewendet, die für Menschen gemacht wurden. Die Ideen von Privateigentum und Privatunternehmen werden mit Unternehmenseigentum und Staatskapitalismus verwechselt. Andererseits übernehmen diese Konzerne nicht die Verantwortung von Individuen, da sie so organisiert sind, daß kein Topmanager für die Aktivitäten seines Unternehmens voll verantwortlich gemacht werden kann. Viele Unternehmensführer glauben tatsächlich, Großunternehmen seien wertfrei und man sollte ihnen gestatten, außerhalb von Moral und Ethik zu operieren. Diese gefährliche Ansicht wurde sehr freimütig von Walter Wriston, dem Vorstandsvorsitzenden der Citybank, der zweitgrößten Bank der Welt, geäußert. Sein eiskalter Kommentar: »Die Werte sind auf den Kopf gestellt ... Heute haben die College-Studenten gemischte Wohnheime; die Männer wohnen auf der einen Etage und die Frauen auf der nächsten, und alle sitzen nur herum und machen sich Gedanken, ob General Motors ein ehrliches Unternehmen ist ... Ich glaube, es gibt keine institutionellen Werte, nur persönliche.«[60]

In dem Maße, in dem die multinationalen Unternehmen ihre weltweite Suche nach Bodenschätzen, billigen Arbeitskräften und neuen Märkten verstärken, treten auch die durch Besessenheit von unbegrenztem Wachstum ausgelösten Umweltkatastrophen und sozialen Spannungen immer deutlicher in Erscheinung. Tausende kleiner Geschäftsleute werden durch die Macht der Großkonzerne aus dem Markt gedrängt, von Unternehmen, die in der Lage sind, staatliche Subventionen für ihre komplexe, kapitalintensive und rohstoffverschlingende Technologie durchzusetzen. Dabei gibt es gleichzeitig einen unerhörten Bedarf an handwerklichen Fertigkeiten wie Schreinerei, Schneiderei, Klempnerei und allen Arten von Reparaturarbeiten, die von der Gesellschaft geringgeachtet und schwer vernachlässigt werden, obwohl sie dieselbe große Bedeutung haben wie je zuvor. Statt sich durch Berufswechsel und Aneignung der oben genannten Fertigkeiten einen selbständigen Lebensunterhalt zu sichern, bleiben die meisten Arbeiter von Großunternehmen abhängig und sehen in Zeiten wirtschaftlicher Not keine andere Alternative, als Arbeitslosenunterstützung zu empfangen und passiv eine Situation hinzunehmen, die sich ihrem Einfluß entzieht.

Sind die Konsequenzen der Macht der großen Konzerne schon in den Industriestaaten schädlich, so sind sie in der Dritten Welt geradezu katastrophal. In den Entwicklungsländern, wo es oft keinerlei gesetzliche Beschränkung gibt, oder es unmöglich ist, solche durchzusetzen, hat die Ausbeutung der Bevölkerung und ihres Bodens ungeheure Ausmaße angenommen. Mit Hilfe geschickter Manipulation seitens der Medien beuten die multinationalen Gesellschaften rücksichtslos die Bodenschätze der Dritten Welt aus, unter Berufung auf die »wissenschaftliche« Arbeitsweise ihrer Unternehmen – und oft mit voller Unterstützung der Regierung der Vereinigten Staaten. Dazu bedienen sie sich nicht selten umweltfeindlicher Technologien oder solcher, die das soziale Gefüge der Bevölkerung zerstören und Umweltzerstörungen und politisches Chaos verursachen. Sie mißbrauchen den Boden und die in der Wildnis lagernden Bodenschätze der Länder der Dritten Welt, um gewinnbringende Ernten für den Export zu erzeugen, statt Nahrungsmittel für die ansässige Bevölkerung. Sie begünstigen ungesunde Konsumgewohnheiten, wozu auch der Verkauf gesundheitsgefährdender Waren gehört, die in den Vereinigten Staaten verboten sind. Die zahlreichen Horrorgeschichten, die in den letzten Jahren über das Verhalten multinationaler Gesellschaften in der Dritten Welt berichtet wurden, zeigen überzeugend, daß es nicht zur Mentalität dieser Unternehmen gehört, Achtung vor dem Menschen, der Natur und dem Leben zu empfinden. Im Gegenteil, umfangreiche Wirtschaftsverbrechen sind heutzutage weitverbreitet und gehören zu den am wenigsten strafrechtlich verfolgten verbrecherischen Tätigkeiten.[61]

Viele dieser großen Konzerne sind heute veraltete Institutionen, die Kapital blockieren und viel Management und Rohstoffe verschleißen, ohne imstande zu sein, sich den veränderten Umständen anzupassen. Ein besonders markantes Beispiel dafür liefert die amerikanische Automobilindustrie, die sich nicht der Tatsache anpassen kann, daß die weltweite Energie- und Rohstoffverknappung uns zu drastischen Änderungen in der Struktur unseres Transportsystems zwingt, zu einer stärkeren Verlagerung auf öffentliche Verkehrsmittel und zum Bau kleinerer, sparsamerer und langlebiger Kraftwagen. Die Unternehmen der öffentlichen Hand, um ein anderes Beispiel zu nennen, rufen nach mehr und mehr Elektrizität, um ihr eigenes Wachstum zu rechtfertigen, und haben sich daher auf einen Kreuzzug zugunsten der Kernenergie begeben, statt kleine, dezentralisierte Anlagen zur Nutzung der Sonnenenergie zu fördern, die allein uns eine Umwelt schaffen können, in der unser Überleben gesichert ist.

Obwohl diese gigantischen Unternehmen oft dem Bankrott nahe sind, haben sie immer noch genug politische Macht, die Regierungen zu bewegen, ihnen aus der Klemme zu helfen – mit dem Geld der Steuerzahler. Ihr Argument ist stets dasselbe: Sie seien bemüht, Arbeitsplätze zu erhalten, obwohl doch schon eindeutig nachgewiesen wurde, daß arbeitsintensive Kleinbetriebe mehr Arbeitsplätze schaffen und viel niedrigere Sozial- und Umweltkosten verursachen.[62] Natürlich werden wir immer Massenproduktionen brauchen; doch viele der Riesenunternehmen bedienen sich energie- und rohstoffintensiver Produktionsmittel, um nebensächliche Produkte herzustellen; sie sollten entweder grundlegend umorganisiert werden oder verschwinden. Dadurch würden Kapital, Rohstoffe und menschlicher Erfindungsreichtum freigestellt, die genutzt werden könnten, um eine gesunde Wirtschaft aufzubauen und alternative Technologien zu entwickeln.

Die Frage der Größenordnung, die Schumacher mit dem Schlagwort *small is beautiful* zu einem neuen und wichtigen Diskussionsthema gemacht hat, wird bei der Neubewertung unseres Wirtschaftssystems und unserer Technologie eine entscheidende Rolle spielen. Die allgemeine Besessenheit vom Wachstum war stets von einer Vergötterung des Gigantismus begleitet.[63] Größe ist natürlich relativ, und kleine Strukturen sind nicht immer besser als große. In unserer modernen Welt brauchen wir beides, und es wird unsere Aufgabe sein, ein Gleichgewicht zwischen beiden herzustellen. Wachstum muß erst einmal qualifiziert werden, und der Begriff des Größenverhältnisses wird eine entscheidende Rolle bei der Umstrukturierung unserer Gesellschaft spielen. Die Qualifizierung des Wachstums und die Integration des Begriffs der Größenordnung in das wirtschaftliche Denken werden eine tiefgreifende Umwandlung des grundlegenden Gedankengebäudes der Wirtschaftswissenschaft mit sich bringen. Viele Wirtschaftsmodelle, die gegenwärtig stillschweigend als unvermeidlich akzeptiert werden, müssen verändert, und jede wirtschaftliche Tätigkeit muß im Zusammenhang des globalen Ökosystems studiert werden; wir müssen die meisten in der heutigen Wirtschaftstheorie verwendeten Vorstellungen erweitern, modifizieren oder aufgeben.

Wirtschaftswissenschaftler neigen dazu, die Wirtschaft willkürlich in ihrer gegenwärtigen institutionellen Struktur einzufrieren, statt in ihr ein sich entwickelndes System zu sehen, das sich ständig wandelnde Strukturen erzeugt. Es ist äußerst wichtig, diese dynamische Evolution der Wirtschaft zu begreifen, weil sie aufzeigt, daß Strategien in einem Stadium akzeptabel, in einem anderen jedoch völlig ungeeignet sein können. Viele unserer heutigen Probleme sind eine Folge dessen, daß wir in unseren technologischen Unternehmen und wirtschaftlichen Planungen oft über das Ziel hinausgeschossen sind. Hazel Henderson sagte einmal, wir hätten jetzt einen Punkt erreicht, an dem »nichts so ein Mißerfolg ist wie der Erfolg«. Unsere wirtschaftlichen und institutionellen Strukturen sind Dinosaurier, nicht imstande, sich umweltmäßigen Veränderungen anzupassen, weshalb sie zum Aussterben verdammt sind.

Die heutige Weltwirtschaft beruht auf vergangenen Machtstrukturen, die Klassenstrukturen und die ungleiche Verteilung des Wohlstandes innerhalb der Volkswirtschaften verewigen, und sie beruht auf der Ausbeutung der Länder der Dritten Welt durch die reichen Industrienationen. Diese gesellschaftlichen Realitäten werden von der Wirtschaftswissenschaft weitgehend ignoriert, da sie moralische Fragen gerne vermeidet und die gegenwärtige Verteilung des Wohlstandes als gegeben und unveränderlich ansieht. In den meisten westlichen Ländern ist wirtschaftlicher Wohlstand in einer kleinen Gruppe von Personen konzentriert und wird von ihnen kontrolliert; diese Leute gehören zur Unternehmerklasse und beziehen ihr Einkommen überwiegend aus persönlichem Eigentum.[64] In den Vereinigten Staaten befinden sich 76 Prozent aller Aktien in den Händen von 1 Prozent der Aktionäre, während gewissermaßen am unteren Ende der Pyramide 50 Prozent aller Bürger nur über 8 Prozent des Wohlstandes der Nation verfügen.[65] Paul Samuelson erläutert diese unsymmetrische Verteilung des Reichtums in seinem wohlbekannten Lehrbuch *Economics* mit einer graphischen Analogie: »Würden wir heute eine Einkommenspyramide aus Kinderbauklötzen errichten, in der jede Schicht 1000 Dollar Einkommen darstellt, dann würde die Pyramidenspitze höher sein als der Eiffelturm, aber fast jeder von uns würde sich nur einen knappen Meter über dem Boden befinden.«[66] Diese soziale Ungleichheit ist kein Zufall, sondern fester Bestandteil unseres Wirtschaftssystems und wird durch unsere Überbetonung kapitalintensiver Technologien verewigt. Die Notwendigkeit fortgesetzter Ausbeutung zugunsten des Wachstums wurde in einem Leitartikel des *Wall Street Journal* mit der Überschrift »Wachstum und Ethik« ziemlich offenherzig herausgestellt. Darin heißt es, die Vereinigten Staaten müßten zwischen Wachstum und größerer Gleichheit wählen, da es nötig sei, die Ungleichheit aufrechtzuerhalten, um Kapital zu erzeugen.[67]

Diese übertrieben ungleiche Verteilung von Wohlstand und Einkommen in den Industrieländern findet ihre Parallele in einer ähnlichen schlechten Verteilung zwischen entwickelten Ländern und der Dritten Welt. Wirtschaftliche und technische Hilfe für die Dritte Welt wird von den multinationalen Gesellschaften oft genutzt, um die Arbeitskräfte und Bodenschätze dieser Länder auszubeuten und die Taschen einer kleinen und korrupten Elite zu füllen. Es gibt eine zynische Redewendung: »Entwicklungshilfe nimmt von den armen Menschen in den reichen Ländern und gibt es den reichen Leuten in den armen Ländern.« Ergebnis dieser Praktiken ist die Verewigung eines »Gleichgewichts der Armut« in der Dritten Welt, wo die Menschen am Rande des Existenzminimums leben.[68]

Wenn die heutige Wirtschaftswissenschaft es vermeidet, sich mit sozialen Problemen zu befassen, dann hängt das eng mit der auffallenden Unfähigkeit der Wissenschaftler zusammen, die Dinge auch aus ökologischer Sicht zu sehen. Die Debatte zwischen Ökologen und Wirtschaftswissenschaftlern ist nun schon seit zwei Jahrzehnten im Gange und hat eindeutig gezeigt, daß die Hauptrichtung der Wirtschaftswissenschaft von Natur aus antiökologisch eingestellt ist.[69] Die Wirtschaftswissenschaftler kümmern sich nicht um gegenseitige soziale und ökologische Wechselbeziehungen, behandeln alle Güter gleich, ohne in Betracht zu ziehen, wie vielseitig diese Güter in Beziehung zur übrigen Welt stehen – ob sie von Menschenhand gemacht sind oder natürlich vorkommen, ob sie erneuerbar sind oder nicht. Kohle im Werte von zwanzig Mark wird Brot, Schuhen, Transport oder Bildung im Werte von zwanzig Mark gleichgesetzt. Einziges Kriterium für die Bestimmung des relativen Wertes dieser Waren und Dienstleistungen ist ihr monetärer Marktwert: Alle Werte werden auf das einzige Kriterium privaten Profits reduziert.

Da der begriffliche Rahmen der Wirtschaftswissenschaft sich schlecht dafür eignet, alle durch ökonomische Aktivitäten entstehenden sozialen und ökologischen Kosten in Rechnung zu stellen, neigen die Nationalökonomen dazu, diese Kosten einfach zu ignorieren, indem sie sie als »externe« Variablen definieren, die nicht in ihre theoretischen Modelle passen. Und da die meisten Volkswirte von privaten Interessengruppen beschäftigt werden, um Kosten/Nutzen-Analysen auszuarbeiten, gewöhnlich sehr zugunsten der Projekte des jeweiligen Auftraggebers, gibt es bisher selbst über die leicht quantifizierbaren »externen Variablen« nur wenige Daten. Den für große Unternehmen tätigen Volkswirten gelten Luft, Wasser und sonstige Hilfsquellen des Ökosystems als frei verfügbare Rohstoffe; auch in das heikle Gewebe gesellschaftlicher Beziehungen, das von der anhaltenden wirtschaftlichen Expansion ernsthaft beeinträchtigt wird, greifen sie unbekümmert ein. Private Gewinne werden zunehmend auf Kosten der Steuerzahler erzielt, zu Lasten der Umwelt und der allgemeinen Lebensqualität. Henderson schrieb dazu: »Sie erzählen uns von blitzsauberem Geschirr und Tischtüchern, vergessen jedoch den Verlust der blitzsauberen Flüsse und Seen zu erwähnen.«[70]

Da die Wirtschaftswissenschaftler nicht imstande sind, wirtschaftliche Aktivitäten innerhalb des ökologischen Gesamtzusammenhanges zu beurteilen, bringen sie auch kein Verständnis für einige der bedeutendsten wirtschaftlichen Probleme unserer Zeit auf, allen voran die beharrlich anhaltende Inflation und Arbeitslosigkeit. Die Inflation hat nicht nur eine Ursache, sondern mehrere. Die meisten Wissenschaftler verstehen die Inflation nicht, weil bei den verschiedenen Ursachen Variablen mitwirken, die in ihre Wirtschaftsmodelle nicht einbezogen sind. Die Nationalökonomen ziehen oft nicht in Betracht, daß Wohlstand auf Bodenschätzen und Energie beruht, obwohl man das eigentlich kaum noch ignorieren kann. Da die Rohstoffbasis ständig abnimmt, müssen Rohstoffe und Energie aus immer weniger ergiebigen und schwerer zugänglichen Vorkommen gewonnen werden, was natürlich mehr Kapital erfordert. Die unvermeidliche Abnahme der Bodenschätze wird, wie die wohlbekannte glockenförmige Kurve aufzeigt, von einem unaufhörlichen exponentiellen Preisanstieg für Rohstoffe und Energie begleitet, was zu einer Hauptantriebskraft der Inflation geworden ist.

Die übermäßige Energie- und Rohstoffabhängigkeit unserer Wirtschaft macht sie mehr kapitalintensiv als arbeitsintensiv. Kapital ist ein aus früherer Rohstoffausbeutung gewonnenes Arbeitspotential. Da die Bodenschätze abnehmen, wird auch das Kapital selbst sehr knapp. Dennoch neigen kapitalistische wie marxistische Volkswirtschaften sehr dazu, Arbeit durch Kapital zu ersetzen. Die Wirtschaftslobby ruft unaufhörlich nach Steuererleichterungen für Kapitalinvestitionen, was häufig zum Verlust von Arbeitsplätzen führt, weil teilweise in Automation mittels hochkomplizierter Technologien investiert wird wie etwa automatische Abfertigung in Supermärkten oder elektronische Kontenführung in den Banken. Kapital und Arbeit erzeugen Wohlstand, aber eine kapitalintensive Wirtschaft ist zugleich rohstoff- und energieintensiv, was die Inflation anheizt.

Ein markantes Beispiel für kapitalintensives Wirtschaften ist die amerikanische Landwirtschaft, die sich auf verschiedenen Ebenen inflationär auf die Gesamtwirtschaft auswirkt. Für die Erzeugung setzt sie energieintensive Maschinen und Bewässerungssysteme sowie große Mengen von Schädlingsbekämpfungsmitteln und Kunstdünger ein, die aus Erdöl gewonnen werden. Diese Methoden zerstören das organische Gleichgewicht im Boden und erzeugen giftige chemische Substanzen in unseren Lebensmitteln; sie vermindern die Einnahmen der Farmer, die dadurch zu Hauptopfern der Inflation gehören. Die Nahrungsmittelindustrie stellt aus den Agrarprodukten übermäßig bearbeitete, übermäßig verpackte und übermäßig durch Werbung angepriesene Lebensmittel her, die quer über den Kontinent transportiert werden, um in Supermärkten verkauft zu werden. Alle diese Aktivitäten zusammen erfordern einen übermäßigen Energieverbrauch und sind somit inflationsfördernd.

Dasselbe gilt für die Viehzucht, die ebenfalls stark von der Erdölindustrie gefördert wird, weil man etwa zehnmal so viel fossile Energie für die Erzeugung einer Einheit animalischen Proteins benötigt wie für eine Einheit pflanzlichen Proteins. Der größte Teil des in den Vereinigten

Staaten erzeugten Getreides wird nicht von Menschen konsumiert, sondern dient der Erzeugung von Fleisch, das von Menschen gegessen wird. Das Ergebnis: Die meisten Amerikaner ernähren sich falsch, was zu Dickleibigkeit und Erkrankungen führt und damit die Kosten des Gesundheitswesens hochtreibt. Vergleichbare Entwicklungen gibt es auch in anderen Bereichen unseres Wirtschaftssystems. Übermäßige Investitionen in Kapital, Energie und Bodenschätzen zehren an unserer Umwelt, beeinträchtigen unsere Gesundheit und bilden eine Hauptursache der Inflation.

Die konventionelle wirtschaftliche Lehrmeinung behauptet, daß es einen freien Markt gibt, der auf natürliche Weise im Gleichgewicht bleibt. Inflation und Arbeitslosigkeit gelten als vorübergehende, voneinander abhängige Abweichungen vom Zustand des Gleichgewichts, von denen die eine gegen die andere eingetauscht werden kann. In der Wirklichkeit von heute jedoch – für Volkswirtschaften, die von riesigen Institutionen und Interessengruppen beherrscht werden – haben Gleichgewichtsmodelle dieser Art keine Gültigkeit mehr. Die angenommene Wechselbeziehung zwischen Inflation und Arbeitslosigkeit – mathematisch durch die sogenannte Phillips-Kurve dargestellt – ist eine abstrakte und äußerst unrealistische Vorstellung. Inflation und Arbeitslosigkeit kombiniert sind unter dem Namen »Stagflation« zu einem strukturellen Kennzeichen aller einem unbegrenzten Wachstum verschriebenen Industriegesellschaften geworden. Übermäßige Abhängigkeit von Energie und Bodenschätzen sowie übermäßige Investitionen in Kapital statt in Arbeit wirken nicht nur in hohem Maße inflationär, sondern verursachen auch massive Arbeitslosigkeit. Tatsächlich ist Arbeitslosigkeit so sehr zu einem wesentlichen Kennzeichen unserer Wirtschaft geworden, daß die Volkswirte der Behörden immer noch von »Vollbeschäftigung« sprechen, wenn mehr als fünf Prozent der Arbeitsfähigen keine Arbeit haben.

Die zweite bedeutende Ursache der Inflation sind die stetig steigenden Sozialausgaben, die durch das undifferenzierte Wachstum entstehen. In ihrem Bestreben, ihre Gewinne zu maximieren, versuchen Einzelpersonen, Unternehmen und Institutionen alle sozialen und umweltbedingten Kosten »nach außen« zu verlagern, aus den eigenen Bilanzen herauszuhalten und sich gegenseitig zuzuschieben; diese Kosten werden im ganzen System hin und her geschoben und schließlich zukünftigen Generationen aufgebürdet. Nach und nach akkumulieren sie und treten dann in Erscheinung als Kosten für Rechtsstreitigkeiten, Verbrechensbekämpfung, bürokratische Koordination, staatliche Reglementierungen, Verbraucherschutz, Gesundheitswesen usw. Keine dieser Aktivitäten trägt in irgendeiner Form zur realen Produktion bei, aber alle leisten einen spürbaren Beitrag zur Inflation.

Statt derart entscheidende soziale und ökologische Variablen in ihre Theorien einzubeziehen, arbeiten die Wirtschaftswissenschaftler lieber mit eleganten, aber unrealistischen Gleichgewichtsmodellen, von denen die meisten auf der klassischen Idee freier Märkte beruhen, wo Käufer und Verkäufer einander mit gleicher Macht und gleichem Informationsstand begegnen. In den meisten Industriegesellschaften kontrollieren große Gesellschaften die Versorgung mit Waren aller Art; sie schaffen durch Werbung künstliche Nachfrage und üben entscheidenden Einfluß auf die jeweilige nationale Wirtschaftspolitik aus. Ein extremes Beispiel sind die Erdölgesellschaften, welche die Energiepolitik der Vereinigten Staaten derart beeinflussen, daß wichtige Entscheidungen nicht im nationalen Interesse getroffen werden, sondern in dem der tonangebenden Großunternehmen. Diese Unternehmensinteressen haben natürlich überhaupt nichts mit der Wohlfahrt des amerikanischen Bürgers zu tun, sondern ausschließlich mit Unternehmensgewinnen. John Sweringen, einer der Topmanager der Standard Oil of Indiana, hat das neulich in einem Interview recht deutlich gesagt: »Wir sind nicht im Energiegeschäft; unser Geschäft besteht in dem Versuch, die Mittel, die unsere Aktionäre uns anvertraut haben, so zu nutzen, daß diese den größtmöglichen Gewinn erzielen.«[71] Großkonzerne wie Standard Oil haben heute die Macht, nicht nur die nationale Energiepolitik in großem Umfange zu bestimmen, sondern auch unser Transportsystem, unsere Landwirtschaft, Gesundheitswesen und viele andere Aspekte unseres sozialen und wirtschaftlichen Lebens. Freie, durch Angebot und Nachfrage im Gleichgewicht befindliche Märkte gibt es schon lange nicht mehr; sie existieren nur noch in den Lehrbüchern unserer Wirtschaftswissenschaft. Ebenso überholt im Rahmen unserer Weltwirtschaft ist die Idee von Keynes, man könne schwankende Konjunkturzyklen durch entsprechende Maßnahmen nationaler Wirtschaftspolitik gewissermaßen ausbügeln. Trotzdem wenden die Wirtschaftswissenschaftler von heute immer noch die Werkzeuge von Keynes an, um die Volkswirtschaft zu beleben oder zu drosseln, womit sie kurzfristige Pendelbewegungen auslösen, welche die ökologischen und sozialen Realitäten nur verschleiern.

Um die wirtschaftlichen Phänomene aus ökologischer Perspektive anpacken zu können, müßten die Wirtschaftswissenschaftler ihre Grundbegriffe drastisch ändern. Da die meisten dieser Begriffe sehr eng gefaßt und ohne Berücksichtigung ihres sozialen und ökologischen Zusammenhanges benutzt werden, sind sie nicht mehr geeignet, wirtschaftliche Aktivitäten in unserer eng verflochtenen Welt darzustellen. Beispielsweise soll der Reichtum einer Nation am Bruttosozialprodukt gemessen werden. Doch werden unterschiedslos alle irgendwie mit Geldwerten verbundenen wirtschaftlichen Aktivitäten zum BSP zusammengezählt, während die nichtmonetären Aspekte der Wirtschaft unbeachtet bleiben. Soziale Kosten wie die von Unfällen, Rechtsstreitigkeiten und Gesundheitsfürsorge werden als positive Beiträge dem BSP zugerechnet. Bildung wird immer noch vielfach als Ausgabe statt als Investition behandelt, während Haushaltsarbeit und die dadurch erzeugten Güter nicht zählen. Man hat zwar inzwischen das Unzulängliche dieser Buchhaltungsmethode weithin erkannt, doch gibt es immer noch kein ernsthaftes Bemühen, das BSP als brauchbaren Maßstab von Produktion und Wohlstand neu zu definieren.

Auch die Begriffe »Leistung«, »Produktivität« und »Gewinn« werden so eng definiert, daß sie ziemlich willkürlich benutzt werden. Die Leistungen von Unternehmen werden an ihren Profiten gemessen; da diese Gewinne jedoch mehr und mehr auf Kosten der Allgemeinheit erzielt werden, muß man fragen »Leistung für wen?«. Was meinen die Wirtschaftswissenschaftler, wenn sie von Leistungsfähigkeit sprechen? Denken sie an Leistungsfähigkeit auf individueller Ebene, auf der Ebene des Unternehmens, auf gesellschaftlicher oder auf der Ebene des Ökosystems? Ein schlagendes Beispiel für die Voreingenommenheit bei der Anwendung des Wortes Leistungsfähigkeit bieten die Betriebe der öffentlichen Hand, die uns zu überzeugen versuchen, Kernkraft sei unsere leistungsfähigste Energiequelle, wobei sie die ungeheuren sozialen und umweltbedingten Kosten völlig außer acht lassen, die bei der Entsorgung des radioaktiven Materials entstehen. Eine derart verdrehte Anwendung des Begriffes »Leistungsfähigkeit« ist typisch für die Energieindustrie, die uns nicht nur über die sozialen und umweltbedingten Kosten falsch informiert hat, sondern auch über die politischen Realitäten hinter den Energiekosten. Nachdem die Betriebe der öffentlichen Hand durch ihre politische Macht hohe staatliche Subventionen für ihre konventionelle Energietechnologie einkassiert hatten, erklärten sie ohne Skrupel, die Sonnenenergie sei nicht leistungsfähig, weil sie auf dem »freien« Markt nicht mit anderen Energiequellen konkurrieren könne.

Beispiele dieser Art gibt es in Hülle und Fülle. Das amerikanische Agrarwirtschaftssystem, hochmechanisiert und mit subventioniertem Treibstoff versorgt, ist heute das am wenigsten leistungsfähige der Welt, wenn man es am Energieverbrauch pro erzeugter Kalorie mißt; dennoch erzielen die überwiegend im Besitz der petrochemischen Industrie befindlichen Agroindustrien riesige Gewinne. Überhaupt muß das gesamte amerikanische industrielle System, das die Rohstoffe unseres Planeten für einen winzigen Prozentsatz der Bevölkerung gewaltig anzapft, aus globaler ökologischer Sicht als in hohem Maße unwirtschaftlich angesehen werden.

In engem Zusammenhang mit der »Leistungsfähigkeit« steht die »Produktivität«, die auf ähnliche Weise entstellt wurde. Im allgemeinen wird Produktivität definiert als Erzeugung pro Arbeitnehmer pro Arbeitsstunde. Um sie zu steigern, neigen die Unternehmen dazu, den Produktionsprozeß so weit wie möglich zu automatisieren und mechanisieren. Dabei vermehren sie jedoch die Zahl der Arbeitslosen und vermindern *deren* Produktivität auf Null, weil diese Leute nun Arbeitslosenunterstützung erhalten.

Nicht nur die Begriffe »Leistungsfähigkeit« und »Produktivität«, sondern auch die Vorstellung vom »Gewinn« müssen gründlich revidiert werden. Private Gewinne werden heute zu oft auf Kosten der Ausbeutung anderer oder der Umwelt eingeheimst. Diese Kosten müssen voll in Rechnung gestellt werden, damit der Begriff Gewinn mit der Schaffung realen Wohlstandes in Zusammenhang gebracht werden kann. Dann würden viele der heute erzeugten und »gewinnbringend« verkauften Waren als nutzlos erkannt und durch ihren hohen Preis vom Markt verdrängt werden.

Der Begriff »Profit« wird heute unter anderem deswegen so einseitig angewendet, weil man die Volkswirtschaft künstlich in private und öffentliche Sektoren aufteilt, was die Wissenschaft dazu verleitet, den Zusammenhang zwischen privatem Gewinn und öffentlichen Kosten zu übersehen. Die relative Rolle des privaten und des öffentlichen Sektors bei der Lieferung von Waren und Dienstleistungen wird heute zunehmend in Frage gestellt, da mehr und mehr Bürger sich fragen, warum wir eigentlich die »Notwendigkeit« von millionenschweren Industrien akzeptieren sollen, die Hundekuchen, Kosmetika, Drogen und allerlei energievergeudende Kinkerlitzchen herstellen, während uns gleichzeitig gesagt wird, wir könnten uns angemessene Gesundheitsdienste, Feuerwehren oder öffentliche Transportsysteme »nicht leisten«.

Die Umstrukturierung der Wirtschaft ist nicht nur eine intellektuelle Aufgabe, sondern wird tiefgreifende Wandlungen unseres Wertsystems erfordern. Allein schon der Gedanke des Wohlstandes, Herzstück aller Volkswirtschaften, ist unauflösbar mit menschlichen Erwartungen, Werten und Lebensformen verknüpft. Will man Wohlstand innerhalb eines ökologischen Rahmens definieren, so muß man die gegenwärtigen Vorstellungen von Anhäufung materieller Güter überwinden und zu einem umfassenderen Begriff menschlichen Reichtums kommen. Ein so neu formulierter Wohlstandsbegriff, aber auch der Begriff »Gewinn« und andere Vorstellungen, wäre dann nicht wirklich quantifizierbar, weshalb die Wirtschaftswissenschaft Werte nicht länger ausschließlich mit monetären Begriffen beschreiben könnte. Unsere heutigen wirtschaftlichen Probleme verdeutlichen uns doch unübersehbar, daß Geld alleine keine ausreichende Wohlstandsdefinition erlaubt.[72]

Im Rahmen der Umwertung aller Werte muß auch der Begriff »Arbeit« neu definiert werden.[73] In unserer Gesellschaft wird Arbeit mit dem Arbeitsplatz identifiziert. Man arbeitet für einen Unternehmer und für Geld; unbezahlte Tätigkeit gilt nicht als Arbeit. So wird der Arbeit von Frauen und Männern im Haushalt kein wirtschaftlicher Wert beigemessen; und dennoch entspricht der Wert dieser Tätigkeit monetär ausgedrückt rund zwei Drittel aller von den Unternehmen in den Vereinigten Staaten gezahlten Löhne und Gehälter.[74] Andererseits ist Arbeit an bezahlten Arbeitsplätzen nicht mehr für jeden verfügbar, der gerne arbeiten möchte. Arbeitslos zu sein ist ein soziales Stigma. Arbeitslose verlieren vor sich selbst und in den Augen anderer Status und Achtung, weil sie nicht in der Lage sind, einen Arbeitsplatz zu finden.

Zugleich müssen einige Menschen, die zwar in Arbeit und Brot sind, Tätigkeiten ausüben, auf die sie nicht stolz sind, die sie zutiefst entfremdet und unzufrieden sein lassen. Marx hat klar erkannt, daß diese Entfremdung mehrere Ursachen hat: Produktionsmittel, die nicht den Arbeitern gehören, fehlendes Mitbestimmungsrecht der Arbeitnehmer über Nutzen und Sinn ihrer Tätigkeit sowie ein Produktionsprozeß, mit dem sie sich nicht identifizieren können.

Der moderne Industriearbeiter fühlt sich für seine Arbeit nicht mehr verantwortlich und ist auch nicht mehr stolz darauf. Das Ergebnis sind Erzeugnisse, die immer weniger von handwerklichem Geschick, künstlerischer Qualität oder Geschmack zeugen. Arbeit ist somit zutiefst degradiert worden. Aus der Sicht des Arbeiters dient sie nur der Bestreitung des Lebensunterhalts, während es das einzige Ziel des Unternehmers ist, daraus Gewinne zu erzielen.

Der Mangel an Verantwortungsgefühl und Stolz hat zusammen mit dem alles beherrschenden Gewinnmotiv eine Situation herbeigeführt, in der der größte Teil der heutzutage geleisteten Arbeit unrentabel und ungerechtfertigt ist. Theodore Roszak schreibt dazu sehr deutlich:

> Arbeit, die unnötigen Verbraucherramsch oder Kriegsgerät erzeugt, ist Vergeudung und unsinnig. Arbeit, die auf falschen Bedürfnissen oder unbekömmlichem Appetit beruht, ist Vergeudung und unsinnig. Arbeit, die täuscht oder manipuliert, ausbeutet oder degradiert, ist Vergeudung und Unsinn. Arbeit, welche die Umwelt verletzt oder die Welt häßlich macht, ist Vergeudung und sinnlos. Es ist nicht möglich, solche Arbeit dadurch aufzuwerten, daß man sie anreichert oder umstrukturiert, sie sozialisiert oder nationalisiert, sie »klein« macht oder dezentralisiert oder demokratisiert.[75]

Dieser Zustand steht in auffallendem Gegensatz zu traditionellen Gesellschaftssystemen, in denen einfache Frauen und Männer mit einer Vielfalt von Tätigkeiten beschäftigt waren – Landwirtschaft, Fischerei, Jagd, Weben, Herstellung von Bekleidung, Bauwesen, Töpferei und Herstellung von Werkzeugen, Heilen –, alles nützliche, qualifizierte und würdige Arbeit. In unserer Gesellschaft sind die meisten Menschen mit ihrer Arbeit unzufrieden; Erholung steht für sie im Mittelpunkt des Lebens. Es ist dadurch ein Gegensatz zwischen Arbeit und Freizeit entstanden. Eine riesige Industrie, die energie- und rohstoffintensive Spielereien erzeugt – Computerspiele, Rennboote oder Motorschlitten – und die Menschen zu stetiger Steigerung ihres Konsums nutzloser Dinge ermuntert, dient ausschließlich der Ausfüllung dieser Freizeit.

Was den Status verschiedener Formen von Arbeit anbetrifft, so gibt es in unserer Kultur eine interessante Hierarchie. Den niedrigsten Status hat Arbeit, die am meisten ›entropisch‹* ist, also Arbeit, bei welcher der greifbare Beweis der Mühe am leichtesten zunichte wird. Es handelt sich um Arbeit, die immer und immer wieder getan wird, ohne eine dauerhafte Wirkung zu hinterlassen – Kochen von Mahlzeiten, die so-

* Entropie ist ein Maßstab für Unordnung; siehe S. 74

fort aufgegessen werden, Reinigen von Fabrikböden, die gleich wieder schmutzig sein werden, Beschneiden von Hecken und Rasen, die laufend nachwachsen. In unserer Gesellschaft wie in allen Industriegesellschaften bewertet man Arbeiten mit stark entropischem Gehalt – Hausarbeit, Dienstleistungen, Landwirtschaft – am niedrigsten und bezahlt sie am schlechtesten, obwohl sie für unser Alltagsleben von entscheidender Bedeutung sind.[76] Diese Jobs überläßt man im allgemeinen Angehörigen von Minderheiten oder Frauen. Einen hohen Status haben Tätigkeiten, die etwas Dauerhaftes schaffen – Wolkenkratzer, Flugzeuge mit Überschallgeschwindigkeit, Weltraumraketen, nukleare Sprengköpfe und die vielen anderen Produkte hochentwickelter Technologie, aber auch alle mit hoher Technologie verbundene Verwaltungsarbeit, wie langweilig sie auch sein mag.

Diese Hierarchie der Arbeit ist in den spirituellen Traditionen genau umgekehrt. Dort wird nämlich Arbeit mit hoher Entropie hoch bewertet; sie spielt im täglichen Ritual der spirituellen Praxis eine bedeutende Rolle. Für buddhistische Mönche ist Kochen, Gartenarbeit oder Saubermachen ein Teil ihrer meditativen Tätigkeit, und christliche Mönche und Nonnen können auf eine lange Tradition in Landwirtschaft, Krankenpflege und anderen Dienstleistungen zurückblicken. Es scheint, daß der hohe spirituelle Wert, der entropischer Arbeit in diesen Traditionen beigemessen wird, aus einem tiefen ökologischen Bewußtsein stammt. Eine Arbeit zu leisten, die immer und immer wieder getan werden muß, hilft uns, den natürlichen Kreislauf von Werden und Vergehen, von Geburt und Tod, zu erkennen und uns so der dynamischen Ordnung des Universums bewußt zu werden.

Dieses ökologische Bewußtsein ist unserer Kultur verlorengegangen, einer Kultur, die den höchsten Wert einer Arbeit zugesteht, die etwas »Außerordentliches« schafft, also etwas außerhalb der natürlichen Ordnung Stehendes. Es darf nicht überraschen, daß der Großteil dieser hochbewerteten Arbeit jetzt Technologien und Institutionen hervorbringt, die für die natürliche und gesellschaftliche Umwelt äußerst schädlich sind. Wir brauchen daher eine Neubewertung der Idee und Praxis der Arbeit, damit sie für den einzelnen Arbeiter wieder sinnvoll, für die Gesellschaft nützlich und Teil der harmonischen Ordnung des Ökosystems wird. Wenn wir unsere Arbeit auf diese Weise neu organisieren und praktizieren, wird es uns auch gelingen, ihren spirituellen Gehalt zurückzuerlangen.

Die unvermeidliche Neugestaltung unserer grundlegenden wirtschaftlichen Vorstellungen wird so radikal sein, daß sich die Frage stellt, ob die Wirtschaftswissenschaft als eine der Sozialwissenschaften sie überleben wird. Tatsächlich haben manche Kritiker ihr Ende vorausgesagt. Meines Erachtens wäre es nützlich, sie nicht einfach aufzugeben, aber ihr tief im kartesianischen Paradigma verwurzeltes Gedankengebäude als überholtes wissenschaftliches Modell anzusehen. Sie kann für eine begrenzte Zahl mikroökonomischer Analysen wertvoll sein, muß jedoch auf jeden Fall modifiziert und erweitert werden. Die neue Theorie wird eine systematische Methode entwickeln müssen, die Biologie, Psychologie, politische Philosophie und mehrere andere Disziplinen zusammen mit der Wirtschaftswissenschaft in einen umfassenden ökologischen Rahmen stellt. Dessen Umrisse werden bereits von zahlreichen Männern und Frauen entworfen, die es ablehnen, Wirtschaftswissenschaftler genannt oder mit irgendeiner einzigen, konventionellen und eng definierten wissenschaftlichen Disziplin assoziiert zu werden.[77] Ihre Methode ist nach wie vor wissenschaftlich, geht jedoch weit über das kartesianisch-newtonsche Bild von der Wissenschaft hinaus. Zu ihrer empirischen Grundlage gehören nicht nur ökologische Daten, soziale und politische Fakten und psychologische Phänomene, sondern auch ein klarer Bezug zu kulturellen Werten. Von dieser Grundlage aus werden diese Wissenschaftler in der Lage sein, realistische und zuverlässige Modelle wirtschaftlicher Phänomene zu schaffen.

Die ausdrückliche Bezugnahme auf menschliche Verhaltensweisen, Werte und Lebensweisen in der zukünftigen Wirtschaftstheorie werden diese Wissenschaft zutiefst humanistisch gestalten. Sie wird sich mit menschlichen Bestrebungen und Möglichkeiten beschäftigen und diese in die grundlegende Matrix des globalen Ökosystems integrieren. Eine derartige Methode wird alles, was bisher in den Naturwissenschaften versucht wurde, in den Schatten stellen. In letzter Konsequenz wird sie wissenschaftlich und spirituell zugleich sein.

8. Die Schattenseiten des Wachstums

Die mechanistische kartesianische Weltanschauung hat großen Einfluß auf alle unsere Wissenschaften und ganz allgemein auf das abendländische Denken ausgeübt. Die Methode, komplexe Phänomene auf Grundbausteine zu reduzieren und nach den sie bewegenden Mechanismen zu suchen, ist so tief in unserer Kultur verwurzelt, daß sie oft mit der wissenschaftlichen Methode schlechthin gleichgesetzt wurde. Anschauungen, Vorstellungen oder Ideen, die nicht in den Rahmen der klassischen Naturwissenschaft paßten, wurden nicht ernstgenommen und im allgemeinen von oben herab betrachtet, wenn nicht gar lächerlich gemacht. Als Folge dieser alles überrollenden Betonung der reduktionistischen Wissenschaft wurde unsere Kultur mehr und mehr zersplittert und hat zutiefst ungesunde Technologien, Institutionen und Lebensweisen entwickelt.

Angesichts des engen Zusammenhanges zwischen »Gesundheit« und »Ganzheit« sollte es nicht überraschen, daß eine zersplitterte Weltanschauung auch ungesund ist. Wer gesund ist, der ist heil; aber man bezeichnet als »heil« auch etwas, das »ganz« ist, nicht in Stücke zersplittert, und nicht umsonst hat auch das Wort »heilig« die gleiche Wurzel. Unser Empfinden, gesund oder heil zu sein, beinhaltet zugleich das Gefühl physischer, psychischer und spiritueller Integrität, des Gleichgewichts zwischen den verschiedenen Komponenten des Organismus sowie zwischen dem Organismus und seiner Umwelt. Dieses Gefühl für Integrität und Gleichgewicht ist unserer Kultur verlorengegangen. Die mittlerweile alldurchdringende mechanistische Weltanschauung und unser einseitiges, materialistisches und »*Yang*-orientiertes« Wertsystem, das die Grundlage unserer Weltanschauung bildet, haben ein starkes Ungleichgewicht und viele Symptome mangelnder Gesundheit erzeugt.

Das übermäßige technologische Wachstum hat eine Umwelt geschaffen, in der das Leben physisch und psychisch ungesund geworden ist. Verschmutzte Luft, an den Nerven zerrender Lärm, Verkehrsstauungen, chemische Giftstoffe, Strahlungsrisiken und viele andere Quellen physischen und psychischen Stresses sind für die meisten von uns Teil des Alltags geworden. Diese vielfältigen Gesundheitsrisiken sind nicht nur zufällige Nebenprodukte des technologischen Fortschritts; sie sind integrale Kennzeichen eines von Wachstum und Expansion besessenen Wirtschaftssystems, das ständig bemüht ist, seine Supertechnologie noch zu verstärken, um dadurch die Produktivität weiter zu steigern.

Abgesehen von den Gesundheitsrisiken, die wir riechen, hören und sehen können, gibt es andere Gefahren für unser Wohlergehen, die vielleicht noch größer sind, weil sie uns räumlich und zeitlich in noch weitaus stärkerem Maße beeinflussen werden. Denn die Technologie ist auf dem Wege, die ökologischen Vorgänge ernsthaft zu stören und in Unordnung zu bringen, die unsere natürliche Umwelt erhalten und die eigentliche Grundlage unserer Existenz bilden. Eine der größten Gefahren, von denen man bis vor kurzem noch praktisch überhaupt nichts wußte, ist die Vergiftung von Luft und Wasser durch toxische Abfälle.

Die amerikanische Öffentlichkeit wurde vor einigen Jahren zum ersten Male aus aktuellem Anlaß mit den Risiken konfrontiert, die von chemischen Abfällen ausgehen. Das war damals, als die Tragödie vom Love Canal auf den Titelseiten aller Zeitungen Aufsehen erregte. Love Canal war ein stillgelegter Wassergraben in einem Wohnviertel von Niagara Falls, New York, der viele Jahre lang als Schuttabladeplatz für toxische chemische Abfälle genutzt wurde. Diese chemischen Gifte verschmutzten das Grundwasser der Gegend, sickerten in benachbarte Hinterhöfe ein und erzeugten toxische Dämpfe. Die Folge waren viele Fehlgeburten, Leber- und Nierenschäden, Beschwerden der Atemwege und verschiedene Arten von Krebs bei den Bewohnern dieses Gebietes. Schließlich rief der Staat New York den Notstand aus und ließ diese Gegend evakuieren.

Die Geschichte über den Love Canal wurde von Michael Brown, einem Reporter der *Niagara Gazette* recherchiert, der daraufhin ähnliche Schuttabladeplätze überall in den Vereinigten Staaten inspizierte.[1] Browns ausführliche Nachforschungen ergaben, daß Love Canal nur die erste von vielen ähnlichen Tragödien war, die zweifellos in den nächsten Jahren noch ans Tageslicht kommen werden und die die Gesundheit von Millionen von Amerikanern bedrohen. Die amerikanische Behörde für Umweltschutz schätzte 1979 die Zahl der bekannten Halden, auf denen gefährliche Stoffe gelagert sind, auf etwa 50000, wovon weniger als sieben Prozent eine ordentliche Entsorgung haben.[2]

Diese riesigen Mengen gefährlicher chemischer Abfälle sind das Ergebnis der kombinierten Auswirkungen technologischen und wirtschaftlichen Wachstums. Besessen vom Wachstum der Wirtschaft, steigenden Gewinnen und ansteigender »Produktivität« haben die Vereinigten Staaten und andere Industriestaaten Gesellschaften von miteinander konkurrierenden Verbrauchern geschaffen, die dazu verführt werden, eine stetig wachsende Menge von Produkten zweifelhafter Nützlichkeit zu kaufen, zu verwenden und wegzuwerfen. Zur Erzeugung dieser Waren – Nahrungsmittelzusätze, synthetische Fasern, Plastikstoffe, Medikamente und Schädlingsbekämpfungsmittel, um nur einige zu nennen – wurden rohstoffintensive Technologien entwickelt, von denen viele stark von komplexen chemischen Verbindungen abhängig sind; und in dem Maße, in dem Produktion und Verbrauch anstiegen, wuchs auch die Menge der chemischen Abfälle, die unvermeidbare Nebenprodukte dieser Herstellungsverfahren sind. Die Vereinigten Staaten erzeugen jährlich etwa eintausend neue chemische Verbindungen, von denen viele komplexer sind als die ihnen vorangegangenen und für den menschlichen Organismus auch fremdartiger. Gleichzeitig ist die jährliche Menge gefährlicher chemischer Abfallstoffe im vergangenen Jahrzehnt von zehn auf 35 Millionen Tonnen angewachsen.

Während Produktion und Konsum auf so hektische Weise angekurbelt wurden, versäumte man es, geeignete Technologien für die Beseitigung der unerwünschten Nebenprodukte zu entwickeln. Der Grund für dieses Versäumnis war sehr einfach: Die verschwenderische Produktion von Konsumgütern ist höchst gewinnbringend für die Hersteller, die angemessene Bearbeitung und Wiederverwendung der Rückstände ist es nicht. Jahrzehntelang hat die chemische Industrie diese Abfälle wahllos und ohne Sicherheitsvorkehrungen auf Müllhalden abgeladen, ein unverantwortliches Vorgehen, das uns Tausende von gefährlichen chemischen Abfalldeponien beschert hat, »toxische Zeitbomben«, die wahrscheinlich zu einer der ernstesten Umweltbedrohungen der achtziger Jahre werden dürften.

Angesichts der grauenhaften Konsequenzen dieser Herstellungsverfahren hat die chemische Industrie die typische Verhaltensweise großer Industrieunternehmen demonstriert. Wie Brown an vielen Einzelfällen zeigt, haben die Chemieunternehmen versucht, die Gefährlichkeit ihrer

Herstellungsverfahren und der dabei erzeugten chemischen Abfälle zu verheimlichen; sie haben Unfälle verschwiegen und auf Politiker Druck ausgeübt, um genaue Untersuchungen darüber zu verhindern. Gottlob hat die Tragödie von Love Canal die Aufmerksamkeit der Öffentlichkeit geweckt. Raffinierte Werbeaktionen der Hersteller verkünden in Amerika wie in Europa, Leben ohne Chemikalien sei unmöglich. Allerdings begreifen immer mehr Mitbürger, daß die chemische Industrie lebensvernichtend statt lebenserhaltend wirkt. Wir können nur hoffen, daß die öffentliche Meinung wachsenden Druck auf die Industrie ausüben wird, damit diese geeignete Technologien für die Verarbeitung und Wiederverwendung von Abfallprodukten entwickelt, wie das schon in verschiedenen europäischen Ländern geschieht. Langfristig werden wir die durch Chemieabfälle geschaffenen Probleme nur in den Griff bekommen, wenn wir die Herstellung gefährlicher Produkte verringern, was jedoch einen tiefgreifenden Wandel in unserem Verhalten als Erzeuger und Verbraucher erforderlich macht.

Unser übermäßiger Konsum und die Bevorzugung hochentwickelter Technologien schaffen nicht nur riesige Mengen von Abfällen, sie erfordern auch riesige Mengen an Energie. Der größte Teil unserer Herstellungsverfahren basiert auf nichterneuerbaren Energien aus fossilen Brennstoffen, und mit der Abnahme dieser natürlichen Bodenschätze wird die Energie selbst zu einer knappen und teuren Hilfsquelle. In ihrem Bemühen, ihr augenblickliches Produktionsniveau aufrechtzuerhalten oder gar zu steigern, haben die Industriestaaten die verfügbaren Reserven an fossilen Brennstoffen rücksichtslos ausgebeutet. Diese Methoden der Energieerzeugung tragen die Gefahr in sich, beispiellose ökologische Störungen und menschliches Leid zu verursachen.

Die unmäßige Verwendung von Erdöl verursacht einen dichten Verkehr von Tankschiffen mit häufigen Havarien, bei denen riesige Mengen Erdöl ins Meer fließen. Dadurch werden nicht nur wunderschöne Küstengebiete und Strände verschmutzt, sondern wird auch der Nahrungszyklus des Meeres ernsthaft durcheinandergebracht. Die auf diese Weise entstehenden ökologischen Gefahren werden im Augenblick erst unzureichend verstanden. Die Erzeugung von elektrischem Strom aus Kohle ist sogar noch gefährlicher und verschmutzender als die aus Erdöl. Der unterirdische Bergbau verursacht Gesundheitsschäden bei Bergleuten, während der Tagebau deutlich erkennbare Folgen für die Umwelt schafft, da die Gruben im allgemeinen aufgegeben werden, sobald die Kohlevorkommen erschöpft sind, wodurch riesige Bodenflächen in verwüstetem Zustand zurückbleiben. Der größte Schaden für die Umwelt und die menschliche Gesundheit entsteht jedoch aus der Verbrennung der Kohle. Fabriken, in denen Kohle verheizt wird, stoßen riesige Mengen von Rauch, Asche, Gasen und verschiedenen organischen Verbindungen in die Luft aus, Stoffe, von denen viele toxisch oder krebserregend sind. Das gefährlichste Gas ist Schwefeldioxyd, das die Lunge angreift. Ein anderer bei der Verbrennung von Kohle freiwerdender Giftstoff ist Stickstoffoxyd, der auch Hauptbestandteil der Luftverschmutzung durch Autoabgase ist. Eine einzige Fabrik mit Kohlefeuerung kann so viel Stickstoffoxyd emittieren wie mehrere hunderttausend Kraftwagen.

Die Schwefel- und Stickstoffoxyde, die von kohlebetriebenen Fabriken freigesetzt werden, bilden nicht nur eine Gefahr für die Gesundheit der in der Nachbarschaft lebenden Menschen, sondern erzeugen auch eine der heimtückischsten und vollständig unsichtbaren Formen von Luftverschmutzung, nämlich sauren Regen.[3] Die von Kraftwerken ausgestoßenen Gase vermischen sich mit dem Sauerstoff und Wasserdampf der Luft und verwandeln sich durch chemische Reaktionen in Schwefel- und Stickstoffsäure. Diese Säuren führt dann der Wind mit sich, bis sie an verschiedenen atmosphärischen Sammelpunkten angehäuft als saurer Regen oder Schnee auf die Erde fallen. Von dieser Art der Luftverschmutzung werden insbesondere das östliche Neuengland, das östliche Kanada und Süd-Skandinavien schwer betroffen. Fällt saurer Regen in Seen, dann tötet er dort Fische, Insekten, Pflanzen und andere Lebensformen, bis die Seen schließlich absterben, weil sie die Säure nicht mehr neutralisieren können. Tausende von Gewässern in Kanada und Skandinavien sind bereits tot oder stehen kurz davor; ganze Lebensnetzwerke, die Tausende von Jahren für ihre Entwicklung gebraucht haben, schwinden schnell dahin.

Das eigentliche Problem sind die ökologische Kurzsichtigkeit und Habsucht der Unternehmen. Zwar gibt es bereits Technologien zur Verringerung der Schadstoffe, doch wehren sich die Unternehmer der kohlebetriebenen Fabriken energisch gegen jede Umweltschutzregelung, und sie haben auch die Macht, strenge Kontrollen zu verhindern. Amerikanische Betriebe der öffentlichen Hand haben die Umweltschutzbehörde gezwungen, Normen für die Emissionen von kohleverheizenden Betrieben im Mittleren Westen wieder zu senken, und so blasen diese Unternehmen weiterhin riesige Mengen von Schadstoffen in die Luft; bis 1990 dürften sie etwa 80 Prozent aller Schwefelemissionen in den Vereinigten Staaten verursachen. Dieses Verhalten ist genauso unverantwortlich wie das derjenigen, die uns das Risiko der chemischen Abfälle bescheren. Statt die schädlichen Abfallstoffe zu neutralisieren, schütten die Unternehmen sie einfach »irgendwo« hin, ohne daran zu denken, daß es in einem begrenzten Ökosystem dafür nirgendwo Platz gibt.

In den 1970er Jahren wurde sich die Welt plötzlich der globalen Knappheit fossiler Brennstoffe bewußt; angesichts des unvermeidlichen Rückgangs dieser konventionellen Energiequellen leiteten die Industriestaaten eine machtvolle Kampagne zugunsten der Kernenergie als alternativer Energiequelle ein. Die Debatte darüber, wie man die Energiekrise meistern solle, konzentriert sich gewöhnlich auf Kosten und Risiken der Kernenergie im Vergleich zur Energieerzeugung aus Erdöl, Kohle und Ölschiefer. Die dabei von den Volkswirten der Regierungen und der Unternehmen sowie Vertretern der Energiewirtschaft vorgetragenen Argumente sind in zweifacher Hinsicht anfechtbar. Von der Sonnenenergie – der einzigen Energiequelle, die es im Überfluß gibt und die dazu noch erneuerbar, preisstabil und umweltfreundlich ist – sagt man, sie sei »unwirtschaftlich«, sie sei »noch nicht machbar«, obwohl der Beweis des Gegenteils erbracht werden kann,[4] und man setzt ohne Bedenken voraus, daß der Energiebedarf weiter steigen wird.

Eine realistische Diskussion der »Energiekrise« muß aber von einer breiteren Perspektive ausgehen als der obigen, von einer Perspektive, die auch die Ursachen der gegenwärtigen Energieknappheit und ihren Zusammenhang mit den anderen kritischen Problemen der Gegenwart berücksichtigt. Diese würde nämlich erkennen lassen, was zunächst paradox klingen mag: Was wir zur Überwindung der Energiekrise brauchen, ist nicht *mehr,* sondern *weniger* Energie. Unser unaufhaltsam wachsender Energiebedarf spiegelt die allgemeine Ausweitung unseres wirtschaftlichen und technologischen Systems wider; die wahre Ursache liegt im undifferenzierten Wachstum, das unsere Bodenschätze erschöpft und ganz wesentlich zu den vielfältigen Symptomen unserer individuellen und gesellschaftlichen Erkrankung beiträgt. Energie ist also ein bedeutsamer Maßstab unseres gesellschaftlichen und ökologischen Gleichgewichts. In unserem gegenwärtigen, in höchstem Maße unausgeglichenen Zustand, würde mehr Energie unsere Probleme nicht lösen, sondern verschlimmern, die Ausbeutung unserer Minerale und Metalle, Wälder und Fischbestände beschleunigen und uns mehr Pollution, mehr chemische Vergiftung, mehr soziale Ungerechtigkeiten, mehr Krebs und mehr Verbrechen bringen. Was wir zur Überwindung unserer vielgesichtigen Krise benötigen, ist nicht mehr Energie, sondern ein tiefgreifender Wandel unserer Werte, Verhaltensweisen, Lebensformen.

Hat man diese grundlegenden Fakten einmal erkannt, wird ganz augenscheinlich, daß die Verwendung von noch mehr Kernenergie reiner Irrsinn ist. Sie verstärkt die ökologischen Auswirkungen der in großem Umfange erfolgenden Energieerzeugung aus Kohle, die bereits verheerend genug sind, noch um ein Mehrfaches und könnte nicht nur unsere natürliche Umwelt für mehrere tausend Jahre vergiften, sondern die Gefahr der Auslöschung der Menschheit überhaupt mit sich bringen. Kernkraft stellt den extremsten Fall einer Technologie dar, die dem Menschen aus der Hand geglitten ist, einem Menschen, der von einem Selbstbewußtsein und Machtstreben besessen ist, das bereits krankhafte Züge angenommen hat.

Wenn ich Kernkraft mit diesen Ausdrücken beschreibe, dann meine ich sowohl Kernwaffen als auch Reaktoren. Es gehört nun einmal zu den innewohnenden Eigenschaften der Kerntechnologie, daß diese beiden Anwendungen sich nicht trennen lassen. Der Ausdruck »Kernkraft« selbst hat zwei miteinander verbundene Bedeutungen. »Kraft« bedeutet hier nicht nur rein technisch »Energiequelle«, sondern zugleich ganz allgemein »Macht und Kontrolle über andere«. Im Falle der Kernkraft sind beide Arten von Kraft untrennbar verbunden, und beide stellen heute die größte Gefahr für unser Überleben und unser Wohlergehen dar.

Während der vergangenen zwei Jahrzehnte ist es dem US-Verteidigungsministerium und der Rüstungsindustrie gelungen, in der Öffentlichkeit immer wieder hysterische Aufregung in Fragen der nationalen Verteidigung hervorzurufen, mit dem Ziel regelmäßiger Erhöhungen der Rüstungsausgaben. Zu diesem Zweck haben die Analytiker der Streitkräfte den Mythos des Rüstungswettlaufs verewigt, in dem die Russen den Vereinigten Staaten voraus sein sollen. In Wahrheit haben die Vereinigten Staaten in diesem verrückten Wettlauf von Anfang an einen Vorsprung vor der Sowjetunion gehabt. Daniel Ellsberg hat durch Veröffentlichung geheimen Materials überzeugend nachgewiesen, daß die amerikanischen Militärs wußten, wie sehr sie in den ganzen fünfziger und frühen sechziger Jahren den Russen im Bereich der strategischen Kernwaffen überlegen waren.[5] Auf dieser Überlegenheit beruhende amerikanische Pläne sahen einen nuklearen Erstschlag vor – mit anderen Worten den Beginn eines nuklearen Krieges –, und mehrere amerikanische Präsidenten haben ausdrücklich mit dem Einsatz von Kernwaffen gedroht, was vor der Öffentlichkeit geheim gehalten wurde.

In der Zwischenzeit hat die Sowjetunion ebenfalls eine massive Kernwaffenmacht aufgebaut. Heute ist das Pentagon erneut dabei, das amerikanische Volk einer Gehirnwäsche zu unterziehen, um es glauben zu machen, die Russen seien überlegen. Tatsächlich besteht gegenwärtig ein Gleichgewicht der Macht; die augenblickliche Situation läßt sich fair mit Rüstungsgleichgewicht beschreiben. Das Pentagon entstellt erneut die Wahrheit, weil es der amerikanischen Rüstung wieder die Überlegenheit verschaffen will, die sie zwischen 1945 und etwa 1965 besaß und die den Vereinigten Staaten erneut jene Art von nuklearen Drohungen erlauben würde, die sie damals benutzen konnten.

Offiziell ist die amerikanische Nuklearpolitik eine Politik der Abschreckung; sieht man sich jedoch das gegenwärtige Kernwaffenarsenal der Vereinigten Staaten und die in Entwicklung befindlichen neuen Waffen an, dann zeigt sich deutlich, daß die heutigen Pläne des Pentagons keinesfalls auf Abschreckung aus sind. Ihr einziger Zweck ist der nukleare Erstschlag gegen die Sowjetunion. Um eine Idee von der amerikanischen Abschreckungsmacht zu bekommen, genügt ein Blick auf die mit Kernwaffen bestückten Unterseeboote. Präsident Jimmy Carter hat einmal gesagt: »Nur ein einziges unserer verhältnismäßig unverwundbaren Poseidon-Unterseeboote – das sind weniger als zwei Prozent unserer gesamten nuklearen Macht von Unterseebooten, Flugzeugen und landgestützten Raketen – führt genug atomare Sprengköpfe mit sich, um jede große und mittlere Stadt in der Sowjetunion zerstören zu können. Unsere Abschreckungsmacht ist überwältigend.«[6] Zwanzig bis dreißig dieser U-Boote befinden sich ständig auf See, wo sie praktisch unverwundbar sind. Selbst wenn die Sowjetunion ihre gesamte nukleare Macht gegen die Vereinigten Staaten einsetzt, kann sie nicht ein einziges amerikanisches U-Boot zerstören. Und jedes dieser U-Boote kann jede einzelne sowjetische Großstadt bedrohen. So besitzen also die Vereinigten Staaten zu jedem beliebigen Zeitpunkt die Macht, jede russische Großstadt zwanzig- bis dreißigmal zu zerstören. Vor diesem Hintergrund hat die augenblickliche Aufrüstung wahrlich nichts mehr mit Abschreckung zu tun.

Was die amerikanischen Rüstungsexperten zur Zeit entwickeln, sind Waffen mit hoher Präzision, etwa die neuen Cruise- und MX-Missiles, die ihr Ziel aus 6000 Meilen Entfernung mit höchster Genauigkeit treffen können. Zweck dieser Waffen ist es, eine feindliche Rakete in ihrem Silo zu zerstören, bevor sie abgefeuert wird; mit anderen Worten, diese Waffen sollen in einem nuklearen Ersten Schlag eingesetzt werden. Da es keinen Sinn haben würde, laser-gelenkte Raketen auf leere Silos abzuschießen, können sie nicht als Defensivwaffen angesehen werden; es handelt sich eindeutig um Angriffswaffen. Zu dieser Schlußfolgerung gelangt auch eine detaillierte Studie über den nuklearen Rüstungswettlauf von Robert Aldridge, einem Aeronautik-Ingenieur, der früher für die Firma Lockheed tätig war, den größten Waffenhersteller Amerikas.[7] Sechzehn Jahre lang war Aldridge an der Entwicklung aller von der US-Marine gekauften ballistischen Raketen für den Abschuß aus U-Booten beteiligt. Er verließ das Unternehmen im Jahre 1973, als er sich einer tiefgreifenden Änderung der amerikanischen Kernwaffenpolitik bewußt wurde, einer Verlagerung von der Vergeltung zum Erstschlag. Als Ingenieur konnte er den eindeutigen Widerspruch erkennen zwischen den öffentlich verkündeten Zielsetzungen des Programms, für das er tätig war, und seiner wirklichen Ausrichtung. Aldridge ist fest davon überzeugt, daß der von ihm entdeckte Trend seither fortgesetzt und noch beschleunigt wurde. Die tiefe Betroffenheit über die amerikanische Militärpolitik veranlaßte ihn, seinen ins einzelne gehenden Report zu schreiben, der mit folgenden Sätzen endet:

> Aus dem vorliegenden Beweismaterial muß ich widerstrebend schließen, daß die Vereinigten Staaten jetzt einen Rüstungsvorsprung haben und sich schnell der Fähigkeit zum Erstschlag nähern – mit deren logistischem Aufbau sie um die Mitte der achtziger Jahre beginnen dürften. Die Sowjetunion scheint inzwischen ihr möglichstes zu tun, Zweitbester zu werden. Es liegen keine Beweise dafür vor, daß die UdSSR über jene Kombination von todbringenden Raketen, Anti-U-Boot-Kriegführungspotential, Verteidigung gegen ballistische Raketen oder Technologie für den Krieg im Weltraum verfügt, um vor dem Ende dieses Jahrhunderts, wenn überhaupt, die Fähigkeit zu einem Erstschlag zu erlangen, der den Gegner sofort handlungsunfähig macht.[8]

Die Studie von Aldridge zeigt genau wie das vorerwähnte Dokument von Ellsberg, daß die neuen Waffen im Gegensatz zu dem, was das Pentagon uns glauben machen möchte, die nationale Sicherheit Amerikas nicht weiter erhöhen. Im Gegenteil – mit jeder zusätzlichen Waffe wird die Wahrscheinlichkeit eines nuklearen Krieges größer.

In den Jahren 1960–61 gab es laut Ellsberg amerikanische Pläne für einen Erstschlag gegen die Sowjetunion im Falle einer direkten militärischen Konfrontation mit den Russen irgendwo in der Welt. Das war damals die einzige und unausweichliche amerikanische Antwort auf direkte russische Verwicklung in einen lokalen Konflikt. Wir können sicher sein, daß solche Pläne auch heute noch im Pentagon bestehen. Sollte dies der Fall sein, dann bedeutet dies, daß das amerikanische Verteidigungsministerium als Reaktion auf irgendeinen lokalen Konflikt im Mittleren Osten, in Afrika oder sonstwo in der Welt einen umfassenden Kernwaffenkrieg auszulösen beabsichtigt, bei dem es nach dem ersten Schlagabtausch fünfhundert Millionen Tote geben würde. Der ganze Krieg könnte in dreißig bis sechzig Minuten vorbei sein, und fast kein Geschöpf würde seine Folgen überleben. Mit anderen Worten: Das Pentagon plant, die Menschheit sowie die meisten anderen Lebewesen auszurotten. Dieses Konzept läuft im Verteidigungsministerium unter der bezeichnenden Abkürzung MAD = »mutually assured destruction«, zu deutsch »garantierte gegenseitige Vernichtung«.*

Den psychologischen Hintergrund für diesen nuklearen Irrsinn bilden die Überbewertung von Selbstbehauptung, Kontrolle und Machtausübung, übermäßiges Konkurrenzdenken und Besessensein von »gewinnen wollen« – alles typische Kennzeichen einer patriarchalischen Kultur. Die aggressiven Drohungen, die während des gesamten Verlaufs der menschlichen Geschichte von Männern ausgestoßen wurden, werden jetzt mit den Kernwaffen wiederholt, ohne Berücksichtigung des riesigen Unterschiedes der Gewalteinwirkung und des Zerstörungspotentials. So gesehen sind Kernwaffen der tragischste Fall des Festhaltens an einem alten Paradigma, das seine Nützlichkeit längst eingebüßt hat.

Heute hängt der Ausbruch eines nuklearen Krieges nicht mehr alleine von den Vereinigten Staaten und der Sowjetunion ab. Amerikas Kerntechnologie und mit ihr die Rohstoffe zur Herstellung von Atombomben werden in die ganze Welt exportiert. Man braucht nur zehn bis zwanzig Pfund Plutonium für eine einzige Atombombe, und jeder Kernreaktor erzeugt jährlich vierhundert bis fünfhundert Pfund Plutonium, ausreichend für zwanzig bis fünfzig Atombomben. Über das Plutonium sind Reaktortechnologie und Kernwaffentechnologie untrennbar miteinander verbunden.

* Das englische Wort *»mad«* bedeutet »verrückt«.

Die Kerntechnologie wird gegenwärtig vor allem in der Dritten Welt gefördert. Dadurch soll nicht der Energiebedarf der Entwicklungsländer befriedigt werden, sondern der der multinationalen Gesellschaften, welche die Bodenschätze dieser Länder so schnell sie können ausbeuten. Leider streben Politiker der Dritten Welt häufig deshalb nach Kerntechnologie, weil sie ihnen die Chance gibt, Kernwaffen zu bauen. Die augenblicklichen amerikanischen Exporte garantieren, daß gegen Ende des Jahrhunderts Dutzende von Staaten genug Kernbrennstoffe besitzen werden, um eigene Bomben herstellen zu können. Und wir können erwarten, daß diese Länder nicht nur die amerikanische Technologie erwerben, sondern auch die amerikanischen Verhaltensweisen nachahmen und ihre Kernwaffen zu nuklearer Erpressung benutzen werden.

Das Potential einer weltweiten Vernichtung durch einen Kernwaffenkrieg ist die größte Umweltbedrohung durch Kernkraft. Sind wir nicht in der Lage, einen Kernwaffenkrieg zu vermeiden, dann werden sämtliche sonstigen Umweltsorgen zu rein akademischen Problemen. Doch selbst ohne einen nuklearen Holocaust übertreffen die Auswirkungen der Kernkraft bei weitem alle sonstigen Gefahren unserer Technologie. Als man mit der Nutzung der sogenannten friedlichen Kernenergie begann, wurde uns die Kernkraft als billig, sauber und sicher angepriesen. In der Zwischenzeit haben wir auf schmerzliche Weise gelernt, daß nichts davon wahr ist. Bau und Betrieb von Kernkraftwerken werden wegen der dieser Industrie aufgrund öffentlicher Proteste auferlegten komplizierten Sicherheitsmaßnahmen zunehmend teurer; nukleare Unfälle haben bereits die Gesundheit und Sicherheit von Hunderttausenden von Menschen gefährdet; und radioaktive Substanzen verseuchen fortgesetzt unsere Umwelt.

Die Gesundheitsrisiken der Kernkraft sind ökologischer Art und räumlich wie zeitlich äußerst breit gestreut. Kernkraftwerke und nukleare militärische Anlagen geben radioaktive Substanzen frei, welche die Umwelt vergiften und damit Auswirkungen auf alle lebenden Organismen haben, den Menschen eingeschlossen. Diese Auswirkungen sind nicht sofort, sondern nur ganz allmählich erkennbar und akkumulieren stetig zu größerer Gefährlichkeit. Im menschlichen Organismus vergiften diese Substanzen die innere Umwelt mit vielen mittel- und langfristigen Folgen. Krebs entwickelt sich im allgemeinen nach zehn bis vierzig Jahren, genetische Schäden treten manchmal erst in künftigen Generationen in Erscheinung.

Wissenschaftler und Ingenieure begreifen häufig nicht voll und ganz die Gefahren der Kernkraft, weil unsere Wissenschaft und Technologie schon immer große Schwierigkeiten mit ökologischen Vorstellungen gehabt haben. Auch die große Komplexität der nuklearen Technologie spielt dabei eine Rolle. Die für ihre Entwicklung und Anwendung verantwortlichen Personen – Physiker, Ingenieure, Volkswirte, Politiker und Generäle – sind sämtlich auf Spezialisierung eingestellt. Jede dieser Gruppen befaßt sich mit eng definierten Problemen, von deren innerem Zusammenhang sie oft ebenso wenig Ahnung hat wie von deren vereinter Wirkung auf das globale Ökosystem. Außerdem stehen viele Kernwissenschaftler und Ingenieure im Spannungsfeld eines tiefen Interessenkonflikts. Die meisten von ihnen sind im Dienst der Streitkräfte oder der Nuklearindustrie, die beide sehr einflußreich sind. Logischerweise sind die einzigen Experten, die einer umfassenden Bewertung der Gefahren der Kernkraft fähig sind, diejenigen, die vom militärisch-industriellen Komplex unabhängig sind und deshalb eine umfassende ökologische Perspektive entwickeln können. Es braucht nicht zu überraschen, daß sie alle mit der Anti-Atombewegung sympathisieren.[9]

Bei der Erzeugung von Energie aus Kernkraft werden sowohl die in der Kernindustrie beschäftigten Arbeiter wie auch die gesamte natürliche Umwelt in jeder Phase des Brennstoffkreislaufs mit radioaktiven Substanzen verseucht. Dieser Kreislauf beginnt schon mit dem Abbau, der Bearbeitung und Anreicherung des Urans. Er setzt sich fort mit der Herstellung der Brennstäbe und dem Betrieb sowie der Unterhaltung des Reaktors und endet mit der Handhabung, Lagerung oder Wiederaufbereitung der nuklearen Abfälle. Die radioaktiven Substanzen, die in jedem Stadium dieses Prozesses in die Umwelt entweichen, strahlen Teilchen ab – Alpha-Teilchen, Elektronen oder Photonen –, die eine hohe Energie besitzen, die Haut durchdringen und Körperzellen schädigen können. Radioaktive Substanzen können auch mit verseuchten Nahrungsmitteln oder Wasser vom Körper aufgenommen werden und schädigen ihn dann von innen heraus.

Zur Beurteilung der Gesundheitsrisiken der Radioaktivität ist es wichtig zu wissen, daß es keinen »sicheren« Strahlungspegel gibt, im Gegensatz zu dem, was die Kernindustrie uns weismachen will. Medizinische Wissenschaftler stimmen heute allgemein darin überein, daß es keinerlei Beweise für eine Schwelle gibt, unterhalb derer man die Strahlung als harmlos bezeichnen kann;[10] selbst kleinste Mengen können Mutationen und Krankheiten verursachen. Im Alltag sind wir ständig einer niedrigen Hintergrundstrahlung ausgesetzt, die seit Milliarden Jahren auf die Erde einwirkt und die auch aus natürlichen Quellen wie Felsgestein, Wasser, Pflanzen und Tieren stammt. Die Risiken dieser aus der Natur selbst kommenden Strahlung lassen sich nicht vermeiden; sie jedoch zu vermehren, heißt, mit unserer Gesundheit zu spielen.

Die Kernreaktion, die sich in einem Reaktor abspielt, nennt man Kernspaltung. Bei diesem Prozeß spalten sich Urankerne in Teile – von denen die meisten radioaktive Substanzen sind –, wobei große Hitze entsteht und ein oder zwei Neutronen freigesetzt werden. Diese Neutronen werden von anderen Kernen absorbiert, die ihrerseits gespalten werden und damit eine Kettenreaktion in Gang setzen. In einer Atombombe endet diese Kettenreaktion mit einer Explosion. In einem Reaktor jedoch läßt sie sich mit Hilfe von Kontrollstäben zähmen, die einen Teil der freien Neutronen absorbieren. Auf diese Weise läßt sich das Tempo der Spaltung regulieren. Der Spaltungsprozeß setzt riesige Mengen Hitze frei, die genutzt werden, um Wasser zum Kochen zu bringen. Der dabei entstehende Dampf betreibt eine Turbine, die ihrerseits Elektrizität erzeugt. Ein Kernreaktor ist also ein hochkompliziertes, teures und äußerst gefährliches Instrument, um Wasser zum Kochen zu bringen.

Der bei allen Phasen der Nukleartechnologie, ob militärisch oder zivil, mitwirkende menschliche Faktor macht Unfälle unvermeidlich. Bei diesen Unfällen dringen hochgiftige radioaktive Substanzen in die Umwelt. Eine der gefährlichsten Möglichkeiten ist das Abschmelzen eines Kernreaktors, wobei die gesamte Masse des geschmolzenen Urans durch den Behälter des Reaktors hindurch in die Erde hineinbrennen würde. Das könnte eine Dampfexplosion auslösen, die tödliches radioaktives Material nach allen Seiten schleudert. Die Wirkung wäre der einer Atombombe ähnlich. Tausende von Menschen müßten sterben, die der Strahlung unmittelbar ausgesetzt sind; weitere Todesfälle würden zwei bis drei Wochen später infolge akuter Strahlungserkrankungen eintreten; riesige Landgebiete würden verseucht und für Tausende von Jahren unbewohnbar.

Es hat bereits viele nukleare Unfälle gegeben; größere Katastrophen konnten gerade noch vermieden werden. Noch ist lebhaft in unser aller Gedächtnis der Unfall im Kernkraftwerk Three Mile Island in Harrisburg, Pennsylvania, bei dem Gesundheit und Sicherheit von einigen hunderttausend Menschen gefährdet waren. Weniger bekannt, aber deswegen nicht weniger furchterregend, sind Unfälle mit Kernwaffen –

gefährliche Zwischenfälle, zu denen es mit wachsender Zahl und Kapazität der Kernwaffen immer häufiger kommt.[11] Bis zum Jahre 1968 ereigneten sich mehr als dreißig größere Unfälle mit amerikanischen Kernwaffen, die beinahe explodierten. Einer der schwersten geschah 1961, als eine Wasserstoffbombe versehentlich über Goldsboro, North Carolina, abgeworfen wurde, und fünf ihrer sechs Sicherungen versagten. Diese eine Sicherheitsvorkehrung schützte uns vor einer thermonuklearen Explosion der Stärke von 24 Millionen Tonnen TNT, einer Explosion tausendmal so stark wie die der auf Nagasaki abgeworfenen Bombe und in der Tat gewaltiger als die kombinierten Explosionen aller bisherigen Kriege in der Geschichte der Menschheit. Mehrere dieser 24-Millionen-Tonnen-Bomben sind aus Versehen über Europa, den Vereinigten Staaten und anderen Teilen der Welt abgeworfen worden. Derartige Unfälle wird es noch häufiger geben, da mehr und mehr Länder Kernwaffen bauen, die wahrscheinlich mit weniger ausgeklügelten Sicherungen versehen sind.

Ein weiteres Problem der Kernkraft ist die Lagerung von nuklearen Abfällen. Jeder Reaktor produziert jährlich Tonnen von radioaktiven Abfällen, die Tausende von Jahren toxisch bleiben. Plutonium, das gefährlichste der radioaktiven Nebenprodukte, ist zugleich das langlebigste; es bleibt für mindestens 500 000 Jahre giftig.*

Es ist schwer, die ungeheure Länge dieser Zeitspanne zu erfassen, da sie weit über die Länge der Zeit hinausreicht, über die wir innerhalb unseres individuellen Lebens oder der Lebenszeit einer Gesellschaft, Nation oder Zivilisation nachzudenken gewöhnt sind. Eine halbe Million Jahre: Das ist, wie die untenstehende Graphik aufzeigt, mehr als hundertmal so lang wie die aufgezeichnete Geschichte. Es ist eine Zeitspanne fünfzigmal so lang wie die vom Ende der Eiszeit bis zum heutigen Tage und mehr als zehnmal so lang wie unsere gesamte Existenz als Menschen mit unseren heutigen physiologischen Eigenschaften.** So lange also muß Plutonium von der Umwelt isoliert bleiben. Welches

* Die Halbwertzeit von Plutonium (Pu-239) – das ist die Zeit, nach der eine Hälfte einer gegebenen Quantität zerfallen ist – liegt bei 24 400 Jahren. Das bedeutet: Wenn ein Gramm Plutonium in die Umwelt entweicht, bleiben nach 500 000 Jahren noch ein Millionstel Gramm übrig, eine Quantität, die winzig, aber immer noch toxisch ist.

** Die Vorfahren der europäischen Rassen werden gewöhnlich mit der Cromagnon-Rasse identifiziert, die vor etwa 30 000 Jahren in Erscheinung trat und deren Skelett sowie Großhirn alle Eigenschaften des heutigen Menschen aufwiesen.

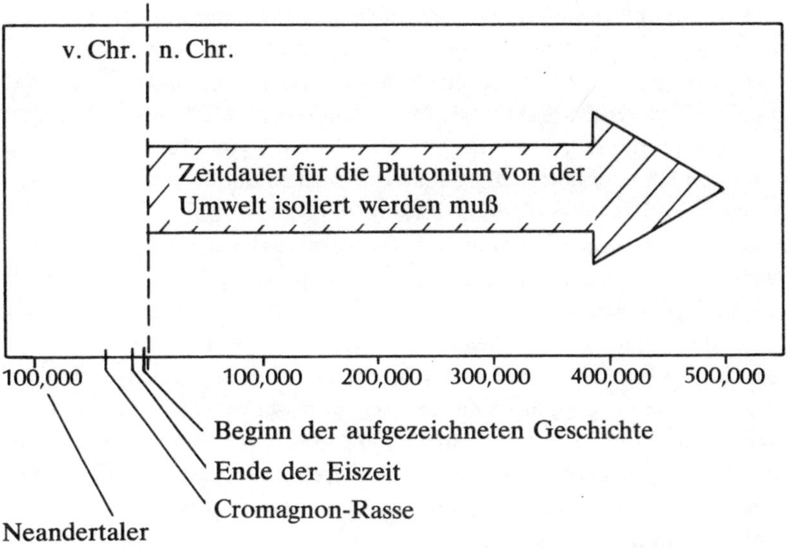

moralische Recht haben wir, Tausenden und Abertausenden von Generationen eine so todbringende Erbschaft zu hinterlassen?

Keine menschliche Technologie kann sichere Behälter für einen derart riesigen Zeitraum bauen. Trotz der Millionen Dollar, die man in den vergangenen drei Jahrzehnten auf die entsprechende Forschung verwandt hat, wurde noch keine dauerhafte sichere Methode zur Beseitigung oder Lagerung der nuklearen Abfälle gefunden. Zahlreiche Lecks in Reaktoren und Unfälle haben die Mängel der vorhandenen Einrichtungen deutlich gemacht. In der Zwischenzeit häufen sich die nuklearen Abfälle. Nach Vorausberechnungen der Kernindustrie werden sich bis zum Jahre 2000 insgesamt etwa 575 Millionen Liter stark radioaktiven Abfalls »höchsten Grades« angesammelt haben. Die genauen Mengen radioaktiver Abfälle aus dem militärischen Bereich werden geheimgehalten; man kann jedoch annehmen, daß sie erheblich über denen der industriellen Reaktoren liegen.

Plutonium, nach Pluto, dem griechischen Gott der Unterwelt benannt, ist das bei weitem tödlichste aller nuklearen Abfallprodukte. Schon weniger als ein millionstel Gramm – eine unsichtbare Menge – wirkt krebserregend.

Ein Pfund Plutonium, gleichmäßig verteilt, könnte bei jedem einzelnen Menschen auf unserer Erde Lungenkrebs erzeugen. Angesichts dieser Tatsachen ist es wirklich furchterregend zu wissen, daß jeder kommerzielle Kernreaktor im Jahr etwa vierhundert bis fünfhundert Pfund Plutonium erzeugt. Mehr noch – Tonnen von Plutonium werden routinemäßig auf amerikanischen Autobahnen und Eisenbahnen transportiert und auf Flughäfen abgefertigt.

Das einmal erzeugte Plutonium muß praktisch für ewig von der Umwelt isoliert werden, da selbst die winzigste Menge diese Umwelt für unendliche Zeiträume verseuchen würde. Es ist von großer Wichtigkeit sich klarzumachen, daß Plutonium nicht etwa beim Tode eines verseuchten Organismus verschwindet. So kann beispielsweise ein verseuchtes Tier von einem anderen Tier gefressen werden, oder es kann verwesen und sein Staub in alle Winde verstreut werden. Immer wird das Plutonium in der Umwelt fortexistieren und weiterhin tödlich wirken, immer und immer wieder, von Organismus zu Organismus, eine halbe Million Jahre lang.

Da es keine hundert Prozent sichere Technologie gibt, entweicht etwas Plutonium jedesmal, wenn man damit umgeht. Folgende Schätzung sollte nachdenklich machen: Wenn die amerikanische Nuklearindustrie sich entsprechend den Projektionen des Jahres 1975 entwickelt und das anfallende Plutonium mit einem Sicherheitsgrad von 99,99 Prozent abschirmt – was einem Wunder gleichkäme –, dann wird sie für fünzig Jahre nach dem Jahre 2020 für jährlich 500 000 Todesfälle an Lungenkrebs verantwortlich sein. Das würde die Sterberate in den Vereinigten Staaten um 25 Prozent erhöhen.[12] Angesichts dieser Schätzungen fällt es wirklich schwer zu verstehen, wie jemand die Kernkraft als sichere Energiequelle bezeichnen kann.

Kernkraft schafft auch viele andere Probleme und Risiken. Dazu gehört das ungelöste Problem, Kernreaktoren am Ende ihrer nutzbringenden Existenz stillzulegen und abzubauen; ferner gehört dazu die Entwicklung der »Schnellen Brüter«, die Plutonium als Brennstoff nutzen und weitaus gefährlicher als alle anderen kommerziellen Reaktoren sind. Denken sollte man auch an die mögliche Gefahr eines nuklearen Terrorismus und den daraus folgenden Verlust bürgerlicher Grundrechte in einer totalitären »Plutonium-Wirtschaft«, sowie an die verheerenden wirtschaftlichen Konsequenzen der Verwendung von Kernenergie als kapital- und technologieintensive, hochzentralisierte Energiequelle.[13] Der Gesamtumfang der beispiellosen Gefahren der nuklearen

Technologie sollte es jedermann mehr als deutlich machen, daß diese Energieform voller Risiken, unwirtschaftlich, unverantwortlich und unmoralisch, kurz gesagt, absolut unannehmbar ist.

Wenn aber das Beweismaterial gegen die Kernkraft so überzeugend ist: Warum wird die Kerntechnologie dann so nachdrücklich fortentwikkelt? Der wahre Grund ist: Besessenheit von Machtwillen. Von allen verfügbaren Energien ist die Kernenergie diejenige, die zur höchsten Konzentration politischer und wirtschaftlicher Macht in den Händen einer kleinen Elite führt. Ihre komplexe Technologie erfordert hochzentralisierte Institutionen, und wegen der militärischen Aspekte gibt sie Anlaß zu übermäßiger Geheimhaltung und extensivem Gebrauch polizeilicher Macht. Die verschiedenen Befürworter der Nuklearwirtschaft – die Unternehmen der öffentlichen Hand, die Hersteller von Reaktoren und die Unternehmen der Energiewirtschaft – ziehen großen Nutzen aus einer Energiequelle, die im höchsten Maße kapitalintensiv und zentralisiert ist. Sie haben in die Kernindustrie Milliarden von Dollar investiert und propagieren sie mit aller Macht – trotz der stetig wachsenden Probleme und Risiken. Sie sind nicht bereit, diese Technologie aufzugeben, selbst wenn sie genötigt sind, massive Subventionen aus Steuergeldern zu fordern und einen großen Polizeiapparat zum Schutz dieser Technologie einzusetzen. Ralph Nader hat einmal gesagt, die Kernkraft sei in mancher Hinsicht Amerikas »technologisches Vietnam« geworden.[14]

Unsere Besessenheit von wirtschaftlichem Wachstum und dem ihm zugrundeliegenden Wertsystem hat eine physische und psychische Umwelt geschaffen, in der das Leben äußerst ungesund geworden ist. Der vielleicht tragischste Aspekt dieses gesellschaftlichen Dilemmas ist die Tatsache, daß die vom Wirtschaftssystem geschaffenen Gesundheitsprobleme nicht nur vom Produktionsprozeß verursacht werden, sondern auch vom Konsum vieler der Waren, die erzeugt und durch massive Werbung angepriesen werden, um die wirtschaftliche Expansion aufrechtzuerhalten. Um ihre Gewinne in einem gesättigten Markt zu steigern, müssen die Hersteller ihre Produkte billiger erzeugen; einer der Wege dazu ist die Verringerung der Qualität dieser Produkte. Um die Kunden trotz dieser Produkte von geringerer Qualität zufriedenzustellen, werden Unsummen von Geld ausgegeben, um die Meinung des Verbrauchers und seinen Geschmack durch Werbung zu konditionieren. Diese zu einem integralen Bestandteil unserer Wirtschaft gewordene Praxis läuft auf eine ernsthafte Gesundheitsgefährdung hinaus, da viele der auf diese Weise produzierten und verkauften Waren sich unmittelbar schädlich auf unsere Gesundheit auswirken.

Ein hervorragendes Beispiel für durch kommerzielle Interessen erzeugte Gesundheitsrisiken bietet die Nahrungsmittelindustrie. Obgleich unsere Ernährung für unsere Gesundheit besonders wichtig ist, kommt das in unserem Gesundheitswesen kaum zum Ausdruck, sind unsere Ärzte in Fragen der Ernährung bekanntlich wenig informiert. Dennoch sind die Grundelemente einer gesunden Nahrung wohlbekannt.[15] Um gesund und nahrhaft zu sein, sollte unsere tägliche Nahrung ausgeglichen sein, wenig tierische Proteine und viel natürliche, nicht bearbeitete Kohlehydrate enthalten. Das ist möglich, wenn man sich vor allem auf drei Grundnahrungsmittel verläßt – Vollkorn, Gemüse und Obst. Wichtiger noch als die genaue Zusammensetzung unserer täglichen Nahrung sind die folgenden drei Voraussetzungen: Unsere Nahrungsmittel sollten *natürlich* sein und aus organischen Stoffen in ihrem natürlichen, unveränderten Zustand bestehen; sie sollten *ganz* sein, vollständig und nicht zerteilt, weder verfeinert noch angereichert; und sie sollten *giftfrei* sein, organisch gewachsen, frei von giftigen chemischen Rückständen und Zusätzen. Diese Ernährungsregeln klingen äußerst einfach, und doch sind sie in der Welt von heute nur schwer zu befolgen.

Um ihr Geschäft zu beleben, setzen die Hersteller von Nahrungsmitteln Konservierungsstoffe zu, welche die Lebensdauer ihrer Produkte verlängern; sie ersetzen gesunde organische durch synthetische Produkte; sie versuchen, den Mangel an nahrhaftem Gehalt durch zusätzliche künstliche Geschmacksstoffe und Farbstoffe auszugleichen. Für diese übermäßig bearbeiteten und künstlichen Nahrungsmittel wird mit Plakaten und im Fernsehen große Reklame gemacht, wie übrigens auch für Alkohol und Zigaretten, die beiden anderen großen Gesundheitsrisiken. Wir sind einem Trommelfeuer von Werbung für Nahrungsmittel ausgesetzt – zum Beispiel alkoholfreie Getränke, süße Snacks, stark fetthaltige Nahrungsmittel –, die alle als ungesund nachgewiesen wurden. Vor kurzem hat eine Studie in Chicago die Werbung der Nahrungsmittelindustrie im amerikanischen Fernsehen analysiert. Sie kam dabei zu dem Schluß, daß an Wochentagen mehr als 70 Prozent und während des Wochenendes mehr als 85 Prozent der Nahrungsmittelwerbung in einer negativen Relation zu den Gesundheitsbedürfnissen der Nation steht. Eine weitere Studie hat herausgefunden, daß mehr als 50 Prozent des für Nahrungsmittelwerbung im Fernsehen aufgewendeten Geldes dazu dienen, für Produkte zu werben, die zu den bedeutendsten Risikofaktoren der amerikanischen Volksernährung gerechnet werden.[16]

Für viele Menschen unserer Kultur werden die Probleme einer ungesunden Ernährungsweise noch durch den übermäßigen Gebrauch von Medikamenten, seien sie ärztlich verordnet oder nicht, verstärkt. Obwohl der Alkohol für die Gesundheit des einzelnen wie der Gesellschaft weiterhin mehr Probleme schafft als alle sonstigen Drogen zusammen, sind andere Formen von Drogenmißbrauch zu einer nicht unbeträchtlichen Gefahr für die öffentliche Gesundheit geworden. In den Vereinigten Staaten werden augenblicklich jährlich etwa 20 000 Tonnen Aspirin konsumiert, das sind statistisch etwa 225 Tabletten pro Person.[17] Das größte Problem jedoch ist der übermäßige Konsum von ärztlich verordneten Medikamenten. Deren Verkauf ist vor allem während der letzten zwanzig Jahre in beispiellosem Tempo nach oben geschnellt, wobei der steilste Anstieg sich aus der Verschreibung psychoaktiver Medikamente ergab – Beruhigungsmittel, schmerzstillende Mittel, anregende Medikamente und Tabletten zur Behebung von Depressionen.[18]

Medikamente können äußerst hilfreich sein, wenn sie vernünftig eingesetzt werden. Sie haben viele Schmerzen und Leiden gelindert und so manchem an Degenerationskrankheiten leidenden Patienten geholfen, der noch vor zehn Jahren einem viel elenderen Zustand ausgeliefert gewesen wäre. Gleichzeitig jedoch werden zahllose Menschen Opfer von übertriebenem oder falschem Gebrauch solcher Mittel. Die übermäßige Anwendung von Medikamenten in der heutigen Medizin basiert auf einer zu engen Vorstellung vom Wesen der Erkrankung und wird von einer einflußreichen pharmazeutischen Industrie forciert. Das biomedizinische Modell der Erkrankung und das ökonomische Modell, auf das die Hersteller von Medikamenten ihr Geschäft stützen, verstärken einander, weil beide demselben reduktionistischen Bild von der Wirklichkeit anhängen. In beiden Fällen wird ein komplexes Muster von Phänomenen und Werten auf einen einzigen, alles beherrschenden Aspekt reduziert.

Die pharmazeutische Industrie ist einer der größten Industriezweige. Ihre Gewinne waren während der vergangenen zwanzig Jahre sehr hoch und lagen erheblich über denen anderer herstellender Industrien. Eine der hervorstechenden Eigenschaften der pharmazeutischen Industrie ist das übermäßige Streben nach Differenzierung von im Grunde ähnlichen Produkten. Forschung und Marketing sind in großem Umfange darauf angelegt, Medikamente zu entwickeln, die als von anderen unterschieden und ihnen überlegen angesehen werden, wie sehr sie auch konkurrierenden Produkten ähneln. Riesige Summen werden ausgegeben, um die angebliche Einzigartigkeit eines Medikaments weit über das wissenschaftlich gerechtfertigte Maß durch Anzeigen und Werbung herauszustellen.[19] Die Folge ist, daß der Markt von Tausenden von überflüssigen Medikamenten überschwemmt wird, von denen viele nur begrenzt wirksam sind und alle schädliche Nebenwirkungen haben.

Es ist sehr lehrreich, einmal die Art und Weise zu studieren, mit der die pharmazeutische Industrie ihre Produkte verkauft.[20] In den Vereinigten Staaten wird diese Industrie von der Pharmaceutical Manufacturers Association, also dem »Verband der Hersteller Pharmazeutischer Produkte«, kontrolliert. Das ist ein wirtschaftspolitisches Organ, das fast jeden Teilbereich des medizinischen Systems beeinflußt. Diese PMA unterhält enge Verbindungen zur American Medical Association, und ein Großteil der Einkünfte der AMA stammt aus Anzeigen in ihren medizinischen Zeitschriften. Die größte dieser Zeitschriften ist das *Journal of the American Medical Association,* dessen scheinbarer Zweck es ist, die Ärzte über neue Entwicklungen in der medizinischen Wissenschaft auf dem laufenden zu halten, die in Wahrheit jedoch weitgehend von den Interessen der pharmazeutischen Industrie beherrscht wird. Dasselbe gilt für die meisten anderen medizinischen Zeitschriften, die nach zuverlässigen Schätzungen etwa die Hälfte ihres Einkommens aus Anzeigen der pharmazeutischen Unternehmen beziehen.[21]

Diese starke finanzielle Abhängigkeit der Zeitschriften eines Berufsstandes von einer Industrie – ein einmaliges Charakteristikum des Ärzteberufs – muß zwangsläufig die redaktionelle Politik dieser Zeitschriften beeinflussen. Und tatsächlich hat man viele Fälle von Interessenkonflikten beobachten können. In einem dieser Fälle handelte es sich um ein Hormon namens Norlutin, das schädliche Wirkungen auf den Fötus hat, wenn es während der Schwangerschaft eingenommen wird.[22] Nach einem Bericht in der Märzausgabe 1960 des *Journal of the American Medical Association* ergaben sich die Nebenwirkungen von Norlutin »mit solcher Häufigkeit, daß seine Anwendung oder jede Reklame dafür als auch während der Schwangerschaft sicheres Hormon sich verbietet«. Dennoch brachte diese Zeitschrift in derselben Ausgabe und noch während dreier Monate ganzseitige Anzeigen für Norlutin ohne Hinweis auf die möglichen Nebenwirkungen. Schließlich wurde das Medikament aus dem Handel gezogen.

Dies war keineswegs ein vereinzeltes Geschehen. Die AMA hat es beharrlich versäumt, die Ärzte ausreichend über die nachteiligen Wirkungen von Antibiotika zu informieren, also gerade über die Medikamente, mit denen Ärzte besonders viel Mißbrauch treiben und die für die Patienten äußerst gefährlich sind. Unnötige oder nachlässige Verschreibung von Antibiotika hat Tausende von Todesfällen verursacht, und dennoch stellt die AMA für Antibiotika unbegrenzten Werberaum zur Verfügung, ohne jemals versucht zu haben, solche Anzeigen zurückzuweisen. Daß es zu dieser unverantwortlichen Werbung kommt, steht ganz sicher im Zusammenhang mit der Tatsache, daß Antibiotika neben schmerzstillenden und beruhigenden Medikamenten das größte Werbeeinkommen für die American Medical Association erbringen.

Die Werbung der pharmazeutischen Industrie soll vor allem die Ärzte dazu bringen, immer mehr Medikamente zu verschreiben. Es ist daher ganz natürlich, daß diese Medikamente als die ideale Lösung für eine Vielfalt von Alltagsproblemen beschrieben werden. Streß im Alltag mit physischen, psychischen oder gesellschaftlichen Ursachen wird als Krankheit dargestellt, die durch Medikamente zu beeinflussen ist. So werden Beruhigungstabletten als Mittel gegen »durch Umwelt verursachte Depressionen« oder für Menschen, die sich »nicht anpassen können«, angepriesen, während andere Medikamente das richtige Mittel sein sollen, ältere Patienten oder ungehorsame Schulkinder »ruhigzustellen«. Die Tonart einiger Werbeanzeigen, die sich an Ärzte wenden, ist für Laien absolut erschreckend, vor allem, wenn auf die Behandlung von Frauen Bezug genommen wird.[23] Frauen leiden unverhältnismäßig stärker durch Behandlung mit Medikamenten; sie nehmen mehr als 60 Prozent aller verordneten psychoaktiven Medikamente und mehr als 70 Prozent aller Mittel gegen Depressionen ein. In der Werbung wird den Ärzten oft ganz unverblümt empfohlen, sich weibliche Patienten dadurch vom Halse zu schaffen, daß sie ihnen gegen nicht genau definierte Beschwerden Beruhigungsmittel verschreiben, oder daß sie Frauen, die mit ihrer Rolle in der Gesellschaft unzufrieden sind, Medikamente verordnen.

Der Einfluß der Hersteller von Medikamenten innerhalb des Gesundheitswesens geht weit über Werbung in Zeitschriften hinaus. In den Vereinigten Staaten ist das *Physician's Desk Reference* das populärste Nachschlagewerk für Medikamente und wird von mehr als 75 Prozent aller Ärzte regelmäßig konsultiert. In ihm sind alle auf dem Markt befindlichen Medikamente verzeichnet, dazu die Anwendung, Dosierung und die Nebenwirkungen. Dennoch stellt dieses Standardwerk wenig mehr als direkte Werbung dar, da sein gesamter Inhalt von den pharmazeutischen Unternehmen zusammengestellt, die Herstellung bezahlt und es unentgeltlich an alle Ärzte im Lande ausgeliefert wird. Die meisten Ärzte erhalten ihr Wissen über die gängigen Medikamente also nicht von unabhängigen und objektiven Pharmakologen, sondern fast ausschließlich von den höchst medienbewußten und manipulierenden Herstellern. Wir können die Stärke dieses Einflusses daran messen, daß Ärzte selten die richtigen technischen Begriffe anwenden, wenn sie von Medikamenten sprechen, sondern die von den pharmazeutischen Unternehmen geschaffenen Markennamen, womit sie gleichzeitig dafür Reklame machen.

Noch einflußreicher als das Handbuch und die Werbung in Zeitschriften sind die Vertreter dieser Industrie. Um ihre Produkte zu verkaufen, überschwemmen sie nicht nur die Ärzte mit salbungsvollem Verkaufsgeschwätz, sondern auch deren Briefkästen mit Ärzteproben und Werbegeschenken. Viele Unternehmen bieten den Ärzten Preise, Geschenke und Prämien im Verhältnis zur Menge der von ihnen verordneten Medikamente. Da gibt es Kassettenrecorder, Taschenrechner, Geschirrspüler, Kühlschränke und tragbare Fernsehempfänger.[24] Andere Unternehmen bieten wochenlange »Fortbildungsseminare« auf den Bahamas, wobei alle Kosten und Spesen bezahlt werden. Man hat geschätzt, daß die pharmazeutischen Unternehmen in den Vereinigten Staaten im Jahresdurchschnitt zusammen etwa 4000 US-Dollar pro Arzt für Werbegags ausgeben,[25] etwa 65 Prozent mehr als für Forschung und Entwicklung.

Der Einfluß der pharmazeutischen Industrie auf die ausübende Medizin hat eine interessante Parallele im Einfluß der petrochemischen Industrie auf Landwirtschaft und Ackerbau. Wie die Ärzte haben es auch die Bauern mit lebenden Organismen zu tun, die von den reduktionistischen Methoden unserer Wissenschaft und Technologie beeinflußt werden. Wie der menschliche Organismus ist auch der Boden ein lebendes System, das sich in einem Gleichgewicht befinden muß, um gesund zu bleiben. Wird das Gleichgewicht gestört, dann beginnen einige Komponenten krankhaft zu wachsen – Bakterien oder Krebszellen im menschlichen Körper, Unkraut oder Schädlinge auf den Feldern. Krankheiten treten auf, bis schließlich der ganze Organismus stirbt und zu unorganischer Materie zerfällt. Diese Wirkungen sind zu einem der großen Probleme der modernen Landwirtschaft geworden, und zwar wegen der von den petrochemischen Unternehmen propagierten Ackerbaumethoden. Die pharmazeutische Industrie hat Ärzte und Patienten konditioniert zu glauben, der menschliche Körper brauche ständige ärztliche Überwachung und medikamentöse Behandlung, um gesund zu bleiben; genauso macht die petrochemische Industrie die Landwirte glauben, der Boden benötige massive Zufuhr von Chemikalien, überwacht von Agrarwissenschaftlern und Technikern, um produktiv zu bleiben. In beiden Fällen haben diese Praktiken das natürliche Gleichgewicht des Lebenssystems gestört und dadurch zahlreiche Krankheiten verursacht. Mehr noch – beide Systeme hängen zusammen, da jedes Ungleichgewicht im Boden die darauf wachsende Nahrung beeinflußt und somit die Gesundheit derjenigen, die diese Nahrung zu sich nehmen.

Ein fruchtbarer Boden ist ein lebendiger Boden, der in jedem Kubikzentimeter Milliarden lebender Organismen enthält. Er ist ein komplexes Ökosystem, in dem die Substanzen, die für das Leben wesentlich sind, sich in einem Kreislauf von Pflanzen zu Tieren, zu Bodenbakterien und wieder zurück zu Pflanzen bewegen.[26] Kohlenstoff und Stickstoff sind zwei chemische Grundelemente, die diese ökologischen Zyklen durchlaufen, neben vielen anderen nahrhaften Chemikalien und Mineralstoffen. Sonnenenergie ist der natürliche Brennstoff, der diese Bodenzyklen in Gang hält, und lebende Organismen jeder Größenordnung sind notwendig, um das ganze System zu erhalten und im Gleichgewicht zu halten. So bewirken beispielsweise Bakterien verschiedene chemische Umwandlungen, etwa den Prozeß der Bindung von Stickstoff, wodurch Nährstoffe in Pflanzen eingehen; »Unkraut« mit tiefreichenden Wurzeln bringt Spurenelemente an die Oberfläche des Bodens, wo die Feldfrüchte sie nutzen können; Würmer brechen den Boden auf und lockern seine Struktur. Alle diese Aktivitäten hängen miteinander zusammen und verbinden sich harmonisch, um die Nahrung zu liefern, die alles Leben auf unserer Erde unterhält.

Jeder gesunde Ackerboden benötigt landwirtschaftliche Bearbeitung, vor allem, um die Integrität der großen ökologischen Zyklen aufrechtzuerhalten. Dieser Grundsatz lag den traditionellen Ackerbaumethoden zugrunde, die auf einer tiefen Ehrfurcht vor dem Leben beruhten. Die Bauern pflanzten jedes Jahr andere Feldfrüchte an, in einem Wechsel, der das Gleichgewicht des Bodens bewahrte. Man brauchte keine Schädlingsbekämpfungsmittel, da die von einer Feldfrucht angezogenen Insekten beim Anbau der nächsten verschwanden. Statt Kunstdünger zu verwenden, reicherten die Bauern ihre Felder mit natürlichem Dünger an, womit sie dem Boden organische Stoffe zurückgaben, die so wieder in den biologischen Kreislauf zurückkehrten.

Diese uralte Praxis des ökologischen Ackerbaus veränderte sich drastisch vor etwa dreißig Jahren, als die Bauern von organischen zu synthetischen Produkten umschalteten, wodurch sich den Ölgesellschaften riesige Märkte öffneten. Während die pharmazeutischen Gesellschaften die Ärzte manipulierten, immer mehr Medikamente zu verschreiben, manipulierten die Ölgesellschaften die Landwirte, immer mehr Chemikalien zu verwenden. Dadurch machen die pharmazeutische wie die petrochemische Industrie Milliardengeschäfte. Für die Landwirte wirkten sich die neuen Anbaumethoden in einer spektakulären Steigerung der Erzeugung aus, so daß diese neue Ära des Ackerbaus als »Grüne Revolution« gepriesen wurde. Bald trat jedoch die Schattenseite der neuen Technologie in Erscheinung, und heute ist es augenscheinlich, daß die Grüne Revolution weder den Landwirten noch dem Boden noch den hungernden Millionen geholfen hat. Die einzigen Gewinner sind die petrochemischen Unternehmen.

Die massive Anwendung chemischer Kunstdünger und Schädlingsbekämpfungsmittel hat die gesamte Struktur von Landwirtschaft und Akkerbau verändert. Die Industrie überzeugte die Landwirte, daß sie große Gewinne erzielen könnten, wenn sie große Felder mit einer einzigen gewinnbringenden Feldfrucht bestellen und dabei Unkraut und Schädlinge mit Chemikalien bekämpfen. Als Ergebnis dieser Praxis geht infolge der Monokulturen die genetische Vielfalt auf den Feldern verloren, was die Gefahr mit sich bringt, daß weite Anbaugebiete durch einen einzigen Schädling vernichtet werden. Monokulturen wirken sich auch nachteilig auf die Gesundheit der Menschen im Anbaugebiet aus, die nicht mehr eine ausgewogene Ernährung aus selbst angebauten Ernten erhalten und damit anfälliger für Krankheiten werden.

Wegen der neuen Chemikalien wurde die Landwirtschaft mechanisiert und energieintensiv. Die einst von Millionen von Menschen ausgeübte Landarbeit wird jetzt von automatischen Mähmaschinen, Fütterungsvorrichtungen, Bewässerungsanlagen und vielen sonstigen arbeitssparenden Geräten verrichtet. Zu eng gefaßte Vorstellungen von Leistungsfähigkeit trugen dazu bei, die Nachteile dieser kapitalintensiven Methoden zu verdecken, da die Landwirte zunächst von den Wundern der modernen Technologie verführt wurden. Noch in jüngster Zeit, im Jahre 1970, enthielt ein Artikel in der Zeitschrift *National Geographics* die folgende enthusiastische und äußerst naive Vision der künftigen Landwirtschaft:

> Die Felder werden noch größer sein, mit weniger Bäumen, Hecken und Feldwegen. Die Maschinen werden größer und kraftvoller sein . . . Sie werden automatisch arbeiten, sogar mit Fernsteuerung versehen, an einen internen Fernsehkreis angeschlossen, mit einem Techniker, der vor einem Monitor sitzt und die Arbeit der Maschinen beaufsichtigt . . . Bessere Kontrolle des Wetters kann dann vielleicht Hagelstürme und Wirbelsturmgefahren zähmen . . . Kernenergie wird Strom liefern, um Hügel einzuebnen oder entsalztes Seewasser zur Bewässerung zu liefern.[27]

Die Wirklichkeit ist natürlich weit weniger ermutigend. Zwar konnten die amerikanischen Farmer ihre Weizenerträge pro Hektar verdreifachen und gleichzeitig die Zahl ihrer Arbeitskräfte um zwei Drittel verringern; doch vervierfachte sich die für die Erzeugung eines Hektars Weizen erforderliche Energiemenge. Der neue Anbaustil begünstigte Großbetriebe mit viel Kapital und zwang die meisten alteingesessenen Farmerfamilien, die sich die Automatisierung nicht leisten konnten, zur Aufgabe ihrer Höfe. Auf diese Weise haben seit 1945 drei Millionen Farmer ihre Selbständigkeit verloren, sehr viele mußten die ländlichen Gebiete verlassen und gesellten sich in den städtischen Ballungsgebieten zu den dortigen Arbeitslosen als Opfer der Grünen Revolution.[28]

Diejenigen Farmer, die in der Lage waren, auf ihrem Land zu bleiben, mußten einen tiefgreifenden Wandel ihres Images, ihrer Rolle und ihrer Arbeit hinnehmen. Aus Erzeugern von Nahrungsmitteln, die stolz darauf waren, die Weltbevölkerung zu ernähren, wurden Erzeuger industrieller Rohstoffe, die zu Waren verarbeitet und danach in Massen vermarktet werden. Mais wird zu Stärke oder Syrup verarbeitet; aus Sojabohnen werden Öle, Futter für Haustiere oder Proteinkonzentrate; aus Weizenmehl wird tiefgefrorener Teig oder abgepackte Backmischungen. Der Verbraucher ist sich kaum noch der Verbindung dieser Produkte zum Boden bewußt, und es ist nicht weiter erstaunlich, daß viele Kinder heute schon glauben, die Nahrungsmittel kämen aus den Regalen der Supermärkte.

Die Landwirtschaft in ihrer Gesamtheit ist zu einer riesigen Industrie geworden, in der wichtige Entscheidungen von »Agrowissenschaftlern« getroffen und dann an »Agronomen« oder »Ackerbautechniker« – die einstigen Bauern – weitergegeben werden, und zwar auf dem Wege über eine ganze Kette von Zwischenhändlern und Verkaufsspezialisten. Dadurch haben die Landwirte viel von ihrer Freiheit und Kreativität verloren und sind in gewissem Sinne zu Konsumenten von Produktionstechniken geworden. Diese Techniken basieren nicht auf ökologischen Erwägungen, sondern werden vom Rohstoffmarkt bestimmt. Die Landwirte können nicht mehr anbauen oder züchten, was ihr Boden ihnen an sich vorgibt oder was die Menschen benötigen; sie müssen anbauen und züchten, was der Markt diktiert.

In diesem industrialisierten System, das lebende Materie wie tote Substanzen und Tiere wie Maschinen behandelt, zusammengepfercht in Futterboxen und Käfigen, wird die Landwirtschaft fast völlig von der petrochemischen Industrie beherrscht. Die Farmer erhalten fast sämtliche Informationen über Anbautechniken von den Vertretern dieser Industrie, so wie die meisten Ärzte ihre Informationen über Medikamententherapie von den Vertretern der pharmazeutischen Industrie beziehen. Die Informationen über chemischen Ackerbau haben so gut wie keinen Bezug mehr zu den wirklichen Bedürfnissen des Bodens. Dazu schreibt Barry Commoner: »Man muß die Tüchtigkeit und geschickte Verkaufskunst der petrochemischen Industrie fast bewundern. Irgendwie ist es ihr gelungen, die Farmer davon zu überzeugen, daß sie auf die kostenlose Sonnenenergie, die den natürlichen Kreislauf in Bewegung hält, verzichten und statt dessen die benötigte Energie in Form von Kunstdünger und Erdöl von der petrochemischen Industrie kaufen müssen.«[29]

Trotz dieser massiven Beeinflussung durch die Energieunternehmen haben viele Farmer sich ihre von Generation zu Generation überlieferte ökologische Intuition erhalten. Diese Männer und Frauen wissen, daß eine auf Chemie beruhende Landwirtschaft dem Boden schadet, sind jedoch oft gezwungen, diese Methode anzuwenden, weil das ganze Landwirtschaftssystem – Steuerstruktur, Kreditsystem, Grund- und Bodenverwaltung und dergleichen mehr – so eingerichtet ist, daß ihnen keine andere Wahl bleibt. Um Commoner nochmals zu zitieren: »Die Riesenunternehmen haben aus dem landwirtschaftlichen Amerika eine Kolonie gemacht.«[30]

Dennoch wird sich eine stetig wachsende Zahl von Landwirten der Risiken des chemischen Ackerbaus bewußt und kehrt zu organischen und ökologischen Anbaumethoden zurück. Ebenso wie es im Gesundheitswesen eine Bewegung »Zurück zur Natur« gibt, findet man sie jetzt auch in der Landwirtschaft. Diese Farmer betreiben biologischen Anbau ohne Kunstdünger, wechseln die angebauten Feldfrüchte von Jahr zu Jahr und bekämpfen Schädlinge mit neuen ökologischen Methoden. Dabei haben sie beachtliche Ergebnisse erzielt. Die von ihnen erzeugten Nahrungsmittel sind gesünder und schmecken besser; außerdem hat sich gezeigt, daß sie produktiver arbeiten als die konventionellen Farmer.[31] Der neue biologische Ackerbau hat in jüngster Zeit in den Vereinigten Staaten und vielen europäischen Ländern viel Interesse erregt.

Die langfristigen Auswirkungen der übermäßigen »Chemotherapie« in der Landwirtschaft haben sich als verheerend für die Gesundheit des Bodens und der Menschen erwiesen, gefährlich auch für unsere sozialen Beziehungen und das gesamte Ökosystem unseres Planeten. Da von Jahr zu Jahr dieselbe Feldfrucht angebaut und mit Kunstdünger versorgt wird, ist das natürliche Gleichgewicht im Boden gestört. Die Menge der organischen Stoffe im Boden nimmt ab und damit zugleich die Fähigkeit des Bodens, Feuchtigkeit zurückzuhalten. Der Gehalt an Humus wird verringert und die Durchlässigkeit des Bodens vermindert. Diese Veränderungen in der Zusammensetzung des Bodens haben vielerlei sich gegenseitig bedingende Folgen. Die Erschöpfung der organischen Stoffe macht den Boden trocken und tot; das Wasser sickert hindurch, ohne ihn zu benetzen. Der Boden wird so hart, daß die Farmer zu seiner Bearbeitung immer stärkere Motoren brauchen. Andererseits ist totes Erdreich anfälliger für Erosion durch Wind und Wasser, die zunehmend Schaden anrichtet. So ist beispielsweise in Iowa in den letzten 25 Jahren die Hälfte der Humusschicht ausgewaschen worden, und im Jahre 1976 wurden zwei Drittel der amerikanischen Landkreise zu Dürregebieten erklärt. Was oft als »Dürre« oder »Auswintern von Saaten« bezeichnet wird, ist im Grunde eine Folge der Sterilität des Bodens.

Die massive Verwendung von chemischem Kunstdünger hat den natürlichen Prozeß der Stickstoffbindung stark gefährdet, da die daran beteiligten Bakterien vernichtet werden. Die Feldfrüchte wiederum verlieren ihre Fähigkeit, dem Boden Nährstoffe zu entziehen, und werden mehr und mehr von synthetischen Chemikalien abhängig. Die verminderte Fähigkeit der Feldfrüchte zur Aufnahme von Nährstoffen führt dazu, daß Chemikalien ins Grundwasser einsickern oder von den Feldern in Flüsse oder Seen ablaufen.

Monokulturen und übermäßige Verwendung von Kunstdünger verursachen ein ökologisches Ungleichgewicht; das wiederum führt zu einer starken Vermehrung von Pflanzenschädlingen und Krankheiten bei den Feldfrüchten. Die Landwirte reagieren darauf mit verstärktem Versprühen von Schädlingsbekämpfungsmitteln, das heißt, sie bekämpfen die Auswirkungen ihres übermäßigen Gebrauchs von Chemikalien durch noch mehr Chemikalien. Oft aber können diese Mittel die Schädlinge nicht mehr vernichten, weil diese gegen Chemikalien immun geworden sind. Seit dem Zweiten Weltkrieg, in dem die massive Anwendung von Schädlingsbekämpfungsmitteln begann, haben die Ernteverluste durch Insekten nicht abgenommen; im Gegenteil, sie haben sich fast verdoppelt. Außerdem werden viele Feldfrüchte jetzt von Insekten angegriffen, die früher nicht als Schädlinge bekannt waren, und auch diese neuen Schädlinge werden nach und nach gegen alle Insektenmittel resistent.[32]

Seit 1945 hat sich auf amerikanischen Farmen die Verwendung von chemischem Kunstdünger versechsfacht und die von Schädlingsbekämpfungsmitteln verzwölffacht. Zugleich haben Mechanisierung und längere Transportwege die Energieabhängigkeit der modernen Landwirtschaft noch verstärkt. Daher entfallen jetzt 60 Prozent der Kosten der Nahrungsmittel auf das zu ihrer Erzeugung benötigte Erdöl. Als Energie noch billig war, fiel es auch der petrochemischen Industrie leicht, die Landwirte zu überreden, vom biologischen zum chemischen Ackerbau überzugehen. Seitdem die Kosten des Erdöls aber stetig ansteigen, haben viele Landwirte erkannt, daß sie sich die Chemikalien, von denen sie abhängig geworden sind, nicht mehr leisten können. Je mehr die Agrartechnologie sich entwickelt, desto höher steigt die Verschuldung der Farmer. Schon in den 1970er Jahren sagte ein Bankier aus Iowa recht freimütig: »Manchmal frage ich mich, ob der durchschnittliche Landwirt jemals seine Schulden loswerden wird.«[33]

Hatte die Grüne Revolution so verheerende Folgen für das Wohlergehen der Landwirte und die Gesundheit des Bodens, so waren die Gefahren für die menschliche Gesundheit nicht weniger ernst. Der übermäßige Gebrauch von Kunstdünger und Schädlingsbekämpfungsmittel hat es mit sich gebracht, daß große Mengen toxischer Chemikalien im Boden versickern, das Trinkwasser verseuchen und sich dann in Nahrungsmitteln bemerkbar machen. Etwa die Hälfte aller auf dem Markt angebotenen Schädlingsbekämpfungsmittel enthält auch Erdöldestillate, die das natürliche Immunsystem des Körpers zerstören können.

Andere enthalten Substanzen, die krebserregend sein können.[34] Dennoch haben diese beunruhigenden Erkenntnisse den Umsatz von Kunstdünger und Schädlingsbekämpfungsmitteln kaum beeinträchtigt. Einige der gefährlichen Chemikalien wurden in den Vereinigten Staaten gesetzlich verboten. In der Dritten Welt jedoch werden sie von den Ölgesellschaften weiterhin vertrieben, weil dort die Gesetzgebung weniger streng ist – genauso wie die pharmazeutischen Unternehmen dort weiterhin ihre gefährlichen Medikamente verkaufen. Im Falle der Schädlingsbekämpfungsmittel sind auch alle anderen Bevölkerungen unmittelbar von dieser unmoralischen Praxis betroffen, weil die toxischen Chemikalien wieder in den aus der Dritten Welt importierten Früchten und Gemüsen auftreten.[35]

Eine der Hauptrechtfertigungen für die Grüne Revolution war das Argument, man brauche die neue Agrartechnologie, um die Hungernden in der Welt zu ernähren. In einer Epoche der Knappheit, so argumentiert man, könne das Problem des Hungers nur durch erhöhte Erzeugung gelöst werden, und nur Landwirtschaft im großen Stile sei in der Lage, mehr Nahrungsmittel zu erzeugen. Dieses Argument wird immer noch angeführt, lange nachdem eindeutige Forschungsergebnisse erwiesen haben, daß der Hunger in der Welt keineswegs ein technisches, sondern ein gesellschaftliches und politisches Problem ist. Eine besonders scharfsinnige Erörterung des Zusammenhanges zwischen Agrarindustrie und Hunger in der Welt findet sich im Werk von Frances Moore Lappé und Joseph Collins[36], den Gründern des Institute for Food and Development Policy (»Institut für Ernährungs- und Entwicklungspolitik«) in San Francisco. Eingehende Forschung führte diese Autoren zu der Schlußfolgerung, daß Nahrungsmittelknappheit ein Märchen ist und daß die Agrarindustrie das Problem des Hungers nicht löst, sondern es im Gegenteil verewigt und sogar verschlimmert. Die zentrale Frage ist nicht, wie man die Erzeugung steigern kann, sondern was man anbaut, und wer es ißt. Die Antworten auf diese Frage werden von denen bestimmt, die die Hilfsmittel zur Nahrungsmittelerzeugung kontrollieren. Man wird das Problem niemals lösen, wenn man nur neue Technologien in ein durch soziale Ungerechtigkeiten gestörtes System einführt. Im Gegenteil, dadurch wird es nur verschlimmert. Studien über die Auswirkungen der Grünen Revolution auf den Hunger in der Dritten Welt haben dieses paradoxe und tragische Ergebnis immer wieder bestätigt. Es werden mehr Nahrungsmittel erzeugt, und doch sind mehr Menschen hungrig. Moore Lappé und Collins schreiben: »In der

Dritten Welt gibt es insgesamt mehr Nahrungsmittel und weniger zu essen.«

Die von Moore Lappé und Collins koordinierte Forschung hat nachgewiesen, daß es kein Land in der Dritten Welt gibt, in dem die Bewohner sich nicht aus eigener Kraft ernähren könnten, und daß die gegenwärtig in der Welt erzeugte Nahrung ausreichen würde, um etwa acht Milliarden Menschen – also das Doppelte der heutigen Weltbevölkerung – ausreichend zu ernähren. Auch die Knappheit an nutzbarem Boden kann nicht als Ursache von Hunger gelten. So wohnen beispielsweise in China zweimal so viele Menschen auf einem Hektar Land wie in Indien, und dennoch gibt es in China keinen Hunger großen Ausmaßes. Bei allen gegenwärtigen Versuchen, den Hunger in der Welt zu bekämpfen, erweist sich soziale Ungleichheit als Haupthindernis. Landwirtschaftliche »Modernisierung« – das heißt mechanisierter Ackerbau auf großen Flächen – ist höchst gewinnbringend für eine kleine Elite, die neuen Großgrundbesitzer, und treibt Millionen von Menschen von ihrem Land. Weniger Leute erhalten Kontrolle über mehr und mehr Land; sobald diese Großgrundbesitzer sich einmal eingenistet haben, bauen sie nicht mehr Nahrungsmittel entsprechend dem lokalen Bedarf an, sondern schalten um auf gewinnbringendere Ernten für den Export, während die einheimische Bevölkerung hungert. In Mittelamerika wird mindestens die Hälfte des anbaufähigen Bodens – und gerade das fruchtbarste Land – für den Anbau von gewinnbringenden Produkten für den Export genutzt, während bis zu 70 Prozent der Kinder unterernährt sind. In Senegal wird Gemüse für den Export nach Europa auf besonders ausgesuchtem Boden angebaut, während die Mehrheit der Landbevölkerung hungert. Auf gutem, fruchtbarem Boden in Mexiko, der einst viele heimische Nahrungsmittel hervorbrachte, wird jetzt Spargel für europäische Feinschmecker angebaut. Andere Landbesitzer schalten um auf Weintrauben zur Brandyherstellung, während Unternehmer in Kolumbien nicht mehr Weizen anbauen, sondern Nelken für den Export in die Vereinigten Staaten.

Der Hunger in der Welt läßt sich überwinden, wenn man die gesellschaftliche Ungleichheit auf allen Ebenen verringert. Das Hauptproblem ist nicht die Umverteilung der Nahrungsmittel, sondern die Umverteilung der Kontrolle über die landwirtschaftlichen Hilfsquellen. Nur wenn diese Kontrolle demokratisiert wird, werden die Hungernden essen können, was erzeugt wird. Viele Länder haben bewiesen, daß gesellschaftliche Veränderungen dieser Art erfolgreich sein können. In der Tat leben 40 Prozent der Weltbevölkerung heute in Ländern, in denen der Hunger durch gemeinschaftliche Bemühungen beseitigt wurde. In diesen Ländern wird Landwirtschaft nicht für den Export betrieben, sondern zur Erzeugung von Nahrungsmitteln für die eigene Bevölkerung. Eine solche Politik des »Vorrang für Nahrungsmittel« erfordert, wie von Moore Lappé und Collins betont wird, daß Feldfrüchte für industrielle Verarbeitung erst angebaut werden, nachdem die Grundbedürfnisse der Bevölkerung befriedigt sind; Handel sollte nur als Ausweitung des einheimischen Bedarfs angesehen werden, statt sich ausschließlich am ausländischen Bedarf zu orientieren.

Gleichzeitig sollten wir, die wir in Industriestaaten leben, begreifen, daß unsere eigene Ernährung nicht durch die hungrigen Massen in der Dritten Welt gefährdet ist, sondern durch die Ernährungs- und Landwirtschaftsunternehmen, die dieses massive Hungern zu einem Dauerzustand machen. Die multinationalen Agroindustrie-Unternehmen bemühen sich, ein einziges umfassendes Welt-Landwirtschaftssystem zu schaffen, das sie in die Lage versetzen soll, sämtliche Stadien der Nahrungsmittelerzeugung zu kontrollieren und durch gut durchdachte Monopolpraktiken die Nahrungsmittelversorgung und die Preisgestaltung zu manipulieren. Dieser Prozeß ist jetzt voll im Gange. In den Vereinigten Staaten werden fast 90 Prozent der Gemüseerzeugung von großen Verarbeitungsgesellschaften kontrolliert, und viele Landwirte haben keine andere Wahl, als entweder mit ihnen Verträge zu schließen oder aus dem Geschäft auszuscheiden.

Eine weltweite Kontrolle der Nahrungsmittelproduktion durch internationale Unternehmen würde es unmöglich machen, jemals den Hunger zu besiegen. Es würde vielmehr ein globaler Riesenmarkt geschaffen, auf dem die Armen der Welt in direktem Wettbewerb mit denen stünden, die im Überfluß leben, weshalb sie niemals in der Lage wären, sich selbst zu ernähren. Das läßt sich bereits in vielen Ländern der Dritten Welt beobachten, wo die Menschen hungern, obwohl genau dort, wo sie leben, Nahrungsmittel im Überfluß erzeugt werden. Es kann vorkommen, daß die eigene Regierung diese Erzeugung subventioniert und diese Menschen selbst sie anbauen und ernten. Doch essen können sie sie nicht, weil sie nicht in der Lage sind, die dem internationalen Wettbewerb unterliegenden Preise dafür zu zahlen.

Bei ihren ständigen Bemühungen, das Geschäft zu erweitern und die Gewinne zu steigern, verewigt diese Agrarindustrie nicht nur den Hunger in der Welt, sondern geht auch noch äußerst sorglos mit der natürlichen Umwelt um, so sorglos, daß das globale Ökosystem ernsthaft gefährdet wird. Ein Beispiel: Gigantische multinationale Unternehmen wie Goodyear, Volkswagen und Nestlé sind im Augenblick dabei, Millionen Hektar Land im Amazonasbecken mit Bulldozern plattzuwalzen, um dort Vieh für den Export zu züchten. Die ökologischen Konsequenzen des Abholzens eines so riesigen Dschungelgebietes sind vermutlich verheerend. Ökologen warnen davor, daß die Auswirkungen der tropischen Regengüsse und der Äquatorsonne Kettenreaktionen in Gang bringen könnten, die das Klima in der ganzen Welt erheblich verändern würden.

Die Agroindustrien ruinieren also den Boden, von dem sie selbst abhängen, verewigen soziale Ungerechtigkeit und Hunger in der Welt und bedrohen ernsthaft das globale ökologische Gleichgewicht. Eine Industrie, die ursprünglich der Ernährung aller und der Erhaltung des Lebens diente, ist zu einer schweren Gefahr für die individuelle, soziale und ökologische Gesundheit geworden.

Je eingehender wir die gesellschaftlichen Probleme unserer Zeit studieren, desto klarer erkennen wir, daß die mechanistische Weltanschauung und das mit ihr verbundene Wertsystem Technologien, Institutionen und Lebensweisen geschaffen haben, die zutiefst ungesund sind. Die Lage wird noch dadurch verschlimmert, daß unser Gesundheitswesen nicht in der Lage ist, diesen Gefahren angemessen zu begegnen, da es sich eben dem Paradigma verschrieben hat, das die Ursache für die mangelnde Gesundheit ist. Das heutige Gesundheitswesen ist auf medizinische Fürsorge innerhalb des biomedizinischen Rahmens reduziert, das heißt, es betreibt nur akute, krankenhaus- und medikamentenorientierte Medizin. Gesundheitsfürsorge und Vorbeugung gegen Erkrankungen werden als zwei unterschiedliche Probleme betrachtet, weshalb die Gesundheitsexperten nicht gerade aktiv eine Umwelt- und Sozialpolitik unterstützen, die unmittelbar auf bessere allgemeine Gesundheit abzielt.

Das gegenwärtige »Gesundheits-Establishment« hat sehr viel in den *status quo* investiert und widersetzt sich energisch jeder fundamentalen Revision der Gesundheitsfürsorge. Die Gesundheitsindustrie ist bestrebt, jeden Anreiz zur Veränderung der gegenwärtigen Verhältnisse zu unterdrücken, vor allem durch wirksame Kontrolle der Ausbildung der Ärzte, der Forschung und der praktischen Ausübung des Arztberufes. Außerdem sorgt sie dafür, daß die bestehende Methode für die

Elite der Mediziner, die das Gesundheitswesen steuert, intellektuell und finanziell einträglich ist. Jedoch zeigen sich jetzt eine ganze Reihe von Faktoren, die einen Wandel unausweichlich erzwingen werden: die Probleme steigender Kosten, die rückläufigen Erlöse aus der Gesundheitspflege und die sich mehrenden Beweise dafür, daß Umwelt-, Berufs- und soziale Faktoren die Hauptursachen schlechter Gesundheit sind. Dieser Wandel ist bereits eingeleitet und gewinnt an Tempo. Die ganzheitliche Gesundheitsbewegung ist in- und außerhalb des Gesundheitssystems aktiv und wird von anderen Volksbewegungen unterstützt und ergänzt – von Umweltschützern, Kernkraftgegnern, Verbrauchergruppen, sozialen Befreiungsgruppen –, von Gruppen also, welche die umweltbedingten und gesellschaftlichen Einflüsse auf die Gesundheit erkannt haben und dagegen Widerstand leisten, daß Gesundheitsrisiken durch politische Aktionen entstehen. Alle diese Bewegungen treten für eine ganzheitliche und ökologische Weltanschauung ein und lehnen das Wertsystem ab, das unsere Kultur beherrscht und durch unsere gesellschaftlichen und politischen Institutionen festgeschrieben wird. Die sich langsam entfaltende neue Kultur hat ein Weltbild, das zwar noch diskutiert und erforscht wird, das eines Tages aber ganz gewiß als neues Paradigma hervortreten wird, mit der Bestimmung, die kartesianische Weltanschauung in unserer Gesellschaft abzulösen.

In den folgenden Kapiteln werde ich versuchen, ein zusammenhängendes Gedankengebäude auf der Grundlage des neuen Weltbildes zu entwerfen. Ich hoffe, daß es den verschiedenen Bewegungen innerhalb der neuen Kultur helfen wird, sich ihrer Gemeinsamkeiten bewußt zu werden. Dieses neue Gedankengebäude wird von Grund auf ökologisch sein und mit den Anschauungen vieler traditioneller Kulturen und den Vorstellungen und Theorien der modernen Physik übereinstimmen. Als Physiker ist es mir eine besondere Genugtuung zu sehen, daß die Weltanschauung der modernen Physik nicht nur alle anderen Wissenschaften stark beeinflußt, sondern daß sie auch das Potential besitzt, therapeutisch und kulturell einigend zu wirken.

VIERTER TEIL

Die neue Sicht der Wirklichkeit

9. Das Systembild des Lebens

Die neue Sicht der Wirklichkeit, von der wir in den vorhergehenden Kapiteln gesprochen haben, beruht auf der Erkenntnis, daß alle Phänomene – physikalische, biologische, psychische, gesellschaftliche und kulturelle – grundsätzlich miteinander verbunden und voneinander abhängig sind. Sie transzendiert die gegenwärtigen disziplinären und begrifflichen Grenzen und wird in neuen Institutionen zur Anwendung kommen. Im Augenblick gibt es noch keinen theoretisch oder institutionell ausreichenden Rahmen, den man nutzen könnte, um ein neues Paradigma auszuformulieren. Doch entwickeln bereits viele einzelne und Gemeinschaften neue Denkformen und organisieren sich nach neuen Prinzipien, wodurch langsam die Umrisse eines solchen Rahmens entstehen.

In dieser Situation könnte ein *bootstrap*-Ansatz, wie er von der zeitgenössischen Physik entwickelt wurde, besonders gute Dienste leisten. Man müßte dazu schrittweise ein Netz von ineinandergreifenden Ideen und Modellen formulieren, während gleichzeitig die entsprechenden gesellschaftlichen Organisationen entwickelt werden. Keine dieser Theorien und keines dieser Modelle dürfte wichtiger sein als die anderen, und alle müßten miteinander übereinstimmen. Alle würden die konventionellen Abgrenzungen überwinden und würden sich jeweils derjenigen Sprache bedienen, mit der sich die verschiedenen Aspekte des vielschichtigen, engverknüpften Gewebes der Wirklichkeit am besten beschreiben lassen. Dementsprechend wäre keine der neuen gesellschaftlichen Institutionen dann der anderen überlegen oder wichtiger als die anderen, und sie alle würden voneinander wissen und miteinander kommunizieren und kooperieren.

In den folgenden Kapiteln werde ich einige der in jüngster Zeit entstandenen Vorstellungen, Modelle und Organisationen näher erörtern und versuchen aufzuzeigen, wie sie ideenmäßig zusammenhängen. Dabei werde ich mich besonders auf Methoden konzentrieren, die für die individuelle und gesellschaftliche Gesundheit von Bedeutung sind. Da der Gesundheitsbegriff selbst ganz entscheidend von der Vorstellung abhängt, die man sich von lebenden Organismen und ihren Beziehungen zur Umwelt macht, wird diese Darstellung des neuen Paradigmas mit einer Erörterung der Natur lebender Organismen beginnen.

Der Großteil der zeitgenössischen Biologie und Medizin beruht auf einer mechanistischen Weltanschauung und versucht, das Funktionieren des lebenden Organismus auf genau abgegrenzte Mechanismen von Zellen und Molekülen zu reduzieren. Die mechanistische Anschauung ist teilweise berechtigt, weil lebende Organismen zum Teil wie Maschinen agieren. Sie haben eine Vielfalt von maschinengleichen Teilen und Mechanismen entwickelt – Knochen, Muskelbewegung, Blutkreislauf und dergleichen –, wahrscheinlich, weil maschinenähnliches Funktionieren für ihre Evolution vorteilhaft war. Das bedeutet jedoch nicht, daß lebende Organismen Maschinen *sind.* Biologische Mechanismen sind nur besondere Fälle von viel umfassenderen Organisationsprinzipien; es gibt aber keine Aktion irgendeines Organismus, die ausschließlich aus solchen Mechanismen besteht. Die biomedizinische Wissenschaft hat sich nach Descartes zu sehr auf die maschinenähnlichen Eigenschaften der lebenden Materie konzentriert und hat es vernachlässigt, deren organische oder systemhafte Natur zu erforschen. Obgleich die Kenntnis der zellularen und molekularen Aspekte der biologischen Strukturen weiterhin wichtig bleiben wird, läßt sich ein besseres Verständnis des Lebens nur erreichen, wenn man eine »Systembiologie« entwickelt, also eine Biologie, die Organismen als lebende Systeme statt als Maschinen ansieht.

Die Systemschau betrachtet die Welt im Hinblick auf Zusammenhänge und Integration.[1] Systeme sind integrierte Ganzheiten, deren Eigenschaften sich nicht auf die kleinerer Einheiten reduzieren lassen. Statt auf Grundbausteine oder Grundsubstanzen konzentriert sich die Systemlehre auf grundlegende Organisationsprinzipien. In der Natur gibt es in Hülle und Fülle Beispiele für Systeme. Jeder Organismus – von der kleinsten Bakterie über den weiten Bereich der Pflanzen und Tiere bis hin zum Menschen – ist ein integriertes Ganzes und somit ein lebendes System. Zellen sind lebende Systeme, wie auch die verschiedenen Gewebe und Organe des Körpers, unter denen das menschliche Gehirn das komplexeste Beispiel darstellt. Systeme sind jedoch nicht auf individuelle Organismen und ihre Teile beschränkt. Auch gesellschaftliche Systeme weisen dieselben Ganzheitsaspekte auf – etwa ein Ameisenhügel, ein Bienenstock oder eine menschliche Familie. Schließlich gilt das auch für Ökosysteme, die sich aus einer Vielfalt von in Wechselwirkung stehenden Organismen und unbelebter Materie zusammensetzen. Was in einem Naturschutzgebiet erhalten wird, das sind nicht einzelne Bäume oder Organismen, sondern das ist das komplexe Gewebe von Beziehungen zwischen denselben.

Alle diese natürlichen Systeme sind Ganzheiten, deren spezifische Strukturen sich aus den wechselseitigen Beziehungen und Abhängigkeiten ihrer Teile ergeben. Die Systeme entwickeln einen Prozeß, der als Transaktion bekannt ist – die gleichzeitige und voneinander abhängige Wechselwirkung multipler Komponenten.[2] Systemeigenschaften werden zerstört, wenn ein System auseinandergenommen, wenn es physisch oder theoretisch in Einzelteile zerlegt wird. Obwohl wir in jedem System Einzelteile unterscheiden können, ist das Ganze doch immer etwas anderes als die bloße Summe seiner Teile.

Ein weiterer wichtiger Aspekt der Systeme ist die ihnen innewohnende Dynamik. Ihre Formen sind keine starren Strukturen, sondern flexible und dennoch stabile Manifestationen der den Systemen zugrundeliegenden Prozesse. Paul Weiss beschreibt das folgendermaßen:

> Die Kennzeichen der Ordnung, die sich in der besonderen Form einer Struktur und der regelmäßigen Anordnung und Verteilung der Unterstrukturen manifestiert, sind nichts weiter als die sichtbaren Hinweise auf die Regelmäßigkeiten der in diesem Bereich wirksamen zugrundeliegenden Dynamik. . . . Eine lebende Form ist im wesentlichen als ein offensichtlicher Indikator oder ein Hinweis auf die Dynamik der zugrundeliegenden formativen Prozesse anzusehen.[3]

Diese Beschreibung des Systemansatzes klingt der in einem vorangegangenen Kapitel wiedergegebenen Beschreibung der modernen Physik sehr ähnlich. Tatsächlich steht die »Neue Physik«, und ganz besonders ihr *bootstrap*-Ansatz, der allgemeinen Systemtheorie sehr nahe. Sie legt mehr Wert auf Zusammenhänge als auf isolierte Einzelelemente, und wie die Systemlehre hält sie diese für von Natur aus dynamisch. Systemdenken heißt Denken in Vorgängen; Form wird mit Geschehen assoziiert, Zusammenhang mit Wechselwirkung, und Gegensätze werden durch Schwingungen vereint.

Das Entstehen organischer Strukturen ist grundlegend verschieden vom zeitlich aufeinanderfolgenden Aufeinanderstapeln von Bauelementen oder der Herstellung eines Maschinenprodukts in genau programmierten Phasen. Dennoch ist es wichtig zu wissen, daß auch derartige Tätigkeiten in lebenden Systemen stattfinden. Wir treffen in der gesamten lebenden Welt auf maschinenähnliche Tätigkeiten, allerdings spezialisierter und sekundärer Art. Die reduktionistische Beschreibung von Organismen kann daher nützlich und in manchen Fällen sogar notwendig sein. Sie ist nur gefährlich, wenn man sie für die vollständige Erklärung hält. Reduktionismus und Ganzheitslehre, Analyse und Synthese sind sich ergänzende Methoden, die uns zu tieferem Verständnis des Lebens verhelfen, wenn sie im rechten Gleichgewicht angewendet werden.

Unter dieser Voraussetzung können wir uns jetzt mit der Frage der Natur lebender Organismen beschäftigen, wobei es von Nutzen sein kann, die wesentlichen Unterschiede zwischen einem Organismus und einer Maschine zu untersuchen. Zuerst müssen wir einmal spezifizieren, von welcher Art von Maschine wir überhaupt sprechen. Es gibt moderne kybernetische* Maschinen, die eine Reihe von Eigenschaften von Organismen aufweisen, so daß ihre Unterscheidung vom Organismus ziemlich subtil wird. Das waren jedoch nicht die Maschinen, die der mechanistischen Philosophie des 17. Jahrhunderts als Vorbilder dienten. Nach Ansicht von Descartes und Newton war die ganze Welt eine Maschine im Stile des 17. Jahrhunderts, im wesentlichen ein Uhrwerk. Diese Art meinen wir, wenn wir das Funktionieren einer Maschine mit dem eines lebenden Organismus vergleichen.

Der zuerst ins Auge fallende Unterschied ist der, daß Maschinen gebaut werden, während Organismen wachsen. Dieser fundamentale Unterschied bedeutet, daß ein Organismus als ein Geschehen begriffen werden muß. So ist es beispielsweise unmöglich, ein genaues Bild einer Zelle durch eine statische Zeichnung oder durch Beschreibung der Zelle als statische Form zu liefern. Wie alle lebenden Systeme sind Zellen Vorgänge, in denen die dynamische Organisation des Systems zum Ausdruck kommt. Während die Aktivitäten einer Maschine von ihrer Struktur bestimmt werden, ist es im Organismus gerade umgekehrt – die organische Struktur wird durch dynamische Vorgänge bestimmt.

* Kybernetik wird aus dem griechischen *kybernan* abgeleitet (»lenken, kontrollieren«) und bedeutet das Studium der Kontrolle und Selbstregulierung in Maschinen und lebenden Organismen.

Maschinen werden gebaut, indem eine genau vorgeschriebene Zahl von Teilen auf präzise und vorbestimmte Art zusammengesetzt wird. Dagegen verfügt ein Organismus über ein hohes Maß an interner Flexibilität und Gestaltungsfähigkeit. Die Formen seiner Teile können in gewissen Grenzen variieren, und es gibt nie zwei Organismen mit absolut identischen Teilen. Obwohl der Organismus als Ganzes genaue Regelmäßigkeiten und Verhaltensmuster erkennen läßt, sind die Zusammenhänge zwischen seinen Teilen nicht starr festgelegt. Weiss hat an vielen eindrucksvollen Beispielen nachgewiesen, daß das Verhalten der einzelnen Teile wirklich so einzigartig und unregelmäßig sein kann, daß nicht der geringste relevante Zusammenhang mit der Ordnung des ganzen Systems erkennbar ist.[4] Diese Ordnung wird durch koordinierende Aktivitäten geschaffen, die den Teilen keinen starren Zwang auferlegen, sondern Raum lassen für Variationen und Flexibilität, und genau diese Flexibilität ist es, die lebende Organismen in die Lage versetzt, sich neuen Umständen anzupassen.

Maschinen funktionieren nach einer linearen Kette von Ursache und Wirkung, und wenn eine Panne auftritt, kann dafür in der Regel eine einzige Ursache nachgewiesen werden. Im Gegensatz dazu wird das Funktionieren eines Organismus gelenkt durch ein zyklisches Muster von Informationen, das als Rückkoppelungsschleife bekannt ist. Ein Beispiel: Komponente A kann Komponente B beeinflussen; B kann seinerseits auf C einwirken, und C kann die Einwirkung auf A »rückkoppeln« und auf diese Weise die Schleife vollenden. Bricht ein solches System zusammen, dann ist die Panne meist durch multiple Faktoren verursacht, die sich durch voneinander abhängige Rückkoppelungsschleifen gegenseitig verstärken. Welcher von diesen Faktoren den Zusammenbruch des Systems schließlich ausgelöst hat, das ist oft belanglos.

Diese nichtlineare Verbundenheit lebender Organismen deutet darauf hin, daß die konventionellen Versuche der biomedizinischen Wissenschaft, Krankheiten mit einzelnen Ursachen zu assoziieren, höchst problematisch sind. Sie zeigt ferner auf, wie trügerisch der »genetische Determinismus« ist, also der Glaube, daß die verschiedenen physischen oder psychischen Eigenarten eines individuellen Organismus von seiner genetischen Ausstattung »kontrolliert« oder »diktiert« werden. Das Systembild macht deutlich, daß die Gene das Funktionieren eines Organismus nicht so ausschließlich bestimmen wie Federn und Rädchen das bei einem Uhrwerk tun. Gene sind vielmehr integrale Teile eines geordneten Ganzen und passen sich entsprechend dessen systemhafter Organisation an.

Die innere Gestaltbarkeit und Flexibilität lebender Systeme, deren Funktionieren mehr von dynamischen Zusammenhängen als von starren mechanischen Strukturen kontrolliert wird, läßt eine Anzahl charakteristischer Eigenschaften entstehen, die man als verschiedene Aspekte desselben dynamischen Prinzips ansehen kann – des Prinzips der Selbstorganisation.[5] Ein lebendes System ist ein sich selbst organisierendes System, was bedeutet, daß seine Ordnung in bezug auf Struktur und Funktion nicht von der Umwelt aufgezwungen, sondern vom System selbst hergestellt wird. Selbstorganisierende Systeme demonstrieren einen gewissen Grad von Autonomie; so neigen sie beispielsweise dazu, ihre Größe unabhängig von Umwelteinflüssen nach inneren Organisationsprinzipien zu gestalten. Das bedeutet nicht, daß lebende Systeme von der Umwelt isoliert sind; im Gegenteil, sie stehen in ständiger Wechselwirkung mit ihr, doch bestimmt diese Wechselwirkung nicht ihre Organisation. Die beiden wichtigsten dynamischen Phänomene der Selbstorganisation sind Selbsterneuerung – die Fähigkeit lebender Systeme, ihre Komponenten ständig zu erneuern, wieder in Gang zu bringen und dabei die Integrität ihrer Gesamtstruktur zu bewahren – und Selbst-Transzendenz, also die Fähigkeit, durch die Vorgänge des Lernens, der Entwicklung und der Evolution kreativ über die eigenen physischen und geistigen Grenzen hinauszugreifen.

Die relative Autonomie selbstorganisierender Systeme wirft neues Licht auf die uralte philosophische Frage nach dem freien Willen. Aus der Sicht der Systemlehre sind sowohl Determinismus wie Freiheit relative Begriffe. In dem Maße, in dem ein System gegenüber seiner Umwelt autonom ist, ist es frei. In dem Maße aber, in dem es durch fortgesetzte Wechselwirkungen von ihr abhängt, wird seine Tätigkeit von Umwelteinflüssen geformt. Die relative Autonomie der Organismen wächst normalerweise mit ihrer Komplexität und erreicht im Menschen ihren Höhepunkt.

Dieser relative Begriff des freien Willens scheint in Übereinstimmung zu stehen mit der Lehre mystischer Überlieferungen, deren Anhänger ermahnt werden, die Vorstellung von einem isolierten Selbst zu transzendieren und sich dessen bewußt zu werden, daß wir untrennbare Teile des Kosmos sind, in den wir eingebettet sind. Ziel dieser Überlieferungen ist es, sich vollständig aller Ich-Empfindungen zu entledigen und in mystischer Erfahrung mit der Totalität des Kosmos zu verschmelzen.

Sobald ein solcher Zustand erreicht ist, scheint die Frage nach dem freien Willen ihre Bedeutung zu verlieren. Wenn ich das ganze Universum *bin,* dann kann es keine Einflüsse »von außen« geben, und alle meine Handlungen sind spontan und frei. Vom Standpunkt der Mystiker aus ist der Begriff des freien Willens relativ, begrenzt und – wie sie sagen würden – illusorisch wie alle anderen Begriffe, die wir bei unseren verstandesmäßigen Beschreibungen der Wirklichkeit gebrauchen.

Um ihre Selbstorganisation aufrechtzuerhalten, müssen die lebenden Organismen in einem besonderen Zustand bleiben, der mit konventionellen Ausdrücken schwer zu beschreiben ist. Auch hier kann der Vergleich mit Maschinen hilfreich sein. So ist beispielsweise ein Uhrwerk ein relativ isoliertes System, das Energie braucht, um in Gang zu bleiben, aber nicht zwangsläufig mit seiner Umwelt in Wechselwirkung stehen muß, um funktionieren zu können. Wie alle isolierten Systeme läuft es nach dem Zweiten Hauptsatz der Thermodynamik ab, also von Ordnung zur Unordnung, bis es einen Gleichgewichtszustand erreicht hat, in dem alle Vorgänge – Bewegung, Wärmeaustausch und so weiter – zum Stillstand gekommen sind. Lebende Organismen funktionieren ganz anders. Sie sind offene Systeme, was bedeutet, daß sie einen dauernden Austausch von Energie und Materie mit ihrer Umwelt in Gang halten müssen, um am Leben zu bleiben. Dieser Austausch besteht unter anderem in der Aufnahme geordneter Strukturen, von Nahrung beispielsweise, die im Organismus zerlegt werden, wobei einige Bestandteile dazu dienen, die Ordnung des Organismus aufrechtzuerhalten oder sogar zu vermehren. Diesen Vorgang nennt man Metabolismus. Er erlaubt es dem System, in einem Zustand des Ungleichgewichts zu verharren, in dem es ständig »an der Arbeit« ist. Für die Selbstorganisation ist ein hohes Maß an Ungleichgewicht absolut notwendig; lebende Organismen sind offene Systeme, die ständig weit außerhalb eines Gleichgewichts operieren.

Zugleich haben diese sich selbst organisierenden Systeme ein hohes Maß an Stabilität, und an dieser Stelle geraten wir mit unserer konventionellen Sprache in Schwierigkeiten. Im Wörterbuch bedeutet das Wort »stabil« soviel wie »festgelegt«, »nicht fluktuierend«, »sich nicht verändernd« und »stetig«, alles Begriffe, die ungeeignet sind, Organismen zu beschreiben. Diese Stabilität selbstorganisierender Organismen ist äußerst dynamisch und darf nicht mit Gleichgewicht verwechselt werden. Sie besteht darin, trotz fortlaufenden Wandels und Ersetzens der Bestandteile dieselbe Gesamtstruktur beizubehalten. Nach Weiss »bewahrt eine Zelle ihre Identität viel konservativer und bleibt sich selbst genauso wie vielen anderen Zellen der gleichen Art von Augenblick zu Augenblick viel ähnlicher, als man dies vorhersagen könnte, wenn man nur ihre Zusammensetzung aus Molekülen, Makromolekülen und Organellen kennt, die ständigen Änderungen, Umgruppierungen und Vermischungen unterworfen ist.«[6] Dasselbe gilt auch für den menschlichen Organismus. Innerhalb weniger Jahre ersetzt der menschliche Organismus alle seine Zellen, die des Gehirns ausgenommen, und dennoch haben wir keine Schwierigkeiten, unsere Freunde selbst nach vielen Jahren der Trennung wiederzuerkennen. Das ist die dynamische Stabilität der sich selbst organisierenden Systeme.

Das Phänomen der Selbstorganisation ist nicht auf lebende Materie beschränkt, sondern kommt auch in gewissen chemischen Systemen vor, die sehr eingehend von dem Physiochemiker und Nobelpreisträger Ilya Prigogine untersucht worden sind, der eine detaillierte dynamische Theorie zur Beschreibung ihres Verhaltens entwickelt hat.[7] Prigogine nennt diese Systeme »dissipative Strukturen«, um damit auszudrücken, daß sie ihre eigene Struktur bewahren und entwickeln, indem sie andere Strukturen durch Metabolismus zerbrechen, damit Entropie schaffen – Unordnung –, die dann in Form minderwertiger Abfallprodukte dissipiert wird. Dissipative chemische Strukturen demonstrieren die Dynamik der Selbstorganisation in ihrer einfachsten Form, wobei die meisten für das Leben charakteristischen Phänomene auftreten – Selbsterneuerung, Anpassung, Evolution und sogar primitive Formen von »geistigen« Prozessen. Der einzige Grund, warum sie nicht als lebendig gelten, ist, daß sie keine Zellen bilden oder sich vermehren. Diese interessanten Systeme stellen also ein Bindeglied dar zwischen belebter und unbelebter Materie. Ob man sie lebende Organismen nennt oder nicht, ist schließlich eine Sache der Übereinkunft.

Selbsterneuerung ist ein wesentlicher Aspekt der sich selbst organisierenden Systeme. Während eine Maschine konstruiert wird, um ein spezifisches Produkt herzustellen oder eine vom Erbauer beabsichtigte spezifische Arbeit zu leisten, ist ein Organismus hauptsächlich damit beschäftigt, sich selbst zu erneuern; Zellen zerfallen und bauen neue Strukturen auf; Gewebe und Organe ersetzen in stetigen Zyklen ihre Zellen. So ersetzt die Bauchspeicheldrüse alle 24 Stunden die meisten ihrer Zellen, die Magenschleimhaut erneuert sich alle drei Tage, unsere weißen Blutzellen werden in zehn Tagen und das Protein im Gehirn zu

98 Prozent in weniger als einem Monat erneuert. Alle diese Vorgänge werden so geregelt, daß das Gesamtmuster des Organismus beibehalten wird, und diese bemerkenswerte Fähigkeit zur Selbsterhaltung bleibt auch unter einer Vielfalt von Umständen bewahrt, einschließlich veränderter Umweltbedingungen und vieler Arten von sonstigen Einwirkungen. Eine Maschine bleibt stehen, wenn ihre Teile nicht in der genau vorbestimmten Weise funktionieren. Ein Organismus erhält seine Funktion im allgemeinen auch in einer sich ändernden Umwelt aufrecht, indem er sich selbst in Gang hält und durch Heilung und Regeneration wiederherstellt. Die Kraft zur Regeneration organischer Strukturen verringert sich mit zunehmender Komplexität des Organismus. Plattwürmer, Polypen und Seesterne können aus einem verbleibenden kleinen Bruchstück fast ihren ganzen Körper regenerieren; Eidechsen, Salamander, Krabben, Hummern und viele Insekten sind in der Lage, ein verlorenes Organ oder Glied zu erneuern; und höhere Tierarten, der Mensch eingeschlossen, können Gewebe erneuern und dadurch Verletzungen heilen.

Obwohl sie in der Lage sind, sich selbst zu erhalten und zu reparieren, können komplexe Organismen nicht ewig funktionieren. Durch den Alterungsprozeß verschlechtert sich ihr Zustand, und schließlich erliegen sie einem Erschöpfungszustand, selbst wenn sie relativ unbeschädigt sind. Um zu überleben, haben diese Arten eine Form von »Super-Reparatur«[8] entwickelt. Statt den beschädigten oder abgenutzten Teil zu ersetzen, wird der ganze Organismus ersetzt. Damit ist natürlich das Phänomen der Fortpflanzung gemeint, das für alles Leben charakteristisch ist.

In der Dynamik der Selbsterhaltung spielen Fluktuationen eine zentrale Rolle. Jedes lebende System besteht aus voneinander abhängigen Variablen, deren jede innerhalb einer weiten Bandbreite zwischen einer oberen und einer unteren Grenze variieren kann. Alle Variablen schwanken zwischen diesen Grenzen hin und her, so daß das System sich in steter Fluktuation befindet, selbst wenn es keine Störung gibt. Diesen Zustand nennt man Homöostase. Dies ist ein Zustand dynamischen tätigen Gleichgewichts mit großer Flexibilität; anders ausgedrückt, das System verfügt über eine große Zahl von Optionen, um mit seiner Umwelt in Wechselwirkung zu treten. Tritt eine Störung auf, neigt der Organismus dazu, zu seinem ursprünglichen Zustand zurückzukehren, indem er sich auf die verschiedenste Weise an Umweltveränderungen anpaßt. Rückkoppelungsmechanismen kommen ins Spiel, die dazu tendieren, etwaige Abweichungen vom Gleichgewichtszustand wieder zu verringern. Wegen dieser regulatorischen Mechanismen, die man auch negativen »Feedback« oder negative Rückkoppelung nennt, bleiben Körpertemperatur, Blutdruck und viele andere wichtige Zustände des höheren Organismus relativ konstant, selbst wenn die Umwelt sich erheblich ändert. Negative Rückkoppelung ist jedoch nur ein Aspekt der Selbstorganisation durch Fluktuationen. Der andere Aspekt ist positiver Feedback, der darin besteht, gewisse Abweichungen eher zu verstärken als zu dämpfen. Wir werden noch sehen, daß dieses Phänomen bei den Vorgängen der Entwicklung, des Lernens und der Evolution eine entscheidende Rolle spielt.

Die Fähigkeit, sich einer veränderten Umwelt anzupassen, ist ein wesentliches Charakteristikum lebender Organismen und sozialer Systeme. Höhere Organismen sind gewöhnlich zu drei Arten von Anpassungen fähig, die im Laufe sich länger hinziehender Umweltveränderungen wirksam werden.[9] Jemand, der aus Meereshöhe ins Gebirge versetzt wird, wird sehr oft Herzklopfen und Atembeschwerden bekommen. Solche Änderungen sind jedoch schnell umkehrbar; kehrt er noch am selben Tage in die Ebene zurück, verschwinden sie sofort. Anpassungsveränderungen dieser Art gehören zum Phänomen Streß, das darin besteht, eine oder mehrere Variablen des Organismus bis zum höchstmöglichen Wert zu belasten. Als Folge davon pflegt das System als Ganzes im Hinblick auf diese Variablen starr und unfähig zu sein, sich weiterem Streß anzupassen. So ist beispielsweise die Person in großer Höhe gewöhnlich nicht mehr in der Lage, auch noch eine Treppe hinaufzulaufen. Da außerdem alle Variablen dieses Systems zusammenhängen, wird die Starrheit der einen auch die anderen beeinflussen, womit sich der Verlust an Flexibilität auf das ganze System ausdehnt.

Bleibt die Umweltveränderung bestehen, macht der Organismus gewöhnlich einen weiteren Anpassungsprozeß durch. In den stabileren Komponenten des Systems finden komplexe physiologische Veränderungen statt, um die Umwelteinwirkungen aufzufangen und die Flexibilität wiederherzustellen. Nach einiger Zeit im Gebirge normalisieren sich Atemfunktion und Herzschlag wieder, um diese Funktionen wieder dazu nutzen zu können, sich anderen Notfällen anzupassen, die sonst tödlich ausgehen könnten. Diese Form der Anpassung nennt man somatischen* Wandel. Spezielle Formen dieses Prozesses sind Akklimatisierung, Gewöhnung und Suchtbildung.

* Somatisch heißt »körperlich«, vom griechischen *soma* = »Körper«.

Durch somatischen Wandel erlangt der Körper einen Teil seiner Flexibilität zurück, indem er einen tiefergehenden und dauerhafteren Wandel an die Stelle eines oberflächlichen und umkehrbaren setzt. Eine solche Anpassung erfolgt relativ langsam und ist im allgemeinen noch langsamer wieder umkehrbar. Dennoch bleiben somatische Wandlungen immer noch umkehrbar. Das bedeutet, daß verschiedene Schaltkreise des biologischen Systems während des gesamten Zeitraums, in dem der Wandel aufrechterhalten bleibt, für eine Umkehr verfügbar sein müssen. Eine derart fortgesetzte Belastung der Schaltkreise begrenzt die Freiheit des Organismus zur Kontrolle anderer Funktionen und verringert damit seine Flexibilität. Obwohl das System nach dem somatischen Wandel flexibler ist als zuvor, als es noch unter Streß stand, ist es immer noch weniger flexibel als vor dem Auftreten des ursprünglichen Stresses. Somatischer Wandel lenkt also den Streß nach innen, und die Anhäufung von nach innen gelenktem Streß kann zur Erkrankung führen.

Die dritte Form der Anpassung, die lebenden Organismen zur Verfügung steht, ist die Anpassung der Arten im Prozeß der Evolution. Die durch Mutation zustande kommenden Anpassungen nennt man auch genotypische* Wandlungen; sie sind von somatischen grundsätzlich verschieden. Durch genotypische Wandlungen paßt sich eine Art an die Umwelt durch Verlagerung der Bandbreite einiger ihrer Variablen an, vor allem derjenigen, die zu den sparsamsten Veränderungen führen. Wird ein Klima kälter, dann läßt ein Tier sich eher einen dickeren Pelz wachsen, als daß es sich durch Umherlaufen warmhält. Genotypischer Wandel verschafft mehr Flexibilität als somatischer Wandel. Da jede Zelle eine Kopie der neuen genetischen Information enthält, wird sie sich entsprechend anders verhalten, ohne dazu irgendeiner Botschaft von den umgebenden Geweben und Organen zu bedürfen. Dementsprechend bleiben mehr Schaltkreise des Systems offen, womit die Gesamtflexibilität gesteigert wird. Andererseits ist genotypischer Wandel während der Lebenszeit eines Einzelwesens unumkehrbar.

Die drei Anpassungsweisen sind durch wachsende Flexibilität und abnehmende Umkehrbarkeit charakterisiert. Die schnell umkehrbare Streß-Situation wird durch einen somatischen Wandel ersetzt, um die Flexibilität bei anhaltendem Streß zu steigern. Die evolutionäre Anpas-

* Genotyp ist ein technischer Ausdruck für die genetische Zusammensetzung eines Organismus; genotypische Wandlungen sind Veränderungen im genetischen Aufbau.

sung erfolgt, um die Flexibilität noch mehr zu steigern, wenn der Organismus so viele somatische Wandlungen akkumuliert hat, daß er zu starr bleibt, um überleben zu können. Die aufeinanderfolgenden Anpassungsweisen stellen also die vom Organismus unter Umweltstreß verlorengegangene Flexibilität so weit wie möglich wieder her. Die Flexibilität eines individuellen Organismus wird davon abhängen, wie viele seiner Variablen innerhalb ihrer Toleranzgrenzen im Fluß bleiben; je größer die Fluktuation, desto größer die Stabilität des Organismus. Für ganze Populationen von Organismen ist Variabilität das der Flexibilität entsprechende Kriterium. Maximale genetische Variation innerhalb einer Population schafft ein Maximum von Möglichkeiten für die evolutionäre Anpassung.

Die Fähigkeit der Arten, sich Umweltveränderungen durch genetische Mutation anzupassen, ist in unserem Jahrhundert ausgiebig und sehr erfolgreich untersucht worden, und zwar im Zusammenhang mit den Mechanismen der Fortpflanzung und der Vererbung. Diese Aspekte stellen jedoch nur eine Seite des Phänomens der Evolution dar. Die andere Seite ist die kreative Entwicklung neuer Strukturen und Funktionen ohne jeden Umweltdruck – eine Manifestation des in allen lebenden Organismen vorhandenen Potentials zur Selbst-Transzendenz. Die Darwinschen Vorstellungen geben also nur einer von zwei komplementären Anschauungen Ausdruck, die beide zum Verständnis der Evolution notwendig sind. Die Erörterung der Evolution als einer wesentlichen Manifestation von sich selbst organisierenden Systemen wird leichterfallen, wenn wir uns zunächst den Zusammenhang zwischen Organismen und ihrer Umwelt näher ansehen.

So wie in der subatomaren Physik die Vorstellung von einer unabhängigen physikalischen Einheit problematisch geworden ist, so ist dies in der Biologie die Vorstellung eines unabhängigen Organismus. Als offene Systeme halten lebende Organismen sich durch intensive Transaktionen mit ihrer Umwelt am Leben und in Funktion, wobei diese Umwelt ihrerseits teilweise aus Organismen besteht. Die ganze Biosphäre – unser planetarisches Ökosystem – ist ein dynamisches und in höchstem Grade integriertes Gewebe von lebenden und nichtlebenden Formen. Obwohl dieses Gewebe auf mehreren Ebenen existiert, gibt es Transaktionen und Abhängigkeiten zwischen allen seinen Ebenen.

Die meisten Organismen sind nicht nur in Ökosysteme eingebettet, sondern stellen selbst komplexe Ökosysteme einer Vielzahl kleinerer

Organismen dar, die über beträchtliche Autonomie verfügen und sich dennoch in das Funktionieren des Ganzen integrieren. Die kleinsten dieser lebenden Komponenten weisen eine erstaunliche Uniformität auf und sind einander in der ganzen lebenden Welt ziemlich ähnlich. Lewis Thomas beschreibt das sehr anschaulich mit folgenden Sätzen:

> Da sind sie, in voller Bewegung in meinem Zytoplasma . . . Sie stehen zu mir selbst in viel geringerer Beziehung als zueinander und zu den frei lebenden Bakterien draußen unter dem Hügel. Sie kommen mir vor wie Fremde, aber der Gedanke kommt mir, daß dieselben Geschöpfe, ganz genau dieselben, auch draußen in den Zellen der Seemöwen, der Wale, des Dünengrases und Seetangs, der Einsiedlerkrebse und weiter im Inland in den Blättern der Buche in meinem Hinterhof und in der Familie der Stinktiere unter meinem Gartenzaun und selbst in jener Fliege auf der Fensterscheibe existieren. Durch sie stehe ich mit allem in Verbindung, habe ich enge Verwandte rundherum.[10]

Obwohl alle lebenden Organismen eindeutige Individualität erkennen lassen und in ihrem Funktionieren verhältnismäßig autonom sind, lassen sich die Grenzen zwischen Organismus und Umwelt oft schwer feststellen. Einige Organismen kann man nur als lebendig ansehen, wenn sie sich in einer gewissen Umwelt befinden; andere gehören zu größeren Systemen, die sich mehr wie ein autonomer Organismus verhalten, als ihre einzelnen Mitglieder es tun; wieder andere arbeiten zusammen, um große Strukturen zu bilden, die zu Ökosystemen werden, die Hunderte von Arten erhalten.

In der Welt der Mikroorganismen gehören die Viren zu den interessantesten Geschöpfen, existieren sie doch an der Grenzlinie zwischen belebter und unbelebter Materie. Sie sind nur zum Teil selbsterhaltend und nur in begrenztem Sinne lebendig. Viren können außerhalb lebender Zellen nicht funktionieren und sich nicht vermehren; sie sind sehr viel einfacher als irgendein Mikroorganismus, wobei die einfachsten von ihnen nur aus Nukleinsäure bestehen, aus DNS oder RNS. Außerhalb von Zellen zeigen Viren keinerlei erkennbare Anzeichen von Leben; da sind sie nichts als Chemikalien mit höchst komplexen, aber vollständig regulären Molekularstrukturen.[11] In einigen Fällen ist es sogar möglich, Viren auseinanderzunehmen, ihre Bestandteile zu reinigen und sie dann wieder zusammenzusetzen, ohne dadurch ihre Funktionsfähigkeit zu zerstören.

Obwohl isolierte Viruspartikel nichts als Ansammlungen von Chemikalien sind, bestehen sie doch aus chemischen Substanzen ganz besonderer Art – aus den Proteinen und Nukleinsäuren, also den entscheidenden Bestandteilen lebender Materie.[12] In Viren können diese Bestandteile isoliert untersucht werden, und gerade diese Untersuchungen waren es, die Molekularbiologen zu einigen ihrer größten Entdeckungen in den 1950er und 1960er Jahren verholfen haben. Nukleinsäuren sind kettenähnliche Makromoleküle, die Träger der Information zur Selbsterneuerung und Proteinsynthese sind. Dringt ein Virus in eine lebende Zelle ein, dann kann er sich der biochemischen Maschinerie der Zelle bedienen, um entsprechend den in seiner DNS oder RNS kodifizierten Instruktionen neue Viruspartikel aufzubauen. Ein Virus ist also nicht ein gewöhnlicher Parasit, der sich von seinem Wirt ernährt, um zu leben und sich fortzupflanzen. Da er im Grunde eine chemische Mitteilung darstellt, hat er keinen eigenen Metabolismus und kann auch viele andere, für lebende Organismen charakteristische Funktionen nicht ausüben. Seine einzige Funktion ist, die Fortpflanzungsmaschinerie der Zelle zu übernehmen und dazu zu verwenden, neue Viruspartikel zu schaffen. Diese Tätigkeit kann in atemberaubender Geschwindigkeit vor sich gehen. Innerhalb einer Stunde kann eine infizierte Zelle Tausende von neuen Viren erzeugen, und in vielen Fällen wird die Zelle bei diesem Vorgang zerstört. Da von einer einzigen Zelle so viele Viruspartikel erzeugt werden, kann die Virusinfektion eines aus vielen Zellen bestehenden Organismus mit großer Geschwindigkeit eine große Zahl von Zellen zerstören und dadurch Krankheiten verursachen.

Obwohl Struktur und Funktionieren der Viren inzwischen gut bekannt sind, bleibt ihre grundlegende Natur weiterhin rätselhaft. Außerhalb lebender Zellen kann man ein Viruspartikel nicht als lebenden Organismus bezeichnen; innerhalb einer Zelle bildet es zusammen mit der Zelle ein lebendes System, jedoch eines von ganz besonderer Art. Es organisiert sich selbst, doch ist Zweck der Organisation nicht die Stabilität und das Überleben des gesamten Virus-Zelle-Systems. Einziges Ziel ist die Produktion neuer Viren, die dann fortfahren, lebende Systeme dieser Art in der von anderen Zellen bereitgestellten Umwelt zu bilden.

Die besondere Art, in der Viren ihre Umwelt ausnutzen, ist in der lebenden Welt eine Ausnahme. Die meisten Organismen integrieren sich harmonisch in ihre Umgebung, und viele von ihnen formen ihre Umwelt so um, daß sie zu einem Ökosystem wird, das in der Lage ist, zahlreichen Tieren und Pflanzen als Lebensgrundlage zu dienen. Das hervorragende Beispiel für solche ökosystemerrichtenden Organismen sind Korallen, die man lange Zeit für Pflanzen gehalten hatte, die nun aber treffender als Tiere eingestuft werden. Korallenpolypen sind winzige, aus vielen Zellen bestehende Organismen, die sich zusammenschließen, um große Kolonien zu bilden, und die als solche große Gebilde aus Kalkstein bilden können. Im Zuge langer Perioden geologischer Zeiten sind viele dieser Kolonien zu riesigen Korallenriffen ausgewachsen, welche die bei weitem größten Strukturen darstellen, die je von lebenden Organismen auf dieser Erde gebildet wurden. Diese massiven Strukturen bilden die Existenzgrundlage für unzählige Bakterien, Pflanzen und Tiere; oben auf diesem Korallenrahmen leben Schalentiere aller Art, Fische und Weichtiere verbergen sich in ihren Schlupfwinkeln und Spalten; zahlreiche andere Geschöpfe bedecken im wahrsten Sinne des Wortes jeden nur verfügbaren Raum auf dem Riff.[13] Um diese dichtbevölkerten Ökosysteme zu bauen, funktionieren die Korallenpolypen auf eine sehr koordinierte Weise; sie teilen Nervensysteme und Fortpflanzungsfähigkeiten in so großem Ausmaße miteinander, daß es oft schwerfällt, sie als individuelle Organismen anzusehen.

Ähnliche Koordinationsmuster existieren in eng verknüpften Tiergemeinschaften von größerer Komplexität. Extreme Beispiele sind die in Gemeinschaften lebenden Insekten: Bienen, Wespen, Termiten und andere bilden Kolonien, deren Mitglieder so sehr voneinander abhängig sind und in so engem Kontakt miteinander stehen, daß das ganze System einem riesigen, aus vielen Kreaturen bestehenden Organismus ähnelt.[14] Bienen und Ameisen können in Isolation nicht existieren; in großer Zahl handeln sie jedoch fast wie die Zellen eines komplexen Organismus mit einer kollektiven Intelligenz und einer Anpassungsfähigkeit, die der ihrer einzelnen Mitglieder weit überlegen ist. Dieses Phänomen von Tieren, die sich zusammenschließen, um größere Organismen zu bilden, ist nicht auf Insekten beschränkt, sondern läßt sich auch bei anderen Arten beobachten, Menschen natürlich eingeschlossen.

Eine enge Koordinierung von Aktivitäten gibt es nicht nur zwischen Einzelwesen derselben Art, sondern auch zwischen verschiedenen Arten, wobei die dabei entstehenden lebenden Systeme erneut die Eigenschaften einzelner Organismen aufweisen. Es hat sich herausgestellt, daß so manche Organismen, die man für wohldefinierte biologische Arten hielt, bei genauer Prüfung aus zwei oder mehr verschiedenen Arten in engster biologischer Zusammenarbeit bestehen. Dieses als

Symbiose bekannte System ist in der ganzen lebenden Welt so verbreitet, daß es als ein zentraler Aspekt des Lebens angesehen werden muß. Symbiotische Beziehungen sind für alle teilnehmenden Partner vorteilhaft, und sie verbinden Tiere, Pflanzen und Mikroorganismen in fast jeder vorstellbaren Kombination.[15] Viele von ihnen sind ihre Verbindung in ferner Vergangenheit eingegangen und haben eine Evolution durchgemacht, die ihre gegenseitige Abhängigkeit und außerordentliche Anpassung aneinander zunehmend gesteigert hat.

Bakterien leben mit anderen Organismen häufig auf eine Weise in Symbiose, die ihr eigenes und das Leben des Wirtes von der Symbiosebeziehung abhängig macht. So ändern beispielsweise Bodenbakterien die Strukturen organischer Moleküle, so daß diese für den Energiebedarf der Pflanzen nutzbar werden. Zu diesem Zweck fügen die Bakterien sich derart in die Wurzeln der Pflanzen ein, daß sie von diesen fast nicht zu unterscheiden sind. Andere Bakterien leben in symbiotischer Beziehung in den Geweben höherer Organismen, vor allem in den Verdauungswegen von Tieren und Menschen. Einige dieser Darm-Mikroorganismen sind für den jeweiligen Wirt sehr segensreich, tragen zu dessen Ernährung bei und stärken seine Widerstandskraft gegen Krankheiten.

In kleinerem Maßstab findet Symbiose innerhalb der Zellen aller höheren Organismen statt und ist von entscheidender Bedeutung für die Organisation der Zellaktivitäten. Die meisten Zellen enthalten eine Anzahl von Organellen, die spezifische Funktionen ausüben und die man vor kurzem noch für von den Zellen aufgebaute Molekularstrukturen hielt. Jetzt aber scheint es, daß einige Organellen selbst Organismen aus eigener Kraft sind.[16] Die Mitochondrien zum Beispiel, die oft als Kraftwerke der Zellen bezeichnet werden, weil sie fast alle zellularen Energiesysteme mit Brennstoff versorgen, enthalten ihr eigenes genetisches Material und können sich unabhängig von der Fortpflanzung der Zelle vermehren. Sie sind ständige Bewohner aller höheren Organismen, werden von Generation zu Generation weitergegeben und leben in engster Symbiose mit jeder Zelle. Auf ähnliche Weise sind die Chloroplasten der grünen Pflanzen, die das Chlorophyll und den Apparat für die Photosynthese enthalten, sich selbst fortpflanzende Bewohner in den Pflanzenzellen.

Je mehr man die lebende Welt studiert, desto mehr kommt man zu der Erkenntnis, daß die Neigung, sich mit anderen zu verbinden, ineinander zu leben und miteinander zu kooperieren, eine wesentliche Eigenschaft lebender Organismen ist. Lewis Thomas hat einmal gesagt: »Es gibt gar keine einsamen Wesen. Jedes Geschöpf ist auf irgendeine Weise mit allen anderen verbunden und von ihnen abhängig.« [17] Größere Verbände von Organismen formen Ökosysteme gemeinsam mit verschiedenartigen unbelebten Komponenten, die durch ein kompliziertes Gewebe von Beziehungen – zu denen auch der Austausch von Energie und Materie in einem kontinuierlichen Kreislauf gehört – mit Tieren, Pflanzen und Mikroorganismen verbunden sind. Wie die individuellen Organismen sind auch die Ökosysteme sich selbst organisierende und selbst regulierende Systeme, in denen besondere Populationen von Organismen periodischen Fluktuationen unterliegen. Wegen der nichtlinearen Natur der Pfade und Querverbindungen innerhalb eines Ökosystems beschränkt eine ernsthafte Störung sich im allgemeinen nicht auf eine einzige Wirkung, sondern verbreitet sich durch das ganze System, wobei sie durch dessen innere Rückkoppelungsmechanismen sogar noch verstärkt werden kann.

In einem ausgeglichenen Ökosystem leben Tiere und Pflanzen zusammen in einer Kombination von Wettbewerb und wechselseitiger Abhängigkeit. An sich hat jede Gattung das Potential, ein exponentielles Populationswachstum durchzumachen, doch wird diese Tendenz durch verschiedene Kontrollen und Wechselwirkungen gezügelt. Wird das System gestört, dann können exponentielle »Amokläufer« in Erscheinung treten. Einige Pflanzen verwandeln sich in »Unkraut«, einige Tiere in »Schädlinge« und viele andere Arten werden ausgerottet. Das Gleichgewicht oder die Gesundheit des ganzen Systems gerät in Gefahr. Explosives Wachstum dieser Art ist nicht auf Ökosysteme beschränkt, sondern tritt auch bei einzelnen Organismen auf. Krebs und andere Tumore sind dramatische Beispiele von krankhaftem Wachstum.

Gründliche Studien von Ökosystemen während der letzten Jahrzehnte haben eindeutig gezeigt, daß die meisten Beziehungen zwischen lebenden Organismen im wesentlichen kooperativer Art sind, gekennzeichnet durch Koexistenz und Abhängigkeit, und auf verschiedene Weise symbiotisch. Obgleich es auch Wettbewerb gibt, findet dieser gewöhnlich innerhalb eines weiteren Zusammenhanges von Kooperation statt, so daß das größere System im Gleichgewicht bleibt. Selbst Räuber–Beute-Beziehungen, die für die unmittelbare Beute vernichtend sind, nutzen im allgemeinen beiden Arten. Diese Einsicht steht in scharfem Gegensatz zu den Ansichten der Sozialdarwinisten, die das Leben ausschließlich als Wettkampf, Kampf ums Überleben und Vernichtung sahen. Ihre Naturauffassung hat zu einer Philosophie geführt, welche die Ausbeutung und die verheerenden Auswirkungen unserer Technologie auf die natürliche Umwelt legitimiert. Eine solche Anschauung hat jedoch keine wissenschaftliche Berechtigung, da sie die integrativen und kooperativen Prinzipien außer acht läßt, wesentliche Aspekte der Art und Weise, in der lebende Systeme sich auf allen Ebenen organisieren.

Thomas hat nachdrücklich darauf hingewiesen, daß selbst in Fällen, in denen es Gewinner und Verlierer geben muß, die Transaktion nicht zwangsläufig ein Kampf ist. Wenn sich zum Beispiel zwei bestimmte Korallenarten auf einem Platz befinden, wo es nur Raum für eine gibt, dann wird sich die kleinere der beiden stets auflösen, und zwar mittels ihrer eigenen autonomen Mechanismen: »Der Kleinere wird nicht hinausgeworfen, überlistet oder brutal zusammengeschlagen; er zieht es einfach vor, sich von dannen zu machen.«[18] Übermäßige Aggression, Wettbewerb und zerstörerisches Verhalten herrschen nur bei den Menschen vor und müssen eher im Zusammenhang mit kulturellen Werten behandelt werden, statt pseudowissenschaftlich als angeborene Naturerscheinungen »erklärt« zu werden.

Viele Aspekte des Zusammenhanges zwischen Organismen und ihrer Umwelt können sehr gut mit Hilfe des Systemkonzepts der geschichteten Ordnung beschrieben werden, von dem in einem früheren Kapitel schon die Rede war.[19] Die Neigung lebender Systeme, mehrschichtige Strukturen zu bilden, deren Ebenen von unterschiedlicher Komplexität sind, findet man durchgehend in der ganzen Natur. Sie muß als grundlegendes Prinzip der Selbstorganisation gesehen werden. Auf jeder Ebene der Komplexität begegnen wir Systemen, die integriert sind; es sind selbstorganisierende Ganzheiten, die aus kleineren Teilen bestehen und zugleich als Teile von größeren Ganzheiten agieren. So enthält zum Beispiel der menschliche Organismus gewisse Organsysteme, die aus verschiedenen Organen bestehen, von denen jedes aus Geweben und jedes Gewebe aus Zellen besteht. Die Zusammenhänge zwischen diesen Systemen lassen sich als »Systembaum« darstellen.

Wie in einem richtigen Baum gibt es Querverbindungen und gegenseitige Abhängigkeiten zwischen allen Ebenen; jede Ebene steht in Wechselwirkung und kommuniziert mit ihrer gesamten Umwelt. Der Stamm des Systembaums weist darauf hin, daß der individuelle

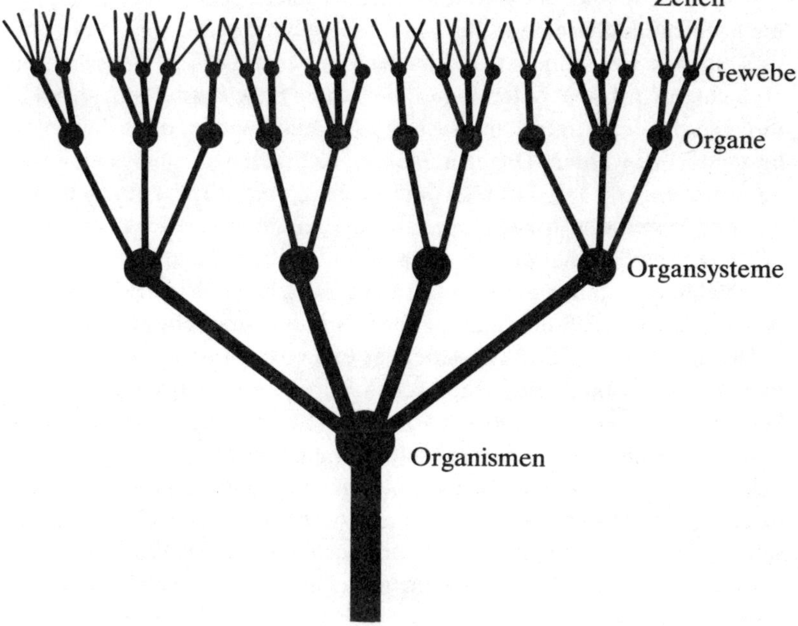

Der Systembaum veranschaulicht verschiedene Ebenen der Komplexität in einem individuellen lebenden Organismus

Organismus mit größeren gesellschaftlichen und ökologischen Systemen verbunden ist, die ihrerseits dieselbe Baumstruktur haben.

Das in Frage kommende System kann auf jeder Ebene einen individuellen Organismus darstellen. Eine Zelle kann Teile eines Organismus, aber auch ein zu einem Ökosystem gehöriger Mikroorganismus sein, und sehr oft ist es unmöglich, eine klare Trennungslinie zwischen diesen Beschreibungen zu ziehen. Jedes Untersystem ist ein verhältnismäßig autonomer Organismus und doch zugleich Bestandteil eines größeren Organismus. Es ist nach einer Bezeichnung von Arthur Koestler ein »Holon«, in dem sich sowohl die unabhängigen Eigenschaften des Ganzen wie die abhängigen Eigenschaften der Teile manifestieren. Damit erhält die allesdurchdringende Ordnung im Universum eine neue Bedeutung: Ordnung auf einer Systemebene ist die Folge der Selbstorganisation auf einer höheren Ebene.

Vom Standpunkt der Evolution aus ist leicht zu verstehen, warum mehrschichtige Systeme in der Natur so weitverbreitet sind.[20] Sie entwickeln sich viel schneller und haben viel bessere Überlebenschancen als nichtgeschichtete Systeme, weil sie sich im Falle ernster Störungen in ihre verschiedenartigen Untersysteme auflösen können, ohne dabei völlig zerstört zu werden. Dagegen müßten nichtgeschichtete Systeme völlig zerfallen und mit ihrer Evolution ganz von vorne anfangen. Da lebende Systeme während ihrer langen Evolutionsgeschichte auf viele Störungen stoßen, hat die Natur ganz deutlich jene bevorzugt, die eine geschichtete Ordnung aufweisen. In der Tat scheint es keinerlei Belege dafür zu geben, daß überhaupt andere Systeme überlebt haben.

Die vielschichtige Struktur lebender Organismen ist wie jede andere biologische Struktur ein sichtbarer Ausdruck der zugrundeliegenden Selbstorganisations-Vorgänge. Auf jeder Ebene besteht ein dynamisches Gleichgewicht zwischen selbstbehauptenden und integrativen Tendenzen, und alle Holonen agieren als Zwischen- und Relaisstationen zwischen Systemebenen. Systemtheoretiker nennen dieses Organisationsmuster manchmal hierarchisch, doch kann dieses Wort für die in der Natur zu beobachtende geschichtete Ordnung ziemlich irreführend sein. Das Wort »Hierarchie« bezog sich ursprünglich auf die Verwaltung der Kirche. Wie alle menschlichen Hierarchien war dieses regierende Organ nach einer Anzahl von Rängen in verschiedenen Machtebenen organisiert, wobei jeder Rang einem anderen auf der darüberliegenden Ebene untergeordnet war. In der Vergangenheit ist die geschichtete Ordnung der Natur oft fehlinterpretiert worden, um autoritäre gesellschaftliche und politische Strukturen zu rechtfertigen.[21]

Um jede Verwirrung zu vermeiden, wollen wir den Ausdruck »Hierarchie« für jene ziemlich starren Herrschafts- und Kontrollsysteme reservieren, in denen Befehle von oben nach unten übermittelt werden. Das traditionelle Symbol für diese Strukturen ist die Pyramide. Im Gegensatz dazu weisen die meisten lebenden Systeme mehrschichtige Organisationsmuster auf, die durch viele verwickelte und nichtlineare Pfade gekennzeichnet sind, auf denen sich Informationssignale und Transaktionen über alle Ebenen verbreiten, und zwar in aufsteigender wie in absteigender Richtung. Aus diesem Grunde habe ich die Pyramide umgedreht und in einen Baum verwandelt, der ein angemesseneres Symbol für die ökologische Art der Schichtung in lebenden Systemen ist. Wie ein echter Baum seine Nahrung durch die Wurzeln und durch seine Blätter aufnimmt, so fließt auch die Kraft in einem System-Baum in beiden Richtungen, wobei keine die andere beherrscht und alle Ebenen in voneinander abhängiger Harmonie aufeinander einwirken, um das Funktionieren des Ganzen zu unterstützen.

Der wichtige Aspekt der geschichteten Ordnung in der Natur ist nicht die Übertragung von Kontrolle, sondern vielmehr die Organisation der Komplexität. Die verschiedenen Systemebenen sind stabile Ebenen von unterschiedlicher Komplexität, was es ermöglicht, für jede Ebene unterschiedliche Beschreibungen zu benutzen. Weiss hat jedoch darauf hingewiesen, daß jede »Ebene«, die man betrachtet, in Wirklichkeit die Ebene der Aufmerksamkeit des Beobachters ist.[22] Die neuen Erkenntnisse der subatomaren Physik scheinen auch für das Studium der lebenden Materie gültig: Die beobachteten Strukturen der Materie sind Spiegelungen der Struktur des Bewußtseins.

Der Begriff der geschichteten Ordnung liefert auch die rechte Perspektive für das Phänomen des Todes. Wir haben gesehen, daß Selbsterneuerung – der Zerfall und der Wiederaufbau von Strukturen in ständigen Zyklen – ein wesentlicher Aspekt aller lebenden Systeme ist. Doch sind die Strukturen, die immer wieder ersetzt werden, ihrerseits lebende Organismen. Aus ihrer Sicht ist die Selbsterneuerung des größeren Systems ihr eigener Kreislauf von Geburt und Tod. Werden und Vergehen erscheinen daher als ein zentraler Aspekt der Selbstorganisation, als das eigentliche Wesen des Lebens. Tatsächlich erneuern sich alle Lebewesen um uns herum zu jedem Zeitpunkt, was so viel bedeutet, daß auch alles um uns herum zu jedem Zeitpunkt stirbt. »Wenn du auf einer Wiese auf der Spitze eines Hügels stehst und dich sorgfältig umschaust, dann befindet sich praktisch alles, was du sehen kannst, im Prozeß des Sterbens«,[23] schreibt Thomas. Doch wird für jeden Organismus, der vergeht, ein anderer geboren. Der Tod ist also nicht das Gegenteil von Leben, sondern ein wesentlicher Aspekt des Lebens.

Obwohl Tod ein wesentlicher Aspekt des Lebens ist, sterben nicht alle Organismen. Einfache einzellige Organismen wie Bakterien und Amöben vermehren sich durch Zellteilung und leben dadurch einfach in ihren Nachkommen weiter. Die Bakterien um uns herum sind im wesentlichen dieselben, welche die Erde schon vor Milliarden von Jahren bevölkerten, doch haben sie sich in zahllose Organismen aufgegliedert. Diese Art von Leben ohne Tod war während der ersten Zweidrittel der Geschichte der Evolution die einzige Art des Lebens. Während jener ungeheuren Zeitspanne gab es kein Altern und keinen Tod, aber auch nicht viel Verschiedenheit – keine höheren Lebensformen und keine Selbst-Bewußtheit. Dann, vor etwa einer Milliarde Jahren, erlebte die Evolution eine außergewöhnliche Beschleunigung und erzeugte eine große Vielfalt von Formen. Zu diesem Zweck »mußte das Leben Sex und Tod erfinden«, schreibt Leonard Shlain. »Ohne Sex gäbe es keine Vielfalt, ohne Tod keine Individualität.«[24] Von da an begannen höhere Organismen zu altern und zu sterben und Individuen ihre Chromosomen in geschlechtlicher Fortpflanzung miteinander zu paaren, wodurch eine enorme genetische Vielfalt erzeugt wurde, welche die Evolution vieltausendmal schneller ablaufen ließ.

Mit diesen höheren Lebensformen entwickelten sich auch mehrschichtige Systeme, Systeme, die sich auf allen Ebenen selbst erneuern und damit fortlaufende Zyklen von Geburt und Tod für alle Organismen in der gesamten Baumstruktur in Gang halten. Diese Entwicklung führt uns zu der Frage nach dem Platz des Menschen in der lebenden Welt. Wir werden ebenfalls geboren und müssen sterben; bedeutet dies also, daß auch wir Teile größerer Systeme sind, die sich ständig erneuern? Das scheint tatsächlich der Fall zu sein. Wie alle anderen lebenden Geschöpfe gehören wir zu Ökosystemen, und wir bilden auch unsere eigenen gesellschaftlichen Systeme. Schließlich gibt es auf noch größerer Ebene die Biosphäre, das Ökosystem des ganzen Planeten, von dem unser Überleben letztlich abhängt. Gewöhnlich betrachten wir diese größeren Systeme nicht als individuelle Organismen wie Pflanzen, Tiere oder Menschen, aber gerade das tut jetzt eine neue wissenschaftliche Hypothese auf der höchsten noch zugänglichen Ebene. Ins einzelne gehende Untersuchungen der Art und Weise, wie die Biosphäre die chemische Zusammensetzung der Luft, die Temperatur auf der Erdoberfläche und viele andere Aspekte der planetarischen Umwelt zu regeln scheint, haben den Chemiker James Lovelock und die Mikrobiologin Lynn Margulis zu der Aussage gebracht, diese Phänomene seien nur verständlich, wenn man den Planeten als einen einzigen lebenden Organismus ansieht. In der Erkenntnis, daß ihre Hypothese die Wiedergeburt eines bedeutsamen antiken Mythos darstellt, haben die beiden Wissenschaftler sie die »Gaia-Hypothese« genannt, nach der griechischen Göttin der Erde.[25]

Das Gewahrsein, daß unsere Erde etwas Lebendiges ist, das in unserer kulturellen Vergangenheit eine bedeutende Rolle spielte, wurde auf dramatische Weise wiederbelebt, als Astronauten zum ersten Male in der Geschichte der Menschheit in der Lage waren, unseren Planeten aus dem Weltraum zu betrachten. Sie sahen die Erde in ihrer ganzen glänzenden Schönheit – ein blauer und weißer Globus in der tiefen Schwärze des Weltraums schwebend – und waren davon zutiefst bewegt. Viele Astronauten haben seither erklärt, dies sei eine tiefe spirituelle Erfahrung gewesen, die ihr Verhältnis zur Erde völlig verändert habe. Die prächtigen Photos von der Erde in ihrer Gesamtheit, welche die Astronauten zurückbrachten, sind zu einem mächtigen neuen Symbol der ökologischen Bewegung geworden; vielleicht sind sie das bedeutendste Ergebnis des ganzen Weltraumprogramms.

Was die Astronauten und zahllose Männer und Frauen auf der Erde vor ihnen intuitiv erfaßten, wird jetzt durch wissenschaftliche Forschung bestätigt, wie in Lovelocks Buch in allen Einzelheiten beschrieben. Der Planet wimmelt nicht nur von Leben, sondern scheint selbst ein lebendes Wesen aus eigener Kraft zu sein. Die gesamte lebende Materie auf der Erde bildet zusammen mit der Atmosphäre, den Ozeanen und dem festen Land ein komplexes System, das über alle typischen Kennzeichen der Selbstorganisation verfügt. Es verharrt in einem bemerkenswerten Zustand chemischen und thermodynamischen Ungleichgewichts und ist durch eine riesige Vielfalt von Vorgängen in der Lage, die Umwelt des Planeten so zu regulieren, daß optimale Verhältnisse für die Evolution des Lebens aufrechterhalten werden.

So ist beispielsweise das Klima auf der Erde für das Leben niemals total ungünstig gewesen, seit vor etwa vier Milliarden Jahren die ersten Lebensformen auftraten. Während jener langen Periode verstärkte sich die Sonnenstrahlung um mindestens 30 Prozent. Wäre die Erde einfach ein festes, unbelebtes Objekt, dann würde ihre Oberflächentemperatur der Ausstrahlung an Sonnenenergie folgen, was bedeuten würde, daß die gesamte Erde für mehr als eine Milliarde Jahre ein gefrorener Ball gewesen sein müßte! Wir haben aber geologische Beweise dafür, daß solche lebensfeindlichen Bedingungen niemals existiert haben. Während der gesamten Evolution des Lebens behielt unser Planet eine ziemlich konstante Oberflächentemperatur, etwa so wie der menschliche Organismus trotz unterschiedlicher Umweltverhältnisse eine konstante Körpertemperatur behält.

Ähnliche Formen der Selbstregulierung sind auch bei anderen Umwelteigenschaften zu beobachten, etwa bei der chemischen Zusammensetzung der Atmosphäre, beim Salzgehalt der Ozeane und der Verteilung von Spurenelementen bei Pflanzen und Tieren. Alles das wird von komplizierten kooperativen Zusammenhängen reguliert, welche die Eigenschaften von selbstorganisierenden Systemen erkennen lassen.

Die Erde ist also ein lebendes System; sie funktioniert nicht etwa *wie* ein Organismus, sondern scheint wirklich ein Organismus *zu sein* – Gaia, ein lebendes planetarisches Wesen. Seine Eigenschaften und Aktivitäten lassen sich nicht aus der Summe seiner Teile vorhersagen; jedes einzelne seiner Gewebe ist mit jedem anderen verbunden, und alle sind voneinander abhängig; seine vielen Pfade der Kommunikation sind höchst komplex und nichtlinear. Seine Form hat sich in Milliarden von Jahren ausgestaltet und entwickelt sich immer noch weiter. Diese Beobachtungen wurden zwar im Rahmen wissenschaftlicher Forschungen gemacht, reichen aber weit über die Naturwissenschaft hinaus. Wie bei vielen anderen Aspekten des neuen Paradigmas kommt darin eine tiefe ökologische Einsicht zum Ausdruck, die im letzten Sinne spiritueller Natur ist.

Die Betrachtung lebender Organismen als Systeme läßt sich aus der Perspektive der klassischen Naturwissenschaft schwer verstehen, weil sie bedeutsame Modifizierungen vieler klassischer Vorstellungen und Ideen erfordert. Die Situation ist nicht unähnlich der unserer Physiker während der ersten drei Jahrzehnte unseres Jahrhunderts, als sie sich genötigt sahen, ihr Grundverständnis der Wirklichkeit drastisch zu revidieren, um atomare Phänomene verstehen zu können. Diese Parallele wird noch durch die Tatsache verstärkt, daß die Idee der Komplementarität, die bei der Entwicklung der Quantentheorie von so entscheidender Bedeutung war, auch in der neuen Systembiologie eine wichtige Rolle zu spielen scheint.

Neben der Komplementarität selbstbehauptender und integrativer Tendenzen, die sich auf allen Ebenen geschichteter Systeme beobachten lassen, trifft man bei lebenden Organismen noch ein anderes Paar komplementärer dynamischer Phänomene an, die wesentliche Aspekte der Selbstorganisation darstellen. Eines davon, das man ganz allgemein als »Selbsterhaltung« bezeichnen könnte, schließt die Prozesse der Selbsterneuerung, der Heilung, der Homöostase und der Anpassung ein. Das andere, das eine entgegengesetzte, aber komplementäre Tendenz darzustellen scheint, ist das der Selbst-Transformation und Selbst-Transzendenz, ein Phänomen, das sich in den Prozessen von Lernen, Entwicklung und Evolution ausdrückt. Lebende Organismen haben ein eingeborenes Potential, über sich hinauszuwachsen, um neue Strukturen und neue Verhaltensformen zu schaffen. Dieses schöpferische Hinausgreifen in ein Neuland, das im Laufe der Zeit zu einer geordneten

Entfaltung von Komplexität führt, scheint eine fundamentale Eigenschaft des Lebens zu sein, ein grundlegendes Charakteristikum des Universums, das – zumindest für den Augenblick – keiner weiteren Erklärung zugänglich ist. Wir können allerdings die Dynamik und die Mechanismen der Selbst-Transzendenz bei der Evolution von Individuen, Gattungen, Ökosystemen, Gesellschaften und Kulturen erforschen.

Die beiden komplementären Tendenzen der selbstorganisierenden Systeme befinden sich in steter Wechselwirkung, und beide tragen zu dem Phänomen der evolutionären Anpassung bei. Um dieses Phänomen zu verstehen, brauchen wir deshalb zwei komplementäre Beschreibungen. Die erste muß viele Aspekte der neodarwinistischen Theorie einschließen, etwa Mutation, die Struktur der DNS sowie die Mechanismen von Fortpflanzung und Vererbung. Die andere Beschreibung soll sich nicht mit den genetischen Mechanismen befassen, sondern mit der ihnen zugrundeliegenden Dynamik der Evolution, deren zentrale Charakteristik nicht Anpassung, sondern Kreativität ist. Stünde die Anpassung allein im Mittelpunkt der Evolution, dann wäre es schwer zu erklären, warum sich lebende Formen jemals über das Stadium der blaugrünen Algen hinausentwickelten, die perfekt an ihre Umwelt angepaßt, in ihrer Fortpflanzungsfähigkeit unübertroffen sind und seit Milliarden von Jahren ihre Fähigkeit zum Überleben unter Beweis gestellt haben.

Die schöpferische Entfaltung des Lebens zu immer komplexeren Formen blieb noch ein Jahrhundert nach Darwin ein ungelöstes Rätsel. Neuere Studien haben jedoch die Umrisse einer Evolutionstheorie entstehen lassen, die vermutlich Licht auf dieses auffallende Charakteristikum lebender Organismen werfen wird. Es handelt sich um eine Systemlehre, die sich auf die Dynamik der Selbst-Transzendenz konzentriert und auf Arbeiten zahlreicher Wissenschaftler aus verschiedenen Disziplinen beruht. Zu ihnen gehören in erster Linie die Chemiker Ilya Prigogine und Manfred Eigen, die Biologen Conrad Waddington und Paul Weiss, der Anthropologe Gregory Bateson und die Systemtheoretiker Erich Jantsch und Ervin Laszlo. Eine umfassende Synthese dieser Theorie wurde vor kurzem von Erich Jantsch veröffentlicht, der Evolution als einen wesentlichen Aspekt der Dynamik der Selbstorganisation ansieht.[26] Diese Anschauung ermöglicht es, die biologische, gesellschaftliche, kulturelle und kosmische Evolution aus demselben Modell der System-Dynamik zu begreifen, auch wenn die verschiedenen Arten der Evolution sehr unterschiedliche Mechanismen voraussetzen. Überall in dieser Theorie manifestiert sich eine grundlegende Komplementarität der Beschreibungen, die bei weitem noch nicht richtig verstanden wird; etwa das Zusammenspiel von Anpassung und Schöpfung, das gleichzeitige Auftreten von Zufall und Notwendigkeit und die subtile Wechselwirkung zwischen Makro- und Mikroevolution.

Für den neuen Systemansatz beginnt die grundlegende Dynamik der Evolution mit einem System in Homöostase – einem Zustand dynamischen Gleichgewichts –, das sich durch multiple, wechselseitig abhängige Fluktuationen auszeichnet. Wird das System gestört, hat es die Tendenz, seine Stabilität durch negative Rückkoppelungsmechanismen zu bewahren, die bestrebt sind, die Abweichung vom Zustand der Ausgeglichenheit zu verringern. Das ist jedoch nicht die einzige Möglichkeit; Abweichungen können auch intern durch positive Rückkoppelung verstärkt werden, entweder als Antwort auf Umweltveränderungen oder spontan ohne jeden äußeren Einfluß. Die Stabilität eines lebenden Systems wird ständig durch seine Fluktuationen auf die Probe gestellt, und in gewissen Augenblicken können eine oder mehrere davon so stark ausfallen, daß sie das System über die Stabilität hinaus in eine ganz neue Struktur hineinzwingen, das dann seinerseits wieder fluktuieren und relativ stabil sein wird. Die Stabilität eines lebenden Systems ist also niemals absolut. Sie besteht so lange wie die Fluktuationen unterhalb eines gewissen kritischen Umfangs bleiben, doch ist das System zu jedem Zeitpunkt bereit, sich umzuwandeln, stets zur Evolution bereit. Dieses grundlegende Evolutionsmodell wurde für chemische dissipative Strukturen von Prigogine und seinen Mitarbeitern ausgearbeitet. Seither hat man es mit Erfolg angewandt, um die Evolution verschiedenartiger biologischer, gesellschaftlicher und ökologischer Systeme zu beschreiben.

Zwischen der neuen Systemtheorie der Evolution und der klassischen und neodarwinistischen Theorie gibt es zahlreiche grundlegende Unterschiede. Nach der klassischen Theorie bewegt sich die Evolution in Richtung auf einen Gleichgewichtszustand, indem sich die Organismen immer perfekter an ihre Umwelt anpassen. Nach der Systemlehre vollzieht sich die Evolution weit außerhalb eines Gleichgewichts und entfaltet sich durch ein Wechselspiel von Anpassung und Schöpfung. Darüber hinaus berücksichtigt die Systemtheorie, daß die Umwelt selbst ein zur Anpassung und Evolution befähigtes lebendes System ist. Damit verlagert sich das Hauptinteresse von der Evolution eines Organismus auf die Ko-Evolution von Organismus plus Umwelt. Die klassische Weltanschauung hat diese wechselseitige Anpassung und Ko-Evolution vernachlässigt und sich auf lineare, zeitlich aufeinanderfolgende Vorgänge konzentriert, wobei dann transaktionale Phänomene außer acht gelassen wurden, die sich gegenseitig bedingen und gleichzeitig ablaufen.

Für Jacques Monod war die Evolution eine strikte Aufeinanderfolge von Zufall und Notwendigkeit, des Zufalls planloser Mutationen und der Notwendigkeit des Überlebens.[27] Zufall und Notwendigkeit sind auch Aspekte der neuen Theorie, jedoch mit ganz unterschiedlichen Rollen. Die innere Verstärkung der Fluktuationen und die Art und Weise, in der das System einen kritischen Punkt erreicht, können zufällig sein und sind nicht vorhersehbar; ist jedoch der kritische Punkt einmal erreicht, dann ist das System gezwungen, eine neue Struktur zu entwickeln. Damit kommen also Zufall und Notwendigkeit gleichzeitig ins Spiel und agieren als komplementäre Prinzipien. Außerdem ist die Unvorhersagbarkeit des ganzen Vorgangs nicht auf den Ursprung der Instabilität beschränkt. Wird ein System instabil, so gibt es stets mindestens zwei mögliche Strukturen, zu denen hin es sich entwickeln kann. Je weiter das System sich vom Gleichgewicht entfernt hat, desto mehr Optionen stehen zur Verfügung. Es ist unmöglich vorherzusagen, welche dieser Optionen schließlich gewählt wird; es besteht eine echte Freiheit der Auswahl. Wenn das System sich dem kritischen Punkt nähert, »entscheidet« es selbst, welchen Weg es einschlagen will, und diese Entscheidung wird seine Evolution bestimmen. Man könnte sich die Gesamtheit aller möglichen Evolutionswege als eine Graphik mit vielen Zweigen vorstellen, wobei an jedem Abzweigungspunkt freie Entscheidungen möglich sind.[28]

Dieser bildliche Vergleich zeigt, daß Evolution im Grunde offen und unbestimmt ist. Sie hat kein vorgegebenes Ziel oder Zweck, und doch ist ein Entwicklungsmuster erkennbar. Die Einzelheiten dieses Musters sind wegen der Autonomie, die lebende Systeme in ihrer Evolution wie in anderen Aspekten ihrer Organisation besitzen, unvorhersagbar.[29] In der Systemschau wird der Prozeß der Evolution nicht von »blindem Zufall« beherrscht, sondern stellt die Entfaltung einer Ordnung und Komplexität dar, die man als eine Art Lernprozeß mit Autonomie und Freiheit der Wahl ansehen kann.

Seit Darwin standen sich wissenschaftliche und religiöse Anschauungen über die Evolution oft feindlich gegenüber. Die letzteren glaubten, alles entwickle sich nach einem großen, vom göttlichen Schöpfer entworfenen Plan, während die Wissenschaft die Evolution auf ein kosmisches Würfelspiel reduzierte. Für die neue Systemlehre ist keine der beiden Anschauungen akzeptabel. Obgleich sie Spiritualität nicht leugnet und sogar dazu beitragen kann, die Vorstellung von einer Gottheit zu formulieren, wie wir weiter unten sehen werden, gibt es in ihr doch keinen Raum für einen vorgefaßten Evolutionsplan. Für sie ist Evolution ein andauerndes und offenes Abenteuer, das seinen eigenen Zweck fortlaufend selbst schafft, in einem Prozeß, dessen ins einzelne gehender Ausgang grundsätzlich unvorhersagbar ist. Dennoch läßt sich das allgemeine Evolutionsmuster erkennen und ist verständlich. Zu seinen Kennzeichen gehören das progressive Anwachsen der Komplexität, Koordination und gegenseitige Abhängigkeit; ferner gehören dazu die Integration von Einzelwesen in vielschichtige Systeme sowie die fortgesetzte Verfeinerung gewisser Funktionen und Verhaltensweisen. Ervin Laszlo drückt das so aus: »Es gibt da einen Fortschritt von Vielfältigkeit und Chaos zu Einheit und Ordnung.«[30]

In der klassischen Naturwissenschaft galt die Natur als mechanisches System, bestehend aus grundlegenden Bausteinen. In Übereinstimmung mit dieser Anschauung legte Darwin eine Evolutionstheorie vor, in der die Überlebenseinheit die Gattung, die Untergattung oder ein sonstiges Bauelement der biologischen Welt war. Ein Jahrhundert später war jedoch ganz klar, daß keines dieser Dinge die Überlebenseinheit ist. Was überlebt, ist der Organismus-in-seiner-Umwelt.[31] Ein Organismus, der nur an das eigene Überleben denkt, wird unweigerlich seine Umwelt zerstören und damit sich selbst, wie wir heute aus bitterer Erfahrung lernen müssen. Aus der Sicht der Systemlehre ist die Überlebenseinheit überhaupt kein eigenständiges Wesen, sondern ein Organisationsmuster, das ein Organismus in seinen Wechselwirkungen mit seiner Umwelt angenommen hat. Der Neurologe Robert Livingston meint dazu, der evolutionäre Selektionsprozeß beruhe auf Verhaltensweisen.[32]

In der Geschichte des Lebens auf unserer Erde ist die Ko-Evolution von Mikro- und Makrokosmos von besonderer Bedeutung. Die herkömmlichen Erklärungen des Ursprungs des Lebens beschreiben gewöhnlich den Aufbau höherer Lebensformen in der Mikroevolution und vernachlässigen die makroevolutionären Aspekte. Doch sind beides komplementäre Aspekte desselben evolutionären Prozesses, wie Jantsch hervorgehoben hat.[33] Aus der einen Perspektive schafft das mikroskopische Leben die makroskopischen Voraussetzungen für seine weitere Evolution; aus der anderen Perspektive schafft die makroskopische Biosphäre ihr eigenes mikroskopisches Leben. Die Entfaltung der Komplexität entsteht nicht aus der Anpassung der Organismen an eine gegebene Umwelt, sondern aus der Ko-Evolution von Organismus und Umwelt auf allen Ebenen des Systems.

Als vor etwa vier Milliarden Jahren, eine halbe Milliarde Jahre nach der Entstehung unseres Planeten, die frühesten Lebensformen erschienen, waren das einzellige Organismen ohne Zellkern, die den heutigen Bakterien ziemlich ähnlich waren. Diese sogenannten Prokaryoten lebten ohne Sauerstoff, da es in der Atmosphäre wenig oder gar keinen freien Sauerstoff gab. Aber fast schon im gleichen Augenblick, in dem die Mikroorganismen entstanden, begannen sie ihre Umwelt zu verändern und die makroskopischen Bedingungen für die weitere Evolution des Lebens zu schaffen. Während der folgenden zwei Milliarden Jahre erzeugten die Prokaryoten Sauerstoff durch Photosynthese, bis dieser seine heutige Konzentration in der Erdatmosphäre erreichte. Damit war die Bühne frei für den Auftritt komplexerer sauerstoffatmender Zellen, die in der Lage sein sollten, Zellgewebe und Organismen aus vielen Zellen zu schaffen.

Der nächste bedeutsame Schritt in der Evolution war das Entstehen der Eukaryoten, einzelliger Organismen mit Zellkernen, die in ihren Chromosomen das genetische Material des Organismus enthielten. Diese Zellen waren es, die später vielzellige Organismen formten. Nach Lynn Margulis, der Mitautorin der »Gaia-Hypothese«, entstanden die Eukaryoten aus einer Symbiose zwischen mehreren Prokaryoten, die innerhalb des neuen Zelltyps weiterhin als Organellen lebten.[34] Wir haben schon die beiden Arten von Organellen erwähnt – Mitochondrien und Chloroplasmen –, welche die komplementären Atmungserfordernisse von Tieren und Pflanzen regeln. Sie sind nichts als die einstigen Prokaryoten, die weiterhin den Energiehaushalt des planetaren Gaia-Systems verwalten, wie sie es schon vier Milliarden Jahre lang getan haben.

Während der weiteren Evolution des Lebens beschleunigten zwei Schritte den evolutionären Prozeß außerordentlich und schufen eine Fülle neuer Formen. Der erste war die Entwicklung der geschlechtlichen Fortpflanzung, aus der sich eine außergewöhnliche genetische Vielfalt ergab. Der zweite Schritt war das Entstehen des Bewußtseins. Er machte es möglich, die genetischen Mechanismen der Evolution durch wirksamere gesellschaftliche Mechanismen zu ersetzen, aufbauend auf begrifflichem Denken und symbolischer Sprache.

Um unser Systembild des Lebens auch auf die Beschreibung der gesellschaftlichen und kulturellen Evolution auszudehnen, wollen wir uns zunächst mit den Phänomenen des Geistes und des Bewußtseins befassen. Gregory Bateson hat vorgeschlagen, Geist als ein Systemphänomen zu definieren, das für lebende Organismen charakteristisch ist, wie auch für Gesellschaften und Ökosysteme. Er stellte eine Liste von Kriterien auf, die in Systemen erfüllt sein müssen, damit Geist in Erscheinung tritt.[35] Jedes System, das diesen Kriterien entspricht, wird imstande sein, Informationen zu verarbeiten und die Phänomene zu entwickeln, die wir mit Verstand assoziieren – nämlich Denken, Lernen und Gedächtnis usw. Nach Ansicht von Bateson sind Geist, Verstand und Intelligenz notwendige und unausweichliche Konsequenzen einer gewissen Komplexität, die einsetzt, lange bevor die Organismen ein Gehirn und ein höheres Nervensystem entwickeln.

Batesons Kriterien für das Auftreten des Geistes stehen in enger Beziehung zu den Eigenschaften selbstorganisierender Systeme, die ich weiter oben als entscheidende Unterschiede zwischen Maschinen und lebenden Organismen aufgeführt habe. In der Tat ist Geist eine wesentliche Eigenschaft lebender Systeme, »das Wesentliche am Lebendigsein«, wie Bateson es ausdrückte.[36] Aus der Sicht der Systemtheorie ist Leben keine Substanz oder Kraft und Geist ist kein »Ding«, das in Wechselwirkung mit der Materie steht. Leben und Geist sind Manifestationen derselben Gruppierung von Systemeigenschaften, von Prozessen, in denen die Dynamik der Selbstorganisation zum Ausdruck kommt. Dieser neue Geistesbegriff wird von unerhörtem Wert bei unserem Versuch sein, die kartesianische Trennung zu überwinden. Die Beschreibung von Geist als Organisationsmuster oder Gruppierung dynamischer Beziehungen erinnert an die Beschreibung der Materie in der modernen Physik. Geist und Materie erscheinen nicht länger als zwei getrennte Kategorien, wie Descartes es glaubte, sondern man kann sie als unterschiedliche Aspekte desselben universalen Geschehens betrachten.

Batesons Vorstellung vom Geist wird für unsere gesamte weitere Diskussion nützlich sein. Um jedoch der konventionellen Sprache näher zu bleiben, werde ich den Begriff »Geist« nur im Zusammenhang mit Organismen von hoher Komplexität verwenden und zur Beschreibung der Selbstorganisations-Dynamik auf niedriger Ebene den Begriff »Geistestätigkeit« anwenden. Diese Terminologie wurde vor einigen Jahren von dem Biologen George Coghill vorgeschlagen, der lange vor dem Aufkommen der Systemlehre ein wunderbares Systembild lebender Organismen und des Geistes entwickelte.[37] Coghill unterschied in lebenden Organismen drei entscheidende und eng zusammenhängende Organisationsmuster: Struktur, Funktion und »Mentation«. Für ihn ist Struktur soviel wie Organisation im Raum, Funktion soviel wie Organisation in der Zeit und Mentation oder Geistestätigkeit eine Art von Organisation, die auf den unteren Ebenen der Komplexität mit Struktur und Funktion verwoben ist, auf höheren Ebenen aber über Raum und Zeit hinausgeht. Aus der modernen System-Perspektive können wir sagen, daß Geistestätigkeit als Dynamik der Selbstorganisation die Organisation aller Funktionen darstellt und damit eine Meta-Funktion ist. Auf niederer Ebene wird sie oft wie Verhalten aussehen, das wiederum als Totalität aller Funktionen definiert werden kann. Die Methode des Behaviorismus ist deshalb auf dieser Ebene oft erfolgreich. Auf höheren Ebenen der Komplexität kann Geistestätigkeit jedoch nicht mehr auf Verhalten beschränkt werden, da es dort die eigentümliche nichträumliche und nichtzeitliche Qualität annimmt, die wir mit Geist verbinden.

In der Vorstellung vom Geist, die wir in der Systemtheorie finden, ist Geistestätigkeit nicht nur für individuelle Organismen, sondern auch für gesellschaftliche und ökologische Systeme typisch. Bateson hat oft darauf hingewiesen, daß Geist nicht nur im Körper immanent ist, sondern auch in den Kommunikationspfaden und Botschaften außerhalb des Körpers. Es gibt höhere Manifestationen des Geistes, in denen unser individueller Geist nur ein Untersystem darstellt. Diese Erkenntnis hat tiefgreifende Rückwirkungen auf unsere Einstellung zur natürlichen Umwelt. Trennen wir geistige Phänomene von den umfassenderen Systemen, in denen sie immanent sind, und beschränken wir sie auf menschliche Individuen, dann wird uns die Umwelt als geistlos erscheinen und wir werden dazu neigen, sie auszubeuten. Unser Verhalten wird dagegen völlig anders sein, wenn wir uns bewußt sind, daß die Umwelt nicht nur lebendig, sondern auch wie wir selbst mit Geist begabt ist.

Die Tatsache, daß die lebende Welt in mehrschichtigen Strukturen auf mehreren Ebenen organisiert ist, bedeutet, daß es auch mehrere geistige Ebenen gibt. So gibt es im Organismus verschiedene Ebenen »metabolischer« Geistestätigkeit bei Zellen, Geweben und Organen; außerdem gibt es die »neurale« Geistestätigkeit des Gehirns, die je nach den verschiedenen Phasen der menschlichen Evolution wiederum mehrere Ebenen aufweist. Die Gesamtheit dieser Geistestätigkeiten stellt das dar, was wir den menschlichen Geist nennen wollen. Eine solche Vorstellung vom Geist als einem aus mehreren Ebenen bestehenden Phänomen, dessen wir im gewöhnlichen Zustand unseres Bewußtseins nur teilweise gewahr sind, ist in vielen nicht-abendländischen Kulturen weitverbreitet und in jüngster Zeit von einigen westlichen Psychologen ausführlicher untersucht worden.[38]

In der geschichteten Ordnung der Natur ist der jeweilige individuelle menschliche Geist in den umfassenderen Geist gesellschaftlicher und ökologischer Systeme eingebettet; dieser wiederum ist in das planetare geistige System integriert – in den Geist von Gaia –, das seinerseits an irgendeiner Art von universalem oder kosmischem Geist teilhaben muß. Das Gedankengebäude des neuen Systemansatzes wird in keiner Weise eingeengt, wenn man diesen kosmischen Geist mit der traditionellen Vorstellung von Gott assoziiert. Jantsch sagt: »Gott ist nicht der Schöpfer, sondern der Geist des Universums.«[39] Aus dieser Sicht ist die Gottheit natürlich weder männlich noch weiblich, noch in irgendeiner persönlichen Form manifestiert, sondern stellt nichts weniger als die Selbstorganisations-Dynamik des gesamten Kosmos dar.

Das Organ der neuralen Geistestätigkeit – das Gehirn und sein Nervensystem – ist ein hochkomplexes, vielschichtiges und multidimensionales lebendes System, das trotz mehrerer Jahrzehnte intensiver neurowissenschaftlicher Forschung in vielen Aspekten zutiefst geheimnisvoll geblieben ist.[40] Das menschliche Gehirn ist ein lebendes System *par excellence*. Nach dem ersten Jahr des Wachstums werden keine Neuronen mehr produziert, doch gehen Formveränderungen während des ganzen weiteren Lebens vor sich. Je nach Veränderungen der Umwelt modelliert sich das Gehirn entsprechend, und wenn es einmal verletzt wird, paßt sich das System sehr schnell wieder an. Das Gehirn nutzt sich niemals ab; im Gegenteil, je mehr man es benutzt, um so besser arbeitet es.

Die Hauptfunktion der Neuronen ist es, durch Empfang und Weiterleitung elektrischer und chemischer Impulse miteinander zu kommunizieren. Zu diesem Zweck hat jedes Neuron zahlreiche feine Fasern entwickelt, die sich verzweigen, um Verbindungen zu anderen Zellen herzustellen. Auf diese Weise entsteht ein riesiges und kompliziertes Kommunikationsnetz, das eng mit dem Muskel- und Skelettsystem verwoben ist. Die meisten Neuronen sind andauernd in spontaner Aktion, senden pro Sekunde mehrere Impulse aus und modulieren ihre Aktivitätsmuster auf verschiedenartige Weise, um Informationen zu übermitteln. Das ganze Gehirn ist ständig aktiv und lebendig, wobei in jeder Sekunde Milliarden nervöser Impulse durch seine Nervenpfade zucken.

Die Nervensysteme höherer Tiere und der Menschen sind so komplex und manifestieren sich in einer so reichen Vielzahl von Phänomenen, daß jeder Versuch hoffnungslos wäre, ihr Funktionieren in rein reduktionistischen Begriffen zu verstehen. Zwar sind Neurologen heute in der Lage, die Strukturen des Gehirns bis zu einem gewissen Grade graphisch darzustellen und viele seiner elektrochemischen Prozesse zu klären, von seinen integrativen Aktivitäten jedoch wissen sie fast gar nichts. Wie im Falle der Evolution scheinen hier zwei komplementäre Methoden notwendig: eine reduktionistische Methode zum Verständnis des genauen neuralen Mechanismus und eine ganzheitliche, um zu verstehen, wie diese Mechanismen in das Funktionieren des ganzen Systems integriert werden. Bisher ist kaum versucht worden, die Dynamik der selbstorganisierenden Systeme auf neurale Phänomene anzuwenden; allerdings gibt es ermutigende Ergebnisse bei Versuchen, die in allerjüngster Zeit unternommen wurden.[41] Besondere Aufmerksamkeit hat dabei die Bedeutung der regelmäßigen Fluktuationen im Wahrnehmungsprozeß gefunden, die in Frequenzmustern zum Ausdruck kommen.

Eine weitere interessante Entwicklung ist die Entdeckung, daß die beiden zum Verständnis der Natur aller lebenden Systeme erforderlichen komplementären Methoden der Beschreibung auch in der Struktur selbst und im Funktionieren unseres Gehirns zum Ausdruck kommen. Forschungsarbeiten in den letzten zwanzig Jahren haben übereinstimmend gezeigt, daß die beiden Hälften des Gehirns dazu tendieren, entgegengesetzte, jedoch komplementäre Funktionen auszuüben. Die linke Hälfte, welche die rechte Körperhälfte kontrolliert, scheint mehr auf analytisches, lineares Denken spezialisiert, wozu auch die Verarbeitung von zeitlich aufeinanderfolgenden Informationen gehört. Die rechte Gehirnhälfte, welche die linke Körperseite kontrolliert, scheint überwiegend auf eine ganzheitliche Weise zu funktionieren, welche besser für Synthese geeignet und geneigt ist, Informationen diffuser und gleichzeitig zu verarbeiten.

Die beiden komplementären Methoden des Funktionierens sind auf besonders bemerkenswerte Weise bei mehreren Experimenten mit epileptischen Patienten demonstriert worden, deren Gehirn gewissermaßen geteilt wurde, indem ihr *corpus callosum,* das Faserband, das normalerweise die beiden Hälften des Gehirns verbindet, durchgeschnitten wurde. Diese Patienten wiesen einige auffallende Anomalien auf. So konnten sie zum Beispiel mit geschlossenen Augen einen Gegenstand beschreiben, den sie in ihrer rechten Hand hielten, konnten ihn aber nur erraten, wenn sie ihn in der linken Hand hielten. Die rechte Hand konnte noch schreiben, aber keine Bilder mehr zeichnen, während es bei der linken umgekehrt war. Andere Experimente zeigten, daß die unterschiedlichen Spezialisierungen der beiden Hälften des Gehirns eher Präferenzen als absolute Unterscheidungen darstellten, wobei jedoch das Gesamtbild der Komplementarität bestätigt wurde.[42]

In der Vergangenheit haben Gehirnforscher oft die linke Hälfte des Gehirns als die überlegene und die rechte als die minderwertige Hälfte bezeichnet und damit die für unsere kartesianische Kultur typische Bevorzugung von rationalem Denken, Quantifizierung und Analyse ausgedrückt. Tatsächlich ist die Bevorzugung von Werten und Aktivitäten, die in Zusammenhang mit der »linken Gehirnhälfte« und der »rechten Hand« stehen, viel älter als die kartesianische Weltanschauung. In den meisten europäischen Sprachen wird die rechte Seite mit gut, gerecht und tugendhaft assoziiert, die linke mit böse, Gefahr und Argwohn. Das Wort »recht« selbst bedeutet ja auch »richtig«, »angemessen« oder »gerecht«, im Deutschen wie im Englischen, während »sinister«, das lateinische Wort für »links«, etwas Böses und Bedrohliches bezeichnet. Das deutsche Wort für Gesetz lautet auch »Recht«, genau wie im Französischen das Wort *droit.* Beispiele dieser Art lassen sich in praktisch allen westeuropäischen Sprachen und wahrscheinlich auch in vielen anderen finden. Die tiefverwurzelte Bevorzugung der rechten Seite – derjenigen, die von der linken Gehirnhälfte kontrolliert wird – in so vielen Kulturen gibt zur Frage Anlaß, ob das nicht mit dem patriarchalischen Wertsystem zusammenhängt. Was auch immer der Ursprung sein mag – seit einiger Zeit gibt es Versuche, eine ausgeglichenere Anschauung von der Gehirnfunktion zu fördern und Methoden zu entwickeln, um die eigenen geistigen Fähigkeiten durch Stimulation und Integration der Funktionen beider Gehirnhälften zu vergrößern.[43]

Die geistigen Aktivitäten lebender Organismen von den Bakterien bis zu den Primaten lassen sich ziemlich folgerichtig als Muster der Selbstorganisation erklären, ohne daß man die entsprechende Terminologie sehr modifizieren müßte, wenn man die evolutionäre Leiter in Richtung wachsender Komplexität nach oben steigt. Bei menschlichen Organismen sieht das jedoch ganz anders aus. Der menschliche Geist ist in der Lage, eine innere Welt zu schaffen, die die äußere Wirklichkeit widerspiegelt, die jedoch eine eigene Existenz besitzt und ein Individuum oder eine Gesellschaft dazu bringen kann, auf die äußere Welt einzuwirken. Beim Menschen stellt diese innere Welt – das Reich der Psychologie – einen völlig neuen Bereich dar und bezieht eine Reihe von Phänomenen ein, die für die menschliche Natur charakteristisch sind.[44] Dazu gehören Selbst-Bewußtsein, bewußte Erfahrung, begriffliches Denken, symbolische Sprache, Träume, Kunst, das Schaffen von Kultur, ein Sinn für Werte, Interesse für die weit zurückliegende Vergangenheit und Sorge um die ferne Zukunft. Die meisten dieser Eigenschaften besitzen verschiedene Tierarten in rudimentärer Form. In der Tat scheint es kein einziges Kriterium zu geben, das uns erlauben würde, Menschen von anderen Tieren zu unterscheiden. Das Besondere an der menschlichen Natur ist eine Kombination von Eigenschaften, die sich bei den niederen Evolutionsformen schon ankündigen, die aber nur bei der Gattung Mensch integriert und zu einer höheren Ebene der Komplexität fortentwickelt wurden.[45]

In unseren Wechselwirkungen mit der Umwelt findet ein ständiges Wechselspiel und gegenseitige Beeinflussung zwischen der äußeren und der inneren Welt statt. Die Strukturen, die wir um uns herum beobachten, beruhen auf sehr fundamentale Weise auf unseren inneren Strukturen. Die Strukturen der Materie reflektieren Strukturen des Geistes, gefärbt durch subjektive Gefühle und Werte. In der traditionellen kartesianischen Weltanschauung wurde angenommen, jedes Individuum verfüge grundsätzlich über denselben biologischen Apparat, weshalb jeder von uns Zugang zu demselben »Bildschirm« von Sinneswahrnehmungen habe. Die Unterschiede führte man auf die subjektive Interpretation von Sinnesdaten zurück. Die bekannte kartesianische Metapher sprach da von dem »kleinen Mann, der auf die Bilderwand blickt«. Neueste neurologische Untersuchungen haben gezeigt, daß dem nicht so ist. Die Modifizierung sinnlicher Wahrnehmungen durch vergangene Erfahrungen, Erwartungen und Zielsetzungen erfolgt nicht nur durch die Interpretation, sondern beginnt bereits am Anfangspunkt, an den »Pforten der Wahrnehmung«. Zahlreiche Experimente haben darauf hingewiesen, daß die Registrierung von Daten durch die Sinnesorgane für die verschiedenen Individuen unterschiedlich ist, noch *bevor* die Wahrnehmung erfahren wird.[46] Diese Studien zeigen, daß die physiologischen Aspekte der Sinneswahrnehmung nicht von den psychologischen Aspekten der Interpretation getrennt werden können. Die neue Anschauung der Wahrnehmung verwischt auch die konventionelle Unterscheidung zwischen sinnlicher und außersinnlicher Wahrnehmung – ein weiteres Überbleibsel des kartesianischen Denkens –, indem sie zeigt, daß jede Wahrnehmung bis zu einem gewissen Grade außersinnlich ist.

Unsere Reaktionen auf die Umwelt werden also nicht so sehr von den unmittelbaren Wirkungen externer Reize auf unser biologisches System bestimmt, sondern eher durch unsere früheren Erfahrungen, unsere Erwartungen, unsere Zielsetzungen und die individuelle symbolische Interpretation unserer Sinneserfahrungen. Ein zarter Hauch von Parfum kann Freude oder Kummer in uns hervorrufen, Vergnügen oder seelischen Schmerz, und zwar durch seine Assoziation mit der Vergangenheit. Unsere Reaktion auf diese Geruchsempfindung wird dementsprechend unterschiedlich sein. So sind also die innere und die äußere Welt im Funktionieren des menschlichen Organismus stets miteinander verbunden; sie wirken aufeinander ein und entwickeln sich gemeinsam.

Als menschliche Wesen gestalten wir unsere Umwelt wirksam, weil wir in der Lage sind, die äußere Welt symbolisch darzustellen, begrifflich zu denken und unsere Symbole, Begriffe und Ideen anderen mitzuteilen. Wir tun das mit Hilfe einer abstrakten Sprache, aber auch wortlos durch Malerei, Musik und andere Kunstformen. In unserem Denken und unserer Kommunikation befassen wir uns nicht nur mit der Gegenwart, sondern können uns auch auf die Vergangenheit beziehen und die Zukunft vorwegnehmen, was uns einen Grad von Autonomie gibt, der weit über den anderer Gattungen hinausgeht. Die Entwicklung abstrakten Denkens, symbolischer Sprache und der verschiedenen sonstigen menschlichen Fähigkeiten hängt ganz entscheidend von einem Phänomen ab, das für den menschlichen Geist typisch ist. Menschen besitzen Bewußtsein; wir sind uns nicht nur unserer Sinneswahrnehmungen bewußt, sondern erkennen uns auch als denkende und erlebende Wesen.

Die Natur des Bewußtseins ist eine fundamentale existentielle Frage, die Männer und Frauen zu allen Zeiten fasziniert hat und immer wieder zum Gegenstand intensiver Diskussionen unter Experten der verschiedensten Wissenschaftsgebiete geworden ist, einschließlich Psychologen, Physiker, Philosophen, Neurowissenschaftler, Künstler und Vertreter mystischer Überlieferungen. Diese Diskussionen waren oft sehr anregend, haben aber auch beträchtliche Verwirrung geschaffen, weil der

Begriff »Bewußtsein« in verschiedener Bedeutung verwendet wird. Er kann subjektive Bewußtheit bedeuten, etwa beim Vergleich bewußter und unbewußter Vorgänge, aber auch Selbst-Bewußtheit, das Gewahrsein des Gewahrseins. Viele verwenden diesen Ausdruck auch, um die Gesamtheit des Geistes mit seinen vielen bewußten und unbewußten Ebenen zu bezeichnen. Und die Diskussion wird noch komplizierter durch das neuerdings verstärkte Interesse für östliche »Psychologien«, die ins einzelne gehende »Landkarten« des Innenlebens entwickelt haben und ein Dutzend oder mehr Begriffe verwenden, um alle seine unterschiedlichen Aspekte zu beschreiben, die meistens sämtlich als »Geist« oder »Bewußtsein« übersetzt werden.

Angesichts dieser Situation müssen wir sorgfältig definieren, in welchem Sinne wir den Ausdruck gebrauchen. Der menschliche Geist ist ein vielschichtiges und integriertes Muster von Vorgängen, in denen die Dynamik der menschlichen Selbstorganisation zum Ausdruck kommt. Bewußtheit ist eine Eigenschaft der Geistestätigkeit auf jeder beliebigen Ebene, vom Einzeller bis zum Menschen, wenn sie natürlich auch im Fassungsvermögen sehr unterschiedlich ist. Selbst-Bewußtheit scheint sich andererseits nur bei höheren Tierformen zu manifestieren, kommt nur im menschlichen Geist zu voller Entfaltung – und es ist diese Eigenschaft des Geistes, die ich als Bewußtsein bezeichne. Die Gesamtheit des menschlichen Geistes mit seinen bewußten und unbewußten Bereichen werde ich mit Jung »Psyche« nennen.

Da das Systembild des Geistes nicht auf individuelle Organismen begrenzt ist, sondern auf gesellschaftliche und ökologische Systeme ausgedehnt werden kann, können wir sagen, daß Gruppen von Menschen, Gesellschaften und Kulturen einen kollektiven Geist besitzen und dementsprechend auch über ein kollektives Bewußtsein verfügen. Wir können auch Jung in seiner Annahme folgen, zum kollektiven Geist oder der kollektiven Psyche gehöre auch ein kollektives Unbewußtes.[47] Als Individuen haben wir an diesen kollektiven geistigen Strukturen Anteil, werden von ihnen beeinflußt und formen sie andererseits auch. Schließlich kann man die Begriffe eines planetaren und eines kosmischen Geistes mit planetarischen und kosmischen Ebenen des Bewußtseins assoziieren.

Die meisten Theorien über die Natur des Bewußtseins scheinen Variationen einer von zwei entgegengesetzten Anschauungen zu sein, die im Rahmen des System-Ansatzes dennoch komplementär und miteinander vereinbar sein können. Die eine dieser Anschauungen könnte man als die westlich-wissenschaftliche bezeichnen. Für sie steht die Materie an erster Stelle, ist Bewußtsein eine Eigenschaft komplexer materieller Strukturen, die in einem bestimmten Stadium der biologischen Evolution in Erscheinung tritt. Die meisten Neurowissenschaftler vertreten heutzutage diese Anschauung.[48] Dagegen könnte man die andere Sicht des Bewußtseins als mystisch bezeichnen, da sie im allgemeinen in mystischen Überlieferungen zu finden ist. Für sie ist das Bewußtsein die primäre Wirklichkeit und Urgrund allen Seins. Nach dieser Anschauung ist Bewußtsein in seiner reinsten Form immateriell, formlos und bar jeden Inhalts; oft wird es beschrieben als »reines Bewußtsein«, »letzte Wirklichkeit«, »Sosein« und dergleichen.[49] Die Manifestation des reinen Bewußtseins wird in vielen spirituellen Traditionen mit dem Göttlichen assoziiert. Man nennt es das Wesen des Universums, das sich in allen Dingen manifestiert; alle Formen der Materie und alle lebenden Wesen gelten als Strukturen des göttlichen Bewußtseins.

Die mystische Anschauung des Bewußtseins basiert auf der Erfahrung der Wirklichkeit durch außergewöhnliche Modalitäten des Gewahrseins, die man üblicherweise durch Meditation erreicht, die aber auch spontan während eines Vorgangs künstlerischen Schaffens und in anderen Zusammenhängen auftreten können. Moderne Psychologen nennen außergewöhnliche Erfahrungen dieser Art »transpersonal«, weil sie es anscheinend dem individuellen Geist ermöglichen, Kontakt mit kollektiven und sogar kosmischen Geistesebenen aufzunehmen. Nach zahlreichen persönlichen Bezeugungen kommt es bei transpersonalen Erfahrungen zu einer starken, persönlichen und bewußten Beziehung zur Wirklichkeit, die weit über den gegenwärtigen wissenschaftlich fundierten Rahmen hinausreicht. Wir sollten daher nicht erwarten, daß die Naturwissenschaft im gegenwärtigen Stadium die mystische Ansicht vom Bewußtsein bestätigen oder widerlegen kann.[50] Dennoch scheint das Systembild des Geistes in vollkommener Übereinstimmung mit der naturwissenschaftlichen wie der mystischen Auffassung vom Bewußtsein zu stehen und ergibt somit einen idealen Rahmen für die Vereinigung beider Auffassungen.

Die Systemlehre stimmt mit der konventionellen wissenschaftlichen Anschauung überein, daß Bewußtsein eine Manifestation komplexer materieller Strukturen ist. Genauer ausgedrückt ist es eine Manifestation lebender Systeme einer gewissen Komplexität. Andererseits sind die biologischen Strukturen dieser Systeme Ausdruck von ihnen zugrundeliegenden Vorgängen, welche die Selbstorganisation des Systems und somit seinen Geist darstellen. In diesem Sinne können materielle Strukturen nicht länger als die primäre Wirklichkeit angesehen werden. Weitet man dieses Denken auf das Universum als Ganzes aus, dann ist die Annahme nicht zu weit hergeholt, daß alle seine Strukturen – von den subatomaren Teilchen bis zu den Galaxien und von den Bakterien bis zu den Menschen – Manifestationen der Selbstorganisations-Dynamik des Universums sind, die wir vorhin mit dem kosmischen Geist identifiziert haben. Das ist jedoch fast schon eine mystische Anschauung. Der einzige Unterschied besteht darin, daß Mystiker größten Wert auf die unmittelbare Erfahrung des kosmischen Bewußtseins legen, die über den rein wissenschaftlichen Ansatz hinausgeht. Dennoch scheinen beide Wege durchaus vereinbar. Die auf der Systemlehre beruhende Naturanschauung scheint endlich einen sinnvollen wissenschaftlichen Rahmen abzugeben, innerhalb dessen man sich auch mit den uralten Fragen nach der Natur des Lebens, des Geistes, des Bewußtseins und der Materie beschäftigen kann.

Um die menschliche Natur zu verstehen, untersuchen wir nicht nur ihre physischen und psychischen Dimensionen, sondern auch ihre gesellschaftlichen und kulturellen Manifestationen. Der Mensch hat sich als Gemeinschaftswesen entwickelt, und es kann ihm ohne Kontakt mit anderen Menschen weder physisch noch psychisch wohlergehen. Mehr als jede andere Gattung üben wir uns in kollektivem Denken, wobei wir eine Welt von Kultur und Werten schaffen, die zu einem integralen Teil unserer natürlichen Umwelt wird. Deshalb lassen sich biologische und kulturelle Eigenarten der menschlichen Natur nicht voneinander trennen. Die Menschheit entstand durch den Prozeß des Schaffens von Kultur, und sie braucht diese Kultur für ihr Überleben und ihre weitere Evolution.

Die menschliche Evolution schreitet also fort durch das Zusammenspiel der inneren und äußeren Welt, von Individuen und Gemeinschaften, von Natur und Kultur. Alle diese Bereiche sind lebende Systeme in wechselseitiger Einwirkung aufeinander mit ähnlichen Strukturen der Selbstorganisation. Gesellschaftliche Institutionen entwickeln sich in Richtung stets größerer Komplexität und Differenzierung, den organischen Strukturen nicht unähnlich, und geistige Strukturen bringen die Kreativität und den Drang nach Selbst-Transzendenz zum Ausdruck, der für alles Leben charakteristisch ist. »Es liegt in der Natur des Geistes, schöpferisch zu sein«, sagt der Maler Gordon Onslow-Ford. »Je mehr die Tiefen des Geistes angezapft werden, desto größer ist die Fülle der daraus hervorgebrachten Werke.«[51]

Nach allgemein akzeptierten anthropologischen Forschungsergebnissen war die anatomische Evolution der menschlichen Natur vor etwa 50000 Jahren praktisch abgeschlossen. Seither sind der menschliche Körper und das Gehirn in Struktur und Umfang im wesentlichen gleichgeblieben. Andererseits änderten sich während dieser Periode die Lebensbedingungen tiefgreifend, und sie ändern sich weiterhin mit ziemlicher Geschwindigkeit. Um sich diesen Wandlungen anzupassen, nutzte die Menschheit ihre Fähigkeiten des Bewußtseins, des begrifflichen Denkens und der symbolischen Sprache, um von der genetischen zur gesellschaftlichen Evolution überzugehen, die schneller verläuft und größere Vielfalt beschert. Diese neue Art der Anpassung war jedoch keineswegs vollkommen. Wir schleppen immer noch biologisches Rüstzeug aus den ganz frühen Stadien der Evolution mit uns herum, das es uns oft schwer macht, den Herausforderungen der heutigen Umwelt zu begegnen. Nach der Theorie von Paul MacLean besteht das menschliche Gehirn aus drei strukturell verschiedenen Teilen, deren jeder mit seiner eigenen Intelligenz und Subjektivität ausgestattet ist und die aus verschiedenen Perioden unserer evolutionären Vergangenheit stammen.[52] Obgleich diese drei Teile engstens miteinander verbunden sind, lassen sich ihre oft widersprüchlichen Aktivitäten nur schwer integrieren, wie MacLean in seiner bildhaften Metapher ausdrückt: »Spricht man allegorisch von diesen drei Gehirnen innerhalb eines Gehirns, dann könnten wir uns vorstellen, daß der Psychiater, der einen Patienten auffordert, sich auf die Couch zu legen, ihn bittet, sich neben einem Pferd und einem Krokodil auszustrecken.«[53]

Der innerste Teil des Gehirns, auch Stammhirn genannt, steuert das instinktive Verhalten, das man bereits bei Reptilien antrifft. Es ist verantwortlich für biologische Triebe und viele Formen von zwanghaftem Verhalten. Er wird umhüllt vom Limbischen System*, das bei allen Säugetieren gut ausgebildet ist und im menschlichen Gehirn mit gefühlsmäßigen Erfahrungen und emotionellem Ausdruck zu tun hat. Diese beiden inneren Teile des Gehirns sind eng miteinander verbunden. Als wortloses Ausdrucksmittel steht ihnen ein reiches Spektrum von Körpersprache zur Verfügung. Der äußerste Teil schließlich, Großhirn genannt, ermöglicht abstrakte Funktionen höherer Ordnung, etwa Denken und Sprache. Das Großhirn entstand in der frühesten evolutio-

* Vom lateinischen *limbus* = Grenze

nären Phase der Säugetiere und dehnte sich in der Entwicklung hin zur Gattung Mensch mit unerhörter Geschwindigkeit aus. Diese Entwicklungsgeschwindigkeit war in der Geschichte der Evolution ohne Beispiel, bis sie vor etwa 50 000 Jahren zum Stillstand kam.

Indem wir unsere Fähigkeit zu abstraktem Denken in so hohem Tempo entwickelten, scheinen wir die wichtige Fähigkeit verloren zu haben, gesellschaftliche Konflikte zu ritualisieren. In der gesamten Tierwelt entwickelt sich Aggression selten so weit, daß einer der beiden Gegner getötet wird. Statt dessen wird der Kampf ritualisiert und endet gewöhnlich damit, daß der Verlierer das Feld räumt, jedoch verhältnismäßig unversehrt bleibt. Diese Weisheit verschwand bei der Entstehung der Gattung Mensch, oder sie wurde zumindest tief verdrängt. Bei der Schaffung einer abstrakten inneren Welt haben wir anscheinend den Kontakt mit der Wirklichkeit des Lebens verloren und sind zu der einzigen Kreatur geworden, die es oft versäumt, mit ihresgleichen zu kooperieren, und ihresgleichen sogar umbringt. Die Evolution des Bewußtseins hat uns nicht nur die Cheopspyramide, die Brandenburgischen Konzerte und die Relativitätstheorie geschenkt, sondern auch die Hexenverbrennungen, den Holocaust und die Bombe von Hiroshima. Und doch verleiht uns dieselbe Evolution des Bewußtseins das Potential, in Zukunft friedlich und in Harmonie mit der Natur zu leben. Unsere Evolution bietet uns weiterhin die Freiheit der Wahl. Wir können bewußt unser Verhalten ändern, indem wir unsere Werte und Einstellungen verändern und die verlorene Spiritualität sowie das ökologische Bewußtsein zurückgewinnen.

Bei der künftigen Ausformulierung der neuen ganzheitlichen Weltanschauung dürfte die Idee des Rhythmus wahrscheinlich eine grundlegende Rolle spielen. Der System-Ansatz hat gezeigt, daß lebende Organismen von Natur aus dynamisch und ihre sichtbaren Formen stabile Manifestationen ihnen zugrundeliegender Vorgänge sind. Vorgang und Stabilität lassen sich jedoch nur vereinbaren, wenn die Vorgänge rhythmischen Strukturen folgen – Fluktuationen, Schwingungen, Vibrationen, Wellen. Die neue System-Biologie zeigt, daß Fluktuationen für die Selbstorganisations-Dynamik von entscheidender Bedeutung sind. Sie sind die Grundlage der Ordnung in der lebenden Welt: Geordnete Strukturen entstehen aus rhythmischen Mustern.

Für unsere Bemühungen um eine einheitliche Beschreibung der Natur kann die begriffliche Verschiebung von Struktur zu Rhythmus äußerst nützlich sein. Rhythmische Muster scheinen sich auf allen Ebenen zu manifestieren. Atome sind Muster von Wahrscheinlichkeitswellen, Moleküle sind vibrierende Strukturen, und Organismen sind multidimensionale, voneinander abhängige Fluktuationsmuster, Pflanzen, Tiere und Menschen unterliegen Zyklen von Aktivität und Ruhe, und ihre sämtlichen physiologischen Funktionen schwingen in Rhythmen unterschiedlicher Frequenz. Die Bestandteile des Ökosystems sind durch zyklischen Austausch von Materie und Energie miteinander verbunden; Zivilisationen steigen auf und gehen unter in evolutionären Zyklen, und der Planet als Ganzes hat seinen Rhythmus und seine Wiederholungen, während er sich um seine eigene Achse dreht und um die Sonne kreist.

Rhythmische Strukturen sind also ein universales Phänomen; gleichzeitig jedoch erlauben sie es dem Individuum, seine spezifische Persönlichkeit auszudrücken. Die Manifestation einer einzigartigen persönlichen Identität ist eine bedeutende Eigenschaft menschlicher Wesen, und es scheint so, als sei diese Identität im wesentlichen die Identität eines Rhythmus. Menschliche Individuen kann man an ihrer charakteristischen Sprechweise, Körperbewegungen, Gesten oder Atmung wiedererkennen – alles unterschiedliche Arten rhythmischer Struktur. Außerdem gibt es eine Reihe »eingefrorener« Rhythmen, etwa den Fingerabdruck oder die persönliche Handschrift, die ausschließlich einer einzigen Person zuzuordnen sind. Diese Beobachtungen deuten darauf hin, daß die für ein menschliches Individuum charakteristischen rhythmischen Strukturen unterschiedliche Manifestationen desselben persönlichen Rhythmus sind, eines »inneren Pulses«, der die eigentliche persönliche Identität darstellt.[54]

Die entscheidende Rolle des Rhythmus ist nicht auf Selbstorganisation und Selbstausdruck begrenzt, sondern erstreckt sich auch auf die Sinneswahrnehmung und Kommunikation. Beim Sehen verwandelt unser Gehirn die Schwingungen des Lichtes in rhythmisches Pulsieren seiner Neuronen. Ähnliche Umwandlungen rhythmischer Muster erfolgen beim Vorgang des Hörens, und selbst die Wahrnehmung eines Geruches scheint auf »osmologischen Frequenzen« zu beruhen. Die kartesianische Vorstellung separater Objekte und unsere Erfahrung mit dem Photoapparat ließen uns annehmen, daß unsere Sinne eine Art von innerem Bild schaffen, das eine getreue Nachbildung der Wirklichkeit ist. So aber arbeitet die Sinneswahrnehmung nicht. Bilder separater Objekte existieren nur in unserer inneren Welt der Symbole, Vorstellungen, Ideen. Die Wirklichkeit um uns herum ist ein andauernder rhythmischer Tanz, und unsere Sinne übersetzen einige seiner Vibrationen in Frequenzstrukturen, die vom Gehirn verarbeitet werden können.

Die Bedeutung der Frequenz bei der Sinneswahrnehmung wurde vor allem von dem Neuropsychologen Karl Pribram hervorgehoben, der ein holographisches Modell* des Gehirns entwickelt hat, in dem die visuelle Wahrnehmung durch eine Analyse von Frequenzmustern erfolgt und visuelles Gedächtnis wie ein Hologramm organisiert ist.[55] Pribram hält das für den Grund, warum sich visuelles Gedächtnis im Gehirn nicht genau lokalisieren läßt. Wie bei einem Hologramm ist das Ganze in jedem seiner Teile kodifiziert. Im Augenblick ist die Gültigkeit des Hologramm-Modells für die visuelle Wahrnehmung noch nicht fest verankert, doch ist sie zumindest als Metapher nützlich. Ihre größte Bedeutung kann in der Betonung der Tatsache liegen, daß das Gehirn Informationen nicht lokal speichert, sondern sie breit verteilt; aus einer breiteren Perspektive gesehen liegt die Bedeutung bei der begrifflichen Verlagerung von Strukturen zu Frequenzen.

Ein weiterer interessanter Aspekt der holographischen Metapher ist ein möglicher Zusammenhang mit zwei Vorstellungen aus der modernen Physik. Die eine davon ist Geoffrey Chews Idee von subatomaren Teilchen, die dynamisch so beschaffen sind, daß jedes Teilchen alle anderen mit einbezieht.[56] Die zweite Idee ist David Bohms Vorstellung von einer impliziten Ordnung, wonach die gesamte Wirklichkeit in jedem ihrer Teile eingefaltet ist.[57] Allen diesen Ansätzen gemeinsam ist der Gedanke, daß die Holonomie – das Ganze ist in jedem seiner Teile enthalten – eine universale Eigenschaft der Natur sein könnte. Dieser Gedanke hat auch in vielen mystischen Überlieferungen Ausdruck gefunden und scheint in der mystischen Schau der Wirklichkeit eine bedeutende Rolle zu spielen.[58] Die Metapher des Hologramms hat in jüngerer Zeit eine Reihe von Forschern inspiriert, von denen sie auf verschiedene physikalische und psychologische Phänomene angewendet wurde.[59] Leider geschieht dies nicht immer mit der gebotenen Vorsicht, und in der allgemeinen Begeisterung werden die Unterschiede zwischen einer Metapher, einem Modell und der realen Welt manchmal übersehen. Das Universum ist eindeutig *kein* Hologramm; allerdings manifestiert es sich in einer Vielfalt von Schwingungen unterschiedlicher Frequenzen, weshalb das Hologramm oft als

* Holographie ist eine Technik der Photographie ohne Linse, siehe auch Anmerkung 29 im 3. Kapitel.

Analogie nützlich sein kann, um mit diesen Schwingungsmustern zusammenhängende Phänomene zu beschreiben.

Wie beim Vorgang der Wahrnehmung spielt Rhythmus eine wichtige Rolle auch bei den verschiedenen Möglichkeiten, wie lebende Organismen aufeinander einwirken und miteinander kommunizieren. Kommunikation zwischen Menschen findet beispielsweise in erheblichem Maße durch Synchronisation und Resonanz von individuellen Rhythmen statt. Neueste Filmanalysen haben gezeigt, daß jede Unterhaltung einen subtilen und im großen und ganzen unsichtbaren Tanz beinhaltet, bei dem die genaue Reihenfolge der Sprechmuster auf das genaueste nicht nur mit winzigen Bewegungen des Körpers des Sprechenden synchronisiert wird, sondern auch mit entsprechenden Bewegungen des Zuhörers.[60] Beide Partner sind in eine genau synchronisierte und komplizierte Reihenfolge rhythmischer Bewegungen eingebunden, die solange bestehen bleibt, wie sie aufmerksam in die Unterhaltung verwickelt sind. Eine ähnliche Verbindung von Rhythmen scheint für das starke Band zwischen Mutter und Kind, und sehr wahrscheinlich auch zwischen Liebenden, verantwortlich zu sein. Sind die Rhythmen der beiden Individuen nicht mehr synchronisiert, dann entstehen bald Ablehnung, Antipathie und Disharmonie.

In seltenen Augenblicken unseres Lebens haben wir das Gefühl, in Resonanz mit dem ganzen Universum zu sein. Derartige Augenblicke können sich unter den verschiedensten Umständen ergeben – wenn man beim Tennisspielen den perfekten Ball schlägt oder beim Skifahren die perfekte Spur findet, inmitten eines sexuellen Orgasmus, bei der Betrachtung eines großartigen Kunstwerkes oder in tiefer Meditation. Diese Augenblicke eines perfekten Rhythmus, wenn alles in vollkommener Ordnung erscheint und mit größter Leichtigkeit getan wird, sind großartige spirituelle Erfahrungen, in denen jede Form des Getrenntseins oder der Aufsplitterung transzendiert wird.

Diese Gedanken über die Natur lebender Organismen haben gezeigt, daß die Systemschau des Lebens ihrem tiefsten Wesen nach spirituell ist und sich damit in Übereinstimmung mit vielen Ideen mystischer Überlieferungen befindet. Parallelen zwischen Naturwissenschaft und Mystik gibt es nicht nur in der modernen Physik; sie können heute mit gleicher Berechtigung auf die neue System-Biologie angewandt werden. Das Studium der belebten und der unbelebten Materie führt uns immer wieder zu zwei grundlegenden Themen, die oft auch in den Lehren der

Mystik erscheinen – die universale innere Verbundenheit und gegenseitige Abhängigkeit aller Phänomene sowie die zutiefst dynamische Natur der Wirklichkeit. In mystischen Überlieferungen finden wir zudem Gedanken, die für die moderne Physik weniger relevant oder wenigstens noch nicht bedeutsam sind, die jedoch von entscheidender Bedeutung für das Systembild lebender Organismen sind.

Die Idee von einer geschichteten Ordnung spielt in vielen mystischen Überlieferungen eine herausragende Rolle. Wie in der modernen Naturwissenschaft gehört dazu auch die Vorstellung von der Existenz mehrerer Ebenen der Wirklichkeit, die von unterschiedlicher Komplexität sind, aufeinander einwirken und voneinander abhängig sind. Zu diesen Ebenen gehören insbesondere geistige Ebenen, die als verschiedenartige Manifestationen des kosmischen Bewußtseins angesehen werden. Die Ansichten der Mystik über das Wesen des Bewußtseins sprengen zwar den Rahmen der zeitgenössischen Naturwissenschaft, sind jedoch keineswegs mit den modernen Systemvorstellungen von Geist und Materie unvereinbar. Ähnliche Überlegungen gelten auch für die Vorstellung vom freien Willen, die mit mystischen Anschauungen durchaus vereinbar ist, wenn man sie mit der relativen Autonomie der sich selbst organisierenden Systeme in Verbindung bringt.

Die Vorstellungen von Vorgängen, Wandlungen und Fluktuationen, die in der Systemtheorie eine so entscheidende Rolle spielen, finden ebenso starke Beachtung in den mystischen Überlieferungen des Ostens, vor allem im Taoismus. Fluktuation als Grundlage jeder Ordnung, ein von Prigogine in die moderne Naturwissenschaft eingeführter Gedanke, ist ein Hauptthema aller taoistischen Texte. Da die taoistischen Weisen bei ihrer Beobachtung der lebenden Welt die Bedeutung der Fluktuation erkannten, hoben sie auch besonders die entgegengesetzten, jedoch komplementären Tendenzen hervor, die ebenfalls ein wesentlicher Aspekt des Lebens zu sein scheinen. Der Taoismus bringt unter allen östlichen Überlieferungen die ökologische Perspektive am deutlichsten zum Ausdruck; doch stellt die gesamte östliche Spiritualität die wechselseitige Abhängigkeit aller Aspekte der Wirklichkeit und die nichtlineare Natur ihrer Verknüpftheit besonders heraus. Diese Ideen liegen übrigens auch der indischen Vorstellung vom Karma zugrunde.

Wie im Systembild des Lebens gelten Geburt und Tod in vielen Überlieferungen als Stadien eines endlosen Kreislaufs, der die fortgesetzte Selbsterneuerung darstellt, die für den Tanz des Lebens charakteristisch ist. Andere Überlieferungen betonen mehr Schwingungen, die man oft mit »subtilen Energien« assoziiert, und viele andere beschreiben die holonomische Natur der Wirklichkeit – wo »alles in einem und eines in allem« existiert – in Parabeln, Metaphern und poetischen Bildern.

Unter den abendländischen Mystikern ist wahrscheinlich Pierre Teilhard de Chardin derjenige, dessen Gedanken denen der neuen Systembiologie am nächsten kommen. Teilhard war nicht nur Jesuitenpater, sondern auch ein hervorragender Naturwissenschaftler, der in Geologie und Paläontologie große Leistungen vorweisen kann. Er versuchte, seine naturwissenschaftlichen Einsichten, mystischen Erfahrungen und theologischen Doktrinen zu einer zusammenhängenden Weltanschauung zu integrieren, die von einem Denken in Prozessen dominiert war und sich besonders auf das Phänomen der Evolution bezog.[61] Teilhards Evolutionstheorie steht in scharfem Gegensatz zur neodarwinistischen Theorie, weist aber einige bemerkenswerte Ähnlichkeiten mit der neuen Systemlehre auf. Seine Schlüsselidee bezeichnet er als »Gesetz des Komplexitäts-Bewußtseins«. Danach verläuft die Evolution in Richtung zunehmender Komplexität, die wiederum von einem entsprechenden Aufstieg des Bewußtseins begleitet wird und ihren Höhepunkt in der menschlichen Spiritualität erreicht. Teilhard verwendet den Ausdruck »Bewußtsein« im Sinne von Gewahrsein und definiert ihn als »spezifischen Effekt organisierter Komplexität«, was mit der System-Auffassung des Geistes absolut vereinbar ist.

Für Teilhard manifestiert sich der Geist auch in größeren Systemen. Er schrieb, der Planet sei während der menschlichen Evolution mit einem Gedankengewebe bedeckt, für das er den Ausdruck »Gedankenschicht« oder »Noo-Sphäre« prägte (vom griechischen *noos* = Geist). Schließlich war Gott für ihn die Quelle allen Seins und vor allem die Quelle der Kraft der Evolution. Sieht man Gott als universale Dynamik der Selbstorganisation, dann könnte Teilhards Gottesvorstellung, wenn man sie von ihren patriarchalischen Begriffsinhalten befreit, unter den vielen Bildern, mit denen Mystiker das Göttliche beschrieben haben, den Vorstellungen der modernen Naturwissenschaft am nächsten kommen.

Wissenschaftler, die nicht imstande waren, über den reduktionistischen Rahmen ihrer Disziplin hinauszusehen, haben Teilhard de Chardin oft ignoriert, geringschätzig behandelt oder attackiert. Da sich heute jedoch der neue System-Ansatz zum Verständnis der Organismen durchzusetzen beginnt, erscheinen seine Ideen in neuem Licht, was wahrscheinlich erheblich zur allgemeinen Anerkennung der Übereinstimmung zwischen den Anschauungen von Naturwissenschaftlern und Mystikern beitragen wird.

10. Ganzheit und Gesundheit

Um eine ganzheitliche Einstellung zur Gesundheit zu entwickeln, die sich mit der neuen Physik und dem Systembild lebender Organismen im Einklang befindet, brauchen wir durchaus kein Neuland zu betreten, sondern können von medizinischen Modellen anderer Kulturen lernen. Das moderne wissenschaftliche Denken in Physik, Biologie und Psychologie führt uns zu einer Sicht der Wirklichkeit, die den Anschauungen der Mystiker und solcher kulturellen Traditionen sehr nahe kommt, bei denen das Wissen um den menschlichen Geist und Körper sowie die Ausübung der Heilkunst integrale Teile der Naturphilosophie und spirituellen Disziplin sind. Eine ganzheitliche Einstellung zur Gesundheit und zum Heilen stimmt daher sowohl mit vielen überlieferten Anschauungen als auch mit modernen wissenschaftlichen Theorien überein.

Vergleiche zwischen medizinischen Systemen verschiedener Kulturen sollten sehr sorgfältig vorgenommen werden. Jedes System der Gesundheitsfürsorge, die westliche moderne Medizin eingeschlossen, ist ein Produkt seiner Geschichte und existiert innerhalb eines gewissen umweltbedingten und kulturellen Zusammenhanges. So wie dieser Zusammenhang sich ständig ändert, so ändert sich auch das Gesundheitssystem, das sich stetig an neue Situationen anpaßt und durch neue wirtschaftliche, philosophische und religiöse Einflüsse modifiziert wird. Daher können medizinische Systeme einer Kultur nur begrenzt als Modell für eine andere Gesellschaft genutzt werden. Dennoch sollten wir von überlieferten medizinischen Systemen lernen; nicht so sehr, weil sie etwa als Modelle für unsere eigene Gesellschaft dienen könnten, sondern weil solche Untersuchungen, in den verschiedensten Kulturen durchgeführt, unsere eigene Perspektive erweitern und die heutigen

Ideen über Gesundheit und Heilen in neuem Licht erscheinen lassen. Dabei wird sich insbesondere herausstellen, daß nicht alle kulturellen Traditionen einen ganzheitlichen Zugang zur Gesundheitspflege gefunden haben. Während aller Epochen scheinen die Kulturen in ihrer Haltung gegenüber der Medizin zwischen Reduktionismus und Ganzheitlichkeit geschwankt zu haben, vermutlich als Reaktion auf allgemeine Fluktuationen der Wertsysteme. Oft jedoch, wenn ihre Einstellung reduktionistisch war, unterschied sich dieser Reduktionismus von dem, der unsere gegenwärtige wissenschaftliche Medizin beherrscht, weshalb Vergleichsstudien sehr lehrreich sein können.

In Kulturen ohne schriftliche Überlieferungen hat man den Ursprung der Erkrankung und den Vorgang des Heilens mit Kräften in Verbindung gebracht, die zur spirituellen Welt gehören, und hat deshalb auch eine große Vielfalt von Heilritualen und Behandlungspraktiken entwikkelt. Unter ihnen läßt die Tradition des Schamanismus manche Parallelen zur modernen Psychotherapie erkennen. Die Tradition des Schamanismus besteht seit den frühen Anfängen der Geschichte und ist auch heute noch in vielen Kulturen rund um die Welt eine vitale Kraft.[1] Ihre Manifestationen unterscheiden sich von Kultur zu Kultur so sehr, daß es fast unmöglich ist, darüber allgemeine Aussagen zu machen, und auch zu jeder der folgenden Verallgemeinerungen gibt es wahrscheinlich viele Ausnahmen.

Schamanen sind Männer oder Frauen, die imstande sind, nach Belieben in einen außergewöhnlichen Bewußtseinszustand einzutreten, in dem er/sie namens der Angehörigen seiner/ihrer Gemeinschaft Kontakt mit der spirituellen Welt aufnehmen. In primitiven Kulturen, bei denen Rollen und Institutionen wenig ausgeprägt sind, ist der Schamane gewöhnlich der religiöse und politische Führer und auch der Arzt, also eine sehr mächtige und charismatische Persönlichkeit. Im Zuge der Entwicklung der Gesellschaften werden Religion und Politik zu getrennten Institutionen, doch bleiben Religion und Medizin im allgemeinen beieinander. Die Rolle des Schamanen in diesen Gesellschaften besteht darin, religiöse Rituale zu leiten und mit den Geistern zu kommunizieren, um die Zukunft vorauszusehen, Krankheiten zu diagnostizieren und zu heilen. Für diese auf mündlichen Überlieferungen beruhenden Kulturen ist es auch charakteristisch, daß die meisten Erwachsenen über einige medizinische Kenntnisse verfügen. Selbstbehandlung ist weit verbreitet, und der Schamane wird nur in schwierigen Fällen herangezogen.

Zusätzlich zu den schamanischen Traditionen haben die großen Kulturen der Welt auch säkulare medizinische Systeme entwickelt, die nicht auf der Anwendung von Trance beruhen, sondern schriftlich überlieferte Techniken verwenden. Diese Traditionen etablieren sich gewöhnlich als Gegenkräfte gegen die schamanischen Systeme. Der Schamane verliert dann seine Funktion als führender Spezialist für die Rituale und als Ratgeber der Mächtigen und wird zu einer Randfigur, die sogar oft als potentielle Gefahr für die Machtstruktur angesehen wird. In dieser Situation ist die Funktion des Schamanen auf Diagnose, Heilen und Beraten auf Dorfebene beschränkt. Trotz weitverbreiteter Übernahme des abendländischen und anderer säkularer medizinischer Systeme haben Schamanen sich überall in der Welt in dieser Rolle behauptet. In den meisten Ländern mit großen landwirtschaftlichen Gebieten ist Schamanismus weiterhin das wichtigste medizinische System, und auch in vielen Großstädten, vor allem solchen mit starken Bevölkerungsgruppen aus Einwanderern, ist er noch recht lebendig.

Das herausragende Charakteristikum der schamanischen Auffassung von Erkrankung ist der Glaube, daß menschliche Wesen integrale Bestandteile eines geordneten Systems sind und daß jede Erkrankung die Folge irgendeiner Disharmonie mit der kosmischen Ordnung ist. Recht oft wird Krankheit auch als Bestrafung für unmoralisches Verhalten gedeutet. Dementsprechend mißt die schamanische Therapie der Wiederherstellung der Harmonie, des Gleichgewichts innerhalb der Natur, in den menschlichen Beziehungen und in den Beziehungen zur spirituellen Welt, große Bedeutung bei. Selbst kleinere Erkrankungen und Beschwerden wie Verstauchungen, Knochenbrüche oder Bisse werden nicht auf zufälliges Pech zurückgeführt, sondern gelten als unausweichliche Manifestationen der umfassenderen Ordnung aller Dinge. Bei kleineren Beschwerden stellt man jedoch hinsichtlich der Diagnose und Behandlung nicht viele Fragen, die über die unmittelbar vorliegende körperliche Situation hinausreichen. Nur wenn der Patient nicht bald wieder geheilt ist oder wenn sich seine Erkrankung als ernsthafter erweist, sucht man nach weiteren Erklärungen und Ursachen.

Schamanische Ideen über die Ursachen einer Krankheit sind sehr eng mit der sozialen und kulturellen Umwelt des Patienten verknüpft. Die wissenschaftliche Medizin des Abendlandes konzentriert sich auf die biologischen Mechanismen und physiologischen Vorgänge, die für eine Erkrankung sprechen; für den Schamanismus steht jedoch der soziokulturelle Zusammenhang, innerhalb dessen die Erkrankung erfolgt, im

Mittelpunkt. Der Krankheitsvorgang wird entweder nicht zur Kenntnis genommen oder ihm wird nur sekundäre Bedeutung beigemessen.[2] Fragt man einen abendländischen Arzt nach einer Krankheitsursache, wird er von Bakterien oder physiologischer Störung sprechen; ein Schamane wird vermutlich ganz andere Dinge erwähnen, etwa Rivalität, Eifersucht, Neid, Hexen und Zauberer, die böse Tat eines Familienangehörigen des Patienten oder irgendeine Situation, in der der Patient oder seine Verwandtschaft sich nicht an die moralische Ordnung gehalten haben.

In schamanischen Überlieferungen wird der Mensch vor allem auf zweierlei Weise gesehen: als Teil einer lebendigen sozialen Gruppe und als Teil eines kulturellen Glaubenssystems, bei dem die Seelen Verstorbener und Geister aktiv in menschliche Angelegenheiten eingreifen können. Der individuelle psychische und spirituelle Zustand des Patienten ist weniger wichtig. Männer und Frauen werden nicht überwiegend als Individuen beurteilt; ihre Lebensgeschichte und ihre persönlichen Erfahrungen, einschließlich Erkrankungen, gelten als Ergebnis ihrer Zugehörigkeit zu einer sozialen Gemeinschaft. In einigen Traditionen wird der soziale Zusammenhang so sehr betont, daß Organe, Körperfunktionen und Symptome eines Individuums untrennbar mit sozialen Beziehungen, Pflanzen und sonstigen Phänomenen der Umwelt verknüpft sind. Anthropologen, die das medizinische System eines Dorfes in Zaire erforschten, fanden es zum Beispiel unmöglich, auch nur eine einfache physische Anatomie aus den Ideen zu abstrahieren, die man sich in dieser Kultur vom Körper machte, weil der Wirkungsbereich einer Person viel umfassender gesehen wurde als in der klassischen abendländischen Naturwissenschaft und Philosophie.[3]

In solchen Kulturen wird sozialen Umständen bei der Bestimmung der Ursachen einer Erkrankung weitaus größere Bedeutung beigemessen als psychischen oder physischen Faktoren, weshalb diese medizinischen Systeme oft nicht ganzheitlich sind. Die Suche nach der Ursache und die Verkündung der Diagnose kann manchmal wichtiger sein als die tatsächliche Therapie. Die Diagnose wird oft in Anwesenheit der ganzen Dorfbevölkerung gestellt und kann Streitigkeiten, Diskussionen und Fehden zwischen Familien hervorrufen, wobei man sich überhaupt nicht mehr um den Patienten kümmert. Die ganze Prozedur ist vornehmlich ein gesellschaftliches Ereignis, bei dem der Patient nur Symbol eines Konflikts innerhalb der Gemeinschaft ist.

Schamanische Therapien schlagen im allgemeinen einen psychosomatischen Weg ein, indem sie psychologische Methoden auf physische Erkrankungen anwenden. Hauptziel dieser Methoden ist es, den Patienten wieder in die kosmische Ordnung zu integrieren. In einem klassischen Artikel über Schamanismus hat Claude Lévi-Strauss eine ins einzelne gehende Beschreibung eines komplexen mittelamerikanischen Heilrituals gegeben. Dabei heilt ein Schamane eine kranke Frau, indem er sich auf die Mythologie ihrer Kultur beruft und den entsprechenden Symbolismus anwendet, um ihr zu helfen, ihren Schmerz in ein Ganzes zu integrieren, in dem alles seinen Sinn hat. Sobald die Patientin ihren Zustand innerhalb dieses größeren Zusammenhangs begreift, beginnt die Heilung, und sie wird gesund.[4]

Schamanische Heilungsrituale haben oft die Funktion, unbewußte Konflikte und Widerstände auf eine bewußte Ebene heraufzuholen, wo sie sich frei entwickeln und eine Lösung finden können. Das ist natürlich auch die Grundlage moderner Psychotherapien, und tatsächlich gibt es zwischen Schamanismus und Psychotherapie viel Ähnlichkeit. Schamanen benutzten therapeutische Methoden wie Gruppenarbeit, Psychodrama, Traumdeutung, Suggestion, Hypnose, gelenkte Imagination und psychedelische Therapie schon Jahrhunderte, bevor sie von modernen Psychologen wiederentdeckt wurden; doch gibt es zwischen beiden Auffassungen einen bedeutsamen Unterschied. Während moderne Psychotherapeuten ihren Patienten behilflich sind, sich einen individuellen Mythos mit aus ihrer Vergangenheit entlehnten Elementen zu konstruieren, liefern Schamanen ihnen einen sozialen Mythos, der sich nicht auf frühere persönliche Erfahrungen beschränkt. Vielmehr werden persönliche Probleme und Bedürfnisse oft ganz außer acht gelassen. Der Schamane arbeitet nicht mit dem individuellen Unbewußten des Patienten, aus dem diese Probleme hervorgehen, sondern vielmehr mit dem kollektiven und gemeinschaftlichen Unbewußten, das von der ganzen Gemeinschaft geteilt wird.

Auch wenn es uns schwerfällt, schamanische Systeme zu begreifen und ihre Vorstellungen und Methoden mit denen unserer Kultur zu vergleichen, kann ein solcher Vergleich doch fruchtbar sein. Denn die universale schamanische Anschauung vom Menschen als integralem Teil eines geordneten Systems ist vollkommen mit dem modernen Systembild der Natur vereinbar, und die Vorstellung von der Erkrankung als Folge von Disharmonie und Ungleichgewicht wird vermutlich in dem neuen ganzheitlichen Ansatz eine zentrale Rolle spielen. Eine solche neue Einstellung wird über das Studium biologischer Mechanismen hinausgehen müssen und, wie bei den Schamanen, die Ursachen der Erkrankung in Umwelteinflüssen, psychischen Verhaltensweisen und sozialen Beziehungen finden. Schamanismus kann uns eine Menge über die sozialen Dimensionen der Erkrankung lehren. Diese werden nicht nur von der konventionellen Gesundheitsfürsorge stark vernachlässigt, sondern auch von vielen neuen Organisationen, die für sich in Anspruch nehmen, eine ganzheitliche Gesundheitslehre zu praktizieren. Schließlich bietet die große Vielfalt psychologischer Methoden, die Schamanen benutzen, um die körperlichen Probleme des Patienten in einen größeren Zusammenhang zu integrieren, viele Parallelen zu erst in neuester Zeit entwickelten psychosomatischen Therapien.

Ähnliche Einsichten lassen sich aus dem Studium der medizinischen Systeme von kulturellen »Hochtraditionen« gewinnen, die in den großen Zivilisationen der Welt entwickelt und seit Hunderten und Tausenden von Jahren schriftlich überliefert wurden. Die Weisheit und Reife dieser Traditionen werden in zwei alten medizinischen Systemen deutlich – einem westlichen und einem östlichen –, deren Vorstellungen von Gesundheit und Erkrankung auch in unseren Tagen noch von großer Bedeutung und die auch in verschiedenen Aspekten ähnlich sind. Das eine ist die Tradition der hippokratischen Medizin, aus der die abendländische medizinische Wissenschaft hervorgegangen ist; das andere ist das System der klassischen chinesischen Medizin, das die Grundlage der meisten ostasiatischen medizinischen Überlieferungen bildet.

Die hippokratische Medizin entstand aus einer alten griechischen Tradition des Heilens, deren Wurzeln weit zurück in vorhellenische Zeiten reichen. Während der griechischen Antike galt Heilen vornehmlich als spirituelles Phänomen und wurde mit vielen Gottheiten in Verbindung gebracht. Die prominenteste der einstigen Heilgottheiten war Hygieia, eine der vielen Manifestationen der kretischen Göttin Athene, die mit dem Schlangensymbol in Verbindung gebracht wurde und die den Mistelzweig als Allheilmittel benutzte.[5] Ihre Heilungsriten wurden von Priesterinnen als Geheimnis bewahrt. Gegen Ende des zweiten Jahrtausends vor Christus wurde Griechenland durch drei Wellen einfallender Barbaren eine patriarchalische Religion und Gesellschaftsordnung aufgezwungen, wobei die meisten früheren Mythen über Göttinnen zerstört wurden und sich dem neuen System anpaßten, das gewöhnlich die Göttin als Verwandte eines mächtigeren männlichen Gottes beschrieb.[6] So machte man Hygieia zur Tochter von Äskulap, der zum beherrschenden Gott des Heilens wurde und den man in Tempeln in ganz Griechenland verehrte. Im Kult des Äskulap, dessen Name etymologisch mit dem des Mistelzweiges verknüpft ist, spielte die Schlange weiterhin eine bedeutende Rolle, und seither ist die um den Äskulapstab geringelte Schlange das Symbol der abendländischen Medizin.

Hygieia, die Göttin der Gesundheit, wurde weiterhin mit dem Äskulapkult in Verbindung gebracht und häufig mit ihrem Vater und ihrer Schwester Panakeia abgebildet. In der neuen Version der Sage stellen die beiden mit Äskulap verbundenen Göttinnen zwei Aspekte der Heilkunst dar, die heute noch genauso gültig sind wie im antiken Griechenland – nämlich Vorbeugung und Therapie.[7] Hygieia (»Gesundheit«) beschäftigte sich mit der Aufrechterhaltung der Gesundheit und personifizierte die alte Weisheit, daß die Menschen gesund wären, wenn sie weise lebten. Panakeia (»allesheilend«) spezialisierte sich in Kenntnissen der aus Pflanzen oder der Erde gewonnenen Heilmittel. Die Suche nach einem Allheilmittel ist zu einem beherrschenden Thema der modernen biomedizinischen Wissenschaft geworden, die oft das Gleichgewicht verliert zwischen den beiden Gesundheitsaspekten, welche die beiden Göttinnen symbolisierten. Zum Ritual des Äskulap gehörte eine einzigartige Form des Heilens, die auf Träumen beruhte und als Tempelschlaf bekannt wurde. Basierend auf dem festen Glauben an die Heilkräfte des Gottes, stellte sie eine wirksame Behandlungsmethode dar, die Jungsche Psychotherapeuten neuerdings in modernem Gewande wieder einzuführen versuchen.[8]

Das äskulapsche Ritual stellte nur eine Seite der griechischen Medizin dar. Neben dem Gott Äskulap gab es auch einen menschlichen Arzt gleichen Namens, der als besonders erfahren in der Chirurgie und der Anwendung von Medikamenten galt und als Begründer der Medizin verehrt wird. Griechische Ärzte nannten sich selbst Asklepiaden (»Söhne des Äskulap«) und bildeten Mediziner-Gilden, die eine auf empirischem Wissen beruhende Medizin praktizierten. Obgleich die Asklepiaden nichts mit der Traumtherapie der Tempelpriester zu tun hatten, rivalisierten die beiden Schulen nicht miteinander, sondern ergänzten sich. Aus der Reihe der Asklepiaden entwickelte sich die mit dem Namen Hippokrates verknüpfte Tradition, die den Höhepunkt der griechischen Medizin darstellt und einen dauernden Einfluß auf die medizinische Wissenschaft des Abendlandes ausgeübt hat.[9] Es gibt keinen Zweifel daran, daß ein berühmter Arzt dieses Namens um das Jahr 400 v. Chr. in Griechenland lebte und als Asklepiade Medizin auf der

Insel Kos lehrte und praktizierte. Die ihm zugeschriebenen umfangreichen Schriften, bekannt als »Corpus Hippocraticum«, wurden vermutlich zu unterschiedlichen Zeiten von verschiedenen Autoren verfaßt; sie stellen ein Kompendium des in den äskulapschen Gilden gelehrten medizinischen Wissens dar.

Kernstück der hippokratischen Medizin ist die Überzeugung, daß Erkrankungen nicht von Dämonen oder übernatürlichen Kräften verursacht werden, sondern natürliche Phänomene sind, die man wissenschaftlich erforschen und durch therapeutische Methoden und kluge Lebensführung beeinflussen kann. Medizin sollte also als wissenschaftliche Disziplin betrieben werden, die auf den Naturwissenschaften beruht und sowohl die Vorbeugung von Krankheiten als auch ihre Diagnose und Therapie umfaßt. Diese Haltung bildet die Grundlage der wissenschaftlichen Medizin bis auf den heutigen Tag, obwohl die Nachfolger des Hippokrates selten die Weite der Vision und Tiefe des philosophischen Denkens erreicht haben, die in den hippokratischen Schriften zum Ausdruck kommt.

Luft, Wasser und der Boden, eines der bedeutendsten Werke des Corpus Hippocraticum, ist nach dem heutigen Sprachgebrauch eine Abhandlung über menschliche Ökologie. Sie zeigt in aller Ausführlichkeit, wie das Wohlergehen des einzelnen Menschen von Umweltfaktoren beeinflußt wird – von der Qualität der Luft, des Wassers und der Nahrung, der Topographie des Landes und den allgemeinen Lebensgewohnheiten. Die Abhandlung betont den engen Zusammenhang zwischen plötzlichen Veränderungen dieser Faktoren und dem Auftreten von Krankheiten und bezeichnet das Verständnis für Einwirkungen der Umwelt als eine wesentliche Grundlage der ärztlichen Kunst. Seit dem Aufkommen der kartesianischen Wissenschaft wurde dieser Aspekt der hippokratischen Medizin stark vernachlässigt; erst heute beginnt man, ihn wieder zu schätzen. René Dubos schrieb: »Die Bedeutung der Umwelteinwirkungen für die Probleme der menschlichen Biologie, Medizin und Soziologie ist niemals umfassender und schärfer erkannt worden als zur Zeit der Morgendämmerung der Geschichte der Wissenschaft.«[10]

Nach den hippokratischen Schriften erfordert Gesundheit einen Zustand des Gleichgewichts zwischen Umwelteinflüssen, Lebensführung und den verschiedenen Komponenten der menschlichen Natur. Diese Komponenten werden als »Temperamente« und »Begierden« bezeichnet, die sich im Gleichgewicht befinden müssen. Die hippokratische Lehre von den Temperamenten kann man auch als chemisches und hormonales Gleichgewicht beschreiben, und die Bedeutung der Begierden bezieht sich auf die gegenseitige Abhängigkeit von Geist und Körper, die in den Texten besonders betont wird. Hippokrates war nicht nur ein kluger Beobachter körperlicher Symptome, sondern hinterließ auch ausgezeichnete Beschreibungen vieler psychischer Störungen, die noch in unseren Tagen Gültigkeit haben.

Was das Heilen anbetrifft, so erkannte Hippokrates die lebenden Organismen innewohnenden heilenden Kräfte, die er als »Heilkraft der Natur« bezeichnete. Die Rolle des Arztes bestand darin, diesen natürlichen Kräften möglichst günstige Voraussetzungen für den Heilungsprozeß zu schaffen. Das ist auch der ursprüngliche Sinn des Wortes »Therapie«, das aus dem griechischen Wort *therapeuin* (»beistehen«) abgeleitet wird. Die hippokratischen Schriften definieren nicht nur die Rolle des Therapeuten als die eines Beistehenden oder Gehilfen im natürlichen Heilungsprozeß, sie enthalten auch einen strengen Kodex ärztlichen Verhaltens, bekannt als Hippokratischer Eid, der bis zum heutigen Tage das Ideal der Ärzte geblieben ist.

Die hippokratische Überlieferung mit ihrer Betonung der fundamentalen Zusammenhänge zwischen Körper, Geist und Umwelt stellt einen Höhepunkt abendländischer medizinischer Weltanschauung dar, der heute noch dieselbe Anziehungskraft ausübt wie vor 2500 Jahren. In einer Umformulierung der Bemerkung von Whitehead über das, was die europäische Philosophie Plato verdankt, schreibt Dubos: »Die moderne Medizin ist im Grunde nichts als eine Reihe von Kommentaren und genaueren Ausarbeitungen der hippokratischen Schriften.«[11]

Die Hauptthemen der hippokratischen Medizin – Gesundheit als Gleichgewichtszustand, wechselseitige Abhängigkeit von Körper und Geist, die der Natur innewohnenden Heilkräfte – wurden im alten China in einem ganz anderen kulturellen Zusammenhang entwickelt. Die klassische chinesische Medizin wurzelt in schamanischen Traditionen und wurde vom Taoismus wie vom Konfuzianismus geformt, den beiden wichtigsten Schulen des Denkens in der klassischen Epoche.[12] Während der Han-Periode (206 v. Chr. bis A. D. 220) wurde die chinesische Medizin als Gedankensystem formalisiert und in klassischen medizinischen Texten niedergeschrieben. Der wichtigste unter den frühen klassischen Texten ist das *Nei Ching*, das klassische Lehrbuch der Inneren Medizin, das auf sehr klare und einleuchtende Weise eine

Theorie des menschlichen Organismus in Gesundheit und Krankheit sowie eine Theorie der medizinischen Wissenschaft entwickelt.[13]

Wie in allen anderen im frühen China entwickelten theoretischen Überlieferungen spielen die Vorstellungen von *Yin* und *Yang* eine zentrale Rolle. Das ganze Universum, das natürliche wie das gesellschaftliche, befinden sich im Zustande dynamischen Gleichgewichts, wobei alle seine Komponenten zwischen den beiden archetypischen Polen hin und her schwingen. Der menschliche Organismus ist ein Mikrokosmos des Universums; seine Teile haben entweder *Yin*- oder *Yang*-Qualitäten, wodurch der Platz des Individuums in der großen kosmischen Ordnung fest begründet ist. Anders als die griechischen Gelehrten waren die Chinesen an kausalen Beziehungen nicht besonders interessiert, dafür um so mehr an der Synchronie zwischen Dingen und Geschehnissen. Joseph Needham hat diese Haltung sehr richtig als »korrelatives Denken« bezeichnet. Denn für die Chinesen »verhalten Dinge sich nicht deswegen zwangsläufig so oder so, weil anderes vorher geschah oder sie von anderen Dingen einen Anstoß dazu erhielten. Etwas geschieht vielmehr deswegen, weil die Position der Dinge im ständig bewegten zyklischen Universum ihnen eine Eigenschaft verleiht, die ihr Verhalten unausweichlich macht. Würden sie sich nicht auf jene besondere Weise verhalten, dann verlören sie ihre relative Position innerhalb des Ganzen (die sie zu dem gemacht hat, was sie sind), und sie würden zu etwas anderem, als sie sind.«[14]

Diese korrelative und dynamische Art des Denkens ist die Grundlage des gedanklichen Systems der chinesischen Medizin.[15] Das gesunde Individuum und die gesunde Gemeinschaft sind integrale Teile einer großen vorgegebenen Ordnung, während Erkrankung als Disharmonie auf individueller oder gesellschaftlicher Ebene angesehen wird. Die kosmischen Modelle wurden mittels eines komplexen Systems von Übereinstimmungen und Verknüpfungen dargestellt, das in den klassischen Texten in allen Einzelheiten ausgearbeitet ist. Neben dem Symbolismus von *Yin* und *Yang* benutzten die Chinesen ein System, das sie *Wu Hsing* nannten, was man gewöhnlich als die Fünf Elemente übersetzt, doch ist diese Übersetzung zu statisch. *Hsing* bedeutet »handeln« oder »tun«, und die fünf mit Holz, Feuer, Erde, Metall und Wasser assoziierten Begriffe stellen Qualitäten dar, die aufeinander folgen und einander in einer genau festgelegten zyklischen Ordnung beeinflussen. Manfred Porkert hat *Wu Hsing* als Fünf Evolvierende Phasen[16] übersetzt, womit sich die dynamische Bedeutung des chinesischen Ausdrucks besser beschreiben läßt. Aus diesen Fünf Phasen leiteten die Chinesen ein System der Übereinstimmung ab, das sich auf das ganze Universum erstreckte. Alles wurde in fünf auf die Fünf Phasen bezogene Typen eingestuft: die Jahreszeiten, atmosphärische Einflüsse, Farben, Klänge, Teile des Körpers, Gefühlszustände, gesellschaftliche Beziehungen und zahlreiche sonstige Phänomene.[17] Durch die Verschmelzung der Fünf-Phasen-Theorie mit den *Yin/Yang*-Zyklen ergab sich ein ausgeklügeltes System, innerhalb dessen jeder Aspekt des Universums als genau definierter Teil eines dynamisch strukturierten Ganzen beschrieben wurde. Dieses System bildete die theoretische Grundlage für die Diagnose und Behandlung von Erkrankungen.

Die chinesische Anschauung des Körpers war stets überwiegend funktional und beschäftigte sich mehr mit den wechselseitigen Beziehungen zwischen seinen Teilen als mit anatomischer Genauigkeit. Dementsprechend bezieht sich die chinesische Vorstellung von einem körperlichen Organ auf ein gesamtes funktionelles System, das in seiner Ganzheit betrachtet werden muß, zusammen mit den in Frage kommenden Teilen des Korrespondenzsystems. So gehört beispielsweise zur Idee der Lungen nicht nur die Lunge selbst, sondern der gesamte Atmungstrakt mit Nase, Haut und den mit diesen Organen verbundenen Ausscheidungen. Im Korrespondenzsystem werden die Lungen assoziiert mit Metall, der Farbe Weiß, einem stechenden Gefühl, Ärger, negativer Einstellung sowie verschiedenen sonstigen Eigenschaften und Phänomenen.

Die chinesische Vorstellung vom Körper als einem unteilbaren System voneinander abhängiger Bestandteile steht dem modernen System-Ansatz offensichtlich näher als dem klassischen kartesianischen Modell. Die Ähnlichkeit wird noch dadurch verstärkt, daß das von ihnen studierte Netz von Zusammenhängen für die Chinesen zutiefst dynamisch war. Wie der Kosmos wurde der individuelle Organismus als Ganzes gesehen, als in einem Zustand fortgesetzter, multipler und voneinander abhängiger Fluktuationen, dessen Strukturen als ein Fließen des *Ch'i* beschrieben wurde. Die Vorstellung vom *Ch'i,* die in fast jeder Schule chinesischer Naturphilosophie eine bedeutende Rolle spielt, entspricht einer tiefgreifend dynamischen Vorstellung von der Wirklichkeit. Das chinesische Wort bedeutet wörtlich »Gas« oder »Äther« und wurde im alten China verwendet, um den Lebensatem oder die den Kosmos in Gang haltende Energie zu bezeichnen. Doch gibt keiner dieser abendländischen Begriffe die Idee adäquat wieder. *Ch'i* ist keine

Substanz und hat auch nicht die rein quantitative Bedeutung unseres wissenschaftlichen Begriffes Energie. In der chinesischen Medizin wird das Wort auf sehr subtile Weise gebraucht, um die verschiedenen Muster des Fließens und Fluktuierens im menschlichen Körper zu beschreiben, aber auch den fortlaufenden Austausch zwischen Organismus und Umwelt. *Ch'i* bezieht sich nicht auf den Fluß einer besonderen Substanz, sondern scheint mehr das Prinzip des Fließens an sich darzustellen, das nach chinesischer Ansicht stets zyklisch ist.

Der Fluß des *Ch'i* erhält den Menschen am Leben; Ungleichgewichte, damit also Erkrankungen, ergeben sich, wenn das *Ch'i* nicht richtig zirkuliert. Es gibt genaue Laufbahnen für das *Ch'i*, genannt *Ching-mo*, was gewöhnlich als »Meridiane« übersetzt wird. Diese Meridiane werden mit den wichtigsten Organen assoziiert, und *Yin-* und *Yang*-Qualitäten werden ihnen zugeschrieben. Längs der Meridiane liegen Reihen von Druckpunkten, die dazu verwendet werden können, die verschiedenen Fließvorgänge im Körper anzuregen. Aus westlicher wissenschaftlicher Sicht gibt es inzwischen gut dokumentierte Untersuchungen, die nachweisen, daß die Druckpunkte einen ganz bestimmten elektrischen Widerstand und Wärmeempfindlichkeit haben, die sich von denen der sonstigen Bereiche der Körperoberfläche unterscheiden. Allerdings gibt es bisher keinen wissenschaftlichen Nachweis der Existenz der Meridiane.

Ein Schlüsselbegriff in der chinesischen Anschauung von der Gesundheit ist der des Gleichgewichts. Die Klassiker sagen, Krankheiten äußern sich dann, wenn der Körper dieses Gleichgewicht verliert und das *Ch'i* nicht richtig zirkuliert. Es gibt vielfältige Ursachen für ein solches Ungleichgewicht. Mangelhafte Ernährung, Mangel an Schlaf, Mangel an körperlicher Bewegung oder ein Zustand der Disharmonie mit der Familie oder Gesellschaft können bewirken, daß der Körper aus dem inneren Gleichgewicht gerät, und in solchen Zeiten treten dann Erkrankungen auf. Unter den äußeren Ursachen verdienen jahreszeitliche Veränderungen besondere Aufmerksamkeit; ihr Einfluß auf den Körper wird in allen Einzelheiten beschrieben. Innere Ursachen werden einem Ungleichgewicht im Gemütszustand eines Menschen zugeschrieben und nach dem Korrespondenzsystem mit spezifischen inneren Organen in Verbindung gebracht.

Eine Erkrankung wird aus dieser Sicht nicht nur durch einen eindringenden Krankheitserreger verursacht, sondern durch eine ganze Kombination von Ursachen, die Disharmonie und inneres Ungleichgewicht auslösen. Doch strebt die Natur aller Dinge und auch der menschliche Organismus danach, immer wieder zu einem dynamischen Gleichgewichtszustand zurückzukehren. Aus dem Gleichgewicht zu geraten und wieder ins Gleichgewicht zurückzukommen, ist ein natürlicher Vorgang, der sich im ganzen Lebenszyklus ständig wiederholt. Daher ziehen die traditionellen Texte auch keine scharfe Trennungslinie zwischen Gesundheit und Erkrankung. Beide gelten als natürlich und als Teil eines Kontinuums. Es sind Aspekte desselben Prozesses, bei dem der individuelle Organismus sich in seinem Verhältnis zur sich wandelnden Umwelt ebenfalls ständig verändert.

Da eine Erkrankung im fortlaufenden Prozeß des Lebens gelegentlich unvermeidlich ist, gilt perfekte Gesundheit auch nicht als höchstes Ziel des Patienten oder des Arztes. Die chinesische Medizin strebt danach, die bestmögliche Anpassung an die Gesamtumwelt des Individuums zu erreichen. Dabei spielt der Patient eine wichtige und aktive Rolle. Aus chinesischer Sicht ist das Individuum verantwortlich für die Erhaltung der eigenen Gesundheit und zu einem großen Teil auch für ihre Wiederherstellung, wenn der Organismus aus dem Gleichgewicht gerät. Der Arzt nimmt zwar an diesem Prozeß teil, doch liegt die Hauptverantwortung beim Patienten. Es ist die Pflicht des Individuums, sich gesund zu erhalten, und das geschieht, indem man nach den Regeln der Gesellschaft lebt und auf möglichst praktische Weise für den eigenen Körper sorgt.

Man kann sich leicht vorstellen, daß ein medizinisches System, das inneres Gleichgewicht und Harmonie mit der Umwelt als Grundlage der Gesundheit ansieht, besonderen Wert auf vorbeugende Maßnahmen legt. Und in der Tat war es stets eine wichtige Aufgabe chinesischer Ärzte, jeder Art von Ungleichgewicht bei ihren Patienten vorzubeugen. Man sagt, in China wurden die Ärzte einst nur bezahlt, solange ihre Patienten gesund blieben, während die Zahlungen aufhörten, sobald sie erkrankten. Das ist vermutlich eine Übertreibung, doch haben chinesische Ärzte sich manchmal wirklich geweigert, Patienten anzunehmen, deren Zustand bereits kritisch war. Dazu heißt es im *Nei Ching*

> Medikamente gegen Krankheiten zu verschreiben, die sich bereits entwickelt haben . . . ist dem Verhalten von Personen vergleichbar, die lange nachdem sie Durst verspüren, einen Brunnen zu graben beginnen, oder jenen, die mit dem Schmieden von Waffen beginnen,

nachdem sie bereits in eine Schlacht verwickelt sind. Würden solche Maßnahmen nicht zu spät kommen?[18]

Diese Vorstellungen und Verhaltensweisen setzen eine Rolle des Arztes voraus, die sich von der im Abendland sehr unterscheidet. In der abendländischen Medizin pflegt der Arzt mit dem höchsten Ansehen ein Spezialist zu sein, der eine ins einzelne gehende Kenntnis eines spezifischen Körperteils besitzt. In der chinesischen Medizin ist der ideale Arzt ein Weiser, der das Zusammenwirken aller Strukturen des Universums erkennt, der jeden Patienten ganz individuell behandelt. Seine Diagnose stuft den Patienten nicht automatisch in eine Gruppe von Menschen ein, die an einer bestimmten Krankheit leiden, sondern erfaßt so vollständig wie möglich den gesamten körperlichen und geistigen Zustand des einzelnen und seine Beziehung zur natürlichen und gesellschaftlichen Umwelt.

Um ein derart vollständiges Bild zu erarbeiten, haben die Chinesen nicht nur höchst verfeinerte diagnostische Methoden der Beobachtung und Befragung des Patienten entwickelt, sondern auch eine einzigartige Art des Pulsfühlens, die es ihnen erlaubt, das genaue Fließen des *Ch'i* längs der Meridiane zu bestimmen und dadurch auch den dynamischen Zustand des gesamten Organismus.[19] Die traditionellen chinesischen Ärzte glauben, daß sie mit diesen Methoden Ungleichgewichte und damit auch potentielle Probleme erkennen können, bevor diese sich in Symptomen äußern, die mit westlichen diagnostischen Methoden entdeckt werden können.

Die traditionelle chinesische Diagnose ist zwangsläufig ein langwieriger Prozeß, an dem der Patient aktiv teilnehmen muß, und zwar durch Lieferung einer beträchtlichen Menge von Informationen über seine persönliche Lebensweise. Im Idealfall ist jeder Patient ein einzigartiger Fall mit einer sehr breiten Palette von Variablen, die bei der Diagnose berücksichtigt werden müssen. In der alltäglichen Praxis gab es wahrscheinlich immer eine Tendenz, Erkrankte nach bestimmten Mustern von Symptomen einzuordnen, aber niemals einen Wunsch nach präziser Klassifizierung und Benennung der Krankheit. Die ganze Diagnose beruht sehr auf subjektiven Urteilen des Arztes und des Patienten und auf einer Gruppe qualitativer Daten, die der Arzt durch seine eigenen Sinnesorgane erhält – Berühren, Hören, Sehen – sowie durch enges Zusammenwirken mit dem Patienten.

Sobald der Arzt den dynamischen Zustand des Patienten im Zusammenhang mit dessen Umwelt bestimmt hat, versucht er, Gleichgewicht und Harmonie wiederherzustellen. Dazu wendet er mehrere therapeutische Methoden an, die alle darauf abzielen, den Organismus des Patienten so anzuregen, daß er seiner eigenen natürlichen Tendenz zur Rückkehr in einen ausgeglichenen Zustand folgt. Aus diesem Grunde ist es einer der wichtigsten Grundsätze chinesischer Medizin, die Therapie so milde wie möglich zu gestalten. Im Idealfall besteht der gesamte Prozeß in einer fortgesetzten Wechselwirkung zwischen Arzt und Patient, wobei der Arzt je nach den verschiedenen Reaktionen des Patienten die Therapie ständig modifiziert.

Pflanzliche Medikamente werden nach dem *Yin/Yang*-System klassifiziert und mit fünf Geschmacksempfindungen in Verbindung gebracht, die nach der Fünf-Phasen-Theorie auf die entsprechenden inneren Organe einwirken. In der Alltagspraxis werden pflanzliche Medikamente selten alleine gegeben, sondern in Mixturen, die dem *Ch'i*-Muster des Patienten entsprechen. Massagetherapie, Kräuterverbrennung und Akupunktur machen Gebrauch von den Druckpunkten längs der Meridiane, um das Fließen des *Ch'i* zu beeinflussen. Bei der Kräuterverbrennung läßt man kleine Kegel der zu Pulver zerriebenen Pflanze Beifuß auf den Druckpunkten des Körpers verglühen. Bei der Akupunktur werden Nadeln unterschiedlichen Durchmessers in diese Punkte eingestochen. Die Nadeln sollen den Körper entweder anregen oder beruhigen, je nachdem wie sie eingeführt und gehandhabt werden. Allen diesen Therapien ist eines gemeinsam: Sie sollen nicht die Symptome der Erkrankung des Patienten behandeln, sondern wirken auf einer fundamentaleren Ebene, um die Ungleichgewichte auszugleichen, die als die Quelle schlechter Gesundheit gelten.

Um unsere Beschäftigung mit dem chinesischen medizinischen Modell für die Entwicklung einer ganzheitlichen Einstellung zur Gesundheit in unserer Kultur zu nutzen, müssen wir uns mit zwei Fragen beschäftigen: In welchem Ausmaße ist das chinesische Modell ganzheitlich? Und welcher seiner Aspekte kann, wenn überhaupt, unserem kulturellen Gesamtzusammenhang angepaßt werden? Bei der Beantwortung der ersten Frage sollte man zwei Arten von Ganzheitlichkeit unterscheiden.[20] In engerem Sinne bedeutet Ganzheitlichkeit in der Medizin, daß der menschliche Organismus als ein System angesehen wird, dessen sämtliche Teile miteinander verbunden und voneinander abhängig sind. Im weiteren Sinne besagt die ganzheitliche Anschauung auch, daß dieses

System ein integraler Bestandteil umfassenderer Systeme ist, was wiederum bedeutet, daß der individuelle Organismus sich in ständiger Wechselwirkung mit seiner physischen und gesellschaftlichen Umwelt befindet, ständig von dieser Umwelt beeinflußt wird, aber auch seinerseits auf sie einwirken und sie verändern kann.

Im erstgenannten Sinne ist das chinesische medizinische System gewiß ganzheitlich. Seine Praktiker glauben, daß ihre Therapien nicht einfach die wichtigsten Symptome der Erkrankung des Patienten beseitigen, sondern auf den gesamten Organismus einwirken, den sie als dynamisches Ganzes behandeln. Im weiteren Sinne ist das chinesische System jedoch nur in der Theorie ganzheitlich. Die wechselseitige Abhängigkeit von Organismus und Umwelt wird zwar in der Diagnose der Erkrankung zur Kenntnis genommen und in den medizinischen Fachbüchern ausführlich erörtert, in der Therapie jedoch wird sie im allgemeinen vernachlässigt. Die klassischen Lehrbücher messen Umwelteinflüssen, Familienbeziehungen, Gefühlsproblemen und anderen Faktoren gleiches Gewicht bei; doch unternehmen die meisten Ärzte heute keinen praktischen Versuch, sich therapeutisch auch mit den psychischen und sozialen Aspekten der Erkrankung zu befassen. Bei ihrer Diagnose verwenden die Ärzte beträchtliche Zeit darauf, mit den Patienten über ihre Situation am Arbeitsplatz, in der Familie und ihr Gefühlsleben zu sprechen; bei der Therapie konzentrieren sie sich jedoch auf Ratschläge zur Ernährung, pflanzliche Medikamente und Akupunktur und beschränken sich auf Verfahren zur Beeinflussung der Vorgänge innerhalb des Körpers. Es gibt keine Psychotherapie und keinen Versuch, dem Patienten zu raten, wie er seine Lebenssituation ändern könnte. Die Bedeutung des Stresses im psychischen und sozialen Bereich wird als eine Quelle der Erkrankung anerkannt, doch sind die Ärzte nicht der Ansicht, es gehöre zur Therapie, Änderungen auf diesen Ebenen herbeizuführen.

Soweit wir das sagen können, war diese Haltung für die chinesischen Ärzte auch in der Vergangenheit typisch. Die klassischen Lehrbücher der Medizin sind inhaltsreiche Dokumente mit einer betont ganzheitlichen Darstellung der menschlichen Natur und Medizin; doch sind dies theoretische Werke, geschrieben von Ärzten, die vor allem Gelehrte waren und sich nicht mit dem Heilen von Patienten befaßten. Hinsichtlich der psychischen und sozialen Aspekte der Erkrankung war das chinesische System in der Praxis niemals wirklich ganzheitlich. Die Zurückhaltung hinsichtlich therapeutischer Maßnahmen, die sich auf die gesellschaftliche Situation des Patienten auswirken konnten, war sicherlich ein Ergebnis des starken Einflusses des Konfuzianismus auf alle Aspekte des chinesischen Lebens. Das konfuzianische System beschäftigte sich hauptsächlich mit der Erhaltung der gesellschaftlichen Ordnung. Nach konfuzianischer Ansicht konnte eine Erkrankung entstehen, wenn man sich den Regeln und Gewohnheiten der Gesellschaft nicht richtig anpaßte; der einzige Weg, wieder gesund zu werden, bestand darin, sich so zu ändern, daß man sich wieder in die gegebene gesellschaftliche Ordnung einfügen konnte. Diese Haltung ist in der ostasiatischen Kultur so tief verwurzelt, daß sie noch heute in China und Japan Teil der modernen medizinischen Therapie ist.

Welche Aspekte der traditionellen chinesischen medizinischen Theorie und Praxis können oder sollten wir also in unseren neuen Rahmen der Gesundheitsfürsorge integrieren? Um diese Frage zu beantworten, ist ein Blick auf die medizinische Praxis im heutigen Japan nützlich. So erfährt man, wie moderne japanische Ärzte die überlieferten ostasiatischen Vorstellungen und Praktiken nutzen, um Krankheiten zu behandeln, die sich von denen der westlichen Gesellschaft nicht sehr unterscheiden. Die Japaner übernahmen vor etwa hundert Jahren freiwillig das abendländische medizinische System, kehren aber heute mehr und mehr zu ihren überlieferten Praktiken zurück, die, wie sie meinen, viele Funktionen erfüllen, die über die Möglichkeiten des biomedizinischen Systems hinausgehen. Margaret Lock hat die traditionelle ostasiatische Medizin im modernen verstädterten Japan sehr genau untersucht und dabei festgestellt, daß die Zahl der japanischen Ärzte, die man *Kanpō*-Ärzte nennt* und die östliche und westliche Behandlungsmethoden zu einem wirksamen System der Gesundheitsfürsorge verbinden, laufend zunimmt.[21] Obwohl einige Aspekte der *Kanpō*-Medizin nur im kulturellen Umfeld Japans wirksam sind, können andere ohne weiteres unserer eigenen Kultur angepaßt werden.

Ein auffallender Unterschied zwischen der östlichen und der abendländischen Einstellung zur Gesundheit liegt in der hohen Bewertung des subjektiven Wissens in der ostasiatischen Gesellschaft. Selbst im modernen wissenschaftlichen Japan wird der Wert subjektiver Erfahrung sehr geschätzt, und subjektives Wissen gilt ebenso viel wie rationa-

* *Kanpō* heißt wörtlich »chinesische Methode«; der Begriff bezieht sich auf das ganze medizinische System, das im 6. Jahrhundert von China nach Japan gebracht wurde.

les deduktives Denken. Dementsprechend können japanische Ärzte subjektive Urteile – ihre eigenen wie die der Patienten – akzeptieren, ohne sie als Gefahr für ihre medizinische Sachkunde oder persönliche Integrität zu betrachten. Eine Folge dieser Haltung ist ein ausgesprochener Mangel an Interesse für genaue Quantifizierungen bei ostasiatischen Ärzten, der unter anderem auf der Ansicht der Ärzte beruht, daß sie es mit lebenden Wesen zu tun haben, die sich in ständigem Fließen befinden, weshalb qualitative Messungen für ausreichend gehalten werden. So pflegen beispielsweise *Kanpō*-Ärzte bei ihren Patienten keine Temperatur zu messen, sondern deren subjektives Gefühl darüber zu notieren, ob sie Fieber haben. Pflanzliche Medikamente werden grob abgemessen, ohne Benutzung einer Waagschale, gemischt und in kleine Kartons abgefüllt. Die Zeitdauer für eine Akupunktur-Therapiesitzung wird nicht mit der Uhr bestimmt, sondern man richtet sich danach, wie sich der Patient fühlt.

Die richtige Einschätzung subjektiver Erkenntnis ist sicherlich etwas, was wir vom Osten lernen könnten. Seit den Tagen von Galilei, Descartes und Newton ist unsere Kultur so sehr von rationalem Wissen, Objektivität und Quantifizierung besessen, daß wir im Umgang mit menschlichen Werten und menschlicher Erfahrung unsicher geworden sind. In der Medizin werden Intuition und subjektives Wissen von jedem guten Arzt benutzt; aber in der Fachliteratur findet das keine Anerkennung, und es wird auch nicht in den medizinischen Fakultäten gelehrt. Im Gegenteil – die Kriterien für die Zulassung zum Medizinstudium lassen in den meisten Fällen diejenigen ausscheiden, die für das intuitive Praktizieren der Medizin das größte Talent haben.

Eine ausgeglichenere Haltung gegenüber rationalem und intuitivem Wissen wird es leichter machen, einige Aspekte in unser System der Gesundheitsfürsorge einzugliedern, die für die asiatische Medizin wie für unsere eigene hippokratische Tradition charakteristisch sind. Der Hauptunterschied zwischen einem solchen neuen Modell der Gesundheit und der ostasiatischen Einstellung dazu besteht in der Integration psychologischer und sozialer Maßnahmen in unser System der Gesundheitsfürsorge. Psychologische Beratung und Psychotherapie gehören nicht zur ostasiatischen Überlieferung, spielen in unserer Kultur jedoch eine große Rolle. Ostasiatische Ärzte kümmern sich nicht um Veränderung sozialer Situationen, obwohl auch sie sich der Bedeutung sozialer Probleme bei der Entwicklung von Erkrankungen bewußt sind. In unserer Gesellschaft jedoch wird eine wahrhaft ganzheitliche Einstellung zu der Erkenntnis führen, daß die durch unser soziales und wirtschaftliches System geschaffene Umwelt, basierend auf der zersplitterten und reduktionistischen kartesianischen Weltanschauung, zu einer großen Gefahr für unsere Gesundheit geworden ist. Eine ökologische Einstellung zur Gesundheit wird deshalb nur dann Sinn haben, wenn sie zu tiefgreifenden Änderungen unserer Technologie sowie unserer sozialen und wirtschaftlichen Struktur führt.

Die Gesundheitsfürsorge in Europa und Nordamerika liegt in den Händen einer großen Zahl von Personen und Organisationen – Ärzten, Krankenschwestern, Psychotherapeuten, Psychiatern, Funktionären des öffentlichen Gesundheitswesens, Sozialarbeitern, Chiropraktikern, Homöopathen, Akupunkteuren und verschiedenen »ganzheitlichen« Heilkundigen. Diese Einzelpersonen und Gruppen bedienen sich einer Vielfalt von Methoden auf der Grundlage unterschiedlicher Vorstellungen von Gesundheit und Erkrankung. Um sie in ein wirksames und auf ökologischen Anschauungen beruhendes System der Gesundheitsfürsorge zu integrieren, wird es ganz entscheidend darauf ankommen, erst einmal eine gemeinsame begriffliche Grundlage für die Erörterung von Gesundheitsproblemen zu schaffen, damit alle diese Gruppen miteinander kommunizieren und ihre Bemühungen koordinieren können.

Dazu wird es auch erforderlich sein, den Begriff Gesundheit zumindest annähernd zu definieren. Obgleich jedermann weiß, wie es ist, wenn man sich gesund fühlt, ist es dennoch unmöglich, eine genaue Definition dafür zu geben. Gesundheit ist eine subjektive Erfahrung, deren Qualität man intuitiv kennen, jedoch niemals erschöpfend beschreiben oder quantifizieren kann. Doch können wir vielleicht unsere Definition mit der Feststellung beginnen, Gesundheit sei ein Zustand des Wohlbefindens, der entsteht, wenn der Organismus auf eine gewisse Weise funktioniert. Die Beschreibung dieser Art des Funktionierens wird davon abhängen, wie wir den Organismus und seine Wechselwirkung mit seiner Umwelt beschreiben. Unterschiedliche Modelle lebender Organismen werden zu unterschiedlichen Definitionen des Begriffs Gesundheit führen. Der Begriff Gesundheit und die damit verbundenen Begriffe von Erkrankung, Krankheit und Krankheitsanzeichen beziehen sich daher nicht auf gut definierte Einheiten, sondern sind integrale Teile begrenzter und annähernder Modelle, in denen sich die Gewebe von Zusammenhängen zwischen multiplen Aspekten des komplexen und fließenden Phänomens Leben spiegeln.

Hat man erst einmal die Relativität und subjektive Natur des Begriffes Gesundheit erkannt, dann wird auch klar, daß die Erfahrung von Gesundheit und Erkrankung stark vom kulturellen Zusammenhang beeinflußt wird, in dem sie sich ergibt. Was gesund und krank, normal und anormal, geistig gesund und geisteskrank ist, das variiert von Kultur zu Kultur. Darüber hinaus beeinflußt auch der kulturelle Zusammenhang die spezifische Art, wie Menschen sich verhalten, wenn sie krank werden. Wie wir unsere Gesundheitsprobleme kommunizieren, die Art, mit der wir unsere Symptome darstellen, wann und zu wem wir uns zur Behandlung begeben, die vom Arzt, Therapeuten oder Heiler gegebenen Erläuterungen und die therapeutischen Maßnahmen – alles das wird stark von unserer Gesellschaft und unserer Kultur beeinflußt.[22] Es scheint daher, daß ein neuer Rahmen für die Gesundheit nur dann wirksam sein kann, wenn er auf Vorstellungen und Ideen beruht, die in unserer eigenen Kultur verwurzelt sind und sich entsprechend der Dynamik unserer gesellschaftlichen und kulturellen Evolution entwickeln.

In den vergangenen dreihundert Jahren wurde unsere Kultur von der Anschauung beherrscht, unser menschlicher Körper sei eine Maschine, die man aus der Sicht ihrer Einzelteile analysieren müsse. Geist und Körper sind getrennt, die Krankheit gilt als Fehlfunktion eines biologischen Mechanismus, Gesundheit wird definiert als Abwesenheit von Krankheit. Diese Anschauung wird nun allmählich von einer ganzheitlichen und ökologischen Vorstellung von der Welt verdrängt, wobei das Universum nicht als Maschine, sondern als lebendes System gesehen wird. Es ist dies eine Weltanschauung, die den wesentlichen Zusammenhang und die wechselseitige Abhängigkeit aller Phänomene herausstellt und die Natur nicht aus irgendwelchen grundlegenden Strukturen zu verstehen versucht, sondern aus ihr zugrundeliegenden dynamischen Prozessen. Es scheint so, als könne das Systembild lebender Organismen eine ideale Grundlage für eine neue Einstellung zur Gesundheit und zur Gesundheitsfürsorge liefern, die mit dem neuen Paradigma voll übereinstimmt und in unserem kulturellen Erbe verwurzelt ist. Das Systembild der Gesundheit ist zutiefst ökologisch und dementsprechend in Harmonie mit der hippokratischen Überlieferung, der Wurzel unserer abendländischen Medizin. Es ist eine wissenschaftlich fundierte Anschauung, ausgedrückt in Begriffen und Symbolen, die zu unserer Alltagssprache gehören. Zugleich berücksichtigt der neue Rahmen die spirituellen Dimensionen der Gesundheit und befindet sich damit in Übereinstimmung mit vielen spirituellen Überlieferungen.

In Systemen denken heißt, in Vorgängen denken, und dementsprechend betrachtet die Systemlehre Gesundheit als ein fortlaufendes Geschehen. Während die meisten Definitionen, auch einige, die erst jüngst von ganzheitlichen Ärzten vorgeschlagen wurden, die Gesundheit als statischen Zustand vollkommenen Wohlbefindens beschreiben, impliziert das Systembild der Gesundheit ständige Aktivität und ständigen Wandel, als schöpferische Antwort des Organismus auf Umweltherausforderungen. Da der Zustand eines Menschen stets erheblich von der natürlichen und sozialen Umwelt abhängen wird, kann es keine von der Umwelt unabhängige absolute Ebene der Gesundheit geben. Die ständige Veränderung des eigenen Organismus in Beziehung zur sich ändernden Umwelt wird ganz natürlich auch vorübergehende Phasen mangelhafter Gesundheit einschließen, und es wird sich oft als unmöglich erweisen, eine klare Trennungslinie zwischen Gesundheit und Erkrankung zu ziehen.

Gesundheit ist in Wahrheit ein multidimensionales Phänomen mit voneinander abhängigen physischen, psychischen und sozialen Aspekten. Die übliche Darstellung von Gesundheit und Erkrankung als entgegengesetzte Punkte eines eindimensionalen Kontinuums ist ziemlich irreführend. Körperliche Krankheit kann durch eine positive psychische Haltung und Einstellung zur Gesellschaft ausgeglichen werden, so daß der Gesamtzustand als Wohlbefinden gelten muß. Andererseits können emotionelle Probleme oder gesellschaftliche Isolierung eine Person trotz körperlicher Fitneß sich krank fühlen lassen. Diese multiplen Dimensionen der Gesundheit beeinflussen einander im allgemeinen, und das stärkste Gefühl, völlig gesund zu sein, pflegt dann aufzutreten, wenn sie gut ausgeglichen und integriert sind. Aus der Sicht der Systemlehre entsteht das Erlebnis der Erkrankung aus Störungen, die sich auf verschiedenen Ebenen des Organismus äußern können wie auch bei den verschiedenen Formen des Zusammenwirkens zwischen dem Organismus und den größeren Systemen, in die er eingebettet ist. Ein bedeutendes Charakteristikum der System-Theorie ist die Vorstellung einer geschichteten Ordnung mit Ebenen von unterschiedlicher Komplexität innerhalb der individuellen Organismen wie in den sozialen und ökologischen Systemen. Dementsprechend läßt sich das Systembild der Gesundheit auf verschiedene Ebenen anwenden, die wechselseitig miteinander verbunden sind. Wir können vor allem drei zusammenhängende Ebenen der Gesundheit unterscheiden – die individuelle, die soziale und die ökologische. Was für das Individuum ungesund ist, das ist es im allgemeinen auch für die Gesellschaft und das umhüllende Ökosystem.

Das Systembild der Gesundheit basiert auf dem Systembild des Lebens. Wie wir gesehen haben, sind lebende Systeme sich selbst organisierende Systeme mit einem hohen Grad von Stabilität. Diese Stabilität ist äußerst dynamisch und zeichnet sich durch kontinuierliche, multiple und voneinander abhängige Fluktuationen aus. Um gesund zu sein, braucht ein solches System Flexibilität, eine große Zahl von Optionen für das Zusammenwirken mit seiner Umwelt. Die Flexibilität eines Systems hängt davon ab, wie viele seiner Variablen innerhalb ihrer Toleranzgrenzen in Fluß gehalten werden: Je dynamischer der Zustand des Organismus, desto größer ist seine Flexibilität. Welcher Art diese Flexibilität auch sein mag – physisch, psychisch, gesellschaftlich, technologisch oder wirtschaftlich –, es kommt ganz entscheidend darauf an, daß das System imstande bleibt, sich Umweltveränderungen anzupassen. Verlust an Flexibilität bedeutet Verlust an Gesundheit.

Diese Idee des dynamischen Gleichgewichts ist ein nützlicher Begriff für die Definition der Gesundheit. »Dynamisch« ist hier von entscheidender Bedeutung; es bedeutet, daß die notwendige Ausgeglichenheit nicht ein statisches Gleichgewicht ist, sondern ein flexibles Fluktuationsmuster der oben beschriebenen Art. Gesundheit ist also ein Gefühl des Wohlbefindens als Ergebnis dynamischer Ausgeglichenheit der physischen und psychischen Aspekte des Organismus sowie seines Zusammenwirkens mit seiner natürlichen und gesellschaftlichen Umwelt.

Die Vorstellung der Gesundheit als dynamisches Gleichgewicht stimmt nicht nur mit dem Systembild des Lebens überein, sondern auch mit vielen überlieferten Modellen von Gesundheit und Heilen, darunter auch die hippokratische Überlieferung und die der ostasiatischen Medizin. Wie bei diesen überlieferten Modellen beinhaltet auch der Begriff »dynamisches Gleichgewicht«, daß in jedem lebenden Organismus Heilungskräfte vorhanden sind und daß der Organismus eine angeborene Tendenz hat, zu einem Gleichgewichtszustand zurückzukehren, wenn dieser gestört ist. Er kann mehr oder weniger zum ursprünglichen Zustand durch verschiedene Prozesse der Selbst-Instandhaltung zurückkehren – etwa durch Homöostase, Anpassung, Regeneration und Selbsterneuerung. Als Beispiele für dieses Phänomen ließen sich die kleineren Erkrankungen anführen, die zu unserem Alltag gehören und sich von selbst heilen. Andererseits kann der Organismus auch einen Prozeß der Selbstumwandlung und Selbst-Transzendenz durchmachen, mit Phasen der Krise und des Übergangs, an deren Ende sich ein völlig neuer Gleichgewichtszustand ergibt. Beispiele solcher kreativen Reaktionen, die dem Betreffenden oft eine höhere Gesundheitsebene bescheren, als er sie vor der Herausforderung besaß, sind bedeutende Änderungen in der Lebensweise eines Menschen, die durch eine schwere Erkrankung herbeigeführt wurden. Daraus folgt, daß Perioden mangelnden Wohlbefindens natürliche Phasen innerhalb des ständigen Zusammenwirkens zwischen Individuum und Umwelt sind. Sich in einem Zustand dynamischen Gleichgewichts zu befinden bedeutet, vorübergehende Phasen der Erkrankung durchzumachen, die dem Lernen und Wachsen dienen können.

Die natürliche Ausgeglichenheit lebender Organismen schließt auch das Gleichgewicht zwischen ihren selbstbehauptenden und integrativen Tendenzen ein. Um gesund zu sein, muß ein Organismus seine individuelle Autonomie bewahren, gleichzeitig jedoch in der Lage sein, sich harmonisch in ein größeres System zu integrieren. Diese Fähigkeit zur Integration steht in engem Zusammenhang mit der Flexibilität des Organismus und dem Begriff des dynamischen Gleichgewichts. Integration auf einer Ebene des Systems pflegt sich als Gleichgewicht auf einer größeren Ebene zu äußern, da die harmonische Integration einzelner Komponenten in größere Systeme zur Ausgeglichenheit dieser Systeme führt. Erkrankung ist also die Folge eines Ungleichgewichts und fehlender Harmonie und kann sehr oft auch aus einem Mangel an Integration entstehen. Das gilt ganz besonders für psychische Erkrankungen, die oft dadurch entstehen, daß jemand seine Sinneswahrnehmungen nicht richtig bewerten und integrieren kann.

Die Vorstellung, daß eine Erkrankung infolge eines Mangels an Integrationsfähigkeit entsteht, scheint besonders bedeutsam, wenn man lebende Organismen als rhythmische Muster zu verstehen versucht. Aus dieser Perspektive wird Synchronisierung zu einem wichtigen Maßstab der Gesundheit. Individuelle Organismen wirken aufeinander und kommunizieren miteinander, indem sie ihre Rhythmen synchronisieren und sich dadurch in die größeren Rhythmen ihrer Umwelt integrieren. Gesund zu sein bedeutet also, mit sich selbst in Einklang zu sein – physisch und psychisch – sowie auch mit der Welt ringsum. Sobald eine Person aus dem Einklang herausfällt, pflegt sich eine Erkrankung einzustellen. Viele esoterische Traditionen assoziieren Gesundheit mit der Synchronisierung der Rhythmen und Heilen mit einer gewissen Resonanz zwischen Heiler und Patient.

Um das Ungleichgewicht in einem Organismus zu beschreiben, scheint die Idee des Stresses äußerst nützlich zu sein. Obgleich in der medizinischen Forschung verhältnismäßig neu[23], ist sie im kollektiven Bewußtsein und der kollektiven Sprache unserer Kultur schon fest verankert. Die Idee vom Streß befindet sich auch in vollständiger Übereinstimmung mit dem Systembild des Lebens und kann nur voll begriffen werden, wenn man das subtile Zusammenspiel von Geist und Körper wahrnimmt.

Streß bedeutet fehlende Ausgeglichenheit im Organismus als Reaktion auf Umwelteinflüsse. Vorübergehender Streß ist ein wesentlicher Aspekt des Lebens, da das fortlaufende Zusammenwirken zwischen Organismus und Umwelt oft zu einem vorübergehenden Verlust an Flexibilität führt. Dazu kommt es, wenn das Individuum sich ganz plötzlich bedroht sieht oder wenn es sich an plötzliche Umweltveränderungen anpassen muß oder auf andere Weise starken Reizen ausgesetzt ist. Diese vorübergehenden Phasen von Ungleichgewicht sind ein integraler Teil der Art und Weise, wie gesunde Organismen mit ihrer Umwelt fertigwerden. Anhaltender oder chronischer Streß kann jedoch schädlich sein und spielt bei der Entwicklung vieler Erkrankungen eine bedeutsame Rolle.[24]

Von der Systemschau her entsteht das Phänomen Streß, wenn eine oder mehrere Variablen eines Organismus bis zu ihren äußersten Werten angespannt werden, was zu verstärkter Unbeweglichkeit im ganzen System führt. In einem gesunden Organismus wirken die anderen Variablen in solchen Fällen zusammen, um das ganze System wieder ins Gleichgewicht zu bringen und seine Flexibilität wiederherzustellen. Bemerkenswert an dieser Reaktion ist, daß sie ziemlich stereotyp ist. Die physiologischen Symptome des Stresses – eine verkrampfte Kehle, angespannter Nacken, flaches Atmen, beschleunigter Herzschlag und so fort – sind bei Mensch und Tier praktisch identisch und von der Quelle des Stresses ganz unabhängig. Man kennt dieses Phänomen auch als Kampf- oder Flucht-Reaktion, weil es den Organismus darauf vorbereitet, der Herausforderung entweder durch Kampf oder Flucht zu begegnen. Sobald das Individuum durch Kampf oder Flucht reagiert hat, pflegt es in einen Zustand der Entspannung zurückzufallen und schließlich zur Homöostase zurückzukehren. Der wohlbekannte »Seufzer der Erleichterung« ist ein Beispiel für die Rückkehr in einen solchen Entspannungszustand.

Hält die Kampf- oder Flucht-Situation jedoch an und kann ein Individuum nicht durch Kampf oder Flucht reagieren, um den Organismus vom Streß zu befreien, dann sind die Folgen wahrscheinlich gesundheitsschädlich. Das anhaltende Ungleichgewicht als Folge von nicht nachlassendem Streß kann physische und psychische Symptome hervorrufen – Muskelspannung, Besorgtheit, schlechte Verdauung, Schlaflosigkeit –, die schließlich Erkrankung bewirken. Der Streß dauert häufig deswegen an, weil wir die Reaktionen unseres Körpers nicht mit unseren kulturellen Gewohnheiten und gesellschaftlichen Verhaltensregeln zu integrieren vermögen. Wie die meisten Tiere reagieren auch wir auf eine Herausforderung, indem wir unseren Organismus auf physischen Kampf oder physische Flucht einstellen, doch haben diese Reaktionen in den meisten Fällen keinen Sinn mehr. In einer harten geschäftlichen Unterredung können wir eine Diskussion nicht dadurch gewinnen, daß wir unser Gegenüber körperlich angreifen oder den Raum verlassen. Als zivilisierte Wesen versuchen wir, mit der Herausforderung auf gesellschaftlich akzeptable Weise fertigzuwerden; jedoch geschieht es noch oft, daß »alte« Teile unseres Gehirns den Organismus für nicht mehr angebrachte physische Reaktionen mobilisieren. Geschieht dies häufig, dann werden wir wahrscheinlich krank; vielleicht bekommen wir Magengeschwüre oder einen Herzanfall.

Ein Schlüsselelement im Zusammenhang von Streß und Erkrankung, das noch nicht in allen Einzelheiten erforscht, aber durch viele Untersuchungen verifiziert wurde, ist die Tatsache, daß anhaltender Streß das Immunsystem des Körpers, also seine natürliche Verteidigung gegen Infektionen und sonstige Krankheiten, lahmlegt. Sobald dies einmal voll anerkannt ist, wird sich eine bedeutsame Verlagerung der medizinischen Forschung von der vorrangigen Beschäftigung mit Mikroorganismen zur sorgfältigen Erforschung der Organismen ihrer Wirte und von deren Umwelt durchsetzen. Eine solche Verlagerung ist jetzt dringend notwendig, da die chronischen und Entartungskrankheiten, die für unsere Zeit so charakteristisch und die Hauptursache für Tod und Arbeitsunfähigkeit sind, in engem Zusammenhang mit übermäßigem Streß stehen.

Die Ursachen dieser Überlastung durch Streß sind vielfältig. Sie können in einem Individuum entstehen, kollektiv durch unsere Gesellschaft oder Kultur erzeugt werden oder auch einfach in der physischen Umwelt vorhanden sein. Streß-Situationen entstehen nicht nur aus einem persönlichen emotionellen Trauma, Sorgen und Frustrationen, sondern auch aus der von unserem gesellschaftlichen und ökonomischen System geschaffenen risikovollen Umwelt. Streß entsteht jedoch nicht nur aus negativen Erfahrungen. Alle Geschehnisse – positive und negative, freudige oder traurige –, die tiefgreifende oder schnelle Anpassungen erfordern, lösen Streß aus. Das wachsende Tempo des Wandels unserer Kultur hat zahlreiche Gesundheitsrisiken für uns alle geschaffen; leider hat man es dabei versäumt uns zu lehren, wie wir mit dem zunehmenden Streß fertigwerden können.

Hat man erkannt, welche Rolle Streß bei der Entstehung von Erkrankungen spielt, dann gelangt man auch zu der bedeutsamen Erkenntnis, daß eine Erkrankung auch ein »Problemlöser« sein kann. Soziale und kulturelle Bedingtheiten machen es vielen Menschen oft unmöglich, ihren Streß auf gesunde Weise loszuwerden, weshalb sie – bewußt oder unbewußt – die Krankheit als Ausweg wählen. Sie kann sich physisch oder psychisch äußern, sogar als gewalttätiges oder rücksichtsloses Verhalten, Verbrechen, Drogenmißbrauch, Unfälle, Selbstmord – Erscheinungen also, die man gut als soziale Erkrankungen bezeichnen kann. Alle diese »Fluchtwege« sind Formen schlechter Gesundheit, wobei eine physische Krankheit nur einer von mehreren ungesunden Wegen ist, mit Streß-Situationen im Leben fertigzuwerden. Deshalb muß die Heilung der Krankheit den Patienten nicht zwangsläufig gesund machen. Wird die Flucht in eine besondere Krankheit durch ärztliches Eingreifen gestoppt, während die Streß-Situation anhält, dann kann das nur zu einer Verlagerung der Reaktion dieser Person in eine andere Art von Flucht führen, etwa Geisteskrankheit oder antisoziales Verhalten, was genauso ungesund wäre. Eine ganzheitliche Methode wird die Gesundheit aus dieser Perspektive sehen und klar zwischen dem Ursprung einer Erkrankung und ihrem Erscheinungsbild unterscheiden müssen; sonst wird es keinen Sinn haben, über erfolgreiche Therapien zu sprechen. Ein befreundeter Arzt drückte das mit eindrucksvollen Worten folgendermaßen aus: »Wenn du imstande bist, körperliche Krankheiten zu lindern, jedoch gleichzeitig psychische Krankheiten oder gar Verbrechen vermehrst – was zum Teufel hast du dann getan?«

Wenn Krankheit ein Weg ist, mit Streß-Situationen im Leben fertigzuwerden, dann gelangt man natürlich auch zum tieferen Sinn einer Erkrankung, zu der Erkenntnis, daß eine besondere Erkrankung uns eine »Botschaft« übermittelt. Diese Botschaft zu verstehen bedeutet, schlechte Gesundheit als eine Mahnung zur inneren Einkehr, zur Selbstbeobachtung anzunehmen. Nur so kann das ursprüngliche Problem, können die Gründe für einen bestimmten Fluchtweg auf eine bewußte Ebene gebracht werden, also Voraussetzungen für die Lösung des Problems geschaffen werden. Hier kann psychologische Beratung und Psychotherapie eine wichtige Rolle spielen, selbst bei der Behandlung physischer Erkrankungen. Die Integration physischer und psychologischer Therapien wird zu einer bedeutenden Revolution in der Gesundheitsfürsorge führen, da sie die volle Anerkennung der wechselseitigen Abhängigkeit von Körper und Geist in Gesundheit und Krankheit voraussetzt.

Wenn das neue Systembild des Geistes anerkannt wird, dann wird deutlich, daß jede Erkrankung auch geistige Aspekte hat. Krankwerden und Heilung sind integrale Teile der Selbstorganisation eines Organismus, und da der Geist die Dynamik dieser Selbstorganisation darstellt, sind die Vorgänge des Krankwerdens und der Heilung vor allem geistige Phänomene. Da Geistestätigkeit ein Gewebe von Vorgängen auf mehreren Ebenen ist, von denen die meisten im Unbewußten stattfinden, sind wir uns dessen nicht immer bewußt, wie wir in eine Erkrankung hinein und wieder heraus geraten, was aber nichts an der Tatsache ändert, daß jede Erkrankung im Grunde ein geistiges Phänomen ist.

Das enge Zusammenwirken von physischen und psychischen Vorgängen hat man in allen Zeitaltern erkannt. Jeder weiß, daß wir Gefühlen durch Gesten, veränderte Stimme, bestimmtes Atmen und winzige Bewegungen, die für das ungeübte Auge nicht wahrnehmbar sind, Ausdruck verleihen. Man weiß bisher wenig darüber, wie die physischen und psychischen Reaktionen im einzelnen zusammenhängen, weshalb die meisten Ärzte es vorziehen, sich auf das biomedizinische Modell zu beschränken und die psychischen Aspekte einer Erkrankung zu vernachlässigen. Doch hat es in der Geschichte der abendländischen Medizin einige bedeutsame Versuche gegeben, einen einheitlichen Zugang zum Körper/Geist-System zu entwickeln. Sie fanden vor einigen Jahrzehnten ihren Höhepunkt in der Gründung der psychosomatischen Medizin als wissenschaftlicher Disziplin, die sich ganz besonders mit der Erforschung der Zusammenhänge zwischen den biologischen und den psychologischen Aspekten der Gesundheit befaßt.[25] Dieser neue Zweig der Medizin wird jetzt mehr und mehr anerkannt, vor allem angesichts der wachsenden Erkenntnis der Bedeutung des Stresses. In einem künftigen ganzheitlichen Gesundheitssystem wird er vermutlich eine wichtige Rolle spielen.

Der Ausdruck »psychosomatisch« bedarf einiger Erläuterungen. In der konventionellen Medizin bezeichnete er eine Störung, für die keine eindeutig diagnostizierte organische Grundlage erkennbar ist. Die Biomediziner neigen in ihrem Vorurteil dazu, derartige »psychosomatische Störungen« für pure Einbildung zu halten, also für nicht wirklich. Der moderne Mediziner verwendet den Begriff ganz anders; er leitet ihn ab aus der Erkenntnis eines fundamentalen Zusammenhanges zwischen Geist und Körper in allen Stadien von Gesundheit und Erkrankung. Wollte man irgendeine Störung als rein psychisch verursacht sehen, dann wäre das genau so reduktionistisch wie der Glaube, es gebe rein organische Krankheiten ohne jede psychische Komponente. Forscher und Kliniker werden sich heute mehr und mehr dessen bewußt, daß praktisch alle Störungen psychosomatisch in dem Sinne sind, daß bei ihrer Verursachung, Entwicklung und Heilung das ständige Zusammenspiel von Geist und Körper mitwirkt. René Dubos schreibt in diesem Zusammenhang: »Was immer auch die den Anstoß gebende Ursache und ihre Manifestation sein mag – fast jede Krankheit bezieht Körper und Geist ein, und diese beiden Aspekte sind so eng miteinander verbunden, daß sie nicht voneinander getrennt werden können.«[26] Der Ausdruck, »psychosomatische Störung« ist also inzwischen überholt, doch ist es sinnvoll, von psychosomatischer Medizin zu sprechen.

Die Erscheinungsformen einer Erkrankung pflegen von Fall zu Fall verschieden zu sein und reichen von rein psychischen bis zu fast ausschließlich physischen Symptomen. Dominieren die psychischen Aspekte, dann spricht man gewöhnlich von psychischer Erkrankung. Doch treten bei psychischen Erkrankungen auch körperliche Symptome auf, und in einigen Fällen können biologische und genetische Faktoren als Krankheitsursachen sogar dominieren. Außerdem hängen Ursprung und Entwicklung vieler psychischer Erkrankungen ganz entscheidend von der Fähigkeit des Betroffenen ab, mit seiner Familie, Freunden und gesellschaftlichen Gruppen zu kommunizieren. Ganz begreifen lassen sich diese Erkrankungen nur, wenn man sieht, wie der individuelle Organismus in seine soziale Umwelt eingebettet ist.[27]

Es wird auch immer deutlicher, daß die Rolle der Persönlichkeit des Patienten ein entscheidender Faktor beim Entstehen vieler Erkrankungen ist. Lang anhaltender Streß scheint, wenn er auf eine bestimmte Persönlichkeitsstruktur trifft, auch ganz spezifische Störungen hervorzurufen. Am überzeugendsten erkennt man den Zusammenhang zwischen Persönlichkeit und Erkrankung bei Herzkrankheiten, aber auch bei einigen anderen schweren Erkrankungen, vor allem Krebs, scheint er gegeben.[28] Diese Erkenntnisse sind äußerst wichtig; denn sobald die Persönlichkeit des Patienten das klinische Bild mitbestimmt, ist die Erkrankung untrennbar mit seiner ganzen Psyche verbunden, was die Anwendung kombinierter physischer und psychologischer Therapien nahelegt.

Trotz umfangreicher Literatur über die Rolle der psychischen Einflüsse auf die Entwicklung von Erkrankungen hat man bisher kaum erforscht, ob und wie diese Einflüsse verändert werden können. Ausgangspunkt dafür sollte der Gedanke sein, daß psychische Verhaltensweisen und Vorgänge nicht nur beim Erkranken eine bedeutsame Rolle spielen, sondern auch beim Gesundwerden. Eine psychosomatisch verursachte Erkrankung enthält auch die Möglichkeit psychosomatischer Selbstheilung. Dieser Gedanke erhielt starke Unterstützung durch die noch junge Entdeckung des Phänomens des Bio-Feedback, die gezeigt hat, daß ein weiter Bereich physischer Vorgänge durch psychische Aktivitäten des Betroffenen beeinflußt werden kann.[29]

Der erste Schritt in Richtung Selbstheilung pflegt die Erkenntnis des Patienten zu sein, daß er bewußt oder unbewußt an der Entstehung seiner Krankheit mitgewirkt hat und deshalb auch am Heilungsprozeß mitwirken kann. In der Praxis wirft diese Idee, die ja auch Mitverantwortung des Patienten bedeutet, größere Probleme auf; sie wird von den meisten Patienten energisch abgelehnt. Geprägt durch die kartesianische Denkweise, weigern sie sich, die Möglichkeit einer Mitverantwortung an ihrer Erkrankung in Betracht zu ziehen, weil sie diesen Gedanken mit Schuld und einem moralischen Urteil in Verbindung bringen. Man sollte daher genau klären, was unter Mitwirkung und Mitverantwortung des Patienten zu verstehen ist.

Im Rahmen der psychosomatischen Methode sieht die Mitwirkung an der Entstehung einer Erkrankung etwa so aus: Wir treffen gewisse Entscheidungen, die ihrerseits Streß-Situationen schaffen, auf die wir dann in bestimmter Weise reagieren. Diese Entscheidungen werden von denselben Faktoren beeinflußt, die alle von uns im Leben getroffenen Entscheidungen beeinflussen. Sie werden häufiger unbewußt als bewußt getroffen und sind im allgemeinen abhängig von unserer Persönlichkeit, verschiedenen äußeren Zwängen und unserer gesellschaftlichen und kulturellen Bedingtheit. Deshalb kann es sich in jedem Falle nur um eine Teilverantwortung handeln. Wie der Begriff des freien Willens muß der Gedanke der persönlichen Verantwortung zwangsläufig begrenzt und relativ sein, wobei keiner von beiden mit absoluten moralischen

Werten assoziiert werden kann. Zweck der Erkenntnis unserer Mitwirkung an einer Erkrankung ist nicht, Schuldgefühle zu erwecken, sondern die notwendigen Veränderungen vorzunehmen und einzusehen, daß wir auch am Heilungsprozeß mitwirken können.

Psychische Verhaltensweisen und psychologische Methoden sind wichtige Instrumente für Vorbeugung und Heilung von Erkrankungen. Eine spezifische Methode zur Verringerung des Stresses gekoppelt mit positiver Haltung wird einen starken positiven Einfluß auf das Geist/Körper-System haben und oft imstande sein, den Krankheitsprozeß umzukehren, ja sogar schwere biologische Störungen zu heilen. Dieselben Methoden lassen sich zur Vorbeugung von Erkrankungen anwenden, wenn man sich ihrer bedient, um mit übermäßigem Streß fertig zu werden, bevor eine ernsthafte Gesundheitsschädigung eintritt.

Einen eindrucksvollen Beweis für die Heilkraft schon alleine positiver Erwartungen liefert der bekannte Placebo-Effekt. Ein Placebo ist eine Medikamenten-Imitation mit dem Aussehen eines echten Medikaments. Der Patient nimmt es in gutem Glauben als echtes Medikament ein. Studien haben ergeben, daß 35 Prozent der Patienten übereinstimmend eine »zufriedenstellende Erleichterung« verspüren, wenn in einem weiten Bereich medizinischer Probleme Placebos statt regulärer Medikamente verabreicht werden.[30] Placebos sind auffallend erfolgreich bei der Linderung oder Beseitigung körperlicher Symptome und haben spürbare Besserung bei Krankheiten bewirkt, für die es keine bekannte Heilmethode gibt. Der einzig aktive Bestandteil bei diesen Behandlungen scheint die Kraft der positiven Erwartungen des Patienten zu sein, unterstützt durch Zusammenwirken mit dem Therapeuten.

Der Placebo-Effekt gilt nicht nur bei der Verabreichung von Medikamenten, sondern kann mit jeder Form der Behandlung assoziiert werden. Vermutlich spielt er in jeder Form der Therapie eine bedeutende Rolle. In der medizinischen Fachsprache benutzt man »Placebo« als Bezeichnung für jeden Aspekt des Heilungsprozesses, der nicht auf physischer oder pharmakologischer Intervention beruht; wie der Ausdruck »psychosomatisch« hat dieser Begriff oft einen geringschätzigen Beigeschmack. Erkrankungen, deren Ursprung und Entwicklung sich nicht im biomedizinischen Rahmen erklären lassen, werden von Ärzten gerne als »psychosomatisch« bezeichnet; jeden Heilungsvorgang, der durch positive Erwartungen und Glauben an den Arzt in Gang gebracht wird, nennen diese Ärzte »Placebo-Effekt«, während Selbstheilung ohne jede fachmedizinische Intervention als »spontane Wiederherstellung« beschrieben wird. Die wirkliche Bedeutung dieser drei Ausdrükke ist sehr ähnlich – alle beziehen sie sich auf die in der psychischen Einstellung des Patienten potentiell vorhandenen Heilkräfte.

Der Wille des Patienten, geheilt zu werden, und das Vertrauen in die Behandlung sind entscheidende Aspekte jeder Therapie, von den schamanischen Heilritualen bis zu modernen medizinischen Verfahren. Der Schriftsteller und Herausgeber Norman Cousins hat einmal bemerkt: »Viele medizinische Gelehrte glauben, die Geschichte der Medizin sei in Wahrheit die Geschichte des Placebo-Effekts.«[31] Andererseits kann eine negative Haltung des Patienten, des Arztes oder der Familie auch einen »umgekehrten Placebo-Effekt« erzeugen. Die Erfahrung hat gezeigt, daß Patienten, denen man gesagt hat, sie würden nur noch sechs bis neun Monate leben, dann tatsächlich auch nicht länger gelebt haben. Erklärungen dieser Art haben einen starken Einfluß auf das Geist/Körper-System des Patienten – sie scheinen fast wie ein magischer Fluch zu wirken – und sollten daher niemals abgegeben werden.

In der Vergangenheit wurde psychosomatische Selbstheilung stets mit festem Glauben an eine bestimmte Behandlung assoziiert – ein Medikament, die Kraft eines Heilers, vielleicht ein Wunder. Bei der künftigen Betrachtungsweise von Gesundheit und Heilung auf der Grundlage des neuen ganzheitlichen Paradigmas sollte es möglich sein, das Selbstheilungspotential des einzelnen unmittelbar, ohne begriffliche Krücken, anzuerkennen und psychologische Techniken zu entwickeln, die den Heilungsprozeß erleichtern.

Wir haben hier ein Modell der Erkrankung entworfen, das gleichermaßen ganzheitlich und dynamisch ist. Erkrankung ist darin eine Folge von Ungleichgewicht und Disharmonie, oft ein Ergebnis mangelnder Integration. Sie kann auf verschiedenen Ebenen des Organismus entstehen und entsprechende physische, psychische oder soziale Symptome erzeugen. Krankheit ist die biologische Manifestation einer Erkrankung, und das Modell unterscheidet eindeutig zwischen Krankheitsursprung und Krankheitsverlauf. Man nimmt an, daß übermäßiger Streß erheblich zum Entstehen und zur Entwicklung der meisten Krankheiten beiträgt, sich zunächst im anfänglichen Ungleichgewicht des Organismus manifestiert und sich dann über die besondere Persönlichkeitsstruktur zu einer spezifischen Störung auswächst. Ein bedeutsamer Aspekt dieses Vorgangs ist, daß die Erkrankung oft bewußt oder unbewußt als Ausweg aus einer Streß-Situation angesehen wird, wobei verschiedene Arten der Erkrankung verschiedene Fluchtwege darstellen. Die Heilung der Krankheit muß nicht zwangsläufig den Patienten gesund machen, doch mag die Erkrankung eine gute Gelegenheit zur Schau nach innen sein, die das Grundproblem lösen kann.

Die Entwicklung der Erkrankung betrifft auch das ständige Wechselspiel zwischen physischen und psychischen Prozessen, die einander durch ein komplexes Netz von Rückkoppelungsschlingen verstärken. Krankheitsstrukturen erscheinen in jedem Stadium als Manifestationen grundlegender psychosomatischer Vorgänge, mit denen man sich im Laufe der Therapie befassen sollte. Die dynamische Betrachtung der Erkrankung erkennt insbesondere die dem Organismus mitgegebene Tendenz zur Selbstheilung – die Tendenz, in einen ausgeglichenen Zustand zurückzukehren –, wozu auch Phasen der Krise und bedeutsame Übergangsstadien im Leben gehören können. Perioden schlechter Gesundheit mit entsprechenden Symptomen sind normale und natürliche Stadien, in denen der Organismus seine Fähigkeit demonstriert, das innere Gleichgewicht durch Unterbrechung der normalen Aktivitäten und Erzwingen einer langsameren Gangart im Alltag wiederherzustellen. Als Folge davon verschwinden die mit diesen kleineren Erkrankungen verbundenen Symptome gewöhnlich schon nach einigen Tagen, wobei es keine Rolle spielt, ob eine Behandlung erfolgt oder nicht. Schwere Erkrankungen erfordern größere Bemühungen zur Wiederherstellung des Gleichgewichts, im allgemeinen unter Zuhilfenahme eines Arztes oder Therapeuten: Das Ergebnis wird ganz entscheidend von der psychischen Haltung und den Erwartungen des Patienten abhängen. Wirklich ernste Erkrankungen schließlich erfordern eine therapeutische Methode, die sich nicht nur mit den physischen und psychischen Aspekten der Störung befaßt, sondern auch mit der allgemeinen Lebensweise und Weltanschauung des Patienten, die integrale Teile des Heilungsprozesses sind.

Aus dieser Betrachtung von Gesundheit und Erkrankung ergibt sich eine Reihe von Richtlinien für die Gesundheitspflege; sie macht es auch möglich, den grundlegenden Rahmen für eine neue ganzheitliche Methode zu umreißen. Gesundheitsfürsorge wird darin bestehen müssen, das dynamische Gleichgewicht der Individuen, Familien und sonstiger gesellschaftlicher Gruppen wiederherzustellen. Das bedeutet, daß der Mensch sich ganz individuell um seine eigene Gesundheit kümmern muß sowie als gesellschaftliches Wesen und mit Hilfe von Therapeuten. Diese Art von Gesundheitsfürsorge kann man nicht einfach »liefern« –

sie muß praktiziert werden. Außerdem wird es wichtig sein, die Abhängigkeit unserer individuellen Gesundheit von der der gesellschaftlichen und ökologischen Systeme, in die wir eingebettet sind, zu berücksichtigen. Lebt man etwa in einer Umgebung, die Streß verursacht, dann wird sich die Lage nicht bessern, wenn man auszieht und jemand anderen den Streß auf sich nehmen läßt, obgleich die eigene Gesundheit sich dann bessern mag. Oder: Eine ungesunde Wirtschaft wird nicht dadurch besser, daß man die Arbeitslosenzahl ansteigen läßt. Mit derartigen Maßnahmen schiebt man den Streß nur hin und her – von einer Familie zur anderen, vom einzelnen zur Gesellschaft und zurück zu anderen Menschen, oder von der Gesellschaft zum Ökosystem, von wo aus er vierzig Jahre später zurückkehren kann, wie im Falle des Love Canal. Gesundheitsfürsorge auf allen Ebenen wird darin bestehen, die Streß-Situationen durch individuelle und gesellschaftliche Aktivitäten auszugleichen und aufzulösen.

Ein zukünftiges Gesundheitssystem wird in erster Linie darin bestehen, ein umfassendes, wirksames und gutintegriertes System der Vorbeugung aufzubauen. Die bloße Erhaltung der Gesundheit wird teils Privatangelegenheit, teils eine kollektive Aufgabe sein, und meistens werden beide eng verbunden sein. Die individuelle Gesundheitsfürsorge beruht auf der Erkenntnis, daß die Gesundheit der einzelnen vor allem von ihrem eigenen Verhalten abhängt, von ihrer Ernährung und der Art ihrer Umwelt.[32] Als Individuen haben wir die Macht und die Verantwortung, unseren Organismus durch Beachtung einer Anzahl einfacher Verhaltensregeln über Schlaf, Ernährung, körperliche Betätigung und Medikamente im Gleichgewicht zu halten. Die Rolle der Therapeuten und Gesundheitsexperten wird nur darin bestehen, uns dabei behilflich zu sein. In der Vergangenheit wurde diese Art vorbeugender Gesundheitspflege von unserer Gesellschaft zu sehr vernachlässigt. Seit einiger Zeit jedoch zeigt sich ein bedeutsamer Wandel dieses Verhaltens, der eine machtvolle volksnahe Bewegung geschaffen hat, die gesunde Lebensgewohnheiten propagiert – naturbelassene Nahrungsmittel, körperliche Übungen, Hausgeburten, Entspannungs- und Meditationstechniken – mit Schwergewicht auf persönlicher Verantwortung für die Gesundheit.

Wenn es auch für das künftige System einer ganzheitlichen Gesundheitsfürsorge von entscheidender Bedeutung sein wird, die persönliche Verantwortung des einzelnen zu akzeptieren, so wird es nicht weniger entscheidend sein anzuerkennen, daß diese Verantwortung ernsten Beschränkungen unterworfen ist. Einzelpersonen können nur insoweit verantwortlich sein, wie sie die Freiheit haben, sich um sich selbst zu kümmern, eine Freiheit, die oft durch strenge gesellschaftliche und kulturelle Bedingtheiten eingeschränkt ist. Außerdem entstehen viele Gesundheitsprobleme aus ökonomischen und politischen Faktoren, die nur durch kollektives Handeln geändert werden können. Zur individuellen Verantwortung muß die gesellschaftliche hinzukommen; individuelle Gesundheit muß durch gesellschaftliche Aktivitäten und politische Maßnahmen unterstützt werden. »Soziale Gesundheitspflege« scheint der angemessene Ausdruck für politische und gemeinschaftliche Maßnahmen mit dem Ziel der Erhaltung und Verbesserung der Gesundheit.

Soziale Gesundheitsfürsorge muß aus zwei Grundelementen bestehen – Gesundheitserziehung und Gesundheitspolitik –, die beide gleichzeitig und in enger Koordinierung zu betreiben sind. Die Gesundheitserziehung muß den Menschen begreiflich machen, wie ihr Verhalten und ihre Umwelt ihre Gesundheit beeinflussen, und sie lehren, wie sie mit dem Streß im Alltagsleben fertigwerden können. Umfassende Programme der Gesundheitserziehung mit diesem Schwerpunkt können als zentrale Themen in das Schulsystem integriert werden. Gleichzeitig sollten die Medien zur öffentlichen Gesundheit erziehen, um der Werbung für ungesunde Produkte und Lebensweisen entgegenzuwirken. Ein wichtiges Ziel der Gesundheitserziehung muß es sein, das Gefühl für soziale Verantwortung zu fördern. Die Geschäftswelt sollte viel mehr über die Gesundheitsrisiken ihrer Produktion und ihrer Produkte wissen, sich mehr um Fragen der öffentlichen Gesundheit kümmern, sich der durch ihre Aktivitäten verursachten Gesundheitskosten bewußt werden und eine entsprechende Unternehmenspolitik formulieren.[33]

Die von den Behörden auf den verschiedensten Verwaltungsebenen zu betreibende Gesundheitspolitik wird durch entsprechende Gesetze verhüten müssen, daß Gesundheitsrisiken geschaffen werden; eine bessere Sozialpolitik muß die Grundbedürfnisse der Bevölkerung befriedigen. Die folgenden Anregungen nennen einige wenige der vielen Maßnahmen, mit denen eine Umwelt geschaffen werden könnte, welche die Menschen ermutigen und in die Lage versetzen würde, eine gesunde Lebensweise anzunehmen:

Einschränkung jeder Werbung für ungesunde Produkte.

»Gesundheitssteuer« für Individuen und Unternehmen, die Gesundheitsrisiken schaffen, zum Ausgleich der Kosten, die sich unweigerlich aus diesen Risiken ergeben; man könnte beispielsweise umweltverschmutzende Unternehmen besteuern und abgestufte Gesundheitssteuern auf Alkohol, den Teergehalt von Zigaretten und für geringwertige Dosennahrung erheben.

Eine Sozialpolitik zur Verbesserung der Bildung, Beschäftigung, der bürgerlichen Rechte und des Lebensstandards einer großen Zahl verarmter Menschen; diese Sozialpolitik ist auch Gesundheitspolitik, die nicht nur die Gesundheit der in Frage kommenden Einzelpersonen, sondern auch der Gesellschaft insgesamt beeinflußt.

Mehr Familienplanungs-Dienstleistungen, Familienberatung, Kindergärten usw., was als Vorbeugung gegen psychische Erkrankungen angesehen werden kann.

Eine Ernährungspolitik, die der Industrie Anreize gibt, wertvollere Nahrungsmittel zu erzeugen; gesetzliche Einschränkungen für die Aufstellung von Automaten sowie Vorschriften für Abgabe von Nahrungsmitteln in Schulen, Krankenhäusern, Gefängnissen, Kantinen usw.

Gesetzliche Maßnahmen zur Unterstützung von biologischem Akkerbau.[34]

Wer sich die oben angeführten Vorschläge genau ansieht, wird erkennen, daß im Grunde jeder von ihnen ein verändertes Sozial- und Wirtschaftssystem erfordert, wenn er erfolgreich sein soll. Man kommt nicht um die Schlußfolgerung herum, daß das gegenwärtige System an sich zu einer grundlegenden Gefahr für unsere Gesundheit geworden ist. Wir werden nicht imstande sein, unsere Gesundheit zu verbessern oder auch nur zu erhalten, wenn wir unser Wertsystem und unsere Gesellschaftsordnung nicht gründlich ändern. Ein Arzt, der das ganz klar erkannt hat, ist Leon Eisenberg:

Unser täglicher Umgang mit menschlichen Beschwerden macht uns bewußt, bis zu welchem Ausmaß sich Probleme schlechter Gesundheit aus dem Versagen unserer politischen, wirtschaftlichen und sozialen Institutionen ergeben. Die zentrale Herausforderung des kommenden Jahrhunderts wird die Neugestaltung dieser Institutionen sein; das ist der beste Weg für die Verbesserung der öffentlichen Gesundheit.[35]

Die von der neuen ganzheitlichen Gesundheitsbetrachtung geforderte Umstrukturierung gesellschaftlicher Institutionen wird in erster Linie das Gesundheitssystem selbst betreffen. Unsere gegenwärtigen Institutionen beruhen auf der engen biomedizinischen Behandlungsmethode und sind so organisiert, daß sie in hohem Maße unwirksam und inflationär sind. Kerr White meint dazu: »Es fällt schwer, die negativen Wirkungen zu übertreiben, welche unsere gespaltenen, desorganisierten und unausgeglichenen Vorkehrungen auf die Leistungsfähigkeit der in unserem Lande verfügbaren Gesundheitspflege haben, ganz zu schweigen von den inflationären Auswirkungen dieses Durcheinanders auf die Kosten.«[36] Was wir brauchen, ist ein reaktionsfähiges und gut integriertes System der Gesundheitsfürsorge, das die Bedürfnisse der einzelnen wie der Bevölkerung befriedigt.

Der erste und wichtigste Schritt im Rahmen einer ganzheitlichen Therapie wäre es, dem Patienten so weit wie möglich Art und Umfang seines inneren Ungleichgewichts bewußt zu machen. Dazu muß man seine Probleme in den größeren Zusammenhang rücken, aus dem heraus sie entstanden sind. Dieses wiederum macht eine sorgfältige Erforschung der vielfachen Aspekte der Erkrankung durch den Therapeuten und den Patienten nötig. Allein schon die Erkenntnis, daß es diesen Zusammenhang gibt – das Gewebe untereinander verknüpfter Einflüsse, die zu der Störung führten –, wirkt in hohem Maße therapeutisch, da sie Besorgnis vermindert, Hoffnung und Selbstvertrauen steigert und so die Selbstheilung in Gang bringt. Eine wichtige Rolle spielt bei diesem Prozeß die psychologische Beratung – die für die allgemeine gesundheitliche Betreuung Zuständigen sollten therapeutische und psychologische Grundkenntnisse besitzen. Hauptzweck der ersten Begegnung zwischen Patient und praktischem Arzt sollte es sein, von dringenden Notmaßnahmen abgesehen, den Patienten über Natur und Sinn der Erkrankung aufzuklären, aber auch über Möglichkeiten zur Veränderung seiner Lebensweise, die zu dieser Erkrankung geführt hat. Denn dieses ist im Grunde die ursprüngliche Rolle des »Doktors«, dessen Berufsbezeichnung sich aus dem Lateinischen *docere* (»lehren«) ableitet.

Fachwissen und Kunst des praktischen Arztes äußern sich vor allem darin, daß er den relativen Beitrag biologischer, psychischer und sozialer Faktoren zur Erkrankung seines Patienten richtig beurteilt. Dazu braucht er nicht nur Grundkenntnisse in Biologie, Psychologie und Sozialwissenschaften, sondern auch Erfahrung, Weisheit, Mitgefühl und Interesse für den Patienten als menschliches Wesen. Heilkundige, die allgemeine Gesundheitsfürsorge dieser Art betreiben, brauchen keine akademisch gebildeten Ärzte zu sein, auch keine Experten in einer der in Frage kommenden Disziplinen. Sie sollten jedoch ein Gespür für die vielfachen Einflüsse auf Gesundheit und Erkrankung besitzen und entscheiden können, welche davon im jeweiligen Falle am ehesten in Frage kommen und am besten zu beeinflussen sind. Falls notwendig, müssen sie den Patienten an einen Facharzt überweisen, doch selbst bei einer solchen Spezialbehandlung sollte stets der ganze Mensch Gegenstand der Therapie bleiben.

Grundlegendes Ziel jeder Therapie muß es sein, das innere Gleichgewicht des Patienten wiederherzustellen. Da im neuen Gesundheitsmodell die jedem Organismus innewohnende Tendenz zur Selbstheilung vorausgesetzt wird, soll der Therapeut auch nur geringfügig eingreifen und die Behandlung so schonend wie möglich gestalten. Die Heilung wird stets durch das Geist/Körper-System selbst erfolgen; der Therapeut soll nur übermäßigen Streß verringern, den Körper stärken, den Patienten zu mehr Selbstvertrauen und einer positiven seelischen Haltung ermuntern und ganz allgemein das der Heilung am besten dienende Milieu schaffen.

Eine solche Therapie muß multidimensional sein, mit Behandlungen auf mehreren Ebenen des Geist/Körper-Systems, was oft die Bemühungen eines Teams aus mehreren Fachdisziplinen erfordern wird. Die Mitglieder dieses Gesundheitsteams sollten Spezialisten auf verschiedenen Gebieten sein, jedoch dieselbe ganzheitliche Auffassung von der Gesundheit haben sowie einen gemeinsamen begrifflichen Rahmen, der es ihnen ermöglicht, wirksam miteinander zu kommunizieren und ihre Bemühungen systematisch zu integrieren. Eine Gesundheitsfürsorge dieser Art wird viele neue Fachkenntnisse in Disziplinen erfordern, die früher überhaupt nichts mit Medizin zu tun hatten. Sie wird wahrscheinlich intellektuell reicher, anregender und herausfordernder sein als eine medizinische Praxis, die ausschließlich dem biomedizinischen Modell folgt.

Die oben beschriebene Art der allgemeinen Gesundheitsfürsorge wird heute energisch von Pflegerinnen befürwortet, die in der vordersten Linie der ganzheitlichen Gesundheitsbewegung stehen. Mehr und mehr Pflegerinnen streben heute danach, unabhängige Therapeuten statt nur Assistentinnen von Ärzten zu sein; sie befleißigen sich in ihrer Krankenpflege schon heute einer ganzheitlichen Methode. Diese fachlich gut geschulten und auch motivierten Pflegerinnen wären am besten geeignet, die verantwortlichen Aufgaben von allgemeinen Heilkundigen zu übernehmen. Sie wären in der Lage, die notwendige Gesundheitsaufklärung und Beratung zu übernehmen und die Lebensdynamik eines Patienten als Grundlage der Krankheitsvorbeugung zu beurteilen. Sie könnten regelmäßigen Kontakt mit ihren Klienten halten, so daß Probleme entdeckt werden können, bevor daraus ernstzunehmende Symptome entstehen, und könnten sich in der jeweiligen Gemeinde umsehen, um die Patienten auch im Zusammenhang mit ihrer Beschäftigungs- und Familiensituation zu verstehen.

In einem solchen System werden akademische Ärzte als Spezialisten wirken. Sie werden Medikamente verschreiben und in Notfällen operieren, werden gebrochene Knochen behandeln und sich des ganzen Bereichs medizinischer Betreuung annehmen, für den die biomedizinische Methode angemessen und erfolgversprechend ist. Aber selbst in solchen Fällen wird die praktizierende Pflegerin immer noch eine wichtige Rolle spielen; sie wird den persönlichen Kontakt mit dem Patienten pflegen und die Sonderbehandlung in ein sinnvolles Ganzes integrieren. Wird beispielsweise ein chirurgischer Eingriff notwendig, dann wird die Pflegerin bei dem Patienten bleiben, das richtige Krankenhaus aussuchen, mit den Krankenschwestern dort zusammenarbeiten, den Patienten psychologisch betreuen und ihn nach der Operation versorgen. Im Idealfall sollte sie den Patienten schon aus früheren Konsultationen kennen und für ihn während der gesamten Prozedur verfügbar sein, so wie ein Anwalt seinen Klienten durch ein ganzes Gerichtsverfahren geleitet.

Die neue ganzheitliche Form allgemeiner Gesundheitsfürsorge kann natürlich auch von Ärzten betrieben werden, und es scheint, daß neuerdings Medizinstudenten mehr und mehr Interesse für eine solche Laufbahn zeigen. Andererseits kann sich auch eine Pflegerin spezialisieren – in Massage, Pflanzenheilkunde, Geburtshilfe, öffentlicher Gesundheitspflege oder Sozialarbeit –, zusätzlich zur allgemeinen gesundheitlichen Betreuung. Eine bedeutsame Tatsache ist, daß wir zur Zeit über eine große Zahl hochqualifizierter Pfleger(innen) verfügen, die im heutigen System ihre Kenntnisse nicht voll zur Geltung bringen können, jedoch bereit sind, die allgemeine Gesundheitsfürsorge aus ganzheitlicher und humanistischer Sicht zu betreiben. Die Integration dieser allgemeinen Pflege in einen ganzheitlichen Rahmen bedeutet, daß bereits Vorhandenes nur ausgebaut werden muß, und dies sollte auch für die Periode des Übergangs zum neuen System die ideale Strategie sein.

Die Umorganisation des Gesundheitswesens wird erfordern, daß keine neuen Einrichtungen mehr gebaut und in Betrieb genommen werden, die mit der veränderten Auffassung von der Gesundheit unvereinbar sind.[37] Das gegenwärtige Technologie-intensive Krankenhaussystem sollte umgewandelt werden. Dazu könnte, wie Victor Fuchs anregte, ein Moratorium für alle Krankenhausneubauten und -ausbauten ein erster Schritt sein, womit auch die stetig steigenden Krankenhauskosten unter Kontrolle gebracht werden könnten.[38] Gleichzeitig sollte man die Krankenhäuser nach und nach zu wirksameren und humaneren Einrichtungen umgestalten, zu bequemen und therapeutischen Unterkünften, die eher Hotels als Fabriken ähneln, mit guter und nahrhafter Verpflegung, Mitwirkung der Familie bei der Krankenbetreuung und sonstigen vernünftigen Verbesserungen.

Medikamente sollten nur in Notfällen und dann so sparsam und spezifisch wie möglich verordnet werden. Damit würde man die Gesundheitsfürsorge vom Einfluß der pharmazeutischen Industrie befreien; Ärzte und Pharmazeuten sollten gemeinsam aus den vielen tausend pharmazeutischen Produkten ein paar Dutzend Grundmedikamente aussuchen, die nach den Erfahrungen sachkundiger Kliniker für eine wirksame Gesundheitspflege voll ausreichen.

Diese Veränderungen werden nur im Zuge einer Umorganisation der medizinischen Ausbildung möglich sein. Um die Medizinstudenten und sonstige in der Gesundheitsfürsorge tätige Personen auf die neue ganzheitliche Methode einzustellen, muß man ihre wissenschaftlichen Grundkenntnisse auf eine viel breitere Basis stellen und weitaus mehr Gewicht auf Verhaltenswissenschaften und menschliche Ökologie legen. Howard Rasmussen, Professor für Biochemie und Medizin an der Klinik der University of Pennsylvania, hat ein Ausbildungsprogramm vorgeschlagen, in dem ein multidisziplinäres Studium der menschlichen Natur der ideale Einführungslehrgang für Gesundheitsberufe wäre.[39]

Eine solche Einführung, die sich mit verschiedenen Ebenen der individuellen und sozialen Gesundheit befaßt, sollte auf der allgemeinen Systemtheorie basieren und die menschliche Situation in Gesundheit und Erkrankung innerhalb eines ökologischen Zusammenhanges studieren. Sie wäre die Grundlage für anschließende medizinische Spezialstudien und würde allen Berufen innerhalb der Gesundheitsfürsorge eine gemeinsame Sprache für ihre künftige Zusammenarbeit in Teams vermitteln. Zugleich sollten die Prioritäten in der Forschung neu gesetzt werden, sollte die Bevorzugung der Zell- und Molekularbiologie einer ausgewogeneren Methode weichen.

Die Ausbildung in den ersten Semestern müßte sich viel mehr auf Familienpraxis und ambulante Behandlung konzentrieren, also auf das Verständnis für den Patienten als einer sich bewegenden, lebenden Person. Sie müßte die Studenten darauf vorbereiten, in Teams zu arbeiten, sie lehren, die Vielschichtigkeit der Gesundheit zu erkennen und damit die Verknüpfung der Rollen, welche die einzelnen Mitglieder eines Gesundheitsteams zu spielen haben. Das erfordert einen radikalen Wandel im Vergleich zum jetzigen Zustand. Rasmussen geht so weit zu sagen: »Nichts außer Veränderungen, die einer Revolution nahekommen, kann das Gleichgewicht und die echte Sachbezogenheit in der medizinischen Ausbildung wiederherstellen.«[40]

Finanzielle Anreize sollten den Aufbau eines wirkungsvollen und gut integrierten Gesundheitssystems erleichtern, damit die Praktiker, die Institutionen der Gesundheitsfürsorge und die allgemeine Öffentlichkeit veranlaßt werden, die entsprechenden Entscheidungen zu treffen und eine entsprechende Politik zu verfolgen. Vor allem müßte ein System der Krankenversicherung aufgebaut werden, das nicht von Interessen der Großunternehmen beherrscht wird und das der ganzheitlichen Gesundheitsfürsorge wirtschaftliche Anreize sowie Mittel zur Gesundheitserziehung und Vorbeugung zur Verfügung stellt.[41] In Verbindung damit müßte die Zulassung von Heilkundigen neu geregelt werden, um der veränderten Auffassung von einer ganzheitlichen Gesundheit besser zu entsprechen und der Öffentlichkeit eine größere Freiheit der Auswahl zu lassen.[42]

Zum Paradigmawechsel im Gesundheitswesen gehören neue Begriffsmodelle ebenso wie neue Institutionen und neuartige politische Maßnahmen. Was die Organisation angeht, so könnte eine ganze Reihe von Maßnahmen sofort in Angriff genommen werden. Bei den therapeutischen Modellen und Methoden ist die Lage etwas komplizierter. Bis heute gibt es noch kein wirklich etabliertes Therapiesystem, das der neuen Anschauung von der Erkrankung als einem vieldimensionalen und vielschichtigen Phänomen entspricht. Doch gibt es zur Zeit schon Modelle und Verfahren, die erfolgreich auf verschiedene Aspekte schlechter Gesundheit einzuwirken scheinen. Deshalb wäre auch hier die *bootstrap*-Methode die bestgeeignete Strategie. In diesem Falle müßte sie ein Mosaik therapeutischer Modelle und Methoden von begrenzter Wirkungsweise entwickeln, die miteinander übereinstimmen. Es wäre dann die Aufgabe des Allgemeinmediziners oder Gesundheitsteams herauszufinden, welches Modell oder welche Methode bei dem jeweiligen Patienten die passendste und wirksamste wäre. Parallel dazu müßten Forscher und Kliniker diese Modelle noch näher erforschen und sie schließlich in ein zusammenhängendes System integrieren.

Zur Zeit werden bereits mehrere Modelle und Methoden entwickelt, die über den biomedizinischen Rahmen hinausgehen und mit dem Systembild der Gesundheit übereinstimmen. Einige davon beruhen auf gut fundierten abendländischen Heiltraditionen, andere sind neueren Ursprungs; vom medizinischen Establishment werden die meisten nicht ernstgenommen, weil sie aus klassischer wissenschaftlicher Sicht schwer zu verstehen sind.

Es gibt zum Beispiel eine Reihe unorthodoxer Ansichten über die Existenz von Formen »subtiler Energien« oder »Lebensenergien«, für die jede Erkrankung die Folge von Änderungen dieser Energiemuster ist. Man bezeichnet diese Traditionen der Gesundheitsbetrachtung auch als »Energie-Medizin«. Ihre Therapieformen bedienen sich vielfältiger Methoden, die offensichtlich alle den Organismus auf einer fundamentalen Ebene beeinflussen und nicht nur die physischen und psychischen Symptome der Erkrankung. Diese Anschauung kommt der chinesischen medizinischen Tradition ziemlich nahe, wie übrigens auch viele andere Vorstellungen dieser überlieferten Heilmethoden. Wenn etwa Homöopathen von der »Lebenskraft« oder Schüler von Reich von »Bioenergie« sprechen, benutzen sie diese Ausdrücke in einem Sinne, der dem chinesischen Begriff des *Ch'i* sehr nahe kommt. Die drei Begriffe sind zwar nicht identisch, scheinen sich jedoch auf dieselbe Wirklichkeit zu beziehen – eine Wirklichkeit, die viel komplexer ist als jeder einzelne von ihnen. Hauptzweck dieser Terminologie ist, das Muster des Fließens und der Fluktuation im menschlichen Organismus zu beschreiben. Man glaubt auch an einen Austausch von »Lebensenergie«

zwischen einem Organismus und seiner Umwelt, und viele Traditionen enthalten die Überzeugung, daß diese Energie von einem menschlichen Wesen zum anderen durch Handauflegen und andere Techniken des »Geistheilens« übertragen werden kann.[43]

Die meisten Theorien über »Energie-Medizin« wurden zu einer Zeit entwickelt, als die Naturwissenschaft fast ausschließlich nach mechanistischen Vorstellungen formuliert wurde, weshalb man ihren Urhebern nicht vorwerfen kann, daß sie Terminologien benutzen, die heute unklar, zu sehr vereinfacht oder überholt erscheinen. Diejenigen, die diese Heiltraditionen begründeten und praktizierten, besaßen oft eine bemerkenswerte Intuition für das Wesen von Leben, Gesundheit und Erkrankung, und viele ihrer Vorstellungen werden sich wahrscheinlich als äußerst nützlich erweisen, wenn man sie im Rahmen der neuen Systemlehre neu formuliert. Wird Selbstorganisation als das Wesentliche an lebenden Organismen erkannt, dann muß es eine der Hauptaufgaben der Wissenschaften vom Leben sein, die strukturierten Prozesse der sich selbst organisierenden Systeme sowie die dabei auftretenden Energien zu studieren. Die Vorgänge in physikalischen und chemischen Systemen sind gründlich erforscht worden und die dabei auftretenden Energien gut bekannt. Im Gegensatz dazu fängt man jetzt erst an, die Vorgänge innerhalb von sich selbst organisierenden Systemen und die sie bestimmenden Energien zu erforschen, wobei sich vermutlich Phänomene zeigen werden, die bisher von der orthodoxen Naturwissenschaft überhaupt nicht berücksichtigt wurden.

Der Begriff »Energie«, so wie ihn die unorthodoxen Heiltraditionen verwenden, ist vom wissenschaftlichen Standpunkt aus jedoch ziemlich problematisch. Man hält die »Lebensenergie« oft für eine Art Substanz, die durch den Organismus fließt und zwischen Organismen übertragen wird. Nach Aussagen der modernen Wissenschaft ist Energie keine Substanz, sondern eher ein bestimmtes Maß von Aktivität, von dynamischen Strukturen.[44] Um die Modelle der »Energie-Medizin« zu verstehen, sollte man sich daher auf die Vorstellungen des Fließens, der Fluktuation, der Schwingungen, des Rhythmus, des Synchronismus und der Resonanz konzentrieren, die sich in voller Übereinstimmung mit der modernen Systemlehre befinden. Begriffe wie »feinstoffliche Körper« oder »subtile Energien« sollte man nicht als Bezeichnungen grundlegender Substanzen verstehen, sondern nur als Metaphern zur Beschreibung dynamischer Strukturen der Selbstorganisation.

Eine der interessantesten Auffassungen von den fundamentalen dynamischen Strukturen des menschlichen Organismus ist die der Homöopathie. Die Wurzeln der homöopathischen Weltanschauung lassen sich bis zu den Lehren von Hippokrates und Paracelsus zurückverfolgen; das formale therapeutische System jedoch wurde gegen Ende des 18. Jahrhunderts von dem deutschen Arzt Samuel Hahnemann begründet. Gegen den heftigen Widerstand des medizinischen Establishments verbreitete sich die Homöopathie stetig während des ganzen 19. Jahrhunderts und wurde besonders in den Vereinigten Staaten populär, wo um das Jahr 1900 etwa 15 Prozent aller Ärzte Homöopathen waren. Im 20. Jahrhundert konnte diese Bewegung sich gegenüber der modernen biomedizinischen Wissenschaft nicht mehr behaupten und erlebt erst seit kurzem eine Renaissance.

Aus homöopathischer Sicht entsteht eine Erkrankung aus Veränderungen innerhalb einer Energiestruktur oder »Lebenskraft«, welche die Grundlage aller physischen, gefühlsmäßigen und psychischen Phänomene und für jedes Individuum charakteristisch ist. Wie bei der Akupunktur ist es auch das Ziel der Homöopathie, die Energieebenen eines Menschen anzuregen. Die traditionelle homöopathische Auffassung ist rein phänomenologisch und besitzt, anders als die chinesische Medizin, keine ins einzelne gehende Theorie der Energiestrukturen. Vor einigen Jahren jedoch hat George Vithoulkas, der vielleicht profilierteste Exponent der modernen homöopathischen Bewegung, begonnen, die Umrisse eines theoretischen Rahmens zu formulieren.[45] Vithoulkas hat versuchsweise Hahnemanns »Lebenskraft« mit dem elektromagnetischen Feld des Körpers gleichgesetzt. Für die fundamentale Ebene, auf der jede Erkrankung beginnt, verwendet er den Ausdruck »dynamische Ebene«. In seiner Theorie ist die dynamische Ebene durch ein Muster von Schwingungen charakterisiert, das für jedes Individuum einzigartig ist. Äußere oder innere Reize wirken auf die Schwingungsrate ein, und diese Veränderungen erzeugen physische, gefühlsmäßige oder psychische Symptome.

Homöopathen nehmen für sich in Anspruch, sie könnten Ungleichgewichte im Organismus entdecken, bevor ernsthafte Störungen auftreten, und zwar durch Beobachtung einer Vielzahl subtiler Symptome: Änderungen im Verhalten wie etwa Empfindlichkeit gegenüber Kälte, Verlangen nach Salz oder Zucker, Schlafgewohnheiten und so weiter. Diese subtilen Symptome stellen die Reaktion des Organismus auf Ungleichgewichte auf der dynamischen Ebene dar. Eine homöopathische Diagnose setzt sich zum Ziel, ein Gesamtmuster oder eine »Gestalt«

der Symptome zu erstellen, in der sich die Persönlichkeit des Patienten widerspiegelt und die zugleich Spiegelbild des Schwingungsmusters dieser Person ist. Damit befindet sie sich in Übereinstimmung mit einem Kerngedanken der modernen psychosomatischen Medizin, der Idee nämlich, daß ein anfängliches Ungleichgewicht des Organismus auf dem Wege über eine besondere Persönlichkeitsstruktur spezifische Symptome hervorbringt.

Die homöopathische Therapie besteht darin, das Muster der für den Patienten charakteristischen Symptome mit einem ähnlichen Muster in Deckung zu bringen, das für das Heilmittel charakteristisch ist. Vithoulkas glaubt, jedes Heilmittel sei mit einem bestimmten Schwingungsmuster assoziiert, das ihr eigentliches Wesen oder Merkmal sei. Wird das Heilmittel eingenommen, schwingt sein Energiemuster in Resonanz mit dem Energiemuster des Patienten und leitet dadurch den Heilungsprozeß ein. Dieses Resonanzphänomen scheint das Kernstück der homöopathischen Therapie zu sein; was nun genau mitschwingt und wie diese Resonanz zuwege gebracht wird, das wird noch nicht richtig verstanden. Homöopathische Heilmittel sind Substanzen, die aus Tieren, Pflanzen und Mineralien gewonnen und in stark verdünnter Form eingenommen werden. Die Auswahl des richtigen Heilmittels erfolgt nach Hahnemanns Ähnlichkeitsregel. Sie besagt »Ähnliches wird durch Ähnliches geheilt« und hat der Homöopathie ihren Namen gegeben.*

Nach Hahnemann kann jede Substanz, die ein bestimmtes Gesamtmuster von Symptomen in einem gesunden Menschen erzeugt, dieselben Symptome eines Kranken heilen. Homöopathen behaupten, praktisch jede Substanz könne ein breites Spektrum stark individualisierter Symptome, die man als die »Persönlichkeit« des Heilmittels bezeichnet, erzeugen und heilen.

Der erste und vielleicht wichtigste Teil der homöopathischen Praxis ist die Erfassung der Gesamtsymptome des Patienten. Jedes Gespräch mit dem Kranken zu diesem Zweck ist ein einzigartiger Vorgang, der vom Interviewer ein hohes Maß an Intuition und Einfühlungsvermögen verlangt. Zweck dieses Gespräches ist, die Persönlichkeit des Patienten als integrierte, lebendige Einheit zu erfassen, um dann ihr innerstes Wesen mit dem des Heilmittels in Einklang zu bringen. Vithoulkas sagt, diese Erfahrung solle das Ergebnis einer sehr intimen menschlichen Begegnung zwischen dem Therapeuten und dem Patienten sein, einer Begegnung, die beide Partner tief beeinflussen wird:

* Aus dem griechischen *homeo* (»ähnlich«) und *pathos* (»Leiden«).

> Die Begegnung zwischen einem Patienten und einem Homöopathen schafft eine starke Wechselwirkung zwischen beiden ... Der Behandelnde ist nicht nur passiver Beobachter, der sich hinter einer Mauer von Objektivitäten verbirgt. Jeder Patient geht eine tiefe und sinnvolle Beziehung zum Homöopathen ein. Es liegt in der wahren Natur der Homöopathie, daß der Behandelnde aufs engste am Leben des Patienten teilnimmt, mit jedem seiner Aspekte verbunden wird und dabei mitfühlend und einfühlsam und zugleich objektiv und aufnehmend ist ... Wird Homöopathie mit einem solchen inneren Engagement praktiziert, dann regt sie beim Behandelnden ebenso inneres Wachstum an wie beim Patienten.[46]

Diese Beschreibung des homöopathischen Interviews, mit ihrer starken Betonung der wechselseitigen Einwirkung von Therapeut und Patient, erinnert sehr an eine intensive psychotherapeutische Sitzung, wie sie beispielsweise Jung beschrieben hat.[47] Tatsächlich ist man zu fragen versucht, ob die alles entscheidende Resonanz in der homöopathischen Therapie nicht im Grunde die Resonanz zwischen dem Patienten und dem Therapeuten ist, wobei das Heilmittel nur als Krücke dient.

Der Mangel an wissenschaftlicher Erklärung der homöopathischen Therapie ist einer der Hauptgründe, warum sie bis heute eine sehr umstrittene Kunst des Heilens geblieben ist. Doch steht zu erwarten, daß die weitere Entwicklung der psychosomatischen Medizin und der Systemlehre dazu beitragen wird, viele homöopathische Prinzipien zu erklären, was die akademische Medizin anregen mag, ihre ablehnende Haltung zu revidieren. Die homöopathische Weltanschauung mit ihrer allgemeinen Betrachtung der Erkrankung, ihrer Betonung individualisierter Behandlung und ihrem grundlegenden Vertrauen in den menschlichen Organismus kann als Beispiel für viele wichtige Aspekte der ganzheitlichen Gesundheitsfürsorge gelten.

Eine andere Schule der »Energie-Medizin«, jünger als die Homöopathie und mit starkem Einfluß auf eine Vielfalt von Therapien, ist die Therapie von Reich.[48] Wilhelm Reich begann als Psychoanalytiker und Schüler von Freud. Während Freud und die anderen Analytiker sich jedoch auf die psychologischen Inhalte psychischer Störungen konzentrierten, interessierte Reich sich dafür, wie diese Störungen sich physisch äußern. Seine Behandlung verlagerte sich schwerpunktmäßig von der Psyche auf den Körper. Dabei entwickelte er therapeutische Methoden, die auch physischen Kontakt zwischen Therapeut und Patient beinhalteten, was einen scharfen Bruch mit der überlieferten psychoanalytischen Praxis bedeutete. Schon am Anfang seiner medizinischen Forschungsarbeit interessierte Reich sich für die Rolle der Energie beim Funktionieren des lebenden Organismus. Eines der Hauptziele seiner psychoanalytischen Arbeit war, den Sexualtrieb, die Libido, die für Freud eine abstrakte psychische Kraft war, mit einer konkreten, den Organismus durchfließenden Energie in Verbindung zu bringen. Dadurch kam Reich zum Begriff der Bioenergie, einer fundamentalen Energieform, die den ganzen Organismus durchdringt und beherrscht und sich selbst in den Gefühlen wie auch im Fließen der Körperflüssigkeiten und anderen biophysischen Bewegungen manifestiert. Nach Reich fließt die Bioenergie in wellenförmigen Bewegungen, und ihre grundlegende dynamische Charakteristik ist das Pulsieren. Jede Mobilisierung der Fließprozesse und Gefühle im Organismus beruht auf Mobilisierung der Bioenergie.

Eine der grundlegendsten Entdeckungen von Reich war, daß Verhaltensweisen und gefühlsmäßige Erlebnisse gewisse Muskelreaktionen verursachen können, die dann den Fluß der Bioenergie blockieren. Diese muskulären Verhärtungen, die Reich »Charakterpanzer« nannte, werden in fast jedem erwachsenen Menschen entwickelt. In ihnen spiegelt sich unsere Persönlichkeit, und sie manifestieren Schlüsselelemente unseres emotionellen Werdegangs, die in Struktur und Gewebe unserer Muskeln gewissermaßen eingefroren sind. Zentrale Aufgabe der Reichschen Therapie ist es, diesen Muskelpanzer aufzubrechen, um das ungehinderte Pulsieren der Bioenergie im Körper wieder zu ermöglichen. Dies geschieht mit Hilfe tiefer Atmung und einer Vielzahl sonstiger physischer Methoden, die darauf abzielen, den Patienten zu befähigen, sich mehr durch seinen Körper als durch Worte auszudrücken. Bei diesem Vorgang werden vergangene traumatische Geschehnisse wieder bewußt und werden, zusammen mit der Lockerung der entsprechenden Muskelsperre, gelöst. Das ideale Ergebnis wäre das Auftreten eines Phänomens, das Reich den Orgasmusreflex genannt hat und das für ihn die Dynamik der lebenden Organismen in einer Form bestimmt, die den gewöhnlichen sexuellen Begriffsinhalt des Wortes transzendiert. »Im Orgasmus ist der lebende Organismus nichts weiter als ein Teil der pulsierenden Natur«, schreibt Reich.[49]

Es liegt auf der Hand, daß Reichs Vorstellung von der Bioenergie der chinesischen Idee vom *Ch'i* sehr nahe kommt. Wie die Chinesen hob auch Reich die zyklische Natur des Fließvorganges im Organismus hervor, und wie die Chinesen betrachtete auch er den Energiefluß im Körper als Widerspiegelung eines Vorgangs, der im Universum im großen abläuft. Für ihn war Bioenergie die besondere Manifestation einer Form der kosmischen Energie, die er »Orgon-Energie« nannte. Reich betrachtete diese Orgon-Energie als eine Art Ursubstanz, die überall in der Atmosphäre vorhanden ist und sich durch den ganzen Weltraum erstreckt, etwa wie der Äther der Physiker des 19. Jahrhunderts. Reich meint, die unbelebte wie die lebende Materie gehe über einen komplizierten Differenzierungsprozeß aus der Orgon-Energie hervor.

Diese Vorstellung von der Orgon-Energie ist wohl der umstrittenste Teil des Reichschen Denkens und war der Grund für seine Isolierung von der Gemeinschaft der Wissenschaftler, seine Verfolgung und seinen tragischen Tod.[50] Gesehen aus der Perspektive der 1980er Jahre war Wilhelm Reich jedoch ein Vorkämpfer des Paradigmenwechsels. Er hatte brillante Ideen, eine kosmische Perspektive sowie eine ganzheitliche und dynamische Weltanschauung, die seiner Zeit weit voraus war und von seinen Zeitgenossen abgelehnt wurde. Reichs Art zu denken, die er »orgonomischer Funktionalismus« nannte, befindet sich in vollkommener Übereinstimmung mit dem Denken unserer modernen Systemtheorie, wie die nachfolgende Stelle zeigt:

> Funktionales Denken duldet keine statischen Zustände. Es betrachtet alle natürlichen Prozesse als in Bewegung befindlich, selbst im Falle erstarrter Strukturen und unbeweglicher Formen . . . Auch die Natur »fließt« in jeder einzelnen ihrer verschiedenen Funktionen und in ihrer Totalität . . . Die Natur ist in allen ihren Bereichen funktional und nicht nur in denen der organischen Materie. Natürlich gibt es mechanische Gesetze, doch sind die Mechanismen der Natur im Grunde eine besondere Variante funktionaler Prozesse.[51]

Leider verfügte Reich noch nicht über die Sprache der modernen Systembiologie, so daß er seine Theorie über die lebende Materie manchmal in Begriffen ausdrückte, die im alten Paradigma verwurzelt und ziemlich ungeeignet waren. Er konnte seine Orgon-Energie nicht als ein Maß organischer Aktivität begreifen, sondern mußte darin eine Substanz sehen, die entdeckt und akkumuliert werden kann. In dem Versuch, eine solche Idee zu verifizieren, berief er sich deshalb auf alle möglichen atmosphärischen Phänomene, die man wohl besser in Begriffen konventioneller Prozesse erklären könnte, etwa als Ionisierung oder ultraviolette Strahlung.[52] Trotz dieser terminologischen Probleme hatten Reichs Grundideen über die Dynamik des Lebens einen unerhörten Einfluß; sie haben Therapeuten dazu inspiriert, eine Vielfalt neuer psychosomatischer Methoden zu entwickeln. Könnte man die Reichschen Theorien in der modernen System-Sprache neu formulieren, dann würde ihre Bedeutung für die zeitgenössische Forschung und therapeutische Praxis sogar noch klarer werden.

Die im letzten Teil dieses Kapitels erörterten therapeutischen Modelle bekennen sich nicht zwangsläufig zur Idee fundamentaler Energiestrukturen; doch betrachten alle den Organismus als ein dynamisches System mit untereinander verbundenen physischen, biochemischen und psychischen Aspekten, die im Gleichgewicht gehalten werden müssen, wenn der Mensch bei guter Gesundheit bleiben soll. Einige Therapien sind auf die physikalischen Aspekte dieses Gleichgewichts ausgerichtet, da sie mit dem Muskelsystem des Körpers oder anderen Strukturelementen zu tun haben; andere beeinflussen den Metabolismus des Organismus; und wieder andere konzentrieren sich darauf, das Gleichgewicht durch psychologische Methoden herzustellen. Welcher Weg auch immer eingeschlagen wird: Alle erkennen die grundsätzliche gegenseitige Abhängigkeit der biologischen, psychischen und emotionalen Manifestationen des Organismus an und befinden sich daher in Übereinstimmung.

Die Therapien, die den Versuch machen, Harmonie, Gleichgewicht und Integration durch physische Methoden zu erleichtern, sind neuerdings unter dem gemeinsamen Namen »Körperarbeit« bekannt geworden. Sie befassen sich mit dem Nervensystem, dem Muskelsystem und verschiedenen anderen Geweben sowie mit dem Zusammenspiel und der koordinierten Bewegung aller dieser Komponenten. Körperarbeit-Therapie beruht auf dem Glauben, daß all unsere Aktivitäten, Gedanken und Gefühle im physischen Organismus reflektiert werden, sich in unserer Haltung und unseren Bewegungen manifestieren, in Spannungen und vielen anderen Anzeichen unserer »Körpersprache«. Der Körper als Ganzes ist das Spiegelbild der Psyche, und wer ihn beeinflußt, verändert damit auch sie.

Da die östlichen philosophischen und religiösen Überlieferungen stets dazu neigen, Körper und Geist als Einheit zu sehen, kann es nicht überraschen, daß im Osten zahlreiche Methoden entwickelt wurden, sich dem Bewußtsein über die physische Ebene zu nähern. Im Westen wird man sich zunehmend der therapeutischen Bedeutung dieser meditativen Methoden bewußt, und viele westliche Therapeuten machen östliche Techniken der Körperarbeit wie Yoga, T'ai Chi und Aikido zu Bestandteilen ihrer Behandlung. Ein bedeutender Aspekt dieser östlichen Methoden, der auch in der Reichschen Therapie stark zum Ausdruck kommt, ist die grundlegende Rolle des Atems als Bindeglied zwischen den bewußten und unbewußten Ebenen des Geistes. Unser Atemmuster reflektiert die Dynamik unseres gesamten Geist/Körper-Systems, und der Atem ist auch der Schlüssel zu unserem emotionalen Gedächtnis. Richtiges Atmen und verschiedene Atemtechniken als therapeutische Werkzeuge stehen daher im Westen wie im Osten im Mittelpunkt vieler Schulen der Körperarbeit.

Alle dynamischen Manifestationen des menschlichen Organismus – seine ständigen Bewegungen und die verschiedenartigen Vorgänge des Fließens und der Fluktuation – nehmen das Muskelsystem in Anspruch. Arbeit am Muskelsystem des Körpers eignet sich ideal zur Erforschung und zur Beeinflussung des physiologischen und psychischen Gleichgewichts. Genaue Untersuchungen des physischen Organismus aus dieser Perspektive zeigen, daß die konventionelle Unterscheidung zwischen Nerven, Muskeln, Haut und Knochen oft recht künstlich ist und die physische Wirklichkeit nicht widerspiegelt. Das ganze Muskelsystem des Organismus ist mit losen Bindegeweben bedeckt, welche die Muskeln in ein funktionales Ganzes integrieren und weder physisch noch begrifflich von den Muskelgeweben, den Nervenfasern und der Haut getrennt werden können. Segmente dieses Bindegewebes sind mit verschiedenen Organen assoziiert, und eine ganze Anzahl physiologischer Störungen läßt sich durch besondere Methoden der Bindegewebsmassage entdecken und heilen.

Da das Muskelsystem ein integriertes Ganzes ist, pflegt sich die Störung auch nur eines Teiles durch das ganze System zu verbreiten, und da alle körperlichen Funktionen durch Muskeln unterstützt werden, spiegelt sich jede Schwächung im inneren Gleichgewicht des Organismus auf besondere Weise im Muskelsystem wider. Ein wichtiger Aspekt dieses Gleichgewichts ist der regelmäßige Fluß des Nervensystems durch den ganzen Körper, was die Chiropraktik in den Mittelpunkt ihrer Tätigkeit gerückt hat. Chiropraktiker konzentrieren sich auf die strukturelle Unterstützung des Nervensystems längs der Wirbelsäule. Mittels manueller Einwirkung, durch sanften Druck auf Gelenke und Gewebe, sind sie imstande, Bandscheiben wieder in die richtige Lage zu bringen und dadurch die Behinderung des Nervenstromes zu beheben, die vielerlei Störungen verursachen kann. Aus der Chiropraktik entwickelte sich eine besondere Art des Muskeltestens, die man angewandte Kinesiologie* nennt. Sie wurde inzwischen zu einem brauchbaren therapeutischen Instrument entwickelt, das es den Therapeuten erlaubt, das Muskelsystem als Informationsquelle über verschiedene Aspekte des Gleichgewichtszustandes des Organismus zu nutzen.[53]

Beeinflußt von den bahnbrechenden Ideen Wilhelm Reichs sowie durch östliche Vorstellungen und moderne Tanzformen, haben eine Reihe von Therapeuten verschiedene Elemente dieser Traditionen kombiniert, um Körperarbeit-Techniken zu entwickeln, die in jüngster Zeit sehr populär geworden sind. Hauptbegründer dieser neuen Wege sind Alexander Lowen (»Bioenergetik«), Frederick Alexander (»Alexander-Methode«), Moshe Feldenkrais (»funktionale Integration«), Ida Rolf (»strukturelle Integration«) und Judith Aston (»strukturelles Gestalten«).

Außerdem wurden verschiedene Massagetechniken entwickelt, von denen viele durch fernöstliche Techniken wie Shiatsu und Akupressur angeregt wurden. Alle diese neuen Wege basieren auf der Idee von Reich, daß gefühlsmäßiger Streß sich als Verkrampfung von Muskelstrukturen und Geweben äußert; sie unterscheiden sich jedoch in den Methoden, mit denen man diese psychosomatischen Verkrampfungen löst.[54] Einige dieser Heilmethoden beruhen auf einer einzigen Idee, die dann in einer einzigen Zusammenfassung von Verordnungen und Handgriffen praktiziert wird. Im Idealfall jedoch sollte ein Therapeut der Körperarbeit mit jeder dieser Techniken vertraut sein und keine ausschließlich anwenden. Ein anderes Problem ist, daß viele Schulen Muskelverkrampfungen gerne als etwas Statisches behandeln und Emotionen recht unflexibel mit Körperhaltungen assoziieren, ohne wahrzunehmen, wie sich der Körper durch den Raum bewegt und mit seiner Umwelt in Beziehung steht.

Eine der subtilsten Methoden der Körperarbeit, die sich gerade auf den eben erwähnten Aspekt konzentriert – den Körper, wie er sich im Raum bewegt und auf seine Umwelt reagiert –, wird von Tanz- und Bewegungstherapeuten praktiziert. Besonders interessant ist eine Schule für Bewegungstherapie auf der Grundlage der Arbeit von Rudolf Laban, später fortentwickelt von Irmgard Bartenieff.[55] Laban entwik-

* Kinesiologie, aus dem griechischen *kinesis* (»Bewegung«), studiert die menschliche Anatomie in bezug auf die Bewegung.

kelte eine Methode und Terminologie für die Analyse menschlicher Bewegungen, die außer für die Therapie auch für viele andere Disziplinen von Bedeutung ist, unter anderem für Anthropologie, Architektur, Industrie, Theater und Tanz. Die therapeutische Bedeutung dieser Methode ergibt sich aus Labans Beobachtung, daß jede Bewegung funktional und ausdrucksvoll zugleich ist. Was immer ein Mensch tut, stets wird seine Bewegung auch etwas über ihn selbst aussagen. Labans System befaßt sich ausdrücklich mit der Ausdrucksqualität der Bewegung und ermöglicht es damit den Bewegungstherapeuten, durch sorgfältige Beobachtung der Bewegungen ihrer Patienten viele feine Einzelheiten des gefühlsmäßigen und physischen Zustandes zu erkennen.

Die Laban-Bartenieffsche Schule der Bewegungstherapie beobachtet insbesondere, wie der einzelne mit seiner Umwelt zusammenwirkt und mit ihr kommuniziert. Dieses Zusammenspiel erfolgt in komplexen rhythmischen Strukturen, die auf verschiedenartige Weise in- und auseinanderfließen, wobei sich bei mangelndem Synchronismus und mangelnder Integration der Gesundheitszustand verschlechtert. Aus dieser Sicht erfolgt die Heilung durch einen besonderen Vorgang von Wechselwirkung zwischen dem Therapeuten und dem Patienten, bei dem beider Rhythmen sich fortlaufend synchronisieren. Die Bewegungstherapeuten helfen ihren Patienten, sich selbst besser physisch und gefühlsmäßig in ihre Umwelt zu integrieren, indem sie durch kommunizierende Bewegungen eine Art von Resonanz herstellen.

Ein anderer Weg zu einem gesunden Gleichgewicht führt über den Metabolismus des Organismus. Das biochemische Gleichgewicht kann durch Änderung der Ernährung und die Einnahme von Medikamenten pflanzlicher oder synthetischer Art verändert werden. In den meisten medizinischen Traditionen sind diese drei Behandlungsformen nicht scharf voneinander getrennt, und es scheint sehr angebracht, das auch im neuen System ganzheitlicher Gesundheitsfürsorge beizubehalten. Ernährungstherapie, Pflanzenheilkunde und die Verschreibung von Medikamenten wirken sich auf das biochemische Gleichgewicht aus und sind Variationen ein und desselben therapeutischen Weges. In Erkenntnis des dem Organismus innewohnenden Bestrebens, sein Gleichgewicht zurückzugewinnen, wird sich der ganzheitliche Therapeut stets des sanftesten Heilmittels bedienen; er wird zunächst die Ernährung ändern, dann, wenn nötig, Heilkräuter verschreiben, um die gewünschte Wirkung zu erzielen; synthetische Medikamente sollten erst als letzter Ausweg und in Notfällen verordnet werden.

Obgleich die Ernährung bei der Entwicklung von Krankheiten schon immer ein bedeutender Faktor gewesen ist, wird sie in der heutigen medizinischen Ausbildung und Praxis wenig beachtet. Die meisten Ärzte sind fachlich nicht genug geschult, um brauchbare Ratschläge über gesunde Ernährung zu erteilen, und die in den Publikumszeitschriften veröffentlichten Artikel über Ernährungsfragen sind oft irreführend. Dennoch sind die Grundregeln der Ernährungsberatung relativ einfach und sollten allen praktizierenden Ärzten bekannt sein.[56]

Ernährungsberatung und -therapie hängen eng mit einem neuen Zweig der Medizin zusammen, den man klinische Ökologie nennt; er entstand Ende der vierziger Jahre aus dem Studium der Allergien und befaßt sich mit den Auswirkungen von Nahrungsmitteln und Chemikalien auf unsere Gesundheit und unseren psychischen Zustand.[57] Klinische Ökologen haben herausgefunden, daß die üblichen Nahrungsmittel und anscheinend harmlose chemische Produkte, die wir täglich zu Hause, im Büro und am Arbeitsplatz verwenden, psychische, gefühlsmäßige und physische Probleme verursachen können, angefangen bei Kopfschmerzen und Depressionen bis zu Schmerzen und Beschwerden in Muskeln und Gelenken. Patienten, die ihren Arzt wegen multipler Symptome konsultieren, leiden häufig an solchen Allergien. Die Behandlung dieser Patienten durch klinische Ökologen ist ein höchst individuelles Verfahren, zu dem auch Ernährungstherapie und verschiedene andere Methoden gehören; das Ziel ist, die umweltbedingten Ursachen der Erkrankung zu identifizieren und zu beseitigen.

Wie die Ernährungsberatung wurde seit dem Aufstieg des biomedizinischen Modells auch die Kunst der Pflanzenheilkunde fast ganz vergessen. Erst in jüngster Zeit erleben wir eine Wiederbelebung der therapeutischen Anwendung natürlicher Kräuter und Pflanzen. Diese Entwicklung ist ermutigend, da natürliches, unbearbeitetes Pflanzenmaterial die beste Art oral einzunehmender Medikamente zu sein scheint; Pflanzenheilkunde kann jedoch nur dann erfolgreich sein, wenn die Behandlung auf den ganzen Organismus abzielt, statt nur eine spezifische Krankheit heilen zu wollen. Andernfalls käme man unweigerlich in die Versuchung, pflanzliche Mixturen zu bearbeiten, um ihre »aktiven Bestandteile« zu isolieren, was ihre therapeutische Wirkung erheblich verringern würde. Pharmazeutische Medikamente, die oft das Endprodukt solcher Bearbeitung sind, wirken viel schneller auf die Biochemie des Körpers als pflanzliche Mixturen, verursachen im Körper jedoch einen viel größeren Schock und erzeugen damit zahlreiche schädliche Nebenwirkungen, die im allgemeinen nicht auftreten, wenn man die unbearbeiteten pflanzlichen Mittel einnimmt.[58]

Die andere Einstellung zum Umgang mit Medikamenten ist nur ein Beispiel für den künftigen Umgang mit der biomedizinischen Therapie im ganzen. Die Leistungen der modernen medizinischen Wissenschaft braucht man keineswegs abzutun; doch werden bei der zukünftigen ganzheitlichen Methode biomedizinische Techniken eine viel beschränktere Rolle spielen. Man wird sie nutzen, um auf die physischen und biologischen Aspekte der Erkrankung einzuwirken, vor allem in Notfällen, doch stets sehr überlegt und in Verbindung mit psychologischer Beratung, Maßnahmen zur Verringerung des Stresses und sonstigen Methoden einer ganzheitlichen Patientenbetreuung. Der Übergang zum neuen System muß langsam und sorgfältig geschehen, weil die biomedizinische Therapie in unserer Kultur eine ungeheure symbolische Macht besitzt. Die reduktionistische Auffassung von der Erkrankung mit ihrem Schwerpunkt auf Medikamenten und Chirurgie wird nach und nach zu ergänzen und durch die neuen ganzheitlichen Therapien schließlich zu ersetzen sein, parallel zu der Veränderung und Evolution unserer kollektiven Anschauungen über Gesundheit und Erkrankung.

Die letzte hier zu behandelnde Gruppe therapeutischer Techniken versucht, das psychosomatische Gleichgewicht durch Beeinflussung der Psyche herzustellen. Mit ihren Methoden zur Entspannung und Verringerung des Stresses werden diese Techniken bei allen künftigen Therapien vermutlich eine wichtige Rolle spielen.[59] Unsere heutige Kultur hat zur Entspannung ein recht naives Verhalten. Viele Aktivitäten, die man für entspannend hält – Fernsehen, Lesen, ein paar Drinks –, verringern keinesfalls Streß oder Sorgen. Tiefe Entspannung ist ein psychophysiologischer Prozeß, der ebenso viel fleißiges Üben verlangt wie jede andere Fertigkeit; sie muß regelmäßig praktiziert werden, wenn sie wirklich erfolgreich sein soll. Richtiges Atmen ist einer der wichtigsten Aspekte der Entspannung und daher eines der vitalsten Elemente in allen Techniken zur Verringerung des Stresses.

Tiefes, regelmäßiges Atmen und tiefe Entspannung sind typisch für die in vielen Kulturen, vor allem im Fernen Osten, seit Tausenden von Jahren entwickelten Meditationstechniken. Das neuerwachte Interesse für mystische Traditionen hat eine wachsende Zahl von Menschen des Westens dazu gebracht, regelmäßig zu meditieren, und es gibt eine Reihe von empirischen Studien über die Gesundheitsvorteile meditativer Betätigung.[60] Sie lassen erkennen, daß die Reaktion des menschlichen Organismus auf Meditation seiner Reaktion auf Streß entgegengesetzt ist, weshalb meditative Techniken in Zukunft wahrscheinlich klinisch stärker angewendet werden dürften.

In den vergangenen fünfzig Jahren wurden auch im Westen verschiedene Methoden entwickelt, die tiefe Entspannung bewirken, und mit Erfolg als therapeutische Instrumente zur Bekämpfung des Stresses eingesetzt. Man kann sie als westliche Meditationsformen ansehen, die mit keiner spirituellen Tradition in Verbindung stehen, jedoch dem Bedürfnis entwachsen sind, den Streß abzubauen. Eine der umfassendsten und erfolgreichsten dieser Techniken ist das von dem deutschen Psychiater Johannes Schultz in den dreißiger Jahren entwickelte Autogene Training. Es ist eine Art Selbsthypnose, kombiniert mit gewissen spezifischen Übungen zur Integration psychischer und physischer Funktionen, um einen Zustand tiefer Entspannung herbeizuführen. In den Anfangsstadien liegt der Schwerpunkt bei physischen Aspekten der Entspannung; sobald diese beherrscht werden, wendet man sich subtileren psychologischen Aspekten zu, die, wie die Meditation, zur Erfahrung außergewöhnlicher Bewußtseinszustände führen.

Ist der Organismus ganz entspannt, dann kann man mit dem eigenen Unbewußten Kontakt aufnehmen, um wichtige Informationen über die eigenen Probleme oder die psychischen Aspekte der eigenen Erkrankung zu erhalten. Die Kommunikation mit dem Unbewußten erfolgt durch eine höchst persönliche visuelle und symbolische Sprache, den Träumen ähnlich. Geistige Bilder und aktive Imagination (Visualisation) spielen daher in den fortgeschrittenen Stadien des Autogenen Trainings eine zentrale Rolle, wie dies auch in vielen überlieferten Techniken der Meditation der Fall ist. Methoden, die geistige Bilder hervorrufen, werden neuerdings auch unmittelbar bei spezifischen Erkrankungen angewendet und erzielen oft ausgezeichnete Ergebnisse.

Der psychologische Ansatz zur Verminderung und Heilung des Stresses wird durch eine neue, unter dem Namen Biofeedback bekanntgewordene Technologie eindrucksvoll bestätigt.[61] Diese Technik ermöglicht es, Körperfunktionen willentlich unter Kontrolle zu bekommen, die gewöhnlich unbewußt ablaufen. Sie zeichnet die Funktionen auf, verstärkt die Ergebnisse elektronisch und macht sie wahrnehmbar

(*»feedback«*). Im letzten Jahrzehnt hat sich in zahlreichen praktischen Fällen gezeigt, daß auf diese Weise eine Vielfalt autonomer, nicht-willentlicher physiologischer Funktionen – Herzrhythmus, Körpertemperatur, Muskelspannung, Blutdruck, Aktivität der Gehirnwellen und andere – unter bewußte Kontrolle gebracht werden kann. Viele Kliniker halten es für möglich, eine gewisse willentliche Kontrolle über jeden beliebigen Vorgang zu erlangen, der fortwährend aufgezeichnet, verstärkt und wahrnehmbar gemacht werden kann.

Der Ausdruck »willentliche Kontrolle« ist eigentlich etwas unangebracht, um die Regelung autonomer Funktionen durch Biofeedback zu beschreiben. Die Idee vom Geist, der den Körper kontrolliert, beruht auf der kartesianischen Teilung und entspricht nicht den beim Biofeedback gemachten Beobachtungen. Was für diese subtile Form der Selbstregulierung benötigt wird, ist nicht Kontrolle, sondern im Gegenteil ein meditativer Zustand tiefster Entspannung, in dem jede Kontrolle aufhört. In einem solchen Zustand öffnen sich Kanäle der Kommunikation zwischen dem Bewußten und dem Unbewußten und erleichtern die Integration psychischer und biologischer Funktionen. Dieser Kommunikationsprozeß findet oft mittels bildlicher Vorstellungen und symbolischer Sprache statt, und diese Rolle der visuellen Vorstellung beim Biofeedback war es auch, die eine Anzahl von Therapeuten veranlaßte, Visualisierungstechniken für die Behandlung von Erkrankungen einzusetzen.

Klinisches Biofeedback kann in Verbindung mit vielen physischen und psychologischen therapeutischen Techniken angewendet werden, um die Patienten Entspannung und die Beherrschung von Streß zu lehren. Sie kann Menschen westlicher Kultur wahrscheinlich eher von der Einheit und wechselseitigen Abhängigkeit von Geist und Körper überzeugen, als dies durch östliche Meditationstechniken möglich ist, und sie erleichtert die wichtige Verlagerung der Verantwortung für Gesundheit und Erkrankung vom Therapeuten auf den Patienten. Die Tatsache, daß der einzelne Mensch in der Lage ist, ein bestimmtes Symptom durch Biofeedback selbst zu korrigieren, kann sein Gefühl der Hilflosigkeit spürbar verringern und ihn zu der positiven Haltung ermuntern, die für die Heilung so wichtig ist.

Diese Erfahrungen haben den großen Wert des Biofeedback als therapeutisches Instrument bewiesen; doch sollte es nicht auf reduktionistische Art angewendet werden. Da es sich auf eine einzelne physiologische Funktion konzentriert, die aufgezeichnet wird, ist das Biofeedback keine Alternative zu traditionellen Meditations- und Entspannungstechniken. Streß bringt sehr verschiedene Konstellationen psychosomatischer Funktionen hervor, und es genügt im allgemeinen nicht, nur irgendeine davon zu regulieren. Daher muß jedes Biofeedback durch allgemeinere Entspannungsmethoden ergänzt werden, wenn es voll wirken soll. Es ist ziemlich schwierig und erfordert sehr viel Erfahrung, die angemessene Kombination von Selbstregulierung und Entspannungstechniken zu finden.

Zum Abschluß unserer Erörterung ganzheitlicher Gesundheitsfürsorge soll noch eine neue Behandlungsmethode für Krebs erwähnt werden, die als Simonton-Methode bekannt wurde und die eine ganzheitliche Therapie *par excellence* zu sein scheint. Krebs ist ein herausragendes Phänomen, eine für unser Zeitalter charakteristische Erkrankung, die nachdrücklich viele in diesem Kapitel erörterte Thesen illustriert. Die Zersplitterung unserer Kultur und das damit verbundene Ungleichgewicht spielen bei der Entstehung des Krebses eine bedeutende Rolle und hindern zugleich Forscher und Kliniker daran, den Krebs zu verstehen oder erfolgreich zu behandeln. Carl Simonton, ein Bestrahlungsonkologe*, und Stephanie Matthews-Simonton, eine Psychotherapeutin, haben einen gedanklichen Rahmen und eine Therapie entwickelt, die mit den oben erörterten Anschauungen über Gesundheit und Erkrankung voll übereinstimmen und weitreichende Auswirkungen auf viele Bereiche von Gesundheit und Heilung haben.[62] Im Augenblick betrachten die Simontons ihre Arbeit als Versuchsprojekt. Sie suchen ihre Patienten sehr sorgfältig aus, weil sie sehen wollen, wie weit sie mit einer kleinen Zahl besonders motivierter Einzelpersonen gehen können, um die grundlegende Dynamik des Krebses zu verstehen. Haben sie erst einmal dieses Verständnis erreicht, dann wollen sie ihr Wissen und ihr Können bei einer größeren Zahl von Patienten anwenden. Bis jetzt ist die durchschnittliche Überlebenszeit ihrer Patienten doppelt so lang wie die in den besten Krebstherapie-Instituten und dreimal so lang wie der nationale Durchschnitt in den Vereinigten Staaten. Darüber hinaus sind Lebensqualität und das Niveau der Aktivitäten dieser Männer und Frauen, die alle als medizinisch unheilbar galten, absolut außergewöhnlich.

Das volkstümliche Bild vom Krebs ist durch die engsichtige Weltan-

* Onkologie, vom griechischen *onkos* (»Masse«), ist die Erforschung von Tumoren.

schauung unserer Kultur konditioniert worden, ferner durch die reduktionistische Methode unserer Naturwissenschaft und die technologieorientierte Praxis unserer Medizin. Krebs gilt als starker und machtvoller Eindringling, der den Körper von außen befällt. Es scheint keine Hoffnung zu geben, ihn zu kontrollieren, und für die meisten Menschen ist Krebs gleichbedeutend mit einem Todesurteil. Die medizinische Behandlung – ob Bestrahlung, Chemotherapie, chirurgische Eingriffe oder eine Kombination davon – ist drastisch, negativ und verletzt den Körper noch mehr. Mehr und mehr betrachten die Ärzte den Krebs jedoch als eine systembedingte Störung; eine Krankheit, die zwar lokal auftritt, aber die Fähigkeit zur Ausbreitung hat und die in Wirklichkeit den ganzen Körper einbezieht, wobei der ursprüngliche Tumor nur die Spitze des Eisberges darstellt. Die Patienten dagegen beharren oft darauf, ihren Krebs als ein lokalisiertes Problem anzusehen, vor allem während der Anfangsphase. Für sie ist der Tumor ein fremdes Objekt; sie möchten sich so schnell wie möglich von ihm befreien und dann die ganze Sache vergessen. Die meisten Patienten sind in ihren Ansichten so gründlich konditioniert, daß sie sich weigern, den größeren Zusammenhang ihrer Erkrankung zu sehen, und auch nicht die gegenseitige Abhängigkeit ihrer psychischen und physischen Aspekte wahrnehmen. Vielen Krebskranken ist ihr Körper zum Feind geworden, zu einem Feind, dem sie mißtrauen und dem sie sich völlig entfremdet fühlen.

Eines der Hauptziele der Simonton-Methode ist es, das in der Bevölkerung verbreitete Bild vom Krebs, das mit den Ergebnissen der modernen Forschung nicht übereinstimmt, umzukehren. Die moderne Zellbiologie hat gezeigt, daß Krebszellen nicht stark und mächtig, sondern im Gegenteil schwach und verwirrt sind. Sie fallen nicht ein, greifen nicht an und zerstören nicht, sondern zeichnen sich nur durch Überproduktion aus. Krebs beginnt mit einer Zelle, die eine ungenaue genetische Information besitzt, weil sie durch schädliche Substanzen oder sonstige Umwelteinflüsse beschädigt ist, oder einfach nur, weil der Organismus gelegentlich eine unvollkommene Zelle produziert. Diese fehlerhafte Information hindert die Zelle am normalen Funktionieren; und wenn diese Zelle dann andere mit demselben genetischen Fehler erzeugt, ist das Ergebnis ein Tumor, der aus einer Masse unvollkommener Zellen besteht. Während vollkommene Zellen wirksam mit ihrer Umwelt kommunizieren, um ihren optimalen Umfang und ihr Reproduktionstempo zu bestimmen, sind Kommunikation und Selbstorganisation der bösartigen Zellen geschädigt. Deshalb werden sie größer als gesunde Zellen und reproduzieren sich rücksichtslos. Darüber hinaus kann sich der normale Zusammenhalt zwischen den Zellen abschwächen; bösartige Zellen reißen sich aus der ursprünglichen Masse los und gelangen zu anderen Teilen des Körpers, wo sie neue Tumore bilden – was man Metastase nennt. In einem gesunden Organismus pflegt das Immunsystem anormale Zellen zu erkennen und zu zerstören oder zumindest so abzukapseln, daß sie sich nicht weiter ausbreiten können. Ist jedoch aus irgendeinem Grunde das Immunsystem nicht stark genug, dann wird die Masse fehlerhafter Zellen weiter wachsen. Krebs ist also nicht ein Angriff von außen, sondern ein Zusammenbruch innerhalb des Körpers.

Der biologische Mechanismus des Krebswachstums macht es klar, daß die Erforschung seiner Ursachen in zwei Richtungen gehen muß. Einerseits müssen wir in Erfahrung bringen, was die Bildung bösartiger Zellen verursacht; andererseits müssen wir verstehen, was die Schwächung des Immunsystems im Körper bewirkt. Viele Forscher sind nach vielen Jahren zu der Einsicht gekommen, daß die Antworten auf beide Fragen aus einem komplexen Netz von miteinander verbundenen genetischen, biochemischen, umweltbedingten und psychischen Faktoren besteht. Mehr als bei irgendeiner anderen Erkrankung ist es bei Krebs nicht angebracht, nach traditioneller biomedizinischer Art eine physische Krankheit mit einer bestimmten physischen Ursache in Verbindung zu bringen. Da aber die meisten Forscher immer noch innerhalb des biomedizinischen Rahmens tätig sind, bleibt ihnen das Phänomen des Krebses weiterhin ein Rätsel. Carl Simonton bemerkt dazu: »Heutzutage befindet sich der Umgang mit dem Krebs in einem Stadium der Verwirrung. Er macht fast denselben Eindruck wie die Krankheit selbst – zersplittert und ohne klare Linie.«[63]

Die Simontons erkennen die Rolle karzinogener Substanzen und umweltbedingter Einflüsse auf die Bildung von Krebszellen absolut an und befürworten die Verabschiedung entsprechender Sozialgesetze, um diese Gesundheitsrisiken auszuschalten. Sie sind jedoch auch zu der Einsicht gelangt, daß weder karzinogene Substanzen noch Strahlen, noch genetische Veranlagung alleine eine angemessene Erklärung dafür liefern, was Krebs verursacht. Es wird kein vollständiges Begreifen des Krebses geben, ohne Klärung der entscheidenden Frage: Was hindert das Immunsystem eines Menschen zu einem gegebenen Zeitpunkt daran, anormale Zellen zu erkennen und zu zerstören, und erlaubt ihnen damit, sich zu lebensbedrohenden Tumoren auszuwachsen? Auf diese

Frage haben die Simontons ihre Forschung und therapeutische Praxis konzentriert, wobei sie herausgefunden haben, daß sie nur beantwortet werden kann, wenn man sorgfältig die psychischen und gefühlsmäßigen Aspekte von Gesundheit und Erkrankung berücksichtigt.

Das dabei entstehende Bild des Krebses befindet sich in Übereinstimmung mit dem allgemeinen Modell der Erkrankung, das wir vorhin entwickelt haben. Es wird zunächst durch anhaltenden Streß ein Zustand des Ungleichgewichts geschaffen, den ein besonderes Persönlichkeitsbild so kanalisiert, daß sich daraus eine spezifische Störung entwickelt. Im Krebs scheinen jene Streß-Formen entscheidend zu sein, die eine Rolle oder eine Beziehung bedrohen, die für die Identität der betreffenden Person von zentraler Bedeutung ist oder die eine Situation schaffen, aus der es anscheinend keinen Ausweg gibt. Aus mehreren Studien scheint sich zu ergeben, daß diese kritischen Formen von Streß typischerweise sechs bis achtzehn Monate vor der Krebsdiagnose auftreten.[64] Sie sind dazu geeignet, Gefühle der Verzweiflung, Hilflosigkeit und Hoffnungslosigkeit zu erzeugen. Diese Gefühle können eine ernsthafte Erkrankung oder sogar den Tod bewußt oder unbewußt als mögliche Lösung akzeptabel erscheinen lassen.

Die Simontons und andere Forscher haben ein psychosomatisches Krebsmodell entwickelt, das uns zeigt, wie psychische und physische Zustände zu Beginn der Krankheit zusammenwirken. Obgleich viele Einzelheiten dieses Prozesses noch der Klärung bedürfen, erscheint es sicher, daß der emotionale Streß zwei Hauptwirkungen hat. Er unterdrückt das Immunsystem des Körpers und verursacht zugleich ein hormonales Ungleichgewicht, das zu einer vermehrten Produktion anormaler Zellen führt. Dadurch werden optimale Bedingungen für Krebswachstum geschaffen, denn die Produktion bösartiger Zellen wird dabei gerade in dem Augenblick besonders gefördert, in dem der Körper am wenigstens imstande ist, sie zu zerstören.

Was die Persönlichkeitsstruktur anbetrifft, so scheint der emotionale Zustand des Individuums das entscheidende Element bei der Entstehung von Krebs zu sein. Der Zusammenhang zwischen Krebs und Gefühl ist seit Hunderten von Jahren beobachtet worden, und heute liegen genug echte Beweise für die Bedeutung spezifischer emotionaler Zustände vor. Sie sind das Ergebnis einer besonderen Lebensgeschichte, die für Krebspatienten typisch zu sein scheint. Zahlreiche Forscher haben psychologische Profile solcher Patienten ausgearbeitet, wobei es in einigen Fällen sogar möglich war, das Auftreten von Krebs aufgrund dieser Profile mit bemerkenswerter Genauigkeit vorherzusagen.

Lawrence LeShan studierte mehr als fünfhundert Krebspatienten und identifizierte die folgenden bedeutsamen Komponenten in ihren Lebensgeschichten: das Gefühl der Isolierung, der Vernachlässigung, der Verzweiflung während der Jugend, wodurch intensive zwischenmenschliche Beziehungen schwierig oder gefährlich erschienen; eine starke Beziehung zu einer Person oder große Befriedigung über eine Rolle im frühen Erwachsenenalter; Verlust dieser Beziehung oder Rolle, der zur Verzweiflung führt; Verinnerlichung der Verzweiflung in einem Ausmaße, das die Menschen daran hindert, andere wissen zu lassen, wenn sie sich verletzt, verärgert oder feindselig fühlen.[65] Dieses Grundmuster ist von vielen Forschern als typisch für Krebspatienten bestätigt worden.

Die grundlegende Anschauung, auf der die Simonton-Methode basiert, geht davon aus, daß die Entwicklung von Krebs eine Reihe voneinander abhängiger psychischer und biologischer Vorgänge einbezieht, die erkannt und verstanden werden können, so daß die Reihenfolge der Ereignisse, die zur Erkrankung führen, umgekehrt werden kann, um den Organismus wieder zu einem gesunden Zustand zurückzuführen. Wie bei jeder ganzheitlichen Therapie besteht der erste Schritt zur Einleitung des Heilungszyklus darin, dem Patienten den größeren Zusammenhang seiner Erkrankung bewußt zu machen. Dies beginnt damit, daß man den Patienten auffordert, jeden größeren Streß zu identifizieren, der bei ihm sechs bis achtzehn Monate vor der Diagnose aufgetreten ist. Die Aufzählung dient dann als Grundlage für die Erörterung der Mitwirkung des Patienten am Ursprung seiner Erkrankung. Damit soll beim Patienten nicht Schuldgefühl erweckt, sondern die Grundlage gelegt werden für die Umkehrung des Zyklus psychosomatischer Prozesse, die zu dem Zustand schlechter Gesundheit geführt haben.

Während die Simontons den allgemeinen Zusammenhang der Erkrankung des Patienten deutlich machen, stärken sie auch seinen Glauben an die Wirksamkeit der Behandlung und die Kraft der Verteidigungsmöglichkeiten des Körpers. Die Entwicklung einer solchen positiven Haltung ist für die ganze Behandlung von entscheidender Bedeutung. Studien haben ergeben, daß die Reaktion des Patienten auf eine Behandlung mehr von seiner persönlichen Haltung als vom Schweregrad der Krankheit abhängt. Sobald erst einmal ein Gefühl der Hoffnung und positiven Erwartung geweckt worden ist, übersetzt der Organismus dieses in biologische Vorgänge, die damit beginnen, das innere

Gleichgewicht wiederherzustellen und das Immunsystem neu zu beleben, auf denselben Pfaden, die bei der Entstehung der Krankheit benutzt wurden. Die Produktion bösartiger Zellen nimmt ab, gleichzeitig wird das Immunsystem stärker und wirksamer. Während diese Stärkung vor sich geht, wendet man eine physische Therapie in Verbindung mit psychologischen Methoden an, um dem Körper zu helfen, die bösartigen Zellen zu vernichten.

Die Simontons sehen den Krebs nicht nur als bloßes physisches, sondern als ein den ganzen Menschen betreffendes Problem an. Dementsprechend konzentriert sich ihre Therapie nicht alleine auf die Krankheit, sondern erfaßt das ganze menschliche Wesen. Es ist eine multidimensionale Methode mit mehreren verschiedenartigen Behandlungsstrategien, die darauf abgestellt sind, den psychosomatischen Vorgang des Heilens in Gang zu bringen und zu unterstützen. Auf der biologischen Ebene werden zwei Ziele verfolgt: die Krebszellen zu zerstören und das Immunsystem neu zu beleben. Außerdem werden regelmäßige körperliche Übungen verordnet, um den Streß abzubauen, die Depressionen zu mildern und dem Patienten zu helfen, besseren Kontakt mit seinem Körper zu haben. Die Erfahrung hat gezeigt, daß Krebspatienten zu viel größerer körperlicher Aktivität fähig sind, als man im allgemeinen annehmen würde.

Die Haupttechnik zur Stärkung des Immunsystems besteht in einer Methode der Entspannung und der Visualisierung, die von den Simontons entwickelt wurde, nachdem sie von der bedeutenden Rolle der Imagination und der symbolischen Sprache beim Biofeedback erfahren hatten. Die Simonton-Technik besteht in regelmäßigen Übungen zur Entspannung und Visualisierung, wobei der Krebs und das Wirken des Immunsystems in der eigenen symbolischen Vorstellung des Patienten geschaut werden. Diese Technik hat sich als äußerst wirksames Instrument zur Stärkung des Immunsystems erwiesen und oft zu einem auffallenden Rückgang oder zum Verschwinden bösartiger Tumore geführt. Darüber hinaus ist die Methode der Visualisierung auch ein ausgezeichneter Weg für die Patienten, mit ihrem Unbewußten zu kommunizieren. Die Simontons arbeiten sehr bewußt mit den geistigen Bildern ihrer Patienten und haben erfahren, daß diese ihnen viel mehr über die Gefühle des Patienten verraten, als rationale Erklärungen es tun könnten.

Obgleich die Visualisierungstechnik in der Simonton-Therapie eine zentrale Rolle spielt, muß unbedingt darauf hingewiesen werden, daß Visualisierung und physische Therapie alleine nicht ausreichen, um

Krebspatienten zu heilen. Für die Simontons ist die physische Krankheit eine Manifestation ihr zugrundeliegender psychosomatischer Vorgänge, die durch verschiedenartige psychische und soziale Probleme entstanden sein können. Solange diese Probleme nicht gelöst sind, wird es dem Patienten nicht gutgehen, selbst wenn der Krebs vorübergehend verschwinden sollte. Um den Patienten bei der Lösung der Probleme zu helfen, die als eigentliche Ursache ihrer Erkrankung angesehen werden müssen, haben die Simontons psychologische Beratung und Psychotherapie zu wesentlichen Bestandteilen ihrer Behandlung gemacht. Die Therapie findet gewöhnlich in Gruppensitzungen statt, bei denen die Patienten sich gegenseitig ermuntern und unterstützen. Sie konzentriert sich auf die gefühlsbedingten Probleme, die aber nicht vom umfassenderen Lebensbild der Patienten isoliert werden, und bezieht daher auch soziale, kulturelle, weltanschauliche und spirituelle Aspekte ein.

Die meisten Krebspatienten können nur dann aus der durch die Anhäufung von Streß entstandenen Sackgasse herausfinden, wenn sie einen Teil ihres Systems von Meinungen und Annahmen ändern. Die Simonton-Therapie zeigt ihnen, daß ihre Lage ihnen nur deshalb hoffnungslos erscheint, weil sie sie auf eine Weise interpretieren, die ihnen nur wenige Reaktionen offen läßt. Die Patienten werden ermuntert, alternative Interpretationen und Reaktionen auszuprobieren, um gesunde Wege zur Lösung der Streß-Situationen zu finden. So bewirkt die Therapie also eine ständige Überprüfung ihrer Meinungen und ihrer Weltanschauung.

Sich mit dem Tode zu befassen, ist integraler Bestandteil der Simonton-Therapie. Den Patienten wird die Möglichkeit bewußt gemacht, daß sie irgendwann in der Zukunft zu dem Entschluß kommen könnten, es sei nun Zeit für sie, sich auf den Tod zuzubewegen. Ihnen wird zugesichert, daß sie das Recht zu einer derartigen Entscheidung haben und daß die Therapeuten ihnen auf dem Weg in den Tod so sorgend zur Seite stehen werden, wie sie es in ihrem Ringen um Rückgewinnung der Gesundheit getan haben. Bei einer derartigen Vorbereitung auf den Tod ist es oft die schwerere Aufgabe, die Familie dazu zu bewegen, dem Patienten die Erlaubnis zum Sterben zu geben. Ist diese Erlaubnis einmal gegeben und ausgedrückt – nicht einfach mündlich, sondern durch das Verhalten der Familie –, dann wandelt sich die ganze Perspektive des Todes. Die Simontons machen es ihren Patienten klar, daß man, ob man nun den Krebs überwindet oder nicht, die Qualität des eigenen Lebens oder Sterbens verbessern kann.

Die Konfrontation mit dem Tode rührt an das fundamentale existentielle Problem, das für das menschliche Dasein charakteristisch ist. Krebspatienten werden auf ganz natürliche Weise dazu gebracht, ihre Lebensziele, ihren Lebensgrund und ihr Verhältnis zum Kosmos als Ganzem zu überdenken. Die Simontons gehen in ihrer Therapie keiner dieser Fragen aus dem Wege, und deshalb ist ihre Methode auch für die Gesundheitsfürsorge insgesamt von so vorbildlichem Wert.

11. Reisen jenseits von Zeit und Raum

Nach dem Systembild der Gesundheit ist jede Erkrankung ihrem Wesen nach ein psychisches Phänomen, und in vielen Fällen läßt sich der Vorgang des Krankwerdens am erfolgreichsten durch eine Methode wieder rückgängig machen, die physische und psychologische Therapien miteinander verbindet. Die einem solchen Ansatz zugrundeliegende Weltanschauung schließt nicht nur die neue Biologie, sondern auch eine neue Systempsychologie ein, also eine Wissenschaft menschlicher Erfahrung und menschlichen Verhaltens, die den Organismus als ein dynamisches System voneinander abhängiger physiologischer und psychischer Strukturen wahrnimmt, das seinerseits in aufeinander einwirkende größere Systeme physischer, sozialer und kultureller Dimensionen eingebettet ist.

Carl Gustav Jung war vielleicht der erste, der die klassische Psychologie auf diese neuen Bereiche ausdehnte. Sein Bruch mit Freud bedeutete auch die Aufgabe der Newtonschen Modelle der Psychoanalyse; er entwickelte Vorstellungen, die mit denen der modernen Physik und der Systemtheorie weitgehend übereinstimmen. Jung, der engen Kontakt mit mehreren führenden Physikern seiner Zeit hielt, war sich dieser Ähnlichkeiten durchaus bewußt. In einem seiner Hauptwerke, *Aion*, findet man folgende prophetische Passage:

> Früher oder später werden sich Atomphysik und Psychologie des Unbewußten in bedeutender Weise annähern, da beide, unabhängig voneinander und von entgegengesetzter Seite, in transzendentales Gebiet vorstoßen . . . Psyche kann kein »ganz anderes« sein als Materie, denn wie könnte sie dann den Stoff bewegen? Und Stoff kann der Psyche nicht fremd sein, denn wie könnte er sie dann erzeugen?

> Psyche und Materie sind ein und derselben Welt, und eines hat am anderen Teil, sonst wäre Wechselwirkung unmöglich. Man müßte daher, wenn die Forschung nur weit genug vorstoßen kann, zu einer letzthinnigen Übereinstimmung physischer und psychologischer Begriffe gelangen. Unsere derzeitigen Versuche mögen gewagt sein, aber ich glaube, daß sie auf der richtigen Linie liegen.[1]

Jung war offensichtlich mit seiner Methode auf dem richtigen Wege; und die Unterschiede innerhalb der Thesen von Freud und Jung sind durchaus vergleichbar denen zwischen der klassischen und der modernen Physik, zwischen dem mechanistischen und dem ganzheitlichen Paradigma.[2]

Freuds Theorie vom Geist beruhte auf der Vorstellung vom menschlichen Organismus als einer komplexen biologischen Maschine. Psychische Vorgänge waren tief in der Physiologie und Biochemie des Körpers verwurzelt und folgten den Prinzipien der Newtonschen Mechanik.[3] Das psychische Leben im Zustande der Gesundheit wie der Erkrankung war ein Spiegelbild der Wechselwirkung der Instinkte innerhalb des Organismus und ihres Zusammenpralls mit der äußeren Welt. Zwar hat Freud im Laufe der Zeit seine Ansichten über die Dynamik dieser Phänomene geändert, doch hat er die kartesianische Orientierung seiner Theorie niemals aufgegeben. Im Gegensatz dazu war Jung nicht so sehr daran interessiert, psychische Phänomene als spezifische Mechanismen zu deuten; er versuchte vielmehr, die Psyche in ihrer Gesamtheit zu verstehen, und beschäftigte sich besonders mit ihren Beziehungen zur Umwelt.

Jungs Gedanken über die Dynamik psychischer Phänomene kamen der Systemlehre ziemlich nahe. Für ihn war die Psyche ein sich selbst regulierendes dynamisches System, charakterisiert durch Fluktuationen zwischen entgegengesetzten Polen. Zur Beschreibung dieser Dynamik benutzte er den Freudschen Begriff »Libido«, jedoch mit unterschiedlicher Bedeutung. Für Freud war die Libido ein instinktiver Trieb in engem Zusammenhang mit der Sexualität und mit Eigenschaften, die denen einer Kraft in der Newtonschen Mechanik ähnlich waren; für Jung dagegen war sie eine allgemeine »psychische Energie«, in der sich die grundlegende Dynamik des Lebens manifestiert. Jung war sich durchaus bewußt, daß er den Begriff »Libido« weitgehend in dem Sinne benutzte, in dem Reich »Bioenergie« verwendete, wobei Jung sich jedoch ausschließlich auf die psychologischen Aspekte des Phänomens konzentrierte.

> Wir tun wohl am besten, wenn wir den psychischen Prozeß eben einfach als einen Lebensvorgang auffassen. Damit erweitern wir den engeren Begriff einer psychischen Energie zum weiteren Begriff einer Lebens-Energie, welche die sogenannte psychische Energie als eine Spezifikation subsumiert. Damit gewinnen wir den Vorteil, quantitative Beziehungen über den engeren Umfang des Psychischen hinaus in biologische Funktionen überhaupt verfolgen zu können . . . Ich habe vorgeschlagen, die hypothetisch angenommene Lebens-Energie mit Rücksicht auf den von uns beabsichtigten psychologischen Gebrauch als *Libido* zu bezeichnen. Ich will damit dem Bio-Energetiker keineswegs zuvorkommen, sondern ihm freimütig zugeben, daß ich in Absicht auf *unseren* Gebrauch den Terminus Libido angewendet habe. Für seinen Gebrauch mag er eine »Bio-Energie« oder »Vital-Energie« vorschlagen.[4]

Wie im Falle von Reich stand Jung die Sprache der modernen Systemlehre leider noch nicht zur Verfügung. Statt dessen benutzte er wie Freud vor ihm den Bezugsrahmen der klassischen Physik, mit dem sich das Funktionieren lebender Organismen nicht so genau beschreiben läßt.[5] Daher ist seine Theorie der psychischen Energie manchmal etwas verwirrend. Dennoch hat sie ihre Bedeutung für die heutigen Entwicklungen in der Psychologie und Psychotherapie und könnte noch einflußreicher sein, würde man sie in der Sprache der Systemtheorie neu formulieren.

Der Hauptunterschied zwischen den Psychologien von Freud und Jung liegt in ihren Ansichten über das Unbewußte. Für Freud war das Unbewußte überwiegend persönlicher Natur, mit Bestandteilen, die nie bewußt gewesen, und anderen, die vergessen oder verdrängt waren. Jung stimmte diesen Aspekten zu, doch war für ihn das Unbewußte sehr viel mehr. Er hielt das Unbewußte für den eigentlichen Ursprung des Bewußten und meinte, unser Leben beginne mit unserem Unbewußten, nicht mit einer *tabula rasa*, wie Freud glaubte. Nach Jung entwickelt sich der bewußte Geist aus einer unbewußten Psyche, die älter ist als er und die mit ihm oder sogar trotz seiner weiterfunktioniert.[6] Dementsprechend unterschied er zwei Bereiche der unbewußten Psyche: ein zum Individuum gehöriges persönliches Unbewußtes und ein kollektives Unbewußtes, das eine tiefere Schicht der Psyche darstellt und an dem die ganze Menschheit teilhat.

Jungs Vorstellung vom kollektiven Unbewußten unterscheidet seine

Psychologie nicht nur von der Freuds, sondern auch von allen anderen. Sie setzt ein Bindeglied zwischen dem Individuum und der Menschheit insgesamt voraus – in gewissem Sinne zwischen dem Individuum und dem gesamten Kosmos –, was sich nicht innerhalb eines mechanistischen Rahmens verstehen läßt, was aber sehr mit der System-Anschauung des Geistes übereinstimmt. In seinem Versuch, das kollektive Unbewußte zu beschreiben, benutzte Jung auch Vorstellungen, die überraschende Ähnlichkeiten mit denen aufweisen, die moderne Physiker zur Beschreibung subatomarer Phänomene benutzen. Jung sah das Unbewußte als einen Prozeß, an dem kollektiv gegenwärtige dynamische Strukturen beteiligt sind, die er Archetypen nannte.[7] Diese von weit zurückliegenden Erfahrungen der Menschheit geprägten Strukturen werden in Träumen reflektiert, aber auch in den universalen Motiven, die wir in Sagen und Märchen rund um die Welt antreffen. Archetypen sind laut Jung »Formen ohne Inhalt, die nur die Möglichkeit gewisser Arten von Wahrnehmung und Handlung darstellen«.[8] Obgleich sie relativ abgegrenzt sind, sind diese universalen Formen doch eingebettet in ein Gewebe von Zusammenhängen, in dem letztlich jeder Archetypus alle anderen einbezieht.

Sowohl Freud als auch Jung waren sehr an Religion und Spiritualität interessiert. Wo Freud jedoch von der Notwendigkeit besessen schien, rationale und wissenschaftliche Erklärungen für religiöse Glaubensinhalte und Verhaltensweisen zu finden, ging Jung den direkteren Weg. Seine vielen persönlichen religiösen Erfahrungen überzeugten ihn von der Wirklichkeit der spirituellen Dimension des Lebens. Für Jung waren vergleichende Religionswissenschaften und Mythologie einzigartige Informationsquellen über das kollektive Unbewußte; echte Spiritualität sah er als integralen Teil der menschlichen Psyche an.

Jungs spirituelle Orientierung verschaffte ihm eine breite Perspektive wissenschaftlichen und rationalen Wissens. Der rationale Zugang zu einem Gebiet war für ihn nur einer von mehreren Wegen, die alle zu zwar unterschiedlichen, aber gleichermaßen gültigen Beschreibungen der Wirklichkeit führten. In seiner Theorie der psychologischen Typen identifizierte Jung vier charakteristische Funktionen der Psyche – Sinneswahrnehmung, Denken, Fühlen und Intuition –, die in den verschiedenen Individuen in unterschiedlichem Maße manifest sind. Wissenschaftler arbeiten vorwiegend mit der Denkfunktion, doch war Jung sich sehr wohl bewußt, daß seine Erforschung der menschlichen Psyche es manchmal notwendig machte, über das rationale Verstehen hinauszugehen. So wiederholte er beispielsweise nachdrücklich, daß das kollektive Unbewußte und dessen Strukturen, die Archetypen, jede präzise Definition unmöglich machen.

Im Überschreiten des rationalen Rahmens der Psychoanalyse erweiterte Jung auch Freuds deterministische Auffassung psychischer Phänomene. Er behauptete nämlich, psychische Strukturen seien nicht nur kausal, sondern auch akausal verknüpft. Insbesondere führte er den Begriff »Synchronizität« für akausale Zusammenhänge zwischen symbolischen Bildern der Psyche und Ereignissen der äußeren Wirklichkeit ein.[9] Jung sah in diesen synchronistischen Zusammenhängen spezifische Beispiele einer allgemeineren »akausalen Geordnetheit« von Geist und Materie. Heute, dreißig Jahre später, scheint diese Anschauung durch mehrere Entwicklungen in der Physik bestätigt zu werden. Der Begriff der Ordnung – oder, genauer ausgedrückt, einer geordneten Verknüpftheit – ist vor kurzer Zeit als eine zentrale Idee in der Teilchenphysik entstanden, und heute unterscheiden Physiker auch zwischen kausalen (oder »lokalen«) und akausalen (oder »nichtlokalen«) Zusammenhängen.[10] Gleichzeitig werden in zunehmendem Maße Materiestrukturen und Geistesstrukturen als gegenseitige Spiegelbilder erkannt, was vermuten läßt, daß das Studium der Ordnung in kausalen und nichtkausalen Zusammenhängen eine nutzbringende Methode zur Erforschung der Zusammenhänge zwischen innerer und äußerer Welt sein mag.

Jungs Vorstellungen von der menschlichen Psyche führten ihn zu einer Auffassung der psychischen Erkrankung, die in den vergangenen Jahren die Psychotherapeuten stark beeinflußt hat. Für ihn war die Psyche ein sich selbst regulierendes oder, wie wir heute sagen würden, ein selbstorganisierendes System. Dementsprechend betrachtete er Neurosen als einen Vorgang, mittels dessen dieses System versucht, verschiedene Störungen zu überwinden, die es daran hindern, als integriertes Ganzes zu funktionieren. Jung sieht die Rolle des Therapeuten darin, diesen Vorgang zu fördern, der für ihn Teil einer psychischen Reise auf dem Wege der persönlichen Entwicklung oder »Individuation« ist. Nach Jung besteht der Vorgang der Individuation in der Integration der bewußten und unbewußten Aspekte unserer Psyche. Dabei ergeben sich Begegnungen mit den Archetypen des kollektiven Unbewußten, und das ideale Ergebnis wäre das Erlebnis eines neuen Zentrums der Persönlichkeit, das Jung das Selbst nannte.

In Jungs Anschauungen über den therapeutischen Prozeß kommt

seine Sicht der psychischen Erkrankungen zum Ausdruck. Er war der Meinung, Psychotherapie sollte aus einer persönlichen Begegnung zwischen dem Therapeuten und dem Patienten entstehen, die beider ganzes Sein einbezieht:

> Keinerlei Vorkehrung kann die Behandlung zu etwas anderem gestalten als zu einem Produkt wechselseitiger Beeinflussung, bei der das ganze Sein des Arztes ebenso eine Rolle spielt wie das des Patienten.[11]

Dieser Vorgang beinhaltet auch eine Wechselwirkung zwischen dem Unbewußten des Therapeuten und dem des Patienten, und Jung riet den Therapeuten, mit ihrem eigenen Unbewußten zu kommunizieren, wenn sie sich mit ihren Patienten befassen:

> Der Therapeut muß in jedem Zeitpunkt auf sich selbst achten, darauf, wie er auf den Patienten reagiert. Denn wir reagieren nicht nur mit unserem Bewußten. Wir müssen uns auch stets selbst fragen: Wie erfährt unser Bewußtes diese Situation? Daher müssen wir unsere Träume beobachten und uns selbst genauso sorgfältig überwachen und studieren wie den Patienten.[12]

Wegen seiner scheinbar esoterischen Ideen, seiner Betonung der Spiritualität und seiner Neigung zur Mystik wurde Jung in psychoanalytischen Kreisen nicht sonderlich ernstgenommen. Angesichts der Erkenntnis wachsender Übereinstimmung zwischen der Jungschen Psychologie und der modernen Naturwissenschaft wird sich diese Haltung zwangsläufig ändern. Jungs Gedanken über das Unbewußte im Menschen, die Dynamik psychischer Phänomene, die Natur psychischer Erkrankungen und den psychotherapeutischen Prozeß werden die künftige Psychologie und Psychotherapie wahrscheinlich stark beeinflussen.

Um die Mitte des 20. Jahrhunderts wurden in den Vereinigten Staaten eine Reihe von Ideen entwickelt, die für die gegenwärtigen Strömungen in der Psychologie von Bedeutung sind. Während der dreißiger und vierziger Jahre gab es zwei scharf getrennte und gegensätzliche Schulen amerikanischer Psychologie. Im akademischen Bereich war der Behaviorismus das populärste Modell, und die Psychoanalyse diente als Grundlage der meisten psychotherapeutischen Behandlungen. Während des Zweiten Weltkrieges entstand die Disziplin der Klinischen Psychologie als ein neuer bedeutender akademischer Bereich. Sie beschränkte sich jedoch im allgemeinen auf psychologische Tests, während praktische klinische Fertigkeiten als einer grundlegenden wissenschaftlichen Ausbildung untergeordnet angesehen wurden, etwa so wie technisches Geschick in anderen angewandten Wissenschaften.[13] In den späten 1940er und frühen 1950er Jahren entwickelten dann klinische Psychologen theoretische Modelle der menschlichen Psyche und des menschlichen Verhaltens, die sich deutlich von den Freudschen und behavioristischen Modellen unterschieden, sowie Psychotherapien, die sich von der Psychoanalyse unterschieden.

Unter den Bewegungen, die als Folge der Unzufriedenheit mit der mechanistischen Orientierung der psychologischen Denkweise entstanden, erscheint die von Abraham Maslow angeführte Schule der Humanistischen Psychologie besonders kraftvoll und begeisterungsfähig. Maslow verwarf Freuds Theorie, die Menschheit werde von niederen Instinkten beherrscht. Er beanstandete vor allem, daß Freud seine Theorien des menschlichen Verhaltens aus dem Studium neurotischer und psychotischer Individuen abgeleitet habe. Maslow vertrat die Ansicht, Schlußfolgerungen aus Beobachtungen des Schlechtesten im Menschen statt des Besten müßten zwangsläufig zu einem verzerrten Bild der menschlichen Natur führen. »Freud lieferte uns die kranke Hälfte der Psychologie«, schrieb er, »und nun müssen wir sie mit der gesunden Hälfte ergänzen.«[14] Nicht weniger heftig war Maslows Kritik am Behaviorismus. Er weigerte sich, menschliche Wesen als nichts anderes denn komplexe Tiere anzusehen, die blind auf Reize aus ihrer Umwelt reagieren, und hob die Problematik und den begrenzten Wert der großen Abhängigkeit der Behavioristen von Experimenten mit Tieren hervor. Zwar erkannte er die Nützlichkeit der behavioristischen Methode an, wenn es darum geht, Eigenschaften zu erforschen, die wir mit Tieren gemeinsam haben, doch war er überzeugt, daß eine solche Methode völlig sinnlos bei der Erforschung spezifisch menschlicher Eigenschaften sei, wie Gewissen, Schuldgefühle, Idealismus, Humor und dergleichen, Fähigkeiten also, die ganz spezifisch menschlich sind.

Um der mechanistischen Tendenz des Behaviorismus und der medizinischen Orientierung der Psychoanalyse entgegenzuwirken, schlug Maslow als »dritte Kraft« eine humanistische Methode der Psychologie vor. Statt das Verhalten von Ratten, Tauben und Affen zu studieren, konzentrierten sich die humanistischen Psychologen auf die menschliche Erfahrung und versicherten, Gefühle, Wünsche und Hoffnungen seien für ein umfassendes Verständnis des menschlichen Verhaltens ebenso wichtig wie äußere Einflüsse. Menschen sollten als integrale Organismen studiert werden, weshalb Maslow sich ganz besonders auf gesunde Individuen und positive Aspekte des menschlichen Verhaltens konzentrierte – auf Glück, Freude, Befriedigung, Seelenfrieden und Ekstase. Wie Jung beschäftigte sich auch Maslow intensiv mit persönlichem Wachstum und »Selbstverwirklichung«, wie er es nannte. Insbesondere erforschte er intensiv Personen, die spontane transzendentale oder »Gipfel-Erfahrungen« gemacht hatten, was er für bedeutsame Phasen im Prozeß der Selbstverwirklichung hielt. Eine ähnliche Auffassung vom menschlichen Wachstum befürwortete der italienische Psychiater Roberto Assagioli, ein Pionier der Psychoanalyse in Italien, der später über das Freudsche Modell hinausging und einen Ansatz entwickelte, den er Psychosynthese nannte.[15]

In der Psychotherapie veranlaßte die neue humanistische Orientierung die Therapeuten, sich vom biomedizinischen Modell abzuwenden, was auch in einer subtilen, jedoch bedeutsamen Änderung der Terminologie zum Ausdruck kam. Statt sich mit »Patienten« zu befassen, kümmerten die Therapeuten sich jetzt um »Klienten«, und die Wechselwirkung zwischen dem Therapeuten und dem Klienten galt nunmehr als menschliche Begegnung unter Gleichen, statt daß der Therapeut sie dominierte und manipulierte. Führender Neuerer in dieser Bewegung war Carl Rogers, der die Bedeutung einer positiven Würdigung des Klienten hervorhob und eine auf den Klienten eingestellte Psychotherapie entwickelte.[16] Die humanistische Methode sieht im Klienten vor allem eine Person, die die Fähigkeiten zum Wachstum und zur Selbstverwirklichung besitzt, und ist bestrebt, die allen Menschen angeborenen Potentiale zu erkennen.

Aus der Überzeugung, daß die meisten Männer und Frauen in unserer Kultur zu intellektuell geworden sind und sich ihren Empfindungen und Gefühlen entfremdet haben, konzentrierten sich die Psychotherapeuten mehr auf die Erfahrung als auf intellektuelle Analysen und entwickelten entsprechende neue Behandlungsmethoden. Dazu gehören seit den 1960er Jahren: Körperbewußtsein, »Encounter«, »Sensitivity Training« und vieles andere. Starke Verbreitung fanden diese Methoden vor allem in Kalifornien, wo Esalen an der Küste bei Big Sur ein sehr einflußreiches Zentrum für die neuen Psychotherapien und Körperarbeit wurde, die zusammen als »Bewegung für das menschliche Potential« (»*Human Potential Movement*«) bezeichnet werden.[17]

Humanistische Psychologen kritisierten Freuds Anschauungen über die menschliche Natur, weil er sie zu sehr aus dem Studium kranker Individuen ableitete. Für eine andere Gruppe von Psychologen und Psychiatern bestand die Hauptunzulänglichkeit der Psychoanalyse im Mangel an sozialen Überlegungen.[18] Sie beanstandete, daß Freud keinen begrifflichen Rahmen für Erfahrungen liefert, die von menschlichen Individuen geteilt werden, und daß er sich nicht mit zwischenmenschlichen Beziehungen oder mit einer umfassenderen gesellschaftlichen Dynamik befaßt. Um die Psychoanalyse auf diese neuen Dimensionen auszudehnen, betonte Harry Stack Sullivan die zwischenmenschlichen Beziehungen in der psychiatrischen Theorie und Praxis. Eine andere Schule der Psychoanalyse entstand unter der Führung von Karen Horney, die die Bedeutung kultureller Faktoren bei der Entstehung von Neurosen hervorhob. Sie kritisierte, daß Freud die sozialen und kulturellen Determinanten psychischer Erkrankungen nicht berücksichtigt habe, und wies auch auf die fehlende kulturelle Perspektive in seinen Vorstellungen von der weiblichen Psyche hin.

Diese neuen sozialen Orientierungen brachten neue therapeutische Methoden hervor, die sich auf die Familie und andere soziale Gruppen konzentrierten und sich der Dynamik dieser Gruppen bedienten, um den therapeutischen Prozeß in Gang zu bringen und zu halten. Die Familientherapie beruht auf der Annahme, daß die psychischen Störungen des »identifizierten Patienten« eine Erkrankung des ganzen Familiensystems reflektieren und deshalb im Zusammenhang der ganzen Familie behandelt werden sollten. Die Bewegung für Familientherapie setzte in den 1950er Jahren ein und stellt heute eine der innovativsten und erfolgreichsten therapeutischen Methoden dar. Sie hat ausdrücklich einige der neuen Anschauungen integriert, die Gesundheit und Erkrankung vom Standpunkt der Systemlehre betrachten.[19]

Gruppentherapie wurde in verschiedenen Formen schon seit Jahrzehnten praktiziert, war jedoch auf verbale Wechselwirkungen beschränkt, bis die humanistischen Psychologen ihre neuen Methoden auf den Gruppenvorgang anwendeten: nichtverbale Kommunikation, Freisetzung von Emotionen, körperlicher Ausdruck. Starken Einfluß auf die Entwicklung dieser neuen Gruppentherapie hatte Carl Rogers, der seine auf den Klienten eingestellte Methode anwendete und die Beziehung zwischen dem Therapeuten und dem Klienten als Grundlage für

Beziehungen innerhalb der Gruppe nutzte.[20] Der Zweck dieser Gruppen war nicht auf die Therapie begrenzt. Viele Encounter-Gruppen trafen sich zu dem ausdrücklichen Zweck der Selbsterfahrung und des persönlichen Wachstums.

Um die Mitte der 1960er Jahre war man sich im allgemeinen darin einig, daß die Humanistische Psychologie sich in Theorie und Praxis auf die Selbstverwirklichung konzentrieren sollte. Während der nachfolgenden schnellen Entwicklung dieser Disziplin wurde zunehmend deutlich, daß sich innerhalb der humanistischen Orientierung eine neue Bewegung entwickelte, die sich besonders mit den spirituellen, transzendentalen oder mystischen Aspekten der Selbstverwirklichung beschäftigte. Nach einer Reihe von Diskussionen zur Begriffsbestimmung gaben die Anführer dieser Bewegung ihr den Namen Transpersonale Psychologie, ein Ausdruck, der von Abraham Maslow und Stanislav Grof geprägt wurde.[21]

Die Transpersonale Psychologie befaßt sich direkt oder indirekt mit dem Erkennen, Verstehen und der Hervorrufung nichtgewöhnlicher, mystischer oder »transpersonaler« Bewußtseinszustände sowie mit den psychischen Zuständen, die sich solchen transpersonalen Einsichten entgegenstellen. Sie nähert sich damit deutlich den spirituellen Überlieferungen an. In der Tat beschäftigen sich zahlreiche transpersonale Psychologen damit, Begriffssysteme auszuarbeiten, die zwischen der Psychologie und den spirituellen Wegen eine Brücke schlagen sollen.[22] Sie haben damit eine Position bezogen, die sich radikal von der der meisten westlichen Schulen der Psychologie unterscheidet, in denen die Tendenz vorherrscht, jede Form von Religion oder Spiritualität als auf primitivem Aberglauben beruhend zu betrachten, als pathologische Verirrung oder als vom Familiensystem und der Kultur eingebleute kollektive Selbsttäuschung über die Wirklichkeit. Die bemerkenswerte Ausnahme war natürlich Jung, der die Spiritualität als einen integralen Aspekt der menschlichen Natur und eine vitale Kraft im menschlichen Leben anerkannte.

Aus diesen psychologischen Schulen und Bewegungen in den Vereinigten Staaten und Europa entsteht jetzt eine neue Psychologie, die mit dem Systembild des Lebens übereinstimmt und sich zudem in Harmonie mit den Anschauungen der spirituellen Überlieferungen befindet. Die neue Psychologie ist noch weit davon entfernt, eine vollständige Theorie zu bieten, da sie bisher nur lose miteinander verknüpfte Modelle, Ideen und therapeutische Methoden entwickelt hat. Diese Entwicklung findet größtenteils außerhalb unserer akademischen Institutionen statt, von denen die meisten weiterhin allzu eng dem kartesianischen Paradigma verbunden sind, als daß sie die Bedeutung der neuen Ideen wirklich erkennen könnten.

Wie in allen anderen Disziplinen hat der Systemansatz in der neuen Psychologie eine ganzheitliche und dynamische Perspektive. Die ganzheitliche Anschauung, die in der Psychologie oft mit dem Gestaltprinzip assoziiert wird, behauptet, die Eigenschaften und Funktionen der Psyche ließen sich nicht durch Reduzierung auf isolierte Elemente verstehen, ebensowenig wie man den physischen Organismus durch Analyse seiner Teile voll begreifen kann. Diese fragmentierte Anschauung von der Wirklichkeit ist nicht nur ein Hindernis für das Verständnis des Geistes, sondern auch ein charakteristischer Aspekt psychischer Erkrankung. Die gesunde Selbsterfahrung ist eine Erfahrung des ganzen Organismus, von Körper und Geist gemeinsam: psychische Erkrankungen entstehen oft, weil es dem Betroffenen nicht gelingt, die verschiedenen Komponenten seines Organismus zu integrieren. So gesehen erscheinen die kartesianische Trennung von Geist und Körper und die begriffliche Trennung der Individuen von ihrer Umwelt Symptome einer kollektiven psychischen Erkrankung zu sein, die dem größten Teil der westlichen Kultur eigen ist.

Die neue Psychologie betrachtet den menschlichen Organismus als ein integriertes Ganzes, dessen physische und psychische Strukturen voneinander abhängig sind. Obgleich Psychologen und Psychotherapeuten sich vorwiegend mit psychischen Phänomenen beschäftigen, müssen sie darauf beharren, daß diese nur im Zusammenhang des ganzen Körper/Geist-Systems verstanden werden können. Daher muß die begriffliche Grundlage der Psychologie mit der der Biologie übereinstimmen. In der klassischen Naturwissenschaft erschwerte der kartesianische Rahmen die Kommunikation zwischen Psychologen und Biologen, und es schien, als könnten beide nicht viel voneinander lernen. Ähnliche Schranken bestanden zwischen Psychotherapeuten und Ärzten. Nun aber liefert die Systemtheorie einen gemeinsamen Rahmen für das Verständnis der biologischen und psychologischen Manifestationen des menschlichen Organismus in Gesundheit und Krankheit, was wahrscheinlich zu einem wechselseitig anregenden Gedankenaustausch zwischen Biologen und Psychologen führen wird. Das bedeutet auch, daß es jetzt nicht nur für

Ärzte an der Zeit ist, sich mehr mit den psychischen Aspekten der Erkrankung zu beschäftigen, sondern auch für Psychotherapeuten, ihre Kenntnisse der menschlichen Biologie zu vertiefen.

Wie in der neuen Systembiologie verlagert sich heute die Aufmerksamkeit der Psychologie von den psychischen Strukturen auf die ihnen zugrundeliegenden Vorgänge. Die menschliche Psyche wird nun als ein dynamisches System gesehen, dessen vielfältige Funktionen die Systemtheoretiker mit dem Phänomen der Selbstorganisation assoziieren. Im Gefolge von Jung und Reich sind viele Psychologen und Psychotherapeuten nunmehr so weit, die psychische Dynamik als einen Fluß von Energie anzusehen. Sie sind auch überzeugt, daß diese Dynamik eine angeborene Intelligenz reflektiert – das Gegenstück zum Systembegriff der Geistestätigkeit. Sie befähigt die Psyche nicht nur, psychische Erkrankung zu bewirken, sondern sich auch selbst zu heilen. Darüber hinaus gelten inneres Wachstum und Selbstverwirklichung als wesentliche Formen der Dynamik der menschlichen Psyche, in voller Übereinstimmung mit der großen Rolle der Selbst-Transzendenz im Systembild des Lebens.

Ein weiterer bedeutender Aspekt der neuen Psychologie ist die wachsende Einsicht, daß die psychische Situation eines Individuums nicht von seiner gefühlsmäßigen, sozialen und kulturellen Umwelt getrennt werden kann. Psychotherapeuten werden sich dessen bewußt, daß psychische Störungen ihren Ursprung oft im Zusammenbruch sozialer Bindungen haben. Dementsprechend gibt es eine zunehmende Tendenz, von der individuellen zur Gruppen- oder Familientherapie überzugehen. Eine besondere Art der Gruppentherapie, die nicht von Psychotherapeuten entwickelt wurde, sondern aus der Frauenbewegung hervorging, wird in Gruppen zur Stärkung des politischen Bewußtseins praktiziert.[23] Zweck dieser Gruppen ist es, das Persönliche und das Politische durch Klärung des politischen Zusammenhanges persönlicher Erfahrungen zu integrieren. Der therapeutische Prozeß in solchen Gruppen wird oft einfach dadurch in Gang gebracht, daß man den Teilnehmern bewußtmacht, daß sie dieselben Probleme haben, weil diese Probleme von der Gesellschaft geschaffen werden, in der wir leben.

Eine der erregendsten Entwicklungen in der zeitgenössischen Psychologie ist das Aufgreifen des *bootstrap*-Ansatzes zum Verständnis der menschlichen Psyche.[24] In der Vergangenheit haben verschiedene Psychologieschulen Theorien der Persönlichkeit und Therapiesysteme vorgeschlagen, die in ihren Ansichten über das Funktionieren des menschlichen Geistes in Gesundheit und Krankheit radikal verschieden waren. Es war ganz typisch, daß diese Schulen sich auf einen engen Bereich psychischer Phänomene beschränkten – Sexualität, Geburtstrauma, Existenzprobleme, Familiendynamik und dergleichen. Zahlreiche Psychologen sagen heute, keine dieser Methoden sei an sich falsch, doch konzentriere sich jede von ihnen auf nur einen Teil des gesamten Spektrums des Bewußtseins und versuche dann, ihr Verständnis dieses Teiles auf die gesamte Psyche zu übertragen. Nach dem *bootstrap*-Ansatz gibt es vielleicht überhaupt keine einzige Theorie, die imstande wäre, das ganze Spektrum psychischer Phänomene zu erklären. Wie die Physiker müssen vielleicht auch die Psychologen sich damit zufriedengeben, ein Netz miteinander verknüpfter Modelle vor sich zu haben und zur Beschreibung unterschiedlicher Aspekte und Ebenen der Wirklichkeit verschiedene Sprachen zu nutzen. So wie wir verschiedene Landkarten benutzen, wenn wir in verschiedenen Teilen der Welt reisen, müssen wir vielleicht auch unterschiedliche Begriffsmodelle für unsere Reisen jenseits von Zeit und Raum, durch die innere Welt der Psyche, verwenden.

Eines der umfassendsten Systeme zur Integration verschiedener psychologischer Schulen ist die von Ken Wilber vorgeschlagene Spektrum-Psychologie.[25] Sie vereinigt zahlreiche westliche und östliche Methoden in einem Spektrum psychologischer Modelle und Theorien, das das Spektrum des menschlichen Bewußtseins reflektiert. Jede Ebene oder jedes Band dieses Spektrums wird durch ein unterschiedliches Identitätsgefühl charakterisiert, angefangen bei der allerhöchsten Identität des kosmischen Bewußtseins bis zur drastisch verengten Identität des Ego. Wie in jedem Spektrum gibt es in jedem Band unendlich viele Nuancen und graduelle Abweichungen, die nach und nach ineinander übergehen. Doch lassen sich mehrere größere Bewußtseinsebenen erkennen. Wilber unterscheidet grundsätzlich vier Ebenen, die mit entsprechenden Ebenen der Psychotherapie assoziiert sind: die Ego-Ebene, die biosoziale Ebene, die existentielle Ebene und die transpersonale Ebene.

Auf der Ego-Ebene identifiziert man sich nicht mit dem totalen Organismus, sondern nur mit einer bestimmten mentalen Darstellung des Organismus, die man auch als Selbstbild oder Ego bezeichnet. Man glaubt, dieses entkörperte Selbst existiere innerhalb des Körpers, weshalb die Menschen zu sagen pflegen »Ich *habe* einen Körper« statt »Ich *bin* ein Körper«. Unter gewissen Umständen kann eine derart bruchstückhafte Erfahrung des Selbst noch durch die Entfremdung gewisser Facetten des Ego zusätzlich entstellt werden, Facetten, die entweder unterdrückt oder auf andere Leute oder die Umwelt projiziert werden können. Die Dynamik dieser Phänomene ist von der Freudschen Psychologie in allen Einzelheiten beschrieben worden.

Die zweite größere Bewußtseinsebene nennt Wilber »biosozial«, weil sie Aspekte der sozialen Umwelt einer Person darstellt – Familienbeziehungen, kulturelle Traditionen und Glaubensvorstellungen –, die sich im biologischen Organismus widerspiegeln und die Wahrnehmungen und das Verhalten eines Menschen zutiefst beeinflussen. Der alles durchdringende Einfluß sozialer und kultureller Strukturen auf das Identitätsgefühl des einzelnen Menschen ist vom sozial orientierten Psychologen, Anthropologen und anderen Sozialwissenschaftlern ausführlich erforscht worden.

Die existentielle Ebene ist die Ebene des ganzen Organismus, charakterisiert durch ein Identitätsgefühl, zu dem auch die Erfahrung des ganzen Geist/Körper-Systems als eines integrierten, sich selbst organisierenden Ganzen gehört. Das Studium dieser Art von Selbst-Bewußtheit und die Erforschung ihres vollen Potentials ist das Ziel der Humanistischen Psychologie und verschiedener existentieller Psychologien. Auf existentieller Ebene ist der Dualismus von Geist und Körper überwunden, doch bleiben zwei andere Dualismen bestehen: der Dualismus von Subjekt und Objekt oder des Selbst gegenüber anderen sowie der von Leben und Tod. Die aus diesen Dualismen entstehenden Fragen und Probleme sind ein Hauptforschungsfeld der existentiellen Psychologien, können auf existentieller Ebene jedoch nicht gelöst werden. Ihre Lösung erfordert einen Geisteszustand, bei dem individuelle existentielle Probleme in ihrem kosmischen Zusammenhang erfaßt werden. Eine solche Bewußtheit entsteht erst auf der transpersonalen Bewußtseinsebene.

Transpersonale Erfahrungen beinhalten eine Ausweitung des Bewußtseins über die konventionellen Grenzen des Organismus hinaus und dementsprechend ein umfassenderes Identitätsgefühl. Dazu mögen auch Wahrnehmungen der Umwelt gehören, welche die gewöhnlichen Grenzen der sinnlichen Wahrnehmung überschreiten.[26] Die transpersonale Ebene ist die Ebene des kollektiven Unbewußten und der damit verbundenen Phänomene, wie es in der Jungschen Psychologie beschrieben wird. Es ist eine Art des Bewußtseins, in der das Individuum sich mit dem Kosmos als Ganzem verbunden fühlt und die somit mit dem traditionellen Begriff des transzendenten menschlichen Geistes identifiziert werden kann. Diese Art des Bewußtseins transzendiert oft den logischen Verstand und die intellektuelle Analyse und nähert sich der unmittelbaren mystischen Erfahrung der Wirklichkeit an. Die viel weniger von Logik und allgemeinem Menschenverstand eingeengte Sprache der Mythologie ist der Beschreibung transpersonaler Phänomene oft angemessener als die sachliche Sprache. Dies drückt der indische Gelehrte Ananda Coomaraswamy mit folgenden Worten aus: »Der Mythos ist die größte Annäherung an die absolute Wahrheit, die auf begrifflicher Ebene möglich ist.«[27]

Am Ende des Bewußtseinsspektrums gehen die transpersonalen Spektralbänder in die Ebene des Kosmischen Bewußtseins über, auf der man sich mit dem ganzen Universum identifiziert. Man kann die letzte Wirklichkeit auf allen transpersonalen Ebenen *erkennen*, zu dieser Wirklichkeit selbst *werden* kann man jedoch nur auf der Ebene des Kosmischen Bewußtseins. Gewahrsein entspricht auf dieser Ebene dem wahren mystischen Zustand, in dem alle Grenzen und Dualismen transzendiert sind und jegliche Individualität sich in ein universales und ungeteiltes Einssein auflöst. Die Ebene des Kosmischen Bewußtseins zu erreichen, war seit jeher das alles überragende Bestreben der spirituellen oder mystischen Traditionen, im Osten wie im Westen. Obwohl viele dieser Überlieferungen sich der anderen Ebene durchaus bewußt waren und sie oft in allen Einzelheiten dargestellt haben, betonen sie jedoch stets, daß die mit allen anderen Bewußtseinsebenen assoziierten Identitäten illusorisch sind, ausgenommen die allerhöchste Ebene des Kosmischen Bewußtseins, auf der man seine allerhöchste Identität findet.

Eine andere »Landkarte« des Bewußtseins, die mit der Wilberschen Spektrum-Psychologie voll übereinstimmt, wurde von Stanislav Grof mittels einer ganz anderen Methode entwickelt. Wilber hatte sich als Psychologe und Philosoph mit dem Studium des Bewußtseins befaßt, wobei er seine Einsichten teilweise aus seinen Meditationserfahrungen ableitete. Grof jedoch packte das Problem als Psychiater an, auf der Grundlage vieler Jahre klinischer Erfahrungen. Siebzehn Jahre lang hatte Grofs klinische Forschung sich mit Psychotherapie unter Verwendung von LSD und sonstigen psychedelischen Substanzen beschäftigt. Während dieses Zeitraums leitete er etwa dreitausend psychedelische Sitzungen und studierte die Aufzeichnungen über fast zweitausend von seinen Kollegen in Europa und den Vereinigten Staaten geleitete Sitzungen.[28] Später veranlaßten die öffentlichen Kontroversen über LSD und die daraus resultierenden gesetzlichen Einschränkungen Grof, diese Praxis psychedelischer Therapie aufzugeben und therapeutische Methoden zu entwickeln, die ähnliche Zustände ohne Verwendung von Drogen herbeiführen.

Grofs ausgedehnte Beobachtungen psychedelischer Experimente überzeugten ihn, daß LSD ein nichtspezifischer Katalysator oder Verstärker psychischer Prozesse ist, der verschiedene Elemente aus den Tiefen des Unbewußten an die Oberfläche bringt. Jemand, der LSD nimmt, erfährt keine toxische Psychose, wie viele Psychiater in den frühen Tagen der Erforschung des LSD annahmen, sondern begibt sich auf eine Reise in die normalerweise unbewußten Bereiche der Psyche. Dementsprechend ist psychedelische Forschung für Grof nicht das Studium besonderer, von psychoaktiven Substanzen herbeigeführter Wirkungen, sondern die Erforschung des menschlichen Geistes unter Zuhilfenahme machtvoller chemischer Enthemmer. »Es scheint weder unangemessen noch übertrieben«, so schrieb er, »ihre potentielle Bedeutung für die Psychiatrie und Psychologie mit der des Mikroskops für die Medizin oder des Fernrohrs für die Astronomie zu vergleichen.«[29]

Die Ansicht, daß psychedelische Substanzen nur als Verstärker psychischer Vorgänge wirken, wird durch die Tatsache unterstützt, daß die in der LSD-Therapie beobachteten Phänomene keineswegs einzigartig oder auf psychedelische Experimente beschränkt sind. Viele von ihnen werden auch bei Meditationsübungen, in der Hypnose und den neuen erfahrungsorientierten Therapien beobachtet. Auf der Grundlage mehrjähriger sorgfältiger Beobachtungen mit und ohne Anwendung psychedelischer Substanzen hat Grof eine Art Kartographie des Unbewußten geschaffen, eine Landkarte psychischer Phänomene, die große Ähnlichkeiten mit Wilbers Spektrum des Bewußtseins aufweist. Diese Kartographie umfaßt drei größere Bereiche: den Bereich der psychodynamischen Erfahrungen, die mit Ereignissen aus der Vergangenheit und im gegenwärtigen Leben der betreffenden Person assoziiert sind; den Bereich perinataler Erfahrungen*, der mit biologischen Phänomenen des Geburtsvorgangs in Beziehung steht; und den Bereich der transpersonalen Erfahrungen, welche die individuellen Grenzen überschreiten.

Die psychodynamische Ebene ist zweifellos autobiographischer Natur und individuell bedingt, und sie enthält Erinnerungen an gefühlsmä-

* »perinatal« aus dem griechischen *peri* (»um . . . herum«) und dem lateinischen *natus* (»Geburt«) ist ein medizinischer Ausdruck für Phänomene um den Geburtsvorgang.

ßig relevante Geschehnisse und ungelöste Konflikte aus verschiedenen Perioden der Lebensgeschichte des jeweiligen Individuums. Zu den psychodynamischen Erfahrungen gehören die psychosexuelle Dynamik und Konflikte, wie sie Freud beschrieben hat; sie können weitgehend im Rahmen der grundlegenden psychoanalytischen Prinzipien verstanden werden. Grof hat dem Freudschen Rahmen jedoch eine interessante Vorstellung hinzugefügt. Nach seinen Beobachtungen pflegen Erfahrungen in diesem Bereich in spezifischen Konstellationen von Erinnerungen aufzutreten, die er als COEX-Systeme bezeichnet (*»systems of condensed experience«* = Systeme verdichteter Erfahrung).[30] Ein COEX-System setzt sich aus Erinnerungen aus verschiedenen Lebensperioden einer Person zusammen, die ein ähnliches Grundthema aufweisen oder ähnliche Elemente enthalten; sie alle sind von einer starken und qualitativ ähnlichen emotionalen Aufladung gekennzeichnet. Die einzelnen Wechselbeziehungen zwischen den Bestandteilen eines COEX-Systems werden in den meisten Fällen in grundlegender Übereinstimmung mit dem Freudschen Denken erklärt.

Der Bereich der perinatalen Erfahrung ist vielleicht der faszinierendste und originellste Teil der Grofschen Kartographie. Er weist eine Vielfalt reichhaltiger und komplexer Erfahrungsmuster im Zusammenhang mit den Problemen der biologischen Geburt auf. Zur perinatalen Erfahrung gehört ein äußerst realistisches und authentisches Wiedererleben verschiedener Stadien der eigenen Geburt – die heitere Seligkeit der Existenz im Mutterleib in Urverbundenheit mit der Mutter, aber auch Störungen dieses friedlichen Zustandes durch toxische Chemikalien und Muskelanspannungen; es gehören dazu die scheinbar ausweglose Situation im ersten Stadium der Geburtswehen, wenn der Muttermund noch geschlossen ist, während die Kontraktionen der Gebärmutter den Fötus bedrängen, wobei sich eine von starkem physischen Unbehagen begleitete Klaustrophobie einstellt; dann das Hindurchdrängen durch den Geburtskanal mit seinem enormen Kampf um Überleben unter einem oft fast erstickenden Druck. Schließlich kommt die plötzliche Befreiung und Entspannung, der erste Atemzug und das Abschneiden der Nabelschnur, das die physische Trennung von der Mutter vollendet.

Während perinataler Erfahrungen können die mit dem Geburtsvorgang verbundenen Empfindungen und Gefühle auf unmittelbare realistische Weise nochmals durchlebt werden oder auch in Form symbolischer, visionärer Erfahrungen auftauchen. So wird beispielsweise die

Erfahrung der enormen Spannungen, die für die Geburtswehen charakteristisch sind, oft von Visionen begleitet, in denen man fürchterliche Kampfszenen sieht, Naturkatastrophen oder sado-masochistische Bildfolgen sowie verschiedenste Bilder von Zerstörung und Selbstzerstörung. Um das Verständnis der großen Komplexität physischer Symptome, Bildvorstellungen und Erfahrungsstrukturen zu erleichtern, hat Grof sie in vier Bündel gruppiert, die er perinatale Matrizen nennt und die den aufeinanderfolgenden Stadien des Geburtsvorganges entsprechen.[31] Genaue Untersuchungen der wechselseitigen Beziehungen zwischen den verschiedenen Elementen dieser Matrizen haben zu tiefen Einsichten in viele psychische Zustände und Strukturen menschlicher Erfahrungen verholfen.

Einer der auffallendsten Aspekte im perinatalen Bereich ist der enge Zusammenhang zwischen den Erfahrungen von Geburt und Tod. Die Begegnung mit Leiden und Kampf und die Auslöschung aller vorherigen Bezugspunkte beim Geburtsvorgang kommen der Erfahrung des Todes so nahe, daß Grof dieses ganze Phänomen oft als Tod-Wiedergeburt-Erfahrung bezeichnet. Tatsächlich gehören zu den mit dieser Erfahrung assoziierten Visionen häufig Symbole des Todes, und die entsprechenden physischen Symptome können Gefühle einer äußersten existentiellen Krise hervorrufen, die so eindringlich sind, daß sie mit dem echten Sterben verwechselt werden. Die perinatale Ebene des Unbewußten ist also die Ebene von Geburt und Tod zugleich, ein Bereich existentieller Erfahrungen, die einen entscheidenden Einfluß auf unser geistiges und gefühlsmäßiges Leben ausüben. »Geburt und Tod«, schreibt Grof, »scheinen das A und O der menschlichen Existenz zu sein, und jedes psychologische System, das sie nicht eingliedert, muß oberflächlich und unvollständig bleiben.«[32]

Die erfahrungsmäßige Begegnung mit Geburt und Tod im Laufe einer Psychotherapie kommt oft einer echten existentiellen Krise gleich, da sie den Menschen zwingt, sich ernsthaft mit dem Sinn seines Lebens und den ihm zugrundeliegenden Wertvorstellungen auseinanderzusetzen. Weltliche Ambitionen, Konkurrenzstreben, das Verlangen nach einem höheren gesellschaftlichen Status, nach Macht oder materiellem Besitz – alles das wird nichtig, wenn man es vor dem Hintergrund des eventuell nahe bevorstehenden Todes sieht. In seiner Wiedergabe der Lehren des Yaqui-Medizinmannes Don Juan formulierte Carlos Castaneda das folgendermaßen: »Ein riesiger Berg von Nichtigkeiten verschwindet, wenn Dein Tod Dir zuwinkt, oder wenn Du ihn für einen flüchtigen Augenblick zu schauen glaubst ... Der Tod ist der einzige weise Ratgeber, den wir besitzen.«[33]

Das existentielle Dilemma der menschlichen Situation läßt sich letzten Endes nur auf eine einzige Weise überwinden: indem man es durch die Erfahrung der eigenen Existenz innerhalb eines umfassenderen kosmischen Zusammenhanges transzendiert. Das läßt sich im transpersonalen Bereich erreichen, dem letzten größeren Bereich in Grofs Kartographie des Unbewußten. Transpersonale Erfahrungen scheinen tiefe Einsichten in das Wesen und die Bedeutung der spirituellen Dimension des Unbewußten zu gewähren. Wie schon die psychodynamischen und perinatalen Erfahrungen pflegen sie in thematischen Bündeln aufzutreten, doch läßt ihre Organisation sich in sachlicher Sprache viel schwerer beschreiben – was Jung und zahlreiche Mystiker hervorgehoben haben –, weil die logische Grundlage unserer Sprache durch diese Erfahrungen ernsthaft in Frage gestellt wird. Die transpersonalen Erfahrungen können insbesondere auch sogenannte »paranormale« oder »übersinnliche« Phänomene beinhalten, die bekanntlich innerhalb des Rahmens rationalen Denkens und wissenschaftlicher Analyse nur schwer in den Griff zu bekommen sind. Tatsächlich scheint es eine komplementäre Beziehung zwischen paranormalen Phänomenen und der wissenschaftlichen Methode zu geben. Paranormale Phänomene scheinen sich in ihrer vollen Kraft nur außerhalb des Rahmens analytischen Denkens zu manifestieren und im selben Ausmaß nachzulassen, in dem die Methode ihrer Beobachtung und Analyse wissenschaftlicher wird.[34]

Die Modelle von Wilber und von Grof deuten darauf hin, daß das letzte Begreifen des menschlichen Bewußtseins Worte und Vorstellungen überschreitet. Daraus folgert die bedeutsame Frage, ob es überhaupt möglich ist, wissenschaftliche Feststellungen über das Wesen des Bewußtseins zu treffen. Da das Bewußtsein zudem von zentraler Bedeutung für die Psychologie ist, ergibt sich die weitere Frage, ob die Psychologie überhaupt als Wissenschaft anzusehen ist. Die Antwort hängt offensichtlich davon ab, wie man Wissenschaft definiert. Die traditionelle Naturwissenschaft wird mit Messungen und quantitativen Feststellungen assoziiert, seitdem Galilei die Qualität aus dem Reich wissenschaftlicher Erkenntnis verbannte, und die meisten Wissenschaftler teilen noch heute diesen Standpunkt. Der Philosoph und Mathematiker Alfred North Whitehead drückt den wesentlichen Gehalt der wissenschaftlichen Methode in folgender Regel aus: »Suche in deinen Phänomenen nach meßbaren Elementen, und dann suche nach Zusammenhängen zwischen diesen Messungen physischer Quantitäten.«[35]

Eine nur mit Quantitäten und ausschließlich auf Messungen beruhende Naturwissenschaft ist von Natur aus außerstande, sich mit Erfahrungen, Qualität oder Wertvorstellungen zu beschäftigen. Sie ist daher für das Verständnis des Wesens des Bewußtseins ungeeignet, das ein zentraler Aspekt unserer inneren Welt und damit in erster Linie eine Erfahrung ist. Und tatsächlich sprechen Grof und Wilber bei der Beschreibung ihrer Landkarten des Bewußtseins von »Bereichen der Erfahrung«. Je mehr Wissenschaftler auf quantitativen Feststellungen beharren, um so weniger sind sie in der Lage, das Wesen des Bewußtseins zu beschreiben. In der Psychologie stellt der Behaviorismus den Extremfall dar, da er sich ausschließlich mit meßbaren Funktionen und Verhaltensstrukturen beschäftigt und daher über das Bewußtsein überhaupt keine Feststellungen treffen kann, dessen Existenz er ja auch bestreitet.

Es muß sich also die Frage stellen: Kann es eine Naturwissenschaft geben, die nicht ausschließlich auf Messungen beruht? Kann es ein Verständnis der Wirklichkeit geben, das Qualität und Erfahrung einbezieht und dennoch wissenschaftlich ist? Ich meine, ein solches Verständnis ist wirklich möglich. Meiner Ansicht nach braucht Naturwissenschaft sich nicht auf Messungen und quantitative Analysen zu beschränken. Ich wäre bereit, jeden Weg zur Erkenntnis wissenschaftlich zu nennen, der zwei Bedingungen erfüllt: Alles Wissen muß auf systematischer Beobachtung beruhen, und es muß durch folgerichtige, jedoch begrenzte und annähernde Modelle ausgedrückt werden. Diese Erfordernisse – eine empirische Grundlage und das Erarbeiten von Modellen – stellen für mich die beiden entscheidenden Elemente der wissenschaftlichen Methode dar. Andere Aspekte, etwa die Quantifizierung oder die Anwendung von Mathematik, sind oft wünschenswert, jedoch nicht von entscheidender Bedeutung.

Modelle werden erarbeitet, indem man ein logisch folgerichtiges Netz von Begriffen formt, um darin die beobachteten Daten miteinander in Beziehung zu setzen. In der klassischen Naturwissenschaft waren diese Daten Quantitäten, die man durch Messungen erhielt, und die begrifflichen Modelle wurden, wo immer möglich, in mathematischer Sprache ausgedrückt. Die Quantifizierung verfolgte einen doppelten Zweck: präzise Angaben zu erlangen und, durch Ausschaltung jeder Bezugnahme auf den Beobachter, wissenschaftliche Objektivität zu garantieren. Die Quantentheorie hat die klassische Anschauung von der Naturwissenschaft erheblich verändert, und zwar durch Enthüllung der entscheidenden Rolle des Bewußtseins des Beobachters im Beobachtungsvorgang, wodurch der Gedanke einer objektiven Naturbeschreibung zunichte gemacht wurde.[36] Dennoch beruht auch die Quantentheorie immer noch auf Messungen und ist genaugenommen die quantitativste aller wissenschaftlichen Disziplinen, da sie alle Eigenschaften der Atome auf ganze Zahlen reduziert.[37] Quantenphysiker können daher im Rahmen ihrer Wissenschaft keine Feststellungen über das Wesen des Bewußtseins treffen, obwohl das menschliche Bewußtsein als untrennbarer Teil dieses Rahmens erkannt wurde.

Eine wahre Wissenschaft vom Bewußtsein wird sich mehr mit Qualitäten als mit Quantitäten beschäftigen und mehr auf gemeinsamen Erfahrungen als auf verifizierbaren Messungen beruhen. Die Erfahrungsstrukturen, welche die Daten einer solchen Wissenschaft liefern, können nicht als fundamentale Elemente quantifiziert oder analysiert werden und müssen stets in unterschiedlichem Maße subjektiv sein. Andererseits müssen die mit diesen Daten verbundenen Begriffsmodelle logisch stimmig sein, wie alle wissenschaftlichen Modelle, und können sogar quantitative Elemente enthalten. Grofs und Wilbers Landkarten des Bewußtseins sind ausgezeichnete Beispiele für diese neue Art eines wissenschaftlichen Ansatzes. Sie sind für eine neue Psychologie charakteristisch, für eine Wissenschaft, die ihre Feststellungen immer dann quantifizieren wird, wenn dies angemessen erscheint, die jedoch auch mit auf menschlicher Erfahrung beruhenden Qualitäten und Wertvorstellungen umgehen kann.

Der neue *bootstrap-* oder System-Ansatz in der Psychologie beinhaltet auch eine Vorstellung von psychischer Erkrankung, die voll mit den allgemeinen Ansichten über Gesundheit und Erkrankung übereinstimmt, wie sie im vorigen Kapitel dargestellt wurden. Wie jede Erkrankung wird auch die psychische als multidimensionales Phänomen gesehen, das untereinander zusammenhängende physische, psychische und soziale Aspekte einbezieht. Als Freud seine Psychoanalyse entwickelte, standen die als Neurosen bekannten nervösen Störungen im Mittelpunkt seines Denkens. Seitdem hat sich jedoch die Aufmerksamkeit der Psychiater auf ernsthaftere Störungen, die Psychosen, verlagert, und ganz besonders auf eine umfassende Kategorie ernster psychischer Störungen, die man ziemlich willkürlich als Schizophrenie* bezeichnet hat.

* Aus dem griechischen *schizein* (»spalten«) und *phren* (»Geist«).

Anders als die Neurosen greifen diese psychischen Erkrankungen weit über die psychodynamische Ebene hinaus; sie können nicht wirklich verstanden werden, wenn man nicht auch die biosozialen, existentiellen und transpersonalen Bereiche der Psyche in Betracht zieht. Eine derart vielschichtige Methode ist zweifellos notwendig, da die Hälfte aller in den Vereinigten Staaten für psychisch kranke Patienten verfügbaren Betten von Personen belegt sind, die man als »Schizophrene« diagnostiziert hat.[38]

In den meisten Fällen befaßt sich die psychiatrische Behandlung mit den biomedizinischen Mechanismen, die spezifischen psychischen Störungen zugeschrieben werden. Dabei wurden mittels psychoaktiver Drogen bestimmte Symptome sehr erfolgreich unterdrückt. Doch hat diese Methode den Psychiatern nicht geholfen, psychische Erkrankungen besser zu verstehen, noch hat sie es den Patienten ermöglicht, die den Symptomen zugrundeliegenden Probleme zu lösen. Angesichts dieser Mängel der biomedizinischen Methode sind zahlreiche Psychiater und Psychologen in den vergangenen 25 Jahren dazu übergegangen, psychotische Störungen aus der Sicht der Systemlehre zu sehen und dabei die multiplen Facetten psychischer Erkrankung zu berücksichtigen. Diese Sicht ist gleichermaßen sozial und existentiell.

Im Mittelpunkt ernsthafter psychischer Erkrankungen scheint die Unfähigkeit des betroffenen Menschen zu stehen, die eigene Sicht und Erfahrung der Wirklichkeit richtig einzuschätzen und in ein zusammenhängendes Weltbild zu integrieren. Bei der gegenwärtigen psychiatrischen Praxis werden viele Menschen nicht auf der Grundlage ihres Verhaltens, sondern eher auf der Grundlage des Inhalts ihrer Erfahrungen als psychisch krank diagnostiziert. Typischerweise sind diese Erfahrungen transpersonaler Art und stehen in scharfem Widerspruch zum sogenannten gesunden Menschenverstand und der klassischen abendländischen Weltanschauung. Doch sind viele dieser Erfahrungen Mystikern wohlvertraut. Sie ergeben sich oft im Zustande tiefer Meditation und können auch ziemlich leicht durch andere Methoden herbeigeführt werden. Die neue Definition dessen, was normal und was pathologisch ist, beruht nicht auf dem Inhalt und der Art der eigenen Erfahrung, sondern mehr auf der Art und Weise, wie man mit diesen Erfahrungen umgeht und in welchem Ausmaße jemand in der Lage ist, diese ungewöhnlichen Erfahrungen in sein Leben zu integrieren. Die Forschungsarbeit humanistischer und transpersonaler Psychologen hat gezeigt, daß nicht-alltägliche Erfahrungen der Wirklichkeit sehr viel häufiger spontan auftreten, als in der konventionellen Psychiatrie angenommen wird.[39] Die harmonische Integration dieser Erfahrungen ist daher für die psychische Gesundheit von entscheidender Bedeutung; im Umgang mit vielen Formen psychischer Erkrankung wird es ganz entscheidend darauf ankommen, diesen Prozeß auf der Grundlage des Verständnisses des vollen Spektrums des menschlichen Bewußtseins einfühlend zu unterstützen.

Die Unfähigkeit mancher Menschen, transpersonale Erfahrungen zu integrieren, wird oft durch eine feindliche Umwelt noch erschwert. Verstrickt in eine Welt der Symbole und Mythen, fühlen sie sich isoliert und außerstande, die Art ihrer Erfahrung zu kommunizieren. Die Furcht vor der Isolierung kann so überwältigend sein, daß sie eine Welle existentieller Panik verursacht, und mehr als alles andere ist es diese Panik, welche viele der Anzeichen von »Geisteskrankheit« erzeugt.[40] Das Gefühl der Isolierung und die Erwartung von Feindseligkeit werden durch die psychiatrische Behandlung noch verstärkt, da diese oft eine entwürdigende Untersuchung, eine brandmarkende Diagnose und erzwungenen Klinikaufenthalt mit sich bringt, der die Person vollständig ihrer Menschenwürde beraubt. Ein Forscher, der die psychischen Auswirkungen des Aufenthalts in Nervenheilanstalten untersucht hat, bemerkte jüngst: »Weder Erzählungen noch ›harte‹ Daten können uns dieses überwältigende Gefühl vollkommenen Ausgeliefertseins vermitteln, das jemanden befällt, der fortlaufend der entpersönlichenden Behandlung in einer Nervenheilanstalt ausgesetzt ist.«[41]

Unter den Erfahrungen, die psychisch Kranke nicht zu integrieren vermögen, scheinen diejenigen, die mit ihrer sozialen Umwelt zusammenhängen, eine entscheidende Rolle zu spielen. Neuere bedeutende Fortschritte beim Verständnis der Schizophrenie beruhen auf der Erkenntnis, daß diese Störungen nicht verstanden werden können, wenn man sich auf einzelne Patienten konzentriert; sie müssen vielmehr im Zusammenhang ihrer Beziehungen zu anderen Menschen erkannt werden. Zahlreiche Studien über Familien von Schizophrenen haben gezeigt, daß die als psychisch krank diagnostizierte Person fast ausnahmslos Teil eines Netzes äußerst gestörter Kommunikationsstrukturen innerhalb der Familie ist.[42] Die im »identifizierten Patienten« zutage tretende Erkrankung ist in Wirklichkeit eine Störung im gesamten Familiensystem.

Das zentrale Charakteristikum in den Kommunikationsstrukturen von Familien mit schizophrenen Angehörigen wurde von Gregory

Bateson als *»double-bind«*-Situation identifiziert.[43] Bateson fand heraus, daß das als schizophren bezeichnete Verhalten eine spezielle Strategie darstellt, die jemand erfindet, um in einer unerträglichen Situation leben zu können. Eine solche Person findet in ihrer Familie eine Situation vor, die sie in eine unhaltbare Position zu bringen scheint, eine Situation, in der sie »nicht gewinnen kann«, was immer sie auch tut. So kann beispielsweise der Double Bind (auch »Beziehungsfalle« genannt), für ein Kind dadurch zustande kommen, daß es widersprechende verbale oder andere Botschaften von einem oder beiden Elternteilen erhält, wobei beide Arten von Botschaften eine Bestrafung oder eine Bedrohung der emotionalen Sicherheit des Kindes beinhalten. Kommt es wiederholt zu solchen Situationen, dann kann diese Double-Bind-Struktur zu einer gewohnheitsmäßigen Erwartung im psychischen Leben des Kindes werden, was leicht zu schizophrenen Erfahrungen und schizophrenem Verhalten führen kann. Das bedeutet nicht, daß jedermann in einer solchen Situation schizophren wird. Was genau den einen psychisch krank macht, während ein anderer unter denselben Umständen normal bleibt, ist eine komplexe Frage, bei der wahrscheinlich auch biochemische und genetische Faktoren mitwirken, über die man noch nicht viel weiß. Vor allem die Auswirkungen der Ernährung auf die psychische Gesundheit bedürfen noch weiterer Forschungsarbeit.

R. D. Laing hat darauf hingewiesen, daß die von einem sogenannten Schizophrenen ersonnene Strategie oft als eine angemessene Reaktion auf ernsthaften sozialen Streß verstanden werden kann, als die verzweifelten Bemühungen eines Menschen, angesichts paradoxen und widersprüchlichen Drucks seine Integrität zu bewahren. Laing weitet seine Beobachtung zu einer beredten Kritik an der Gesellschaft insgesamt aus, in der der Zustand der Entfremdung, des Schlafens, des Nicht-bei-Sinnen-Seins der Zustand des normalen Menschen ist.[44] Solche auf »normale« Weise entfremdete Männer und Frauen gelten, wie Laing sagt, einfach deshalb als »gesund«, weil sie mehr oder weniger wie jeder andere auch handeln, während andere Formen der Entfremdung, die von den vorherrschenden abweichen, von der »normalen« Mehrheit als psychisch krank bezeichnet werden. Laing macht dazu die folgende Bemerkung:

> Ein heute im Vereinigten Königreich geborenes Kind hat eine zehnmal größere Chance, in eine Nervenklinik eingeliefert zu werden, als an einer Universität aufgenommen zu werden . . . Das kann als Hin-

weis darauf gelten, daß wir unsere Kinder mit größerem Erfolg verrückt machen als sie ernsthaft zu erziehen. Vielleicht ist es unsere Art der Erziehung, die sie verrückt macht.[45]

Laing gibt dann eine kurzgefaßte Beschreibung der zweifachen Rolle der kulturellen Faktoren bei der Entstehung psychischer Erkrankungen. Einerseits erzeugt die Kultur einen großen Teil der Angst, die zu psychisch gestörtem Verhalten führt, andererseits legt sie die Normen für das fest, was als gesund zu gelten hat. In unserer Kultur erfordern die Kriterien, nach denen man geistige Gesundheit definiert – Identitätsgefühl, Selbstbild, Erkennen von Raum und Zeit, Wahrnehmung der Umwelt und dergleichen –, daß die Wahrnehmungen und Anschauungen eines Menschen mit dem kartesianisch-newtonschen Rahmen vereinbar sind. Die kartesianische Weltanschauung ist nicht nur der wichtigste Bezugsrahmen, sondern gilt auch als die einzig treffende Beschreibung der Wirklichkeit. Diese restriktive Haltung kommt auch in der Neigung der Ärzte zum Ausdruck, die sich mit Problemen geistiger Gesundheit beschäftigen, dabei sehr starre diagnostische Systeme zu benutzen. Die Gefahren einer solchen kulturellen Konditionierung werden durch ein in jüngster Zeit durchgeführtes Experiment illustriert, bei dem acht Freiwillige in verschiedene amerikanische Nervenheilanstalten Einlaß fanden, indem sie behaupteten, sie hätten Stimmen gehört.[46] Diese Pseudo-Patienten wurden trotz ihres in der Folge völlig normalen Verhaltens unwiderruflich als Schizophrene klassifiziert. Ironischerweise erkannten viele der anderen Insassen bald, daß die Pseudo-Patienten normal waren, doch war das Klinikpersonal nicht in der Lage, die Normalität ihres Verhaltens zu erkennen, nachdem diese Personen einmal als psychisch Kranke eingestuft worden waren.

Der Begriff geistiger Gesundheit sollte eine harmonische Integration der kartesianischen und der transpersonalen Formen der Sinneswahrnehmung und Erfahrung einbeziehen. Die Wirklichkeit ausschließlich in transpersonaler Form wahrzunehmen, ist unvereinbar mit dem angemessenen Funktionieren und dem Überleben im Alltag. Eine unzusammenhängende Mischung beider Wahrnehmungsformen zu erleben, ohne in der Lage zu sein, sie auch zu integrieren, ist psychisch krankhaft. Sich aber allein auf die kartesianische Form der Wahrnehmung zu beschränken, ist ebenfalls Verrücktheit; es ist die Verrücktheit unserer vorherrschenden Kultur.

Ein Mensch, der ausschließlich nach dem kartesianischen Modus funktioniert, mag vielleicht frei von manifesten Symptomen sein, kann jedoch nicht als psychisch gesund gelten. Solche Individuen führen gewöhnlich ein egozentrisches, vom Wettbewerbsdenken beherrschtes, zielorientiertes Leben. Überbeschäftigt mit ihrer Vergangenheit und ihrer Zukunft, neigen sie dazu, die Gegenwart nur in einem beschränkten Rahmen wahrzunehmen, weshalb sie aus ihren Aktivitäten im Alltagsleben nur begrenzte Befriedigung gewinnen. Sie konzentrieren sich darauf, die äußere Welt zu manipulieren, und messen ihren Lebensstandard an der Menge materiellen Besitzes, während sie sich mehr und mehr ihrer inneren Welt entfremden und außerstande sind, den Vorgang des Lebens zu würdigen. Menschen, deren Existenz von dieser Art von Erfahrung beherrscht wird, kann keine Ebene des Wohlstandes, der Macht oder des Ruhms echte Befriedigung bringen, weshalb sie von einem Gefühl der Sinnleere, der Wertlosigkeit und selbst der Absurdität erfüllt werden, das kein noch so großer äußerer Erfolg verdrängen kann.

Die Symptome dieses kulturellen Wahnsinns sind in unseren akademischen, unternehmerischen und politischen Institutionen allgegenwärtig, wobei der nukleare Rüstungswettlauf vielleicht ihre krankhafteste Manifestation ist. Die Integration der kartesianischen Wahrnehmungsmethode in eine umfassendere ökologische und transpersonale Perspektive ist nunmehr zu einer dringenden Aufgabe geworden, die auf allen individuellen und gesellschaftlichen Ebenen angefaßt werden muß. Echte psychische Gesundheit erfordert ein ausgeglichenes Wechselspiel zwischen beiden Formen der Erfahrung, einen Lebensstil, bei dem die eigene Identifizierung mit dem Ego mehr spielerisch und provisorisch als absolut und zwingend ist, während die Sorge um materiellen Besitz mehr pragmatisch als zwanghaft sein sollte. Ein solcher Lebensstil wäre gekennzeichnet durch Lebensbejahung, Hingabe an den Augenblick und tiefes Gewahrsein der spirituellen Dimension der Existenz. Diese Verhaltensweisen und Wertvorstellungen sind ja auch während aller Zeitalter von Heiligen und Weisen betont worden, welche die Wirklichkeit auf transpersonale Weise erfahren haben. Man weiß sehr wohl, daß die Erfahrungen dieser Mystiker denen schizophrener Personen oft auffallend ähnlich sind. Dennoch sind Mystiker nicht geisteskrank, da sie ihre transpersonalen Erfahrungen mit ihrem Alltagsbewußtsein zu integrieren wissen. Laing hat dafür folgende tiefsinnige Metapher geprägt: »Mystiker und Schizophrene befinden sich im selben Ozean; doch die Mystiker schwimmen, während die Schizophrenen ertrinken.«[47]

Sieht man psychische Erkrankung als ein multidimensionales Phänomen an, das das gesamte Spektrum des Bewußtseins einbezieht, dann muß man auch die Psychotherapie auf verschiedenen Ebenen praktizieren. Unter Benutzung der Begriffe verschiedener Schulen – von Freud, Jung, Reich, Laing und anderen – zur Beschreibung der unterschiedlichen Facetten der Psyche sollten die Psychotherapeuten in der Lage sein, diese Schulen in einen zusammenhängenden Rahmen zu integrieren, um das breite Spektrum der im therapeutischen Prozeß auftretenden Phänomene zu interpretieren. Therapeuten wissen, daß unterschiedliche Klienten auch unterschiedliche Symptome erkennen lassen, die oft auch unterschiedliche Terminologien erfordern. So schrieb beispielsweise Jung in seiner Autobiographie: »Meiner Ansicht nach kann nur individuelles Verständnis helfen, wenn man sich mit Individuen befaßt. Wir brauchen für jeden Patienten eine andere Sprache. Bei der einen Analyse kann man mich die Sprache Adlers sprechen hören, bei der anderen die von Freud.«[48] Tatsächlich durchläuft ein Patient während einer Therapie oft unterschiedliche Phasen, von denen jede durch unterschiedliche Symptome und ein unterschiedliches Identitätsgefühl gekennzeichnet ist. Hat die therapeutische Arbeit auf einer Bewußtseinsebene eine verbesserte Integration erreicht, kann die betreffende Person sich spontan auf einer anderen Ebene wiederfinden. Der neue Rahmen wird es in solchen Fällen viel leichter machen, ein ganzes Spektrum von Therapien anzuwenden, in dem Maße, in dem der Klient sich durch das Spektrum des Bewußtseins bewegt.

Auf der Ebene des Ego, der psychodynamischen Ebene, scheinen krankhafte Symptome aus einer Unterbrechung der Kommunikation zwischen verschiedenen bewußten und unbewußten Facetten der Psyche zu entstehen. Hauptziel der Therapie auf der Ego-Ebene ist es, diese Facetten zu integrieren, die Spaltung zwischen Ego-Bewußtsein und dem Unbewußten zu überwinden und dadurch ein vollständigeres Identitätsbewußtsein zu erzielen. Zur Deutung der vielfältigen Erfahrungen auf der psychodynamischen Ebene scheint die Freudsche Theorie der ideale Rahmen zu sein. Sie ermöglicht es dem Therapeuten und dem Klienten, die Manifestationen verschiedener psychosexueller dynamischer Vorgänge zu verstehen – Regressionen in die Kindheit, das nochmalige Durchleben psychosexueller Traumata sowie viele andere Phänomene, die eindeutig autobiographischer Natur sind. Das Freudsche Modell beschränkt sich jedoch auf den psychodynamischen Bereich und erweist sich als unangebracht, wenn es um tiefergreifende existentielle und transpersonale Erfahrungen geht. Es kann auch die gesellschaftlichen Ursprünge individueller Probleme nicht anpacken, die oft von entscheidender Bedeutung sind. Der gesellschaftliche Zusammenhang wird durch eine Reihe von Ansätzen hervorgehoben, die nach Wilbers Theorie den biosozialen Bereich des Bewußtseins ansprechen. In gesellschaftlich orientierten Therapien gelten die Probleme und Symptome des Patienten als durch Beziehungsstrukturen zwischen dem einzelnen und anderen Menschen verursacht sowie als Folge seiner Wechselwirkungen mit gesellschaftlichen Gruppen und Institutionen. Diese Methode wird von Transaktionalismus, von Familientherapien und verschiedenen Formen der Gruppentherapie angewendet, wobei zu letzteren auch solche mit ausgesprochen politischer Orientierung gehören.

Während die auf der Ego-Ebene operierenden Therapien darauf abzielen, das Identitätsgefühl des Behandelten durch Integration verschiedener unbewußter Facetten der Psyche auszuweiten, gehen die auf der existentiellen Ebene tätigen Therapien noch einen Schritt weiter. Sie befassen sich mit der Integration von Geist und Körper, mit der Selbstverwirklichung des ganzen menschlichen Wesens als Endziel. Therapeutische Methoden dieser Art sind nicht Psychotherapien im strikten Sinne des Wortes, da sie oft eine Kombination von psychologischen und physischen Techniken einsetzen wie zum Beispiel die Gestalttherapie, die Therapie von Reich und die verschiedenen Körperarbeit-Therapien. Viele regen den ganzen Organismus an, was oft tiefe Erfahrungen in bezug auf Geburt und Tod hervorruft, die beiden überragenden existentiellen Phänomene. Grofs perinatale Matrizen liefern ein umfassendes Begriffssystem für die Deutung existentieller Erfahrungen dieser Art.

Auf transpersonaler Ebene schließlich soll die Therapie den Klienten behilflich sein, ihre transpersonalen Erfahrungen mit ihren gewöhnlichen Bewußtseinsformen im Prozeß inneren Wachstums und spiritueller Entwicklung zu integrieren. Zu den Denkmodellen, die sich mit dem transpersonalen Bereich beschäftigen, gehören Jungs analytische Psychologie, Maslows Seins-Psychologie und Assagiolis Psychosynthese. In der Tiefe des transpersonalen Bewußtseinsbereichs, dem des Kosmischen Bewußtseins, verschmilzt das Ziel der transpersonalen Therapie mit dem der spirituellen Praxis.

Der Gedanke, daß der menschliche Organismus die eingeborene Tendenz hat, sich selbst zu heilen und fortzuentwickeln, steht im Mittelpunkt der Psychotherapie wie jeder anderen Therapie. Der Therapeut, der mit dem Systemansatz arbeitet, will zunächst den Heilungsprozeß in Gang bringen, indem er dem Klienten hilft, einen Zustand zu erreichen, in dem die heilenden Kräfte aktiv werden. Praktisch alle neuen Psychotherapieschulen scheinen diese Auffassung von einem besonderen Heilungszustand zu teilen. Einige nennen ihn ein Resonanzphänomen, andere sprechen von einer Aufladung des Organismus mit Energie; die meisten Therapeuten sind sich jedoch darin einig, daß es praktisch unmöglich ist, genau zu beschreiben, was in diesen entscheidenden Augenblicken geschieht. So meint Laing: »Wie jeder Patient oder Therapeut aus Erfahrung weiß, sind die wirklich entscheidenden Augenblicke der Therapie unvorhersehbar, einzigartig, unvergeßlich, stets unwiederholbar und oft unbeschreibbar.«[49]

Bei psychischen Erkrankungen ergeben sich häufig ganz spontan ungewöhnliche Erfahrungen. In solchen Fällen bedarf es keiner speziellen Methoden, um den Heilungsprozeß in Gang zu bringen; vielmehr besteht der beste therapeutische Weg darin, eine freundliche und allgemein förderliche Umwelt zu schaffen, in der sich diese Erfahrungen frei entfalten können. Das ist mit Schizophrenen in therapeutischen Gemeinschaften erfolgreich praktiziert worden, etwa von Laing in England und von John Perry in Kalifornien.[50] Therapeuten, die diesen Weg beschreiten, haben oft festgestellt, daß die dramatischen Erfahrungen, die Teil des Heilungsvorganges sind, sich in einer geordneten Folge von Ereignissen entfalten, die als eine Reise durch die innere Welt des Schizophrenen gedeutet werden können. Bateson hat diese Situation folgendermaßen beschrieben:

> Es hat den Anschein, als habe der in eine psychische Erkrankung hineingestürzte Patient einen bestimmten Weg zu durchlaufen. Es ist, als sei er auf eine Entdeckungsreise gegangen, die erst mit seiner Rückkehr in die normale Welt ihr Ende findet. Er kehrt in diese Welt mit Einsichten zurück, die sich von denen jener Personen unterscheiden, die niemals eine solche Reise zu bestehen hatten. Einmal begonnen, scheint eine schizophrene Episode einen ebenso definitiven Lauf zu nehmen wie eine Initiationszeremonie.[51]

Es wurde schon oft darauf hingewiesen, daß unsere heutigen Nervenheilanstalten wenig dafür geeignet sind, mit psychotischen Reisen dieser Art umzugehen. Was wir statt dessen brauchen, wäre nach Ansicht von

Laing »eine Initiationszeremonie, die den Betroffenen mit voller gesellschaftlicher Unterstützung und Sanktionierung in den inneren Raum und die innere Zeit geleitet, durch Menschen, die dort gewesen und von dort zurückgekehrt sind.«[52]

In vielen Fällen psychischer Erkrankung ist der Widerstand gegen jeden Wandel so stark, daß es sich als notwendig erweist, bestimmte Methoden anzuwenden, um den Organismus zu stimulieren – eine Art von Katalysator ins Spiel zu bringen, der den Heilungsvorgang in Gang setzt. Solche Katalysatoren können pharmakologischer Art sein, aber auch physische oder psychologische Methoden. Einer der bedeutendsten Katalysatoren wird stets die Persönlichkeit des Therapeuten sein. Sobald der therapeutische Prozeß in Gang gebracht ist, besteht die Rolle des Therapeuten darin, das Aufsteigen von Erfahrungen zu erleichtern und dem Klienten bei der Überwindung von Hindernissen zu helfen. Die volle Entfaltung solcher Erfahrungsstrukturen kann für den Klienten wie den Therapeuten äußerst dramatisch und geradezu bedrohlich sein, doch glauben die Urheber dieser erfahrungsorientierten Methode, man sollte den therapeutischen Prozeß fördern und unterstützen ohne Rücksicht darauf, welche Form und Intensität er annimmt. Sie begründen diese Haltung mit der Ansicht, die Symptome psychischer Erkrankung stellten gewissermaßen eingefrorene Elemente einer Erfahrungsstruktur dar, die vervollständigt und integriert werden muß, wenn die Symptome verschwinden sollen. Statt die Symptome mit psychoaktiven Medikamenten zu unterdrücken, aktivieren und verstärken die neuen Therapien sie, um dadurch ihre volle Erfahrung, bewußte Integration und schließliche Auflösung in Gang zu bringen.

In letzter Zeit wurden zahlreiche neue therapeutische Methoden entwickelt, um blockierte Energie freizusetzen und Symptome in Erfahrungen umzuwandeln. Im Gegensatz zu den konventionellen Methoden, bei denen vor allem das Gespräch zwischen dem Therapeuten und dem Klienten im Mittelpunkt stand, ermutigen die neuen Therapien den nichtverbalen Ausdruck und betonen die unmittelbare Erfahrung, die den ganzen Organismus einbezieht. Daher werden sie oft auch als Selbsterfahrungs-Therapien bezeichnet. Die elementare Natur und Intensität der den auftretenden Symptomen zugrundeliegenden Erfahrungsstrukturen haben die meisten Praktiker der neuen Therapien davon überzeugt, daß die Aussichten, das psychosomatische System allein durch verbale Methoden spürbar zu beeinflussen, sehr gering sind. Deshalb legt man jetzt großen Wert auf therapeutische Methoden, die psychologische und physische Techniken verbinden.

Viele Therapeuten sind der Ansicht, eines der bedeutsamsten Geschehen in der Psychotherapie sei eine gewisse Resonanz zwischen dem Unbewußten des Klienten und dem des Therapeuten. Sie ist dann am kraftvollsten, wenn Therapeut und Klient willens sind, ihre Rollen, Masken, Abwehrhaltungen und sonstigen zwischen ihnen stehenden Hindernisse fallen zu lassen, so daß die therapeutische Begegnung, wie Laing es ausgedrückt hat, »eine authentische Begegnung zwischen zwei menschlichen Wesen wird«.[53] Jung war vielleicht der erste, der die Psychotherapie in diesem Sinne auffaßte. Mit Nachdruck hob er die wechselseitige Beeinflussung zwischen dem Therapeuten und dem Klienten hervor und verglich ihre Beziehung mit einer alchemistischen Symbiose. In neuerer Zeit hat Carl Rogers die Notwendigkeit betont, eine besonders unterstützende Atmosphäre zu schaffen, um die Erfahrung und das Selbstverwirklichungspotential des Klienten zu fördern. Rogers meint, der Therapeut solle den Klienten in einem Zustand äußerster Wachsamkeit begleiten, ganz auf die Erfahrungen des Klienten konzentriert und alle mit Worten oder wortlos ausgedrückten Erfahrungen aus einer Haltung der Sympathie und bedingungslosen positiven Anerkennung widerspiegelnd.

Eine der verbreitetsten unter den neuen Erfahrungstherapien ist die von Fritz Perls entwickelte Gestalttherapie.[54] Mit der Gestaltpsychologie teilt sie die grundlegende Auffassung, daß der Mensch die Dinge nicht als zusammenhanglose und isolierte Elemente wahrnimmt, sondern sie während des Wahrnehmungsvorganges in ein sinnvolles Ganzes einordnet. Dementsprechend ist die Gestalttherapie ausgesprochen ganzheitlich orientiert; sie betont die allen Individuen innewohnende Tendenz, ihre Erfahrungen zu integrieren und sich selbst in Harmonie mit der Umwelt zu verwirklichen. Symptome psychischer Erkrankung stellen blockierte Erfahrungselemente dar; Ziel der Therapie ist es, den Vorgang der persönlichen Integration dadurch zu erleichtern, daß man dem Klienten hilft, die Erfahrungs-Gestalt zu vervollständigen.

Um die blockierten Erfahrungen des Klienten wieder freizusetzen, lenkt der Gestalttherapeut die Aufmerksamkeit auf verschiedene Kommunikationsstrukturen, auf zwischenmenschliche wie auf innere, mit dem Ziel, die Bewußtheit des Klienten in bezug auf die subtilen, mit diesen Strukturen zusammenhängenden physischen und gefühlsmäßigen Prozesse zu vergrößern. Diese Schärfung der Bewußtheit soll den besonderen Zustand herbeiführen, in dem die Erfahrungsstrukturen fließend werden und der Organismus mit dem Prozeß der Selbstheilung und Integration beginnt. Der Nachdruck liegt hier nicht auf der Deutung der Probleme oder dem Umgang mit vergangenen Geschehnissen, sondern auf der Erfahrung von Konflikten und Traumata im gegenwärtigen Moment. Die dazugehörige individuelle Arbeit wird oft innerhalb einer Gruppe durchgeführt, und viele Gestalttherapeuten kombinieren auch noch psychologische Methoden mit irgendeiner Form von Körperarbeit. Diese auf mehreren Ebenen gleichzeitig ansetzende Methode scheint tiefe existentielle und gelegentlich sogar transpersonale Erfahrungen zu fördern.

Die kraftvollste Methode zur Aktivierung von Erfahrungen auf allen Ebenen des Unbewußten und, historisch gesehen, eine der ältesten Formen von Selbsterfahrungs-Therapie ist die therapeutische Anwendung von psychedelischen Drogen. Die grundlegenden Prinzipien und praktischen Aspekte der psychedelischen Therapie hat Stanislav Grof in allen Einzelheiten dargelegt,[55] und zwar schon im Hinblick auf mögliche künftige Anwendungen, sobald die durch den weitverbreiteten Mißbrauch von LSD verursachten gesetzlichen Einschränkungen wieder gelockert werden. Außerdem können auch einige von Neoreichianern entwickelte Methoden benutzt werden, um dem Organismus mittels physischer Einwirkungen auf ähnliche Weise Energie zuzuführen.

Grof selbst und seine Frau Christina haben Hyperventilation, eindringliche Musik und Körperarbeit in eine therapeutische Methode integriert, die nach einer verhältnismäßig kurzen Periode schnellen und tiefen Atmens erstaunlich intensive Erfahrungen hervorrufen kann.[56] Das Grundprinzip ist, den Klienten zu ermuntern, sich auf die Atmung und sonstige physische Vorgänge innerhalb des Körpers zu konzentrieren und die intellektuelle Analyse so weit wie möglich auszuschalten, während er sich Wahrnehmungen und Gefühlen hingibt. In den meisten Fällen führen schon Atmung und Musik allein zur erfolgreichen Lösung der jeweils auftretenden Probleme. Sollte noch irgendein Rest verbleiben, wird dieser durch konzentrierte Körperarbeit abgebaut. Der Therapeut versucht, das Aufkommen von Erfahrungen zu erleichtern, indem er die auftretenden Symptome und Empfindungen verstärkt und dabei mitwirkt, angemessene Formen des Ausdrucks dafür zu finden – entweder durch Töne, Bewegungen, Körperstellungen oder sonstige nichtverbale Techniken. Nachdem er jahrelang mit dieser Methode experimentiert hat, ist Grof davon überzeugt, daß sie einen der vielversprechendsten Wege der Psychotherapie und Selbsterforschung darstellt.

Eine andere, im wesentlichen auf dem Ansatz von Reich aufbauende Form der Selbsterfahrungs-Therapie ist die von Arthur Janov entwikkelte Primärtherapie.[57] Sie beruht auf dem Gedanken, daß Neurosen symbolische Verhaltensstrukturen sind, mit denen sich die betreffende Person gegen übermäßiges Leid wehrt, das mit Traumata der Kindheit assoziiert ist. Zweck dieser Therapie ist es, diese Abwehrhaltung zu überwinden und die Urschmerzen aufzuarbeiten, indem man die Geschehnisse, die einst den Schmerz herbeiführten, in der Erinnerung noch einmal durchlebt und den Schmerz dabei voll durchleidet. Die Hauptmethode zur Herbeiführung dieser Erfahrungen ist der »Urschrei«, ein unfreiwilliger, tiefer, röchelnder Ton, der in verdichteter Form die Reaktion des Betreffenden auf vergangene Traumata darstellt. Janov will durch wiederholte Sitzungen unter Anwendung des Urschreis übereinanderliegende Schichten blockierter Schmerzen nach und nach beseitigen.

Obgleich Janovs anfänglich begeisterte Erklärungen über die Wirksamkeit dieser Methode den Test über eine längere Zeitspanne hinweg nicht bestanden haben, stellt die Primärtherapie doch einen sehr kraftvollen erfahrungsorientierten Ansatz dar. Leider ist Janovs begriffliches System nicht umfassend genug, um auch auf die transpersonalen Erfahrungen anwendbar zu sein, die seine Technik leicht auslösen kann. Aus diesem Grunde haben sich in jüngster Zeit einige Primärtherapeuten von Janov losgesagt und alternative Schulen begründet, die zwar Janovs Technik weiter verwenden, aber doch nach einem aufgeschlosseneren theoretischen Rahmen suchen.

Moderne Psychotherapeuten sind zweifellos weit über das biomedizinische Modell hinausgegangen, aus dem sich die Psychotherapie einst entwickelte. Der therapeutische Prozeß wird nicht mehr als eine Behandlung einer Krankheit angesehen, sondern als ein Abenteuer der Selbsterforschung. Der Therapeut spielt nicht eine beherrschende Rolle, sondern ist dazu da, ein Geschehen zu erleichtern, bei dem der Klient die Hauptperson ist und die volle Verantwortung trägt. Der Therapeut schafft eine Umwelt, die der Selbsterforschung dienlich ist, und wirkt als eine Art Führer, während dieser Vorgang sich entfaltet. Um diese Rolle spielen zu können, brauchen die Therapeuten ganz andere Eigenschaften als die in der konventionellen Psychiatrie erforderlichen.

Zwar kann eine medizinische Ausbildung nützlich sein, sie reicht jedoch keineswegs aus; und selbst die Kenntnis besonderer therapeutischer Techniken ist nicht ausschlaggebend, da sie in verhältnismäßig kurzer Zeit erworben werden kann. Die wirklich entscheidenden Attribute eines guten Therapeuten sind solche persönlichen Eigenschaften wie menschliche Wärme und Aufrichtigkeit, die Fähigkeit zum Zuhören und Mitfühlen sowie die Bereitschaft, an den starken Erlebnissen eines anderen teilzunehmen. Außerdem kommt es ganz besonders auf den eigenen Stand der Selbstverwirklichung des Therapeuten an und auf dessen Erfahrung des vollen Spektrums des Bewußtseins.

Zur grundlegenden Strategie der neuen Selbsterfahrungs-Psychotherapie und zur Erreichung der besten therapeutischen Ergebnisse gehört, daß Therapeut wie Klient sich so weit wie möglich ihres eigenen Vorstellungsrahmens, ihrer Vorwegnahmen und Erwartungen während des Selbsterfahrungs-Prozesses entledigen. Beide sollten offen und abenteuerlustig sein, bereit, sich dem Fluß der Erfahrungen im tiefen Vertrauen darauf anzuvertrauen, daß der Organismus seinen eigenen Weg zur Selbstheilung und Fortentwicklung finden wird. Die Erfahrung hat gezeigt, daß Therapeut und Klient mit außerordentlichen therapeutischen Erfolgen belohnt werden, wenn der Therapeut gewillt ist, eine solche Heilungsreise zu ermutigen und zu unterstützen, selbst wenn er sie nicht ganz versteht, und wenn der Klient sich darauf einläßt, in unbekanntes Territorium vorzustoßen.[58] Sobald die Erfahrung abgeschlossen ist, mögen beide den Versuch machen, das Geschehene zu analysieren, wenn ihnen danach ist; sie sollten sich jedoch dessen bewußt sein, daß eine solche Analyse und Abstraktion geringe therapeutische Bedeutung hat, selbst wenn sie intellektuell anregend ist. Im allgemeinen haben die Therapeuten festgestellt, daß, je vollständiger eine Erfahrung war, desto weniger Analyse und Interpretation gefordert ist. Eine vollständige Erfahrungsstruktur oder Gestalt ist für die Person, die sie hervorbringt, normalerweise selbstverständlich und aus sich heraus gültig. Deshalb wird im Idealfall die einer therapeutischen Sitzung folgende Unterhaltung die Form eines frohen Meinungsaustausches annehmen, statt eines schmerzlichen Ringens um das Verstehen dessen, was geschehen ist.

Wenn sie sich weit in die existentiellen und transpersonalen Bereiche des menschlichen Bewußtseins wagen, müssen Psychotherapeuten darauf gefaßt sein, auf Erfahrungen zu stoßen, die so ungewöhnlich sind, daß sie sich jeder vernünftigen Erklärung entziehen.[59] Erfahrungen derart ungewöhnlicher Art sind verhältnismäßig selten, aber schon mildere Formen existentieller und transpersonaler Erfahrungen stellen oft das Gedankengebäude von Psychotherapeut und Klient in Frage, so daß intellektueller Widerstand gegen die aufkommenden Erfahrungen den Heilungsprozeß behindern können. Das Festhalten an einer mechanistischen Auffassung von der Wirklichkeit, eine lineare Vorstellung von der Zeit, aber auch ein zu eng gefaßter Begriff von Ursache und Wirkung können zu einem kraftvollen Mechanismus der Abwehr gegen das Aufkommen transpersonaler Erfahrungen werden und damit dem Heilungsprozeß entgegenwirken. Grof hat darauf hingewiesen, daß das allerletzte Hindernis für Selbsterfahrungs-Therapien nicht mehr gefühlsmäßiger oder physischer Art ist, sondern die Form einer Erkenntnisbarriere annimmt.[60] Wer sich in der Praxis mit Selbsterfahrungs-Psychotherapien befaßt, wird deshalb erfolgreicher sein, wenn er mit dem neuen Paradigma vertraut ist, das langsam im Bereich der modernen Physik, der Systembiologie und der Transpersonalen Psychologie heranwächst, so daß er seinen Klienten nicht nur starke Anreize für ihre Erfahrung, sondern auch die entsprechende Ausweitung des Erkennens vermitteln kann.

12. Der Übergang ins Solarzeitalter

Das Systembild des Lebens ist nicht nur für die Verhaltenswissenschaften und die Wissenschaften vom Leben eine angemessene Grundlage, sondern auch für die Sozialwissenschaften und besonders für die Wirtschaftswissenschaft. Es ist heute dringlich, ökonomische Vorgänge und Aktivitäten aus der Sicht der Systemtheorie zu beschreiben, weil praktisch alle heutigen wirtschaftlichen Probleme Systemprobleme sind, die sich mit der kartesianischen Wissenschaft nicht mehr erklären lassen.

Den konventionellen Wirtschaftswissenschaftlern, seien sie Neoklassiker, Marxisten, Keynesianer oder Nach-Keynesianer, fehlt im allgemeinen eine ökologische Perspektive. Sie neigen dazu, die Volkswirtschaft aus dem ökologischen Gewebe zu lösen, in das sie eingebettet ist, und sie mittels vereinfachter und höchst unrealistischer theoretischer Modelle zu beschreiben. Die meisten ihrer Grundbegriffe, eng gefaßt und ohne den dazugehörigen ökologischen Zusammenhang angewendet, reichen nicht mehr aus, um ökonomische Aktivitäten in einer fundamental ineinandergreifenden Welt zu beschreiben.

Die Lage wird noch dadurch erschwert, daß die meisten Wirtschaftswissenschaftler es in fehlgeleitetem Streben nach wissenschaftlicher Genauigkeit vermeiden, das Wertsystem ausdrücklich zu benennen, auf dem ihre Modelle beruhen. Damit akzeptieren sie stillschweigend die höchst unausgeglichenen Wertvorstellungen, die unsere Kultur beherrschen und sich in unseren gesellschaftlichen Institutionen eingenistet haben. Diese Wertvorstellungen haben zu einer Überbewertung der harten Technologie geführt, zu einer Wegwerfgesellschaft und schneller Ausbeutung unserer Bodenschätze, dies alles motiviert durch die fortdauernde Besessenheit vom Wachstum. Die meisten Wirtschaftswissenschaftler betrachten immer noch undifferenziertes wirtschaftliches, technologisches und institutionelles Wachstum als Zeichen einer »gesunden« Wirtschaft, obwohl es uns heute ökologische Katastrophen, weitverbreitetes Wirtschaftsverbrechen, sozialen Verfall und zunehmende Wahrscheinlichkeit eines nuklearen Krieges beschert.

Paradoxerweise sind Wirtschaftswissenschaftler trotz ihres Beharrens auf Wachstum im allgemeinen nicht in der Lage, sich ein dynamisches Weltbild zu eigen zu machen. Sie neigen dazu, die Volkswirtschaft willkürlich in ihrer gegenwärtigen institutionellen Struktur einzufrieren, statt sie als ein sich ständig änderndes und fortentwickelndes System zu sehen, das von den sich wandelnden ökologischen und sozialen Systemen abhängig ist, in die es eingebettet ist. Die heutigen Wirtschaftstheorien verewigen vergangene Strukturen von Macht und ungleicher Verteilung des Wohlstandes, und zwar sowohl innerhalb der nationalen Volkswirtschaften als auch zwischen den Industrie- und den Entwicklungsländern. Die globale und nationale Szene wird von Riesenunternehmen beherrscht, deren wirtschaftliche und politische Macht praktisch jede einzelne Facette unseres öffentlichen Lebens durchdringt, während einige Wirtschaftswissenschaftler immer noch zu glauben scheinen, die von Adam Smith geforderten freien Märkte und der vollkommene Wettbewerb existierten wirklich. Viele dieser gigantischen Unternehmen sind inzwischen zu veralteten Institutionen geworden, die umweltfeindliche und gesellschaftszersetzende Technologien hervorbringen und Kapital, Energie und Bodenschätze wichtigeren Zwecken entziehen, unfähig, sich den gewandelten Erfordernissen unserer Zeit anzupassen.

Das Systembild der Wirtschaft jedoch wird es möglich machen, etwas Ordnung in das augenblickliche begriffliche Chaos zu bringen, indem es den Wirtschaftswissenschaftlern die dringend benötigte ökologische Perspektive vermittelt. Nach dem Systembild ist auch die Volkswirtschaft ein lebendes System aus Menschen und gesellschaftlichen Organisationen, die in ständiger Wechselwirkung miteinander stehen sowie mit den umgebenden Ökosystemen, von denen unser Leben abhängt. Wie die individuellen Organismen sind auch die Ökosysteme sich selbst organisierende und sich selbst regulierende Systeme, in denen Tiere, Pflanzen, Mikroorganismen und unbelebte Substanzen durch ein komplexes Gewebe wechselseitiger Abhängigkeiten miteinander verbunden sind, wozu auch der Austausch von Materie und Energie in kontinuierlichen Zyklen gehört. Lineare Zusammenhänge von Ursache und Wirkung existieren in diesen Ökosystemen nur sehr selten, und lineare

Modelle sind auch nicht sehr nützlich, um die funktionalen Wechselwirkungen zwischen den eingebetteten gesellschaftlichen und ökonomischen Systemen und ihren Technologien zu beschreiben. Die Erkenntnis der nichtlinearen Natur aller Systemdynamik ist der Kern jedes ökologischen Bewußtseins, das Kernstück der »Systemweisheit«, wie Bateson sie genannt hat.[1] Diese Art von Weisheit ist charakteristisch für traditionelle, nicht auf schriftlicher Überlieferung beruhende Kulturen, wurde jedoch von unserer überrationalen und mechanisierten Gesellschaft auf betrübliche Weise vernachlässigt.

Systemweisheit beruht auf der tiefen Achtung vor der Weisheit der Natur, die sich in völliger Übereinstimmung mit den Einsichten der modernen Ökologie befindet. Unsere natürliche Umwelt besteht aus Ökosystemen, bewohnt von zahllosen Organismen, die sich gemeinsam im Laufe von Milliarden von Jahren unter fortlaufender Nutzung und Wiederverwendung derselben Moleküle von Boden, Wasser und Luft entwickelt haben. Die Organisationsprinzipien dieser Ökosysteme sind den auf neueren Erfindungen und sehr oft kurzfristigen linearen Projektionen beruhenden menschlichen Technologien überlegen. Die Achtung vor der Weisheit der Natur wird noch durch die Einsicht verstärkt, daß die Dynamik der Selbstorganisation in den Ökosystemen im Grunde dieselbe ist wie die der menschlichen Organismen, was uns zu der Erkenntnis zwingt, daß unsere natürliche Umwelt nicht nur lebendig, sondern auch intelligent ist. Im Gegensatz zu vielen menschlichen Institutionen manifestiert sich diese Intelligenz der Ökosysteme in der allesdurchdringenden Tendenz, kooperative Beziehungen zu schaffen, welche die harmonische Integration der Systemkomponenten auf allen Organisationsebenen erleichtern.

Die nichtlineare innere Verbundenheit aller lebenden Systeme legt uns sofort zwei bedeutsame Regeln für das Management sozialer und ökonomischer Systeme nahe. Erstens: Es gibt für jede Struktur, Organisation und Institution eine optimale Größe; versucht man, irgendeine einzelne Variable dieses Systems zu maximieren – etwa Gewinn, Leistungsfähigkeit oder das Bruttosozialprodukt (BSP) –, wird man unausweichlich das umfassendere System zerstören. Zweitens: Je mehr eine Volkswirtschaft auf der fortlaufenden Wiederverwendung ihrer Rohstoffe beruht, desto mehr befindet sie sich in Harmonie mit der sie umgebenden Umwelt. Unser Planet ist heute so dicht bevölkert, daß praktisch alle Wirtschaftssysteme miteinander verwoben und voneinander abhängig sind. Die wichtigsten Probleme von heute sind globale

Probleme. Die lebenswichtigen gesellschaftlichen Entscheidungen, die wir zu treffen haben, sind nicht mehr lokaler Art – Entscheidungen für den Vorrang von Straßen, Schulen oder Krankenhäusern. Auch beeinflussen sie nicht mehr nur einen kleinen Teil der Bevölkerung. Es sind Entscheidungen für oder gegen Prinzipien der Selbstorganisation – Zentralisation oder Dezentralisation, kapitalintensiv oder arbeitsintensiv, harte oder sanfte Technologie –, die das Überleben der Menschheit in ihrer Gesamtheit beeinflussen.

Wer solche Entscheidungen zu treffen hat, sollte bedenken, daß die dynamische Wechselwirkung komplementärer Tendenzen ein weiteres bedeutendes Charakteristikum der selbstorganisierenden Systeme ist. E. F. Schumacher hat einmal bemerkt: »Die Krux des Wirtschaftslebens, und genaugenommen des Lebens im allgemeinen, ist, daß es ständig die lebendige Versöhnung von Gegensätzen erfordert, die nach streng logischen Grundsätzen eigentlich unvereinbar sind.«[2] Die globale innere Verbundenheit unserer Probleme und die Vorzüge kleiner, dezentralisierter Unternehmen stellen ein solches Paar komplementärer Gegensätze dar. Die Notwendigkeit, die beiden ins Gleichgewicht zu bringen, hat beredten Ausdruck in der Redewendung gefunden: »Denke global – handle lokal!«

Der System-Ansatz erleichtert auch die Erkenntnis, daß die Dynamik einer Volkswirtschaft so wie die aller anderen lebenden Systeme von Fluktuationen beherrscht wird. In der Tat hat man in neuerer Zeit mehrere zyklische Wirtschaftsstrukturen mit unterschiedlicher Periodik beobachtet und analysiert, zusätzlich zu den von Keynes analysierten kurzfristigen Schwankungen. Jay Forrester und seine Systems Dynamic Group haben drei deutlich unterschiedene Zyklen identifiziert: einen Fünf- bis Sieben-Jahre-Zyklus, der von Änderungen der Zinssätze und sonstigen keynesianischen Manipulationen sehr wenig beeinflußt wird und statt dessen die Wechselwirkung zwischen Beschäftigung und Lagerbeständen reflektiert; einen 18-Jahre-Zyklus, der mit dem Investitionsprozeß zusammenhängt; und schließlich einen 50-Jahre-Zyklus, der laut Forrester die stärksten Auswirkungen auf das Verhalten der Volkswirtschaft hat, wenn er auch völlig anders geartet ist, da er die Evolution von Technologien wie beispielsweise Eisenbahnen, Automobilen und Computer widerspiegelt.[3]

Ein weiteres Beispiel für bedeutsame ökonomische Fluktuationen ist der bekannte Zyklus von Wachstum und Zerfall, der fortgesetzte Zusammenbruch und Wiederaufbau von Strukturen unter Wiederverwendung aller Bestandteile. Hazel Henderson beschreibt die Lehre, die man aus diesem grundlegenden Phänomen des Lebens ziehen sollte: »So wie der Zerfall der Blätter vom letzten Jahr den Humus für neues Wachstum im darauffolgenden Frühling liefert, so müssen einige Institutionen verfallen, damit ihre Komponenten Kapital, Grund und Boden sowie menschliche Begabungen zur Schaffung neuer Organisationen verwendet werden können.«[4]

Aus der Sicht der Systemlehre ist die Wirtschaft wie jedes andere lebende System gesund, wenn sie sich in einem Zustand dynamischen Gleichgewichts befindet, der durch fortgesetzte Fluktuationen seiner Variablen charakterisiert ist. Um ein derart gesundes Wirtschaftssystem aufzubauen und zu bewahren, kommt es ganz entscheidend darauf an, die ökologische Flexibilität unserer natürlichen Umwelt zu erhalten und darüber hinaus die soziale Flexibilität zu schaffen, die wir brauchen, um uns Umweltveränderungen anpassen zu können. »Soziale Flexibilität ist eine Hilfsquelle so kostbar wie Erdöl«, schreibt Bateson.[5] Außerdem brauchen wir eine viel größere Flexibilität des Denkens, da die wirtschaftlichen Strukturen sich laufend ändern und daher nur innerhalb eines begrifflichen Rahmens richtig beschrieben werden können, der selbst imstande ist, sich zu wandeln und fortzuentwickeln.

Um die Wirtschaft auf angemessene Weise innerhalb ihres gesellschaftlichen und ökologischen Zusammenhanges zu beschreiben, müssen die grundlegenden Begriffe und Variablen der Wirtschaftstheorien in Beziehung gesetzt werden zu denen, mit denen gesellschaftliche und ökologische Systeme beschrieben werden. Eine ausführliche Darstellung der Wirtschaft bedarf also eines multidisziplinären Ansatzes. Sie kann nicht länger den Volkswirten alleine überlassen werden, sondern muß ergänzt werden durch Einsichten aus der Ökologie, Soziologie, Politischen Wissenschaft, Anthropologie, Psychologie und anderen Disziplinen. Wer wirtschaftliche Phänomene erforscht, muß genauso wie jemand aus der öffentlichen Gesundheitsfürsorge in Teams arbeiten, deren Mitarbeiter aus mehreren Disziplinen stammen, muß verschiedene Methoden und Perspektiven anwenden und sich auf verschiedene Systemebenen konzentrieren, um unterschiedliche Aspekte und Auswirkungen wirtschaftlicher Aktivitäten herausstellen zu können. Eine solche multidisziplinäre Methode wirtschaftlicher Analyse ist bereits in einer Reihe von Büchern neueren Datums sichtbar, die von Nicht-Nationalökonomen über Themen geschrieben wurden, die früher ausschließlich in den Bereich der Wirtschaftswissenschaft gehörten. Innovative Beiträge dieser Art lieferten Richard Barnet (Politologe), Barry Commoner (Biologe), Jay Forrester (Systemanalytiker), Hazel Henderson (Futuristin), Frances Moore Lappé (Soziologin), Amory Lovins (Physiker), Howard Odum (Ingenieur) und Theodore Roszak (Historiker), um nur einige zu nennen.[6]

Für Kenneth Boulding, Hazel Henderson und andere bedeutet die Anwendung multidisziplinärer Methoden zur Lösung unserer heutigen wirtschaftlichen Probleme, daß die Wirtschaftslehre nicht länger die vorherrschende Grundlage nationaler Politik sein sollte. Die Wirtschaftswissenschaft wird wahrscheinlich eine angemessene Disziplin für buchhalterische Zwecke und verschiedene Analysen im mikroökonomischen Bereich bleiben, doch reichen ihre Methoden zur Erforschung makroökonomischer Vorgänge nicht mehr aus. Wirtschaftswissenschaftlern wird eine neue Rolle zufallen, nämlich so genau wie möglich die sozialen und umweltbedingten Kosten ökonomischer Aktivitäten zu schätzen – in bezug auf Geld, Gesundheit, Sicherheit –, um sie in die Buchhaltungen privater und öffentlicher Unternehmen einzubauen. Man wird von der Wirtschaftswissenschaft erwarten, daß sie die Zusammenhänge identifiziert zwischen spezifischen Aktivitäten im privaten Sektor der Volkswirtschaft und den durch diese Aktivitäten im öffentlichen Sektor erzeugten sozialen Kosten. Diese neue Art der Buchhaltung würde beispielsweise den Tabakfabrikanten einen angemessenen Teil der medizinischen Kosten auferlegen, die durch Zigarettenrauchen entstehen, oder den Alkoholfabrikanten einen entsprechenden Anteil an den sozialen Kosten des Alkoholismus. An derartigen neuen Wirtschaftsmodellen wird bereits gearbeitet; letzten Endes wird sich daraus eine Neudefinition des Bruttosozialprodukts und anderer damit zusammenhängender Begriffe ergeben. Japanische Nationalökonomen haben tatsächlich schon mit der Neubestimmung ihres BSP begonnen, bei dessen neuem Indikator die sozialen Kosten abgezogen werden.[7]

In Zukunft wird man makroökonomische Strukturen innerhalb eines System-Ansatzes studieren und neue Begriffe und Variablen verwenden müssen. Alle gegenwärtigen Schulen wirtschaftlichen Denkens sind einem großen Irrtum verfallen: Sie beharren darauf, Geld als einzige Variable zum Messen von Produktion und Verteilungsvorgängen zu benutzen. Beim Anwenden dieses einzigen Kriteriums übersehen die Wirtschaftswissenschaftler die bedeutsame Tatsache, daß die meisten wirtschaftlichen Aktivitäten in der Welt aus informeller Nutzwertproduktion, Austauschsystemen und wechselseitigen Abmachungen zur Teilhabe an Waren und Dienstleistungen bestehen – alles Geschehnisse, die außerhalb der Geldwirtschaft ablaufen.[8] Da eine zunehmende Zahl dieser Aktivitäten in die Geldwirtschaft einbezogen und institutionalisiert wird – Hausarbeit, Kinderbetreuung, Sorge für kranke und alte Menschen –, verkommen die Werte, die es uns erlauben, einander kostenlos Dienste zu leisten. Der gesellschaftliche und kulturelle Zusammenhalt löst sich auf, und es kann nicht gerade überraschen, daß die Volkswirtschaft an »abnehmender Produktivität« zu leiden beginnt. Dieser Prozeß wird noch dadurch beschleunigt, daß das ganze Konzept des Geldes zunehmend abstrakter wird und sich von den ökonomischen Realitäten löst. Im heutigen globalen Banken- und Finanzierungssystem können die jeweiligen Geldeinheiten durch die Macht der riesigen Institutionen fast nach Belieben manipuliert werden. Die weitverbreitete Nutzung von Kreditkarten, elektronische Kontenführung und elektronische Transfersysteme für Fonds, sowie andere Ergebnisse der modernen Computer- und Kommunikationstechnologien haben nacheinander Schichten der Komplexität hinzugefügt, die es fast unmöglich machen, den Weg des Geldes bei ökonomischen Transaktionen in der realen Welt noch zu verfolgen.[9]

Im neuen begrifflichen Rahmen wird die für alles industrielle Geschehen so wesentliche Energie eine der wichtigsten Variablen zur Messung wirtschaftlicher Aktivitäten sein. Da Industrieländer mit ähnlichem Lebensstandard wachsende Disparitäten im Energieverbrauch aufweisen, werden sich natürlich Fragen bezüglich ihrer relativen Leistungsfähigkeit zum Umwandeln von Energie ergeben. Der Ingenieur und Umweltforscher Howard Odum hat als erster Energiemodelle aufgestellt, die jetzt von einfallsreichen Wissenschaftlern verschiedener Disziplinen in vielen Ländern aufgegriffen werden.[10] Trotz vieler ungelöster Probleme und Unterschiede in der Methodik wird die graphische Darstellung des Energieflusses zu einer zuverlässigeren Methode für makroökonomische Analysen werden, als die konventionellen monetären Methoden es sind.

Das Messen der Leistungsfähigkeit von Produktionsverfahren nach Netto-Energieeinheiten, das jetzt weithin akzeptiert wird, bezieht auch die Entropie – eine mit der Verflüchtigung von Energie zusammenhängende Quantität[11] – als eine weitere bedeutsame Variable in die Analyse ökonomischer Phänomene ein. Der Entropiebegriff wurde von Nicholas Georgescu-Roegen in die Wirtschaftstheorie eingeführt, dessen

Werke man als die erste umfassende Neuformulierung der Wirtschaftswissenschaft seit Marx und Keynes bezeichnet hat.[12] Nach Georgescu-Roegen ist die Dissipation von Energie, wie sie im Zweiten Hauptsatz der Thermodynamik beschrieben wird, nicht nur von Bedeutung für die Leistung von Dampfmaschinen, sondern auch für das Funktionieren der Volkswirtschaft. So wie die thermodynamische Leistung von Maschinen durch Reibung und andere Formen der Energieverflüchtigung begrenzt wird, so pflegen auch die Produktionsprozesse in Industriegesellschaften unvermeidlich soziale Reibungen zu erzeugen und einen Teil der Energie und der Hilfsquellen der Wirtschaft in unproduktive Aktivitäten zu verstreuen.

Henderson hat darauf hingewiesen, daß die Verflüchtigung von Energie in vielen der heutigen fortgeschrittenen Industriegesellschaften solche Ausmaße angenommen hat, daß die Kosten der unproduktiven Aktivitäten – Unterhaltung komplexer Technologien, Management riesiger Bürokratien, Vermittlung bei Konflikten, Eindämmung von Verbrechen, Schutz des Verbrauchers und der Umwelt – einen stetig wachsenden Anteil des BSP beanspruchen und damit die Inflation immer weiter in die Höhe treiben. Für das Stadium wirtschaftlicher Entwicklung, in dem die Kosten bürokratischer Koordination und der Unterhaltung des gesamten Apparates die produktiven Fähigkeiten der Gesellschaft übersteigen und das ganze System sich durch sein eigenes Gewicht und seine Komplexität selbst lähmt, hat Henderson den Ausdruck »Entropiestadium« geprägt.[13] Wollen wir eine solche trübe Zukunft vermeiden, dürfen wir wirtschaftliche Aktivitäten und Technologien nicht länger nach eng begrenzten Begriffen wirtschaftlicher, sondern müssen sie in Begriffen thermodynamischer Leistung beurteilen, was zu einem radikalen Wandel der Prioritäten führen wird. So läßt beispielsweise eine wirtschaftliche Analyse in Begriffen der Energie und Entropie deutlich erkennen, daß unsere gegenwärtigen Rüstungsausgaben die energieintensivsten und verschwenderischsten Aktivitäten stützen, deren Menschen fähig sind, da sie riesige Mengen von gespeicherter Energie und von Rohstoffen unmittelbar in Abfall und Zerstörung umwandeln sollen, ohne daß damit irgendwelche menschlichen Bedürfnisse befriedigt werden.

Wie die Begriffe Leistungsfähigkeit und BSP müssen auch Produktivität und Gewinn innerhalb eines umfassenden ökologischen Zusammenhanges neu definiert und in Zusammenhang mit den beiden grundlegenden Variablen Energie und Entropie gebracht werden. Dabei sollte man jedoch im Auge behalten, daß der Begriff der Entropie zwar als Variable in einer ökonomischen Analyse äußerst wertvoll ist, andererseits aber der Rahmen der klassischen Thermodynamik, aus dem er stammt, recht begrenzt ist. Dieser Begriff ist insbesondere nicht angebracht, um lebende, sich selbst organisierende Systeme zu beschreiben – seien es individuelle Organismen, gesellschaftliche oder Ökosysteme. Für diese liefert die Theorie von Prigogine eine weitaus angemessenere Beschreibung.[14] Neuere ökonomische Analysen unter Einbeziehung der Entropie haben den Zweiten Hauptsatz manchmal irrtümlicherweise für ein absolutes Naturgesetz gehalten.[15] Sie sollten so modifiziert werden, daß sie mit der neuen Theorie der Selbstorganisation übereinstimmen. Beispielsweise muß der Begriff technologischer und organisatorischer Komplexität verfeinert und in Beziehung zum dynamischen Zustand des in Frage kommenden Systems gebracht werden. Nach Erich Jantsch ist die Komplexität eines Systems nur beschränkt, wenn das System starr, unflexibel und von seiner Umwelt isoliert ist.[16] In dauernder Wechselwirkung mit ihrer Umwelt stehende und sich selbst organisierende Systeme sind in der Lage, ihre Komplexität unerhört zu steigern, indem sie ihre strukturelle Stabilität zugunsten von Flexibilität und uneingegrenzter Evolution aufgeben. Daher wird die Leistungsfähigkeit unserer Technologien und gesellschaftlichen Institutionen nicht nur von ihrer Komplexität abhängen, sondern auch von ihrer Flexibilität und ihrem Wandlungspotential.

Machen wir uns eine ökologische Perspektive zu eigen und verwenden wir angemessene Begriffe zur Analyse wirtschaftlicher Vorgänge, dann ergibt sich sehr deutlich, daß unsere Wirtschaft, unsere gesellschaftlichen Institutionen und unsere natürliche Umwelt ernstlich aus dem Gleichgewicht geraten sind. Unsere Besessenheit von Wachstum und Expansion hat uns dazu verleitet, zu viele Variablen für lange Perioden zu maximieren – das BSP, Gewinne, die Größe von Städten und gesellschaftlichen Einrichtungen und andere Variablen –, was einen allgemeinen Verlust an Flexibilität zur Folge hatte. Wie bei individuellen Organismen lassen sich ein solches Ungleichgewicht und der Mangel an Flexibilität als Streß bezeichnen, und die verschiedenen Aspekte unserer Krise kann man auch als multiple Symptome dieses gesellschaftlichen und ökonomischen Stresses ansehen. Um ein gesundes Gleichgewicht wiederherzustellen, müssen wir die Variablen, die wir überbeansprucht haben, auf wirklich manipulierbare Größen zurückführen. Neben anderen Maßnahmen müssen wir zu diesem Zweck unsere Bevölkerungen und industriellen Aktivitäten dezentralisieren und unsere riesigen Unternehmen und anderen gesellschaftlichen Institutionen entflechten; wir müssen den Wohlstand neu verteilen und flexible, rohstoffkonservierende Technologien schaffen. Wie in jedem sich selbst organisierenden System läßt sich die Wiederherstellung von Gleichgewicht und Flexibilität oft durch Selbst-Transzendenz erreichen – indem man durch einen Zustand der Instabilität oder Krise zu neuen Organisationsformen vorstößt.

Undifferenziertes Wachstum geht oft einher mit Aufsplitterung der Aktivitäten, mit Verwirrung und einem weitverbreiteten Zusammenbruch jeder Kommunikation. Das sind dieselben Phänomene wie beim Krebs auf der Ebene der Körperzellen, und der Ausdruck »wachsen wie ein Krebsgeschwür« trifft für das exzessive Wachstum unserer Großstädte, Technologien und gesellschaftlichen Institutionen genau zu. Wegen des ständigen Zusammenwirkens zwischen Individuen und ihrer natürlichen Umwelt sind die Folgen dieses krebsähnlichen Wachstums für den einzelnen Menschen wie für die Wirtschaft und das Ökosystem ungesund. Die Wiederherstellung des gesellschaftlichen und ökologischen Gleichgewichts wird auch zur Verbesserung der individuellen Gesundheit beitragen. Roszak hat die gegenseitige Abhängigkeit des Wohlergehens von individuellen Systemen und dem planetarischen Ökosystem folgendermaßen zusammengefaßt: »Die Bedürfnisse des Planeten sind auch die Bedürfnisse der einzelnen Person . . ., die Rechte der einzelnen Person sind auch die Rechte des Planeten.«[17]

Die Wiederherstellung des Gleichgewichts und der Flexibilität in unseren Volkswirtschaften, Technologien und gesellschaftlichen Institutionen wird nur möglich sein, wenn sie mit einem tiefgreifenden Wandel des Wertsystems einhergeht. Im Gegensatz zu dem, was man allgemein glaubt, sind Wertsysteme und ethische Vorstellungen nicht Randerscheinungen für Naturwissenschaft und Technik, sondern sie bilden deren eigentliche Grundlage und Triebkraft. Daher wird die Verlagerung in Richtung eines ausgeglichenen sozialen und ökonomischen Systems auch eine entsprechende Verlagerung der Wertvorstellungen erfordern – von der Selbstbehauptung und dem Konkurrenzdenken zur Zusammenarbeit und sozialen Gerechtigkeit, von der Expansion zur Bewahrung, vom Erwerb materieller Güter zu innerem Wachstum. Diejenigen, die mit dieser Verlagerung bereits begonnen haben, konnten entdecken, daß sie dadurch nicht eingeengt, sondern im Gegenteil befreit und bereichert werden. Walter Weisskopf schreibt in seinem Buch *Alienation and Economics*, die alles entscheidenden Dimensionen der Knappheit im menschlichen Leben seien nicht wirtschaftlicher, sondern existentieller Art.[18] Sie stehen in Zusammenhang mit unserem Bedürfnis nach Muße und Kontemplation, nach Seelenfrieden, Liebe, Gemeinsamkeit und Selbstverwirklichung – alles Dinge, die durch das neue Wertsystem weitaus besser befriedigt werden.

Da unser gegenwärtiger Zustand des Ungleichgewichts zum großen Teil eine Folge undifferenzierten Wachstums ist, wird die Frage der Größenordnung bei der Neuorganisation unserer wirtschaftlichen und gesellschaftlichen Strukturen eine zentrale Rolle spielen. Das Kriterium der Größe muß in Übereinstimmung mit dem menschlichen Maß gefunden werden. Was im Vergleich mit dem menschlichen Maß zu weiträumig, zu schnell oder zu gedrängt ist, das ist einfach zu groß. Menschen, die mit Strukturen, Organisationen oder Unternehmen von derart unmenschlichen Dimensionen zu tun haben, werden sich unweigerlich bedroht, entfremdet, der eigenen Individualität beraubt fühlen, was ihre Lebensqualität erheblich beeinträchtigen muß. Die bedeutende Rolle der Größenordnung wird sogar aus streng wirtschaftlicher Sicht deutlich, da mehr und mehr Großunternehmen an übermäßiger Zentralisation und der Verwundbarkeit komplexer, miteinander verwobener Technologien leiden. Die von amerikanischen Kraftwerken bei der Erzeugung von Strom und seinem Transport zum Endverbraucher vergeudete Wärme würde mehr als ausreichend sein, jedes einzelne Haus in den Vereinigten Staaten zu heizen.[19] Die steigenden Kosten für den Transport von Gütern quer durch das Land wird es regionalen und lokalen Unternehmen bald ermöglichen, wieder mit nationalen Unternehmen in Konkurrenz zu treten. Gleichzeitig wird die Schaffung dezentralisierter Technologien kleiner Größenordnungen die einzige Lösung für das Problem übermäßiger staatlicher Reglementierung sein, die sich in Amerika zu einer der problematischsten Konsequenzen undifferenzierten Wachstums entwickelt hat.

Während des Prozesses der Dezentralisierung wird man es vielen unserer veralteten, rohstoffintensiven Unternehmen ermöglichen müssen, tiefgreifende Wandlungen durchzumachen oder, in einigen Fällen, aus dem Wirtschaftsleben auszuscheiden. Und wir werden einen neuen rechtlichen Rahmen brauchen, um die Natur von Privatunternehmen und die Verantwortung der Großunternehmen neu zu definieren. Bei allen diesen Erwägungen wird es besonders darauf ankommen, ein

Gleichgewicht herzustellen. Nicht alles muß dezentralisiert werden. Einige der Riesensysteme, etwa das Telefon- und Fernmeldewesen, müssen beibehalten werden; andere, wie etwa das öffentliche Verkehrssystem, bedürfen des Wachstums; doch muß jedes Wachstum qualifiziert sein, und zwischen Wachstum und Verfall muß ein dynamisches Gleichgewicht bewahrt werden, so daß das System als Ganzes flexibel und für jeden Wandel offen bleibt.

Unter den vielen Beispielen für übermäßiges Wachstum stellt das Anwachsen unserer Städte eine der größten Gefahren für das soziale und ökologische Gleichgewicht dar, weshalb »Ent-Urbanisierung«, eine Bevölkerungsbewegung von den Städten zurück aufs Land, zu den ganz entscheidenden Aspekten der Rückkehr zum menschlichen Maß gehören wird. Roszak hat überzeugend argumentiert, daß diese Ent-Urbanisierung gar nicht erst erzwungen werden muß; sie gehört zu den Dingen, die man nur zulassen muß.[20] Meinungsumfragen haben ergeben, daß nur eine kleine Minderheit der Großstadtbewohner dort lebt, weil sie es gerne tut. Die überwältigende Mehrheit würde lieber in kleinen Städten wohnen, in Vorstädten oder auf Bauernhöfen, kann es sich nur nicht leisten. Wir müssen also das weitere Anwachsen der Städte eindämmen und zu diesem Zweck entsprechende wirtschaftliche Anreize, Technologien und Hilfsprogramme schaffen, die denen, die es wünschen, den Übergang vom städtischen zum ländlichen Leben ermöglichen.

Ähnliche Überlegungen gelten für die Dezentralisation der politischen Macht. Während der zweiten Hälfte unseres Jahrhunderts ist zunehmend deutlich geworden, daß der Nationalstaat als wirksame Regierungseinheit nicht mehr arbeitsfähig ist. Er ist zu groß für die Probleme der lokalen Bevölkerungen und zugleich durch Vorstellungen behindert, die für Probleme globaler Verknüpfung zu eng gefaßt sind. Die heutigen stark zentralisierten nationalen Regierungen können weder lokal handeln noch global denken. Daher sind politische Dezentralisation und regionale Entwicklung zu dringenden Bedürfnissen aller großen Länder geworden. Diese Dezentralisation der wirtschaftlichen und politischen Macht muß auch eine Umverteilung von Produktion und Wohlstand einbeziehen, um Nahrungsmittel und Bevölkerungen innerhalb der Staaten sowie zwischen den Industriestaaten und der Dritten Welt in ein besseres Gleichgewicht zu bringen. Schließlich brauchen wir eine neue planetare Ethik und neue Formen der politischen Organisation auf planetarer Ebene, und zwar als Konsequenz der Erkenntnis, daß wir unseren Planeten nicht »managen« können, sondern uns selbst harmonisch in seine multiplen, sich selbst organisierenden Systeme integrieren müssen.

Zu menschlicheren Größenordnungen zurückzufinden, muß nicht eine Rückkehr in die Vergangenheit bedeuten; im Gegenteil, das erfordert die Entwicklung einfallsreicher neuer Formen der Technologie und gesellschaftlicher Organisation. Ein großer Teil unserer konventionellen, rohstoffintensiven und hochzentralisierten Technologie ist heute veraltet. Kernenergie, benzinsaufende Kraftwagen, eine Landwirtschaft, die auf massiver Verwendung von Chemikalien beruht, diagnostische Apparaturen auf Computerbasis und viele andere hochtechnologische Unternehmen sind antiökologisch, inflationär und ungesund. Obgleich diese Technologien sich oft der letzten Entdeckungen in den Bereichen von Elektronik, Chemie und sonstigen Gebieten der modernen Naturwissenschaft bedienen, ist der Rahmen, innerhalb dessen sie entwickelt und angewandt werden, immer noch Teil der kartesianischen Auffassung von der Wirklichkeit. Sie müssen durch neue Formen der Technologie ersetzt werden, die auf ökologischen Grundsätzen beruhen und mit dem neuen Wertsystem übereinstimmen.

Viele dieser alternativen Technologien befinden sich bereits in Entwicklung. Sie sind in der Regel von geringerer Größenordnung und dezentralisiert, stellen sich auf lokale Verhältnisse ein und sind so entworfen, daß sie die Selbstversorgung verstärken und damit ein maximales Maß an Flexibilität bieten. Man nennt sie oft »sanfte« Technologien, weil ihre Einwirkung auf die Umwelt durch die Verwendung erneuerbarer Rohstoffe und ständige Wiederverwendung des Materials erheblich verringert wird. Typische Beispiele solcher sanften Technologien sind Kollektoren für Sonnenenergie, Windgeneratoren, organische Landwirtschaft, regionale und lokale Erzeugung und Verarbeitung von Nahrungsmitteln sowie die Wiederverwendung der Abfallprodukte. Statt sich nach den Grundsätzen und Werten der kartesianischen Naturwissenschaft zu richten, verkörpern diese Technologien in natürlichen Ökosystemen beobachtete Prinzipien und reflektieren auf diese Art die systemimmanente Weisheit. Schumacher hat einmal gesagt: »Weisheit verlangt eine Neuorientierung von Naturwissenschaft und Technologie hin zum Organischen, Sanften, Nicht-Gewalttätigen, zum Eleganten und Schönen.«[21] Eine solche Richtungsänderung der Technologien bietet menschlicher Kreativität, Unternehmergeist und Initiative unerhörte Möglichkeiten. Die neuen Technologien sind keineswegs weniger hochentwickelt als die alten, doch von anderer Art. Komplexität dadurch zu vermehren, daß man alles wachsen läßt, ist nicht schwierig; Eleganz und Flexibilität zurückzugewinnen, erfordert jedoch Weisheit und kreative Einsicht.

Da unsere physischen Reserven knapper werden, liegt es auf der Hand, daß wir mehr in Menschen investieren sollten – in die einzige Hilfsquelle, über die wir in großer Zahl verfügen. Das ökologische Bewußtsein macht uns deutlich, daß wir unsere Rohstoffe konservieren und unsere menschlichen Hilfsquellen entwickeln sollten. Mit anderen Worten – ökologisches Gleichgewicht erfordert Vollbeschäftigung. Und genau das wird durch die neuen Technologien erleichtert. Von kleinem Umfang und dezentralisiert, sind sie meist arbeitsintensiv und tragen auf diese Weise dazu bei, ein Wirtschaftssystem zu errichten, das nichtinflationär und umweltfreundlich ist.

Die Verlagerung von harten auf sanfte Technologien wird am meisten in den Bereichen benötigt, die mit der Erzeugung von Energie zusammenhängen. Wie schon in einem vorangegangenen Kapitel hervorgehoben,[22] liegen die tiefsten Wurzeln unserer heutigen Energiekrise in den Strukturen verschwenderischer Produktion und verschwenderischen Konsums, die für unsere Gesellschaft charakteristisch geworden sind. Um diese Krise zu lösen, brauchen wir nicht mehr Energie, was unsere Probleme nur noch erschweren würde, sondern tiefgreifende Veränderungen in unseren Wertvorstellungen, Verhaltensweisen und Lebensstilen. Während wir dieses Ziel verfolgen, müssen wir jedoch auch unsere Energieerzeugung von nicht-erneuerbaren auf erneuerbare Hilfsquellen und von harten auf sanfte Technologien umstellen, um ein ökologisches Gleichgewicht zu erzielen. Die Energiepolitik der meisten Industrieländer verfolgt, was Amory Lovins, Physiker und Energieberater zahlreicher Organisationen, den »harten Energieweg«[23] genannt hat, auf dem Energie aus nicht-erneuerbaren Hilfsquellen erzeugt wird – Erdöl, Erdgas, Kohle und Uranium –, und zwar mittels hochzentralisierter Technologien, die starr programmiert, unwirtschaftlich und ungesund sind. Die Kernenergie ist die weitaus gefährlichste Komponente des harten Energieweges.[24] Zugleich wird sie schnell zur am wenigsten leistungsfähigen und unwirtschaftlichsten Energiequelle. Ein prominenter Investitionsberater für Versorgungsbetriebe hat vor kurzem eine gründliche Untersuchung der Nuklearindustrie mit folgender vernichtender Bemerkung abgeschlossen: »Es ergibt sich zwangsläufig die

Schlußfolgerung, daß es schon allein aus wirtschaftlicher Sicht einem wirtschaftlichen Wahnsinn von beispiellosem Ausmaß gleichkäme, wollte man sich auf Kernspaltung als Hauptquelle ortsgebundener Energieversorgung verlassen.«[25]

Da die nukleare Option immer unrealistischer wird und die starke Abhängigkeit der Industrieländer vom Erdöl das Risiko militärischer Konfrontation vermehrt, verfolgen Regierungen und Vertreter der Energieindustrie eine Reihe von Alternativen. Dabei schlagen sie jedoch immer noch blindlings den harten Energieweg ein. Die Herstellung synthetischer Brennstoffe aus Kohle und Ölschiefer, die man seit kurzem so nachdrücklich befürwortet, bringt eine weitere rohstoffintensive Technologie hervor, die sehr viele Abfälle erzeugt und riesige Umweltstörungen verursacht. Oft spricht man auch von Energie aus Kernfusion, die jedoch noch allzu ungewiß ist, um eine annehmbare Lösung zu sein. Außerdem scheint sie von der Nuklearindustrie vor allem zur Erzeugung von Plutonium angestrebt zu werden, das man dann in Kernspaltungsreaktoren benutzen kann.[26] Alle diese Formen der Energieerzeugung erfordern massive Kapitalinvestitionen und zentralisierte Kraftwerke mit komplexen Technologien. Ohne daß sie dabei in spürbarer Zahl Arbeitsplätze schaffen, sind diese Technologien leistungsschwach und in hohem Maße inflationstreibend. Maßnahmen zur Energieersparnis sowie Sonnenenergie könnten das Vielfache der von der Nuklearindustrie geschaffenen Arbeitsplätze erzeugen, während jedes neue Kraftwerk etwa 4000 Netto-Arbeitsplätze vernichtet.[27]

Der einzige Ausweg aus der Energiekrise besteht darin, den »Weg der sanften Energie« zu gehen, der nach Lovins drei Hauptkomponenten hat: Energieersparnis durch wirksamere Verwendung der Energie, vernünftige Nutzung der gegenwärtigen nichterneuerbaren Energiequellen als »Überbrückungsbrennstoffe« während der Übergangszeit und schnelle Entwicklung sanfter Technologien für die Energieerzeugung aus erneuerbaren Hilfsquellen. Eine derartige dreifache Methode wäre nicht nur umweltfreundlich und ökologisch ausgeglichen, sie würde auch die wirksamste und billigste Energiepolitik darstellen. Vor kurzem hat eine Studie der Harvard Business School kompetent nachgewiesen, daß die Verbesserung der Leistungsfähigkeit und sanfte Technologien die wirtschaftlichsten aller verfügbaren Energiequellen wären, abgesehen davon, daß dadurch mehr und bessere Arbeitsplätze geschaffen würden als bei allen anderen Optionen.[28] Der Weg der sanften Energie sollte ohne weiteren Aufschub eingeschlagen werden. Da die

Rolle fossiler Brennstoffe als Brücke zu den neuen, erneuerbaren Energiequellen ein vitales Element des Übergangs ist, kommt es entscheidend darauf an, den Übergangsprozeß einzuleiten, solange wir noch genug fossile Brennstoffe haben, um einen reibungslosen Übergang zu garantieren.

Auf lange Sicht wird man am meisten Energie sparen, wenn wir unsere heutigen ungesunden und verschwenderischen Produktions- und Konsumstrukturen zugunsten ökologisch harmonischer Lebensweisen aufgeben. Während dieser tiefe Wandel stattfindet, könnte eine enorme Energieersparnis durch Maßnahmen zur Verbesserung der Energienutzung durch die gesamte Volkswirtschaft erzielt werden. Dafür gibt es jetzt schon zahlreiche Technologien, ohne daß dabei unser gegenwärtiges Niveau wirtschaftlicher Aktivität beschränkt würde. Einsparung erweist sich in der Tat als unsere beste kurzfristige Energiequelle, mehr als alle konventionellen Brennstoffe zusammengenommen. Das wird besonders deutlich durch die Beobachtung bestätigt, daß in Europa während der Jahre von 1973 bis 1978 95 Prozent aller dazugewonnenen Energie aus besserer Energienutzung stammten. Auf diese Weise addierten sich Millionen individueller Einsparungsmaßnahmen derart, daß dadurch mehr als zwanzigmal soviel Energie verfügbar wurde, als alle anderen neuen Quellen zusammen lieferten, einschließlich des ganzen europäischen Nuklearprogramms. Im gleichen Zeitraum bezogen die Vereinigten Staaten, ohne sich sehr viel Mühe zu geben, 72 Prozent ihrer dazugewonnenen Energie aus Einsparungsmaßnahmen – zweieinhalbmal soviel wie die Energie aus allen anderen neuen Quellen.[29]

Will man Energie wirkungsvoller nutzen, kommt es sehr darauf an, für jede Aufgabe die angemessene Form von Energie zu verwenden, das heißt also die Energie, die es gestattet, die jeweilige Aufgabe auf die billigste und wirkungsvollste Weise zu erledigen. In den Vereinigten Staaten enfallen 58 Prozent des gesamten Energiebedarfs auf Heizen und Kühlen, 34 Prozent auf flüssige Brennstoffe für den Betrieb von Kraftwagen und nur 8 Prozent auf jene besonderen Verwendungszwekke, für die Elektrizität notwendig ist. Diese elektrische Energie ist die bei weitem teuerste; der elektrische Strom aus einem neuen Kraftwerk kostet etwa dreimal soviel wie Öl nach dem 1980 von der OPEC festgesetzten Rohölpreis. Es zeigt sich also, daß die Bereitstellung von Elektrizität für den Großteil unseres Energiebedarfs ungeheuer verschwenderisch ist, und da wir bereits mehr davon erzeugen, als wir angemessen verbrauchen können, würde der Bau weiterer zentralisierter Kraftwerke die Unwirtschaftlichkeit des ganzen Systems erheblich vergrößern. Lovins meint in diesem Zusammenhang: »Eine Diskussion darüber, welche Art von neuem Kraftwerk gebaut werden soll, ist so ähnlich, als kaufe man sich antike Möbel, um sie dann im Ofen zu verheizen.«[30] Was wir wirklich brauchen, ist nicht mehr Elektrizität, sondern eine größere Vielfalt von Energiequellen, die zutreffender unseren Bedürfnissen angepaßt werden können.

Da wir über die Hälfte unseres Energieangebotes verheizen, könnten die größten Ersparnisse durch bessere Isolierung unserer Gebäude erzielt werden. Es ist jetzt technisch möglich und in hohem Maße kostenwirksam, Gebäude so wärmedämmend zu bauen, daß sie praktisch keine Wärme nach außen abgeben, selbst in Regionen mit kaltem Klima. Viele der schon bestehenden Häuser könnten diesem Standard weitgehend angenähert werden. Ein weiteres bedeutendes Mittel zur Verbesserung der Energieleistung ist die sogenannte gemeinsame Erzeugung von Nutzwärme und Elektrizität. Ein solcher Ko-Generator nutzt die bei der Erzeugung von elektrischem Strom zwangsläufig erzeugte Wärme, statt sie verschwenderisch an die Umwelt abzugeben. Jede Maschine, die durch Verbrennen von Treibstoff Bewegung erzeugt, kann auch als Ko-Generator benutzt werden. In einem Gebäude aufgestellt, kann sie wirkungsvoll das Heiz- und Kühlsystem betreiben sowie gleichzeitig die elektrischen Geräte versorgen. Auf diese Weise kann die im Brennstoff enthaltene Energie mit bis zu 90 Prozent Leistungsfähigkeit in nützliche Formen umgewandelt werden, während die konventionelle Erzeugung von Elektrizität allein nur etwa 30 bis 40 Prozent der Energie des Brennstoffs nutzt.[31] In mehreren neueren Studien wird festgestellt, daß die kombinierte Wirkung dieser Form von Energieerzeugung und verbesserter Wärmedämmung bei gleichzeitiger verbesserter Leistungsfähigkeit von Kraftwagenmotoren und Maschinen zu 30 bis 40 Prozent Energieersparnis führen würde, ohne daß dadurch etwas an unserem Lebensstandard und unseren wirtschaftlichen Aktivitäten geändert werden müßte.[32]

Auf lange Sicht brauchen wir eine Energiequelle, die erneuerbar, wirtschaftlich, leistungsfähig und umweltfreundlich ist. Die einzige Form von Energie, die allen diesen Kriterien gerecht wird, ist die Sonnenenergie. Die Sonne ist schon seit Milliarden von Jahren die Hauptenergiequelle unseres Planeten, und das Leben in seinen vielfältigen Formen hat sich während der langen Evolution des Planeten auf ausgezeichnete Weise dieser Sonnenenergie angepaßt. Alle von uns verwendete Energie, die Kernkraft ausgenommen, stellt irgendeine Form gespeicherter Sonnenenergie dar. Ob wir Holz, Kohle, Erdöl oder Gas verbrennen – stets verwenden wir Energie, die einmal von der Sonne auf die Erde abgestrahlt und dort durch Photosynthese in chemische Substanzen umgewandelt wurde. Der unsere Segelboote und Windmühlen antreibende Wind ist ein Luftstrom, der durch die Aufwärtsbewegung anderer, von der Sonne erwärmter Luftmassen verursacht wird. Das fallende Wasser, das unsere Turbinen antreibt, ist Teil des von der Sonnenstrahlung ständig in Gang gehaltenen Wasserkreislaufs. Praktisch versorgen uns alle Energiequellen mit der einen oder anderen Form von Sonnenenergie. Doch sind nicht alle dieser Formen erneuerbar. In der heutigen Energiediskussion wird der Begriff »Sonnenenergie« ganz speziell für Energieformen gebraucht, die aus unerschöpflichen oder erneuerbaren Quellen stammen. Sonnenenergie in diesem Sinne ist in Formen verfügbar, die so vielfältig sind wie der Planet selbst.[33] In Waldgebieten ist sie als fester Brennstoff (Holz) verfügbar, in landwirtschaftlichen Gebieten kann sie als flüssiger oder gasförmiger Brennstoff erzeugt werden (Alkohol oder aus pflanzlichen Produkten erzeugtes Methan). In unseren gebirgigen Gebieten erhalten wir Sonnenenergie als Wasserkraft und in windigen Gebieten als vom Wind erzeugter elektrischer Strom. In sonnigen Gebieten kann die Sonnenenergie durch photoelektrische Zellen und fast überall als unmittelbare Wärme eingefangen werden.

Die meisten Formen dieser Sonnenenergie sind durch alle Zeitalter hindurch von menschlichen Gemeinschaften mittels altbewährter Technologien ausgenutzt worden. Das US Department of Energy bezeichnet Sonnenenergie gerne als »exotische« neue Energiequelle, doch bedarf der Übergang zum Sonnenzeitalter in der Praxis keiner größeren technologischen Innovationen. Dazu müßten nur die altbekannten landwirtschaftlichen und technologischen Prozesse auf kluge Weise in die Aktivitäten unserer modernen Gesellschaft integriert werden. Im Gegensatz zu einer weitverbreiteten Fehleinschätzung ist das Problem der Speicherung der Energie aus diesen erneuerbaren Quellen bereits gelöst. Mehrere Studien haben gezeigt, daß die schon bestehenden sanften Technologien ausreichen, um unseren gesamten langfristigen Energiebedarf zu befriedigen.[34] Tatsächlich nutzen sonnenbewußte Gemeinschaften diese neuen Technologien bereits erfolgreich. Das hervorragende Merkmal dieser Technologien ist, daß sie dezentralisiert sind. Da die von der Sonne abgestrahlte Energie über die ganze Erde verteilt wird, haben zentralisierte Sonnenkraftwerke keinen Sinn, sind sogar von Natur aus unwirtschaftlich.[35] Die Solartechnologie wird am wirksamsten von kleinen Einrichtungen genutzt, die von örtlichen Gemeinschaften betrieben werden, eine breite Vielfalt von Arbeitsplätzen schaffen und umweltfreundlich sind. Barry Commoner führt uns das mit folgender Bemerkung vor Augen: »Fällt bei einer Solaranlage eine Pumpe aus, dann braucht man nicht den Präsidenten an den Schauplatz zu rufen, damit die Furcht vor einer Katastrophe gedämpft wird.«[36]

Eines der Hauptargumente gegen die Sonnenenergie ist die Behauptung, sie könne mit konventionellen Energiequellen wirtschaftlich nicht konkurrieren. Das trifft nicht zu. Gewisse Formen der Sonnenenergie sind heute schon wettbewerbsfähig; andere können es innerhalb weniger Jahre sein. Das kann man nachweisen, selbst ohne den engen Begriff wirtschaftlicher Wettbewerbsfähigkeit in Frage zu stellen, der die meisten bei der konventionellen Energieerzeugung entstehenden sozialen Kosten außer acht läßt. Eine Form von Sonnenenergie, die schon jetzt sehr vorteilhaft verwendet werden kann, ist Sonnenheizung. Diese kann »passiv« sein, wenn das in Frage kommende Gebäude die Wärme selbst auffängt und speichert, oder »aktiv«, wenn spezielle Sonnenkollektoren verwendet werden. Energie aus der Sonne kann auch genutzt werden, um im Sommer Gebäude zu kühlen. In den letzten Jahren hat man mit Nachdruck Systeme für Wärme- und Kälteerzeugung durch Sonnenenergie entwickelt. Aus einem Bericht der Harvard Business School geht hervor, welche kraftvolle und sich rapide entwickelnde Industrie sich daraus entwickelt hat: »Viele Menschen glauben immer noch, Sonnenenergie sei etwas für die Zukunft und warten auf einen technologischen Durchbruch. Diese Annahme beruht auf einem großen Mißverständnis, *denn aktives und passives Sonnenheizen ist eine hier und jetzt verfügbare Alternative für konventionelle Energiequellen.*«[37]

Eine andere Solartechnologie mit unerhörtem Potential ist die lokale Erzeugung von Elektrizität durch photoelektrische Zellen.[38] Eine photoelektrische Zelle ist ein Gerät, das geräuschlos und bewegungslos Sonnenlicht in Elektrizität umwandelt. Sie wird vor allem aus Silizium hergestellt, das im Überfluß in normalem Sand zu finden ist, und der Herstellungsvorgang ähnelt dem in der Halbleiterindustrie bei der Produktion von Transistoren und integrierten Schaltkreisen. Im Augenblick sind photoelektrische Zellen für den Gebrauch in Wohnhäusern noch zu teuer, aber so war das auch mit den Transistoren am Anfang ihrer Entwicklung. Die photoelektrische Industrie macht gegenwärtig dieselben Phasen durch wie die Halbleiterindustrie vor zwei Jahrzehnten. Als die amerikanischen Weltraum- und Rüstungsprogramme elektronische Ausrüstung mit leichtem Gewicht erforderten, führten massive Investitionen des Staates zu einer erheblichen Verringerung der Herstellungskosten. Das war der Anfang der Industrie, die heute Millionen von billigen Transistorradios, Taschenrechnern und Digitaluhren herstellt.

Photoelektrische Zellen waren auch die ersten, die Elektrizität für im Weltraum kreisende Satelliten lieferten, und waren damals sehr teuer. Inzwischen sind ihre Kosten stark gesunken, obwohl ihr Markt noch ziemlich begrenzt ist. Damit sie mit konventionellen Elektrizitätserzeugern konkurrieren können, müssen ihre Herstellungskosten noch auf etwa 500 US-Dollar pro Kilowatt gesenkt werden – auf ein Zehntel ihres gegenwärtigen Preises –, was bei entsprechenden staatlichen Investitionen in der photoelektrischen Technologie schnell erreicht werden könnte. Vor kurzem wurde in einer Studie der Federal Energy Administration geschätzt, daß die erforderliche Reduzierung des Preises auf 500 Dollar pro Kilowatt erzielt werden könne, wenn die Regierung 152 000 Kilowatt photoelektrischer Zellen bestellen würde, lieferbar im Laufe von fünf Jahren, was insgesamt weniger als eine halbe Milliarde Dollar kosten würde.[39] Das wäre erheblich kostengünstiger als die zwei Milliarden Dollar staatlicher Gelder für den Brüter-Reaktor am Clinch River, der Elektrizität mit einem Kostenaufwand von geschätzten 5000 Dollar pro Kilowatt erzeugen soll.[40] Ganz offensichtlich würde eine größere Investition aus öffentlichen Mitteln eine riesige Industrie auf die Beine stellen, die in der Lage wäre, elektrischen Strom auf leistungsfähige und umweltfreundliche Weise zu erzeugen – zum großen Nutzen aller Verbraucher. Ähnliche Schätzungen besagen, daß die Erzeugung von Elektrizität durch Wind fast sofort beginnen könnte, und zwar zu wettbewerbsfähigen Preisen, wenn ausreichende Mittel in die Windmühlentechnologie investiert würden.[41]

Diese Entwicklungen würden die Struktur der Unternehmen der öffentlichen Hand strukturell fundamental verändern, da die photoelektrischen und die Windgeneratoren wie die Sonnenheizung an Ort und Stelle höchst wirksam verwendet werden würden, ohne zentrale Kraftwerke. Die Unternehmen der öffentlichen Hand weigern sich, ihr Monopol bei der Erzeugung von Elektrizität aufzugeben; ihre politische

Macht ist das Haupthindernis bei der schnellen Entwicklung der neuen Solartechnologien.

Jedes realistische Programm für Sonnenenergie wird darauf achten müssen, daß es weiterhin genug flüssigen Treibstoff zum Betrieb der Luftfahrt und zumindest eines Teiles unseres Straßentransports gibt sowie flüssigen oder gasförmigen Treibstoff für den Betrieb von Generatoren dort, wo die lokale Versorgung mit Sonnenenergie unzureichend ist. Die Solartechnologie, die am geeignetsten ist, diese Treibstoffe zu erzeugen, ist zugleich die älteste – die Erzeugung von Energie aus Biomasse. Der Ausdruck »Biomasse« bezieht sich auf organische Stoffe, die von grünen Pflanzen erzeugt werden und im Grunde gespeicherte Sonnenenergie darstellen. Diese Energie kann nicht nur als Wärme durch Verbrennen des Materials gewonnen werden; sie kann durch Destillieren von Alkohol aus fermentiertem Getreide oder Früchten in flüssigen oder gasförmigen Treibstoff verwandelt werden, aber auch durch Einfangen des Methans, das Bakterien aus Dung, Abwässern oder Müll erzeugen. Beide Treibstoffarten können verwendet werden, um Verbrennungsmotoren ohne Luftverschmutzung zu betreiben; und beide lassen sich mittels wohlbekannter und relativ einfacher Verfahren erzeugen. Alkoholproduktion aus Biomasse ist am stärksten in Brasilien entwickelt, wo alles Benzin bis zu 20 Prozent Alkohol enthält; und einfache Methangeneratoren, die Brennstoff aus Dung und Abwässern herstellen, werden millionenfach in Indien und China gebaut.[42]

Von allen Solartechnologien scheint die Herstellung von Methan – einem Hauptbestandteil von Erdgas – mit Hilfe der Aktivität von Bakterien den in natürlichen Ökosystemen beobachteten Prinzipien am nächsten zu kommen. Es erfordert die Mitarbeit anderer Organismen – ein charakteristischer Aspekt allen Lebens – und kann sehr wirkungsvoll genutzt werden, um Abfälle, Abwässer und Unterwasserschlamm wiederzuverwenden, alles große Verunreiniger. Die organischen Rückstände aus der Methanproduktion bilden einen ausgezeichneten Kunstdünger, ideal geeignet zumindest einen Teil unserer rohstoff-verschlingenden und die Umwelt verschmutzenden synthetischen Kunstdünger zu ersetzen. Wie andere Formen der Sonnenenergie ist Biomasse praktisch überall vorhanden und daher sehr gut für lokale Brennstofferzeugung in kleinen Mengen geeignet.

Wir sollten jedoch daran denken, daß unser Transportsystem bei der Erzeugung flüssiger Treibstoffe aus landwirtschaftlichen Produkten nicht auf dem heutigen Niveau erhalten werden kann. Dazu wäre eine massive Alkoholerzeugung auf Bauernhöfen notwendig, die eine unverantwortliche Nutzung des Ackerbodens darstellen würde. Sie würde nämlich zur schnellen Erosion des Bodens führen, wie Wes Jackson mit Nachdruck hervorgehoben hat.[43] Biomasse ist eine erneuerbare Hilfsquelle, jedoch nicht der Boden, auf dem sie erzeugt wird. Sicherlich können wir mit einer bedeutenden Alkoholproduktion aus Biomasse rechnen, auch aus Feldfrüchten; ein massives Programm für Alkoholtreibstoffe zur Befriedigung unseres augenblicklichen Bedarfs würde aber unseren Boden mit derselben Geschwindigkeit auslaugen, mit der wir jetzt unsere Reserven an Kohle, Erdöl und sonstigen natürlichen Reserven erschöpfen. Der Weg aus diesem Dilemma wäre die Umstrukturierung unseres Transportsystems und zugleich ein Überdenken anderer Aspekte unseres verschwenderischen und rohstoff-vergeudenden Lebensstiles. Das wird nicht eine Minderung unseres Lebensstandards bedeuten. Im Gegenteil – es wird unsere Lebensqualität verbessern.

Die weiter oben zitierten sachverständigen Studien über unsere Energieoptionen zeigen, daß der Weg zu einer solaren Zukunft offen steht. Obgleich wir in verschiedenen Gebieten mit bedeutenden technologischen Fortschritten rechnen können, brauchen wir nicht auf irgendeinen technologischen Durchbruch zu warten, um diesen historischen Übergang zu vollziehen. Was wir am dringendsten brauchen, ist genaue Information über das Potential der Sonnenenergie sowie entsprechende Maßnahmen in der Sozial- und Wirtschaftspolitik, die den Übergang ins Sonnenzeitalter erleichtern. Barry Commoner hat ein ins einzelne gehendes Szenario aufgestellt, wie man innerhalb der nächsten fünfzig Jahre den größten Teil der nicht-erneuerbaren Energiequellen in den Vereinigten Staaten durch Sonnenenergie ersetzen könnte.[44] Sein Vorschlag setzt keine größeren technologischen Innovationen voraus, hängt auch nicht von einschneidenden Maßnahmen der Energieeinsparung ab. Doch würde jede dieser Entwicklungen, die ohnehin beide mit ziemlicher Gewißheit kommen werden, die Übergangsperiode erheblich verkürzen und erleichtern.

Den Schlüssel zu Commoners Aufriß des Übergangs ins Sonnenzeitalter bildet Erdgas als wichtigster zwischenzeitlicher Brennstoff. Der Grundgedanke ist, die augenblickliche Erzeugung und das Verteilernetz von Erdgas auszuweiten, und dann das Erdgas nach und nach durch Methan zu ersetzen. Zu diesem Zweck sollten überall dort, wo ausreichend Biomasse verfügbar ist, Anlagen zur Erzeugung von Methan gebaut werden. Biomasse würden liefern: Müll und Abwässer in den Städten, Feldfrüchte, Dung, Rückstände aus landwirtschaftlichen Betrieben, Holz in Wäldern, Meeresalgen längs der Küsten und dergleichen mehr. Solares Methan könnte wie Erdgas leicht als Treibstoffreserve gespeichert werden, um die natürlichen Schwankungen bei anderen solaren Energiequellen auszugleichen; man könnte es auch für Ko-Generatoren verwenden, die gleichzeitig Wärme und Strom erzeugen und somit energieeinsparend wirken und die Umweltverschmutzung verringern. Diese Art von Generatoren könnte leicht in großer Zahl von der Autoindustrie hergestellt werden, womit Fiat in Italien bereits begonnen hat. Der Übergang vom Erdgas zum solaren Methan könnte so sanft erfolgen, daß man ihn kaum wahrnehmen würde. Tatsächlich ist er in einigen Teilen der Vereinigten Staaten, beispielsweise in Chicago, bereits im Gange.

In seinem Plan, der natürlich nur einer von vielen denkbaren Plänen ist, leitet Commoner den Übergang damit ein, daß, wo immer möglich, erdgasbetriebene Generatoren installiert und Gasverteilersysteme für ihre Versorgung ausgebaut werden. Parallel dazu wird das passive und aktive Sonnenheizen ausgedehnt; aus Abfällen und Feldfrüchten erzeugter Alkohol beginnt, Benzin zu ersetzen, während dem Erdgas mehr und mehr aus Biomasse erzeugtes Methan beigemischt wird. Innerhalb weniger Jahre würde die Verwendung photoelektrischer Zellen und von Windgeneratoren erheblich zunehmen. Die totale Erzeugung von Sonnenenergie steigt, bis sie nach ungefähr 25 Jahren etwa 20 Prozent des gesamten Energiebudgets ausmacht. In diesem Stadium, also auf halbem Wege der Übergangsperiode, würden dann Sonnenenergie und Erdgas zusammen bereits mehr als die Hälfte des gesamten Energiebudgets der USA ausmachen, womit die Abhängigkeit von der Kernenergie vollständig abgebaut werden könnte. In der zweiten Hälfte der Übergangsperiode kann die Erzeugung von Kohle und Erdöl nach und nach auf Null zurückgeschraubt und die Erdgasproduktion auf die Hälfte ihres heutigen Standes gesenkt werden. An jenem Punkt wäre das Energiesystem zu 90 Prozent solar. In den darauffolgenden Jahren können die verbliebenen 10 Prozent Erdgas ausgeschaltet werden; doch wäre es wichtig, diese Energiequelle als Sonderreserve verfügbar zu haben, um gegebenenfalls Unregelmäßigkeiten infolge unerwarteter Klimaschwankungen auszugleichen. Commoner errechnet in dieser Übergangsphase für die Vereinigten Staaten einen Erdgasbedarf, der während der fünfzigjährigen Periode einem Äquivalent von 250 Milliarden Barrels Erdöl entspricht. Das würde etwa 10 bis 30 Prozent der geschätzten Erdgasreserven der Vereinigten Staaten beanspruchen.[45]

Die Haupthindernisse für diesen Übergang ins Sonnenzeitalter sind nicht technischer, sondern politischer Art. Die Verlagerung von nichterneuerbaren zu erneuerbaren Energiequellen wird die Ölgesellschaften zwingen, ihre beherrschende Rolle in der Weltwirtschaft aufzugeben und ihre eigenen Funktionen auf fundamentale Weise zu ändern. Eine mögliche Lösung wäre, solche Gesellschaften, die im Erdöl- und Erdgasgeschäft bleiben wollen, in Unternehmen der öffentlichen Hand umzuwandeln, während die großen Ölkonzerne ihr Geld wahrscheinlich lieber in lukrativeren Unternehmen anlegen würden, womit viele von ihnen bereits begonnen haben. Ähnliche Probleme wird es auch in anderen Industriebereichen geben, da der Übergang ins Sonnenzeitalter Gegensätze zwischen gesellschaftlichen und privaten Interessen hervorruft. Der Weg der sanften Energie läge zweifellos im Sinne der überwältigenden Mehrheit aller Energieverbraucher, doch wird ein verhältnismäßig reibungsloser Übergang ins Solarzeitalter nur möglich sein, wenn wir als Gesellschaft in der Lage sind, langfristige gesellschaftliche Vorteile kurzfristigen privaten Gewinnen vorzuziehen.

Der Übergang zum Sonnenzeitalter ist eigentlich bereits im Gange, nicht nur hinsichtlich neuer Technologien, sondern auch in tieferem Sinne als fundamentale Umwandlung unserer gesamten Gesellschaft und Kultur. Die Ablösung des mechanistischen durch das ökologische Paradigma ist nicht etwas, das irgendwann in der Zukunft geschehen wird. Sie ist zur Zeit bereits im Gange: in unserer Naturwissenschaft, in unserem individuellen und kollektiven Verhalten, unseren Werten und in unseren Strukturen gesellschaftlicher Organisation. Das neue Paradigma wird von Individuen und kleinen Gemeinschaften besser verstanden als von den großen akademischen und gesellschaftlichen Institutionen, die vielfach immer noch der kartesianischen Denkweise verhaftet sind. Um die kulturelle Umgestaltung zu erleichtern, wird es notwendig sein, unser Informations- und Erziehungssystem neu zu strukturieren, damit die neuen Erkenntnisse in der richtigen Weise präsentiert und diskutiert werden können.

Ein erheblicher Teil dieser Umstrukturierung der Information wird bereits erfolgreich von Bürgerbewegungen und von zahlreichen miteinander kooperierenden alternativen Gruppen unternommen. Soll das neue ökologische Bewußtsein jedoch Teil unseres kollektiven Bewußtseins werden, dann muß es auch durch die Massenmedien vermittelt werden. Diese aber werden zur Zeit von der Geschäftswelt beherrscht, vor allem in den Vereinigten Staaten, und ihre Veröffentlichungen werden dementsprechend zensiert.[46] Das Recht der Öffentlichkeit auf Zugang zu den Medien wird daher ein wichtiger Aspekt des gegenwärtigen gesellschaftlichen Wandels sein. Sobald es uns gelingt, freien Zugang zu den Massenmedien zu haben, können wir entscheiden, was veröffentlicht werden soll und wie die Medien wirkungsvoll genutzt werden können, um unsere Zukunft zu gestalten. Das bedeutet, daß auch die Journalisten eine auf gesellschaftlichem und ökologischem Bewußtsein beruhende neue Ethik entwickeln und dazu von fragmentarischen auf ganzheitliche Denkzusammenhänge umschalten müssen. Statt sich auf die sensationelle Darstellung abartiger, gewalttätiger und negativer Geschehnisse zu konzentrieren, sollten die Berichterstatter und Redakteure die komplexen sozialen und kulturellen Phänomene analysieren, die den Hintergrund solcher Ereignisse darstellen, und auch über die friedlichen, konstruktiven und integrierenden Aktivitäten berichten, die sich in unserer Kultur abspielen. Eine solche reife Form des Journalismus ist nicht nur gesellschaftlich nützlich; sie kann sich auch geschäftlich positiv auswirken, wie das jüngste Anwachsen der alternativen Medien beweist, die neue Werte und Lebensformen befürworten.[47]

Ein wichtiger Teil der notwendigen Umstrukturierung des Informationswesens wird darin bestehen, die Werbung zu beschneiden und umzuorganisieren. Da die Anpreisung von Produkten dazu neigt, die sozialen Kosten zu verschweigen, die durch die von ihr stimulierten Konsumstrukturen erzeugt werden, kommt es ganz entscheidend darauf an, daß den von Verbraucher- und Umweltschutz-Gruppen gelieferten Informationen die gleiche Verbreitungsmöglichkeit zugestanden wird. Darüber hinaus wären gesetzliche Einschränkungen für die Anpreisung von rohstoff-intensiven, abfallreichen und ungesunden Produkten der wirksamste Weg zur Senkung der Inflationsrate und in Richtung auf eine harmonische Lebensweise.

Schließlich wird die Neustrukturierung von Information und Wissen auch eine tiefgreifende Umwandlung unseres Bildungswesens erfordern. Auch sie ist bereits im Gange, allerdings nicht so sehr in unseren akademischen Institutionen wie in der allgemeinen Bevölkerung, in Tausenden von spontanen Aktionen von Volkshochschulen und anderen Erwachsenenbildungswerken, die sich aus den in den 1960er und 1970er Jahren entstandenen Bewegungen entwickelten. Trotz wiederholter Ankündigungen, mit diesen Bewegungen werde es bald ein Ende haben, beweisen viele, daß sie von Dauer sind; ihre Wertvorstellungen und Lebensformen werden von einer wachsenden Zahl von Bürgern akzeptiert. Obgleich diese Bewegungen es manchmal versäumen, miteinander zu kommunizieren und kooperieren, bewegen sie sich alle in derselben Richtung. In ihrem Bemühen um soziale Gerechtigkeit, ökologisches Gleichgewicht, Selbstverwirklichung und Spiritualität betonen sie unterschiedliche Aspekte der sich nach und nach herausbildenden neuen Weltanschauung.[48]

Im vergangenen Jahrzehnt erlebten wir eine schnelle Vermehrung von Bürgerinitiativen im Zusammenhang mit gesellschaftlichen und umweltbezogenen Problemen, in den USA vor allem im Kielwasser der vorkämpferischen Aktivitäten von Ralph Nader. Seit einigen Jahren gehen diese Bewegungen mehr und mehr aufeinander zu und entwickeln eine Tendenz, sich über die ursprünglichen einzelnen Problemstellungen hinaus nunmehr Fragen von fundamentaler Systembedeutung zuzuwenden. Viele Organisationen haben sich vor allem mit dem Finanzgebaren der großen Unternehmen und mit ihrem Einfluß auf die jeweilige Regierungspolitik befaßt. Die politische Stärke dieser Bürgerinitiativen ist bedeutend. Meinungsumfragen haben ergeben, daß die überwältigende Mehrheit der Bevölkerung sie als positive gesellschaftliche Kraft wertet.[49] In engem Zusammenhang mit ihren Bemühungen stehen die Tätigkeiten von Organisationen, die man mit dem Sammelnamen Ökologiebewegung bezeichnet. Diese Gruppen unterhalten Informationszentren und veröffentlichen Mitteilungen über Umweltschutz, biologischen Ackerbau, Wiederverwendung von Abfällen und sonstige ökologische Probleme. Einige leisten auch praktische Hilfe bei der Entwicklung und Anwendung sanfter Technologien, und viele von ihnen haben sich gegen die Kernkraft verbündet.

Bürgerinitiativen und Verbraucherorganisationen sind auch die Keimzellen für eine langsam entstehende Alternativwirtschaft auf der Grundlage dezentralisierter, genossenschaftlich organisierter und ökologisch harmonischer Lebensformen, wobei es zu einem lebhaften Austausch von handwerklichen Fähigkeiten und in Heimarbeit hergestellten Waren und Dienstleistungen kommt. Diese alternativen Volkswirtschaften lassen sich nicht zentral planen und aufbauen, sondern müssen organisch wachsen, was gewöhnlich eine Menge pragmatischen Experimentierens und erhebliche soziale und kulturelle Flexibilität erfordert. Interessante und bedeutsame Strukturen solcher Gegenwirtschaften haben sich auf diese Weise in den Vereinigten Staaten, in Kanada, dem Vereinigten Königreich, in den skandinavischen Ländern, den Niederlanden, Japan, Australien und Neuseeland entwickelt.[50]

Diese neue Betonung alternativer Volkswirtschaften beruht auf der Erkenntnis, daß diese informellen, genossenschaftlich organisierten und nicht von reiner Geldwirtschaft beherrschten Sektoren in den Volkswirtschaften der Welt dominieren und daß die institutionalisierten und geldwirtschaftlich orientierten Sektoren sich aus ihnen heraus entwikkelt haben und auf ihnen beruhen, statt umgekehrt. Diese Tatsache läßt sich sogar in den Industrieländern nachweisen, obgleich die voreingenommenen volkswirtschaftlichen Statistiken es fast unmöglich machen, eine solche Analyse durchzuführen.[51] Es ist für jede moderne Gesellschaft eine absolute Notwendigkeit, in ihrer Wirtschaft sowohl formelle als auch informelle Sektoren zu haben. Doch hat unsere Überbetonung des Geldes – Dollar, Mark, Yen oder Rubel – als Maßstab wirtschaftlicher Leistungsfähigkeit riesige Ungleichgewichte geschaffen und droht jetzt, den informellen Sektor zu zerstören. Um diesem Trend entgegenzuwirken, versuchen jetzt mehr und mehr Menschen, aus der Geldwirtschaft auszubrechen. Sie arbeiten nur wenige Stunden in der Woche, um über ein Minimum an Bargeld zu verfügen, und nehmen eine gemeinschaftlichere, auf die Mitmenschen orientierte und kooperative Lebensform an, um dadurch ihre anderen, nichtmonetären Bedürfnisse zu befriedigen. Es wächst das Interesse für eine Haushaltswirtschaft auf der Grundlage des Nutz- statt des Marktwertes der Produkte, und die Zahl der Selbständigen steigt laufend und merklich an. Heimwirtschaften sind ideal für die Entwicklung sanfter Technologien kleiner Größenordnung und für die Ausübung der verschiedenen handwerklichen Fähigkeiten geeignet, die jetzt in vielen Ländern neu belebt werden. Alle diese Aktivitäten fördern die Autonomie und Sicherheit der Familien, Haushalte und Nachbarschaftsbeziehungen und verbessern sozialen Zusammenhalt und Stabilität.

Einen weiteren wichtigen Beitrag zur Reorganisation der wirtschaftlichen Strukturen liefern die Mitbestimmungs- und Selbstverwaltungsbewegungen in der Arbeitnehmerschaft in Kanada und verschiedenen europäischen Ländern. Das erste erfolgreiche Modell von Arbeitnehmerselbstverwaltung wurde in Jugoslawien verwirklicht und hat ähnliche Bewegungen in Schweden, Deutschland und anderen westeuropäischen Ländern inspiriert. In den Vereinigten Staaten und Japan faßt die Idee, die Arbeitnehmer an ihrem eigenen Management teilhaben zu lassen, langsamer Fuß und zwar als Folge der unterschiedlichen politischen Traditionen dieser Länder; aber selbst dort wird dieser Gedanke langsam akzeptiert.[52] Dem Prinzip »Denke global und handle lokal« folgend, haben wir nunmehr die einzigartige Gelegenheit, die Strategien kreativer Gemeinschaften rund um die Welt zu einer Synthese zusammenzufassen und anzupassen – vom chinesischen Modell autarker Gemeinden und den traditionellen Werten und Lebensformen zahlreicher Gemeinschaften in der Dritten Welt bis zum jugoslawischen Modell der Arbeiterselbstverwaltung und den informellen Untergrundvolkswirtschaften, die gegenwärtig in den Vereinigten Staaten und vielen anderen Ländern entstehen.

Die neue Sicht der Wirklichkeit ist eine ökologische Anschauung in einem Sinne, der weit über die unmittelbaren Fragen des Umweltschutzes hinausreicht. Um diese tiefere Bedeutung der Ökologie hervorzuheben, haben Philosophen und Naturwissenschaftler begonnen, eine Unterscheidung zwischen »tiefer Ökologie« und »oberflächlichem Umweltdenken« zu treffen.[53] Das oberflächliche Umweltdenken sorgt sich um eine wirksamere Kontrolle und besseres Management der natürlichen Umwelt zum Nutzen der Menschheit, während die tiefe Ökologiebewegung erkennt, daß das ökologische Gleichgewicht tiefgreifende Wandlungen in unserer Auffassung von der Rolle des Menschen im planetaren Ökosystem erforderlich macht. Wird der Begriff des transzendenten menschlichen Geistes in diesem Sinne verstanden,[54] als Bewußtseinsform, in der sich das Individuum mit dem Kosmos als Ganzem verbunden fühlt, dann wird deutlich, daß ökologisches Bewußtsein im wahrsten Sinne des Wortes spirituell ist. In der Tat kommt ja der Gedanke, daß das Individuum mit dem Kosmos verbunden ist, in der lateinischen Wurzel des Wortes Religion (*religare* = »stark binden«) zum Ausdruck, wie übrigens auch im Sanskritwort *yoga*, das Vereinigung bedeutet.

Der philosophische und spirituelle Bezug der tiefen Ökologie ist nicht etwas völlig Neues, sondern wurde in der gesamten menschlichen Geschichte bereits mehrfach herausgestellt. Unter den großen spirituellen Traditionen bietet der Taoismus einen besonders tiefen und schönen Ausdruck ökologischer Weisheit,[55] indem er sowohl das fundamentale Einssein wie auch die dynamische Natur aller natürlichen und gesellschaftlichen Phänomene hervorhebt. So sagt Huai Nan Tzu: »Diejenigen, die der natürlichen Ordnung folgen, fließen im Strom des Tao.«[56]

Solche ökologischen Grundsätze wurden sogar schon von noch älteren taoistischen Weisen gepredigt; und im antiken Griechenland wurde eine sehr ähnliche Philosophie des Fließens und des Wandels von Heraklit gelehrt.[57] Später finden wir bei dem christlichen Mystiker Franz von Assisi Anschauungen und ethische Vorstellungen, die zutiefst ökologisch waren und gegenüber der überlieferten jüdisch-christlichen Auffassung vom Menschen und der Natur eine revolutionäre Herausforderung darstellten. Die Weisheit tiefer Ökologie wird auch sichtbar in vielen Werken westlicher Philosophen, einschließlich der von Baruch Spinoza und Martin Heidegger. Man findet sie in der Kultur der amerikanischen Indianer; und sie wurde dichterisch durch Poeten von Walt Whitman bis Gary Snyder ausgedrückt. Man hat sogar behauptet, die größten Literaturwerke der Welt, wie zum Beispiel Dantes *Göttliche Komödie*, seien nach den in der Natur beobachteten ökologischen Prinzipien strukturiert.[58]

Die tiefe Ökologiebewegung schlägt also keine völlig neue Weltanschauung vor, sondern belebt eine Bewußtheit, die Teil unseres kulturellen Erbes ist. Wirklich neu ist vielleicht die Ausdehnung der ökologischen Sicht auf die planetare Ebene, unterstützt durch die eindrucksvollen Erfahrungen der Astronauten und ausgedrückt in neuen Maximen wie »Denke global, handle lokal«. Diese neue Bewußtheit wird ganz besonders von zahlreichen Individuen, Gruppen und Netzwerken hervorgerufen; doch hat sich ein bedeutsamer Wandel in den Wertvorstellungen auch in großen Teilen der allgemeinen Bevölkerung bemerkbar gemacht, eine Verlagerung vom materiellen Konsum zum freiwilligen einfachen Leben, von ökonomischem und technischem Wachstum zum inneren Wachstum und innerer Entwicklung. Im Jahre 1976 schätzte eine Studie des Stanford Research Institute, daß vier bis fünf Millionen erwachsener Amerikaner ihr Einkommen von sich aus drastisch beschnitten und sich aus früheren Positionen in der Konsumwirtschaft zugunsten eines Lebensstiles freiwilliger Einfachheit zurückgezogen hätten.[59] Dieses Institut schätzte ferner, daß weitere acht bis zehn Millionen Amerikaner sich in ihrer Lebensführung nach einigen, nicht allen, Regeln der freiwilligen Beschränkung richteten – frugaler Konsum, ökologisches Bewußtsein, Betonung des persönlichen, inneren Wachstums. Diese Verlagerung der Wertvorstellungen wurde inzwischen durch in den Medien weithin diskutierte Meinungsumfragen bestätigt. In anderen Ländern, beispielsweise in Kanada, ist das Thema des freiwilligen einfachen Lebens sogar auf offizieller Ebene angeschnitten worden,[60] oder auch in Kalifornien in den Reden von Gouverneur Jerry Brown.

Die Verlagerung vom materiellen zum inneren Wachstum wird von der Selbsterfahrungs-Bewegung, der ganzheitlichen Gesundheitsbewegung, der feministischen Bewegung und verschiedenen spirituellen Bewegungen propagiert. Während Wirtschaftswissenschaftler die menschlichen Bedürfnisse in materieller Bereicherung sehen und behaupten, diese Bedürfnisse seien im Prinzip unersättlich, haben humanistische Psychologen sich auf die nichtmateriellen Bedürfnisse der Selbstverwirklichung, des Altruismus und liebevoller zwischenmenschlicher Beziehungen konzentriert. Dabei haben sie ein radikal unterschiedliches Image der menschlichen Natur aufgezeigt, das dann von den transpersonalen Psychologen noch ausgeweitet wurde, und zwar durch die Betonung des unmittelbar erfahrenen Einseins mit der ganzen menschlichen Familie und dem Kosmos als Ganzem. Gleichzeitig verweist die ganzheitliche Gesundheitsbewegung auf die Auswirkungen des materialistischen Wertsystems auf unser Wohlergehen: Sie propagiert gesunde Verhaltensweisen und Lebensgewohnheiten zusammen mit einer neuen begrifflichen Grundlage und neuen praktischen Methoden der Gesundheitsfürsorge.

Die Kräfte, die neue Gedanken über Gesundheit und Heilen propagieren, sind inner- und außerhalb des medizinischen Systems tätig. Ärzte in den Vereinigten Staaten, Kanada und Europa schließen sich zu Vereinigungen zusammen und diskutieren die Vorteile der ganzheitlichen Medizin auf Kongressen. Als Ergebnis dieser Diskussionen versuchen diese Ärzte, unnötige Operationen, diagnostische Tests und Verordnungen zu vermeiden, in der Erkenntnis, daß dies der wirksamste Weg ist, die Kosten der Gesundheitsfürsorge zu senken. Andere treten dafür ein, die Integrität des Arztberufes dadurch wiederherzustellen, daß die Ärzteschaft ihre Informationen über Medikamente von Quellen erhält, die von der pharmazeutischen Industrie unabhängig sind, etwa durch unabhängige medizinische Zeitschriften und engere Zusammenarbeit mit den Apothekern.

In der organisierten öffentlichen Gesundheitsfürsorge gibt es jetzt eine starke Tendenz zur Dezentralisierung und zurück zur Praxis des praktischen Arztes, mit einer wahrhaften Renaissance der hausärztlichen Betreuung in Europa und Nordamerika. An den medizinischen Fakultäten mißt man der Familienmedizin wieder größere Bedeutung bei, während eine neue Generation von Medizinstudenten erkannt hat, daß primäre Gesundheitsfürsorge, motiviert durch das Streben nach Vorbeugung von Erkrankungen und ein Bewußtsein für umweltbedingte und gesellschaftliche Ursachen, nicht nur größere menschliche Befriedigung bringt, sondern auch intellektuell herausfordernder und lohnender ist als die biomedizinische Methode. Gleichzeitig erleben wir eine Wiederbelebung der psychosomatischen Medizin, hervorgerufen durch die Erkenntnis der entscheidenden Rolle des Stresses im Ursprung und der Entwicklung von Erkrankungen, und zahlreiche Forschungsprojekte konzentrieren sich auf die Wechselwirkung von Geist und Körper in Gesundheit und Erkrankung.

Angesichts dieses wachsenden Interesses am breiteren Zusammenhang der Gesundheit sind nicht-akademische Praktiker und Institutionen in der Lage, ihren Status und Einfluß zu verstärken. Krankenpflegerinnen, die seit langem die Mängel der biomedizinischen Methode erkannt haben, bauen ihre Rolle im Gesundheitswesen aus und kämpfen für volle Anerkennung ihrer Qualifikationen als Heilkundige und Gesundheitserzieher. Sie erforschen auch verschiedene unorthodoxe therapeutische Verfahren mit dem Versuch, eine wahrhaft ganzheitliche Methode für die allgemeine Gesundheitsfürsorge zu finden. Organisationen der öffentlichen Gesundheitsfürsorge, die sich der Krankheitsvorbeugung und Gesundheitserziehung verschrieben haben, wachsen und erhalten in medizinischen Fachkreisen mehr Anerkennung. Außerdem finden einige Regierungen neues Interesse an Vorbeugungsmaßnahmen und Erhaltung der Gesundheit, und es werden verschiedene Behörden geschaffen, um die Entwicklung der ganzheitlichen Gesundheitsfürsorge zu studieren.

Die wichtigste Kraft in dieser Revolution der Gesundheitsfürsorge ist eine starke Basisbewegung aus einzelnen und aus neugebildeten Organisationen, die mit dem jetzigen Gesundheitssystem unzufrieden sind. Sie suchen intensiv nach alternativen Wegen, zu denen auch die Propagierung gesunder Lebensgewohnheiten und der persönlichen Verantwortung für die eigene Gesundheit sowie der jedem Individuum innewohnenden Kraft zur Selbstheilung gehören. Ferner bezeugen sie ein starkes Interesse für traditionelle Heilkünste aus anderen Kulturen, die physische und psychologische Wege zur Gesundheit integrieren. Schließlich bleibt zu erwähnen die Bildung von Zentren für ganzheitliche Gesundheitsfürsorge, von denen viele mit unorthodoxen und esoterischen Therapien experimentieren.

Die Hinwendung zu dem von den Bewegungen für ganzheitliche Gesundheit, für Selbsterfahrung und für Umweltschutz befürworteten Wertsystem wird ferner von spirituellen Bewegungen unterstützt, die großen Wert auf die Suche nach dem Sinn und der spirituellen Dimension des Lebens legen. Einige Einzelpersonen und Organisationen innerhalb dieser »New-Age«-Bewegungen haben deutliche Anzeichen von Ausbeutung, Betrug, Sexismus und übermäßiger geschäftlicher Expansion gezeigt, ziemlich ähnlich denen, die in der Geschäftswelt zu beobachten sind; doch sind diese Irrungen vorübergehende Erscheinungen unserer kulturellen Umwandlung und sollten uns nicht daran hindern, die wesentlichen Züge der in Gang gekommenen Verlagerung der Wertvorstellungen zu würdigen. Roszak sagt dazu, man müsse zwischen der Echtheit der Bedürfnisse der Menschen und der Unzulänglichkeit der Methoden unterscheiden, die ihnen manchmal zur Befriedigung dieser Bedürfnisse geboten werden.[61]

Der spirituelle Gehalt der ökologischen Weltanschauung findet seinen idealen Ausdruck in der von der Frauenbewegung befürworteten feministischen Spiritualität – was angesichts der naturgegebenen Verwandtschaft zwischen Feminismus und Ökologie, die in der uralten Gleichsetzung von Frau und Natur wurzelt, zu erwarten ist.[62] Die feministische Spiritualität beruht auf dem Bewußtsein des Einsseins aller lebenden Formen und ihres zyklischen Rhythmus von Geburt und Tod, woraus sich ein Verhalten gegenüber dem Leben ergibt, das zutiefst ökologisch ist. Wie zahlreiche feministische Autoren in jüngster Zeit hervorgehoben haben, scheint das Vorstellungsbild einer weiblichen Gottheit diese Art von Spiritualität mehr zu verköpern als das eines männlichen Gottes. Tatsächlich ging die Verehrung weiblicher Gottheiten in vielen Kulturen, unsere eigene Kultur einbezogen, der von männlichen Göttern voraus. Sie mag auch ein Zug der Naturmystik der alten taoistischen Überlieferung gewesen sein.[63]

Beatrice Bruteau meint dazu, die verschiedenen Vorstellungen vom Göttlichen könnten auch unterschiedliche Lösungen für das fundamentale metaphysische Problem von Einheit und Vielzahl widerspiegeln.[64] Ganz typisch repräsentiert der männliche Gott das Eine, das alleine, unabhängig und absolut existieren kann, während die Vielzahl nur abhängig und relativ durch den Willen Gottes existiert. In der menschlichen Gesellschaft ist eine solche Situation durch die konventionelle Vater-Kind-Beziehung gegeben. Vaterschaft ist nach Ansicht von Bruteau durch Trennung charakterisiert. Der Vater ist zu keinem Zeitpunkt mit dem Kind physisch vereint; die Beziehung ähnelt eher einem Verhältnis der Konfrontation und bedingter Liebe. Wird dieses Vaterbild auf Gott übertragen, dann ruft es natürlich die Vorstellungen von Gehorsam, Loyalität und Glauben hervor; oft gehört dazu auch eine Vorstellung der Herausforderung mit anschließender Belohnung oder Bestrafung.

Andererseits ist für Bruteau die Vorstellung von einer Göttin eine Lösung des Einheit/Vielzahl-Problems in der Form von Vereinigung und gegenseitiger Verkörperung, wobei das Eine sich in der Vielzahl und die Vielzahl sich im Einen manifestiert. In einer solchen Beziehung der Vereinigung, die nicht aufgezwungen, sondern organisch gegeben ist, hat ein Gegensatz zwischen Gott und der Welt keinen Sinn. Vielmehr wird diese Beziehung charakterisiert durch Harmonie, Wärme und Zuneigung anstelle von Herausforderung und Auseinandersetzung. Eine solche Vorstellung ist eindeutig mütterlich, ein Spiegelbild der bedingungslosen Mutterliebe, wobei Mutter und Kind physisch vereint sind und gemeinsam am Leben teilhaben.

Mit der Wiedergeburt der Vorstellung von einer weiblichen Gottheit schafft die feministische Bewegung auch ein neues Selbstbildnis für die Frauen, zusammen mit neuen Denkformen und einem neuen Wertsystem. Daher wird die feministische Spiritualität einen tiefen Einfluß nicht nur auf Religion und Philosophie, sondern auch auf unser gesellschaftliches und politisches Leben ausüben.[65] Einer der radikalsten Beiträge, den Männer zur Entwicklung unseres kollektiven feministischen Bewußtseins leisten können, wird die volle Mitwirkung der Männer beim Aufziehen der Kinder vom Augenblick der Geburt an sein, so daß die Kinder mit der Erfahrung des vollen Potentials aufwachsen können, das Frauen und Männern von Natur aus mitgegeben ist. John Lennon, der seiner Zeit immer einen Schritt voraus war, hat genau das während seiner letzten fünf Lebensjahre getan.

Während Männer eine aktivere Rolle als Väter spielen werden, muß die volle Teilnahme der Frauen in allen Bereichen des öffentlichen Lebens, die in Zukunft zweifellos erreicht werden wird, weitreichende Veränderungen in unseren Verhaltensweisen und Gewohnheiten bewirken. So wird die feministische Bewegung sich auch künftig als eine der stärksten kulturellen Strömungen unserer Zeit behaupten. Ihr letztes Ziel ist nichts weniger als eine gründliche Neudefinition der menschlichen Natur, welche die weitere Evolution unserer Kultur besonders nachhaltig beeinflussen wird.

Die konventionellen stereotypen Vorstellungen von der menschlichen Natur werden heute nicht nur von der Frauenbewegung in Frage gestellt, sondern auch von einer großen Zahl ethnischer Befreiungsbewegungen, die gegen die Unterdrückung von Minderheiten durch ethnische Vorurteile und Rassismus revoltieren. Ihr Protest wird durch den Kampf mehrerer anderer Arten von Minderheiten noch verstärkt – Homosexuelle, alte Menschen, alleinstehende Mütter oder Väter, körperlich Behinderte und viele andere mehr –, die durch starr zugewiesene Rollen und Identitäten stigmatisiert werden. Die Wurzeln dieser Protestbewegungen reichen in die sechziger Jahre zurück, in das Jahrzehnt, in dem mehrere machtvolle gesellschaftliche Bewegungen gleichzeitig entstanden, die alle die alten Autoritäten in Frage stellten.

Während die Führer der Bürgerrechtsbewegung in den Vereinigten Staaten die Eingliederung der schwarzen Bürger in das politische Leben forderten, verlangte die Bewegung für freie Meinungsäußerung dasselbe für Studenten. Gleichzeitig stellte die Frauenbewegung die Autorität der Männer in Frage, und humanistische Psychologen unterminierten die Autorität von Ärzten und Therapeuten.

Heute erleben wir eine ähnliche Infragestellung der Autorität auf globaler Ebene, da die Länder der Dritten Welt die konventionelle Vorstellung anzweifeln, sie seien »weniger entwickelt« als die Industrieländer. Eine wachsende Zahl ihrer Führer sieht jetzt die vielschichtige Krise der nördlichen Hemisphäre mit großer Klarheit und widersetzt sich den Versuchen der industrialisierten Welt, ihre Probleme in die südliche Hemisphäre zu exportieren. Einige Führer der Dritten Welt diskutieren schon, wie die Länder der südlichen Hemisphäre sich abkoppeln und ihre eigenen einheimischen Technologien und Wirtschaftsstrukturen entwickeln könnten. Andere schlagen vor, »Entwicklung« neu zu definieren: statt der Entwicklung der industriellen Produktion und der Verteilung materieller Güter sollte die Entwicklung der Menschen im Mittelpunkt stehen.[66]

Da der Feminismus eine starke Kraft in unserem kulturellen Wandel ist, vor allem in Nordamerika und Europa, wird die Frauenbewegung wahrscheinlich eine Schlüsselrolle für das Zusammenwachsen verschiedener gesellschaftlicher Bewegungen spielen. Sie kann sehr wohl zum Katalysator werden, der es den verschiedenen Bewegungen erlaubt, sich in den 1980er Jahren zu vereinen. Heute operieren viele dieser Bewegungen noch getrennt, ohne sich dessen bewußt zu sein, wie sehr ihre

Zielsetzungen im Grunde miteinander verbunden sind, doch haben sich bereits einige zu Koalitionen zusammengefunden. Es kann nicht überraschen, daß Frauen eine wichtige Rolle bei den Kontakten zwischen Umweltschützern, Verbrauchergruppen, ethnischen Befreiungsbewegungen und feministischen Organisationen spielen. Helen Caldicott, die dazu beigetragen hat, der antinuklearen Bewegung eine brauchbare wissenschaftliche Grundlage zu verschaffen, und Hazel Henderson, die mit großer Klarheit die Mängel des kartesianischen Denkens in der heutigen Wirtschaftstheorie aufgezeigt hat, sind Beispiele für Frauen in führenden Stellungen, die zum Zustandekommen wichtiger Bündnisse beitragen.

Die neuen Bündnisse und Koalitionen, die bereits Hunderte von Gruppen miteinander verbinden, wollen nichthierarchisch, nichtbürokratisch und gewaltlos sein. Einige von ihnen funktionieren sehr wirkungsvoll rund um die Welt. Ein Beispiel für solch eine weltweite Koalition ist die große Menschenrechtskampagne von Amnesty International. Diese neuen und wirkungsvollen Organisationen demonstrieren, daß lebenswichtige Funktionen wie Umweltschutz oder Kampf für wirtschaftliche Gerechtigkeit durch die Koordinierung lokaler und regionaler Aktionen auf der Grundlage übereinstimmender globaler Prinzipien weltweit verwirklicht werden können. Die vielfältigen Netzwerke von Organisationen und Koalitionen haben sich in der politischen Arena noch nicht entscheidend durchsetzen können; da sie aber der neuen Sicht der Wirklichkeit weiterhin Geltung verschaffen, wird eines Tages die kritische Masse der Bewußtheit erreicht sein, die es ihnen ermöglicht, zu neuen politischen Parteien zusammenzuwachsen. Die Mitglieder dieser Parteien, von denen einige sich in mehreren Ländern bereits konstituieren, werden aus Umweltschützern, Verbrauchergruppen, Feministinnen, ethnischen Minderheiten und allen jenen bestehen, für die eine Wirtschaft der Aktiengesellschaften nicht mehr funktionsfähig ist. Zusammen könnten diese Gruppen eine Mehrheit bilden, die zu einer Zeit Wahlen gewinnen kann, in der die meisten Wähler so sehr enttäuscht und desillusioniert sind, daß sie sich nicht einmal mehr die Mühe machen, ihre Stimme abzugeben. Indem sie diese wahlabstinente Bevölkerung wieder an die Wahlurnen bringen, sollten die neuen Koalitionen in der Lage sein, den Paradigmenwechsel zur politischen Realität zu machen.*

* *Anmerkung zur deutschen Ausgabe:* Zwei Jahre nachdem diese Zeilen geschrieben wurden, sah man, wie sich die darin angedeutete Entwicklung in der Bundes-

Solche Voraussagen mögen ziemlich idealistisch erscheinen, vor allem angesichts des augenblicklich nicht nur in den Vereinigten Staaten politisch nach rechts ausschlagenden Pendels und angesichts der Kreuzzüge christlicher Fundamentalisten, die mittelalterliche Vorstellungen von der Wirklichkeit propagieren. Sehen wir uns aber die Lage aus einer umfassenderen evolutionären Perspektive an, dann werden diese Phänomene als unvermeidliche Aspekte einer kulturellen Transformation verständlich. In dem regelmäßigen Prozeß von Aufstieg, Höhepunkt, Niedergang und Verfall, der charakteristisch für die kulturelle Evolution zu sein scheint, kommt es zum Niedergang, wenn eine Kultur zu sehr erstarrt ist – in ihren Technologien, Ideen oder ihrer gesellschaftlichen Organisation –, um mit den Herausforderungen der sich ändernden Verhältnisse fertigzuwerden.[67] Dieser Verlust an Flexibilität wird von einem allgemeinen Verlust an Harmonie begleitet, was zum Ausbruch sozialer Unzufriedenheit und Spaltung führt. Während des Prozesses des Niedergangs und Verfalls setzen die beherrschenden gesellschaftlichen Institutionen weiterhin ihre veralteten Anschauungen durch, doch lösen sie sich nach und nach auf, während neue kreative Minderheiten den neuen Herausforderungen mit Einfallsreichtum und wachsendem Selbstvertrauen begegnen.

Dieser im unten wiedergegebenen Diagramm schematisch dargestellte Prozeß kultureller Transformation ist gegenwärtig in unserer Gesellschaft klar zu beobachten. Die Demokratische und die Republikanische Partei in den Vereinigten Staaten wie auch die traditionelle Rechte und Linke in den meisten europäischen Ländern, die Chrysler Corporation und die meisten unserer akademischen Institutionen – sie alle sind Teil dieser im Niedergang befindlichen Kultur. Sie sind in Verfall begriffen. Die gesellschaftlichen Bewegungen der 1960er und 1970er Jahre repräsentieren die aufsteigende Kultur, die jetzt für den Übergang ins Sonnenzeitalter bereit ist. Während die Umwandlung im Gange ist, verweigert sich die niedergehende Kultur dem Wandel und klammert sich immer fester an überholte Ideen. Auch wollen die beherrschenden gesellschaftlichen Institutionen ihre führende Rolle nicht den neuen kulturellen Kräften überantworten. Doch werden sie unweigerlich ihren Niedergang fortsetzen und verfallen, während die aufsteigende Kultur stetig wachsen und schließlich die führende Rolle übernehmen wird. In

republik Deutschland mit den Erfolgen der Grünen tatsächlich zu verwirklichen begann. Auf die neuere Entwicklung in der Bundesrepublik geht der Anhang, S. 475 ff., ein.

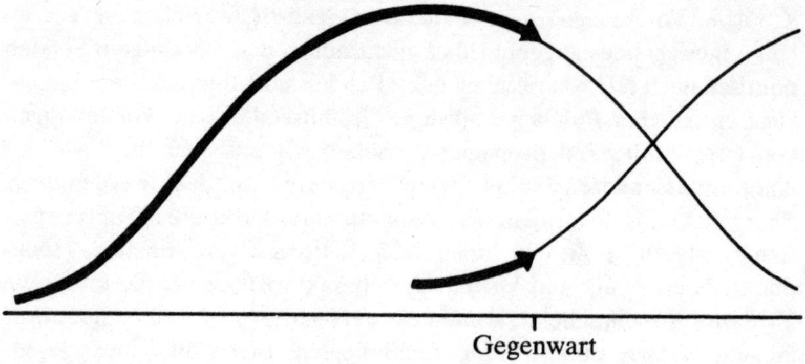

Schematische Darstellung der aufsteigenden und der verfallenden Kultur im gegenwärtigen Prozeß der kulturellen Umwandlung

einer Wendezeit, wie wir sie erleben, bildet die Erkenntnis, daß evolutionäre Wandlungen solcher Größenordnung durch kurzfristige politische Aktivitäten nicht verhindert werden können, unsere stärkste Hoffnung für die Zukunft.

Anhang: Die Ökologie- und Alternativbewegung in Deutschland – beispielhafte Entwicklungen, Projekte und Publikationen

Der Übergang zum neuen, ganzheitlich-ökologischen Weltbild ist heute bereits ein globales Phänomen. Allerdings zeigt er sich in verschiedenen Ländern in verschiedenen Formen, je nach historischem Kontext, kulturellen Eigenheiten und lokalen Umständen. Es ist daher überaus interessant und lehrreich, Vergleiche zwischen den im letzten Kapitel dieses Buches beschriebenen Entwicklungen in den USA und den entsprechenden Entwicklungen in Europa, insbesondere in der Bundesrepublik Deutschland zu ziehen. Dabei fällt auf, daß alle von mir angeführten geistigen und gesellschaftlichen Strömungen auch in Europa zum Ausdruck gekommen sind – teils unabhängig von den amerikanischen Bewegungen, teils durch wechselseitige Beeinflussung –, jedoch in verschiedenen Abläufen, relativen Bedeutungen und gegenseitigen Verknüpfungen.

Vor zwanzig Jahren kam ein Buch mit dem Titel *Unsere Welt 1985* heraus[1], in dem international renommierte Wissenschaftler, Schriftsteller und Publizisten ihre Prognosen und Zielsetzungen für die Welt im Jahre 1985 präsentierten. Getragen vom positivistischen Fortschrittsglauben der fünfziger und sechziger Jahre, enthält diese Sammlung sehr viele und interessante Mutmaßungen über die Leistungen und Fortschritte von Technologie und Wissenschaft, doch äußerst wenig über die zunehmenden Probleme hinsichtlich Bevölkerungszuwachs, Rüstungswettlauf und Umweltzerstörung. Wenn diese Probleme überhaupt angeschnitten werden, sind sofort technologische Lösungsvorschläge zur Hand. Im Jahr 1965 schien alles machbar, alles lösbar; doch schon fünf Jahre später traten die wirklichen Probleme ins Bewußtsein der Öffentlichkeit, und die Zukunft sah schlagartig anders aus, und zwar wesentlich düsterer.

Ende der sechziger Jahre wurden in der Bundesrepublik Deutschland die ersten Umweltskandale offengelegt, und es gab vereinzelte Proteste gegen die Ausbeutung der Umwelt. Breites Interesse fand der Umweltschutz jedoch erst in den siebziger Jahren, als der Widerstand gegen die Atomkraftwerke begann. »Besser heute aktiv, als morgen radioaktiv« hieß ein (auch in den USA populärer) Slogan der Weinbauern bei den bekannten Whyl-Protesten 1973. Whyl wurde damit zum Symbol und Ausgangspunkt einer epochalen Bewegung. Das kleine Dorf bei Freiburg im Schwarzwald war einer von acht vorgesehenen Standorten für Atomkraftwerke, die entlang des Rheins aufgestellt werden sollten. Die Planungen waren bereits abgeschlossen, da erhob sich plötzlich dieser unerwartete, starke Protest der dort ansässigen Weinbauern. Es waren nicht wie 1968 nur die Studenten und Intellektuellen, die hier demonstrierten, sondern die Bauern, Arbeiter und andere Ortsansässige, die in ihrem Dorf eine solche Anlage nicht dulden wollten.

Hauptsächlich fürchteten die Winzer eine Qualitätseinbuße ihres Weines und demzufolge einen Rückgang ihres Umsatzes. Wer würde noch Wein aus ihrer Gegend am Kaiserstuhl kaufen, wenn alle wußten, daß dort in der Nähe ein Atomkraftwerk in Betrieb ist? Diese Anti-AKW-Proteste im Gebiet des Kaiserstuhls waren der Auftakt zu einer bundesweiten Ökologiebewegung, obwohl die Weinbauern gerade dort Jahre vorher mit maschinellen Umterrassierungen eine der größten Umweltsünden begangen hatten. Mit dem Widerstand gegen Atomkraftwerke wurden die Winzer jedoch allmählich auch ökologisch bewußter und leiteten Maßnahmen ein, die ihren Weinbau langsam von der für den heutigen Landbau typischen Chemie- und Maschinenabhängigkeit befreien sollen.

In ihrem Widerstand gegen die Atomkraft wurden die Weinbauern durch ihre französischen Nachbarn bestärkt, die dort gegen ähnliche Atomkraftwerke ohne Erfolg gekämpft hatten. Es entstand eine grenzüberschreitende soziale Bewegung im sogenannten »Dreiecksland«, welches Gebiete im Südwesten der Bundesrepublik wie auch in Frankreich und der Schweiz umschließt – eine der ersten »Regionalbewegungen« in Europa. Die allemannischen Bewohner dieser Region begannen, ihre alten Traditionen, ihre Sprache und Kultur wiederzubeleben, und schon nach kurzer Zeit gab es einen Piratensender, Radio Dreiecksland, der vor allem jene Nachrichten brachte, die die staatlichen Sender nicht verbreiteten. Whyl wurde zur »Hauptstadt« dieser Region, und die »Universität im Whyler Wald«, ein eigens gebautes Rundhaus, wurde zu einem Forum wo täglich Seminare, Vorträge und Diskussionen stattfanden. So entstand eine Bewegung, die anders als jene von 1968 eine populistische Basis besaß.

Anfang der siebziger Jahre begannen auch die Wissenschaften sich mehr und mehr mit Umweltfragen zu beschäftigen, und während das neue Schlagwort »Umweltschutz« in den Universitäten und Schulen zum Anlaß wurde, sich für die Beschaffenheit der natürlichen Umwelt zu interessieren, kamen aus Amerika die katastrophalen Vorhersagen des Club of Rome. Sein Report *Die Grenzen des Wachstums*[3] wurde in der Bundesrepublik Deutschland heiß diskutiert und führte zu einer starken Polarisierung der Standpunkte – Industrialisten und Wirtschaftsvertreter auf der einen Seite und Umweltschützer auf der anderen.

Konkrete, über Diskussionen hinausgehende Änderungen gab es in vielen Bereichen des Umweltschutzes aber erst auf das Entstehen von Bürgerinitiativen hin, die politische, soziale und wirtschaftliche Maßnahmen forderten. Mitte der siebziger Jahre wurden diese Bemühungen erstmals in größerem Ausmaß spürbar. Es entstanden thematisch orientierte Bürgerinitiativen in fast allen großen Städten und bald auch die ersten Alternativkommunen und Projekte für alternative Technologien.

Eine dieser Gruppen, die PROKOL-Gruppe Berlin (PROjekt KOoperativer Lebensgemeinschaften), wurde durch eine ähnliche Gruppierung in England angeregt, nämlich E. F. Schumachers »Intermediate Technology Development Group«. Schumacher wurde mit seinem Buch *Die Rückkehr zum menschlichen Maß* zum Propheten der globalen Ökologie- und Alternativbewegung.[4] Er betonte darin die Wertabhängigkeit der Wirtschaftswissenschaft[5] und forderte die Rückkehr zum menschlichen Maß in allen Bereichen sowie die Neuorientierung von Technologie und Naturwissenschaft.[6] Mitte der siebziger Jahre wurde Schumachers Buch in der Bundesrepublik Deutschland, wie auch in England und Amerika, zum Grundlagentext für viele Alternativprojekte, war aber darüber hinaus kaum bekannt. Neben Schumacher hatten auch die Forschungen des »New Alchemy Institute« in Massachussetts eine große Bedeutung für diese Alternativtechnik-Projekte.

Die PROKOL-Gruppe Berlin entwickelte ein Szenario, welches sie den »sanften Weg« nannte – eine ökologische, dezentrale Sozialstruktur mit einem alternativen Wirtschaftssystem. Dieses Konzept inspirierte verschiedene andere Alternativgruppen, die heute noch bestehen. Unter diesen wäre die IPAT-Gruppe (Interdisziplinäre Projektkgruppe für Angepaßte Technologie) zu nennen, welche ganz im Sinne Schumachers einfache, jedoch intelligente Technologien für die Dritte Welt und auch für die Industrieländer entwickelt. In vielen Universitätsstädten entstanden bald ähnlich ausgerichtete Projekte.

Eine andere Richtung, die aus der PROKOL-Gruppe entstand, war jene zur Selbsthilfe und Eigenarbeit, die sich in Berlin unter dem Namen »Fabrik für Freizeit, Kultur und Sport« etablierte. Jahre später, als es die PROKOL-Gruppe nicht mehr gab, weitete diese Fabrik sich dadurch aus, daß ihre Mitglieder auf einem ehemaligen UFA-Studiogelände in Berlin-Tempelhof die leerstehenden Gebäude besetzten und damit ihr eigenes Ökodorf inmitten der Stadt Berlin gründeten. Dieses Projekt besteht bis heute und ist zu einem festen Bestandteil der Berliner Alternativkultur geworden.

Ein weiterer Entwicklungsschritt zeigte sich in den vielen Landkommunen. »Raus aus der Stadt« hieß die Devise für viele junge Leute, die ökologischer und gesünder leben wollten. Alte Bauernhäuser wurden gekauft oder gemietet und renoviert und die ersten praktischen Erfahrungen mit sanften Technologien gesammelt: mit Sonnenkollektoren, angebauten Treibhäusern, Windrädern zur Stromversorgung und so weiter. Manche dieser Kommunen verließen Deutschland und siedelten sich in Südfrankreich, Italien, Spanien oder in Griechenland an. Sie wurden deshalb oft als Fluchtbewegung bezeichnet, wurden aber andererseits für viele zum Anreiz, auch in der Bundesrepublik Deutschland anders zu leben.

Zu Beginn der siebziger Jahre war die Alternativ- und Ökologiebewegung nicht mehr als ein Randgruppenphänomen, doch wuchs sie während des Jahrzehnts stetig und wurde schließlich gegen Ende der siebziger Jahre zu einer nicht mehr zu übersehenden Bewegung. Seither ist die »alternative Szene« ein fester Bestandteil des deutschen kulturellen Lebens. In den meisten Städten gibt es Bioläden und Öko-Bäckereien; handwerkliche Künste werden wieder populär, und das Selbermachen von Nahrung und Kleidung, ja sogar die eigene Energieversorgung, wurden von vielen alternativen Lebensgemeinschaften angestrebt.

In die Zeit der späten siebziger Jahre fällt auch die Gründung des »Netzwerks Selbsthilfe« in Berlin, welches ins Leben gerufen wurde, um Pionierprojekten, Landkommunen und Alternativgruppen finanziell zu helfen und sie in einer lockeren, informellen Netzwerkstruktur zu verbinden. Diese Initiative ging davon aus, daß es viele Sympathisanten der Alternativbewegung gab, die fest angestellt waren und gut verdienten. Mit kleinen, regelmäßigen Spenden konnten diese »potentiellen Alternativen« Versuche unterstützen, zu einer anderen Lebensweise zu finden, ohne ihren mehr oder weniger konventionellen Lebensstil selbst gleich aufgeben zu müssen. Das Interesse am Netzwerk Selbsthilfe war erstaunlich groß. Es reichte bald über Berlin hinaus und wuchs bis auf über 4000 Mitglieder an, die monatlich nahezu 50 000 DM an Unterstützungsgeldern verteilten. Später erreichte das Netzwerk ein Plateau und wurde dezentralisiert und regionalisiert.

Während sich all das in der alternativen Szene abspielte, war deren Gedankengut in bürgerlich geprägten Kreisen kaum bekannt. Dieser Zustand änderte sich jedoch schlagartig mit dem Buch des CDU-Politikers Herbert Gruhl, *Ein Planet wird geplündert.*[7] Dieses Buch, dessen Inhalt genau dem entsprach, was die Umweltbewegung und die Alternativen schon fast zehn Jahre lang zu verbreiten versuchten, wurde rasch zu einem Bestseller und übertraf mit mehreren Hunderttausend verkauften Exemplaren die Auflagen der Publikationen der linken und alternativen Presse um ein Vielfaches.

Das Besondere an Gruhls Buch war die Tatsache, daß hier ein Politiker aus dem konservativen Lager die Wachstums- und Wirtschaftspolitik der Industriestaaten kritisierte und auf deren Folgen aufmerksam machte. Ab diesem Zeitpunkt, nämlich 1978, wandte sich das öffentliche Interesse mehr und mehr dem Thema »Ökologie« zu, und die bisher marginalen Produkte der Alternativen – ihre Bücher, Zeitschriften, Technologien und Konzepte – rückten ins Blickfeld. Auch die Industrie entdeckte in größerem Umfang das Gebiet der Umwelttechnik für sich, und die Medien spiegelten die Akzeptanz der Öko- und Alternativwelle wider. »Alternativ« wurde zum Modewort: Keine Illustrierte, die nicht etwas zur natürlichen Ernährung, zur ganzheitlichen Medizin, zum ökologischen Bauen und Wohnen, oder zu anderen »alternativen« Themen zu sagen hatte.

Die bisher erwähnten Ausdrucksformen der Ökologie- und Alternativbewegung konnte ich während der späten sechziger und der siebziger Jahre auch in den Vereinigten Staaten, vor allem in Kalifornien, beobachten. In der Bundesrepublik entstand aber darüber hinaus ein neues politisches Phänomen – die Partei »die Grünen« –, welches zwar aus meiner amerikanischen Sicht vorauszusehen war[8], jedoch in seinem Ausmaß alle meine Erwartungen übertraf. Gruhl selbst war einer der Mitbegründer dieser neuen Partei, in der die Ökologie- und Friedensbewegung sowie zahlreiche Bürgerinitiativen und verschiedene Gruppierungen aus der ehemaligen Studentenbewegung und radikalen Linken zu einer eindrucksvollen Manifestation eines neuen politischen Bewußtseins zusammenflossen. Die politische Dimension der Ökologie wurde zur gleichen Zeit von Carl Amery in prägnanter Weise im Titel seines Buches *Natur als Politik* postuliert[9], das auf die grüne Bewegung erheblichen Einfluß hatte.

Die grüne Bewegung, die es heute nicht nur in der Bundesrepublik, sondern auch in den meisten europäischen Ländern wie auch in Kanada, den USA, Australien und Japan gibt, ist der politische Ausdruck eines Prozesses, der aus der Sicht des Paradigmenwechsels zwangsläufig kommen mußte.[10] In den sechziger und siebziger Jahren wurden verschiedene Aspekte des neuen Paradigmas von verschiedenen gesellschaftlichen Bewegungen entwickelt – zum Beispiel der Frauenbewegung, der Ökologiebewegung, der Friedensbewegung, der Bewegung zur ganzheitlichen Medizin und verschiedenen spirituell orientierten Gruppen. Diese Bewegungen formten sich zuerst unabhängig und getrennt voneinander. In den späten siebziger Jahren erkannten sie jedoch langsam, daß ihre Anliegen miteinander verknüpft waren und lediglich verschiedene Aspekte derselben neuen Weltanschauung darstellten. Zu dieser Zeit bildeten sich daher zahlreiche Koalitionen und Netzwerke, und es begann der langsame Zusammenfluß der einzelnen Bewegungen in eine Kraft gesellschaftlicher Umgestaltung, die ich in Anlehnung an Arnold Toynbee die »aufsteigende Kultur« genannt habe.[11]

In der Bundesrepublik war die erste wichtige Allianz die der Ökologie- und der Friedensbewegung. In den Jahren 1978–79 schien es vielen wie Schuppen von den Augen zu fallen: Wer gegen Atomkraftwerke kämpft, muß konsequenterweise auch Atomwaffen ablehnen[12]; und wer für Umweltschutz eintritt, muß logischerweise auch die größte Umweltkatastrophe, die totale Vernichtung des irdischen Lebens durch einen weltweiten Atomkrieg, verhindern. »Ökologie« und »Frieden« wurden nun in einem Atemzug genannt. Die Öko-Friedens-Allianz war der wesentliche Anstoß zum Entstehen der Grünen, und zugleich wurde mit dieser Entwicklung die Alternativbewegung für viele Außenstehende annehmbar. Jetzt wurde nämlich aus den vielen Anti-Gruppen, die einzelne Aspekte des alten Weltbildes und seiner Folgen ablehnten, eine echte »Alternative«, die eine neue, positive Richtung vertrat. Diese positive Orientierung dürfte entscheidend dazu beigetragen haben, daß die Grünen schließlich in den Bundestag gewählt wurden.

Mit der neuen, positiven Orientierung begann zugleich ein Prozeß der Integration und Synthese des ganzheitlich-ökologischen Weltbildes. Im Jahr 1978 (zur selben Zeit als ich in Berkeley an dem vorliegenden Buch zu arbeiten begann) vermittelte der Biologe Frederic Vester der deutschen Öffentlichkeit einen wesentlichen Aspekt des auch von mir propagierten Systemdenkens[13] in einer Wanderausstellung »Unsere Welt – ein vernetztes System«. In dieser Ausstellung und in dem begleitenden Buch mit dem gleichen Titel[14] wurden die für Ökosysteme so typischen komplexen Gewebe von Verknüpfungen und Beziehungen anhand von eindrucksvollen Modellen dargestellt, welche die Besucher und Leser zum Denken in größeren Zusammenhängen anregten. Vester nennt dieses Denken, welches ich oft als Systemdenken oder ganzheitlich-ökologisches Denken bezeichne, »vernetztes Denken« und hat damit eine einprägsame, bildhafte Terminologie für ein zentrales Merkmal des neuen Paradigmas geschaffen. (Das zweite, ebenso wichtige Merkmal ist die Erkenntnis der allen lebenden Systemen innewohnenden grundlegenden Dynamik, also das Denken in Prozessen und Vorgängen.[15]) Ein späteres Buch Vesters, *Neuland des Denkens*[16], und ein weiteres Buch Gruhls, *Das irdische Gleichgewicht*[17], behandeln viele der auch von mir erörterten Themen und Ideen und haben wesentlich zur Synthese des ganzheitlich-ökologischen Weltbildes beigetragen.

Mit dem Übergang von den siebziger zu den achtziger Jahren begann eine Zeit des Sammelns, Konzipierens und Entwerfens von praktischen Alternativen. Kompendien ähnlich dem amerikanischen *Whole Earth Catalog* mit einer Fülle von Vorschlägen für sanfte Technologien wurden von fleißigen Gruppen zusammengestellt, und ökologisch ausgerichtete Bücher beschränkten sich nicht mehr auf kritische Analysen, sondern enthielten immer mehr Vorschläge, Ideen und praktische Tips. So zum Beispiel zeigte der Report *Wege aus der Wohlsltandsfalle*[18] einer Gruppe von Naturwissenschaftlern an der ETH-Zürich alternative Strategien für die Wirtschaftspolitik, die Energie- und Güterproduktion, bis hin zum ökologischen Landbau auf. Die Studie *Energiepolitik von unten*[19] stellte eine erste Modellrechnung zur »kommunalen Energieversorgung« vor, in der (ähnlich wie in dem von mir besprochenen Szenario von Barry Commoner[20]) Energieeinsparung und die Verwendung nichtatomarer Ressourcen erste Priorität hatten.

Das ökologische Denken machte sich jetzt auch in der Architektur bemerkbar, wo das »Ende der Betonherrschaft« proklamiert wurde. Ökologie-Versuchshäuser, Energiesparhäuser und Solararchitekturen entstanden quer durch die Bundesrepublik. Lange unbeachtet gebliebene Pioniere wurden jetzt populär, wie zum Beispiel Rudolf Doernach, der seit Jahrzehnten schon mit »Biotekturen« experimentiert hatte. Seine Bücher *Naturhaus* und *Naturstadt*, sowie sein *Handbuch für bessere Zeiten* wurden nun zu Basistexten für viele Bauherren.[21] Ökologisches Planen und Bauen wurde auch innerhalb der Architektenschaft immer heftiger diskutiert und in die Architekturschulen hineingetragen.

Seit Beginn der achtziger Jahre erscheinen nicht mehr nur in alternativen Kleinverlagen, sondern in großen Publikumsverlagen Jahrbücher und ganze Buchreihen zu ökologischen Themen, so etwa der *Fischer-Öko-Almanach* oder die von dem Zukunftsforscher Rüdiger Lutz herausgegebene *Ökolog*-Buchreihe. In diesen Publikationen geht es nicht nur darum, Informationen zu verbreiten und praktische alternative Konzepte vorzuschlagen, sondern auch Visionen einer ökologischen Zukunft zu entwerfen. In Zeiten kulturellen Umbruchs sind Utopien wichtige Kraftquellen für die Auseinandersetzung mit der Gegenwart und Gestaltung der Zukunft. Kein Wunder also, daß positive Utopien, Zukunftsszenarien und -visionen in der Alternativszene sehr gefragt sind. Ernest Callenbachs *Ökotopia*[22] wurde eine solche Vision für viele Suchende, und der phänomenale Erfolg von Büchern wie Michael Endes *Momo* und die *Unendliche Geschichte* ist nicht zuletzt darauf zurückzuführen, daß sie auf erzählerisch-phantasievolle Weise in die gleiche Richtung zielen. »Wer keinen Mut zum Träumen hat, hat keine Kraft zum Kämpfen«, verkündeten die Alternativen, und während sich in der Pop-Kultur der Nihilismus der Punk-Szene mit ihrer No-Future-Stimmung verbreitete, entwickelte die aufsteigende Kultur eine sich der Gefahren der gegenwärtigen Situation bewußte, aber dennoch von einem positiven Denken getragene Vorstellungswelt.

Um positive Zukunftsszenarien in einem möglichst kreativen Umfeld entwerfen zu können, hatte Robert Jungk schon Mitte der sechziger Jahre die Methode der »Zukunftswerkstatt« entwickelt, die in den siebziger Jahren von Rüdiger Lutz und Norbert Müllert weiter ausgebaut wurde. Diese Zukunftswerkstätten sind eine Mischung von wissenschaftlichem Seminar und kalifornisch inspirierter Encounter-Gruppe, in der mit Hilfe von Diskussionen, aber auch von Sinneserfahrungen sowie mit künstlerischen und therapeutischen Methoden versucht wird, in überschaubaren Gruppen Phantasie und Einfallsreichtum der Teilnehmer freizulegen und neue Ideen in ganzheitlichen Ansätzen auszuarbeiten.

Ebenfalls seit Beginn der achtziger Jahre machte sich in der Ökologie- und Alternativbewegung ein wichtiges neues Element bemerkbar: globales Bewußtsein. Eine rasch wachsende Anzahl von Menschen – in Europa wie auch in Nordamerika – erkannte, daß die ökologischen Entwürfe nicht nur auf lokaler und nationaler Ebene, sondern global ansetzen müssen. In der Tat sind die dringendsten Probleme von heute Probleme, die das Überleben der gesamten Menschheit beeinflussen.[23]

Ein Markstein im Entstehen dieses globalen Bewußtseins war die Veröffentlichung des Umweltberichts an den amerikanischen Präsidenten, *Global 2000*, im Jahr 1980.[24] Dieser Bericht, der in der BRD mehr Käufer fand als in irgendeinem anderen Land (einschließlich der USA!), machte mit überwältigender Datenfülle genau das deutlich, was zehn Jahre zuvor die Studie des Club of Rome gesagt hatte: So kann es nicht weitergehen; wir steuern auf eine weltweite Katastrophe zu!

Das Bewußtsein der globalen Vernetzung wurde durch den Bericht der Brandt-Kommission, *Nord-Süd: Ein Überlebensprogramm*, der ebenfalls 1980 erschien, noch weiter bestärkt. Der Brandt-Report machte der Weltöffentlichkeit deutlich, daß internationale Beziehungen nicht nur aus der Perspektive der Ost-West-Spannung, sondern auch – und sogar in erster Linie – aus der der Nord-Süd-Spannung gesehen werden müssen, das heißt aus der Perspektive der Beziehungen zwischen den reichen Industrieländern und der armen Dritten Welt. Zwei Jahre später weitete der Report der Palme-Kommission, *Gemeinsame Sicherheit*, das globale Bewußtsein auf militärische Fragen aus und erklärte klipp und klar, daß der überholte Begriff »nationale Sicherheit« durch »globale Sicherheit« ersetzt werden muß.

In den letzten fünf Jahren, zwischen 1980 und 1985, verstärkte sich das Zusammenfließen der verschiedenen Bewegungen, und die aufsteigende Kultur gewann durch diesen Prozeß der Auseinandersetzung und Synthese – in den Konzepten, den Organisationen, wie auch im Inneren jedes und jeder einzelnen – sowohl an Breite wie auch an Tiefe. Zur Öko-Friedens-Allianz kam als nächster wesentlicher Schritt die Verbindung mit der Frauenbewegung hinzu und damit die tiefgreifende Erkenntnis der engen Beziehung zwischen Ökologie und Feminismus[25] sowie das Bewußtsein der patriarchalischen Wurzeln von Militarismus und Krieg[26].

Zugleich erfaßte die Alternativbewegung immer weitere Bevölkerungsschichten und wurde damit auch volkswirtschaftlich bedeutender. Die vielen in den letzten Jahren entstandenen Alternativprojekte stellen heute bereits einen neuen Wirtschaftssektor dar, den Joseph Huber in seinem Buch *Die zwei Gesichter der Arbeit* untersucht.[27] Das von Huber als »Dualwirtschaft« definierte Verhältnis zwischen Erwerbstätigkeit und Eigenarbeit wird inzwischen auch in Managerkreisen beachtet.

Ein weiterer Schritt in der wirtschaftlichen Entwicklung der Alternativbewegung ist die kürzlich gegründete Ökobank, die sich verpflichtet, die dort hinterlegten Gelder nur umweltfreundlichen und friedlichen Projekten zugute kommen zu lassen. Diese Bank funktioniert ähnlich wie das Netzwerk Selbsthilfe, nur in einer anderen Größenordnung und auf offizieller Ebene. Schließlich wurde das Verhältnis zwischen Vollbeschäftigung und Umweltschutz in mehreren Studien untersucht, von denen die einer Arbeitsgruppe des Bundes für Umwelt und Naturschutz Deutschland (BUND) mit dem Titel *Arbeit ohne Umweltzerstörung* wohl die ausführlichste ist.[28]

Die in diesem Anhang anhand einiger weniger Beispiele beschriebenen Keimzellen der neuen ökologischen Kultur sind heute in fast jeder deutschen Stadt zu finden, und der Prozeß ihrer fortschreitenden Vernetzung, Koordination und Kooperation ist in vollem Gange. Regionale und überregionale Netzwerke, deren Strukturen dem vernetzten Denken des neuen Paradigmas entsprechen, bemühen sich um die gemeinsame Sache. Eine der eindrucksvollsten Bestätigungen des Toynbeeschen Modells der aufsteigenden Kultur sind in der Bundesrepublik Deutschland wohl die Grünen. Ihre politischen Erfolge erregen weltweites Aufsehen und verändern die politische Landschaft der Bundesrepublik und mehrerer anderer europäischen Länder ganz wesentlich. Die großen Parteien wurden gezwungen, sich intensiver der Umweltproblematik zu widmen und »grüne« Themen in ihre Programme aufzunehmen. Wenn diese neuen Entwicklungen auch überaus erfreulich sind, muß dennoch festgestellt werden, daß es sich dabei noch hauptsächlich um oberflächliches Umweltdenken handelt, welches zur Überwindung unserer tiefgreifenden, weltweiten Krise unzureichend ist.

Wir werden unsere Probleme nur dann lösen können, wenn wir den Prozeß des Paradigmenwechsels fortsetzen und als Gesellschaft dazu in der Lage sind, den Übergang zur tiefen Ökologie[29] zu vollziehen, deren Grundgedanken in diesem Buch skizziert wurden. Die Erkenntnisse und Wertvorstellungen der tiefen Ökologie als Einzelne und als Gesellschaft zu verwirklichen, ist die Herausforderung dieser Wendezeit an uns alle.

Danksagung

Es ist mir eine Ehre und ein Vergnügen, an dieser Stelle Dank zu sagen für die erwiesene Hilfe und den Rat von

Stanislav Grof, Hazel Henderson,
Margaret Lock und Carl Simonton

Als Sonderberater in ihren Fachgebieten haben sie für mich Hintergrundpapiere geschrieben, die dann in den Text des Buches eingegliedert wurden. Sie haben zudem viel Zeit aufgewendet, um mit mir Diskussionen zu führen, die auf Band aufgenommen und dann für den gleichen Zweck niedergeschrieben wurden. Auf diese Weise hat insbesondere Stanislav Grof zu den Kapiteln 6 und 11 beigetragen, Hazel Henderson zu den Kapiteln 7 und 12, sowie Margaret Lock und Carl Simonton zu den Kapiteln 5 und 10.

Bevor ich mit dem eigentlichen Schreiben begann, trafen wir fünf uns vier Tage lang, zusammen mit Gregory Bateson, Antonio Dimalanta und Leonard Shlain, um Inhalt und Struktur des Buches zu erörtern. Diese Diskussionen, denen es nicht an spannenden Momenten mangelte, waren für mich außerordentlich anregend und erhellend und werden stets zu den Höhepunkten meines Lebens zählen.

Ich bin allen oben genannten Personen für ihren Rat und ihre Hilfe während der Arbeit an diesem Buche zu tiefem Dank verpflichtet, desgleichen dafür, daß sie die verschiedenen Teile des Manuskriptes mit kritischen Augen gelesen haben. Ein ganz besonderer Dank gilt Leonard Shlain, der mir viele medizinische Probleme erläuterte, und Antonio Dimalanta, der mich mit jüngsten Entwicklungen in der Familientherapie vertraut machte.

Robert Livingston, den ich im letzten Stadium des Schreibens kennenlernte, gilt ganz besonderer Dank für seinen unschätzbaren Rat bezüglich der Kapitel, die sich mit Biologie befassen.

Gregory Bateson hat während der gesamten Arbeit großen Einfluß auf mein Denken ausgeübt. Wann immer eine Frage auftauchte, die ich mit keiner bestimmten wissenschaftlichen Disziplin oder Denkschule assoziieren konnte, pflegte ich am Rand meines Manuskriptes zu notieren: »Bateson fragen!« Unglücklicherweise sind einige dieser Fragen immer noch ohne Antwort. Gregory Bateson starb, bevor ich ihm alle Teile meines Manuskriptes zeigen konnte. Die ersten Absätze von Kapitel 9, das besonders von seiner Arbeit beeinflußt ist, wurden am Tage nach seinem Begräbnis geschrieben, und zwar auf dem Kliff an der Big-Sur-Küste, von wo aus seine Asche in den Ozean verstreut wurde. Ich werde stets für die Auszeichnung dankbar sein, ihn gekannt zu haben.

Weiterhin möchte ich meine tiefe Dankbarkeit ausdrücken gegenüber vielen anderen Personen, die mir während der jahrelangen Arbeit an diesem Buch hilfreich zur Seite standen. Es ist mir unmöglich, alle namentlich aufzuführen. Ganz besonders bin ich jedoch folgenden Personen zu Dank verpflichtet:

- Geoffrey Chew für den fortlaufenden Gedankenaustausch, der für mich die reichste Quelle des Wissens und der Inspiration war, sowie David Bohm und Henry Stapp für anregende Erörterungen grundlegender Fragen der Physik;
- Jonathan Ashmore, Robert Edgar und Horace Judson für hilfreiche Diskussionen und Korrespondenz über die zeitgenössische Biologie;
- Erich Jantsch für inspirierende Unterhaltungen und dafür, daß er großzügig sein eigenes Wissen und dessen Quellen mit mir geteilt hat;
- Virginia Reed, die mir die Augen für die Körpersprache öffnete und meine Vorstellungen von Gesundheit und Heilen vertiefte;
- Marta Rogers und ihren Studenten an der Universität von New York, mit ganz besonderem Dank an Gretchen Randolph für sehr aufschlußreiche Diskussionen über die Rolle der Pflege in der Heilkunst;
- Rick Chilgren und David Sobel für ihre Bereitstellung umfassender medizinischer Literatur;
- George Vithoulkas für die Einführung in die Theorie der Homöopathie und seine großzügige Gastfreundschaft, sowie Dana Ullman für ihren nützlichen Rat und Quellenerschließung;
- Stephen Salinger für anregende Gespräche über die Beziehungen zwischen Physik und Psychoanalyse;

– Virginia Senders, Verona Fonté und Craig Brod, die mir zahlreiche Fragen zur Geschichte der Psychologie klären halfen;
– R. D. Laing für faszinierende Unterhaltungen über Geisteskrankheiten und das Wesen des Bewußtseins und dafür, daß er mein wissenschaftliches Denken bis in seinen Kern herausgefordert hat;
– Marie-Louise von Franz sowie June Singer, mit denen ich die Jungsche Psychologie diskutierte;
– Frances Vaughn, Barbara Green, Frank Rubenfeld, Lynn Kahn und Mari Krieger für das, was ich von ihnen über Psychotherapie lernte;
– Carl Rogers für seine Eingebungen, seine allgemeine Hilfe und Großzügigkeit;
– James Robertson und Lucia Dunn für nutzbringende Unterhaltungen und unseren Schriftwechsel über wirtschaftswissenschaftliche Fragen;
– E. F. Schumacher für einen wunderschönen Nachmittag mit Diskussionen über ein breites Spektrum von Themen, von der Wirtschaftswissenschaft und Politik bis zu Philosophie, Ethik und Spiritualität;
– meinem T'ai-Chi-Lehrer, Meister Chiang Yun-Chung, der zugleich mein Arzt ist, und der mir chinesische Philosophie, Kunst und Wissenschaft nahebrachte;
– John Lennon, Gordon Onslow Ford und Gary Snyder, die mich durch ihre Kunst und ihre Lebensweise inspirierten, sowie Bob Dylan für zwei Jahrzehnte eindrucksvoller Musik und Poesie;
– Daniel Cohn-Bendit, Angela Davis, Victor Jara, Herbert Marcuse und Adriane Rich, die mein politisches Bewußtsein schärften;
– Charlene Spretnak und Miriam Monasch für ihre Freundschaft und Hilfe sowie dafür, daß sie meine Aufgeschlossenheit für feministische Probleme in Theorie und Praxis schärften;
– meinem Bruder Bernt Capra, meinem englischen Verleger Oliver Caldecott und meiner Freundin Lenore Weiss dafür, daß sie das ganze Manuskript lasen und mir wertvollen Rat und Anleitung zuteil werden ließen;
– allen jenen Personen, die zu meinen Vorlesungen, Seminaren und Arbeitsgruppen kamen und mir dadurch das stimulierende Umfeld schufen, das es mir ermöglichte, dieses Buch zu schreiben;
– an die Esalen-Gemeinschaft, insbesondere Rick Tarnas, für laufenden Beistand und großzügige Gastfreundschaft und dafür, daß sie mir gestatteten, viele Eingebungen in zwanglosem Rahmen zu diskutieren;
– dem Präsidenten und der Fakultät des Macalester College für die

erwiesene Gastfreundschaft und dafür, daß sie mir Gelegenheit gaben, als Gastprofessor in einer Reihe öffentlicher Vorlesungen eine erste Version meiner Thesen vorzutragen;

- Susan Corrente, Howard Kornfeld, Ken Meter und Annelies Rainer für Quellenforschung und Ratschläge;
- meinen Sekretären Murray Lamp und Jake Walter, die mir mit großem Können, Einfallsreichtum und guter Stimmung zur Seite standen, sowie Alma Taylor für ihre ausgezeichnete Schreibarbeit und das Lesen der Korrekturfahnen;
- schließlich meinen Verlegern Simon und Schuster, Alice Mayhew und John Cox für ihre Geduld, Hilfsbereitschaft und Ermunterung – die mir halfen, ein umfangreiches Manuskript in ein gut-proportioniertes Buch umzuformen;
- beim Verfassen der Einführung und des Anhangs zur deutschen Neuausgabe ging ich ähnlich vor wie beim Schreiben des Buches selbst. Manon Maren-Griesebach schrieb für mich ein Hintergrundpapier über ganzheitlich-ökologisches Denken in der deutschen Geistesgeschichte und Rüdiger Lutz eine Arbeit über die Geschichte der Alternativ- und Ökologiebewegung in Deutschland. Mit beiden hatte ich lange, äußerst anregende Gespräche, und ich bin ihnen zu tiefem Dank verpflichtet. Ohne ihre Hilfe wäre es mir unmöglich gewesen, die Einführung und den Anhang zu dieser Ausgabe zu schreiben.

Anmerkungen

(Die vollständigen bibliographischen Angaben zu den Quellen dieser Anmerkungen findet der Leser in der Bibliographie.)

Einführung

1 Siehe S. 409 ff.
2 Siehe S. 465.
3 Siehe Capra (1975), S. 16.
4 *Tabula Smaragdina*, 1. Sentenz.
5 Siehe Capra (1975), S. 87.
6 Paracelsus, *Der Mikrokosmos*.
7 Jakob Böhme, *Beschreibung der drei Prinzipien*.
8 Siehe S. 366.
9 Siehe S. 294 ff.
10 Siehe S. 98.
11 Jakob Böhme, *Mysterium Magnum*.
12 Siehe S. 465.
13 Joh. W. Goethe an F. H. Jacobi, 9. 6. 1785.
14 Joh. G. Herder, *Ideen zur Philosophie der Geschichte*, 2. Buch I.
15 Joh. W. Goethe, *Annalen*, 1811.
16 Siehe Capra (1975), S. 131.
17 Joh. W. Goethe, »Der Versuch als Vermittler von Objekt und Subjekt«, 1792.
18 Joh. W. Goethe, »Das Skelett der Nagetiere«, 1790.
19 Siehe S. 294 ff.
20 G. Bateson (1979).
21 Siehe S. 295.
22 Siehe S. 316.
23 Joh. W. Goethe an Prof. Schweiger, April 1814.
24 Siehe S. 67 ff.
25 Siehe Engels (1876/1973), S. 453.
26 Siehe Adorno u. a. (1969).
27 Ebenda, S. 19.
28 Platon, *Theaitetos*, 174 C f.

1. An der Wende der Gezeiten

1 Siehe Rothschild (1980).
2 Siehe Mother Jones, Juli 1979.
3 Siehe Sivard (1979).
4 Siehe Kapitel 8.
5 Siehe Kapitel 8.
6 Zitiert in: Ehrlich und Ehrlich (1972), S. 147.
7 Ebenda, Kapitel 7.
8 Fuchs (1974), S. 42.
9 *Washington Post*, May 20, 1979.
10 Siehe Harman (1977).
11 Diese Graphik soll keine exakte Darstellung der dort aufgeführten Kulturen sein, sondern nur deren allgemeines Entwicklungsmuster erläutern. Zwar wurden annähernde

Daten für Beginn, Höhepunkt und Ende jeder Kultur verwendet, die individuellen Kurven wurden jedoch willkürlich gleich hoch gezeichnet. Zwecks besserer Deutlichkeit wurden sie vertikal versetzt.

12 Toynbee (1972).
13 Weitere Angaben ebenda, S. 89.
14 Siehe Henderson (1981).
15 Eine umfassende Erörterung der vielfachen Facetten der Hierarchie findet man bei Rich (1977).
16 Ebenda, S. 40.
17 Kuhn (1970) bringt eine ausführliche Schilderung der Paradigmen und der Paradigma-Verlagerungen.
18 Sorokin (1937–41).
19 Ebenda, Band 4, S. 775 ff.
20 Mumford (1956).
21 I Ching, Kommentare zum Hexagramm »Die Wendezeit«, Wilhelm (1968), S. 97.
22 Eine ungewöhnlich klare Analyse der materialistischen Dialektik, die auffallende Ähnlichkeiten mit altem chinesischen Gedankengut aufweist, ohne das jedoch jemals zuzugeben, findet sich in dem berühmten Essay von Mao Zedong »On Contradiction« Mao (1968).
23 Siehe Barzun (1958), S. 186.
24 Wang Ch'ung, zitiert in Capra (1975), S. 106.
25 Porkert (1974), S. 9 ff. Eine gute Einführung gibt Porkert (1979).
26 Siehe Golemann (1978) mit seinem Überblick über jüngste Forschungsergebnisse zum Unterschied der Geschlechter.
27 Siehe Merchant (1980), S. 13.
28 Zitiert in Capra (1975), S. 114.
29 Wilhelm (1960), S. 18.
30 Zitiert in Capra (1975), S. 117.
31 Zitiert ebenda.
32 Siehe Merchant (1980), S. XVII.
33 Siehe Dubos (1968), S. 34.
34 Siehe Kapitel 9.
35 Koestler (1978), S. 57.
36 Siehe Mumford (1970).
37 Roszak (1969).
38 Toynbee (1972), S. 228.
39 Zitiert in Capra (1975), S. 28.

2. *Die Newtonsche Weltmaschine*

1 Zitiert in Randall (1976), S. 237.
2 Als Beispiel siehe Crosland (1971), S. 99.
3 Laing (1982).
4 Huai Nan Tzu, zitiert in Capra (1975), S. 117.
5 Weitere Hinweise auf diese Baconschen Metaphern findet man bei Merchant (1980), S. 169.
6 Dieses Thema wird überzeugend von Carolyn Merchant erörtert, ebenda.
7 Russell (1961), S. 542.
8 Siehe Vrooman (1970), S. 54–60.
9 Zitiert ebenda, S. 51.
10 Zitiert in Garber (1978).
11 Zitiert ebenda.
12 Zitiert in Vrooman (1970), S. 120.
13 Zitiert in Garber (1978).
14 Ebenda.
15 Zitiert in Sommers (1978).
16 Heisenberg (1962), S. 81.
17 Merchant (1980), S. 3.
18 Zitiert in Randall (1976), S. 224.
19 Zitiert in Rodis-Lewis (1978).
20 Ebenda.
21 Zitiert in Vrooman (1970), S. 258.
22 Zitiert in Capra (1975), S. 56.
23 Zitiert in Randall (1976), S. 263.
24 Keynes (1951).
25 Zitiert in Capra (1975), S. 55.
26 Ebenda.
27 Ebenda, S. 56.
28 Zitiert in Vrooman (1970), S. 189.
29 Siehe Capra (1975), S. 59.
30 Zitiert in Randall (1976), S. 486.
31 Bateson (1972), S. 427.

3. Die Neue Physik

1 W. Heisenberg, zitiert in Capra (1975), S. 50.
2 W. Heisenberg, zitiert ebenda, S. 67.
3 W. Heisenberg, zitiert ebenda, S. 53.
4 A. Einstein, zitiert ebenda, S. 42.
5 Siehe Kapitel 9.
6 Eine Definition und genaue Beschreibung der Mystik findet sich in Stace (1960), Kapitel 1.
7 Im Augenblick scheinen einige Eigenschaften der Elementarteilchen, etwa elektrische Ladung oder magnetische Anziehungskraft, von der experimentellen Ausgangssituation unabhängig. Doch deuten neueste Entwicklungen in der Teilchenphysik, die an anderer Stelle diskutiert werden, darauf hin, daß auch diese Eigenschaften sehr wohl von unserem Beobachtungs- und Meßrahmen abhängig sein könnten.
8 Siehe Capra (1975), S. 160.
9 Niels Bohr, zitiert ebenda, S. 137.
10 W. Heisenberg, zitiert ebenda, S. 139.
11 Stapp (1971).
12 Bateson (1979), S. 17.
13 Für die Erörterung dieses Themas schulde ich Henry Stapp Dank; siehe auch Stapp (1972).
14 Siehe Schilpp (1951) und Stapp (1972).
15 Siehe Bohm (1951), S. 614 ff.
16 Siehe Stapp (1971); eine Darstellung der Implikationen von Bells Theorem im Zusammenhang mit der Philosophie von A. N. Whitehead liefert Stapp (1979).
17 Die nachfolgende Darstellung beruht auf der umfassenden Diskussion des EPR-Experiments durch David Bohm in Bohm (1951), S. 614 ff.
18 Stapp (1971).
19 Siehe Bohm (1951), S. 167.
20 Bohm (1951), S. 169 ff.
21 Jeans (1930).
22 Dieses Phänomen und sein Zusammenhang mit dem Unschärfeprinzip wird ausführlich in Capra (1975), S. 192, beschrieben.
23 Die Wechselwirkungen zwischen Elementarteilchen lassen sich in vier Hauptkategorien mit deutlich unterschiedlichen Stärkegraden gliedern: starke Wechselwirkungen, elektromagnetische Wechselwirkungen, schwache Wechselwirkungen, Gravitationswechselwirkungen. Siehe Capra (1975), S. 228.
24 Eine ausführlichere Darstellung der Quantentheorie und der S-Matrix-Theorie siehe Capra (1975).
25 Ebenda, S. 286 ff.
26 G. F. Chew, zitiert ebenda, S. 295.
27 Siehe Capra (1979a).
28 Bohm (1980).
29 Holographie ist ein Verfahren des Photographierens ohne Linse, das auf den Interferenz-Eigenschaften der Lichtwellen beruht. Das dabei entstehende »Bild« nennt man Hologramm; siehe Collier (1968). Eine umfassende nicht-technische Einführung geben Outwater and van Hamersveld (1974).

4. Das mechanistische Bild des Lebens

1 Zitiert in Dubos (1968), S. 76.
2 Handler (1970), S. 55.
3 Weiss (1971), S. 267.
4 Dubos (1968), S. 117.
5 Einige Naturwissenschaftler, zumeist der älteren Generation ange-

hörig, haben versucht, biologische Probleme innerhalb eines umfassenderen ganzheitlichen oder systemtheoretisch ausgerichteten Rahmens anzupacken. Unter ihren Schriften fand ich am anregendsten die von Bateson (1972, 1979), George Coghill, wie von Herrick diskutiert (1949), von René Dubos (1959, 1965, 1968, 1976, 1979), Lewis Thomas (1975, 1978, 1979) und Paul Weiss (1971, 1973).

6 Eine Einführung in die Geschichte der Biologie, verbunden mit einer ausführlicheren Bibliographie, gibt Magner (1979). Auf ihr beruht ein wesentlicher Teil der nachfolgenden Darstellung.

7 La Mettrie (1960; die zitierte Stelle ist meine eigene Übersetzung aus dem französischen Original).

8 Needham (1928).

9 Ebenda, S. 90.

10 Ebenda, S. 66.

11 Ebenda, S. 86.

12 Zitiert in Magner (1979), S. 330.

13 Zitiert in Dubos (1968).

14 Cannon (1939).

15 Weitere Einzelheiten siehe Kapitel 9.

16 Wir können jedoch feststellen, daß das vor kurzem entdeckte Phänomen der »springenden Gene«, auch unter dem Fachausdruck umsetzbare genetische Elemente bekannt, vielleicht einen Lamarckschen Aspekt der Evolution darstellt. Siehe Cohen und Shapiro (1980).

17 Zitiert in Magner (1979), S. 357.

18 Siehe Kapitel 9. Darwin selbst betonte, daß die natürliche Zuchtwahl, obwohl er sie für den bedeutendsten evolutionären Mechanismus hielt, keineswegs der einzige ist; siehe Gould und Lewontin (1979).

19 Monod (1971), S. 122.

20 Wilson (1975).

21 Siehe Caplan (1978).

22 Zitiert in Randall (1976), S. 479.

23 Zitiert ebenda, S. 480.

24 Siehe Ruesch (1978).

25 Eine nicht-technische Darstellung der historischen Entwicklung der Molekularbiologie bietet Stent (1969), Kapitel 1–4.

26 Siehe Judson (1979).

27 So stellte beispielsweise Bohr die These auf, unser Wissen, daß eine Zelle lebendig sei, könne das vollständige Wissen um ihre molekulare Struktur ergänzen.

28 Zitiert in Judson (1979), S. 218.

29 Weiss (1971), S. 270.

30 Siehe Stent (1969), S. 10.

31 Zitiert in Judson (1979), S. 209.

32 Zitiert ebenda, S. 220.

5. *Das biomedizinische Modell*

1 Engel (1977).

2 Zur Erfassung lebender Organismen als Systeme siehe Kapitel 9; über die Betrachtung der Gesundheit als System siehe Kapitel 11.

3 Siehe Dubos (1979).

4 Siehe Dunn (1976).

5 Siehe Corea (1977); Ehrenreich und English (1978); siehe auch Rich (1977), S. 117 ff.

6 Siehe Vrooman (1970), S. 173 ff.

7 Siehe Kapitel 11 mit seiner ausführlichen Darstellung der Homöopathie.

8 Dubos (1976), S. XXVII–XXXIX. Die folgenden Zitate von Erklärungen Pasteurs stammen aus dieser Quelle. Einige davon sind meine eigenen Übersetzungen aus dem französischen Original.

9 Siehe Kapitel 6.
10 Siehe beispielsweise Knowles (1977a).
11 Siehe Dubos (1965), S. 369 ff.
12 Siehe »Development of Medical Technology«, in: *Report of the United States Congress Office of Technology Assessment*, August 1976.
13 Siehe Kapitel 11.
14 Siehe Knowles (1977b).
15 Siehe Richmond (1977).
16 Siehe Fuchs (1974), S. 31 ff.
17 Siehe Knowles (1977a). Die zitierten Bemerkungen stammen von S. 7 (Knowles), S. 87 (Rogers), S. 29 (Callahan), S. 37 (Thomas) und S. 105 (Wildavsky).
18 Siehe Fuchs (1974), S. 104 ff.
19 McKeown (1976).
20 Siehe Dubos (1968), S. 78.
21 Der Zusammenhang zwischen Geburtsrate und Lebensstandard wird in Kapitel 7 besprochen.
22 Siehe Haggerty (1979).
23 Ein Beispiel einer sehr prägnanten und nachdenklich machenden Kritik aus der Ärzteschaft selbst bringt Holman (1976).
24 Die Diskussion konzentriert sich auf das Gesundheitswesen in den Vereinigten Staaten; doch sind ähnliche Trends auch in Kanada und den meisten europäischen Ländern zu beobachten.
25 Siehe Illich (1977).
26 Siehe Frederickson (1977).
27 Siehe beispielsweise Seldin (1977).
28 Knowles (1977b).
29 Siehe Simonton, Simonton und Creighton (1978); eine ausführlichere Darstellung der von den Simontons zur Krebsbekämpfung entwikkelten Geist/Körper-Methode bringt Kapitel 11.
30 Siehe Melzack (1973).
31 L. Shlain, private Mitteilung, 1979.
32 Siehe Kapitel 11.
33 Szasz (1961).
34 Dubos (1959).
35 Siehe Feifel (1967).
36 Siehe Kübler-Ross (1969, 1975); Cohen (1979).
37 Siehe Powles (1979).
38 Siehe Shortt (1979).
39 Thomas (1977).
40 Siehe Anmerkung 12.
41 Siehe Holman (1976).
42 Siehe Illich (1977), S. 23.
43 Siehe Tancredi und Barondes (1978).
44 Thomas (1979), S. 168 ff.
45 McKeown (1976), S. 128.
46 Siehe Dubos (1968), S. 74 ff.
47 Siehe Cassel (1976); Kleinman, Eisenberg und Good (1978).
48 Siehe Kleinman, Eisenberg und Good (1978).
49 Siehe Kapitel 10.
50 Siehe Dubos (1965), S. 134.
51 Siehe Dubos (1965), S. 171 ff.
52 Siehe Thomas (1978).
53 Siehe Holman (1976).
54 Siehe Lock (1980), S. 136.
55 Siehe Corea (1977); Ehrenreich und English (1978).
56 Siehe Fuchs (1974), S. 56.
57 David E. Rogers (1977).
58 Siehe Fuchs (1974), S. 70 ff.
59 May (1978).
60 Siehe Knowles (1977b).
61 Siehe Kapitel 8.

6. Die Newtonsche Psychologie

1 Siehe z. B. Murphy und Kovach (1972).
2 Eine kurze Einführung in fernöstliche mystische Überlieferungen gibt Capra (1975), Kapitel 5–9.
3 Siehe Wilber (1977), S. 164 ff.

4 Siehe Fromm, Suzuki und De Martino (1960); Watts (1961); Rama, Ballentine und Weinstock (1976).
5 Siehe Kapitel 2.
6 Eine Erörterung der Beziehung zwischen der Monadentheorie von Leibniz und der *bootstrap*-Theorie der Teilchenpartikel findet man bei Capra (1975), S. 298 ff.
7 James (1961), S. 305.
8 Siehe Murphy und Kovach (1972), S. 238.
9 Watson (1970), S. IX.
10 Watson (1914), S. 27.
11 Zitiert in Capra (1975), S. 300.
12 Siehe Kapitel 2.
13 Siehe Murphy und Kovach (1972), S. 320.
14 Skinner (1953), S. 30–31.
15 Weiss (1971), S. 264.
16 Skinner (1975), S. 3.
17 Siehe Murphy und Kovach (1972), S. 278.
18 Freud (1914), S. 78.
19 Siehe Murphy und Kovach (1972), S. 282.
20 Die Beziehungen zwischen Psychoanalyse und Physik hat D. C. Levin in allen Einzelheiten in einer umfassenden Studie erforscht. Ein erheblicher Teil der nachfolgenden Erörterungen beruht auf seinem Dokument; siehe Levin (1977).
21 Freud (1921), S. 178 ff.
22 Siehe Kapitel 2.
23 Siehe z. B. Fenichel (1945).
24 Siehe Levin (1977). Er diskutiert eingehender die interessante Parallele zwischen den Theorien von Newton und Freud.
25 Freud (1933), S. 80.
26 Freud (1938), S. 181.
27 Freud (1926), S. 224 ff.
28 Siehe Murphy und Kovach (1972), S. 296–297.
29 Siehe Strouse (1974).
30 Siehe Freud (1926), S. 212.
31 Siehe Kapitel 10.
32 Siehe Kapitel 11.
33 Siehe Deikman (1978).

7. Wirtschaftswissenschaft in der Sackgasse

1 Henderson (1978).
2 Siehe Weiss (1973), S. 71.
3 Navarro (1977), S. X.
4 Schumacher (1975), S. 46.
5 Ebenda, S. 53 ff.
6 Zitiert von Myrdal (1973), S. 149.
7 Siehe Henderson (1978), S. 78.
8 Siehe Myrdal (1973), S. 150.
9 *Washington Post*, May 20, 1979.
10 Bezugnahmen auf diese Meinungsumfragen finden sich in Henderson (1978), S. 13 und 155.
11 *Harvard Business Review*, Dezember 1975.
12 Zitiert in Henderson (1978), S. 63.
13 Zitiert ebenda.
14 Zitiert in *Fortune*, September 11, 1978.
15 Interview in der *Washington Post*, November 4, 1979.
16 Siehe Madden (1972).
17 Siehe Kapitel 1.
18 Siehe Polanyi (1968).
19 Siehe Polanyi (1944), S. 50.
20 Weber (1958).
21 Hinweise auf die Arbeiten dieser Autoren finden sich in der Bibliographie.
22 Siehe Henderson (1981).
23 Siehe Rich (1977), S. 100.
24 Zitiert in Routh (1975), S. 45.
25 Siehe Kapitel 2.
26 Siehe Soule (1952), S. 51.
27 Siehe Dickinson (1974), S. 79–81.
28 Lucia F. Dunn, private Mitteilung, 1980.

29 Siehe Henderson (1978), S. 94.
30 Ebenda, S. 76.
31 Siehe Kapp (1971).
32 Heilbroner (1978).
33 Marx (1888), S. 109.
34 Heilbroner (1980), S. 134.
35 Marx (1891), S. 317 ff.
36 Siehe Sombart (1976).
37 Siehe Harrington (1976), S. 85.
38 Ebenda. S. 106.
39 Zitiert ebenda, S. 126.
40 Marx (1844), S. 58.
41 Harrington (1976), S. 77.
42 Marx (1844), S. 61.
43 Marx (1970), S. 254.
44 Zitiert von Heilbroner (1980), S. 148.
45 Siehe Marx (1844), S. 93 ff.
46 Keynes (1934), S. 249.
47 Siehe Henderson (1978), S. 36.
48 Zitiert ebenda, S. 3.
49 Siehe Horney (1937); Galbraith (1958).
50 Hubbert (1974).
51 Siehe Commoner (1980).
52 Siehe Kapitel 8.
53 Siehe Goldsen (1977); Mander (1978).
54 Siehe Rothschild (1980).
55 Siehe Aldridge (1978), S. 14 ff.
56 Henderson (1978), S. 158.
57 Schumacher (1975), S. 146.
58 Theodore Roszak hat in seinem Buch *Person/Planet* eine umfassende und beredte Diskussion über Natur und die Folgen des institutionellen Wachstums geliefert, wobei er sich besonders auf das Wachstum der Städte konzentriert. Siehe Roszak (1978), S. 241 ff.
59 Siehe Navarro (1977), S. 153, und Schwartz (1980).
60 Walter B. Wriston, Interview in *The New Yorker*, January 5, 1981.
61 Die Wirtschaftskriminalität großer Unternehmen zu untersuchen, war eines der Hauptziele der in San Francisco herausgegebenen Zeitschrift *Mother Jones*. Berichte über Praktiken großer Unternehmen in der Dritten Welt findet man beispielsweise in folgenden Ausgaben: August 1977 (Agro-Industrien und der Hunger in der Welt); Dezember 1977 (der Skandal über die Lieferung von Milchpulver für Säuglinge); November 1979 (Gefährliche Produkte auf Müllhalden).
62 Siehe z. B. Grossman and Daneker (1979).
63 Roszak (1978), S. 33.
64 Siehe Navarro (1977), S. 83.
65 Siehe Henderson (1978), S. 73.
66 Zitiert von Navarro (1977), S. 137 ff.
67 *Wall Street Journal*, August 5, 1975.
68 Siehe Galbraith (1979).
69 Eine kurzgefaßte Übersicht über die Debatte zwischen Ökologen und Wirtschaftswissenschaftlern bringt Henderson (1978), S. 63 ff.
70 Henderson (1978), S. 319.
71 Zitiert von Commoner (1979), S. 72.
72 Siehe Kapitel 12.
73 Siehe Robertson (1979), S. 88 ff.; siehe auch Roszak (1978), S. 205 ff.
74 Siehe Burns (1975), S. 23.
75 Roszak (1978), S. 220.
76 Siehe Henderson (1981).
77 Siehe Kapitel 12.

8. Die Schattenseiten des Wachstums

1 Brown (1980).
2 Ebenda, S. 294–298.
3 Siehe Dumanoski (1980).
4 Eine Diskussion der Notwendigkeit und praktischen Durchführbarkeit des Übergangs zur Sonnenenergie bringt Kapitel 12.
5 Ellsberg (1980).
6 Zitiert in Sivard (1979), S. 14.
7 Aldridge (1978).
8 Ebenda, S. 71 ff.
9 Eine kurze, aber vollständige Übersicht über den gesamten Streitgegenstand Kernenergie findet man bei Caldicott (1978); eine mehr auf Einzelheiten eingehende Darstellung des Kampfes gegen die Kernenergie geben Nader and Abbotts (1977).
10 Siehe Woollard und Young (1979).
11 Siehe Ellsberg (1980).
12 Siehe Nader und Abbotts (1977), S. 80.
13 Eine genauere Diskussion dieses Themas bei Nader und Abbotts (1977).
14 Ebenda, S. 365.
15 Siehe z. B. Airola (1971).
16 Siehe Winikoff (1978).
17 Siehe Illich (1977), S. 63.
18 Siehe Silverman und Lee (1974), S. 293.
19 Siehe Fuchs (1974), S. 109.
20 Siehe Woodman (1977).
21 Siehe Bekkanen (1976).
22 Siehe Woodman (1977).
23 Siehe Hughes und Brewin (1980) sowie Mosher (1976).
24 Siehe Brooke (1976).
25 Siehe Woodman (1977).
26 Siehe Commoner (1977), S. 152.
27 Zitiert von Berry (1977), S. 66.
28 Siehe Zwerdling (1977).
29 Commoner (1977), S. 161.
30 Ebenda.
31 Ebenda, S. 163.
32 Siehe Zwerdling (1977).
33 Jackson (1980), S. 69.
34 Zitiert von Berry (1977), S. 61.
35 Siehe Zwerdling (1977).
36 Siehe Weir und Shapiro (1981).
37 Moore Lappé und Collins (1977a); Zusammenfassungen ihrer Argumente in Moore Lappé und Collins (1977b,c). Meine Ausführungen über Agroindustrien und Hunger in der Welt lehnen sich eng an diese beiden Artikel an.
38 Siehe Culliton (1978).
39 Zitiert von Navarro (1977), S. 161.

9. Das Systembild des Lebens

1 Eine kurze Einführung in das System-Denken gibt Laszlo (1972b); ausführlicher behandeln dieses Thema Bertalanffy (1968) und Laszlo (1972a).
2 Das Studium der Transaktionen geht der Systemtheorie zeitlich voraus; siehe Dewey und Bentley (1949), S. 103 ff.
3 Weiss (1971), S. 284.
4 Ebenda, S. 225 ff.
5 Siehe Jantsch (1980).
6 Weiss (1973), S. 25.
7 Prigogine (1980).
8 Siehe Laszlo (1972), S. 42.
9 Siehe Bateson (1972), S. 351 ff.
10 Thomas (1975), S. 86.
11 Siehe z. B. Locke (1974).
12 Siehe Kapitel 4.
13 Siehe Goreau, Goreau und Goreau (1979).
14 Siehe Thomas (1975), S. 26 ff.; 102 ff.
15 Siehe Dubos (1968), S. 7 ff.

16 Siehe Thomas (1975), S. 83.
17 Ebenda, S. 6.
18 Ebenda, S. 9.
19 Siehe Kapitel 1.
20 Siehe Laszlo (1972), S. 67.
21 Eine Diskussion des hierarchischen Denkens als kulturgebundenes Phänomen bringt Maruyama (1967, 1979); eine feministische Kritik der Hierarchien bringt Dodson Gray (1979).
22 Weiss (1971), S. 276.
23 Thomas (1975), S. 113.
24 L. Shlain, Vorlesung am College of Marin, Kenfield, California, am 23. Januar 1979.
25 Siehe Lovelock (1979); eine Erörterung des ursprünglichen Gaia-Mythos enthält Spretnak (1981a).
26 Jantsch (1980).
27 Siehe Kapitel 4.
28 Siehe Jantsch (1980), S. 48.
29 Der Zusammenhang zwischen dieser Unbestimmbarkeit und der Unvorhersagbarkeit individueller Geschehnisse in der Kernphysik sowie den sogenannten nicht-lokalen Zusammenhängen zwischen solchen Geschehnissen (siehe Kapitel 3) muß erst noch erforscht werden.
30 Laszlo (1972), S. 51.
31 Siehe Bateson (1972), S. 451.
32 Livingston (1978), S. 4.
33 Jantsch (1980), S. 75.
34 Siehe ebenda, S. 121 ff.
35 Bateson (1979), S. 92 ff.
36 G. Bateson, private Mitteilung, 1979.
37 Siehe Herrick (1949), S. 195 ff.
38 Siehe Kapitel 11.
39 Jantsch (1980), S. 308.
40 Einen Überblick neueren Datums enthält *Scientific American*, September 1979.
41 Siehe Jantsch (1980), S. 61.
42 Siehe Kinsbourne (1978).
43 Siehe Russell (1979).
44 Die Tatsache, daß ich die konventionelle Beschreibung des psychologischen Geltungsbereiches als »innere« Welt beibehalten habe, soll nicht bedeuten, daß er irgendwo innerhalb des Körpers liegt. Es geht hier um eine Form der Geistestätigkeit, die Raum und Zeit transzendiert und daher nicht mit irgendeiner Ortsbestimmung assoziiert werden kann.
45 Siehe Dubos (1968), S. 47; siehe auch Herrick (1949).
46 Siehe Livingston (1963).
47 Siehe Kapitel 11.
48 Siehe z. B. Edelman und Mountcastle (1978), S. 74.
49 Siehe Capra (1975), S. 29.
50 Bezeugungen transpersönlicher Erfahrungen finden sich z. B. bei Bukke (1969). Eine weitere Erörterung der Begrenztheiten des gegenwärtigen wissenschaftlichen Rahmens in bezug auf das Bewußtsein findet der Leser in Kapitel 11.
51 Onslow-Ford (1964), S. 36.
52 Siehe Jantsch (1980), S. 165 ff.
53 Zitiert in Koestler (1978), S. 9.
54 Siehe Leonard (1981), S. 48 ff.
55 Pribram (1977, 1979).
56 Siehe Kapitel 3.
57 Siehe Kapitel 3.
58 Siehe Capra (1975), S. 292.
59 Siehe *Re-Vision*, Sonderausgabe über die holographischen Theorien von Karl Pribram und David Bohm, Summer/Fall 1978; siehe auch die Sonderausgabe von *Dromenon*, Spring/Summer 1980.
60 Siehe Leonard (1981), S. 14 ff.
61 Siehe Towers (1968, 1977).

10. Ganzheit und Gesundheit

1 Siehe z. B. Eliade (1964).
2 Siehe Glick (1977).
3 Siehe Janzen (1978).
4 Lévi-Strauss (1967), S. 182 ff.
5 Siehe Graves (1975), Band I, S. 176.
6 Siehe Spretnak (1981a).
7 Siehe Dubos (1968), S. 55.
8 Siehe z. B. Meier (1949); eine genauere Beschreibung des äskulapschen Rituals in Edelstein und Edelstein (1945).
9 Siehe Dubos (1968), S. 56 ff.
10 Dubos (1979b).
11 Dubos (1968), S. 58.
12 Siehe Capra (1975), S. 102.
13 Siehe Veith (1972).
14 Needham (1962), S. 279.
15 Eine Einführung in die Weltanschauung der klassischen chinesischen Medizin vermittelt Porkert (1979).
16 Ebenda.
17 Eine ausführliche Liste dieser Entsprechungen findet sich bei Lock (1980), S. 32.
18 Siehe Veith (1972), S. 105.
19 Eine ausführlichere Erklärung einiger der vielen von chinesischen Ärzten erkannten Pulseigenschaften kann man bei Manaka (1972), Anhang C, finden.
20 Siehe Lock (1980), S. 217.
21 Lock (1980).
22 Siehe Kleinman, Eisenberg und Good (1978).
23 Siehe Selye (1974).
24 Eine ausführlichere Erörterung der Natur des Stresses und seiner Rolle bei verschiedenen Erkrankungen bringt Pelletier (1977).
25 Einen Überblick über die Geschichte und den gegenwärtigen Stand der psychosomatischen Medizin gibt Lipowski (1977).
26 Siehe Dubos (1968), S. 64.
27 Siehe Kapitel 11.
28 Siehe Pelletier (1977), S. 42.
29 Weitere Einzelheiten siehe unten.
30 Siehe Cousins (1977).
31 Ebenda.
32 Siehe Knowles (1977b).
33 Siehe White (1978).
34 Weitere Einzelheiten bei Knowles (1977b), White (1978).
35 Eisenberg (1977).
36 White (1978).
37 White (1978).
38 Fuchs (1974), S. 104.
39 Rasmussen (1975).
40 Ebenda.
41 Eine kurze Übersicht über einen solchen nationalen Krankenversicherungsplan gibt White (1978).
42 Siehe Fuchs (1974), S. 76.
43 Einen Überblick über verschiedene Traditionen des Geistheilens und ihre Beziehungen zur modernen psychosomatischen Medizin und Psychotherapie bietet Krippner (1979); über jüngste experimentelle Wege zum Heilen durch Handauflegen berichtet Krieger (1975) und Grad (1979).
44 Siehe Kapitel 3; insbesondere ist die Übertragung von Energie stets mit einer Übertragung von Materie (Teilchen oder Ansammlungen von Teilchen) verbunden. Bei Phänomenen, bei denen sogenannte nicht-lokale Zusammenhänge mitwirken, wird keine Energie übertragen.
45 Vithoulkas (1980).
46 Ebenda, S. 140.
47 Siehe Kapitel 11.
48 Reich (1979); siehe vor allem das Kapitel mit der Überschrift »The Expressive Language of the Living«, S. 136–182.
49 Ebenda, S. 177.
50 Siehe Mann (1973), S. 24–25.

51 Reich (1979), S. 279 ff.
52 Siehe Mann (1973), S. 270 ff.
53 Siehe Thie (1973).
54 Eine mit Anmerkungen versehene Bibliographie der Körperarbeitliteratur bringt Popenoe (1977), S. 17–53.
55 Siehe Bartenieff (1980).
56 Siehe Kapitel 8.
57 Siehe dazu Randolph und Moss (1980).
58 Siehe Kapitel 5.
59 Eine ausführlichere Erörterung dieser Methoden findet man bei Pelletier (1977).
60 Ebenda, S. 197 ff.
61 Siehe Green und Green (1977).
62 Eine ausführlichere Beschreibung der Simonton-Methode bei Simonton, Matthews-Simonton und Creighton (1978).
63 C. Simonton, private Mitteilung, 1978.
64 Siehe Simonton, Matthews-Simonton und Creighton (1978), S. 57 ff.
65 LeShan (1977), S. 49 ff.

11. Reisen jenseits von Zeit und Raum

1 Jung (1951a), S. 261.
2 Eine kurze Einführung in Jungs Psychologie bietet Fordham (1972).
3 Siehe Kapitel 6.
4 Jung (1928), S. 17.
5 In seiner Studie »Über psychische Energetik« stellt Jung zahlreiche Analogien zur klassischen Physik auf. Er führt insbesondere den Begriff der Entropie in Boltzmanns Thermodynamik ein, was ziemlich unzureichend ist, um lebende Organismen zu beschreiben.
6 Jung (1939), S. 71.
7 Jung (1965), S. 352.
8 Jung (1936), S. 48; eine interessante Ausweitung des Begriffs der archetypischen Formen auf Zahlen und andere mathematische Strukturen findet sich bei von Franz (1974), S. 15 ff.
9 Jung (1951b).
10 Siehe Kapitel 3.
11 Jung (1929), S. 71.
12 Jung (1965), S. 133.
13 Siehe Murphy und Kovach (1972), S. 432.
14 Maslow (1962), S. 5.
15 Assagioli (1965).
16 Carl Rogers (1951).
17 Einen lebendigen Bericht über die ereignisreiche Geschichte des Esalen Institute gibt Tomkins (1976).
18 Siehe Murphy und Kovach (1972), S. 298 ff.
19 Siehe z. B. Goldenberg und Goldenberg (1980).
20 Carl Rogers (1970).
21 Siehe Sutich (1976).
22 Siehe Walsh und Vaughn (1980); siehe auch Pelletier und Garfield (1976).
23 Siehe Mander und Rush (1974); siehe auch Roszak (1978), S. 16 ff.
24 Stanislav Grof, *Journeys Beyond the Brain*, unveröffentlichtes Manuskript.
25 Wilber (1977); eine kurze Einführung findet man in Wilber (1975).
26 Siehe Grof (1976), S. 154 ff.
27 Zitiert in Capra (1975), S. 43.
28 Grof (1976).
29 Ebenda, S. 32 ff.
30 Ebenda, S. 46 ff.
31 Ebenda, S. 101 ff.
32 S. Grof, *Journeys Beyond the Brain*, unveröffentlichtes Manuskript.
33 Castaneda (1972), S. 55.
34 Siehe Capra (1979b).
35 Whitehead (1926), S. 66.

36 Siehe Kapitel 3.
37 Siehe Capra (1975), S. 71.
38 Siehe Berger, Hamburg und Hamburg (1977).
39 Siehe zum Beispiel Maslow (1964) und McCready (1976), S. 129 ff.
40 Siehe Perry (1974), S. 8 ff.
41 Rosenhan (1973).
42 Siehe Laing (1978), S. 114.
43 Bateson (1972), S. 201 ff.
44 Laing (1978), S. 28.
45 Ebenda, S. 104.
46 Siehe Rosenhan (1973).
47 R. D. Laing, private Mitteilung, 1978.
48 Jung (1965), S. 131.
49 Laing (1978), S. 56.
50 Siehe Laing (1972); Perry (1974), S. 149 ff.
51 Zitiert von Laing (1978), S. 118.
52 Ebenda, S. 128.
53 Ebenda, S. 46.
54 Perls (1969).
55 Grof (1980).
56 Ebenda.
57 Janov (1970).
58 Grof, *Journeys Beyond the Brain*, unveröffentl. Manuskript.
59 Ein hervorragendes Beispiel eines höchst ungewöhnlichen und zugleich sehr erfolgreichen therapeutischen Experiments dieser Art gibt Laing (1982).
60 Grof, *Journeys Beyond the Brain*, unveröffentl. Manuskript.

12. Der Übergang ins Solarzeitalter

1 Bateson (1972), S. 434.
2 Schumacher (1975), S. 258.
3 Forrester (1980).
4 Henderson (1978), S. 226.
5 Bateson (1972), S. 497.
6 Hinweise auf Bücher dieser Autoren gibt die Bibliographie.
7 Siehe Henderson (1978), S. 52.
8 Siehe Henderson (1981).
9 Ebenda.
10 Odum (1971).
11 Siehe Kapitel 2.
12 Georgescu-Roegen (1971).
13 Henderson (1978), S. 83.
14 Siehe Kapitel 9.
15 Siehe z. B. Rifkin (1980).
16 Jantsch (1980), S. 255.
17 Roszak (1978), S. XXX.
18 Weisskopf (1971), S. 24.
19 Siehe Cook (1971).
20 Roszak (1978), S. 254 ff.
21 Schumacher (1975), S. 34.
22 Siehe Kapitel 8.
23 Lovins (1977); eine jüngere, auf den neuesten Stand gebrachte Zusammenfassung gibt Lovins (1980).
24 Siehe Kapitel 8.
25 Zitiert von Commoner (1979), S. 46.
26 Siehe *Mother Jones*, September/October 1979.
27 Siehe Lovins (1977), S. 9; Grossman und Daneker (1979).
28 Stobaugh und Yergin (1979).
29 Siehe Lovins (1980).
30 Ebenda.
31 Siehe Commoner (1979), S. 56.
32 Siehe z. B. Stobaugh und Yergin (1979), S. 167.
33 Siehe Commoner (1979), S. 54.
34 Lovins (1978).
35 Siehe Commoner (1979), S. 44.
36 Ebenda, S. 64.
37 Stobaugh and Yergin (1979), S. 238.
38 Ebenda, S. 258 ff.
39 Siehe Commoner (1979), S. 36.
40 Siehe Stobaugh and Yergin (1979), S. 262.
41 Siehe Commoner (1979), S. 38.
42 Ebenda, S. 41 ff.
43 Jackson (1980), S. 62 ff.
44 Commoner (1979), S. 58 ff.

45 Ebenda, S. 62.
46 Siehe Kapitel 7.
47 Siehe Henderson (1978), S. 357.
48 Eine Liste der Menschen und Organisationen, welche die in den folgenden Abschnitten erörterten Ideen, Werte und Aktivitäten aktiv fördern, findet der Leser bei Robertson (1979), S. 135 ff.; eine ausführliche Erörterung der verschiedenen nichtoffiziellen Bildungsnetze findet sich bei Ferguson (1980).
49 Siehe Henderson (1978), S. 359.
50 Ebenda. S. 357 ff.
51 Siehe Huber (1979).
52 Siehe Henderson (1978), S. 391.
53 Siehe Sessions (1981).
54 Siehe Kapitel 11.
55 Siehe Kapitel 9; eine eingehendere Erörterung der Grundsätze des Taoismus findet man in Capra (1975), S. 113 ff.
56 Zitiert in Capra (1975), S. 117.
57 Siehe ebenda, S. 116.
58 Siehe Meeker (1980).
59 Siehe *Co-Evolutionary Quarterly*, Sommer 1977; siehe auch Elgin (1981).
60 Siehe Henderson (1978), S. 395.
61 Roszak (1978), S. XXIV.
62 Siehe Kapitel 1.
63 Siehe Stone (1976) mit einem geschichtlichen Überblick über die Verehrung von Göttinnen und deren spätere Unterdrückung; ferner Spretnak (1981a) mit einer Erörterung der vorpatriarchalischen griechischen Göttinnen-Mythologie; Chen (1974) mit Ausführungen über einen möglichen Zusammenhang zwischen Taoismus und Göttinnen-Spiritualität.
64 Bruteau (1974).
65 Siehe Spretnak (1981b).
66 Siehe Henderson (1980).
67 Siehe Kapitel 1.

Anhang

1 Jungk/Mundt (1965).
2 Siehe S. 279.
3 Meadows (1974).
4 Schumacher (1975).
5 Siehe S. 206.
6 Siehe S. 450.
7 Gruhl (1978).
8 Siehe S. 472.
9 Amery (1976)
10 Siehe S. 45.
11 Siehe S. 45, 473.
12 Siehe S. 263.
13 Siehe S. 294 ff.
14 Vester (1978).
15 Siehe S. 295.
16 Vester (1980).
17 Gruhl (1982).
18 Binswanger (1978).
19 Energiepolitik von unten (1982).
20 Siehe S. 459 ff.
21 Doernach (1981, 1983 a, b).
22 Callenbach (1981).
23 Siehe S. 440 f.
24 Global 2000 (1980).
25 Siehe S. 38.
26 Kelly (1983), S. 119 ff.
27 Huber (1984).
28 Binswanger u. a. (1983).
29 Siehe S. 465.

Bibliographie

Adorno, Theodor W., u. a.: *Der Positivismusstreit in der deutschen Soziologie*, Neuwied 1969.

Airola, Paavo: *Are You Confused?*, Phoenix, Arizona, 1971.

Aldridge, Robert C.: *The Counterforce Syndrome*, Washington, D. C., 1978.

Amery, Carl: *Natur als Politik*, Reinbek bei Hamburg 1976.

Assagioli, Roberto: *Psychosynthesis*, New York 1965, (deutsch: *Handbuch der Psychosynthese*).

Barnet, Richard J., und Muller, Ronald E.: *Global Reach: The Power of the Multinational Corporations*, New York 1974, (deutsch: *Die Krisenmacher. Die Multinationalen und die Verwandlung des Kapitalismus*).

Bartenieff, Irmgard: *Body Movement. Coping with the Environment*, New York 1980.

Barzun, Jacques: *Darwin, Marx, Wagner*, New York 1958.

Bateson, Gregory: *Steps to an Ecology of Mind*, New York 1972, (deutsch: *Ökologie des Geistes*).

–: *Mind and Nature*, New York 1979, (deutsch: *Geist und Natur*).

Bekkanen, John: »The Impact of Promotion on Physicians' Prescribing Patterns«, in: *Journal of Drug Issues*, Winter 1976.

Berger, Philip, Hamburg, Beatrix, und Hamburg, David: »Mental Health: Progress and Problems«, in: Knowles, John H., (Hrsg.): *Doing Better and Feeling Worse*, New York 1977.

Berry, Wendell: *The Unsettling of America*, San Francisco 1977.

von Bertalanffy, Ludwig: *General Systems Theory*, New York 1968, (deutsch: »Gesetz oder Zufall: Systemtheorie und Selektion«, in: *Das neue Menschenbild*, hrsg. v. A. Koestler).

Binswanger, Hans Ch., u. a.: *Arbeit ohne Umweltzerstörung*, Frankfurt 1983.

–, (Hrsg.): *Der NAWU-Report: Wege aus der Wohlstandsfalle*, Frankfurt 1978.

Bohm, David: *Quantum Theory*, New York 1951.

–: *Wholeness and the Implicate Order*, London 1980.

Boulding, Kenneth E.: *Beyond Economics*, Ann Arbor 1980.

Brooke, Paul: »Promotional Parameters: A Preliminary Examination of Promotional Expenditures«, in: *Journal of Drug Issues*, Winter 1976.

Brown, Michael: *Laying Waste*, New York 1980, (deutsch: *Seelische Krankheiten*).
Bruteau, Beatrice: »The Image of the Virgin Mother«, in: Plaskow, J., und Romero, J. A., (Hrsg.): *Women and Religion*, Missoula, Mont., 1974.
Bucke, Richard: *Cosmic Consciousness*, New York 1969, (deutsch: *Die Erfahrung des kosmischen Bewußtseins*).
Bunker, J., Hinkley, D., und McDermott, W.: »Surgical Innovation and its Evaluation«, in: *Science*, Mai 1978.
Burns, Scott: *Home Inc.*, New York 1975.
Caldicott, Helen: *Nuclear Madness*, Brookline, Mass., 1978.
Callenbach, Ernest: *Ökotopia*, Berlin 1978.
Cannon, Walter B.: *The Wisdom of the Body*, New York 1939.
Caplan, Arthur L., (Hrsg.): *The Sociobiology Debate*, New York 1978.
Capra, Fritjof: *The Tao of Physics*, Berkeley 1975, (deutsch: *Das Tao der Physik*).
–: »Quark Physics Without Quarks«, in: *American Journal of Physics*, Januar 1979, (a).
–: »Can Science Explain Psychic Phenomena?«, in: *Re-Vision*, Winter/Frühjahr 1979, (b).
Cassell, Eric J.: »Illness and Disease«, in: *Hastings Center Report*, April 1976.
Castaneda, Carlos: *Journey to Ixtlan*, New York 1972, (deutsch: *Reise nach Ixtlan*).
Chen, Ellen Marie: »Tao as the Great Mother and the Influence of Motherly Love in the Shaping of Chinese Philosophy«, in: *History of Religions*, August 1974.
Cohen, Kenneth P.: *Hospice: Prescription for Terminal Care*, Germantown 1979.
Cohen, Stanley N., und Shapiro, James A.: »Transposable Genetic Elements«, in: *Scientific American*, Februar 1980.
Collier, Robert J.: »Holography and Integral Photography«, in: *Physics Today*, Juli 1968.
Commoner, Barry: *The Poverty of Power*, New York 1977.
–: *The Politics of Energy*, New York 1979, (deutsch: *Radikale Energiewirtschaft*).
–: »How Poverty Breeds Overpopulation« in: Arditi, R., Brennan, P., und Cavrak, S., (Hrsg.): *Science and Liberation*, Boston 1980.
Cook, Earl: »The Flow of Energy in an Industrial Society«, in: *Scientific American*, September 1971.
Corea, Gena: *The Hidden Malpractice*, New York 1977.
Cousins, Norman: »The Mysterious Placebo«, in: *Saturday Review*, 1. Oktober 1977.
Crosland, M. P.: *The Science of Matter*, Baltimore 1971.
Culliton, B. J.: »Health Care Economics: The High Costs of Getting Well«, in: *Science*, Mai 1978.
Deikman, Arthur: »Comments on the GAP Report on Mysticism«, in: *AHP Newsletter*, San Francisco, Januar 1978.
Dewey, John, und Bentley, Arthur F.: *Knowing and the Known*, Boston 1949.
Dickson, David: *Alternative Technology*, London 1974.
Dodson Gray, Elizabeth: *Why the Green Nigger?*, Wellesley, Mass., 1979.
Doernach, Rudolf: *Handbuch für bessere Zeiten*, Stuttgart 1983 (a).
–, und Heid, Gerhard: *Biohaus für Dorf und Stadt*, Frankfurt 1981.
–, und Heid, Gerhard: *Das Naturhaus. Wege zur Naturstadt*, Frankfurt (21.–24. Tsd.) 1983 (b).
Dubos, René: *Mirage of Health*, New York 1959.
–: *Man Adapting*, New Haven 1965.

–: *Man, Medicine and Environment*, New York 1968.
–: *Louis Pasteur*, New York 1976, (Einleitung zur Ausgabe 1976).
–: Vorwort zu: Sobel, D. S., (Hrsg.): *Ways of Health*, New York 1979 (a).
–: »Hippocrates in Modern Dress«, in: Sobel: *Ways of Health* (b).
Dumanoski, Dianne: »Acid Rain«, in: *Sierra Club Bulletin*, Mai/Juni 1980.
Dunn, Fred L.: »Traditional Asian Medicine and Cosmopolitan Medicine as Adaptive Systems«, in: Leslie, Charles, (Hrsg.): *Asian Medical Systems*, Berkeley 1976.
Edelman, Gerald, und Mountcastle, Vernon: *The Mindful Brain*, Cambridge, Mass., 1978.
Edelstein, Emma J., und Edelstein, Ludwig: *Asclepius*, Baltimore 1945.
Ehrenreich, Barbara, und English, Deidre: *For Her Own Good*, New York 1978.
Ehrlich, Paul R., und Ehrlich, Anna H.: *Population, Resources, Environment*, San Francisco 1972, (deutsch: *Humanökologie*. Der Mensch im Zentrum einer neuen Wissenschaft).
Eisenberg, Leon: »The Search for Care«, in: Knowles, John H., (Hrsg.): *Doing Better and Feeling Worse*, New York 1977.
Elgin, Duane: *Voluntary Simplicity*, New York 1981.
Eliade, Mircea: *Shamanism*, Princeton 1964, (deutsch: *Schamanismus und archaische Ekstasetechnik*).
Ellsberg, Daniel: Interview in: *Not Man Apart*, San Francisco, Februar 1980.
Energiepolitik von unten, hrsg. v. Arbeitskreis Alternative Energie Tübingen, Frankfurt 1982.
Engels, Friedrich: *Dialektik der Natur*, 1876, Marx/Engels Werke, Bd. 20, Berlin 1973.
Feifel, Herman: »Physicians Consider Death«, in: *Proceedings of the American Psychological Association*, 1967.
Fenichel, Otto: *The Psychoanalytic Theory of Neurosis*, New York 1945, (deutsch: *Psychoanalytische Neurosenlehre*).
Ferguson, Marilyn: *The Aquarian Conspiracy*, Los Angeles 1980, (deutsch: *Die sanfte Verschwörung*. Persönliche und gesellschaftliche Transformation im Zeitalter des Wassermanns).
Fordham, Frieda: *An Introduction to Jung's Psychology*, Harmondsworth, Middlesex, 1972.
Forrester, Jay W.: *World Dynamics*, Cambridge, Mass., 1971.
–: »Innovations and the Economic Long Wave«, in: *Planning Review*, November 1980.
von Franz, Marie-Louise: *Number and Time*, London 1974, (deutsch: *Zahl und Zeit*. Psychologische Überlegungen zu einer Annäherung von Tiefenpsychologie und Physik).
Frederickson, Donald S.: »Health and the Search for New Knowledge«, in: Knowles, John H., (Hrsg.): *Doing Better and Feeling Worse*, a. a. O.
Freud, Sigmund: *»On Narcissism«*, 1914, (deutsch: *Über den Narzißmus*).
–: *Psychoanalysis and Telepathy*, 1921, (deutsch: *Traum und Telepathie*).
–: *The Question of Lay Analysis*, 1926, (deutsch: *Die Frage der Laienanalyse*).
–: *Dissection of the Psychical Personality*, 1933.
–: *An Outline of Psychoanalysis*, 1938, (deutsch: *Abriß der Psychoanalyse*).
(alle Texte deutsch in Sigmund Freud: *Studienausgabe in 10 Bänden*)
Fromm, Erich: *To Have or To Be?*, New York 1976, (deutsch: *Haben oder Sein*).

Fromm, Erich, Suzuki, Daisetsu Teitaro, und de Martino, Richard: *Zen Buddhism and Psychoanalysis,* New York 1960, (deutsch: *Psychoanalyse und Zen-Buddhismus*).

Fuchs, Victor: *Who Shall Live?*, New York 1974.

Galbraith, John Kenneth: *The Affluent Society*, Boston 1958, (deutsch: *Gesellschaft im Überfluß*).

–: *The Nature of Mass Poverty*, Cambridge, Mass., 1979, (deutsch: *Die Arroganz der Satten*).

Garber, Daniel: »Science and Certainty in Descartes«, in: Hooker, Michael, (Hrsg.): *Descartes*, Baltimore 1978.

Georgescu-Roegen, Nicholas: *The Entropy Law and the Economic Process*, Cambridge, Mass., 1971.

Glick, Leonard B.: »Medicine as an Ethnographic Category: The Gimi of the New Guinea Highlands«, in: Landy, Davis, (Hrsg.): *Culture, Disease and Healing. Studies in Medical Anthropology*. New York 1977.

Global 2000, Frankfurt 1980.

Goldenberg, Irene, und Goldenberg, Herbert: *Family Therapy. An Overview*, Belmont, Calif., 1980.

Goldsen, Rose: *The Show and Tell Machine*, New York 1977.

Goleman, Daniel: »Special Abilities of the Sexes: Do They Begin in the Brain?«, in: *Psychology Today*, November 1978.

Goreau, Thomas F., Goreau, Nora I., und Goreau, Thomas J.: »Corals and Coral Reefs«, in: *Scientific American*, August 1979.

Gould, S. J., und Lewontin, R. C.: »The spandrels of San Marco and the Panglosian paradigm: a critique of the adaptionist programme«, in: *Proceedings of the Royal Society*, London, September 1979.

Grad, Bernard: »Healing by Laying On of Hands: A Review of Experiments«, in: Sobel, David, (Hrsg.): *Ways of Health*, New York 1979.

Graves, Robert: *The Greek Myths*, 2 Bände, Harmondsworth, Middlesex, 1975.

Green, Elmer, und Green, Alyce: *Beyond Feedback*, San Francisco 1975, (deutsch: Eine neue Möglichkeit zu heilen).

Grof, Stanislav: *Realms of the Human Unconscious*, New York 1976, (deutsch: *Topographie des Unbewußten*).

–: *LSD Psychotherapy*, Pomona, Calif., 1980, (deutsch: *LSD Psychotherapie*).

–: *Journeys Beyond the Brain*, (unveröffentlicht).

Grossman, Richard, und Daneker, Gail: *Energy, Jobs and the Economy*, Boston 1979.

Gruhl, Herbert: *Das irdische Gleichgewicht*, Düsseldorf 1982.

–: *Ein Planet wird geplündert*, Frankfurt 1978.

Haggerty, Robert J.: »The Boundaries of Health Care«, in: Sobel, David, (Hrsg.): *Ways of Health*, New York 1979.

Handler, Philip: *Biology and the Future of Man*, New York 1970.

Harman, Willis: »The Coming Transformation«, in: *The Futurist*, April 1977.

Harrington, Michael: *The Twilight of Capitalism*, New York 1976.

Heilbroner, Robert: »Inescapable Marx«, in: *The New York Review of Books*, New York, Juni 1978.

–: *The Worldly Philosophers*, New York 1980.

Heisenberg, Werner: *Physics and Philosophy*, New York 1962, (deutsch: *Physik und Philosophie*).
Henderson, Hazel: *Creating Alternative Futures*, New York 1978.
–: »The Last Shall Be First, 1980s Style«, in: *Christian Science Monitor*, May 1980.
–: *The Politics of the Solar Age*, New York 1981.
Herrick, C. Judson: *George Ellet Coghill: Naturalist and Philosopher*, Chicago 1949.
Holman, Halsted R.: »The ›Excellence‹ Deception in Medicine«, in: *Hospital Practice*, April 1976.
Horney, Karen: *The Neurotic Personality of Our Time*, New York 1937, (deutsch: *Der neurotische Mensch in unserer Zeit*).
Hubbert, M. King: »World Energy Resources«, in: *Proceedings of the Tenth Commonwealth Mining and Metallurgical Congress*, Ottawa 1974.
Huber, Joseph: *Die zwei Gesichter der Arbeit*, Frankfurt 1978.
–, (Hrsg.): *Anders arbeiten – anders wirtschaften*, Frankfurt 1979.
Hughes, Richard, und Brewin, Robert: *The Tranquilizing of America*, New York 1980.
Illich, Ivan: *Medical Nemesis*, New York, o. J., (deutsch: *Die Nemesis der Medizin.* Von den Grenzen des Gesundheitswesens).
Jackson, Wes.: *New Roots for Agriculture*, San Francisco 1980.
James, William: *The Varieties of Religious Experience*, New York 1961, (deutsch: *Die Vielfalt religiöser Erfahrung*).
Janov, Arthur: *The Primal Scream*, New York 1970, (deutsch: *Der Urschrei*. Ein neuer Weg der Psychotherapie).
Jantsch, Erich: *The Self-Organizing Universe*, New York 1980, (deutsch: *Die Selbstorganisation des Universums*. Vom Urknall zum menschlichen Geist).
Janzen, John M.: *The Quest for Therapy in Lower Zaire*, Berkeley 1978.
Jeans, James: *The Mysterious Universe*, New York 1930, (deutsch: *Der Weltraum und seine Rätsel*).
Jerison, Harry J.: *Evolution of the Brain and Intelligence*, New York 1973.
Judson, Horace Freeland: *The Eighth Day of Creation*, New York 1979, (deutsch: *Der 8. Tag der Schöpfung*. Sternstunden der neuen Biologie).
Jung, Carl Gustav: »On Psychic Energy«, 1928, in: *The Collected Works of Carl G. Jung*, Princeton, Bd. 8, (deutsch: *Über psychische Energetik und das Wesen der Träume*).
–: *Problems of Modern Psychotherapy*, 1929, *CW*, Bd. 16, (deutsch: *Probleme der Psychotherapie*).
–: *The Concept of the Collective Unconscious*, 1936, *CW*, Bd. 9/1, (deutsch: *Der Begriff des kollektiven Unbewußten*).
–: *Conscious, Unconscious and Individuation*, 1939, *CW*, Bd. 9/1, (deutsch: *Bewußtes und Unbewußtes*).
–: *Aion*, 1951 (a), *CW*, Bd. 9/2, (deutsch: *Aion. Untersuchungen zur Symbolgeschichte*).
–: *On Synchronicity*, 1951 (b), *CW*, Bd. 8, (deutsch: *Über Synchronizität*).
–: *Memories, Dreams, Reflections*, New York 1965, (deutsch: *Erinnerungen, Träume, Gedanken*).
Jungk, Robert, und Mundt, Hans-Josef: *Unsere Welt 1985*, München 1965.
Kapp, Karl William: *Social Costs of Private Enterprise*, New York 1971, (deutsch: *Volkswirtschaftliche Kosten der Privatwirtschaft*).

Kelly, Petra: *Um Hoffnung kämpfen*, Bornheim-Merten 1983.

Keynes, John Maynard: *General Theory of Employment, Interest and Money*, New York 1934, (deutsch: *Allgemeine Theorie der Beschäftigung, des Zinses und des Geldes*).

–: »Newton the Man«, in: *Essays in Biography*, London 1951.

Kinsbourne, Marcel, (Hrsg.): *Asymmetrical Function of the Brain*, New York 1978.

Kleinman, Arthur, Eisenberg, Leon, und Good, Byron: »Culture, Illness, and Care«, in: *Annals of Internal Medicine*, Februar 1978.

Knowles, John H., (Hrsg.): *Doing Better and Feeling Worse*, New York 1977 (a).

–: »The Responsibility of the Individual«, in: *Doing Better and Feeling Worse*, New York 1977 (b).

Koestler, Arthur: *Janus*, London 1978, (deutsch: *Der Mensch, Irrläufer der Evolution*).

Krieger, Dolores: »Therapeutic Touch: The Imprimatur of Nursing«, in: *American Journal of Nursing*, Mai 1975.

Krippner, Stanley: »Psychic Healing and Psychotherapy«, in: *Journal of Indian Psychology*, Band 1, 1979.

Kübler-Ross, Elisabeth: *On Death and Dying*, New York 1969, (deutsch: *Interviews mit Sterbenden*).

–, (Hrsg.): *Death. The Final Stage of Growth*, Englewood Cliffs, N. J., 1975, (deutsch: *Reif werden zum Tode*).

Kuhn, Thomas S.: *The Structure of Scientific Revolutions, Chicago 1970, (deutsch:* Die *Struktur wissenschaftlicher Revolutionen).*

Laing, R. D.: »Metanoia: Some Experiences at Kingsley Hall«, in: Ruitenbeek, H. M., (Hrsg.): *Going Crazy. The Radical Therapy of R. D. Laing and Others*, New York 1972.

–: *The Politics of Experience*, New York 1978, (deutsch: *Phänomenologie der Erfahrung*).

–: *The Voice of Experience*, New York 1982.

La Mettrie: *L'Homme Machine – A study in the Origins of an Idea*, Princeton 1960, (deutsch: *Der Mensch als Maschine*).

Laszlo, Ervin: *Introduction to Systems Philosophy*, New York 1972 (a).

–: *The Systems View of the World*, New York 1972 (b).

Leonard, George: *The Silent Pulse*, New York 1981, (deutsch: *Der Rhythmus des Kosmos*).

LeShan, Lawrence L.: *You Can Fight for Your Life*, New York 1977, (deutsch: *Psychotherapie gegen Krebs*).

Levin, D. C.: »Physics and Psycho-Analysis: An Epistomological Study«, (unveröffentlichte Studie).

Lévi-Strauss, Claude: *Structural Anthropology*, New York 1967, (deutsch: *Strukturale Anthropologie,* Band I und II).

Lipowski, Z. J.: »Psychosomatic Medicine in the Seventies: An Overview«, in: *The American Journal of Psychiatry*, März 1977.

Livingston, Robert B.: »Perception and Commitment«, in: *Bulletin of the Atomic Scientists*, Februar 1963.

–: *Sensory Processing, Perception, and Behavior*, New York 1978.

Lock, Margaret: *East Asian Medicine in Urban Japan*, Berkeley 1980.

Locke, David Millard: *Viruses*, New York 1974.

Lovelock, J. E.: *Gaia*, New York 1979, (deutsch: *Wir werden überleben*).

Lovins, Amory B.: *Soft Energy Paths*, New York 1977, (deutsch: *Sanfte Energie*. Das Programm für die energie- und industriepolitische Umrüstung einer Gesellschaft).

–: »Soft Energy Technologies«, in: *Annual Review of Energy*, 1978.

–: »Soft Energy Paths«, in: *AHP Newsletter*, Juni 1980.

McCready, William C.: *The Ultimate Values of the American Population*, Beverly Hills, Calif., 1976.

McKeown, Thomas: *The Role of Medicine: Mirage or Nemesis*, London 1976, (deutsch: *Die Rolle der Medizin. Traum, Wahn oder Nemesis?*).

Madden, Carl H.: *Clash of Culture: Management in an Age of Changing Values*, Washington, D. C., 1972.

Magner, Lois N.: *History of the Life Sciences*, New York 1979.

Manaka, Yoshio: *The Layman's Guide to Acupuncture*, New York 1972.

Mander, Jerry: *Four Arguments for the Elimination of Television*, New York 1978, (deutsch: *Schafft das Fernsehen ab*. Eine Streitschrift gegen das Leben aus zweiter Hand).

Mann, W. Edward: *Orgone, Reich and Eros*, New York 1973.

Mao Tse-tung: *Four Essays on Philosophy*, Peking 1968, (deutsch: *4 Philosophische Monographien*).

Maruyama, Magoroh: »The Navaho philosophy: an esthetic ethic of mutuality«, in: *Mental Hygiene*, April 1967.

–: »Mindscapes: The Limits to Thought«, in: *World Future Society Bulletin*, September 1979.

Marx, Karl: *Economic and Philosophic Manuscripts*, 1844, in: Tucker, Robert C., (Hrsg.): *The Marx-Engels Reader*, New York 1972.

–: *Theses on Feuerbach*, 1888, a. a. O.

–: *Capital*, 1891, a. a. O.

–: *Das Kapital*, gek. Ausgabe, Chicago 1970.

(alle zitierten Texte von Karl Marx finden sich auf deutsch in: *Karl Marx und Friedrich Engels Studienausgabe*)

Maslow, Abraham: *Toward a Psychology of Being*, Princeton 1962, (deutsch: *Psychologie des Seins*).

–: *Religions, Values, Peak Experiences,* New York 1964.

May, Scott: »On My Medical Education: Seeking a Balance in Medicine«, in: *Medical Self-Care*, Herbst 1978.

Meadows, Denise, u. a.: *Die Grenzen des Wachstums*, Stuttgart 1974.

Meeker, Joseph W.: *The Comedy of Survival*, Los Angeles 1980.

Meier, Carl Alfred: *Antike Inkubation und Moderne Psychotherapie*, Zürich 1949.

Melzack, Ronald: *The Puzzle of the Pain*, Harmondsworth 1973, (deutsch: *Das Rätsel des Schmerzes*).

Merchant, Carolyn: *The Death of Nature*, New York 1980.

Monod, Jacques: *Chance and Necessity*, New York 1971, (deutsch: *Zufall und Notwendigkeit*).

Moore Lappé, Frances, und Collins, Joseph: *Food First: Beyond the Myth of Scarcity*, New York 1977 (a).

–: »Six Myths of World Hunger«, in: *New West*, Juni 1977, (b).

–: »Still Hungry After All These Years«, in: *Mother Jones*, August 1977, (c).

Mosher, Elissa Henderson: »Portrayal of Women in Drug Advertising«, in: *Journal of Drug Issues*, Winter 1976.

Mumford, Lewis: *The Transformation of Man*, New York 1956, (deutsch: *Mythos der Maschine*).

–: »Closing Statement«, in: Disch, Robert, (Hrsg.): *The Ecological Conscience*, New York 1970.

Myrdal, Gunnar: *Against the Stream*, New York 1973, (deutsch: *Anstelle von Memoiren*).

Nader, Ralph, und Abbots, John: *The Menace of Atomic Energy*, New York 1977, (deutsch: *Tödlicher Fortschritt*).

Navarro, Vicente: *Medicine under Capitalism*, New York 1977.

Needham, Joseph: *Man a Machine*, New York 1928.

–: *Science and Civilisation in China*, Band 2, Cambridge, England, 1962.

Odum, Howard: *Environment, Power and Society*, New York 1971.

Onslow-Ford, Gordon: *Painting in the Instant*, London 1964.

Outwater, Christopher, und van Hamersveld, Eric: *Practical Holography*, Beverly Hills, Calif., 1974.

Pelletier, Kenneth R.: *Mind as Healer, Mind as Slayer*, New York 1977, (deutsch: *Die neue Medizin*).

Pelletier, Kenneth R., und Garfield, Charles: *Consciousness East and West*, New York 1976, (deutsch: *Unser Wissen vom Bewußtsein*. Eine Verbindung westlicher Forschung und östlicher Weisheit).

Perls, Fritz: *Gestalt Therapy Verbatim*, New York 1969, (deutsch: *Gestalt-Therapie in Aktion*).

Perry, John Weir: *The Far Side of Madness*, Englewood Cliffs, N. J., 1974.

Polanyi, Karl: *The Great Transformation*, New York 1944, (deutsch: *Politische und ökonomische Ursprünge von Gesellschafts- und Wirtschaftssystemen*).

–: *Primitive, Archaic and Modern Economics*, New York 1968, (deutsch: *Ökonomie und Gesellschaft*).

Popenoe, Cris: *Wellness*, Washington, D. C., 1977.

Porkert, Manfred: *The Theoretical Foundations of Chinese Medicine*, Cambridge, Mass., 1974.

–: »Chinese Medicine, a Traditional Healing Science«, in: Sobel, David, (Hrsg.): *Ways of Health*, New York 1977.

Powles, John: »On the Limitations of Modern Medicine«, in: Sobel, David, (Hrsg.): *Ways of Health*, New York 1979.

Pribram, Karl H.: »Holonomy and Structure in the Organization of Perception«, in: Nicholas, John M., (Hrsg.): *Images, Perception and Knowledge*, Dordrecht 1977.

–: »Holographic Memory«, Interview in: *Psychology Today*, Februar 1979.

Prigogine, Ilya: *From Being to Becoming*, San Francisco 1980, (deutsch: *Vom Sein zum Werden*. Zeit und Komplexität in den Naturwissenschaften).

PROKOL-Gruppe Berlin: *Der sanfte Weg*, Stutgart 1976.

Rama, Swami, Ballentine, Rudolf, und Weinstock, Allan: *Yoga and Psychotherapy*, Glenview 1976.

Randall, John Herman: *The Making of the Modern Mind*, New York 1976.

Randolph, T. G., und Moss, R. W.: *An Alternative Approach to Allergies*, New York 1980.

Rasmussen, Howard: »Medical Education – Revolution or Reaction«, in: *Pharos*, April 1975.

Reich, Wilhelm: *Selected Writings*, New York 1975, (deutsch: *Ausgewählte Schriften*).

Rich, Adrienne: *Of Woman Born,* New York 1977, (deutsch: *Von Frauen geboren).*

Richmond, Julius B.: »The Needs of Children«, in: Knowles John H., (Hrsg.): *Doing Better and Feeling Worse*, New York 1977.

Rifkin, Jeremy: *Entropy*, New York 1980, (deutsch: *Entropie*. Ein neues Weltbild).

Robertson, James: *The Sane Alternative*, St. Paul, Minn., 1979, (deutsch: *Die lebenswerte Alternative*. Wegweiser für eine andere Zukunft).

Rodis-Lewis, Geneviève: »Limitations of the Mechanical Model in the Cartesian Conception of the Organism«, in: Hooker, Michael, (Hrsg.): *Descartes*, Baltimore 1978.

Rogers, Carl R.: *Client-Centered Therapy*, Boston 1951, (deutsch: *Die klientzentrierte Gesprächspsychotherapie*).

–: On *Encounter Groups*, New York 1970, (deutsch: *Encounter Gruppen.* Das Erlebnis der menschlichen Begegnung).

Rogers, David E.: »The Challenge of Primary Care«, in: Knowles, John H., (Hrsg.): *Doing Better and Feeling Worse*, New York 1977.

Rosenhan, D. L.: »On Being Sane in Insane Places«, in: *Science*, Januar 1973.

Roszak, Theodore: *The Making of a Counter Culture*, New York 1969, (deutsch: *Die schöpferische Auflösung der industriellen Gesellschaft*).

–: *Person/Planet*, New York 1978, (deutsch: *Mensch und Erde auf dem Weg zur Einheit*).

Rothschild, Emma: »Boom and Bust«, in: *New York Review of Books*, April 1980.

Routh, Guy: *The Origin of Economic Ideas*, New York 1975.

Ruesch, Hans: *Slaughter of the Innocent*, New York 1978, (deutsch: *Die moderne Barbarei*).

Rush, Anne Kent, und Mander, Anica: *Feminism as Therapy*, New York 1974, (deutsch: *Frauentherapie 1*).

Russell, Bertrand: *History of Western Philosophy*, London 1961, (deutsch: *Philosophie des Abendlandes*).

Russell, Peter: *The Brain Book*, New York 1977, (deutsch: *Der menschliche Computer*).

Schilpp, Paul Arthur, (Hrsg.): *Albert Einstein: Philosopher-Scientist*, New York 1951, (deutsch: *Albert Einstein als Philosoph und Naturforscher*).

Schumacher, E. F.: *Small is Beautiful*, New York 1975, (deutsch: *Die Rückkehr zum menschlichen Maß*).

Schwartz, Charles: »Scholars for Dollars«, in: Arditti, Rita, Brennau, Pat, und Cavrak, Steve, (Hrsg.): *Science and Liberation*, Boston 1980.

Seldin, Donald W.: »The Medical Model: Biomedical Science as the Basis of Medicine«, in: *Beyond Tomorrow*, New York 1977.

Selye, Hans: *Stress without Distress*, New York 1974, (deutsch: *Streß, Bewältigung und Lebensgewinn*).

Sessions, George: »Shallow and Deep Ecology: A Review of the Philosophical Literature«, in: Schultz, B., und Hughes, D., (Hrsg.): *Ecological Consciousness*, Lanham, Md., 1981.

Shortt, S. E. D.: »Psychiatric Illness in Physicians«, in: *CMA Journal*, August 1979.
Silverman, Milton, und Lee, Philip R.: *Pills, Profits and Politics*, Berkeley 1974.
Simonton, O. Carl, Matthews-Simonton, Stephanie, und Creighton, James: *Getting Well Again*, Los Angeles 1978, (deutsch: *Wieder Gesund Werden*).
Sivard, Ruth Leger: *World Military and Social Expenditures*, Leesburg, Virginia, 1979, (deutsch: *Entwicklung der Militär- und Sozialausgaben in 140 Ländern der Erde*).
Skinner, B. F.: *Science and Human Behavior*, New York 1953, (deutsch: *Wissenschaft und menschliches Verhalten*).
–: *Beyond Freedom and Dignity*, New York 1975, (deutsch: *Jenseits von Freiheit und Würde*).
Sombart, Werner: *Why is there no Socialism in the United States?* White Plains, N. Y., 1976.
Sommers, Fred: »Dualism in Descartes: The Logical Ground«, in: Hooker, Michael, (Hrsg.): *Descartes*, Baltimore 1978.
Sorokin, Pitirim A.: *Social and Cultural Dynamics*, New York 1952, (deutsch: *Kulturkrise und Gesellschaftsphilosophie*).
Soule, George Henry: *Ideas of the Great Economists*, New York 1952, (deutsch: *Die Ideen großer Nationalökonomen*).
Spretnak, Charlene: *Lost Goddesses of Early Greece*, Boston 1981.
–, (Hrsg.): *The Politics of Women's Spirituality*, New York 1981, (b).
Stace, Walter T.: *The Teachings of the Mystics*, New York 1960.
Stapp, Henry Pierce: »S-Matrix Interpretation of Quantum Theory«, in: *Physical Review*, März 1971.
–: »The Copenhagen Interpretation«, in: *American Journal of Physics*, August 1972.
–: »Whiteheadian Approach to Quantum Theory and the Generalized Bell's Theorem« in: *Foundation of Physics*, Februar 1979.
Stent, Gunther S.: *The Coming of the Golden Age*, New York 1969.
Stobaugh, Robert, und Yergin, Daniel, (Hrsg.): *Energy Future: Report of the Energy Project at the Harvard Business School*, New York 1979.
Stone, Merlin: *When God Was a Woman*, New York 1976.
Strouss, Jean, (Hrsg.): *Woman Analysis*, New York 1974.
Sutich, Anthony J.: »The Emergence of the Transpersonal Orientation. A Personal Account«, in: *Journal of Transpersonal Psychology*, Nr. 1, 1976.
Szasz, Thomas: *The Myth of Mental Illness*, New York 1961, (deutsch: *Geisteskrankheit. Ein moderner Mythos?*).
Tancredi, Laurence E., und Barondes, Jeremiah A.: »The Problem of Defensive Medicine«, in: *Science*, Mai 1978.
Thie, John F.: *Touch for Health*, Marina del Rey, Calif., 1973.
Thomas, Lewis: *The Lives of a Cell*, New York 1975, (deutsch: *Das Leben überlebt.* Geheimnis der Zellen).
–: »On the Science and Technology of Medicine«, in: Knowles, John H., (Hrsg.): *Doing Better and Feeling Worse*, New York 1977.
–: Interview in *New Yorker*, Januar 1978.
–: *The Medusa and the Snail*, New York 1979, (deutsch: *Die Medusa und die Schnecke*. Gedanken eines Biologen über die Mysterien von Mensch und Tier).

Tomkins, Calvin: »New Paradigms«, in: *New Yorker*, Januar 1976.

Towers, Bernard: »Man in Evolution: The Teilhardian Synthesis«, in: *Technology and Society*, September 1968.

–: »Toward an Evolutionary Ethic«, in: *Teilhard Review*, Oktober 1977.

Toynbee, Arnold: *A Study of History*, New York 1972, (deutsch: *Der Gang der Weltgeschichte*).

Veith, Ilza: *The Yellow Emperor's Classic of Internal Medicine*, Berkeley 1972.

Vester, Frederic: *Neuland des Denkens*, Stuttgart 1980.

–: *Unsere Welt – ein vernetztes System*, Stuttgart 1978.

Vithoulkas, George: *The Science of Homeopathy*, New York 1980, (deutsch: *Medizin der Zukunft*).

Vrooman, Jack Rochford: *René Descartes*, New York 1970.

Walsh, Roger N., und Vaughn, Frances, (Hrsg.): *Beyond Ego*, Los Angeles 1980.

Ward, Barbara: *Progress for a Small Planet*, New York 1979, (deutsch: *Wie retten wir unsere Erde?* Umweltschutz: Bilanz und Prognose).

Watson, John B.: *Behavior*, New York 1914.

–: *Behaviorism*, New York 1970, (deutsch: *Behaviorismus*).

Watts, Alan W.: *Psychotherapy East and West*, New York 1961, (deutsch: *Psychotherapie und östliche Befreiungswege*).

Weber, Max: *The Protestant Ethic and the Spirit of Capitalism*, New York 1958, (deutsch: *Die protestantische Ethik*).

Weir, David, und Shapiro, Mark: *Circle of Poison*, San Francisco 1981.

Weiss, Paul A.: *Within the Gates of Science and Beyond*, New York 1971.

–: *The Science of Life*, Mount Kisco, N. Y., 1973.

Weisskopf, Walter A.: *Alienation and Economics*, New York 1971.

White, Kerr L.: »Ill Health and its Amelioration. Individual and Collective Choices«, in: Carlson, Rick J. (Hrsg.): *Future Directions in Health Care: A New Public Policy*, Cambridge, Mass., 1978.

Whitehead, Alfred North: *Science and the Modern World*, New York 1926, (deutsch: *Abenteuer der Ideen*).

Wilber, Ken: »Psychologia Perennis: The Spectrum of Consciousness«, in: *Journal of Transpersonal Psychology*, Nr. 2, 1975.

–: *The Spectrum of Consciousness*, Wheaton 1977.

Wilhelm, Hellmut: *Change*, New York 1960, (deutsch: *Sinn des I Ging*).

Wilhelm, Richard: *The I Ching*, London 1968, (deutsch: *I Ging. Das Buch der Wandlungen*).

Wilson, E. O.: *Sociobiology*, Cambridge, Mass., 1975, (deutsch: *Biologie als Schicksal*. Die sozialbiologischen Grundlagen mechanistischen Verhaltens).

Winikoff, Beverly: »Diet Change and Public Policy«, in: Carlson, Rick J., (Hrsg.): *Future Directions in Health Care. A New Public Policy*, Cambridge, Mass., 1978.

Woodman, Joseph: »The Unhealthiest Alliance«, in: *New Age*, Oktober 1977.

Woollard, Robert F., und Young, Eric R., (Hrsg.): *Health Dangers of the Nuclear Fuel Chain and Low-Level Ionizing Radiation: A Bibliography/Literature Review*, Watertown, Mass., 1979.

Zwerdling, Daniel: »The Day of the Locust«, in: *Mother Jones*, August 1977.

Personenregister

Sachregister